复杂 DNA 图谱解释 法医实践指导

Forensic Practitioner's Guide to the Interpretation of Complex DNA Profiles

原　著　Peter Gill　Øyvind Bleka　Oskar Hansson
　　　　Corina Benschop　Hinda Haned

主　审　刘雅诚

主　译　严江伟　哈力木热提 · 司马义江

人民卫生出版社
·北　京·

图书在版编目（CIP）数据

复杂 DNA 图谱解释法医实践指导/（挪）彼得·吉尔（Peter Gill）等原著；严江伟，哈力木热提·司马义江主译. —北京：人民卫生出版社，2023.4

ISBN 978-7-117-34527-9

Ⅰ.①复… Ⅱ.①彼…②严…③哈… Ⅲ.①脱氧核糖核酸-法医学鉴定 Ⅳ.①D919.2

中国国家版本馆 CIP 数据核字(2023)第 031957 号

人卫智网	www.ipmph.com	医学教育、学术、考试、健康，购书智慧智能综合服务平台
人卫官网	www.pmph.com	人卫官方资讯发布平台

图字：01-2021-0803 号

复杂 DNA 图谱解释法医实践指导

Fuza DNA Tupu Jieshi Fayi Shijian Zhidao

主　　译：严江伟　哈力木热提·司马义江
出版发行：人民卫生出版社（中继线 010-59780011）
地　　址：北京市朝阳区潘家园南里 19 号
邮　　编：100021
E - mail：pmph @ pmph.com
购书热线：010-59787592　010-59787584　010-65264830
印　　刷：北京汇林印务有限公司
经　　销：新华书店
开　　本：787×1092　1/16　　印张：25
字　　数：624 千字
版　　次：2023 年 4 月第 1 版
印　　次：2023 年 4 月第 1 次印刷
标准书号：ISBN 978-7-117-34527-9
定　　价：180.00 元
打击盗版举报电话：010-59787491　E-mail：WQ @ pmph.com
质量问题联系电话：010-59787234　E-mail：zhiliang @ pmph.com
数字融合服务电话：4001118166　E-mail：zengzhi @ pmph.com

复杂 DNA 图谱解释法医实践指导

Forensic Practitioner's Guide to the Interpretation of Complex DNA Profiles

原　著　Peter Gill　Øyvind Bleka　Oskar Hansson
　　　　Corina Benschop　Hinda Haned

主　审　刘雅诚

主　译　严江伟　哈力木热提·司马义江

译　者（按姓氏笔画排序）
　　　　方　晨　任　贺　刘　莹　刘志勇　刘晋玎
　　　　严江伟　苏红亮　李万婷　李泽琴　张　君
　　　　张更谦　陈　曼　范庆炜　哈力木热提·司马义江
　　　　高林林　程　凤

人民卫生出版社
·北　京·

Forensic Practitioner's Guide to the Interpretation of Complex DNA Profiles
Peter Gill, Øyvind Bleka, Oskar Hansson, Corina Benschop, Hinda Haned
ISBN: 978-0-12-820562-4

《复杂 DNA 图谱解释法医实践指导》(严江伟、哈力木热提·司马义江 主译)
ISBN: 978-7-117-34527-9

注　意

本书涉及领域的知识和实践标准在不断变化。新的研究和经验拓展我们的理解,因此须对研究方法、专业实践或医疗方法作出调整。从业者和研究人员必须始终依靠自身经验和知识来评估和使用本书中提到的所有信息、方法、化合物或本书中描述的实验。在使用这些信息或方法时,他们应注意自身和他人的安全,包括注意他们负有专业责任的当事人的安全。在法律允许的最大范围内,爱思唯尔、译文的原文作者、原文编辑及原文内容提供者均不对因产品责任、疏忽或其他人身或财产伤害及/或损失承担责任,亦不对由于使用或操作文中提到的方法、产品、说明或思想而导致的人身或财产伤害及/或损失承担责任。

作者简介

Peter Gill，挪威奥斯陆大学医院法医科学部、奥斯陆大学临床医学系法医遗传学教授。从事法医研究工作 38 年，拥有较为丰富的出庭作证经验。组织并参与较多的证据解释研讨会，发表论文 200 余篇，引用次数超过 20 000 次。他是国际法医遗传学会（International Society of Forensic Genetics，ISFG）DNA 委员会主席，并于 2013 年荣获 ISFG 科学奖。

Øyvind Bleka，统计学和数据分析硕士，法医统计学博士，挪威奥斯陆大学医院法医科学部研究员。首次将统计学应用于法医科学（遗传学）中，开发了用于 DNA 序列比对的软件，如 *EuroForMix*、*CaseSolver* 和 *dnamatch2*。同时，还基于 DNA 甲基化技术研发了年龄推测的方法。

Oskar Hansson，具有分子生物学、编程方面的知识背景，法医遗传学博士，挪威奥斯陆大学医院法医科学部报告和研究组负责人。从事法医遗传学工作 18 年，主要致力于实验室发展，公共采购，新方法新技术的验证和实施。同时，组织了各种各样的关于混合样本解释和验证工作的国际培训，开发并维护了 *STR-validator* R 软件包，该软件包在 2019 年具有超过 500 次的安装记录。

Corina Benschop，具有分子生物学背景，法医遗传学博士，荷兰法医学研究所的一名科学家。主要从事复杂 DNA 图谱的研究，开发和验证了许多方法（如 *LoCIM*、*LRmix Studio*、*SmartRank*、*DNAxs*、*DNAStatistX*），并制定与法医学实践案例相关指南，组织过很多解释混合样本工作的国际培训。

Hinda Haned，阿姆斯特丹大学数据科学专业特聘教授，致力于发展规范化人工智能以及转化安全性工作。她开发了 *forensim* R 软件包，设计并参与了 *LRmix Studio* 和 *SmartRank* 开源软件的研发。目前，Hinda Haned 在 Ahold Delhaize 公司（赞丹，荷兰）担任首席科学家。

中文版序一

我非常荣幸能为《复杂 DNA 图谱解释法医实践指导》的中文版撰写序言。数据解释可以说是法医学中最困难的领域。这本书描述了过去 25 年来理论的演变。当我在英国法医科学服务部门工作时，正值世纪之交，我们开发并开始使用一种被称为低模板 DNA 分析的方法。然而，很快就发现我们得到的个人图谱给解释结果带来了困难。混合样本不仅司空见惯，而且还可能出现等位基因丢失，即等位基因缺失，也可能会出现插入，即发现供者外其他等位基因。这类图谱无法用经典方法来解释。新的理论被用来计算证据的权重。需要复杂的公式进行计算，而且需要计算机程序辅助。最早的程序，如 *LRmix*，能够考虑等位基因丢失和插入，但不能考虑等位基因峰高。后来开发了包括 *EuroForMix* 在内的更复杂的程序，在计算中考虑了峰高的影响。这本书描绘了过去 25 年来开发的各种方法的进展情况。所有提到的程序都是开放的，可以免费获得。最后，我希望读者会发现这本书是有用的，并希望对他们的实战有积极的影响。

Peter Gill
法医遗传学教授
挪威奥斯陆大学医院
2022 年 2 月

中文版序二

我有幸看到我的学生们和他们所带的博士生们翻译的这本书《复杂 DNA 图谱解释法医实践指导》，该书原著作者 Peter Gill 教授又是我最敬佩的国际法医 DNA 领域的思想领袖与卓越的引路科学家，所以学生请我主审该书时，我即欣然接受了。更重要的是借此我又有了一次学习、提高的机会。

这本书最大的特点是从基础讲起，由浅入深。主要包括：目前应用的短串联重复序列(short tandem repeat，STR)遗传标记、群体遗传学的概念和统计学概率论(第 1 章)；常见的影响 STR 分型的因素，如杂合子均衡性、影子峰与混合结果(第 2 章)；等位基因丢失的原因、等位基因丢失的概率计算和随机阈值效应的方法(第 3 章)；常见的微量和降解 DNA 的处理方法和质量保证的平行试验(第 4 章)；免费 LRmix 统计软件的原理与计算低模板 DNA 样本的似然比，包括丢失、插入、不同数量的供者以及重复样本等考虑在内的定性分析模型(第 5 章)；LRmix Studio 免费软件的理论和混合样本的各种解释，是定性(半连续)模型(第 6 章)；定量连续系统的模型的原理与估计似然比的计算，涉及等位基因丢失与插入、拆分、降解、影子峰等(第 7 章)；免费 EuroForMix 软件的多功能原理和混合样本峰高的应用(第 8 章)；软件验证实验，并对法医案件的应用范围与限制给出建议(第 9 章)；专家经验性软件系统的开发与验证(第 10 章)；调查性工具——国家 DNA 数据库搜索(第 11 章)；对于解释、报告和沟通 DNA 结果的重要指导(第 12 章)；大规模平行测序的前沿性研究(第 13 章)。本书还设有附录 A 和附录 B，是对各种情况下基因分型的概率和概率模型的数学描述。书中涉及许多创新的理念，详细介绍了影子峰对混合 DNA 的影响；首次引入了等位基因丢失和插入参数；用全新的视角分析了非供者探索性数据分析的有效性；正确建立控辩双方的假设对似然比的重要性；以及提出了在未来采用大规模平行测序时关于基因频率的正确表述。

Peter Gill 教授与他的团队历经了几十年的努力得到的宝贵经验，并博览引用了大量文献，撰写了这部著作。更为难能可贵的是该书中对复杂 DNA 图谱的许多分析软件可免费获取，彰显了本书作者对全球法医 DNA 科学技术的无私奉献。

2004 年赴英国考察 DNA 数据库时曾聆听了 Peter Gill 教授的授课；此后多次参加国际法医遗传学会(ISFG)国际大会，并与 Peter Gill 教授相见，聆听他的发言。在法医 DNA 发展进步的 40 年中，每一项重大发展都有 Peter Gill 教授的参与，1985 年开发了法医样本 DNA 的提取方法；与 Alec Jeffreys 教授一同在 *Nature* 杂志上发布了 DNA 指纹技术；1986 年将 DNA 指纹技术用于法医科学的首例案件；1993 年对短串联重复序列的早期探索思想发表在 *PCR Methods & Applications* 杂志上；1994 年受邀主持分析历史之谜"俄罗斯最后一位沙皇的遗骸"，并发表在 *Nature Genetics* 杂志上；1995 年提出建立第一个国家 DNA 数据库；1998 年发表基于 Electrophoresis 的文章，引入混合 DNA 解释的技术；2000 年对低拷贝数的检测程序发表在 *Forensic Science International* 杂志上；2004 年把对 DNA 污染的潜在影响的认识发表在 *Journal of Forensic Science* 杂志上；2005 年模拟 DNA 检验过程，发表在 *Nucleic Acids Research*

杂志上，便于大家理解 DNA 检验过程；2012 年制定了概率基因分型的建议并发表在 *Forensic Science International：Genetics* 杂志上。之后 Peter Gill 教授专门开发统计方法来解释复杂的 DNA 图谱；设计统计学模型与开发应用软件；发表多部专著。Peter Gill 教授对法医 DNA 领域产生的重要作用是不可替代的。

本书译成中文出版，将会大大提高我国法医科学 DNA 工作者对复杂 DNA 图谱分析与证据解释的能力。通读本书后，我受益匪浅，希望同仁能够理解 Peter Gill 教授在本书中传递的信息与理念，并应用到我们的实际工作中。

（左，严江伟；中，Peter Gill；右，刘雅诚）

刘雅诚

2022 年 2 月

原著序

Peter Gill 教授和他的合作者们历经几十年努力，撰写了这部绝世著作。这部著作囊括了法医 DNA 证据解释理论和实践的前沿。作者团队具有 90 多年法医 DNA 研究和案例工作经验，共撰写过 250 多篇该领域的文章，并定期举办此著作所涵盖主题的教育培训课程。作者们研发了很多开放软件，包括 *STR-validator*、*LRmix Studio*、*EuroForMix*、*CaseSolver* 和 *SmartRank*，用来进行法医 DNA 案件解释工作。这些软件和相关网站贯穿了整本书。

这本著作可以帮助法医鉴定人理解概率基因分型软件建模系统。书中包含的多数信息来源于从 2012 年至 2017 年由欧盟资助的欧洲法医遗传学网站。此外，本书将国际法医遗传学会（ISFG）DNA 委员会多次推荐的指南作为材料支撑。在过去的 20 年里，由 Gill 教授牵头的 ISFG DNA 委员会对世界范围内 DNA 解释工作提供了很多重要的建议。

书中描述了数据分析和现代 DNA 解释所需的模拟概率模型的重要原则和价值。内容主要包括：短串联重复序列（STR）标记、群体遗传学和概率论（第 1 章）；影响 STR 分型的因素（第 2 章）；计算等位基因丢失概率的随机阈值效应和方法（第 3 章）；微量和降解 DNA 的处理方法（第 4 章）；半连续 PGS 系统 *LRmix* 和 *LRmix Studio* 的理论和定性模型（第 5 和 6 章）；定量连续 PGS 系统 *EuroForMix* 峰高应用（第 7 和 8 章）；软件验证实验（第 9 章）；专家系统的开发（第 10 章节）；调查性工具（第 11 章）；对于解释、报告和沟通 DNA 结果的重要指导（第 12 章）；最后一个章节（第 13 章）涵盖了大规模平行测序的前沿性研究，由另外的 3 位作者（Rebecca Just、Walther Parson 和 Chris Phillips）参与撰写。附录对各种场景下基因分型的概率和概率模型的数学方面的情况进行了介绍。书中共罗列 362 篇参考文献。

Peter Gill 从 1985 年与 Alec Jeffreys 在 *Nature* 杂志合作发表开创性论文以来，一直引领法医 DNA 方法的发展和解释。与 Gill 共同完成本书的其他 4 位合著者，同时也完成了他们博士学位的研究，也是促进法医遗传学发展的重要贡献者。作者们花了无数时间来撰写这本著作，并将稿酬捐赠给 ISFG，用于未来科学家的培训。

我谨代表 ISFG 执行委员会和这个来自 84 个国家 1 300 多名成员组成的协会的成员，感谢作者们的慷慨和对本指南的编写，以带领法医鉴定人应对解释复杂 DNA 图谱的挑战。

John M. Butler

ISFG 主席

2020 年 4 月

原著前言

一种信仰，不管对于保护个体来说有多么的重要，在真理面前都没有任何意义。我们必须相信时间、地点、行为赋予我们的绝对真相，而不是凭靠感觉。

论真理与谬误：精选著作

Friedrich Nietzsche

20世纪80年代中后期DNA分析技术兴起，法医鉴定人就开始意识到对于证据的解释是一项具有挑战性的工作。例如，检测的样本质量较差时，可能会造成部分DNA的分型结果不完整；现场斑迹中出现两个或两个以上供者的混合DNA图谱结果；现场斑迹中出现与犯罪嫌疑人或受害者等利害关系人（persons of interest，POI）的参考样本DNA图谱不匹配的情况，也就是说，现场斑迹中出现与已知个体不匹配的等位基因，或者利害关系人中存在的等位基因却在现场斑迹中却没有出现。随后，随机个体不排除（random man not excluded，RMNE）这种经典的方法诞生，但是由于这种方法过于简单，很大程度上低估或高估证据解释的风险。因为没有统一的证据解释方法，导致很多案件的DNA证据在法庭上被提出异议，尤其是1987年，People v. Castro（美国纽约）案件向DNA证据解释权威提出挑战，引起了关于“DNA战争”的热议，并在学者、鉴定人和律师中展开了激烈辩论。这一讨论引发业内人士的思考，推动了DNA证据解释方法的改进。

20世纪80年代中后期，DNA图谱技术与证据解释方法并行发展，证据解释方法源于似然比方法。这种方法为解释复杂DNA图谱奠定了基础。

法医遗传学的发展极大地促进了这项技术的灵敏度。20世纪初，对低模板量DNA的分析存在一系列挑战。工作人员必须处理DNA证据中出现的“等位基因丢失”（利害关系人来源样本中的等位基因与现场斑迹的等位基因“不匹配”）和“等位基因插入”（来自环境中额外的等位基因）的情况。为了解决这些问题，实验室人员设计了复杂的规则来解释样本DNA图谱结果。然而，这些规则对于DNA图谱结果的解释，并不是总让人满意。如阈值的设定是以较为主观的方式进行设置。假设规定某个等位基因峰高高于某个阈值x，可以对样本DNA图谱进行解释。那么，如果样本DNA结果中某个等位基因的峰高仅比阈值低一小分值，该如何处理呢？严格的阈值判定标准真的合乎逻辑吗？而“概率基因分型”是基于似然比和连续概率，无须基于阈值判断是否报告现场斑迹中的DNA图谱。这种分析方法的使用减少了主观因素，提高了检测标准。

多年以来，作者们设计并开展了很多鉴定人培训课程。这本书描绘了该领域思想和理论的进展情况。1991年，Ian Evett和他的同事首次将似然比应用于混合DNA图谱的研究。在21世纪初，为了对低模板量DNA图谱进行解释，John Buckleton将似然比纳入并扩展到对等位基因的丢失和插入进行统计评估。但这种方法仅限于分析较为简单的DNA图谱，而且需要手工推导公式，这项工作非常耗时，需要计算机程序来进行大量的计算。2005年James

Curran 开发 *LoComatioN* 算法，用于似然比的计算，包括等位基因的丢失，等位基因的插入和混合样本供者的分析。在这个算法的基础上，Hinda Haned 开发了 *Forensim* 统计软件包，其中包括混合样本的解释模块 *LRmix*。后来，*LRmix* 被荷兰法医研究所（NFI）采用，并开发了一个 Java 软件包 *LRmix Studio* 和一个数据库搜索引擎 *SmartRank*，具有改进图形和报告功能，欧洲和其他地区的实验室纷纷采用这些软件。2012 年，作者们各自的实验室得到欧洲资助，并建立 Euroforgen"卓越网络"（Euroforgen network-of-excellence）。这笔资金用于促进下一代概率基因分型软件的开发。在 2015 年，作为博士学位的重点项目，Øyvind Bleka 构建了一个名为 *EuroForMix* 软件包，该软件包基于 Robert Cowell 及其同事的理论"伽马模型"。新一代的软件能够识别等位基因峰的高度。如基于 *LRmix* 的 *CaseSolver* 软件和基于 *EuroForMix* 的 *dnamatch2* 软件，前者用来解释复杂的样本，包括大量的案件斑迹和犯罪嫌疑人，后者是一个数据库搜索引擎。Oskar Hansson 开发了一个软件包 *strvalidator*，作为博士课题的一部分，该软件参考 ENFSI 和 SWGDAM 对复合 STR 体系进行快速验证和描述。2019 年，NFI 发布最新软件，DNAxs 团队开发了基于 Java 语言的 *DNAStatistX* 软件（*DNAxs* 软件系列中的一个模块）。此软件与 *EuroForMix* 具有相同的功能，在本书的 *DNAxs* 章节中会讨论两者的显著区别。本书最后一章涉及混合样本，SNP 和 STR 大规模平行测序分析的相关研究，均可使用 *EuroForMix* 进行评估检验。

这本书以时间顺序介绍复杂 DNA 图谱（即在两个或多个个体的混合样本中，一些样本可能发生了降解或者只获得部分分型）的解释历史，并且对各种分析方法进行了详细描述，使从学生到专业人员等各个层次都可以有所帮助。为了方便学习，软件代码已转换成一系列 Excel 电子表格，可从该书的网站上下载。读者可以使用这些电子表格，了解概率基因分型的公式和原理。最早出现的 *Mastermix*，以非概率性的方法对 DNA 图谱进行解释，根据等位基因峰高度选择基因型。这个软件的电子表格为二进制解释方法的一部分，使用 Clayton 指南被用来包含/排除各种基因型组合。Ian Evett 和他的同事（1998）提出一种基于等位基因峰高正态分布假设的概率方法。*EuroForMix* 假设峰高为伽马分布。正态分布模型和伽马分布模型在 Excel 电子表格中均有所展示。读者可以从书中讨论的案例示例中下载 *LRmix Studio*、*EuroForMix* 和 allied 软件的相关数据。

对于证据的评估，DNA 委员会建议国际法医遗传学会（ISFG）应与 Tacha Hicks、共同作者和 DNA 委员会的成员进行讨论，制定命题的提出、案件报告和避免误区（如检察官误判）等规则。

本书中描述的所有方法都由开放软件支持，并且还有培训课程的演示。开放软件是完全公开的，没有任何使用限制。软件和数据都可以通过链接从本书的网站下载。链接中还有包括用户手册和教学视频的附加信息。

本书不仅对软件用户有所帮助，而且很多原理是通用的，例如，其中在一些细节上的解释原理，也适用于解决其他软件的相关问题。本书销售所得的所有版税将捐赠给 ISFG，以感谢他们的持续支持，盈利部分将用于支持非商业化培训项目。

作者们得到了各自机构的支持，使基础研究、软件的开发、培训得以成功完成，并得到了欧洲理事会和科学协会提供的资助。

目录

第 1 章
法医遗传学：基础知识

法医遗传证据的解释是基于概率的。概率表示为一个介于 0 和 1 之间的数字，代表两个极端：概率为 0 意味着某事是不可能的，而概率为 1 的意思是某事是确定的。在实践中，概率永远不会完全为 0 或者 1，通常介于这两个极端之间。

在法医遗传学中，概率通常被视为观察到特定"类型"的"频率"。在 DNA 时代之前，概率被应用于血型。ABO 血型是最早用于法医分型的方法之一，归功于 1900 年奥地利科学家 Karl Landsteiner 发现了 O、A 和 B 血型。

ABO 血型的遗传是遵循孟德尔遗传学规律，染色体是成对遗传的。有两个基因，一个遗传是来自母亲，另一个遗传是来自父亲。这些基因是通过配子，即父亲的精子和母亲的卵子遗传。以确保后代每个细胞只有一对基因，配子只包含一个单拷贝。

一些基础的定义如下：

基因：基因是位于染色体上的一段 DNA。这种基因可能有某种功能，如产生决定眼睛颜色的蛋白质。然而，目前在法医学中分析的基因有时被称为"垃圾 DNA"，因为它们尚无已知功能，尽管这个观点受到了质疑。

基因座：描述基因在染色体上的位置，通常用一个通用的标识符来表达，如 D22S11。

等位基因：法医感兴趣的基因是可变的；这意味着存在不同类型的基因，其中 DNA 编码不同。

因此，对于定位在 9 号染色体上的血型 ABO 基因，其带/基因座为 9q34.2，这意味着定位于 9 号染色体长(q)臂的 34.2。近年来，人类遗传学团体已经编绘了两组叫作 GRCh37 和 GRCh38 的人类基因组。两者都是人类基因组数据库的参考资料，如 NCBI 基因组浏览器。国际法医遗传学会(ISFG)DNA 委员会推荐 GRCh38[1]，因为这是最新的。ABO 基因的分子位置在 9 号染色体上的 133 250 401 到 133 275 201 个碱基对之间。它包括 3 种常见的不同等位基因，即 A、B 和 O。在二倍体细胞中，在种群中观察到 6 种可能的组合称为*基因型*。它们是 AA、AB、AO、BO、OO、BB，并且被描述为个体互斥，也就是说，一个人只能有一种基因型，但就群体而言是相互包容的，这意味着从群体中选出的任何个体都必须具有这些基因型之一[1]。

等位基因 A 和 B 相对等位基因 O 都是*显性的*。如果一个人有 AO 或 BO 基因型，"O"是被掩盖的，结果这个人分别属于 A 型或 B 型。被掩盖的 O 等位基因称为*隐性基因*。显性等位基因掩盖了人的基因型。人们被分类为 A 型、B 型或 O 型的*表型*，一个表型可以由一个以上的基因型表达。

使用传统的 DNA 图谱分析，我们无须担心表型，因为我们约定的是明确定义的基因序列。

基因的变异性是区分不同个体差异的基础。通常，其目标是将犯罪现场斑迹的证据与某些特定个体相关联，这些个体通常是可能被逮捕的犯罪嫌疑人。他/她可能被描述为"被质疑的人"或"利害关系人"(person of interest，POI)。注意，POI 不总是犯罪嫌疑人，有时他/

她可能是受害者,例如,在犯罪嫌疑人的衣服上发现的体液斑迹。

1.1. 短串联重复序列(STR)分析

短串联重复序列(short tandem repeat,STR)是发现于整个人类基因组中的串联重复DNA序列片段。法医实验室通常使用4个碱基对的重复,因为较短的序列更容易出现被称为影子峰的人工产物。要全面了解在案件工作中应用的STR,读者可参考文献[2]和NIST STRBase网站 https://strbase.nist.gov/index.htm,该网站列出来常用和稀有的等位基因序列,关于ISFG DNA委员会推荐的最新序列的完整详细信息,请参阅Parson等[1]的补充材料。

Urquhart等[3]定义了3种重复序列。“简单”重复序列包含相同长度和序列的重复单位;“复合”重复序列是两个或多个相邻的简单重复单位构成;“复杂”重复序列可以包含几个可变长度的重复序列,以及可变的插入序列。

简单重复的例子

STR HUMTH01基因座是一个简单的AATG序列的例子,重复的范围介于3到14之间,简写为$[AATG]_a$,其中a=重复的次数。观察到常见的微变异等位基因,在10个重复单位的第7个重复单位中有一个碱基缺失,导致该部分仅3个碱基的重复。其表示为$[AATG]_6ATG[AATG]_3$,其命名为HUMTH01 9.3。

复合重复的例子

HUMvWA是复合重复基因座[2] $[TCTA]_a[TCTG]_b[TCTA]_{0\sim1}$ 的一个示例,最后的序列要么观察不到,要么只被观察到一次。

复杂重复的例子

D21S11是一个高度多态性的基因座,具有几个中间插入的复合结构序列$[TCTA]_a[TCTG]_b[TCTA]_cTA[TCTA]_dTCA[TCTA]_eTCCATA[TCTA]_f$。

重复单位的命名是应用毛细管凝胶电泳(CE)的标准,这使得实验室和国家DNA数据库之间能够实现通用的比对。应用的命名法是基于重复单位的数量[4]。

普遍应用于国家DNA数据库现有命名系统是基于20世纪90年代早中期发现并归纳总结“典型”参考等位基因的重复结构。无论何种序列,所有变异的新等位基因命名必须符合该方案,并严格以片段长度中碱基的数目为计算条件,与等位基因阶梯(allelic ladder)进行比较。这意味着STR重复序列的长度及其与参考测序重复序列的对应关系不一定成立。让我们假设在等位基因27变异的扩增引物的侧翼区域有一个单碱基缺失;尽管重复的结构可能与所列的(序列)相同,等位基因的名称必须改为26.3。因此,这个等位基因名称不再反映参考重复序列的结构[3]。

随着大规模平行测序(massively parallel sequencing,MPS)的引入,命名法的问题已取得新的突破[1]。在常规的毛细管电泳应用中无法看到序列信息,而MPS可以看到。尽管STR片段的大小是相同的,但等位基因之间存在序列的差异,导致观察到了多态性。在CE中,所有这些序列多态性将被归为同一类,而应用MPS能将它们分开,从而提高了鉴别能力。有关 MPS 的术语命名法问题还将继续在第 13.9.1 节中讨论。其主要目的是设计一种有效的新命名法,以最大限度地利用 MPS,同时保留与现有的 CE 重复单位命名法的相互兼容性。

1.1.1　复合扩增系统的发展历史

25 年前就引入 STR 分析技术并应用于法医学案件。联合多种荧光标记物形成多基因座的复合扩增和随后通过自动荧光测序将结果可视化的能力,使构建国家 DNA 数据库成为可能。第一个例子是在 1995 年由英国法庭科学服务部(Forensic Science Service,FSS)推出的。总共有 3 次重复扩增迭代的过程。

早期的复合系统基于简单的 STR,由相对较少的基因座组成,4 个基因座的"四重系统"是第一个在个案工作中使用的复合扩增,由 FSS 提供发展的[5]。因为它仅有 4 个 STR,所以随机匹配的概率很高——大约是万分之一。1995 年,FSS 重组了复合系统,合成了一个 6 基因座的 STR 系统和牙釉蛋白基因座的性别检测[6]。这被称为"第二代复合系统"(SGM)。增加的 STR 基因座是 D21S11、HUMFIBRA/FGA[7],相较于简单的 STR,它有了更大的变异性,将随机匹配的概率降低到了五千万分之一。在英国,1995 年推出的 SGM 系统促进了英国国家 DNA 数据库(NDNAD)[8]的实施发展。随着数据库的数据不断增多,配对比较的数量急剧增加,因此有必要确保系统的匹配概率是充足的,尽量减少两个无关个体的偶然匹配机会(否则被称为偶然匹配)。结果,随着英国 NDNAD 经过 4 年运行的不断发展,在 1999 年一个名为 AmpFlSTR SGM Plus[9]的新系统问世,平均匹配概率为 10^{-13},该系统由 10 个 STR 基因座和牙釉蛋白基因座组成,替代了之前的 SGM 系统。为了确保 DNA 数据库的连续性,并使新的系统能够兼容旧的 6 个基因座的 SGM 系统,所有旧 SGM 系统中的基因座都保留在新的 AmpFlSTR SGM Plus 系统中。

1.2. 欧洲国家 DNA 数据库的发展和协调

通过国际层面的合作,实现了 STR 基因座的协调。值得注意的是,欧洲 DNA 分析小组(European DNA profiling group,EDNAP)进行了一系列的成功研究,以确定并推荐 STR 基因座供法医机构使用。从对简单的 STR HUMTH01 和 HUMVWFA31 的评估开始[10],随后工作组又评估了 D21S11 和 UMFIBRA/FGA[11]。ISFG 发表了有关 STR 基因座使用的建议[4]。

大多数(并不是全部)欧洲国家已经通过立法实施基于 STR 的国家 DNA 数据库[12]。在欧洲,为应对日益增长的跨境犯罪的挑战,人们一直在规范各国间的基因座。特别是由欧洲法庭科学研究网(European Network of Forensic Science Institytes,ENFSI)小组牵头的欧洲共同体(European Community,EC)资助的一项计划负责协调合作活动,以验证通用的商业化的复合体系[13]。荷兰和奥地利国家 DNA 数据库于 1997 年引入;1998 年德国、法国、斯洛文尼亚和塞浦路斯引进国家 DNA 数据库;1999 年芬兰、挪威和比利时引入;2000 年瑞典、丹麦、瑞士、西班牙、意大利和捷克共和国引入;2002 年希腊和立陶宛引入;2003 年匈牙利引入;2004 年爱沙尼亚和斯洛伐克引入[14]。

加拿大[15,16]和美国[17]也有类似的做法,以 13 个 STR 基因座为基础,即大家所知的 DNA 联合索引系统(Combined DNA Index System,CODIS)核心基因座。

由美国联邦调查局(FBI)赞助的 CODIS 核心基因座工作组推荐了从 2011 年使用 13 个基因座的一个扩展系统[18,19]。随后进行了广泛的验证研究,得出了建议采用 7 个新基因座[20],从而在 2017 年实施应用 20 个 CODIS 核心基因座。额外的 7 个基因座包括 5 个新的欧洲 ESS 遗传标记,加上 D2S1338 和 D19S433(参见下一节)。这使得 CODIS 的核心基因座和扩展的 ESS 中具有 15 个共同的 DNA 基因座可进行比对[21]。

1.2.1 欧洲标准体系遗传标记的发展

基于最初 EDNAP 的工作和 ENSFI 与国际刑警组织工作组会议的建议[22],HUMTH01、HUMVWFA31、D21S11 和 HUMFIBRA/FGA 这 4 个基因座最先被定义为欧洲标准体系(European standard set,ESS)基因座,这些基因座普遍融入不同的商业复合扩增体系中而被会员国所应用。基于同样的原因,3 个额外的基因座——D3S1358、D8S1179 和 D18S51 也添加到这个核心系统。这些基因座与国际刑警组织确定的用于全球 DNA 数据交换的标准基因座相同。

随后,在 2005 年《Prüm 条约》推动了 ESS 基因座的扩展[23],该条约由奥地利、德国、法国、西班牙、比利时、卢森堡和荷兰签署(目前更多的国家已经签署了该协议)。这项条约通过协议来交换信息,包括用于全欧洲检索的 DNA 分型数据库,促进了可跨国界的合作。显然,原始的 ESS 基因座组合相对较高的随机匹配概率(大约 10^{-8})不足以承受随机匹配可接受的风险(第 12.10 节)。此外,自从最初的复合扩增发展以来,已经发现了大量的新 STR,并且显示"mini-STR"提高了降解 DNA 样本的分析潜力,因为它们是短扩增产物[24]。2005 年在欧洲的 ENFSI 组织内开始了应对挑战的讨论。协作实验证实,对降解的 DNA 分析"mini-STR"显示了预期的效果[25]。经与复合扩增试剂盒制造商协商,公布了一份 ESS 遗传标记的清单[26]并进行了修订[27]。因此,最终的清单包括 5 个附加基因座分别是 D10S1248、D12S391、D22S1045、D1S1656、D2S441,ESS 总共有 12 个基因座,匹配的概率大致为 10^{-15}。新的基因座被欧洲委员会[28]和国际刑警组织在 2010 年正式采用;这导致了各大公司开发了一系列新的复合扩增系统(Promega,Life Technologies,Qiagen),见图 1.1。实际上,欧洲的

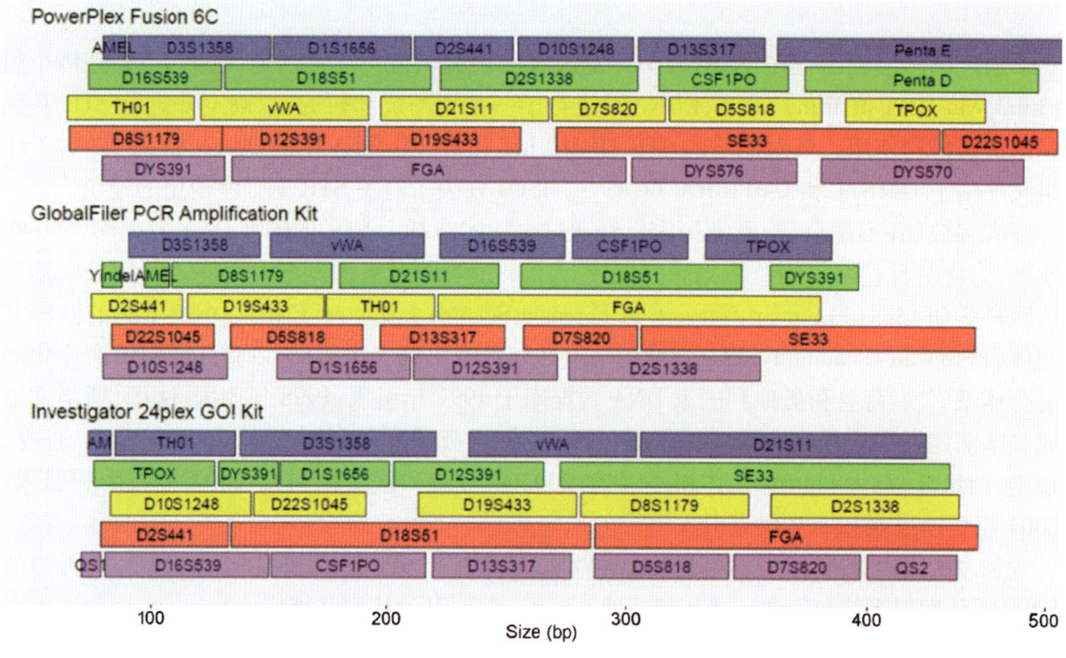

图 1.1 显示常用的复合试剂盒。使用不同染料标记物显示 ESS 和 CODIS 基因座的相对于分子量(bp)

复合扩增体系中除了 ESS 遗传标记外,D16S539、D19S433、D2S1338、SE33 共 16 个基因座均包含在内。一个完整的复合试剂盒和他们的基因座目录可以从 NIST 网站访问查看 https://strbase.nist.gov/multiplx.htm。

同时,新的生物化学方法也在一定程度上提高了试验的灵敏度,曾经有争议的低水平或低模板(LT-)DNA 分析已成为常规(第 4 章)。然而,这并非没有挑战,LT-DNA 图谱往往是复杂的混合分型,有“缺失等位基因”的问题,称为丢失。本书将解释基于似然比(LR)估计的统计方法如何对改善证据的解释至关重要。

1.3. Hardy-Weinberg 平衡

有一个基本原则支持所有的种群遗传学:Hardy-Weinberg 平衡,以两位科学家的名字命名,20 世纪初他们同时发现了该公式[29]。

为了说明这一点,举一个分别包含两个等位基因 a 和 b 的简单例子。这两个等位基因分别在二倍体中发现有 3 种组合(基因型)aa、ab 和 bb,两个相同的等位基因称为纯合子 aa、bb,而两个不同的等位基因 ab 是杂合子。

假设我们对一个 $n=100$ 个体的人群进行采样并观察到 20 个 aa、45 个 ab 和 35 个 bb 的个体。用频率直接表达基因型的观察结果相对较简单,所有可能结果的总和为 1,这是概率定律。它还遵循样本数量越大,频率估计就越好。国际法医遗传学会(ISFG)DNA 委员会推荐[30]建议至少应取 500 个样本,尽管对于小的离散群体而言很难获得,较小的样本量也就足够了。

$$\underbrace{20/100}_{aa}+\underbrace{45/100}_{ab}+\underbrace{35/100}_{bb}$$

$$=0.2aa+0.45ab+0.35bb=1$$

接下来,计算群体中等位基因的数目。这是通过对观察数据中等位基因的数目进行计数来实现的。在本例中,有两个等位基因和 3 种基因型。对于纯合子 aa,有两个 a 等位基因,而对于杂合子 ab 有一个 a 等位基因。

a 和 b 等位基因的总数是个体数(n)的 2 倍。

纯合子有 20 个 aa,或 $20\times2=40$ 个等位基因 a。杂合子有 45 个 ab,也就是 45 个等位基因 a 和 45 个等位基因 b。所以,总共有 $40+45=85$ 个等位基因 a。为了求出所占比例,我们将其除以 $2n$,因此 $p_a=85/(2\times100)$。

$$p_a=0.425$$

对于等位基因 b 也进行同样的计算:$p_b=(70+45)/(2\times100)$

$$p_b=0.575$$

和

$$p_a+p_b=1$$

一旦等位基因频率被估计,该信息可以用来计算随机选择的个体具有特定基因型的期望。预期基因型比例是通过应用 Hardy-Weinberg 平衡公式来的,该公式描述了基因型 aa、

ab、bb 中基因型比例的相对概率期望。

Hardy-Weinberg 公式很重要,因为它是乘积规则的基础。这依赖于概率定律,该定律指出两个独立事件同时发生的概率可以通过相乘它们各自的概率来估计。因此基因型 aa 的概率为 $p_a \times p_a = p_a^2$,基因型 bb 的概率计算方法与它相同 $p_b \times p_b = p_b^2$。

杂合子基因型 ab 可以以两种不同的方式出现:两条染色体的链,分别标记为 c1 和 c2。因此,有两种可选择的安排,个人可以是 ab,情况 1:{c1,a} 和{c2,b},情况 2:{c1,b} 和{c2,a}。两种情况均需要考虑,而只有一种情况为真时,将应用加法规则计算概率。因此个体是杂合子的概率是 $\underbrace{p_a \times p_b}_{\text{情况 1}} + \underbrace{p_b \times p_a}_{\text{情况 2}} = 2p_a p_b$。

把 Hardy-Weinberg 的期望全部写下来,有 3 种基因型:$p_a^2 + 2p_a p_b + p_b^2$。和之前一样,概率之和总是 1。

如果符合以下条件,则 Hardy-Weinberg 遗传平衡成立。

1. 没有人口迁入或迁出的现象。
2. 没有自然选择有利于某些特定等位基因个体的生存。
3. 群体被认为是随机婚配,没有近亲繁殖,并且非常大。
4. 没有等位基因的突变。
5. 世代互不重叠。

事实上,是很难满足 Hardy-Weinberg 的假设,因为群体不是离散的和静态的。不同群体间经常发生迁移、移民和杂交。此外,由于人口有限,所以总会有一些近亲繁殖。近交的作用是增加纯合度(Wahlund 效应[31]),这意味着用于评估基因型频率的乘法规则并非严格有效,其含义和解决方案在第 1.12 节中有更详细的讨论。

继续上面的例子,假设等位基因 a 的概率 = 0.425 和等位基因 b 的概率 = 0.575 时,Hardy-Weinberg 期望值为

$$\underbrace{p_a^2}_{\substack{0.425^2=0.18\\ \text{观察值}=0.2}} + \underbrace{2p_a p_b}_{\substack{2\times 0.425\times 0.575=0.49\\ \text{观察值}=0.45}} + \underbrace{p_b^2}_{\substack{0.575^2=0.33\\ \text{观察值}=0.35}}$$

通过将基因型 aa、ab、bb 的预期频率乘以 n,可以得到基因型 aa、ab、bb 的预期数量(表 1.1)。注意观察到的和预期的基因型频率很接近,但不完全相同。这种小偏差是很常见的。

表 1.1 卡方检验 Hardy-Weinberg 平衡的偏差

基因型	*aa*	*ab*	*bb*	总计
预计基因型频率	0.18	0.49	0.33	1
观察值	20	45	35	100
期望值	18	49	33	100
$(o-e)^2$	4	16	4	24

1.3.1 检测与 Hardy-Weinberg 平衡的偏差

卡方检验(Chi-square test)

卡方统计检验了原假设,基本说明观察结果和预期结果之间没有差异。计算方法如下:

$$\chi^2=\sum\frac{(o-e)^2}{e} \tag{1.1}$$

其中,o 代表观察值,e 代表期望值

$$\chi^2=\frac{4}{18}+\frac{16}{49}+\frac{4}{33}=0.67 \tag{1.2}$$

将结果与卡方分布表进行比较,例如 https://www.itl.nist.gov/div898/handbook/eda/section3/eda3674.htm,用一个自由度来确定它是否具有“显著性”。在本例中,按照 $\alpha=0.05$ 的显著性水平,统计结果需超过 3.84,则能拒绝原假设。

如果结果在选定的水平上是具有显著性的,则拒绝原假设。传统意义上,生物学家选择的显著性水平为:$\alpha=0.05$。然而,这个理论基础已受到了批评,因为没有科学的理由选择任意的(显著性)水平来做出二元决策。如果样本在 $\alpha=0.05$ 显示具有显著性,则意味着预期在相同总体 20 次重复采样实验中有 1 次无法通过检验(即使潜在群体处于 HW 平衡状态)。这并不是说“样本不处于 HW 平衡”。如果进行了大量试验,这就会成为一个问题;在 100 次独立检验中,由于可预测的抽样效果采用 0.05 的显著性水平,基于可预测的抽样原因,大约有 5 次会失败。解决这种问题的一种方法是应用 Bonferroni 校正。这种校正是通过总体显著性降低为(α/m)来进行补偿,其中 α 为期望的总体显著性水平,m 为进行检测的次数。例如,如果有 m=20 次的检测,而期望的显著性水平 $\alpha=0.05$,那么 Bonferroni 校正将在 $\alpha=0.05/20=0.0025$ 的水平下检验每个假设,使任何单独的检验不通过原假设的可能性更小。

费希尔精确检验(Fisher's exact test)

根据经验,如果任何一个期望值都小于 5,卡方检验就被认为是不合适的。在大规模的群体调查中,我们处理的稀有等位基因是很难被观察到的,因此对于法庭科学家收集的 STR 数据库的频率大多数检测都是正确的。因此通常也采用一种替代检验,即 Fisher 精确检验来检测 HW 偏差。这个公式很精确,因为它检验数据的所有可能排列,并使用感叹号(!)表示阶乘。阶乘是一个整数乘以它下面的所有数,所以阶乘 4!=4×3×2×1=24。HW 平衡估计公式 *Pr*(基因型计数|等位基因计数)[4] 如下:

$$Pr(n_{aa},n_{ab},n_{bb}\mid n_a,n_b,\mathrm{HWE})=\frac{n!}{n_{aa}!\,n_{ab}!\,n_{bb}!}\times\frac{2^{n_{ab}}n_a!\,n_b!}{(2n)!} \tag{1.3}$$

这些公式的原始编辑会得到大量的数据,从而导致错误。可利用 R 软件包“Hardy-Weinberg”:https://cran.r-project.org/web/packages/HardyWeinberg/HardyWeinberg.pdf。使用软件包“HWExact”功能可以很轻松地计算所需的数据。卡方检验也容纳在“HWChisq”功能下。

精确的检测对于数据库频率的质量保证非常重要,这在第 1.15 节中有更详细的描述。

1.3.2　在 STR 中扩展到多个等位基因

在第 1.3 节中描述的单核苷酸多态性是有两个等位基因,所有目前使用的常染色体 STR 每个基因座都有更多个等位基因。等位基因频率汇总的数据库可以直接从“ENFSI STR 身份数据库”(STRidER)(https://strider.online/)上查询[32];例如,HUMTH01 列出了 8 个等位基因;FGA 列出了有 24 个等位基因。

直接扩展到多个等位基因和基因座。将等位基因按顺序列在表 1.2 的第一行和第一列中,可以获得所有可能的基因型。由两个等位基因组成的基因型,在表中通过它们的交点来指定。这个过程也被称为配对比较。对角线上列出纯合子,表的其余部分列出杂合子。如前面所示,使用乘积法则计算基因型的频率,杂合子乘以 2 倍,因此基因型频率为 $Pr(7,6)=2\times P_7\times P_6$。给定等位基因的数量 n_A,可以计算出可能基因型(n_G)数目为

$$n_G=\binom{n_A+1}{2}=\frac{(n_A+1)\times n_A}{2} \tag{1.4}$$

当 $\binom{x}{y}=\frac{x!}{(x-y)!\ y!}$ 是二项式系数,给出从 x 个元素中选择 y 个元素要选择的结果数(无序替换)。HUMTH01 有 8 个等位基因,因此共有 36 个基因型,即在下三角矩阵中基因型个数加上表 1.2 对角线的基因型数量。

表 1.2 HUMTH01 基因座 8 个等位基因成对比较所有可能的 36 个基因型

等位基因	5	6	7	8	9	9.3	10	10.3
5	5,5							
6	6,5	6,6						
7	7,5	7,6	7,7					
8	8,5	8,6	8,7	8,8				
9	9,5	9,6	9,7	9,8	9,9			
9.3	9.3,5	9.3,6	9.3,7	9.3,8	9.3,9	9.3,9.3		
10	10,5	10,6	10,7	10,8	10,9	10,9.3	10,10	
10.3	10.3,5	10.3,6	10.3,7	10.3,8	10.3,9	10.3,9.3	10.3,10	10.3,10.3

配对比较是计算机编程的一个重要部分,将在第 1.11 节中详细讨论。所有可能的基因型组合很容易列出。因此,也可以通过将它们的等位基因频率相乘而容易地产生基因型的概率。

1.4. 数据的质量保证

进行统计学检测以证明 HW 的期望值是否得到满足是我们所希望的(第 1.3 节),这可以证明数据是否独立,以便人们可以使用乘积规则将其适当地用于证据强度评估计算。

如文献[33]所述,Welch 等代表 ENFSI,对 26 个欧洲群体进行了评估,应用基于费希尔精确检验的方法进行了基因座内部和基因座之间的关联研究[33](第 1.3.1 节)。结果发现与 HW 预期值出现偏差最常见的原因是观察结果的数据缺陷,而不是由于遗传原因。主要是由于重复样本偶然合并到数据库中,拥有大量相同等位基因的近亲;抄写错误等。一旦重复数据和其他错误参与了实验室的验证并随后从数据中删除,就可以得出结论,经 Bonferroni 调整后,也可以得出与 Hardy-Weinberg 平衡没有显著差异的结论。群体的亚结构(近亲繁殖)是通过使用 F_{ST} 的校正因子来调节的,也称为 theta(θ),(在第 1.12 节中详细讨论)。

欧洲人可以基于 ENFSI 的 STRbASE 访问欧洲人口数据,现在被 STRidER(STR 身份 ENFSI 参考数据库)取代[32]。它用一种综合的方法在收集数据之前确保提交数据的质量。

为了支持 STRidER,国际法医遗传学会(ISFG)已经发表了指南[30],建议概述如下:

1. 最低要求是使用 15 个常染色体 STR 基因座从 500 个样本中获得分型。
2. 说明数据库数据的地理来源。
3. 说明分析方法及使用的 STR 分型试剂盒。
4. 关于数据分析和处理的信息。
5. 数据必须通过 STRidER QC 测试,然后才能在 FSI:Genetics 杂志上发表文章。

当提交数据后,检查数据是否有重复,近亲和抄写错误。一旦数据得到验证,就进行统计学检验,以显示数据是否符合 Hardy-Weinberg 平衡。STRidER 也积极接受新数据的入库(图 1.2),并致力于收集新一代测序技术产生的数据。

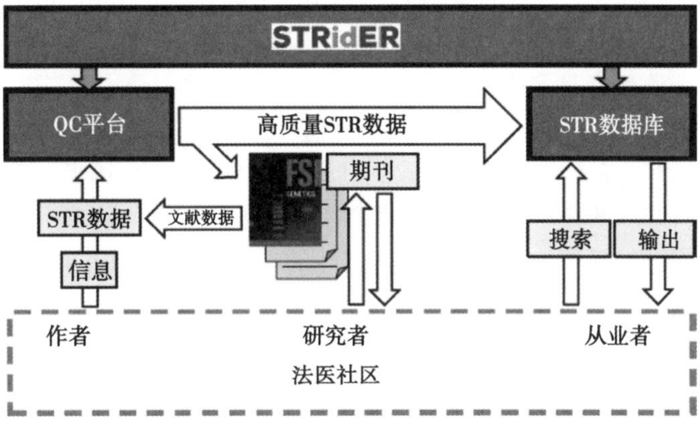

图 1.2　来自文献[32]的图。STRidER 的工作流程显示了 QC 平台和 STR 数据库的组成,这可以使得在 FSI:genetics 出版物中获得高质量的数据。经 Elsevier 许可,转载自文献[32]

1.5. 回顾:统计学定律

在进一步解释混合样本之前,有必要回顾一下统计学的两个基本定律:

乘积定律:两个独立的等位基因同时出现的概率由乘法定律来定义,所以观察到的基因型 ab 的概率(Pr)为 $p_{ab}=p_a \times p_b$ 和交替排列的概率为 $p_{ab}=p_b \times p_a$,即 $p_{ba}=p_{ab}$,其中 a 在染色体链 c1 上,而 b 在染色体链 c2 上。

虽然不知道等位基因的染色体的排列,但必定只有一个或另一个是真实的,它们不能同时都真实。基因型 ab 或基因型 ba(事件 A 或 B)的概率受加法定律的约束。

加法定律:当两个事件 A 和 B 相互排斥时,发生 A 或 B 的概率是每个事件的概率之和。

我们继续这个例子,观察到基因型为 ab,染色体顺序是未知的,因此,ab 或 ba 顺序的概率为 $p_{ab}+p_{ba}$。结合乘法定律 $p_{ab}=2 \times p_a \times p_b$。

独立/相关:如果事件 A 的发生改变了事件 B 的概率,那么事件 A 和 B 是相关的。另一方面,如果事件 A 的发生不改变事件 B 的概率,则事件 A 和事件 B 是独立的。

条件概率:假设事件 B 已经发生,事件 A 发生的概率称为条件概率。给定事件 B,事件 A 的条件概率用垂直符号表示 $Pr(A|B)$。

补集:一个事件的补集是未发生的事件。事件 A 不发生的概率用 $Pr(\bar{A})$ 表示,如果存在二元的选择,例如,在一个群体中观察到等位基因 a 或等位基因 b,那么从等位基因 a 可以计算出等位基因 b 的概率为:$p_b=1-p_a$。

基础数学:

- 当使用"+"(加号)时,表示"或(OR)"。
- 当使用"×"(乘号)时,表示"和(AND)"。

1.5.1 条件作用对概率的影响

一个瓮里装有 20 个红球(r)、50 个白球(w)和 30 个绿球(g)。

1. 取到红球或白球的概率 $Pr(r\ \text{OR}\ w)=w+r$:0.20+0.50=0.7(或 7/10)。

2. 取到一个红球和一个白球的概率 $Pr(r\ \text{AND}\ w)=r\times w$:0.20×0.50=0.10(或 1/10)。

改变问题,概率就会改变。让我们抓一个球,假设这是白色的。在第一个球是白色的前提下,得到一个红球的概率是多少?

注意,瓮中球的总数现在是 99 个,因为已经有一个抓出。现在有 20 个红球,49 个白球,30 个绿球,总共 99 个。拿走白球增加了取到红球或绿球的机会,因此再取到一个白球的概率是 49/99 的机会;红球的概率是 20/99;绿球的概率是 30/99。

因此,如果我们已经抓了一个白球,得到红球的概率为 $Pr(r|w)\times Pr(w)$。注意,由于所抓的球是白色的,我们知道 w 事件已经发生,所以 $Pr(w)=1$,因此 $Pr(r|w)=20/99=0.202$。

1.6. 似然比

似然比是用于量化两个统计模型或假设之间的相对拟合优度的统计量,方法是取两个对应条件概率的比率来计算。

在任何刑事案件中,都有现场斑迹证据(E)以及可能是犯罪嫌疑人(S)或受害人(V)与案件有利害关系人员(POI)。例如,控方可能寻求确立证据的强度,以支持犯罪嫌疑人是案件斑迹的供者这一论点。辩方将提出另一种解释——犯罪嫌疑人是无辜的,一个身份不明的人是供者。这两种假设被称为命题。

我们遵循一个用于解释所有案件证据的标准格式。相对于一对备选命题对证据(E)进行评估。通常,它们的表述如下:

H_p(控方命题):现场斑迹证据来自犯罪嫌疑人。

H_d(辩方命题):现场斑迹证据来自无关人。

对于这些命题中的每一个,我们都希望量化下面的条件概率:$Pr(E|H_p)$,现场斑迹来自犯罪嫌疑人的证据概率(控方主张)和 $Pr(E|H_d)$,现场斑迹来自一个未知人(无关的)的证据概率(辩方主张)。然后用这两个概率来表示似然比(LR),标记为

$$LR=\frac{Pr(E|H_p)}{Pr(E|H_d)} \tag{1.5}$$

分数的上半部分称为分子,下半部分称为分母。

LR 非常灵活，它可以用来比较许多不同种类的可能性命题，包括多个人和受害者。例如，假设现场斑迹是被强奸受害者的阴道拭子。显然，人们期望从受害者的阴道细胞中提取女性 DNA，这些 DNA 可能会提供与性攻击者的精子 DNA 混合的 DNA 图谱。因此受害者在分子和分母中均是条件，通过假设现场斑迹是 2 人混合，命题变成为

H_p：现场斑迹证据来源于被害人和犯罪嫌疑人；

H_d：现场斑迹证据来源于被害人和无关人；

重要的是，任何一个命题中的未知个体（或几个个体）总是被认为属于一个总体（即，可以假设他们是随机抽取的）。然而，以上提出的条件概率是基于假定群体中个体会出现不同数据类型的频率的。

LR 用于陈述性写作，以便法庭上使用；第 6.1.7 节提供了一个示例。

1.7. 简单混合样本的解释：基础知识

1.7.1 命名法

我们始终应用一个简单的命名法，用字母表示相对于等位基因的分子量。例如，如果一个个体有等位基因“8”和“9”，我们说该个体具有基因型（8,9）。按分子量的顺序给出符号，其中“8”是最小的，“9”是最大的等位基因。一般情况下，我们只用字母转换，这样“*a*”对应分子量最小的等位基因，“*b*”对应第二小的分子量等等。对于混合样本，即具有一个以上的供者，将有几种基因型组合。例如，两个个体所组成的混合样本可以由基因型（8,9）和（7,7）的个体组成。它们对应的字母转换就是 *bc* 和 *aa*，我们把它们简单标记为 *bc* 和 *aa*。附加的例子如表 1.3 所示。

表 1.3 用于描述混合基因型的字母命名法示例。每个个体有两个等位基因。字母转换遵循低分子量到高分子量的过程。如果基因座是纯合子，那么每个等位基因都是相同的

例子	个体 1	个体 2	字母转换
1	4,6	5,7	*ac*,*bd*
2	8,9	7,7	*bc*,*aa*
3	7,7	3,3	*bb*,*aa*
4	4,8	5,9	*ac*,*bd*
5	5,7	5,6	*ac*,*ab*

1.7.2 最小供者的数量

到目前为止，我们已经讨论了有关单个非混合样本的遗传学原理。然而，现实情况是，许多现场斑迹是 2 人或更多人的混合样本。为了解释这些数据，有必要确定对条件供者的数量。最简单的方法是使用等位基因计数方法[34]。例如，在 2 人混合的情况下，有 5 种可能的等位基因的组合：

1. 如果两个供者都是杂合子（*ab*,*cd*），并且彼此是不同的等位基因，那么就有 4 个等位

基因。

2. 如果两个供者都是杂合子,并且其中一个等位基因是相同的(ab,bc),那么就有 3 个等位基因存在,因为其中一个等位基因在两个体间共享(等位基因 b),表述为被掩盖。

3. 如果两个供者都是杂合子(ab,ab),并且是相同的等位基因,那么就只检出两个,因为有两个等位基因被掩盖了。

4. 如果一个供者是纯合子,那么如果组合是(aa,bc)就有 3 个等位基因,如果一个是共享的(aa,ab)就只有两个等位基因。

5. 最后,如果两个供者都是纯合子,那么如果组合是(aa,bb)则存在两个等位基因,但如果两个供者是相同的(aa,aa)则只观察到一个等位基因。

典型的 2 人混合样本,在一个基因座将有 1~4 个等位基因数量的变化。因为重叠掩盖,我们永远不能 100% 确定供者的绝对数量,但是我们可以从基因座中最大数量的等位基因评估最小的供者数量(nC_{min}):如果 HUMTH01 有 3 或 4 个等位基因,那么这说明最小的供者数量是 2。如果有 5 或 6 个等位基因,那么这意味着至少有 3 个供者(图 1.3)。

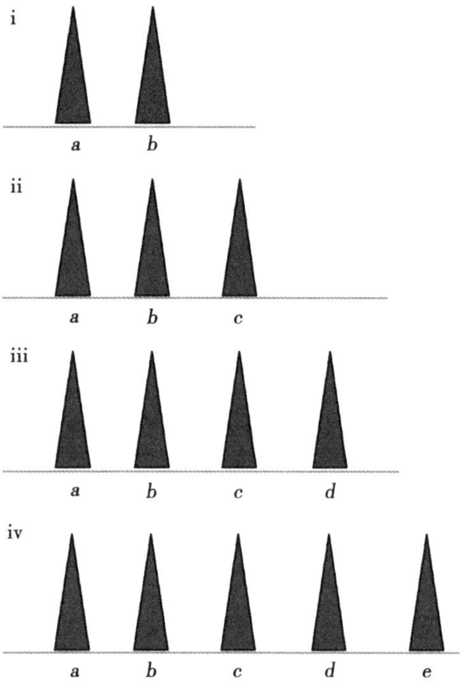

图 1.3 在 4 个独立的电泳图中 2~5 个等位基因的描述。(ⅰ)有两个等位基因,至少是单人供者,但是这并不排除两个供者的可能性,这可能是 ab,ab 型。(ⅱ)和(ⅲ)有 3~4 个等位基因,这意味着至少有两个人参与。如果两个人均为杂合子,则在(ⅱ)中存在掩盖,即其中一个等位基因必须在两供者间共享。(ⅳ)有 5 个等位基因,必须是至少 3 个供着

一个简单的公式可以用于估计 nC_{min}:

$$nC_{min} = \frac{N_{alleles}}{2} \tag{1.6}$$

如果计算结果是一个分数,如 $nC_{min} = 3/2 = 1.5$,则四舍五入到最接近的整数,即 $nC_{min} = 2$。

这是对供者数量问题的简要介绍。这个基本方法在实践中使用起来很简单,并且适用于完整的图谱。然而,它没有考虑到后面章节中介绍的人工产物,如影子峰和插入。因此,该方法可能会高估个体的真实数量。在第 2.3.2 节中描述了对多重基因座的扩展。

1.7.3　两供者混合样本的解释

现在接下来的所有内容都在第 1.6 节描述的似然比框架中,并遵循 Evett 等最初的描述[35]。为了简单起见,我们一次只考虑一个基因座(实际上要考虑 15 个或更多的基因座),一旦掌握了单个基因座的理论,对于 STR 分型结果来说就会非常简单地扩展到多个基因座。

假设一个犯罪现场,并且从犯罪现场提取到了血斑。经检验分析,揭示了 DNA 图谱至少是两个供者混合的分型,因为每个基因座上有 2~4 个等位基因(公式 1.6)。

一个犯罪嫌疑人已被逮捕,并在其颊部采集参考样本。我们称他在一个基因座的两个等位基因为 ab,"匹配"[5] 现场斑迹的证据(见图 1.4),这意味着现场斑迹还有两个不匹配的等位基因(cd)。对证据的逻辑评估使用 1.6 节描述的似然比方法,其中研究了两个备选的命题:一个为控方(H_p)和一个为辩方(H_d)。

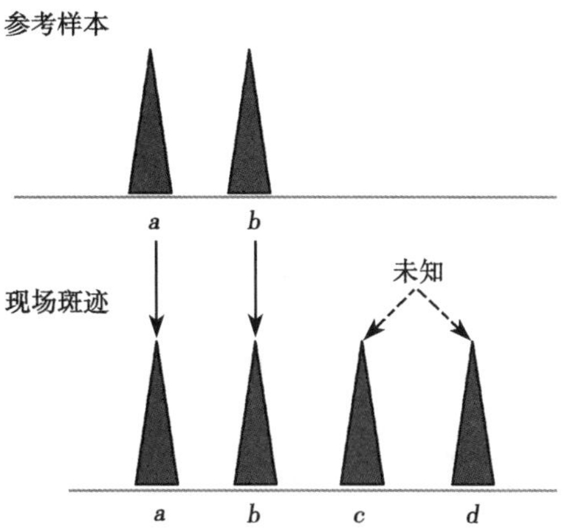

图 1.4　电泳图的描述,现场斑迹有 4 个等位基因,其中两个匹配参考样本

1.7.4　第 1 步:设定供者的数量

为了形成命题,我们需要分析确定图谱的供者。在第 12.14 节有一个更广泛的讨论,关于如何实现命题的陈述。

首先,我们以供者的数量为设定条件(第 1.7.2 节)。有两个供者[6],其中一个被控方提议为犯罪嫌疑人。

1.7.5　第 2 步:陈述备选命题

*控方*命题(H_p)如下:DNA 来自犯罪嫌疑人和一名未知个体。

*辩方*命题(H_d)如下:DNA 来自两个不相关的未知个体。

1.7.6　第 3 步:评估在辩护主张下证据的概率

在这里条件作用变得很重要。为了避免转置条件的谬误或检察官的谬误(第 12.8 节),我们必须评估证据如果[7] 的概率(如果来自两个未知的供者),条件词如果充当了考虑两个元素的语言分隔符,即证据和命题。用数学符号表示为 $Pr(E=abcd \mid G_S, H_d, I)$,其中 G_S 为犯罪嫌疑人基因分型,I 为背景信息,例如等位基因频率。

辩方说被告是无辜的,因为 DNA 图谱来自两个未知名的个体。

如果证据来自现场斑迹中等位基因亚群中的任意两个随机个体,那么我们就可以列出一个所有可能产生个体对的基因型组合的清单:

1. 列出所有可供选择的基因型组合

给定一个四等位基因的现场斑迹,每个个体有 6 种可能的基因型:ab、ac、ad、cd、bd、bc。

在 H_p 下供者 2 的基因型由在供者 1 中找不到的两个等位基因组成。在表 1.4 中列出完整的基因型补充。

表 1.4 两个供者的所有可能的基因型对，每个供者有两个不同的等位基因

供者 1	供者 2	供者 1	供者 2
ab	*cd*	*cd*	*ab*
ac	*bd*	*bd*	*ac*
ad	*bc*	*bc*	*ad*

2. 为每个可能的基因型对分配概率

下一步，以 Hardy-Weinberg 期望将概率分配给每个供者的每个基因型。例如，第 1 行是 $2p_ap_b$ 和 $2p_cp_d$。来计算 $Pr(E=abcd \mid G_S, H_d, I)$ 的概率，我们需要将各列相乘，因为我们要计算供者 1“和”供者 2 基因型的概率（表 1.5）。这样每一行的乘积为 $4p_ap_bp_cp_d$。由于基因型组合的列表是互斥的，因此只有一行是正确的。用“或”一词来描述替代事件之间的相互排他性是必不可少的，因此，对最后一列的总和旨在提供概率 $Pr(E=abcd \mid G_S, H_d, I)=24p_ap_bp_cp_d$。

表 1.5 来自两个供者的不同等位基因的两种基因型组合的概率。G_1 为供者 1 的基因型，G_2 为供者 2 的基因型

$Pr(G_1)$	$Pr(G_2)$	乘积 $Pr(G_1)\times Pr(G_2)$
$2p_ap_b$	$2p_cp_d$	$4p_ap_bp_cp_d$
$2p_ap_c$	$2p_bp_d$	$4p_ap_bp_cp_d$
$2p_ap_d$	$2p_bp_c$	$4p_ap_bp_cp_d$
$2p_cp_d$	$2p_ap_b$	$4p_ap_bp_cp_d$
$2p_bp_d$	$2p_ap_c$	$4p_ap_bp_cp_d$
$2p_bp_c$	$2p_ap_d$	$4p_ap_bp_cp_d$
	总合＝	$24p_ap_bp_cp_d$

1.7.7 第 4 步：评估在控方主张下犯罪斑迹证据的概率

如果被告真是犯罪斑迹的留有者，那么我们希望能确定地观察到 *ab* 基因型，$Pr=1$。然而，有两个未知的等位基因来自一个未知的个体。从表 1.4 中，第一行为 *ab*，*cd*。基因型的其他组合是不可能的。假设来自被告 *ab* 的概率等于 1，*cd* 的概率 $=2p_cp_d$。

似然比分子的条件表达式为 $Pr(E=abcd \mid G_S, H_d, I)=1\times 2p_cp_d$。

1.7.8 第 5 步：计算似然比

最后阶段是计算似然比：

$$LR=\frac{Pr(E=abcd \mid G_S, H_p, I)}{Pr(E=abcd \mid G_S, H_d, I)} \tag{1.7}$$

代入分子分母的公式，得到：

$$LR=\frac{2\cancel{p_c p_d}}{24p_a p_b \cancel{p_c p_d}} \tag{1.8}$$

消去 $p_c p_d$，如上式所示：

$$LR=\frac{1}{12p_a p_b} \tag{1.9}$$

举一个例子，如果所有等位基因频率的 a、b、c、$d=0.1$，那么上述的例子 $LR=8.3$。将此与单个（非混合）分型的示例进行比较：如果现场斑迹 ab 与被告相符，那么 $LR=50\left(\frac{1}{2p_a p_b}\right)$，即混合样本的证据强度大大减低，因为犯罪斑迹中额外等位基因与被告不匹配，会带来不确定性。另请参阅文献[36]，表 5 给出在各种情况下混合样本的公式清单。

1.7.9　第 6 步：报告似然比

证据的强度总是以似然比的形式计算的，一个典型的陈述将似然比表述如下：

a）我对“X 先生是现场斑迹 Y 的供者”这一命题与另一命题“X 先生不是斑迹 Y 的供者”进行了评估，这些条件如下：

b）X 先生和一个未知的人都是斑迹的供者。

c）两个未知名的人都是斑迹的供者。

如果第一个命题 a）为真，则与命题 b）所描述的选择相比获得证据的可能性高 8.3 倍[8]。有关报告编写的详细信息请参阅第 12.11 节。

1.8.　3 个等位基因的混合样本

我们现在考虑由两个供者具有 3 个等位基因（abc）的更复杂的混合样本。犯罪嫌疑人参考样本为 ab 型。如前所述，辩方提出现场斑迹来源于两个未知的人。将 12 种可能的成对基因型组合列表（表 1.6），计算其概率如表 1.7 所示。

表 1.6　成对基因型组合显示两个供者共有 3 个等位基因

供者 1	供者 2	供者 1	供者 2
aa	*bc*	*bc*	*aa*
bb	*ac*	*ac*	*bb*
cc	*ab*	*ab*	*cc*
ab	*ac*	*ac*	*ab*
ab	*bc*	*bc*	*ab*
bc	*ac*	*ac*	*bc*

表 1.7 具有 3 个共享等位基因的两供者基因型组合的概率。G_1 为供者 1 的基因型,G_2 为供者 2 的基因型

$Pr(G_1)$	$Pr(G_2)$	乘积
p_a^2	$2p_bp_c$	$4p_a^2p_bp_c$
p_b^2	$2p_ap_c$	$2p_ap_b^2p_c$
p_c^2	$2p_ap_b$	$2p_ap_bp_c^2$
$2p_ap_b$	$2p_ap_c$	$4p_a^2p_bp_c$
$2p_ap_b$	$2p_bp_c$	$4p_ap_b^2p_c$
$2p_bp_c$	$2p_ap_c$	$4p_ap_bp_c^2$
$2p_bp_c$	p_a^2	$2p_a^2p_bp_c$
$2p_ap_c$	p_b^2	$2p_ap_b^2p_c$
$2p_ap_b$	p_c^2	$2p_ap_bp_c^2$
$2p_ap_c$	$2p_ap_b$	$4p_a^2p_bp_c$
$2p_bp_c$	$2p_ap_b$	$4p_ap_b^2p_c$
$2p_ap_c$	$2p_bp_c$	$4p_ap_bp_c^2$
	总合=	$12p_ap_bp_c(p_a+p_b+p_c)$

1.8.1 似然比计算

最后阶段是计算似然比。辩方的命题计算如表 1.7 所示,$Pr(E=abc|G_S,H_d,I=12p_ap_bp_c(p_a+p_b+p_c)$。如果有基因型 ab 的犯罪嫌疑人为供者 1,则分配为未知供者 2 的基因型必须至少有一个 c 才能描述证据,相对应于这 3 种基因型:ac、bc 或 cc。因此,控方命题下证据的概率是:

$$Pr(E=abc|G_S,H_p,I)=p_c^2+2p_ap_c+2p_bp_c \tag{1.10}$$

为了计算 LR,我们将公式 1.10 代入分子,将表 1.7 中的乘积和代入分母:

$$LR=\frac{Pr(E=abc|G_S,H_p,I)}{Pr(E=abc|G_S,H_d,I)}=\frac{p_c^2+2p_ap_c+2p_bp_c}{12p_ap_bp_c(p_a+p_b+p_c)} \tag{1.11}$$

分子和分母上的 p_c 约去得到

$$LR=\frac{p_c+2p_a+2p_b}{12p_ap_b(p_a+p_b+p_c)} \tag{1.12}$$

现在假设犯罪嫌疑人是纯合子 aa。分母不变。未知的供者只能是 bc 杂合子,因此 $Pr(E|G_S,H_p,I)=2p_bp_c$

那么

$$LR=\frac{2p_bp_c}{12p_ap_bp_c(p_a+p_b+p_c)} \tag{1.13}$$

分子分母上的 $p_b p_c$ 约去得到

$$LR=\frac{1}{6p_a(p_a+p_b+p_c)} \tag{1.14}$$

1.9. 两个等位基因混合样本

根据辩方的命题,来自两个供者的双等位基因混合样本 $E=ab$ 可能来自以下 3 种不同情况之一:

1. 两个相同的杂合子,如 ab 和 ab;
2. 两个不同的纯合子,如 aa 和 bb;
3. 一个纯合子和一个杂合子,如 aa 和 ab。

有 7 种可能的基因型组合(表 1.8)。

表 1.8　基因型成对组合显示两个供者共享两个等位基因

供者 1	供者 2	供者 1	供者 2
aa	bb	bb	aa
aa	ab	ab	aa
bb	ab	ab	bb
ab	ab		

分母 $Pr(E|G_S,H_d,I)$ 由表 1.9 中列出的基因型组合计算

表 1.9　两个共享等位基因供者基因型组合的概率 G_1 为供者 1 的基因型,G_2 为供者 2 的基因型

$Pr(G_1)$	$Pr(G_2)$	乘积
p_a^2	p_b^2	$p_a^2p_b^2$
p_a^2	$2p_ap_b$	$2p_a^3p_b$
p_b^2	$2p_ap_b$	$2p_ap_b^3$
$2p_ap_b$	$2p_ap_b$	$4p_a^2p_b^2$
p_b^2	p_a^2	$p_a^2p_b^2$
$2p_ap_b$	p_a^2	$2p_a^3p_b$
$2p_ap_b$	p_b^2	$2p_ap_b^3$
	总合=	$2p_ap_b(3p_ap_b+2p_a^2+2p_b^2)$

如果犯罪嫌疑人是纯合子(aa),那么未知供者是 ab 或 bb,因此

$$Pr(E=ab|G_S,H_p,I)=2p_ap_b+p_b^2 \tag{1.15}$$

为了计算 LR,我们将公式 1.15 代入分子以及表 1.9 的乘积之和代入分母:

$$LR=\frac{Pr(E=ab\mid G_S,H_p,I)}{Pr(E=ab\mid H_d)}=\frac{p_b(2p_a+p_b)}{2p_ap_b(2p_a^2+3p_ap_b+2p_b^2)} \tag{1.16}$$

分子分母都约掉 p_b 得到

$$LR=\frac{2p_a+p_b}{2p_a(2p_a^2+3p_ap_b+2p_b^2)} \tag{1.17}$$

如果犯罪嫌疑人是杂合子 ab,那么分子 $Pr(E\mid H_p)$ 对未知有 3 种选择,ab 或 aa 或 bb,因此

$$Pr(E\mid G_S,H_p,I)=2p_ap_b+p_a^2+p_b^2=(p_a+p_b)^2 \tag{1.18}$$

将公式 1.18 代入分子以及表 1.9 的乘积之和代入分母,LR 为

$$LR=\frac{(p_a+p_b)^2}{2p_ap_b(2p_a^2+3p_ap_b+2p_b^2)} \tag{1.19}$$

1.10. 多个供者

前几节说明了计算简单的 2 人混合样本似然比的基本方法。然而,真正的现场斑迹样本往往由 2 人以上的供者组成。例如,如果考虑 3 个,则问题变得就更加复杂,因为 H_d 下基因型组合数量可能会呈指数级增长。设想一下 3 种杂合子 ab、cd、ef 的混合样本,在 H_d 下,目前会有 144 种可能的基因型组合,应用第 1.8.1 节中的电子表格方法是无法管理的。通用的公式由 Weir 等[36]列出。

即使在相对简单的情况下,手工计算对于日常使用而言也变得过于烦琐,并且容易出错。因此,这突出了需要计算机程序或专家系统以消除这些负担,同时消除手工计算带来的相关质量问题。

1.11. 用计算机程序进行自动计算

1.11.1 两个供者

在 1.8.1 节中,推导出了似然比公式。但计算过程很复杂,依赖所使用的条件,每种基因型组合都需要一个不同的公式。添加两个以上的参与者会大大增加所需公式的范围,因此硬将它们编码到计算机程序中是不现实的,需要一种替代方法。计算机非常擅长使用简单规则集对大量数据执行重复性任务。诀窍在于识别规则集并将数据组织到矩阵中,矩阵可能是巨大的、多维的——浩大而烦琐,无法通过肉眼检查,但非常适合计算的环境。

成对比较的重要性在第 1.3.2 节(表 1.2)中进行了说明。在此扩展了该原理,考虑已知 4 个等位基因的基因座。二维矩阵可以表示 10 种可能的基因型和 100 种可能的 2 人基因型组合(表 1.10)。

表 1.10　2 人混合样本中具有 4 个可能等位基因的基因座的所有可能基因型组合的成对比较。颜色编码用于显示每个单元格的独特等位基因数量,反映了电泳图谱的外观:灰色=1 个等位基因;白色=2 个等位基因;绿色=3 个等位基因,红色=4 个等位基因

基因型	*aa*	*ab*	*ac*	*ad*	*bb*	*bc*	*bd*	*cc*	*cd*	*dd*
aa	*aa*,*aa*	*aa*,*ab*	*aa*,*ac*	*aa*,*ad*	*aa*,*bb*	*aa*,*bc*	*aa*,*bd*	*aa*,*cc*	*aa*,*cd*	*aa*,*dd*
ab	*ab*,*aa*	*ab*,*ab*	*ab*,*ac*	*ab*,*ad*	*ab*,*bb*	*ab*,*bc*	*ab*,*bd*	*ab*,*cc*	*ab*,*cd*	*ab*,*dd*
ac	*ac*,*aa*	*ac*,*ab*	*ac*,*ac*	*ac*,*ad*	*ac*,*bb*	*ac*,*bc*	*ac*,*bd*	*ac*,*cc*	*ac*,*cd*	*ac*,*dd*
ad	*ad*,*aa*	*ad*,*ab*	*ad*,*ac*	*ad*,*ad*	*ad*,*bb*	*ad*,*bc*	*ad*,*bd*	*ad*,*cc*	*ad*,*cd*	*ad*,*dd*
bb	*bb*,*aa*	*bb*,*ab*	*bb*,*ac*	*bb*,*ad*	*bb*,*bb*	*bb*,*bc*	*bb*,*bd*	*bb*,*cc*	*bb*,*cd*	*bb*,*dd*
bc	*bc*,*aa*	*bc*,*ab*	*bc*,*ac*	*bc*,*ad*	*bc*,*bb*	*bc*,*bc*	*bc*,*bd*	*bc*,*cc*	*bc*,*cd*	*bc*,*dd*
bd	*bd*,*aa*	*bd*,*ab*	*bd*,*ac*	*bd*,*ad*	*bd*,*bb*	*bd*,*bc*	*bd*,*bd*	*bd*,*cc*	*bd*,*cd*	*bd*,*dd*
cc	*cc*,*aa*	*cc*,*ab*	*cc*,*ac*	*cc*,*ad*	*cc*,*bb*	*cc*,*bc*	*cc*,*bd*	*cc*,*cc*	*cc*,*cd*	*cc*,*dd*
cd	*cd*,*aa*	*cd*,*ab*	*cd*,*ac*	*cd*,*ad*	*cd*,*bb*	*cd*,*bc*	*cd*,*bd*	*cd*,*cc*	*cd*,*cd*	*cd*,*dd*
dd	*dd*,*aa*	*dd*,*ab*	*dd*,*ad*	*dd*,*ad*	*dd*,*bb*	*dd*,*bc*	*dd*,*bd*	*dd*,*cc*	*dd*,*cd*	*dd*,*dd*

这总结了第 1.7.6 节中描述的所有基因型组合(表 1.4)。如果一个现场斑迹由 4 个等位基因(*abcd*)组成,那么所有的组合都是表中红色。如果存在 3 个等位基因,如 *abc*,则可能的基因型在表中绿色的格中表示。计算机可以使用一些简单的规则集很轻松地选择基因型:

H_d 评估

1. 如果在方格中均可找到现场斑迹中发现的所有独特的等位基因,且没有不匹配的等位基因——(这适用于每个方格)——那么就可选择基因型组合。

- 如果现场斑迹的分型是 *abc*,则有 3 个等位基因,因此在表 1.10 每个绿色方格进行了比较以看是否全部存在。例如,选择基因型组合 *ab*、*ac*,而 *ab*、*dd* 不是,因为等位基因 *c* 在后者中缺失。单元格的选择已在表 1.6 中列出,并且将这些单元格用于计算表 1.7 中所示的 H_d 条件下的证据概率。

2. 如果选中一个单元格,那么根据等位基因使用简单的编程规则集自动计算基因型概率:

- 纯合子计算为 p_a^2 或 p_b^2 或 p_c^2;
- 杂合子计算为 $2p_ap_b$ 或 $2p_ap_c$ 或 $2p_bp_c$;
- 例如,考虑基因型组合 *ab*、*ac*,其中 *ab* 来自供者 1,*ac* 来自供者 2。

$$Pr(E \mid ab, ac) = 2p_ap_b \times 2p_ap_c = 4p_a^2p_bp_c$$

- 有必要考虑基因型来自其他供者的可能性,比如上面例子中 *ab*,*ac*⇒*ac*,*ab* 给出与上述相同的表达式,并乘以 2 倍。

$$Pr(E \mid ab, ac\ or\ ac, ab) = (2p_ap_b \times 2p_ap_c) + (2p_ap_c \times 2p_ap_b) = 8p_a^2p_bp_c$$

- 从表 1.10 中现场斑迹 *abc* 三等位基因选择的 12 个基因型的列表,与表 1.6 所示

是完全相同的;相关的概率列于表1.7中。

- 如果两个基因型相同,如杂合子 *ab*、*ab* 或纯合子 *aa*、*aa*,则省略了两个因素。因为两个供者具有相同的基因型,并且表中没有相反的顺序。表1.10沿对角线列出所有这些基因型。

H_p 评估

当犯罪嫌疑人有条件时,程序如下:

1. 将供者1指定为犯罪嫌疑人。

2. 如果参考基因型是 *ab* 型,则选择第2行(表1.10)的单元格,它们是否包括现场斑迹中所有等位基因。

- 例如,如果现场斑迹是4个等位基因(*a*,*b*,*c*,*d*),那么选择 *ab*,*cd* 的单元格(也就是说,未知的供者是 *cd* 型)。我们不考虑基因型组合 *cd*,*ab*,因为我们已假设犯罪嫌疑人是供者1。
- 如果犯罪样本是3个等位基因(*abc*),如前面的例子,那么表中单元格 *ab*、*ac*;*ab*、*bc*;*ab*、*cc* 均可选择,未知供者的基因型为 *ac* 型或 *bc* 型或 *cc* 型。

3. 当选定单元格后,使用 Hardy-Weinberg 期望值来计算未知供者的概率。在给定的命题中,已知个体的概率为 $Pr=1$。

- 已知犯罪嫌疑人基因型为 *ab*,现场斑迹为 *abcd*,则 $Pr(E=abcd \mid G_S,H_p,I)=1\times2p_cp_d$
- 若已知基因型为 *ab*,未知基因型为 *ac*、*bc*、*cc*,则 $Pr(E=abcd \mid G_S,H_p,I)=1\times(2p_ap_c+2p_bp_c+p_c^2)$
- 因为犯罪嫌疑人被指定为特定型的供者,因此与 H_d 计算一样,没有其他选择。如果以分母中的一个已知个体为条件,则适用相同的理由(通常这将是受害人,被确定为供者2)。

如前1.8.1节所述,通过将分子 H_p 除以分母 H_d,可以得出该似然比,用公式可以得到相同的结果。虽然计算机不推导公式,但使用这些简单的规则集来处理表中大型数据(如表1.10所示)是非常有用的,如上所述,它们很容易编程。

1.11.2 简要重述

按以下程序执行。

1. 对于每个基因座,列出了所有可能的基因型。

2. 准备一个显示所有可能基因型成对比较的矩阵,如表1.10所示,给出所有可能的两个供者基因型组合的矩阵。

3. 现场斑迹中独特的等位基因组与矩形中每个单元格中的一组独特的等位基因进行比对。如果没有匹配,那么分配给基因型组合的概率为零。

4. 如果参考样本中独特的等位基因与矩阵中相匹配,则根据HW期望,通过每个供者的等位基因频率相乘,然后再乘以结果,来计算单元格的概率。

5. 在 H_p 的命题下,犯罪嫌疑人是供者1,有条件的受害者是供者2。

- 将已知的个体、犯罪嫌疑人和/或受害者的概率赋为 $Pr=1$。

6. 如果在命题下供者是未知的,则需对每个供者测试基因型组合。如果在命题下已知供者,那么就无须考虑备选的基因型组合。

7. 如第 1.8.1 节所述,将所有基因型组合的概率加到 H_p 和 H_d 下,以提供相同的概率。

1.11.3　扩展到 3 个或更多的供者

先前曾指出,第 1.7 节中的方法实际上仅限于两个单独的供者,因为不同成对组合的数量呈指数级增长,很难推导出必要的公式。然而,扩展到两个以上的供者是通过向矩阵中增加新的维度来完成的。

假设现场斑迹被确定为 3 个供者。表 1.10 扩展一个新的维度,所以它变成了一个三维立体(图 1.5)。第三个维度包含第三个供者所有可能的基因型,形成立体多维数据集。需要将表 1.10 复制 10 次,每行/列标题中的每个基因型列表一次。

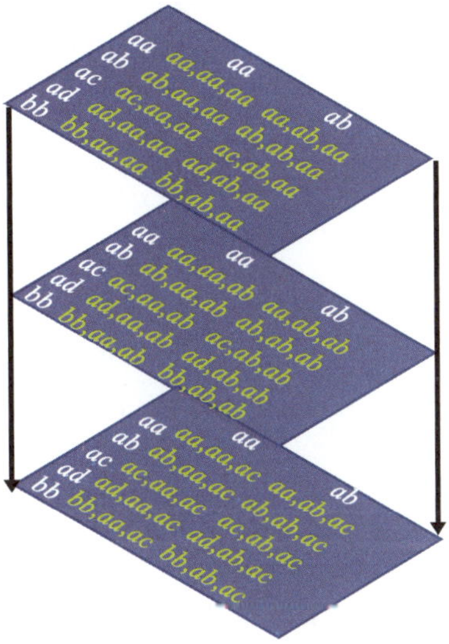

图 1.5　3 个供者的三维比较,现场斑迹有 4 个等位基因。表中只显示了一小部分。列在第一行/列中的第一和第二供者基因型在每一层中复制。第三供者在每一层内是相同的基因型,但在各层之间是不同的。第一基因型组合在最上层 *aa*,*aa*,*aa*;第二层中变为 *aa*,*aa*,*ab*;第三层中变为 *aa*,*aa*,*ac*

在第一张表中,第一个和第二个供者的列出与多维数据第一维和第二维表 1.10 的描述完全相同。第三维度对应于第三个供者。如果在一个基因座上有 10 个可能的基因型,这将导致会有 10 个不同层的第三维,其中每个层都对应第三个供者的基因型。在第一层中,第三个供者被分配为 *aa*,第二层是 *ab*,第三层是 *ac*,依此类推,直到在 10 个层中的每一个中分配了可能的 3 个供者基因型中的每一个。

分配概率的过程如 1.11.1 节中所描述的完全相同。例如,如果现场斑迹是等位基因 *a*,*b*,*c* 是 3 人的混合样本,则应检查多维数据集中的每个单元格,查看它们是否与每个单元格中独特的等位基因相“匹配”。因此,在第一层中,基因型 *aa*、*ab*、*ac* 是匹配的,而 *ad*、*ab*、*ac* 则不是。

概率的分配方式与前述完全相同:考虑的基因型组合之一是 *aa*、*ab*、*ac*,其中 $Pr = p_a^2 \times 2p_a p_b \times 2p_a p_c$。在 H_d 下,包括了所有可选择的组合,而不仅是两个,现在要考虑的是 6 个(所有这些都可在图 1.5 所示的扩展立方体结构中找到):

aa,*ab*,*ac*

aa,*ac*,*ab*

ab,*aa*,*ac*

$$ab, ac, aa$$
$$ac, aa, ab$$
$$ac, ab, aa$$

每种基因型组合都是相同的概率,将它们求和:$Pr=6(p_a^2 \times 2p_{ab} \times 2p_{ac})$。假设在 H_p 下,设定为供者 1 犯罪嫌疑人的分型为 aa,那么包括的备选项有 aa、ab、ac 和 aa、ac、ab,则 $Pr=2(2p_{ab} \times 2p_{ac})$。

对所有可能的基因型组合都要重复这个运行,因为数目太多,以至于很难用纸和笔完成;它们的概率是相加的,就像第 1.11.1 节中简单的两个供者示例所描述。

对 4 个或更多供者的扩展完全相同(但无法说明,因为每个供者都向数组添加了新维度)。幸运的是,计算机擅长解决这样的多维问题,但是运行显示,随着每个供者的增加,所需的计算能力呈指数级增长,这导致了我们在后面章节中讨论的方法的局限性。

到目前为止,插图只考虑了一个基因座 4 个等位基因的似然比。现代多重技术至少有 15 个基因座,需要考虑更多的等位基因,因此,上述的操作将依次多次进行,每个基因座计算一次。将每个基因座的似然比相乘,从而以各种控方和辩方的主张为前提,为现场斑迹的图谱提供了整个证据强度的计算实力。

1.12. 人群亚结构的影响

1.12.1 什么是人群?

"人群"是一个广义的术语。它是指定义在(一定)地理位置内的一组杂交个体。人群也可以通过特质来定义,比如宗教或种族背景,这可以将他们与其他人分开。种群被认为是分层的或分等级的,由亚群或亚种群组成的。这些等级划分有些武断,但以英国人群为例,首先,将这些人群可以划分为广泛的祖先群体:白种人、黑种人和黄种人。这些人群还可以进一步细分,例如,苏格兰、威尔士及英格兰北部和南部。下一级别可能包括县以及村庄。这些亚群体在某种程度上是彼此隔离的,这意味着一个亚群体中的个体会倾向于优先相互间交配繁殖,而不是与不同亚群体的成员。亚群体之间距离越遥远,它们交配的可能性就越小。一个理想化的例子是在汽车运输时代来临之前的一系列乡村。尽管村庄之间存在着异族通婚,但同一村庄内的个体更有可能与同村人结婚,而不是邻近村庄的人。一个住在康沃尔郡的人极不可能与距离 1 000 公里外设得兰群岛的人结婚。由于*随机遗传漂变*:一定程度的遗传隔离会导致在亚人群之间等位基因频率的差异,在此情况下,单是随机交配就会导致等位基因频率的世代变化。如果人群少且孤立,遗传漂变会导致杂合性的完全丧失,使人群的所有成员在一个给定的基因座上都变成纯合子,被称为*固定*。

1.12.1.1 突变

一旦固定发生,除非发生突变情况,否则遗传漂变将停止。人口越多,发生突变的可能性就越大,其中一些突变会在整个人群中传播,并最终变得普遍。突变的影响将遗传多样性引入种群,并抵消了遗传漂变的影响。突变必须是无害的,否则自然选择起到将其从人群中去除的作用。突变和遗传漂变的机制是产生目前在 STR 中观察到变异的原因。STR 的突变率相比 SNP 高;例如,使用 PowerPlex 21 试剂盒(20 个常染色体基因座),Zhang 等[37]观察到

D12S391 突变率为 0.3%；在中国汉族人群中平均每次减数分裂约为 1.246×10^{-3}。相比之下，每一代每个核苷酸的平均突变率为 2.5×10^{-8}[38]。STR 的高突变率是其在人群中具有高度多态性的原因。

1.12.1.2　迁移

亚群之间的迁移导致基因流动，从而使基因随着时间在人群间得以传播。在过去的 200~300 年里，有大量的人口涌入城市，这导致了国际化人口的发展，随着迁移的增加，乡村没有了明确的定义界限—随着人口的增加，随机交配延伸到郊区亚种群边界，那么他们就会失去各自的身份而有效地融合在一起。彼此靠近的人群具有最大的相似性。人群之间的最大差异呈现在大陆群体之间（欧洲和非洲），因为它们之间彼此隔离的程度与其他相比更高。基因流动是跨群体转移基因的重要机制；这也抵消了遗传漂变的影响。

1.12.2　遗传漂变

人群，我们称之为总群体，由许多单独的亚种群组成。当亚种群彼此被完全隔离时，这种影响最大；它们之间没有迁移，没有突变，也没有自然选择。进一步的假设是亚种群的大小是相同的，并且在一代间不会变化。尽管这些标准有些不切实际，但这些假设对于亚种群内部和亚种群与总种群之间的遗传多样性提供了一个有用的基本的解释。这引起了关于使用校正因子防止过高评估现场样本证据强度的讨论。

在任何亚种群中，由于从父母那里随机抽取配子，每代的等位基因频率都会改变。但在总种群（定义为亚种群的集合）中，所有亚种群的平均等位基因频率将保持相对恒定。遗传漂变会引起等位基因频率在孤立种群之间大幅波动。

为了说明这一点，参照了第 4 章中 Hartl 等的示例[39]。假设在总人群中有 4 个孤立的亚种群，它们经历了随机的遗传漂移。举一个例子，假设一个基因座上的两个等位基因频率分别为 a 和 b。以频率 $P_a=P_b=0.5$ 开始，在 HW 期望下 $P_{aa}=0.25$，$P_{ab}=0.5$，$P_{bb}=0.25$。遗传漂移导致等位基因频率在亚群之间产生差异。最终，经过多个世代的繁殖，发生了固定，其中两个亚群体等位基因 $p_a=1$，两个亚群体等位基因 $p_b=1$。如果从所有 4 个亚种群中等同比例地取一个样（因为他们被视为一个整体），那么等位基因的概率不变：$p_a=p_b=0.5$。在 HW 期望下，相对基因型频率不变，但是由于发生了固定，所有亚群中都存在过量纯合子：要么 $p_{aa}=1$ 或 $p_{bb}=1$ 而 $p_{ab}=0$，因此不存在杂合子。结果，该群体不满足 HW 预期，如果应用计算基因型频率，将大大低估在人群中纯合子的概率[39]，见第 4 章。

这种缺乏杂合子的亚种群组成一个总种群体被称为瓦隆德（*Wahlund*）效应，它与近亲交配引起的杂合性减少密切相关。人口越少，越孤立，个体共享共同祖先的可能性就越大。

1.12.3　共同祖先

为了衡量共同祖先的影响，有许多不同的固定系数或 F 统计[40]。我们主要对 F_{ST} 统计感兴趣，F_{ST} 是衡量由于人群结构而导致的人群分化的一种方法。评估这个方法的统计数据是通过测量 HW $2p_ap_b$ 期望相对于总群体平均期望杂合度减少程度来确定的：

$$F_{ST}=\frac{H_T-H_S}{H_T} \tag{1.20}$$

- H_T 是单个随机交配的总种群中的个体在 HW 期望下的平均期望杂合度。

- H_S 是在 HW 预期下亚种群中个体之间的平均杂合度:

$$H_S = \frac{\sum_{i=1,\ldots,K} (H_i \times n_i)}{\sum_{i=1,\ldots,K} n_i} \tag{1.21}$$

其中 i 是第 i 个亚种群;总共有 K 个亚种群,每个群的大小为 n_i 个个体,H_i 是期望杂合度。F_{st} 也可以用血缘一致性的概率表示(IBD):

$$F_{ST} = \frac{f_0 - f_1}{1 - f_1} \tag{1.22}$$

其中 f_0 是来自同一种群中的两个不同基因血缘一致性的概率,f_1 是来自两个不同种群中两个基因血缘一致性的概率[41]。

相同类型的两个等位基因要么在血缘上相同,要么在状态上相同。如果是后者,在谱系的某个点发生了突变,其中等位基因 a 是从祖先等位基因 b 随机突变,如果将其与具有等位基因 a 独立谱系中的基因型进行比较,则它们可能出现相同的类型,但他们并非源于共同的祖先。在 STR 中,突变发生的速率为 1.2×10^{-3}[37],并且倾向于逐步变化;这意味着 HUMTH01 等位基因 8 突变一个串联单位到等位基因 7 或等位基因 9。突变的作用是降低 F_{ST},由于一个新突变的等位基因不再是 IBD,人群中增加了遗传多样性。

图 1.6 提供了 IBD 等位基因的简化图示。一个祖先是两个孩子的母亲。对于每个人、每一代,从共同祖先遗传的基因概率是降低了一半的(这和掷硬币决定是正面还是反面的概率是相同的)。在第四代的概率已降至 0.062。因为遗传基因是随机的,所以两个祖先共享相同基因的概率是 0.062×0.062 = 0.003 8。这个简单的例子没有考虑他们来自更遥远共同祖先的基因,其效果是累加的。另外,如果每一代有几个孩子,那么给定的基因保留在亚群体中的机会就会更多。紧密相连的基因将被一起遗传,因为它们之间缺乏重新组合。每个基因簇可以具有不同的祖先起源,与总人群相比亚种群中共祖水平总是更高。

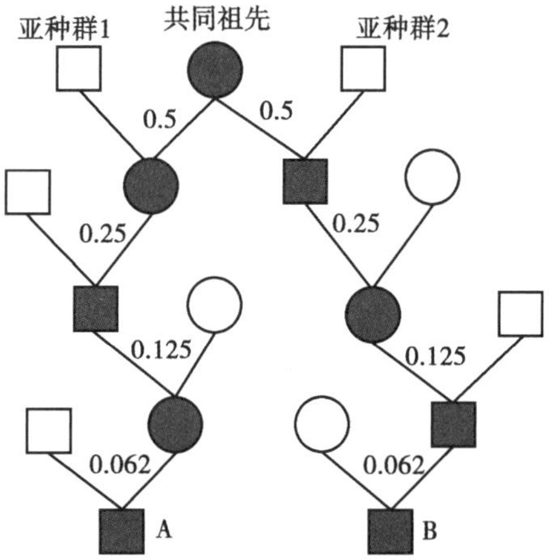

图 1.6 A 和 B 个体从共同祖先继承基因。由于每个亲本的基因随机分配,每一代中都会损失 50% 的基因。4 代之后,A 和 B 个体将有 6.2% 的基因继承自共同祖先,而他们之间共享 0.38% 的基因

可以通过将 F_{ST} 应用于纯合子 aa 和杂合子 ab 来计算出亚群体间的平均基因型频率:

$$\boldsymbol{aa}: p_a^2 + p_a p_b F_{ST} \tag{1.23}$$

$$\boldsymbol{ab}: 2p_a p_b - 2p_a p_b F_{ST} \tag{1.24}$$

请注意,公式显示 $F_{ST}>0$ 显示了增加纯合子频率,同时降低杂合子频率的作用,这可以补偿第 1.12.2 节中讨论的 Wahlund 效应。重申以下事情是很重要的,尽管各个亚群体处于 HW 平衡状态,但总群体并非 HW 平衡状态,这就需要进行 F_{ST} 的调整-而不是亚群体本身。计算 F_{ST} 所需的步骤详见框 1.1。

框 1.1　计算 F_{ST} 的步骤

1. 对于每个亚种群,计算等位基因频率 p_a 和 p_b
2. 计算平均等位基因频率(跨亚种群的 p_a 和 p_b)
3. 计算总体杂合度:$H_T=2\times p_a\times p_b$
4. 计算每个亚种群的杂合度 $H_{S(1,\ldots,K)}$,其中有 K 个亚种群
5. 使用公式 1.21 计算 H_S 作为亚种群杂合度的平均值
6. $F_{ST}=\dfrac{H_T-H_S}{H_T}$

在第 1.12.2 节所描述的极端示例,有 4 个亚群体,其中等位基因 p_a、p_b 被固定在每两个种群(表 1.11)。如果将 4 个亚种群在种群数据库中按等比例合并以形成总种群,其等位基因频率为 $p_a=p_b=0.5$。根据 HW 期望分别计算 p_{aa}、p_{ab} 和 p_{bb} 的估计值为 0.25、0.5 和 0.25。然而,在抽样的总群体中,没有观察到杂合子,纯合子的记录过量,显然样本是不符合 HW 期望。通过了解亚种群知识,可由公式 1.20 计算出 F_{ST},如 $F_{ST}=\dfrac{H_T-H_S}{H_T}=\dfrac{0.5-0}{0.5}=1$。将 $F_{ST}=1$ 现在应用于公式 1.23,纯合子基因型频率将是$(1-H_T)$被修正为 $p_{aa}=p_{bb}=0.5^2+0.5\times0.5\times1=0.5$,采用公式 1.24 时,而杂性子基因型修正为 $H_T=0$。亚种群本质是看不到的,它们的存在可能通过总群体中观察到的 HW 平衡偏离来推断。通过描述的极端示例中显而易见,因为观察到的总群体中完全没有杂合子。然而,在典型的种群数据采样中,与 HW 平衡的偏差通常较小而无法检测到。匹配概率可以应用总人群数据库的 F_{ST} 修正,即用频率估算的数据集。F_{ST} 通常是通过对来自定义地理区域的离散数据集进行分析而得出的(第 1.15 条)。

表 1.11　第 1.12.2 节中讨论的极端示例,有 4 个亚种群,亚群体 1 和 2 的等位基因 a 和亚群体 3 和 4 的等位基因 b 发生了固定化,因此每个频率不是 0 就是 1,不存在杂合子。来自 4 个亚种群检测的等位基因频率形成总群体,得出 $p_a=p_b=0.5$。在总群体中 HW 预期下,杂合度,$H_T(p_{ab})=2\times p_a^2\times p_b^2=0.5$,被大大高估了。然而,应用 $F_{ST}=1$(公式 1.24)修正过高估计,使 $p_{ab}=0$,因此 $p_{aa}=p_{bb}=0.5$

亚种群	等位基因频率		HW 计算	
	等位基因 a	等位基因 b	$1-H_S$	$H_S(p_{ab})$
1	1	0	1	0
2	1	0	1	0
3	0	1	1	0
4	0	1	1	0
总人口(平均)	0.5	0.5	HW 预期值=0.5	
H_T 无 $F_{ST}=2\times0.5\times0.5$			H_T 且 $F_{ST}=0.0$	

与前面表 1.11 极端的示例相比,显示在表 1.12 中的是一个更实际的例子。同样,有 4 个亚种群,它们的等位基因频率是有偏离的。如上述极端的示例,总体等位基因的平均频率为 $p_a=p_b=0.5$。在 HW 期望下,基因型概率也是与前面描述的一样。平均 $H_S=0.4966$,说明 $H_T=0.5$ 是杂合性的高估计。F_{ST} 计算为$\dfrac{0.5-0.4966}{0.5}=0.0068$。$F_{ST}$ 的这一水平是更符合典型的世界性人口的期望,因此,这种影响很小。当 $F_{ST}=0.0068$,aa、bb 的基因型概率为 $p_{aa}=p_{bb}=0.5^2+0.5\times0.5\times0.0068=0.2517$。而用 Balding 和 Nichols 第 1.12.6 节中描述的 F_{ST} 公式 1.29[42] 计算出的值(0.258)略高。

表1.12 有4个亚种群,所有人群都遵循HW期望。总群体给出的等位基因频率 $p_a=p_b=0.5$。总群体中存在杂合子缺失,而 F_{ST} 可以弥补这一缺陷。方程式之后显示了两种不同的计算结果,(1.20)和(1.29)放在括号中(后者是首选的Balding方程)

亚种群	等位基因频率		HW计算		
	等位基因 a	等位基因 b	$1-H_S$	H_S	p_{ab}
1	0.55	0.45	0.5050	0.4950	0.3025
2	0.45	0.55	0.5050	0.4950	0.2025
3	0.53	0.47	0.5018	0.4982	0.2809
4	0.47	0.53	0.5018	0.4982	0.2209
总人口(平均)	0.5	0.5	$1-H_T=0.5$	HW预期值=0.25 且 $F_{ST}=0.251(0.258)$	

1.12.4 计算机模拟说明遗传漂变的影响

遗传漂变的影响可以通过计算机模拟来说明[43]:从具有两个等位基因的基因座起始中共创建了50个亚种群。对于每个亚种群,通过二项式$(2n,p_A)$分布进行随机采样模拟新一代,其中$2n=1\,000$个独立等位基因,$p_A=p_B=0.5$。此过程和计算抛1 000次硬币正面的数相同。新一代的新等位基因频率$P_A=n_A/2n$,$P_B=1-n_A/2n$。新的等位基因频率形成一个递归计算的基础,以生成下一个P_A值,该值被采样,以形成每个亚群$2n$的下一代大小。

对于每一代,计算亚种群的平均p_A,以提供总种群等位基因频率及H_T和H_S参数,从而应用公式1.20计算F_{ST},见第1.12.3节。

在图1.7中,为了清晰起见,只显示了11个亚种群的结果。平均p_A是基于所有50个亚

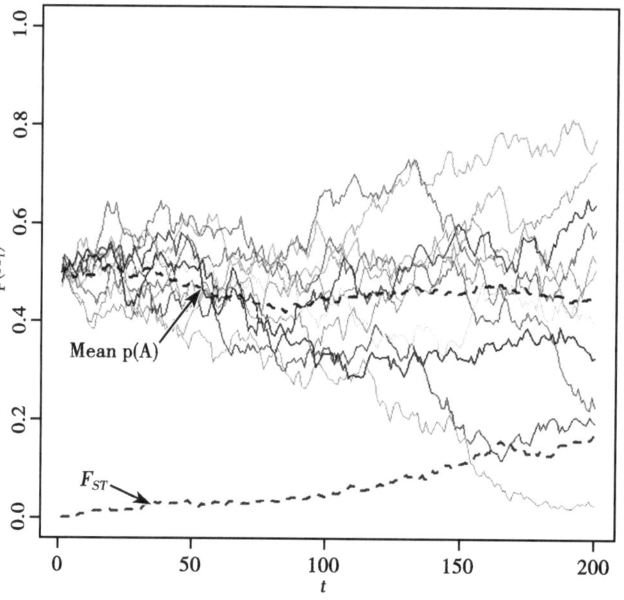

图1.7 遗传漂变显示50个独立种群中的11个,其中零代$p_A=0.5$。显示了总种群的平均p_A(亚种群的平均值)以及F_{ST}。模拟运行了$t=200$代(x轴)

种群的平均值。虽然亚群体的等位基因频率明显不同,但总群估计的平均 p_A 在 $p_A \approx 0.5$ 基本保持不变。随着亚群的分散,F_{ST} 稳步增加,直到最终在 2 000 代左右(未显示)。

1.12.5 对 STR 多等位基因系统的拓展

到目前为止,我们仅讨论了遗传漂移和 *FST* 与两个等位基因系统的关系。幸运的是,可简单直接扩展到多等位基因的 STR 系统。根据文献[44,45],将公式 1.20 可以用纯合性而不是杂合性来改写。这样做的原因是纯合性可以用等位基因的频率来定义。如果 h 为纯合性而 H 是杂合性,则 $h=1-H$。将其插入 F_{ST}(1.20)公式,给出:

$$G_{ST}=\frac{h_S-h_T}{1-h_T} \tag{1.25}$$

式中,S 为亚种群,T 为总群体;在总群体中有 I 种等位基因变异。每个基因座的 h_T 参数估计为 $i=1,...,I$ 的总和,即等位基因频率的平均($\bar{p}_i^2$),这里我们继续使用术语 F_{ST} 而不是 G_{ST},因为它们被认为是等效的。

$$h_T = \sum_{i=1}^{I} \bar{p}_i^2 \tag{1.26}$$

其中($\bar{p}_i^2$)是在 K 个亚种群中等位基因 i 的平均频率:

$$\bar{p}_i^2 = \frac{1}{K}\sum_{k=1}^{K} p_{ki} \tag{1.27}$$

h_S 是亚种群内纯合性的检测数,由 $i=1,...,I$ 等位基因频率与每个亚种群 k 的平方和,对所有亚种群求和($k=1,...,K$)

$$h_s = \frac{1}{K}\sum_{k=1}^{K}\sum_{i=1}^{I} p_{ki}^2 \tag{1.28}$$

这些公式易于编程(本书网站上提供了示例),可用于模拟和在实际人群调查中检测 F_{ST},如下一节所述。

1.12.6 Balding 和 Nichols F_{ST}

为了法庭应用的目的,Balding 和 Nichols[42]完善了 F_{ST} 校正公式。发现有一位犯罪嫌疑人与在现场斑迹中检测到的等位基因相匹配,但辩方认为犯罪嫌疑人是无辜的,供者为来自同一亚群体的无关个体。由于法庭数据库汇总了各亚种群的数据,因此 Wahlund 效应表明,使用 Hardy-Weinberg 期望值的匹配概率对辩方是不利的,因为他们低估了匹配概率。如果等位基因 a 是在现场斑迹中观察到的,那么同样的等位基因更有可能在参考样本中被发现,条件反射应该反映出这一点。按照这个逻辑,他们推导出两个常用的不同公式:一种用于纯合子,另一种用于杂合子。每种的条件都是明确的。在犯罪嫌疑人分型中观察到等位基因 a 和 b 的概率是多少?假设在现场斑迹中观察到相同的等位基因,而犯罪嫌疑人是无辜的,现场斑迹的留有者是与犯罪嫌疑人来自同一亚群体的另一个人。θ 是 F_{ST};p_a 和 p_b 分别是等位基因 a 和 b 的概率:

纯合子:

$$Pr(aa\mid aa)=\frac{[2\theta+(1-\theta)p_a][3\theta+(1-\theta)p_a]}{(1+\theta)(1+2\theta)} \tag{1.29}$$

杂合子:

$$Pr(ab\mid ab)=\frac{2[\theta+(1-\theta)p_a][\theta+(1-\theta)p_b]}{(1+\theta)(1+2\theta)} \tag{1.30}$$

注意,如果 $F_{ST}=0$,那么这两个公式分别给出 p_a^2 和 $2p_ap_b$。

扩展到多个基因座很简单。将 F_{ST} 校正分别应用到每个基因座,其结果相乘以提供一个基于总人群亚结构的假设概率。

这种方法已经被广泛采用,并且是标准的方法。Buckleton 等[46]对法庭科学的 250 篇论文进行了最大的数据调查。他们建议 0.01~0.03 左右的水平适合大多数“广泛的地理组群”,尽管实验室经常使用在 0.01~0.02 的水平。对于较孤立的群体,或有明显近亲繁殖的群体,如因纽特人或北美洲的印第安人,$F_{ST}=0.05$ 为宜。一般而言,种群亚结构的影响较小,尤其是大都会的人群中,但是将参数合并到计算中是一种很好的做法,因为如果忽略而违反了乘积规则,就会受到有有效的批评。

现在,如果以前孤立的亚种群突然汇集在一起并进行随机交配,这样会降低纯合性效果,杂合性因此增加。在表 1.11 中描述的等位基因 a 和 b 分别固定的两个亚群体的第一代,50%的个体是杂合子 ab。随着现代世界性人口的发展,先进的通信,旅游和人员的流动性无疑是最大限度降低这些群体中亚群体的影响。

通常法庭科学家应用的数据库中,典型感兴趣的群体是由数百万个个体组成的。在人口众多的大群体中等位基因频率趋于稳定。在欧洲各国家的白种人之间差异相对较小。被 ENFSI 研究提供的一个示例,其中 F_{ST} 被证明是<0.004[13]。在欧洲的白种人人群中,实际影响很小。

1.12.6.1 对混合样本的拓展

第 1.12.6 节的公式可以在考虑了亚群体的结构的情况下,扩展到计算多名供者的基因型概率。详见第 5.5.2 节和附录 A 提供了理论和实例。

1.13. 模拟研究显示遗传漂变和 F_{ST} 修正的影响

最大的担忧是,如果使用包含几个未知的亚种群的数据库来评估,则随机匹配概率将会被低估。对这些群体进行实际采样通常是不切实际的,但在实际案例工作中,利用计算机模拟可以有效地计算分析出其实际效果。

1.13.1 试验细节

应用 ESX17 Promega 试剂盒的等位基因频率用作“起始群体”(零代)。为了创建第一代,总共模拟 2 500 个体或 5 000 个等位基因,每个人都有特定的等位基因,随机绘制反映等位基因频率的比例。总共模拟了 50 个亚种群,每个亚种群有 2 500 个个体。由于随机数据产生的随机效应,没有两个种群的等位基因组成相同,因此它们之间的频率有所不同。

对于这50个亚群体中的每一个,确定并记录等位基因频率。如第1.12.3节所述,“总人群”是根据所有亚人群的均值计算的(总人群由每个亚人群的数量组成)。使用这些等位基因频率,可以模拟一个新的种群。继续这个过程,直到下一代中达到所需的 F_{ST} 值。F_{ST} 因基因座不同而变化,并且与世代有关。一旦实现,将储存等位基因频率数据,用于随后的计算。

为了证明遗传漂移的影响,随机选择了一个亚种群,然后使用等位基因频率计算这个种群的任意一个基因型,接下来计算似然比:a)选择使用亚种群的等位基因频率(假定为 LR_a);b)总群体的平均等位基因频率(假定为 LR_b)。为确保良好的似然比分布,随机选择4~16个基因座的部分分型进行模拟。存储两个 LR 值 LR_a 和 LR_b。随后,除了使用Balding/Nichols校正公式1.23和公式1.24调整总种群 LR_b 外,重复上述步骤;未对参考亚群体的 LR_a 值进行任何调整。重复整个过程,从随机选择的亚种群中随机选择等位基因,总共有1 000个随机基因型,然后绘制结果图(图1.8):

如果数据点(图1.8)落在红色对角线以下,那么总种群频率数据库给出的 x 轴 LR_b 与 y 轴上的原始亚种群 LR_a 相比是反保守的。当不应用 F_{ST} 校正时,大多数数据位于红色对角线($x=y$)下方。回归线完全低于红色对角线($x=y$)。在第二个图,应用了Balding/Nichols修正,大部分数据都在红色对角线($x=y$)和绿色的回归线之上。这说明 F_{ST} 校正能很好地补偿分离亚种群之间遗传漂移的影响。

图1.9显示了 $\log_{10}LR=4\sim9$ 的特写视图。如果将 $LR=10^{25}$ 误报告为 $LR=10^{30}$,则影响不大,因为这些数字如此之大并且超过了某些司法管辖区采用的报告阈值上限(譬如英国不报告 $LR>10^9$)。然而,当 LRs 很小,只有几千或数百万时,那么过高的估计可能会对陪审团的决定产生影响。在这个水平上,当 $F_{ST}=0.01$ 时,忽略该参数的影响可能会导致一个数量级或一个数量级以上的反保守的偏差。然而,这在很大程度上通过应用 F_{ST} 校正得到纠正(尽管在某些情况下仍然可能存在大约一个数量级的偏差)。F_{ST} 校正弥补了由于遗传漂移

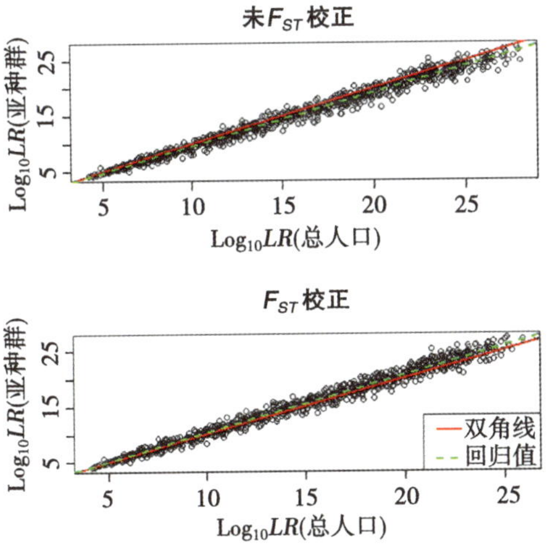

图1.8 不使用 F_{ST} 校正和 $F_{ST}=0.01$ 校正的似然比比较。红色的线是45°对角线($x=y$),绿色的虚线是计算得出的回归值

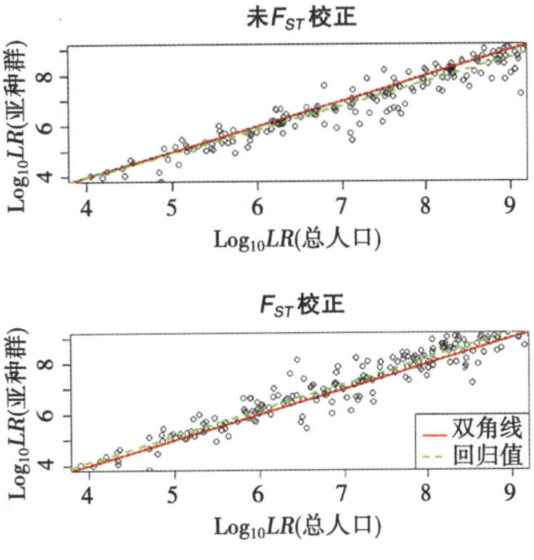

图1.9 比较在未使用 F_{ST} 校正和 $F_{ST}=0.01$ 校正的情况下其似然比。$F_{ST}=0.01$,其中 $\log_{10}LR=4\sim9$。红色的线是45°对角线($x=y$),绿色的虚线是对角线计算的回归值

的影响,因此红色对角线($x=y$)与回归线几乎重合。直线左右两边自然会有点的分布,这是保守和反保守在同等程度的表现。

1.14. 抽样误差的修正

可以通过引入抽样误差的校正来补偿图 1.9 中某些异常值的反保守似然比的报告。一个典型的频率数据库是由随机抽样的 200~500 个个体组成。如果对基础的总体数据重新采样,对每个数据重新收集,我们将观察到不同的频率估计值。这就是所谓的*抽样误差*:对于种群中稀有等位基因($p<0.01$),则很有可能不会采样到。最终,在现场个案的调查中,第一次会遇到一些缺失的稀有等位基因。这些等位基因中,有些极为罕见。它们由 NIST 网站整理:https://strbase.nist.gov/var_tab.htm。由于罕见的等位基因在频率数据库中没有观察到,其理论上的等位基因频率为 $0/2n=0$,其中 $n=$no 个人。零不能用于计算。一种解决方案是将在给定案例样本中观察到的所有等位基因加入频率数据库中,这意味着所有观察到的等位基因频率增加 $Pr=1/2(n+1)$,所以最小等位基因频率也是 $P_{min}=1/2(n+1)$,即在 $n=200$ 个体的数据库中 $P_{min}=0.0025$[13]。另一种常用的方法引入了最小等位基因频率 $5/2n$[47]。对于应该使用哪种特定抽样校正是没有达成真正共识的(参见 Buckleton 等[48],第 6 章方法的回顾)。然而,过于保守也不是一个好主意,因为这可能严重低估了案件中证据的强度。图 1.10 显示,选择 $F_{ST}=0.02$,这是高于实际人群的 $F_{ST}=0.01$,再结合抽样误差校正 $1/2(n+1)$ 取得良好效果,仅有少数反保守的数据点。

在个案工作中通常会遇到世界性人口,F_{ST} 的数量级为 $F_{ST}=0.001$:$F_{ST}=0.01$ 进行校正及进行 $1/2(n+1)$ 抽样误差的校正似乎效果很好[图 1.11,因为所有的数据点都与红色对角线($x=y$)重合或在其上方]。

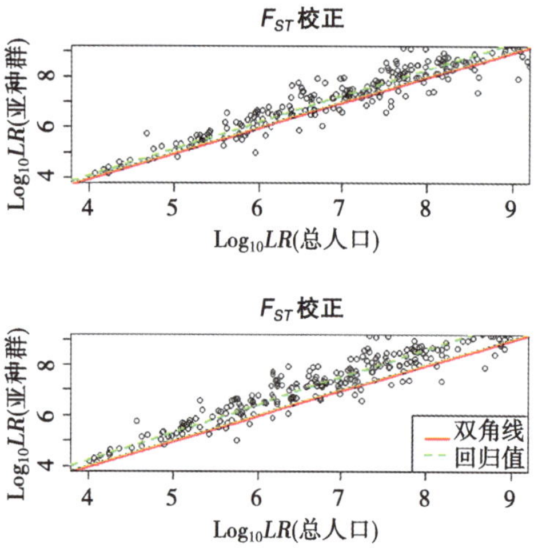

图 1.10 比较 $F_{ST}=0.01$(上图)和 0.02 校正(下图)得到的似然比。对每个等位基因频率增加 1/400 的抽样误差校正。红线是 45°($x=y$)对角线,绿色虚线是计算得出的回归值

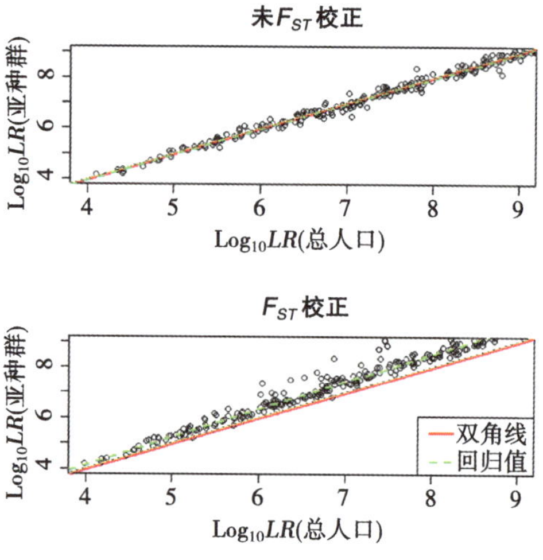

图 1.11 基础人群 $F_{ST}=0.001$。没有 F_{ST} 校正的似然比(上图)与 $F_{ST}=0.01$ 校正和抽样校正 $1/2(n+1)$ 的似然比的比较。其中 $2n=200$(下图)。红色的线是 45°对角线($x=y$),绿色的虚线是计算得出的回归值

1.15. ENFSI 对 STR 标记的评估

在 2011—2012 年度 ENFSI 小组对欧洲人群进行了全面调查。这项调查涉及来自欧盟 26 个不同人群的分析,旨在支持引入包括欧洲标准(ESS)12 个 STR 基因座的新复合扩增体系。作为这次调查的一部分,评估的复合扩增体系包括 Promega 公司的 Powerplex ESX-16、ESX-17 和 ESI-16,17 试剂盒,以及 Applied Biosystems 公司的 AmpFlSTR NGM 试剂盒。

为了进行分析,首先需要检测数据资料中的错误。大多数实验室提交了完整的基因型,但由于法律(隐私)原因,一些实验室只能提交经过打乱后的数据,从而每个基因座内的等位基因是被随机组合的。这对数据集的等位基因频率没有影响,但是由于原始基因型是未知的,因此没有将其纳入群体遗传学和一致性的研究中。最常见的错误是样本的重复,这是使用设计检测重复和接近匹配的软件检测到的,这可能表明偶然包含了亲属。差异的另一个原因是使用的不同复合扩增体系,出现分型结果的不一致。大多数实验室提交的数据是用两种不同的复合扩增体系检测分析的,因此有机会检查到它们之间不一致的差异。大多数归因于简单的抄写错误。例如,D1S1656 基因座的 18.3 等位基因写成了 18.8;D21S11 基因座等位基因 29,出现 20;FGA 基因座的等位基因 22 出现 12,以及牙釉蛋白基因(Amelogenin)的 XX 被误抄写成 XY。检测到不一致的数据占总数据不到 0.05%。一旦发现,将与实验室进行联系,并在进行下一步的工作之前,已验证正确的等位基因名称。

由于引物结合区域的序列差异,即引物结合区域存在位点突变导致第二种不一致。引物不能结合,从而阻止了等位基因的扩增。因为不同的试剂盒使用不同的引物,突变会在一个试剂盒中检测到,而在另一种试剂盒中则检测不到。这通常会导致一个试剂盒检出纯合子,另一个试剂盒检出杂合子(图 1.12)。

由于遗传分析会检测到过量的纯合子,因此事先解决不一致是很重要的。

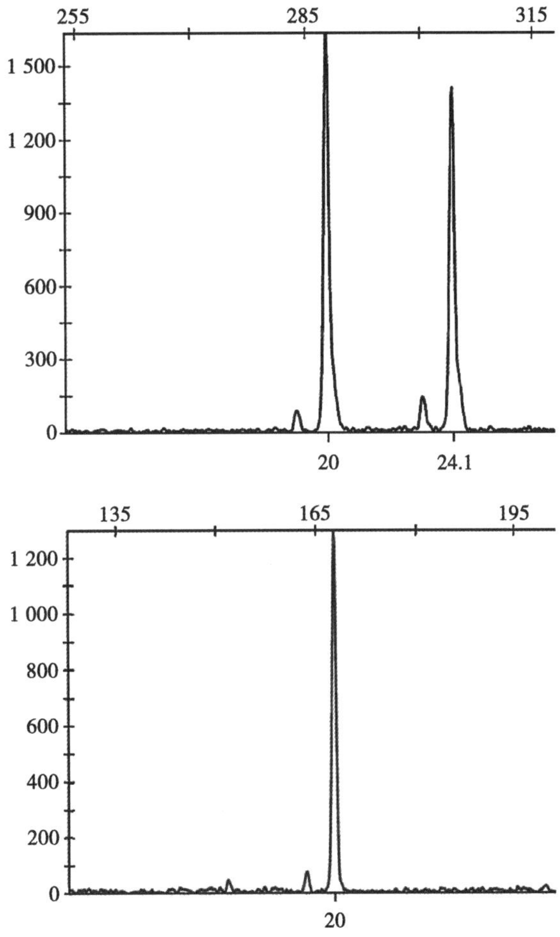

图 1.12 FGA 基因座的不一致性。使用 ESX-17 试剂盒,上面的图显示了一个 20,24.1 的杂合子基因型。由于引物结合区位点突变,24.1 未能扩增,因此下图仅显示了 ESI-17 试剂盒中的等位基因 20

1.15.1 Hardy-Weinberg 检验

在“清理”数据并解决差异之后,使用免费的软件 Arlequin[49],对每个群体中的每个基因座进行 Hardy-Weinberg(HW)检验,该软件的使用类似于 Fisher 精确检验法检测,基于 Guo 和 Thompson 概述的算法[50]。这还需使用遗传数据分析(genetic data analysis,GDA)软件评估 HW 预期值来进行比较。如 Weir[51]所描述,这个也是基于 Fisher 的精确检验方法。Balding[52],在第5章,Balding[52]为感兴趣的读者详细介绍这些检验。他还评论说 HW 检验“对法庭鉴定工作并不重要”,偏差可以归因于采样结果,尤其是在样本量较小的情况下。F_{ST} 校正的应用减轻了亚种群的反保守效应,并考虑了亚种群结构带来的 HW 偏差。然而 HW 的检验仍推荐从业人员使用,主要是因为它们可以用来检测基因分型的错误。

1.15.2 F_{ST} 的估计

假设种群显示尽可能无错误,则可使用 GDA 软件[51]将它们转入下一检测阶段,如前所述(第1.12.5节),以确定群体(亚结构)之间的差异。

观察到的最高 F_{ST} 为 0.005(NGM,D10S1248)。所有其他 F_{ST} 值均小于 0.004(图1.13)。1996年发表的 NRC 报告[53]建议对于较小的孤立人群,使用 F_{ST} 校正值为 0.01 和 0.03。对于潜在值 F_{ST} 约为 0.001 的人群,加上采样校正,应用 Nichols 和 Balding $F_{ST}=0.01$ 的校正是保守的(图1.11)。建议在特定辖区内收集当地人群样本建立数据库,但也可使用适宜白种人个体的欧洲联合数据库[13],只要采用 F_{ST} 校正来考虑亚种群中等位基因的多样性即可。

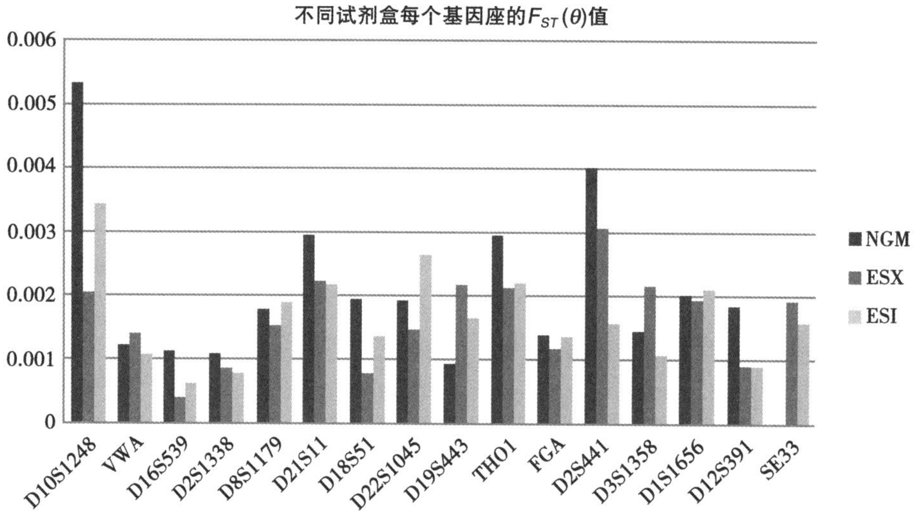

图1.13 应用 NGM、ESI 和 ESX STR 试剂盒检测每个基因座的 $F_{ST}(\theta)$ 值。经 Elsevier 许可,转载自文献[13]

1.15.3 案件工作中应采用哪种 F_{ST}?

一般而言,法庭数据库通常是从根据其地理祖先划分的当地地理人群中收集的样本。该标准通常是粗略的。例如,在英国,白种人的数据库是从全国各地的个体中收集的;被认为是“亚洲”或“中国”的数据库可能是具有起源于整个大陆的广泛祖先。ENFSI 的研究表明，在整个欧洲，F_{ST} 检测的亚结构一般小于 0.004，这种影响相对较小。但是，如果犯罪嫌疑人和顶替犯罪者来自一个未被法庭数据库所代表的亚群体，那么 F_{ST} 可能被低估。第 97 页中 Balding[52] 建议对大的，混合良好的人群应使用 $F_{ST}=0.02$ 的值，对大的少数群体应使用 0.03，对小的少数群体应使用 0.05。如果罪犯和犯罪嫌疑人不是来自同一亚群体中，使用更小的值 0.01 是合理的，因为它们几乎没有共同的祖先。Buckleton 等[46] 在大规模调查的基础上建议个案中使用相似的范围。

1.16. 关联性：亲缘关系的分析

证据的价值在很大程度上取决于控方和辩方提出的主张，如果以任何方式更改了这些参数，则似然比也将改变，并且需要重新计算。

亲缘的这个问题是由 Ian Evett 在 1991 年[54] 首次讨论的，下面内容是从那篇论文中改编的。

考虑现场斑迹只有一个供者，这样相互对立的命题是：

H_p：DNA 来自 S 先生。

H_d：DNA 来自与 S 先生无关的个体。

由于只有一个供者，在证据和参考样本中没有歧义时，证据价值的计算是简单的。分子 $Pr(E|H_p)=1$，然后 Ian Evett 问：

“分母是什么？如果是其他人留下的，这是观察到的现场斑迹分型的概率。问题是我们所说的“其他人”是什么意思？众所周知，在没有任何其他信息的情况下，辩方无须提供这种替代方案的任何细节。因此，普遍的惯例是把这个假想的备选方案的人看作是从人群中随机挑选出来的……鉴于这些条件，似然比因此是所观察到的现场斑迹相对分型概率的倒数。这种关系在本例中是简单的关系，但重要的是要记住在其他情况下，可能就没这么简单了。

Ian Evett 继续他的阐述（现在的措辞）：可以认为另一种辩解的命题观点是兄弟姐妹（例如）可能是留下斑迹的替代解释。构成这种命题的似然比现已经更改为如下内容：

H_p：DNA 来自 S 先生。

H_d：DNA 来自 S 先生的兄弟姐妹。

1.16.1　亲缘关系对似然比计算的影响

如果我们举个简单的例子，在一个基因座上有两个等位基因分别是 a 和 b，在相关种群中它们各自的概率为 p_a 和 p_b，并确定每个等位基因的概率为 1%（为了说明这一点，假设它们都是罕见的稀有等位基因），然后计算似然比。假设 H_d 下的 DNA 来自无关个体的亲属，则 LR 计算如下：

$$LR=\frac{1}{2\times p_a p_b} \tag{1.31}$$

$$LR=\frac{1}{2\times 0.01\times 0.01} \tag{1.32}$$

$$LR=10\ 000 \tag{1.33}$$

但是,如果命题被改变为

H_p:DNA 是来自 S 先生的。

H_d:DNA 来自 S 先生的一个兄弟姐妹。

因为兄弟姐妹有50%的概率是从父母那里继承一个给定的等位基因,因此,计算似然比如下[9]:

$$LR\approx\frac{1}{0.5\times0.5} \tag{1.34}$$

$$LR\approx4 \tag{1.35}$$

似然比从 $LR=10\ 000$ 到 $LR=4$ 的变化似乎令人吃惊,但这只是一个事实的反映,即如果改变了命题,我们将得到不同的答案,并且差异可能很大。

进一步的例子,例如(父母/孩子/表亲关系),见第5.5.4节可以获取全面详细的描述,参见附录A.2亲缘关系的公式(亲属关系)。

1.16.2 对混合样本进行处理和拓展

一个完整的亲属分析程序列表可在 http://www.cstl.nist.gov/strbase/kinship.htm 中查找。亲属关系分析的一个经典例子是亲子鉴定;其他应用包括识别失踪人员和识别灾难受害者。当考虑混合时,其中的供者被认为是相关的,可以考虑以下类型的命题:

H_p:证据是受害者和其未知分型的祖父的混合。

H_d:证据是受害者和一个不知名无关个体的混合。

另一种类型涉及混合的场景,其中与被询问的供者相关的某人被视为替代供者:

H_p:证据是受害者和犯罪嫌疑人的混合。

H_d:证据是受害者和一个未知分型的犯罪嫌疑人兄弟的混合。

这两个场景的共同之处在于其中一个亲戚的分型是未知的。Fung 和 Hu[55]已推导出了有成对关系的情况下亲属关系系数。然而,当涉及的相关供者超过两个时,必须采取另一种方法。在 Egeland 等研究中[56](包括开放软件实现的信息),通常使用谱系来描述关系处理与相关贡献者混合的问题。这种方法也允许在辩方对立的主张命题中指定不同的家庭关系,例如:

H_p:证据是两种类型个体的混合样本,他们是兄弟姐妹和未知分型的兄弟。

H_d:证据是两种类型个体的混合样本,他们是半同胞的兄弟姐妹和未知分型的父亲。

开放的混合软件包[57] https://cran.r-project.org/web/packages/html 能够从描述的多个相关供者命题中计算似然比,如上面提到的那些。该软件类似于 LRmix Studio,虽然它不能在模型中使用等位基因的峰高或影子峰,但它包含了等位基因缺失。

建立个体之间各种关系的模型并不难,这些已在 *likeLTD*[58]、*TrueAllele*[59]和 *STRmix*[60]程序中实现,见 Steele 和 Balding[61]中的表3。

概率基因分型软件 *LRmix Studio*(第6章)和 *EuroForMix*(第8章)的更高版本现在支持指定在 H_d 下未知供者之一与已知基因型的个体有关的可能性。这种规范对于评估命题是非常有用的,如“犯罪嫌疑人的兄弟姐妹是证据的一个供者”。其他关系通常是亲缘关系,叔叔(伯父;舅父;姨父;姑父)/阿姨(姑妈;伯母;舅妈)-侄子(外甥)/侄女(外甥女),第一级表亲;祖(外)父母-孙子(孙女;外孙;外孙女);半同胞等。

考虑到亲缘性的校正是通过调整未知的基因型频率来进行的;模型的其他部分保持不变。在上一节中展示了如何实现 F_{ST} 校正来解释等位基因频率的亚结构。未知个体与特定的已知个体相关的附加信息会进一步限制基因型的概率。

一旦对一个未知的供者应用了亲缘关系公式,就很容易扩展到多个未知供者(第 5. 5. 4 节),因为这些被假定与所有其他供者无关。

1. 17. 简要介绍用于解释混合样本的软件方法

用于混合样本解释的不同模型通常分为 3 类:

Ⅰ　二元模型

Ⅱ　定性或半连续模型

Ⅲ　定量或连续模型

在第 2. 3 节中描述了二元模型。采用杂合子均衡和混合比例的经验方法来丢弃或选择基因型组合以计算证据的价值。*LoCIM-tool*(第 10. 2 节)是一种用于推断主要供者的基因型经验方法。二进制模型通常不适合两个以上的供者或低模板分型混合的应用。

在定性(半连续)模型中,图峰高可用非正式的方式告知模型参数(例如,如果混合样本中有明显的主要/次要供者),否则忽略峰高。它们可以用于多个供者和低模板 DNA 图谱。相比之下,定量(连续)模型充分地结合了峰的高度,并且可以包括影子峰,因为它们利用了更多的信息,它们是可用的最强有力的方法。

标记为Ⅰ的经典模型在第 2. 3 节和 Buckleton 等[48]的文章中第 231 ~ 253 页有详细描述。而 Steele 和 Balding[61]则重点评述了模型Ⅱ和模型Ⅲ的软件。Coble 和 Bright[62]不仅为概率基因分型方法提供了一个有用的历史概述,还提供了软件的列表。第 5 章和第 6 章详细讨论了定性(半连续)模型的理论和实践;第 7 章和第 8 章描述了定量(连续)的理论和实践。

通常,当涉及法庭 DNA 样本的统计评估时,主要有两种方法:LR 方法,即排除概率(PE)的计算,或者反之,包含概率(PI),也称为随机男性不排除(RMNE)。后者将在第 11 章中详细讨论。

根据国际法医遗传学会(ISFG)DNA 委员会推荐[63],首选的方法是计算似然比(*LR*)。一般性统计计算是很简单的,如 RMNE 的计算,但似然比的复杂性要求使用专门的软件来分析复杂的 DNA 图谱。尽管支持 *LR* 的理论已经使用了数年[64-66],引入的速度仍是缓慢的,但现在正蓄势待发。

在过去的 10 年里,已有很多致力于解释低模板 DNA 混合样本的软件介绍[67,68,59,60,69,70]。这些软件都固定在似然比的框架中,但它们都使用不同的概率模型,并依赖于不同的分布假设(请参阅 Steele 和 Balding[61]的综述)。表 1. 13 概述了一些商业化或开放的软件,表 1. 14 进一步描述了混合样本解释的不同方法。

表 1.13 一些可用的混合样本解释的软件概要软件方式许可证(来源)参考

软件	方法	许可	参考文献
CeesIT	连续模型	(a)	[73]
DNAmixtures	连续模型	开放(b)	[74]
DNAStatistX	连续模型	开放	[75]
DNA-view mixture solution	连续模型	商业	(c)
eDNA	连续模型	(d)	(d)
EuroForMix	连续模型	开放	[76]
Genoproof	连续模型	商业	[77]
Kongoh	连续模型	开放	[78]
Lab Retriever	半连续模型	开放	[79]
LikeLTD v. 6	连续模型(e)	开放	[80]
LiRa	半连续模型/连续模型(f)	商业	[69]
LoCIM-tool	经验性	开放	[81]
LRmix/Lrmix Studio	半连续模型	开放	[68]
MaSTR	连续模型	商业	[82]
STRmix	连续模型	商业	[60]
TrueAllele	连续模型	商业	[83]

(a) *Ceesit* 软件许可证是“对非商业目的进行研究、法医验证或教育的目的、州和联邦的法庭 DNA 实验室或实体免费”,但商业用途则需获得完整的许可证;

(b) *DNAmixtures* 软件是一个免费的 R 程序包,但需要运行 HUGIN 商业软件;

(c) DNA-*view*:http://dna-view.com/和 http://dna-view.com/downloads/Mixture%20Solution%20poster.pdf;

(d) *eDNA*:http://ednalims.com/probabilistic-genotyping/。基于 web 的免费提供给联盟成员的软件。Bullet 使用 *LRmix*,Bulletproof 用 *EuroForMix*。每个程序都有一个定制的图形用户界面;

(e) LikeLTD 也有半连续模型[84];

(f) LiRaHT 可作为连续模型使用:https://cdnmedia.eurofins.com/europeanwest/media/1418957/lgc_lira_fact_sheet_en_0815_90.pdf。

表 1.14 主要解释方法的优缺点。经 Elsevier 许可,转载自文献[85]

模型	优点	缺点
二元模型	易于使用与实现	不能用于低模板 DNA
定性(半连续)	能用于低模板 DNA 比连续模型的假设更少	必须评估模型参数 不应用峰图的高度 安装使用需专门的软件
定量(连续性)	利用图谱峰值的高度 能够用于低模板 DNA	许多参数需估算 安装使用需专门的软件 需要校准不同的 STR 试剂盒和不同的条件(例如 PCR 循环数)
经验性	在案件中很容易实现	需要校准不同的 STR 试剂盒和不同的条件(例如 PCR 循环数) 只能用于主要的分型 不能作为证据的强度

表 1.13 列出的连续模型中,*DNAmixtures*、*DNAView Mixture Solution*、*DNAStatistX*、*LikeLTD*、*LiRaHT* 和 *EuroForMix* 都基于 gamma 模型(第 7 章),但是所有编程软件的假设之间都存在差异。*CEESIt* 基于正态分布。*Kongoh* 通过应用基于实验数据的 Monte Carlo 模拟法来评估峰高分布,以考虑等位基因或基因座特异性效应。*STRmix* 和 *TrueAllele* 都是基于 Bayesian 的方法,通过指定未知模型参数的先验分布。他们使用 Markov chain Monte Carlo (MCMC)方法[71,72],通过对同时采样来的离散数据计算边缘化似然表达式模型中指定的未知供者的基因型和未知参数。MaSTR 和 GenoProof Mixture 在计算中也采用了 MCMC。

1.18. 总结

1985 年,DNA 分析技术在法庭案件中的应用改变了这一领域。单个基因座的变异远大于 1985 年前使用的传统蛋白质编码的基因座变异性。从 DNA 技术开始经历了 10 年的时间,开发了多重的短串联重复序列(STR)基因座,这些基因座形成了国家 DNA 数据库的主干。而主要的挑战是将不同司法管辖区之间共同的基因座标准化,以便于数据的跨境比对。这些努力在很大程度上取得了成功。到目前为止,在欧洲和北美实验室的推动下,已经有几次开发标准基因座集的迭代。目前的多重复合系统至少能包含 16 个基因座,有些系统超过 20 个基因座。生物化学领域的创新使这些改变成为可能。

证据的解释基于群体遗传学理论,支撑这一理论的基础是 Hardy-Weinberg 平衡。基因的遗传遵循概率的法则,使概率估计能描述 DNA 图谱的“稀有性”。这种计算依赖于“独立”的 Hardy-Weinberg 平衡假设,即种群非常大,随机分布和随机交配。然而,这样的假设很少成立——人群是由“亚种群”组成;它们的等位基因频率不同。作为补偿,F_{ST} 统计量用于衡量由于人群结构而引起人群的分化,并且该参数用于校正证据计算的强度,以使它们不具有保守性。实验室进行人群的调查是常规的做法,使参考数据库与当地群体相关。现有一些举措可以整理这些数据,以提供可查询的社区数据库,例如,STRidER 充当一个平台,该平台用作存储库,在发布之前要接受严格的质量控制。

似然比(*LR*)对法庭证据的解释所有方面都是至关重要的。*LR* 的计算是对两个可选命题的比较(通常一方由辩方提出,另一方由控方提出)。计算每个命题的证据概率,并通过将一个值除以另一个值来比较这些值,以表示支持某一给定命题的“证据的强度”。

似然比非常灵活,特别是它们可以用来评估 DNA 混合样本,这些(包含)大量内容的主题将在后续的章节中描述。我们描述了应用于混合样本的早期遗传学理论限于两个供者。计算非常复杂,同时也描述了需要计算机来承担这样的计算,并演示证明了多个供者的扩展原理。还提供了可对混合样本进行软件分析的列表。最后,介绍了将理论扩展到亲缘关系的检测。

注释

1. 这是一种非常简化的表达,因为仅有几个亚类型 A,O,B,所以人群中有 6 种等位基因很常见。此外,有时还会遇到有许多稀有的等位基因。我们必须不断更新等位基因的列表,以确保没有违反“包容性”规则。

2. 注意,反向序列已在 STRBase 中列出。

3. STRBase https://strbase.nist.gov/STReq.htm 报告了一个 TPOX 这样的示例,在侧翼区域的缺失将 11

等位基因转换为10.3等位基因。基因型的结果依赖于使用的多重试剂盒。虽然PowerPlex 1.1和Identifiler没有受到影响,但PowerPlex 2.1和PowerPlex 16产物受到影响,因为引物结合重复结构位点的距离更远。

4. 对于公式中使用的条件竖杠|的解释见1.5节。

5. 术语"匹配(match)不能与"身份"(identity)混淆。这不是我们的意图,因为我们不知道这两个等位基因是否来自犯罪嫌疑人。

6. 这里以绝对数量的供者为条件是有必要的。在往后中,如果提出3个(或更多)供者,可能就有必要评估证据的强度。控辩双方应进行一些对话以达成这样的共识。

7. "*if*"和"*given*"这两个词是可以互换的条件术语。

8. 当我们只考虑一个基因座时,这个数字非常小。

9. 请注意,这是一个忽略等位基因频率的简化公式。确切的公式为:$LR=\frac{4}{1+p_a+p_b+2p_ap_b}$。

(任贺 哈力木热提·司马义江 译)

第 2 章

DNA 图谱的经验特征

在解释结果时，有必要根据基因座的关键特征，即杂合子峰的均衡性、基因座间平衡、影子峰比例和随机阈值等来描述基因座。参见“DNA 分析方法科学工作组(SWGDAM)”[86]和欧洲法庭科学研究所(ENFSI)网络 DNA 工作组指南[87]。

2.1. 杂合子均衡性

利用得到的多个峰高信息，可以解释混合样本。但是在这之前，需要先了解单一样本图谱的特点和表现。在这方面，杂合子峰的均衡性特征至关重要。

2.1.1 峰高或峰面积

等位基因在电泳图上的呈现可以用它的峰面积或者峰高来量化。原则上，使用哪一种都没有区别，只要一致就可以。但是，目前普遍的做法是使用峰高来量化。

2.1.2 定义

杂合子均衡性目前有两种常见定义：高分子量等位基因峰高除以低分子量等位基因峰高(公式 2.1)[88-90](反过来也可以使用[91,92])。另一种计算方法(公式 2.2)是使用小峰高除以大峰高(不考虑等位基因的分子量)[93-97]：

$$H'_b = \frac{\phi_{HMW}}{\phi_{LMW}} \tag{2.1}$$

$$H_b = \frac{\phi_{smaller}}{\phi_{larger}} \tag{2.2}$$

其中，ϕ 表示峰高；*HMW* 和 *LMW* 分别代表高分子量和低分子量等位基因；$\phi_{smaller}$ 和 ϕ_{larger} 分别代表相对荧光强度(relative fluorescence unit，RFU)较小和较大的峰高。因此，H'_b 可以为任意值，H_b 限制为≤1 的值。

公式 2.2 忽略了等位基因排序的信息[88,98]，但由于计算简便而常用。这两个公式都忽略了等位基因之间重复次数的差异。

2.1.3 数据可视化方法

用以展示杂合子均衡性分布的数据可视化方法有很多。文献[91]使用箱线图来展示(图 2.1)。R 软件的 *strvalidator* 包可以生成这些图。

数据被分成四等分。箱体包含 50% 的数据。箱体中间的直线是中位数(50%)，箱体的边分别代表第 2 和第 3 个四分位数(或者它们可以被称为 25 和 75 个百分位数)。第 1 和第 4 个四分位数用线条表示，离群点是分布在主体之外的点。

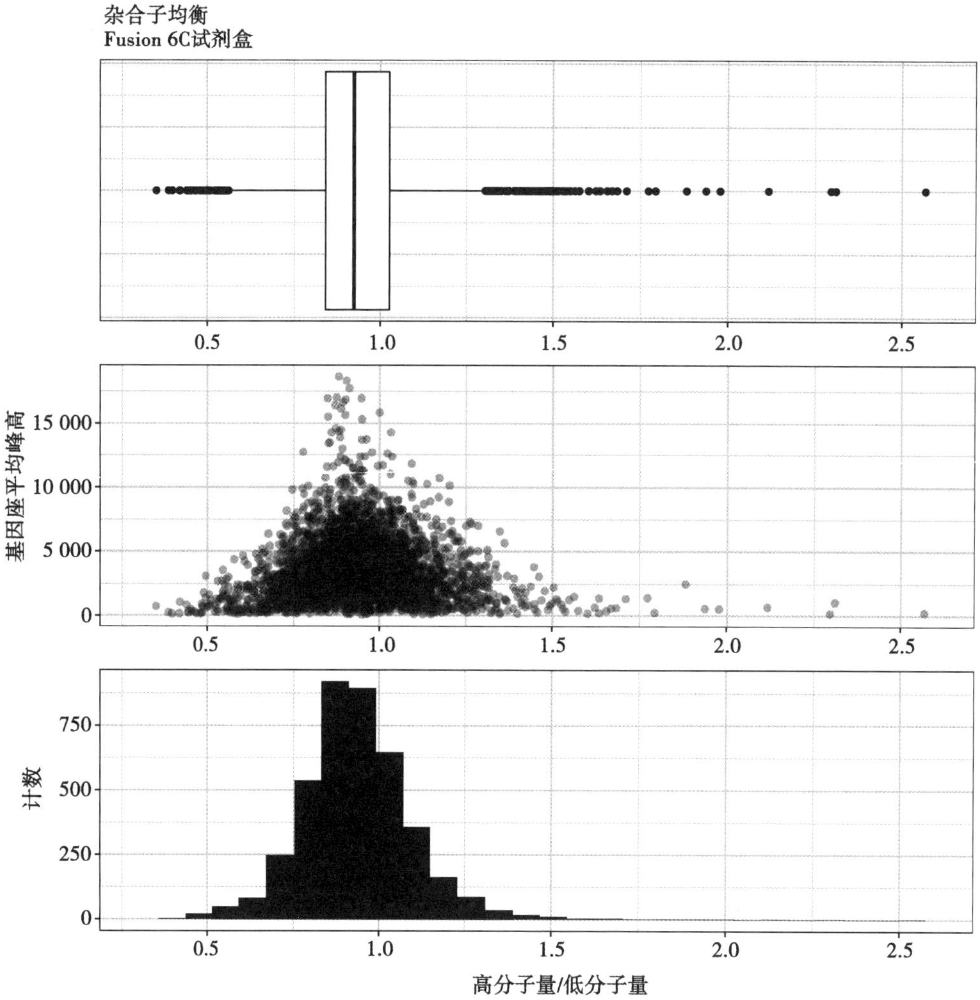

图2.1 使用3种不同表示方式比较数据的示例：a）上方为箱线图；b）中部为散点图；c）下方为直方图。x 轴表示 H'_b 的计算方式。散点图的 y 轴为两个等位基因的平均峰高。注意，随着峰的减小其不均衡性增加。柱状图的 y 轴显示了每个bin的数量，可以观察到，极度的不平衡是罕见的

箱线图下面是另一种表示方法，即散点图，其中 y 轴表示峰高。对这两个图的比较表明，异常值对应的等位基因峰高非常低，而数据的主体是由箱线图中的线条描绘。

第三种表示方法是直方图，其中 y 轴表示频率数据。

2.1.4 指南的使用

使用上述方法进行数据分析时显示，对于高质量的图谱，杂合子均衡性往往在一定范围内。对于均衡的杂合子等位基因，指南中推荐 $0.6<H'_b<1.6$（公式2.1）和 $H_b \geq 0.60$（公式2.2）。但是，引物结合位点（见图1.12）和体细胞突变可以产生异常值。DNA的量和等位基因峰高之间有直接联系。因此，随着峰高均衡性的降低，杂合子均衡的差异也增大[99,100]（图2.2），这就引起了极端值，即 $H_b<0.6$，此时杂合子也被认为不均衡。当等位基因峰高达到第3.2节中的“随机阈值”时，这种不均衡是可预想到的特征。事实上它还可以更极端，比如一个等位基因完全扩增失败，这个被称为“等位基因丢失”，此时 $H_b \approx 0$[88,101]。

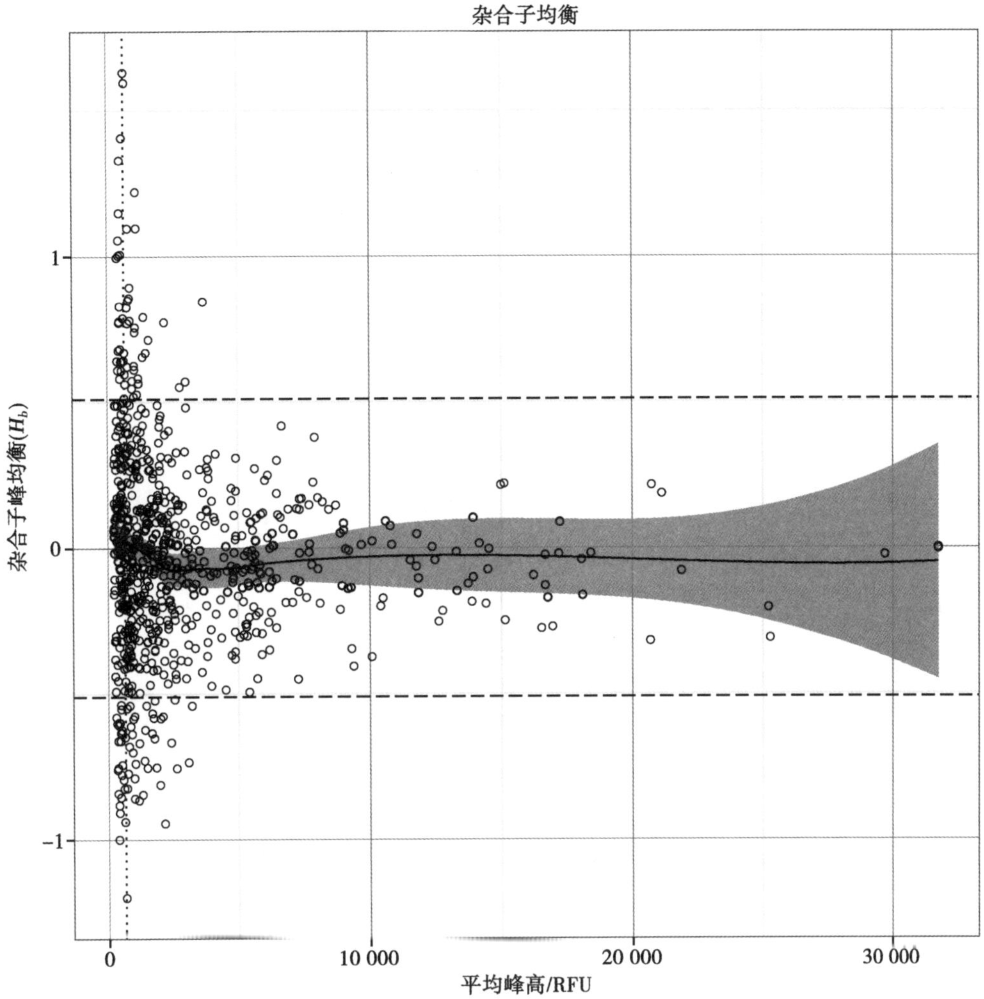

图 2.2　使用 AB3500xl 分析得到的数据。平均峰高与 H_b 的自然对数(764 个数据点)对比图显示,随着接近随机阈值(T=634RFU,垂直虚线),变异将增加。除去分析阈值 AT=200RFU 以下的数据,该数据与图 3.10 的丢失图中使用的数据相同。两条水平虚线用来解释传统 DNA 图谱的 0.6H_b 准则。y 轴是 H_b 实现对称的自然对数。使用 R 程序包 *strvalidator*(1.3 版本)的杂合子均衡模块进行数据分析,应用 ggplot2(1.0 版)绘图,默认拟合回归。经 Elsevier 许可转载自文献[85]

注意在图 2.1 中,中位数(50%)略有偏移,因此 H'_b<1.0。这就意味着较短片段会被优势扩增,随着 DNA 扩增片段的增长,峰高逐渐降低。在案件中,样本抑制和降解很常见,所以大分子量的等位基因可能会完全丢失。Tvedebrink 等[89]使用两种不同试剂盒测试后发现,大约一半的基因座显示出重复单位的差异和杂合子均衡性之间存在着显著关系。Kelly 等[88]发现随着重复单位重复次数的增加,杂合子峰的自然对数 $\log_e(H'_b)$ 会平均降低 3%。Leclsir 等[102]观察到与数据库中的高质量样本相比,案件样本的中位数更低,且变异度更高。低分子量 DNA 的高效扩增与“降解”密切相关,将在第 4.5 节中叙述。

因为杂合子均衡性本质上是随机加入 PCR 混合样本的相对分子数的产物(第 3.1 节),所以没有观察到基因座的依赖性并不奇怪[88]。使用相同或不同型号的遗传分析仪[101,103,93]或使用不同的复合检测系统都没有影响[90,89,93]。而且,对于案件现场或者使用原始的(提取的)DNA 制作的模拟混合样本或非混合样本,杂合子均衡性的分布是很相似的[104]。所以此类研究可以用来帮助混合样本的分析。

2.1.5 杂合子均衡性总结

1. 对于高质量 DNA,很少观察到低信号等位基因的峰高低于高信号等位基因峰高 60% 的杂合子不均衡现象。该指南对分型良好的 DNA 图谱的解释是有用的(图 2.3)。

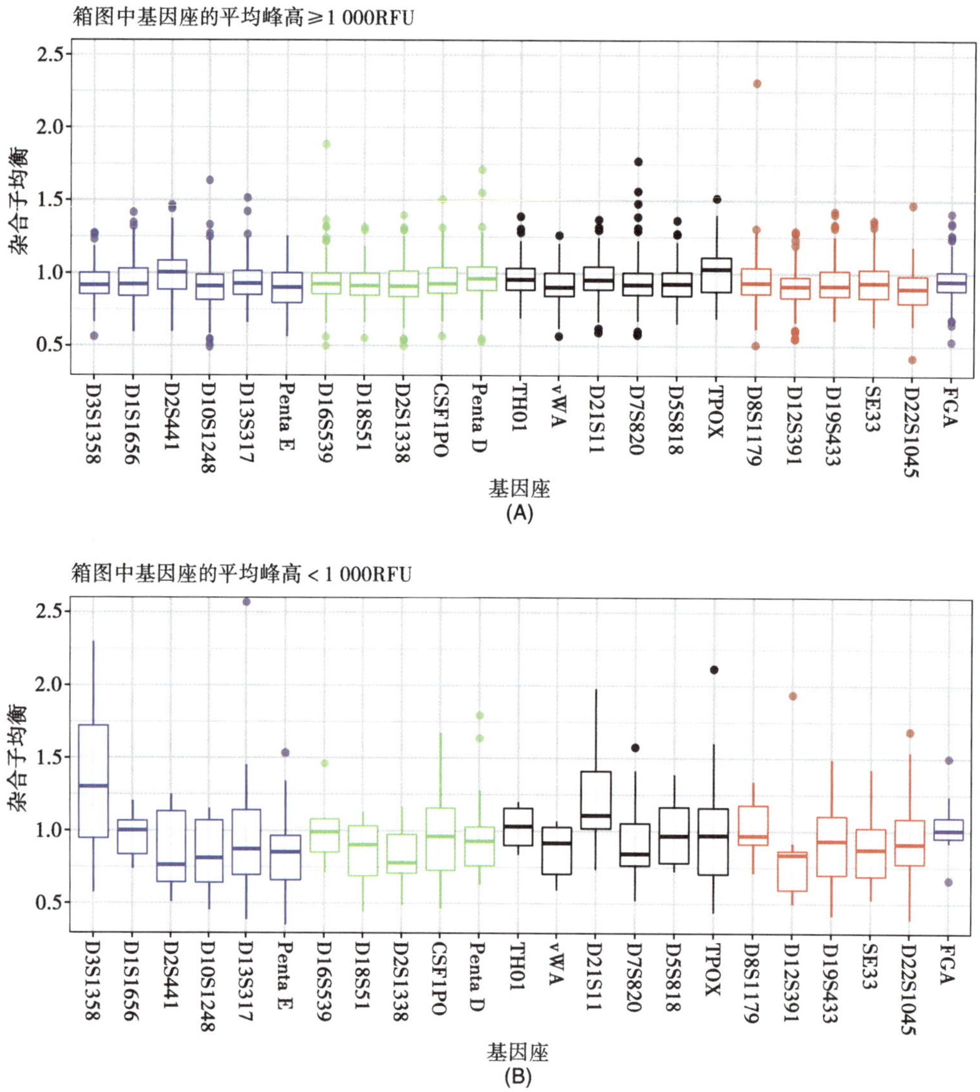

图 2.3 Fusion 6C 试剂盒中 23 个基因座的杂合子均衡性比较,显示了使用 H_b' 计算方式的杂合子平衡分布。底部(B)的范围比顶部(A)大很多

2. 但是,随着平均峰高降低,不均衡性也会出现。峰高和 DNA 模板量是相关的,所以不均衡峰通常在“低模板”DNA 中观察到,在第 4 章中会详细讨论。实际上,等位基因可能会完全丢失或者部分丢失,在第 3 章中会详细讨论。所以,指南中的 60% 的阈值也有局限性。该阈值的使用可以解释模板量充足的具有良好分型的峰图,对低模板量 DNA 的解释是不一

样的。

3. 对高分子量等位基因的扩增不如低分子量等位基因的扩增充分，这就解释了为什么中位数 $H_b'<1$。

2.1.6 *STR-validator* 平台下杂合子均衡性的描述

STR-validator 有一个模块来描述杂合子均衡性（图 2.3）。扩增的样本应是单一来源，可以是最优的 DNA 输入量或者是其他不同的 DNA 输入量。在使用分型软件（如 GeneMapper-ID-X）分析样本前，“分型表”应先输出为文本文件。输出的文件必须包含以下信息：样本名称、基因座名称、荧光染料、等位基因分型和等位基因峰高。运行 R 软件，使用命令 *library*（*strvalidator*）加载 *strvalidator* 安装包。使用命令 *strvalidator*（）打开图形用户界面。使用 *Import* 按钮从 *Workspace* 选项卡导入数据。按照以下步骤进行描述：

1. 选择 *Balance* 选项卡，然后单击位于 *intra-locus* 和 *inter-locus balance* 组中的“*Calculate* 基因座内均衡（杂合子均衡性）”按钮。*Calculate heterozygote balance* 窗口打开（图 2.4）。

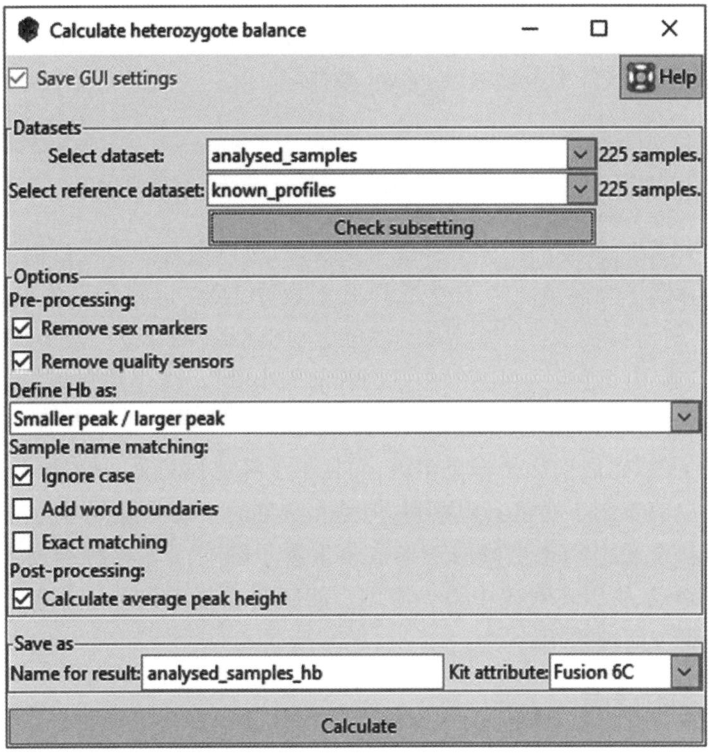

图 2.4　*STR-validator* 的截图展示杂合子均衡性计算的选项

2. 在第一个下拉菜单中选择包含导入样本数据的数据集。使用的试剂盒是自动建议的，也将是绘制结果时的默认试剂盒。

3. 在第二个下拉菜单中选择包含已知分型的参考数据集。

4. 有两种预处理选项可以在分析前从数据中去选择性别标记和性能键。

5. 在下拉菜单中首选定义，选择杂合子均衡性的 *Define Hb as*。其他可选的项有 *High molecular weight/low molecular weight*，*Low molecular weight/high molecular weight*，*Small peak/*

larger peak。

6. 有一些复选框用来控制参考数据集中的样本名称与待分析数据集中的样本名称的匹配。使用 *check subsetting* 按钮验证设置是否正确。

7. 后处理选项 *Calculate average peak height* 计算每个样本的平均峰高、总峰高、观测峰数和期望峰数以及分型比例。取消此选项将减少计算时间。

8. 单击 *Calculate* 按钮开始分析。分析完成时窗口关闭。运行进程信息被写入 R 控制台。结果得到一个数据表,包含每个样本的样本名称、基因座名称、荧光染料、两个等位基因重复单位的差异、两个等位基因的峰高、标记平均峰高和杂合子均衡性信息。

生成的表可使用 *summarize* 按钮计算汇总统计信息。可以使用自旋按钮指定计算的分位数,单选按钮可以在所有标记或基因座上具体统计数据,并在标记之间切换全局统计信息的计算。结果数据表包含标记名称(仅后一种情况)、汇总的杂合子值的数目(n)、最小值和最大值、平均值和标准偏差以及指定分位数的结果。

可以使用结果数据表创建各种图形。由 *Plot* 按钮打开窗口。可以自定义图形标题、x 轴和 y 轴标题以及视觉外观和布局。数值可以转换为自然对数。杂合子均衡性可以通过基因座平均峰高、平均分型峰高、重复单位的差异或标记进行绘制(如图 2.3 所示)。图形可以导出为图像,或者在 R 软件中手动修改 *ggplot* 参数。

2.2. 影子峰

影子峰使 DNA 混合样本的结果解释变得更复杂,所以很有必要进行描述[105],低水平的等位基因可能会和影子峰混淆。影子峰是 PCR 过程中 DNA 链错配造成的伪峰[106]。这种现象通常被称为“链滑移模型”或“链错配/移位滑动模型”(图 2.5),是 DNA 序列进化的一种自然机制[107]。影子峰通常为目标等位基因峰前的小峰(n-1 个重复单位),被称为后向影子峰[108,105,109],它也可以更长,表现为 n+1 个重复单位[110,111],被称为前向影子峰。Bright 等[112]表示前向影子峰比后向影子峰更罕见,而且影子峰比例更低(平均<4%)。后向/前向(n±2 个重复单位)双重影子峰也会观察到,但是和常见的 n-1 个重复单位的形式相比,荧光强度更低。二碱基重复的 STR 更倾向于形成多重影子峰[113],在某种程度上使得法医学应用中的解释更不确定,所以在案件中很少应用。四碱基重复单位和五碱基重复单位的 STR 基因座因影子峰更少而被采用。

2.2.1 影子峰的特点

影子峰比目标等位基因峰更低。影子峰的大小使用影子峰比(S_R)来描述,或者更常见的影子峰占比(S_x):

$$S_R = \frac{\phi_S}{\phi_A} \tag{2.3}$$

$$S_x = \frac{\phi_S}{(\phi_A + \phi_S)} \tag{2.4}$$

其中,ϕ_S 指影子峰的峰高,ϕ_A 指对应等位基因的峰高。

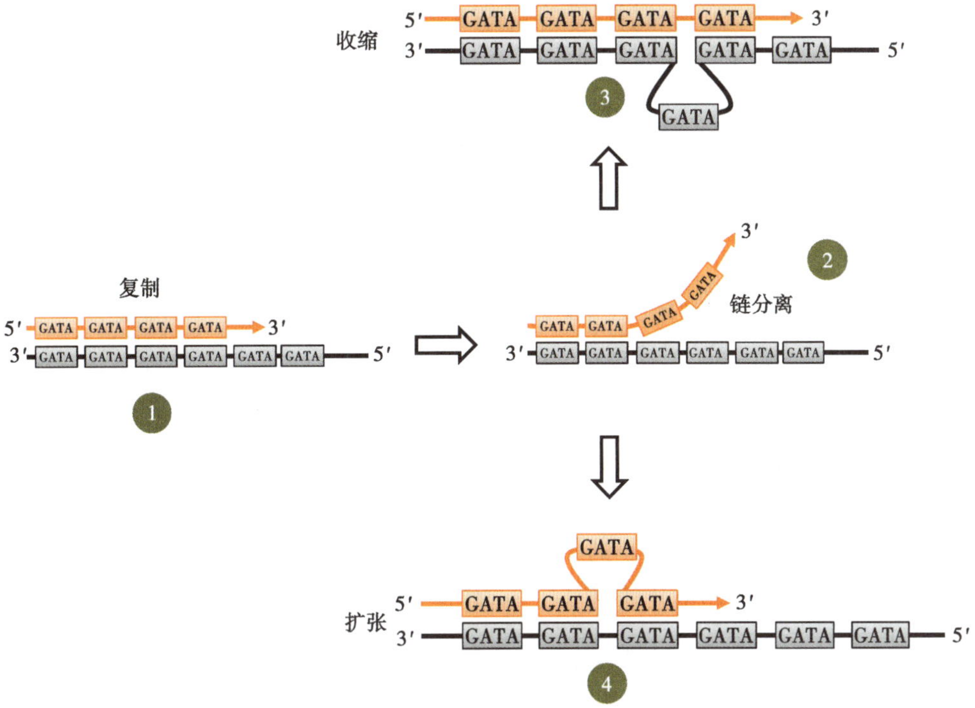

图 2.5　滑动链错配或链滑移的示意图。在复制过程中，DNA 序列相关联，DNA 聚合酶可以识别并结合在 DNA 链的 3′末端，使其合成一个相同的互补序列(1)。有时 DNA 链会解离，DNA 聚合酶复合物脱落，复制停止(2)。当两条 DNA 链再次配对时，它们大部分时间会正确地对齐(1)。有时，由于重复序列(GATA)的存在，DNA 链会发生错配从而产生一个更短的“副本”(3)，或更少见的一个较长的副本(4)。这些错误的拷贝常被称为影子峰，特别是后向影子峰和前向影子峰。DNA 链的方向用 5′和 3′表示。转载自文献[114]

2.2.2　STR 重复次数对影子峰大小的影响

总体趋势是，随着亲本等位基因重复次数的增加，影子峰也增加[89,102,97,111,117]。不过，微变异等位基因(例如 D1S1656 基因座的等位基因 15.3，16.3，17.3 和 TH01 基因座的等位基因 9.3 和 10.3)和序列变异(例如 SE33 基因座)会中断相同类型序列连续重复的次数。图 2.6 展示了 Fusion 6C 试剂盒中两个标记的影子峰比。标记 D1S1656 显示两种平行趋势，一种为正常变异，另一种为微变异。x.3 型等位基因产生于 TGA 碱基的插入，通常发现于 4 个完整的 TAGA 重复之后[2]。

碱基插入中断了统一的重复延伸，观察发现这些微变异等位基因的影子峰比和少 4 个重复单位的等位基因是相似的，比如等位基因 11 和 15.3 的影子峰是基本相同的。因此，与总重复次数相比，最长不间断重复延伸(longest uninterrupted repeat stretch，LUS)是更好的一个预测指标[89,118,106,119]。Brookes 等[120]在一项巧妙且高度控制的研究中使用合成的 STR 片段也证实了该发现。而且，他们还发现合成片段中的高含量的 AT 碱基对会增加影子峰比。这可以用结合的强度来解释：一个 AT 碱基对有两个氢键，而一个 GC 碱基对有 3 个氢键。然而，这一发现与参考数据的分析相矛盾。尽管如此，重复序列很重要，而且不同基因座之间的影子峰形成程度不同，这一点是公认的[102,97,111]。

Taylor 等[121]指出，LUS 模型不能很好地解释 SE33 基因座的影子峰比。因此设计了一个更好的模型，称为“多序列模型”。在该模型中，减去 x 次重复的因子后，该因子被定义为

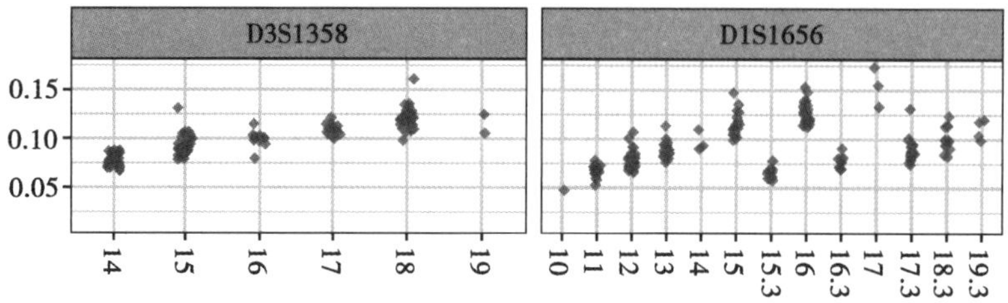

图2.6 Fusion 6C试剂盒中D3S1358和D1S1656基因座的后向影子峰数据。这个例子表明随着重复次数（x轴）增加，影子峰比例（y轴）也增加。D1S1656基因座显示两种平行趋势，一种为正常变异，另一种为微变异。x.3型等位基因的产生源于TGA的插入，通常发生在4个完整的TAGA重复之后[115]。这种插入中断了统一的重复延伸，且观察到的微变异的影子峰率与短4个重复单位的等位基因的影子峰率相似，即等位基因11和15.3的影子峰率大致相同。说明：截图由STR-validator创建[116]。转载自文献[114]

"先于影子峰开始的重复次数"，所有重复序列均被认为是导致影子峰产生的因素，这个系统将所有的重复看成一个整体。

影子峰比也受到重复单位大小的影响，因此，三核苷酸重复基因座D22S1045预计比四核苷酸重复基因座显示更高的影子峰比[111]。相对于后向影子峰，前向影子峰可能是由于Taq酶结构的限制水平较低，或发生前移所需的能量更高所致[113]。Leclair等[102]在个案研究和数据库样本中发现了类似的影子峰比。通过降低退火温度和延伸温度来优化PCR条件可以降低影子峰高[122]。在低模板水平，随着对应的等位基因峰高向着分析阈值（AT）逐渐降低，而影子峰比逐渐增加。这可以通过影子峰和背景噪声峰值的叠加效应来解释[89,102]。

当需要考虑影子峰时，混合样本解释变得更加困难[105]，尤其是当一个个体的峰高与主要供者的影子峰高相似时；此时很难区分影子峰和真正的等位基因。但是，当使用大规模平行测序（massively parallel sequencing，MPS）系统而非当前基于长度标准的CE系统时（第13.11节），由于序列变异，有时可能会区分差异[123]。

2.2.3 影子峰的解释难点

目前，在建立影子峰分析模型方面已经做了大量工作[89,118,109]。Gill等[124]和Weusten等[125]对影子峰的形成也进行了模拟。影子峰使混合样本的解释更复杂。

对于单一来源的样本，因为主要等位基因峰较高，可以被识别出，不会受到影子峰的干扰。当检测混合样本时，情况变得不一样，因为属于次要供者的等位基因峰值可能在高度上与影子峰相似，这意味着它们不能轻易区分（图2.7）。

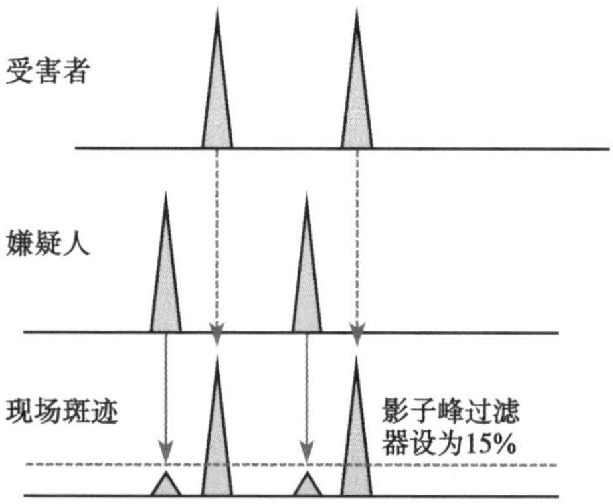

图2.7 受害者和犯罪嫌疑人混合样本的例证。根据控方命题，犯罪嫌疑人在现场斑迹中贡献了两个次要的等位基因。如果它们正好在主要供者（受害者）的影子峰位置，那么辩方命题就会认为它们是影子峰。它们也可能是等位基因和影子峰的结合。如果使用一个影子峰过滤器，那么这两个次要等位基因都将从EPG移除

2.2.3.1　软件的使用

一些软件，如开放软件 OSIRIS(https://www.ncbi.nlm.nih.gov/osiris/)和商业软件 GenemarkerHID(https://softgenetics.com/)，均可以利用 2.1.4 部分描述的 60% 的准则来标记不平衡杂合子。影子峰过滤器可以通过自定义条件将影子峰从电泳图中过滤掉。影子峰的位置可以考虑为 $n-1$、$n-2$ 和 $n+1$。例如，可以为所有 $n-1$ 型影子峰设置一个统一的过滤标准(比如为样本等位基因的 15%)，但也可以而且更推荐为每个基因座单独设置标准(因为不同基因座对影子峰有不同的偏性)。等位基因特异性过滤器可用于解释基因座中预期的 x.3 微变异(如 D1S1656 基因座)的影子峰(图 2.6)。一般来说，设置影子峰过滤器的目的是捕获比平均期望 S_R 高±3SDs 的峰(公式 2.3)。

2.2.4　影子峰总结

四碱基重复 STR 基因座相关的影子峰有以下特征：

1. 最常见和最容易区分的影子峰是比目的等位基因少一个重复单位($n-1$)的峰。这些被称为简单的后向影子峰。

a. 后向影子峰通常有一个 95 百分位 $S_R \leq 0.15$(公式 2.3)[97,108]。

b. 随机效应，特别是与低模板样本相关的随机效应，会产生离群值。此外，体细胞突变经常会在影子峰位置被发现，这也可能导致异常高的峰[126,127]。这些影响可以通过重复研究来确定它们是否具有可重复性。

2. 简单的前向影子峰是比目的等位基因多一个重复单位($n+1$)的峰。

a. 它们通常比后向影子峰要小很多。

3. 复杂影子峰可以是后向($n-2$)或更多重复单位和前向($n+2$)或更多重复单位的峰。在某些基因座可观察到中间影子峰(例如，D1S1656 和 SE33 基因座中有两个较矮的碱基对峰)，但程度要小得多——这些复杂的影子峰是在高信号情况下观察到的，此时样本可能被过度扩增[90,100,128,117,129]。

a. 与简单的后向或者前向影子峰相比，复杂影子峰的峰高要低得多。

b. 可以使用软件过滤 EPGs 中的影子峰。这些过滤器可以使用统一的参数，或者为每个标记设定参数(在一些软件中甚至可对每个基因座和等位基因设置)。

4. 如果基因型是杂合子，影子峰通常会成对出现(每个等位基因一个)。

5. 它们可能出现在检测阈值线以下。

6. 相对于最长不间断重复序列(LUS)的数量，影子峰比有增加的趋势。

2.2.5　*STR-validator* 软件中影子峰的特征

STR-validator 有一个专门来描述影子峰的模块。扩增的样本应该是单一来源的，可以是最佳数量的模板 DNA，也可以是不同数量的。首先用基因分型软件分析样本，例如，GeneMapperID-X。确保影子峰过滤器已关闭。导出“基因型表”或文本文件。导出的文件必须包含以下信息：样本名称、基因座名称、等位基因分型和等位基因峰高。运行 R，使用 *library(strvalidator)* 命令加载 *strvalidator* 安装包。使用 *strvalidator*( )命令打开图形用户界面，使用 *Import* 按钮从 *Workspace* 选项卡导入数据，按照下列步骤执行特性描述：

1. 选择 *Stutter* 选项卡，然后单击 *Calculate* 按钮。“*Calculate stutter ratio*”窗口打开(图 2.8)。

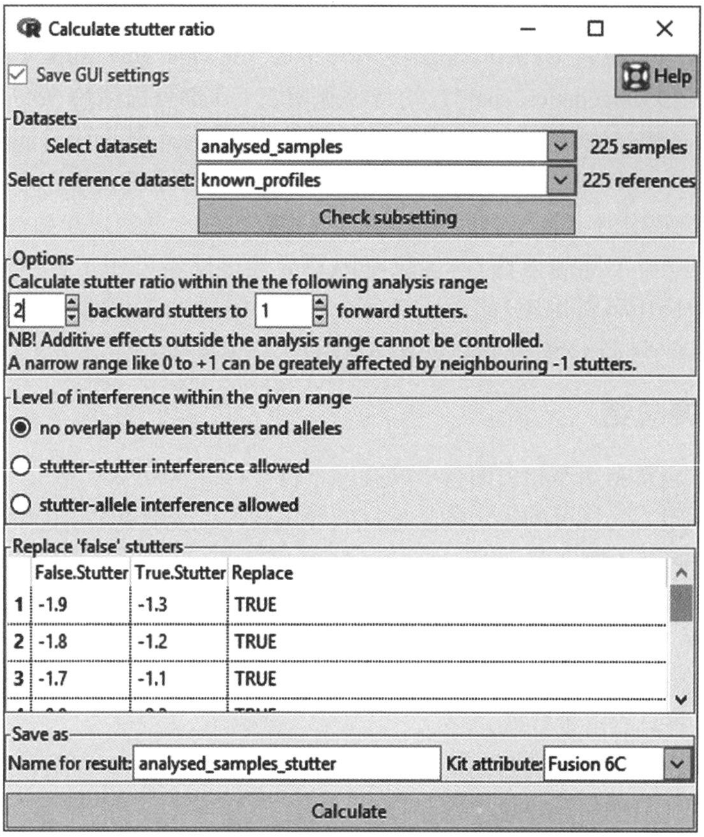

图2.8 使用*STR-validator*计算影子峰比的选项截图

2. 在第一个下拉菜单中选择包含导入样本数据的数据集。使用的工具包是自动建议的,并且是绘制结果时的默认工具包。

3. 在第二个下拉菜单中选择包含已知分型的参考数据集。

4. 使用*Check subsetting*按钮来验证参考数据集中的样本名称与待分析数据集中的样本名称是否正确匹配。

5. 使用选项组中的后向和前向影子峰的两个旋转按钮指定分析范围。

6. 优先选择"*Level of interference within the given range*","*no overlap between stutters and alleles*"为默认选项,也可以在其他水平探索叠加效应对影子峰比的影响。

7. 有一个可自定义的表格来替换"错误的"影子峰(*Replace"false"stutters*)。错误的影子峰类型是影子峰计算的结果,它基于重复单位(即"真等位基因"重复-"影子峰"重复)。但是,当前的执行不"理解"重复;它只是一个数值计算。例如,它赋予等位基因10在位置9处的影子峰为-1,而等位基因20在位置19.2处的影子峰在为-0.8。后者被默认修正为-0.2。

8. 单击*Calculate*按钮开始分析。该窗口在分析完成时关闭。运行进程信息写入R控制台。结果得到一个包含样本名称、基因座名称、真等位基因及其峰高、影子峰及其峰高、计算出的影子峰比以及影子峰类型的数据表。

生成的表可通过*summarize*按钮计算汇总统计信息。可以使用旋转按钮指定要计算的分位数,使用单选按钮将全部统计信息在所有标记、基因座(标记)特异的统计信息或影子峰特异的统计信息之间切换。结果是一个包含基因座名称、影子峰类型、唯一等位基因数目、影子峰数目、平均值和标准偏差、指定分位数结果以及最大观察比的数据表。

使用结果表可以创建各种图形。由 *Plot* 按钮打开窗口。可以自定义图形标题、x 轴和 y 轴标题以及视觉外观和布局。影子峰比可以根据真等位基因的名称(如图 2.6 所示)或真等位基因的峰高绘制出来。图形可以以图像导出,或者在 R 中手动修改 *ggplot* 对象。

如上所述,使用 *STR-validator* 对 Promega Fusion 6C 试剂盒进行了内部验证。对 225 例单一来源的现场斑迹提取物进行了分析(男性 175 例,女性 50 例)。使用 QF Trio 的短片段进行定量,分别使用 30 和 29 个循环扩增 0.5ng 和 1.0ng 的模板,3 500xL 遗传分析仪的进样时间设置为 24 秒。使用 GeneMapperID-X 1.2 进行两次结果分析,首先使用 ESX17 Fast 设置和手动编辑伪峰来创建“参照样本”,然后使用 50RFU 的分析阈值和无影子峰过滤器来创建需在 *STR-validator* 中分析的数据集。我们收集了 $n-2$、$n-1$、$n+1$ 重复和-2bp 的影子峰数据。*STR-validator* 为每个基因座的影子峰数量和影子峰比提供了全面的分析(表 2.1 展示了影子峰比汇总;在与本章相关的网站上可以找到完整的表格)。

表 2.1　Promega Fusion 6C 试剂盒的 95%影子峰比。颜色代表标记基因座的各种染料

基因座	-1 型影子峰	+1 型影子峰	-2 型影子峰
D3S1358	0.128	0.018	0.013
D1S1656	0.134	0.031	0.021
D2S441	0.076	0.019	0.017
D10S1248	0.137	0.018	0.016
D13S317	0.086	0.018	0.005
Penta E	0.067	0.011	0.025
D16S539	0.110	0.022	0.019
D18S51	0.146	0.033	0.041
D2S1338	0.130	0.050	0.049
CSF1PO	0.110	0.023	0.010
Penta D	0.035	0.211	NA
TH01	0.042	0.040	NA
vWA	0.132	0.065	0.019
D21S11	0.121	0.027	NA
D7S820	0.093	0.009	NA
D5S818	0.091	0.024	NA
TPOX	0.057	NA	NA
D8S1179	0.106	0.025	0.029
D12S391	0.156	0.013	0.021
D19S433	0.120	0.032	0.016
SE33	0.150	0.031	0.085
D22S1045	0.134	0.076	0.014
DYS391	0.090	0.034	0.014
FGA	0.119	0.022	0.019
DYS576	0.124	0.048	0.039
DYS570	0.125	0.020	0.027

综上所述,n-1 型的影子峰是最常见的,并且比例为 S_R<0.2;不过,在不同基因座间有很大变化,最大观察比的范围介于 0.05~0.2 之间。n+1 型的影子峰也比较常见,但影子峰比更低(S_R<0.05)。D22S1045 基因座是个例外,它为三碱基重复,影子峰比为 S_R<0.1。相反,n-2 型的影子峰较罕见,影子峰比和 n+1 型影子峰类似。在 SE33 基因座,-2bp 的影子峰很常见(观察到 12 次),影子峰比为 S_R<0.08,,该现象在复合重复单位基因座 D19S433 和 FGA 也偶尔观察到。

影子峰的大小随着重复次数的增加而增加,这在第 2.2.2 节中已经讨论过,但是微变异会破坏这一趋势。在低模板量时可以观察到随机效应,但增加 DNA 模板量对影子峰比率的影响并不大。在 29 和 30 个循环间观察到的差异可忽略(1 和 0.5ng)。

2.3. Clayton 指南:解释简单混合样本的二元模型

Clayton 指南[94]是第一个提出以经验作为评估混合样本手段的方案。它建立在以上概述的杂合子均衡和影子峰指南上。优先使用术语指南(*guideline*)而非规则(*rule*),原因很简单,凡事总有例外。所有的指南都有局限性,需要通过实验来确定它们。尽管该指南已有 20 多年的历史,但它仍然具有重要意义,因为在进行概率基因分型之前依据经验评估 EPG 对鉴定人来说是有用的。Clayton 指南由一系列明确的步骤组成,这些步骤由下面讨论的限制所审核。它被称为"二元模型",因为在分析中通过全部有或者全部没有来决定保留或拒绝一个基因型(第 1.17 节)。该模型只考虑由 2 人组成的混合样本。

2.3.1 第 1 步:确认混合样本的存在

2.3.1.1 a)通过额外等位基因的存在判断混合样本

可以通过额外等位基因峰的出现来识别混合样本。对于单一来源样本,每个基因座上最多检测到两个等位基因。如果检测到两个以上的等位基因,那么一定有混合样本存在。影子峰(2.2 部分)出现在等位基因的位置,不过通常小于主峰峰高的 15%。该指南可用于过滤主图谱中的影子峰。不过,如果感兴趣的样本含量也很低,即等位基因和影子峰的峰高大致相同,则该指南不适用。

2.3.1.2 b)依据峰的不均衡性识别混合样本

假设我们准备了由基因型分别为 aa 和 ab 的已知个体等比例组成的混合样本。由于"遮盖"效应,即两个供者都有 a 等位基因,所以 a 占 3 份,b 占 1 份,因此基因座表现出明显的不平衡(图 2.9)。

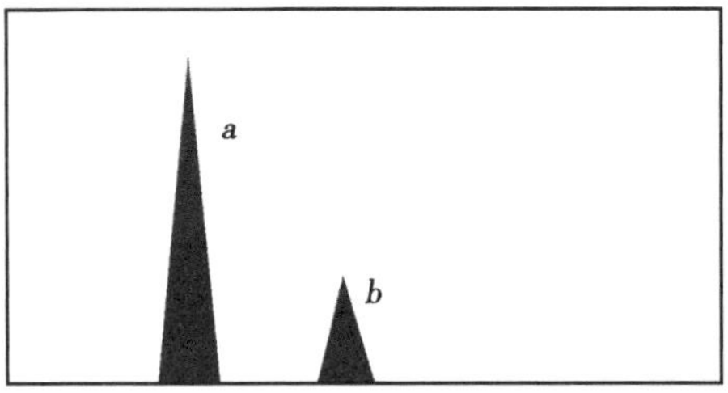

图 2.9 两个基因型为 ab 和 aa 的供者以相同比例形成的混合样本。该基因座显示出明显的不平衡,等位基因 a 的峰高是等位基因 b 峰高的 3 倍,即 $\Phi a:\Phi b=3:1$

随机效应也会导致杂合子不均衡(在第 3 章讨论)。如果获得的分型很好,且模板 DNA>500pg,箱线图(图 2.3)显示杂合子均衡 H_b>0.6(公式 2.2);这已经成为一个常用的阈值标准,以表明杂合子是否均衡。如果 H_b<0.6,则可视为不均衡。在图 2.9 所示的例子中,H_b=1/3,即明显小于标准 0.6。可以推断出遮盖效应造成了这种情况(第 1.7.2 节)。H_b>0.6 的指南仅适用于分型良好的 DNA 图谱,这些 DNA 图谱高于随机阈值(在第 3.2 节讨论),H_b

>0.6 的指南不能用于杂合子失衡和等位基因丢失的低模板分型图谱。

2.3.1.3　基因突变可影响等位基因数量

有两种基因突变可以导致一个基因座上产生额外的等位基因，而无需现场斑迹的额外供者提供[130-132]。

第一种类型：体细胞突变。这是由于胚胎发育过程中的等位基因突变引起的突变事件；它是典型的逐步突变，导致 $n\pm1$ 重复差异，所以它发生在与影子峰完全相同的位置。在图 2.10 所示的例子中，受影响的等位基因为 26.2 和 27.2。没有进一步的调查，我们不知道哪个是原始的等位基因；这两个等位基因的峰高总和接近第三个等位基因的大小（分型 17）。因为体细胞突变发生在胚胎发育期间，并不是所有的组织都表现出相同的突变。请注意，$n-1$ 突变事件将产生与原始等位基因的后向影子峰位置一致的等位基因。因此，一些大影子峰有可能是影子峰和体细胞突变峰的结合。有些组织类型可能没有体细胞突变。由于毛囊细胞分裂迅速，因此毛发的突变率较高。

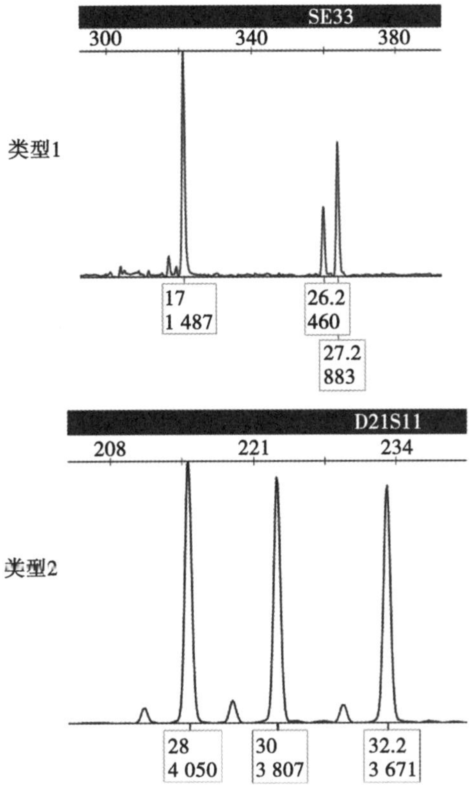

图 2.10　导致等位基因数量增加的两种遗传突变类型。类型 1 是 3 个等位基因峰高不等的体细胞突变。类型 2 是三倍体，特征是一个基因座有 3 个峰高相同的等位基因

第二种突变类型：三倍体。这种情况更容易鉴定。它是由基因复制引起的。由于它存在于生殖细胞中，个体的所有细胞都受到影响。因此，观察到的等位基因大约是相同的高度（图 2.10）。三倍体在 XY 染色体中最常见。例如，Klinefelters 综合征为 XXY，牙釉蛋白 X 的峰高是 Y 的两倍。三等位基因是比较罕见的，请查看 NIST 网站获取完整的最新示例列表：http://cstl.nist.gov/biotech/strbase/tri_tab.htm。2019 年 2 月 8 日访问该网站时，有 272 个报告核心 STR 基因座的例子，65 个其他常见 STR 基因座的例子，以及 64 个 Y-STR 基因座例子。体细胞和三体突变都是罕见的，但基因座之间的差异相当大。例如，TH01 似乎特别稳定，Crouse 等[131]对 10 000 个个体的 3 个基因座（CFS1PO、TH01 和 TPOX）进行基因分型，发现 19 个三倍体，其中 18 个位于 TPOX 基因座。总的来说，每个图谱的突变率低于 0.1%，这表明不太可能在一个以上的基因座上出现三等位基因模式，结合已述的峰高特征，这可以作为一个有用的判断方法。

2.3.1.4　引起杂合子不均衡的其他遗传因素

导致遗传不平衡的另一个原因是引物结合位点的突变[133-135]（第 1.15 节）。如果发生在 3′端，那么 PCR 扩增被完全抑制，导致一个“无效”（“null”）等位基因形成。如果突变发生在引物结合区的其他位置，则会影响引物的结合效率，因为退火和延伸的温度降低了。这将降低扩增效率，导致受影响的等位基因峰高降低。如果突变导致一个等位基因被完全抑制，

那么它将导致在群体中出现过度纯合性,即群体不符合 HW 的期望(第 1.3 节)。当然,参考样本和现场斑迹样本在实验室内仍然是匹配的,但是如果在不同的实验室使用不同的复合扩增体系分析现场斑迹样本和参考样本,那么错配可能会发生。如果是引物结合位点发生突变,那么很容易通过使用其他引物来复核样本,通常使用不同制造商生产的检测试剂盒来实现。精确的引物序列及位置是有专利的,因此无法查看,但不同的商业公司在他们的试剂盒中使用的是不同的引物。

一旦发现引物结合位点突变,制造商可以通过添加新的可识别突变的引物,或者在引物中添加简并碱基来纠正。这就需要添加一种通用的核酸碱基,例如肌苷,它可以与任何其他碱基配对,因此不需要针对每个突变使用两个特定引物[136]。

2.3.1.5 识别和处理罕见的遗传现象

引物结合位点突变、三倍体和体细胞突变都是罕见的。因此,在一个给定的现场斑迹图谱中,不太可能观察到一种以上的情况。如果怀疑发生了突变,最好是通过进一步的测序分析进行确认,而不是推测原因。总之,通过检查参考样本的一致性,来确定是否有体细胞或三倍体变异;对于引物结合位点突变,使用不同的引物系统对样本进行检测分析即可。

2.3.2 第 2 步:确定样本的潜在供者数量

单一供者的样本分型很容易分析,因为单个基因座只显示 1 个等位基因(纯合子)或 2 个等位基因(杂合子)。另一方面,2 个人的混合样本在一个基因座上最多出现 4 个等位基因。如果两个供者有共享的等位基因,例如(ab 和 ac),那么等位基因 a 被认为是掩盖了,因为两个个体都有贡献,因此只有 3 个等位基因可见(第 1.8 节)。如果每个供者的基因型都是 ab 型,那么只能观察到两个等位基因。

因此,对于有两个供者的混合样本,在一个给定的基因座上最多有 4 个等位基因;对于 3 个供者,最多有 6 个,但这需要所有供者都是杂合子,它们之间没有等位基因重叠。随着供者数量的增加,遮盖效应的概率也会增加,因此会导致结果被低估。不过,通过对 EPG 的检查,可以从基因座显示的等位基因的最大数量 $Lmax$,估计出最少供者数量:

- 如果在一个或多个基因座上观察到 3 个或 4 个等位基因,那么 DNA 图谱就是两个或多个个体的混合图谱。
- 如果在一个或多个基因座上有 5 或 6 个等位基因,那么它就是 3 个或更多个体的混合样本,依此类推。

所以最小供者数量(nC_{min})计算如下:

$$nC_{\min} = ceiling\ \frac{L_{\max}}{2} \tag{2.5}$$

其中"$ceiling\ x$"是大于或等于 x 的最小整数。该方法被称为最大等位基因数法(maximum allele count, MAC)。

框 2.1 估算供者的实际数量

估计供者的实际数量时,由于掩蔽效应[137,132],MAC 法对于复杂的混合样本是低效的。Biedermann 等人[138]提出的替代方案是使用贝叶斯网络;Haned 等[139]使用了最大似然比估计法,该方法考虑了种群亚结构,结果表明比 MAC 法给出的结果更准确。Swaminathan 等人[140]开发了一个免费的工具 NOCIt https://lftdi.camden.rutgers.edu/provedit/software/,它可以计算一个后验概率。使用一组训练数据校准模型,它能够考虑峰高、等位基因频率、等位基因丢失和影子峰。对于 1 到 5 个供者的实验样本,准确率为 83%,较现有方法有显著改进。机器学习方法[141]显示出更高的准确性,对 2 到 5 个供者的估算准确率为 85%。

2.3.3　第 3 步:估算混合样本中各成分的比例

在下文中,我们考虑一个简单的两个供者混合样本。如果只考虑峰高,混合样本可分为 3 类:

1. 一种均衡型混合样本,分型表现良好,其中两个供者的量大致相同。
2. 一种次要/主要型混合样本,其中一个供者的比例明显高于另一个。
3. 一种低模板型混合样本,两个供者的量都很低。

如果实验混合样本是按特定比例配制的,例如 1∶2;1∶4等,那么这些比率将近似地反映于所有基因座[142]。这个指南可以用来解释简单的 DNA 图谱。

在两个个体组成的简单混合样本中,有 4 个等位基因 *abcd* 的基因座的混合比例最容易评估。如果 4 个等位基因的峰高相似,则混合比例为 $M_r=1:1$。或者,以主要供者或次要供者的峰高高度为条件,以比例 $M_x=0.5$ 表示。

图 2.11 显示了一个次要/主要型混合样本。以次要供者基因型为 14,17 和主要供者基因型为 16,18 为条件,混合比例(M_r)可以按照以下公式计算:

$$M_r=\frac{(\phi_{14}+\phi_{17})}{(\phi_{16}+\phi_{18})} \tag{2.6}$$

其中,ϕ 表示峰高。混合比例如果以次要供者基因型 14,17 为条件,则按以下公式计算:

$$M_x=\frac{(\phi_{14}+\phi_{17})}{(\phi_{14}+\phi_{16}+\phi_{17}+\phi_{18})} \tag{2.7}$$

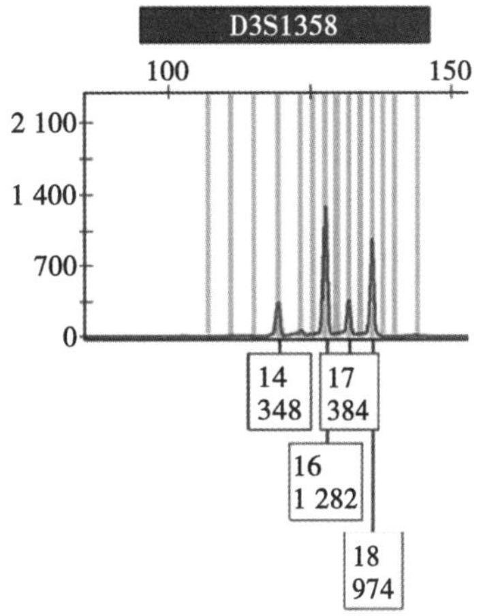

图 2.11　由两个样本组成的混合样本,4 个等位基因可以明确显示主要/次要供者

混合样本中主要供者基因型 16,18 的比例为($1-M_x$)。

从图 2.11 的例子中,我们可以利用公式 2.6 计算出混合样本中次要供者/主要供者的比例:

$$M_r=\frac{348+384}{1\ 282+974}=0.325:1$$

可以利用公式 2.7 计算混合样本中次要供者的比例:

$$M_x=\frac{348+384}{348+1\ 282+384+974}=0.245$$

主要供者的比例为($1-M_x$)= 0.755。下一个要考虑的问题是,假设他们来自同一个供者,那么次要等位基因(minor alleles)能否与任何主要等位基因(major alleles)配对。等位基因 14 和 16 能否配对(图 2.11)?该评估采用了 H_b>0.6 指南。因为如果 $M_r \ll 0.6$,主要等位基因不太可能与次要等位基因配对,因此可以忽略。

如果混合样本由男性/女性组成,下一步就是评估证据支持哪个是次要供者,哪个是主要供者。表 2.2 比较了在给定的混合比例下,从牙釉基因座得到的 *X* 和 *Y* 等位基因的预期"量"或峰高。

表 2.2　表格显示了男女混合样本的比例和观察到的 X、Y 等位基因的量化以及比例关系。经 Elsevier 许可，转载自文献[94]

混合样本比例		观察到的等位基因比例		X 和 Y 峰高比
男性(XY)	女性(XX)	X	Y	X∶Y
10	1	12	10	1.2∶1
5	1	7	5	1.4∶1
4	1	6	4	1.5∶1
3	1	5	3	1.6∶1
2	1	4	2	2∶1
1	1	3	1	3∶1
1	2	5	1	5∶1
1	3	7	1	7∶1
1	4	9	1	9∶1
1	5	11	1	11∶1
1	10	21	1	21∶1

在本例中，$M_r=0.245$，即男女混合比例约为 1∶3或 3∶1。由表可知，男(主要)∶女(次要)，X∶Y=1.6∶1；女(主要)∶男(次要)，X∶Y=7∶1。这些差异是相当大的。如果供者都是男性，那么期望的 X∶Y 比率将是1∶1。

2.3.4　第 4 步：确定混合样本中各组分可能的成对组合

一旦确定了 M_r 或 M_x，以及初步了解次要/主要成分是否可以分配给男性/女性供者后，下一步就是依次评估每个基因座，以确定证据能很好地支持哪些基因型，哪些基因型不能得到很好的支持。为了做到这一点，所有可能的基因型组合需如第 1 章所描述的那样被准确列出来。以图 2.11 所示的四等位基因的例子开始，表 2.3 继续罗列了表 1.4 中所有可能的组合。从上一节可知，证据最支持 14，17/16，18 为次要/主要分型。决定最有利的基因型组合的过程称为拆分(*deconvolution*)。注意，表 2.3 中被排除的其余基因型选项被认为是不太受支持的选项。它们不是明确的排除，因为有一个有限的概率，其中一个可能是真正的基因型。概率基因分型(将在后续章节中描述)的目的是量化这一概率(尽管很小)，以便在计算似然比时适当地将其考虑在内。出于本练习的目的，划掉的选项不再进一步考虑。

对于三等位基因混合样本，识别次要/主要供者更难。从第 1.8 节可知，有两种类型的三等位基因混合样本：

表 2.3　两供者混合样本在 D3S1358 基因座所有可能的分型组合，两个供者均携带两个不同的等位基因。支持力度低的分型已被划掉。加粗的分型是前 3 个的补充

次要	主要	次要	主要
~~14,16~~	~~17,18~~	~~**17,18**~~	~~**14,16**~~
14,17	16. 18	~~**16,18**~~	~~**14,17**~~
~~14,18~~	~~16,17~~	~~**16,17**~~	~~**14,18**~~

1. 一个供者是纯合子 aa，另一个供者是杂合子 bc。表 2.4 给出了在给定供者混合比例下等位基因峰高比的期望值。

表 2.4　一个三等位基因基因座的混合比和期望峰高比，其中第一个供者是纯合子

混合比		峰高比	混合比		峰高比
aa	*bc*	*a*∶*b*∶*c*	*aa*	*bc*	*a*∶*b*∶*c*
10	1	20∶1∶1	1	2	1∶1∶1
5	1	10∶1∶1	1	3	2∶3∶3
4	1	8∶1∶1	1	4	1∶2∶2
3	1	6∶1∶1	1	5	2∶5∶5
2	1	4∶1∶1	1	10	1∶5∶5
1	1	2∶1∶1			

2. 两个杂合子供者之间共享一个等位基因，例如 ab，bc。表 2.5 给出了在给定供者混合比例下等位基因峰高比的期望值。

表 2.5　一个三等位基因基因座的样本混合比例和预期峰高比的比较，这里两个供者均为杂合子

样本混合比		峰高比	样本混合比		峰高比
ab	*ac*	*a*∶*b*∶*c*	*ab*	*ac*	*a*∶*b*∶*c*
10	1	11∶10∶1	1	2	3∶1∶2
5	1	6∶5∶1	1	3	4∶1∶3
4	1	5∶4∶1	1	4	5∶1∶4
3	1	4∶3∶1	1	5	6∶1∶5
2	1	3∶2∶1	1	10	11∶1∶10
1	1	1∶1∶1			

在图 2.12 中，TH01 基因座的等位基因 6、7、9.3 的峰高比为 1∶3.7∶4.1。事先计算的样本的混合比例大约为 1∶3或者 3∶1。如果其中一个峰为纯合子（aa，bc），那么通过查表（表 2.4）得知，相应的峰高比（a∶b∶c）期望值为 6∶1∶1或 2∶3∶3。相反地，如果在 ab，ac 混合样本中有一个共享的等位基因 a（表 2.5），则预期的比例为 4∶3∶1或者 4∶1∶3（见表 2.6）。这与观察到的 TH01 的峰高比最接近，其中等位基因 $a=6$，$b=7$，$c=9.3$。但两个主要等位基因（7∶9.3）的峰高差异为 3.7∶4.1，任何一个均不足以被选为共享（b）等位基因。因此，次要供者要么是 6，7，要么是 6，9.3，剩下的 7，9.3 为主要供者（表 2.7）。

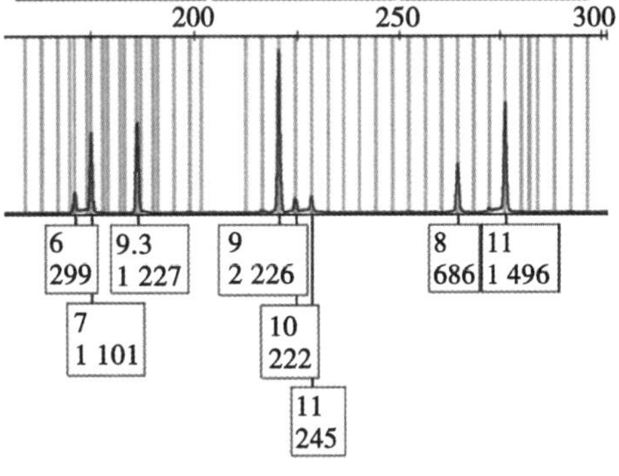

图 2.12　显示 3 个基因座的电泳图：可以清楚区分主要/次要供者的二供者混合样本

表 2.6 TH01 基因座三等位基因最受支持的分型比总结

混合比		峰高比
aa	*bc*	*a*∶*b*∶*c*
3	1	6∶1∶1
1	3	2∶3∶3
ab	*ac*	*a*∶*b*∶*c*
3	1	4∶3∶1
1	3	4∶1∶3

表 2.7 二供者混合样本 TH01 基因座所有可能的基因型组合，二供者的两个等位基因均不相同。支持较少的基因型已划去。加粗的基因型是前 6 种组合的补充

次要供者	主要供者	次要供者	主要供者
~~6,6~~	~~7,9.3~~	**~~7,9.3~~**	**~~6,6~~**
~~7,7~~	~~6,9.3~~	**~~6,9.3~~**	**~~7,7~~**
~~9.3,9.3~~	~~6,7~~	**~~6,7~~**	**~~9.3,9.3~~**
~~6,7~~	~~6,9.3~~	**~~6,9.3~~**	**~~6,7~~**
6,7	7,9.3	**~~7,9.3~~**	**~~6,7~~**
~~7,9.3~~	~~6,9.3~~	**6,9.3**	**7,9.3**

可以使用 M_x 进行另一种计算。等位基因峰高比例计算见表 2.8。

表 2.8 TH01 等位基因比计算

等位基因	6	7	9.3	总计
峰高	299	1 101	1 227	2 627
比例	0.11	0.42	0.47	1

在图 2.13 中，建议的次要/主要供者等位基因如下所列。预期的等位基因比例通过 M_x 和 $1-M_x$ 除以 2 来计算。因为等位基因 7 是供者共有的，所以每个等位基因的比例是相加

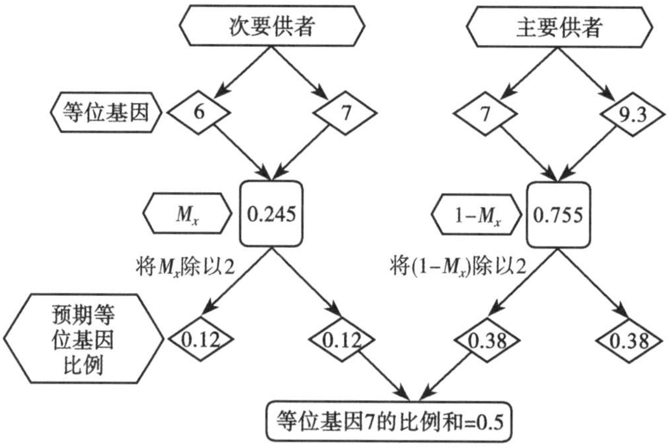

图 2.13 TH01 基因座的 6,7;7,9.3 基因型组合的预期峰高比计算

的——一个共享等位基因的和总是 0.5。等位基因 6、7、9.3 的峰高比的期望值分别为 0.12、0.5 和 0.38。我们再次重复另一种可能的等位基因组合:次要分型为 6,9.3;主要分型为 7,9.3。这些计算如图 2.14 所示。

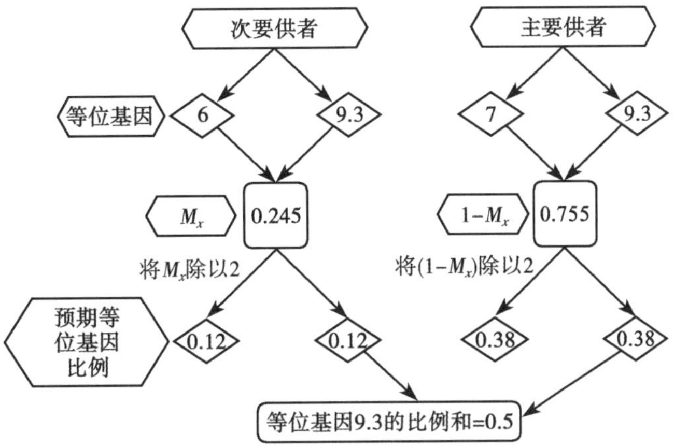

图 2.14　TH01 基因座的 6,9.3;7,9.3 基因型组合的预期峰高比计算

等位基因 6、7 和 9.3 的期望峰高比分别为 0.12、0.38 和 0.5。两种计算的差异见表 2.9。

表 2.9　来自图 2.13、图 2.14 和图 2.15 的 TH01 基因座的观测峰高和预期峰高的差值计算。由于绝对差值的总和太高,红色标记显示的选项支持度较低

等位基因	等位基因比例			峰高			差值			差值和
	6	7	9.3	6	7	9.3	6	7	9.3	
观测比例	0.11	0.42	0.47	299	1 101	1 227				
6,7;7,9.3 期望	0.12	0.5	0.38	315	1 313	998	16	212	229	457
6,9.3;7,9.3 期望	0.12	0.38	0.5	315	998	1 313	16	103	86	205
6,6;7,9.3 期望	0.24	0.38	0.38	730	998	998	431	103	229	763

综上所述,我们探索了两种不同的基因型组合:次要分型为 6,7,主要分型为 7,9.3;次要分型为 6,9.3,主要分型为 7,9.3。基于期望基因型 M_x 和 $1-M_x$ 的等位基因比例用图 2.13 和 2.14 计算。观察到的及预期的峰高比例列于表 2.9。期望峰高依据比例计算,例如,等位基因 6 的期望峰高,$\varphi_{6(期望值)}=0.12\times$观察到的峰高和=315。接着,计算观测峰高和期望峰高之间的差值(*residual*),即差值=观测峰高-期望峰高(为了避免产生负数,差值的符号被忽略,因为我们只关心绝对差)。注意,这个定义不同于后面章节中使用的误差平方和(residual sum squared,RSS)的方法。

计算每种基因型组合的差值。基因型组合 6,9.3 和 7,9.3 在考虑的两种选项中的差值较低,表明证据更支持这种基因型组合。使用差值可以将各种基因型选项按顺序排列。上述计算可以推广到表 2.7 中所列的所有可能的基因型组合,但这样做会很费时。为了证明,考虑 6,6;7,9.3 基因型组合(图 2.15)。6,6 分型的次要供者是最不可能的,因为等位基因 6 的差值=431,总绝对差值=763,在表中这种组合应该排在最下方。它并没有因此而被"排除",但这种选择的支持度很低。

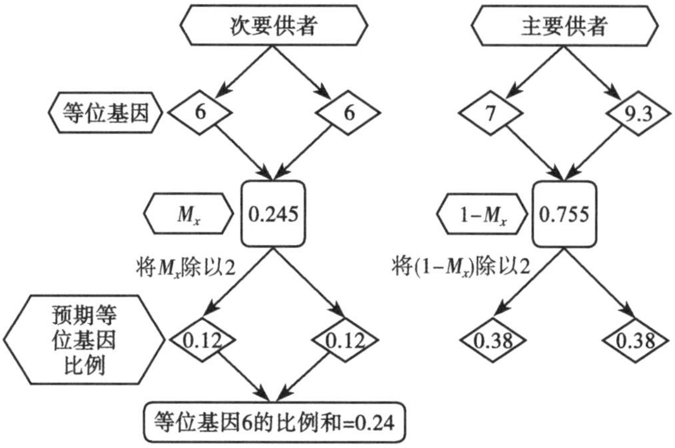

图2.15 TH01基因座的6,6;7,9.3的预期峰高比计算

使用概述的经验法,可以使鉴定人挑选出大部分可能的基因型组合。差值绝对值总和的计算可用于排序基因型组合,其中排序第一的是最受支持的基因型。这个过程展示了如何用量化的方法进行拆分。这里阐述的思想是使用计算机对所有可能的基因型组合进行概率计算的第一步,最终避免了经验评估的需求。

2.3.4.1 D13S317

该基因座也是三等位基因混合;等位基因9,10,11的比例约为10∶1∶1。证据支持纯合子9(主要供者)和杂合子10,11(次要供者)。因为等位基因峰高相差很大,等位基因9几乎不可能与等位基因10或11中的任何一个配对。因此,证据支持次要供者10,11型;主要供者9,9型(3∶1混合的期望等位基因峰高比为5∶1∶1)。

2.3.4.2 D16S539

该基因座是两等位基因混合。峰高比约为1∶2.2,因为H_b<0.6,因此不太可能是两个8,11杂合子供者。如果供者是一个纯合子和一个杂合子,那么这种不平衡是由于掩蔽效应。峰高比的期望值与XY染色体相同(表2.2)。对于3∶1混合的ab,bb型,期望是$a∶b$=1.6∶1;对于1∶3混合的,期望是7∶1。因为峰高观察值和期望值之间有很大的差异,因此支持后者的程度大打折扣。1.6∶1的比率支持程度不受影响。这里等位基因a=11,等位基因b=8。如果这个选项是正确的,那么等位基因11将被分配给次要和主要供者。约686RFU与等位基因8配对,其余1 496−686=810RFU为次要供者的纯合子11(表2.10,图2.16);因此,最佳支持的次要/主要基因型为11,11/8,11。第二种可能是有两个纯合子供者,即8,8/11,11,其中次/主预期比例为1∶3,回想到观察比是1∶2.2。

表2.10 二供者混合样本在D16S539基因座所有可能的基因型组合,二供者均拥有不同的等位基因。支持度较低的基因型已划去。加粗的基因型是前3行基因型的补充

次要供者	主要供者	次要供者	主要供者
8,8	11,11	~~11,11~~	~~8,8~~
~~8,8~~	~~8,11~~	~~8,11~~	~~8,8~~
11,11	8,11	~~8,11~~	~~11,11~~
~~8,11~~	~~8,11~~		

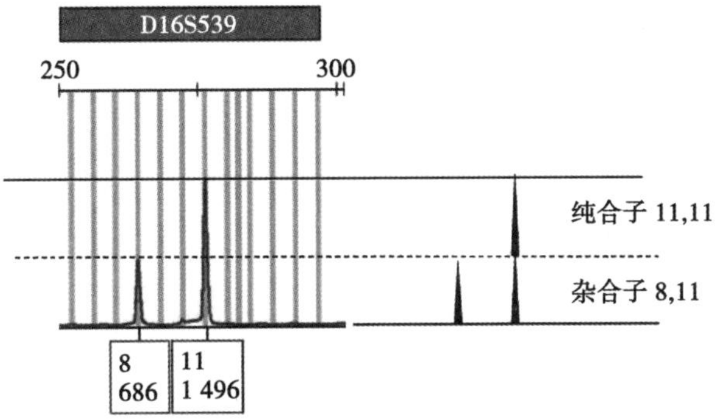

图 2.16　D16S539 基因座。图片右侧显示了如何对两个等位基因的混合样本进行次要纯合子和主要杂合子解析。等位基因 11 被认为是两个供者共有的，峰高是累加的

计算等位基因 8 和 11 的比例（表 2.11）。按照 TH01 所使用的方案，使用 M_x 方法对两个备选基因型组合——11,11/8,11 和 8,8/11,11——进行测试（图 2.17，图 2.18）。供选择的基因型组合的观察和期望比列于表 2.12。从差值绝对值的和来看，证据支持 11,11/8,11 次要/主要供者，或者相反，但两者之间差别不大，所以在计算似然比时应同时考虑两者。

表 2.11　D16S539 等位基因比例计算

等位基因	8	11	合计
峰高	686	1 496	2 182
比例	0.31	0.69	1

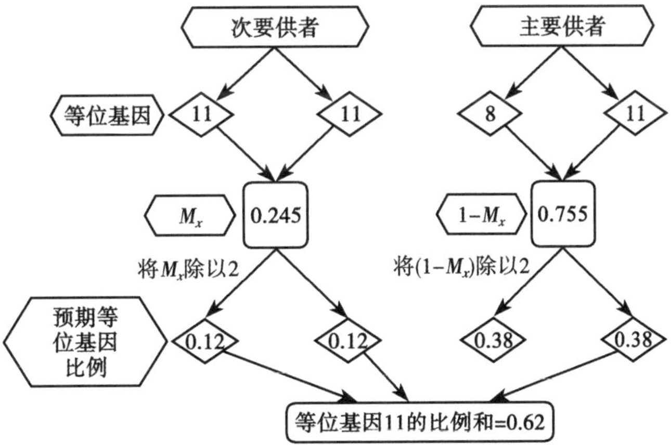

图 2.17　D16S539 基因座 11,11;8,11 分型的峰高比计算。等位基因 11 被认为是两个供者共享的，峰高是累加的

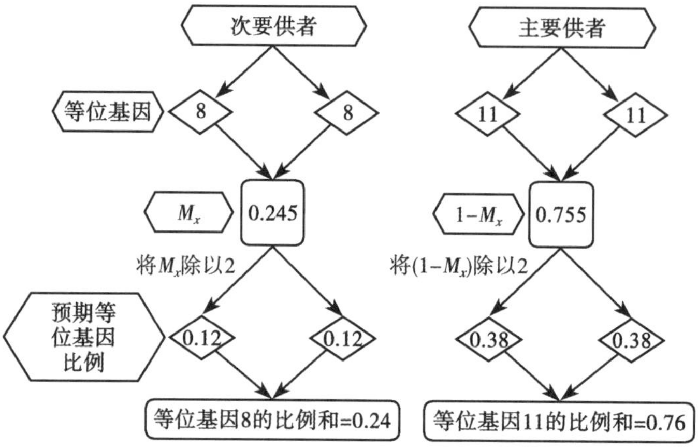

图 2.18 D16S539 基因座 8,8;11,11 分型的峰高比计算

表 2.12 D16S539 基因座分型组合的差值分析

	等位基因比		峰高		差值		差值和
等位基因	8	11	8	11	8	11	
观测比例	0.31	0.69	686	1 496			
11,11/8,11 期望	0.38	0.62	829	1 353	143	143	286
8,8/11,11 期望	0.24	0.76	524	1 658	162	162	324

2.3.5 第 5 步:与参考样本比对

在无参照样本的情况下对证据进行解析是非常重要的。只有对证据进行分型解析后,才可以与参照样本比对。表 2.13 显示了结果列表。表中显示了解析的次要供者、主要供者以及与参照样本的比较。在本例中,从第 4 步获得的每个基因座排序第一的分型,与犯罪嫌疑人的参考样本相匹配。

表 2.13 解析选出的基因型,这些基因型的似然比公式已显示

基因座	次要贡献者	主要贡献者	参照(次要)	参照(主要)	$Pr(E\mid H_d)$	$Pr(E\mid H_p)$	$LR=\frac{P_r(E\mid H_p)}{P_r(E\mid H_d)}$
D3S1358	14,17	16,18	14,17	16,18	$4p_{14}p_{17}p_{16}p_{18}$	$2p_{16}p_{18}$	$\frac{1}{2p_{14}p_{17}}$
TH01	6,7 6,9.3	7,9.3 7,9.3	6,9.3	7,9.3	$4p_6p_7^2p_{9.3}$ $4p_6p_{9.3}p_7p_{9.3}$	$2p_7p_{9.3}$	$\frac{1}{2p_6(p_7+p_{9.3})}$
D13S317	10,11	9,9	10,11	9,9	$2p_{10}p_{11}p_9^2$	$2p_9^2$	$\frac{1}{2p_{10}p_{11}}$
D16S539	11,11 8,8	8,11 11,11	11,11	8,11	$2p_{11}^3p_8$ $p_8^2p_{11}^2$	$2p_8p_{11}$	$\frac{1}{p_{11}(p_{11}+0.5P_8)}$

接下来是似然比计算。如果犯罪嫌疑人是检方起诉的次要供者，同时有一个未知的主要供者，辩方命题中有两个未知供者，那么如表所示可计算每个基因座的 *LR* 值。计算过程与第 1.7 节中描述的相同，除了证据不支持的基因型组合被排除之外。

这减少了 H_d 命题中基因型组合的数量，从而降低了 $Pr(E|H_d)$ 证据的概率，进而增加了总体 *LR*。如果解析为单一的基因型组合，然后 *LR* 趋同到与以单一（未混合）图谱计算的犯罪嫌疑人的 DNA 图谱相同（$1/2p_ap_b$）。表 2.13 中显示了 D8 和 D13 基因座的两个示例。

2.4. 使用 *STR-validator* 分析大规模平行测序（MPS）试剂盒

STR-validator（2.2 版）没有专门的模块或功能来分析大规模平行测序（massively parallel sequencing，MPS）数据（见第 13 章）。不过，目前的许多功能在经过少许手动修改后也能够处理 MPS 数据，如影子峰和杂合子均衡计算。

1. 在表格软件中打开试剂盒（kit）定义文件 *kit.txt*。手动添加以下内容：

a. 在 *Marker* 栏添加标记的名字。

b. 在 *Allele* 栏添加等位基因。对于基本功能，不需要添加所有可能的等位基因。只需在每个标记的单行上添加“1”作为等位基因。

c. 在 *Color* 栏添加荧光染料的颜色。该颜色被绘图函数用于将数据分割为窗格，即，行，并控制数据点的默认颜色。使用任何被支持的颜色（目前是“蓝色”“绿色”“紫色”“红色”和“黄色”）。例如，常染色体标记可以使用一种颜色，SNP 使用另一个颜色。

d. 在 *Short.Name* 栏为试剂盒定义一个短名称。避免使用特殊字符，因为它们可能不被支持。短名称将在下拉菜单中显示。

e. 在 *Sex.Marker* 栏添加性别标记（即位于 X 或者 Y 染色体上的遗传标记）。使用 *TRUE* 或者 *FALSE* 值。

f. 在 *Quality.Sensor* 栏添加质量检测指标（即内部质控不属于 DNA 图谱的部分）。使用 *TRUE* 或者 *FALSE* 值。

试剂盒定义中的所有其他列可以保留为空或用 *NA* 填充。可以创建多个定制的试剂盒定义。我们可以定义标记的子集数据，例如，只显示女性标记或者 SNP 标记等的单独定义。

2. MPS 结果文件，比如由通用分析软件生成的 Excel 文件，必须以一种被 *STR-validator* 支持的方式重新格式化（即，一个标签分隔的文本文件或 *R* 格式的数据）。这必须使用专用的脚本比如 *R* 来完成。表 2.14 展示了一个适用于 *STR-validator* 的例子。

3. 重新命名 *Counts*，*Reads*，或与 *Height* 类似的栏。在导入数据前使用文本编辑器或者电子数据表软件进行编辑（注意自动日期格式化可能会损坏数据）。更安全的方法是首先将数据导入到 *STR-validator* 中，然后执行以下操作：

a. 选择 *Tools* 选项卡，单击 *Columns* 按钮。

b. 选择 MPS 数据作为 *dataset*，并将包含 reads 数的列指定为 *Column 1*。在 *Column for new values* 栏中键入“Height”新值。如果 *STR-validator* 中的数据以数值存储，选择，例如，操作“*”，并在 *Fixed value* 栏输入数字“1”（即，将数据与 1 相乘，得到相同的数据）。如果以字符存储数据，选择操作“&”，并保留 *Fixed value* 为空（即，用空字符连接数据，这将得到相同的数据）。

表 2.14 以 *STR-validator* 可读的方式格式化的 MPS 数据的示例。标记系统栏(*Marker. System*)不是必需的,但可能对创建子集数据有用,例如,这里的 aSTR=常染色体 STR,ySTR=Y 染色体 STR,xSTR=X 染色体 STR

样本名称	标记	等位基因	峰高	荧光染料	标记系统
SampleID	AMEL	X	147	B	aSTR
SampleID	AMEL	Y	326	B	aSTR
SampleID	CSF1PO	8	21	B	aSTR
SampleID	CSF1PO	9	514	B	aSTR
SampleID	CSF1PO	11	27	B	aSTR
SampleID	CSF1PO	12	356	B	aSTR
SampleID	DYF387S1	36	37	G	ySTR
SampleID	DYF387S1	37	266	G	ySTR
SampleID	DYF387S1	38	30	G	ySTR
SampleID	DYF387S1	39	263	G	ySTR
SampleID	DXS10074	16	104	R	xSTR
SampleID	DXS10074	17	862	R	xSTR

现在这些列将被 *STR-validator* 识别并用于计算。图 2.19 展示了使用 *STR-validator* 分析 MPS 数据的结果

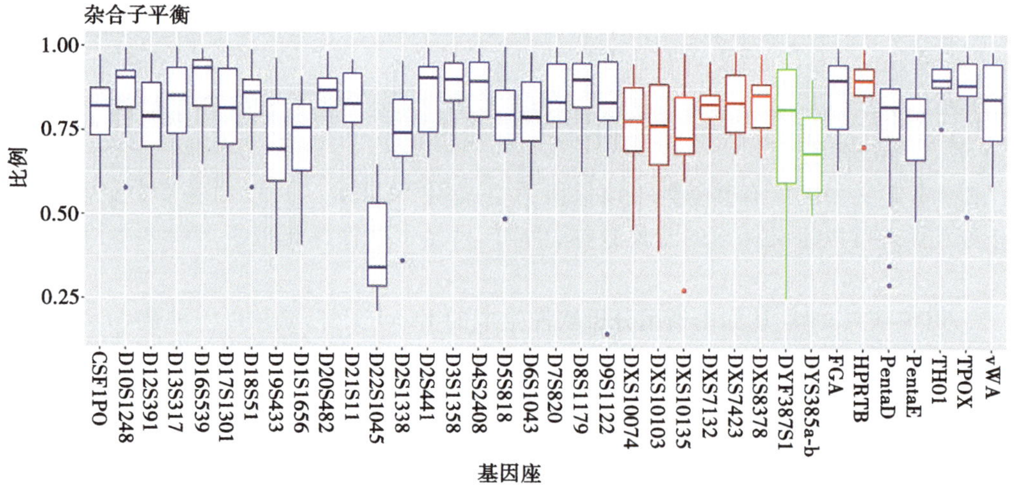

图 2.19 使用 ForenSeq DNA signature prep 试剂盒观察到的所有预期出现两个峰的基因座的 MPS 峰平衡性示例

2.5. 总结

1. 如果考虑等位基因峰高,那么只能对分型良好的 DNA 图谱证据进行经验评估。
2. 分型良好的图谱指的是在随机阈值以上的图谱(将在第 3.2 节讨论)。

3. 此处的分析方法仅限于由两个供者组成的混合样本。

4. 杂合子、影子峰和遗传产物（如三倍体）的特征是理解混合样本所必需的。

5. 对于分型良好的图谱，杂合子是平衡的，这样可以使用 H_b>0.6 指南来决定等位基因是否可以配对，从而推断它们来自一个给定的供者。

6. 混合比可以从四等位基因的基因座估算出来，该（近似）比值适用于所有基因座。

7. 被遮蔽的等位基因由两个供者组成，其峰高是累加的。

8. 有了混合比例的信息，就有可能推断出可能的基因型组合并排除其他组合。这个过程称为拆分。

9. 对于次要供者 M_r<0.6 的次要/主要型混合样本，拆分是最简单的。

10. 拆分可能产生一个以上的基因型组合。可以根据证据支持的程度按照由强到弱的支持顺序排列。

11. 拆分必须在了解参考样本之前进行。

12. 从拆分的基因型组合可以计算出 *LR*。如果证据支持“匹配”，那么 *LR* 值通常要比不考虑峰高时计算的值大得多。

（刘晋玎　张君　译）

第 3 章

等位基因丢失和随机阈值

在第 2 章中,主要对质量好的图谱进行了讨论。要解析混合样本,就需要先了解非混合样本的特性。杂合子均衡是这一问题的关键。在质量好的 DNA 图谱中,单一供者样本的主要等位基因峰高平衡性>60%。当 DNA 量降低时,这一指导原则不再有效,因此可能会观察到严重的不平衡,最终导致等位基因从电泳图谱上完全消失。这就是所谓的等位基因丢失。这是极其重要的,因为:

(1) 现场斑迹不再与参考样本完全匹配。

(2) 由于第 1.7 节中的公式不再适用,混合样本的次要供者的解释变得不合理。

图 3.1 显示了一个使用 ESX 17 的示例。图中最上面的参考样本是一个完整的图谱(500pg DNA)。最下面是一个模板小于 20pg 的 DNA 图谱。等位基因峰值高度要低得多,vWA 整个基因座缺失。D21S11 基因座等位基因 31.2 缺失。在这个案例中,现场斑迹(D21S11 为纯合子 29)与参考样本(D21S11 为杂合子 29 和 31.2)之间有明显的不匹配。在本章,我们以发展的新理论来解决由于等位基因丢失引起的错配。

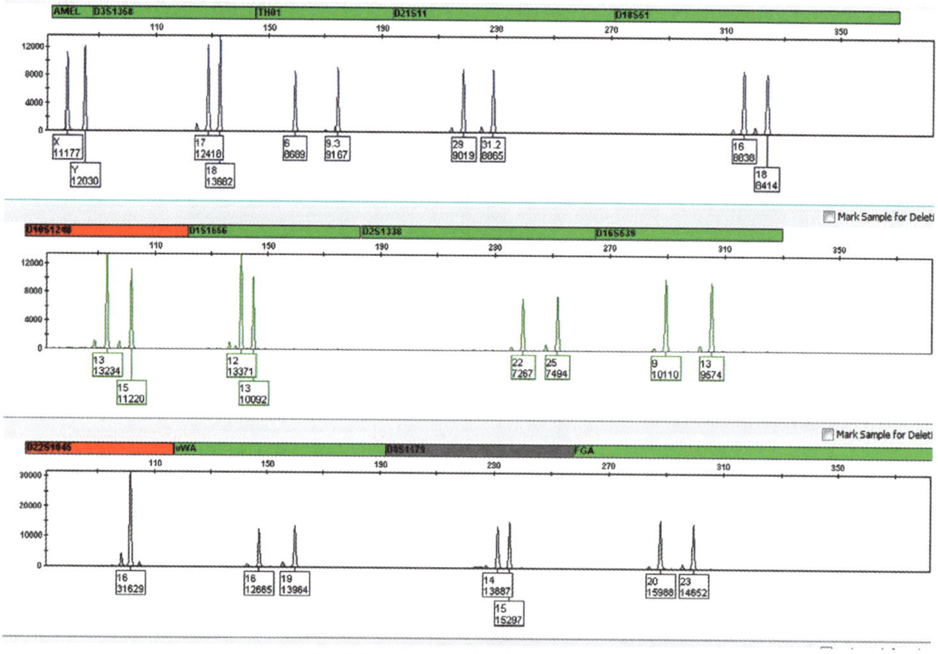

(A)显示所有等位基因的常规参考DNA图谱

图 3.1 (A)常规 ESX 17 图谱与(B)来自同一个体的低模板图谱进行比较

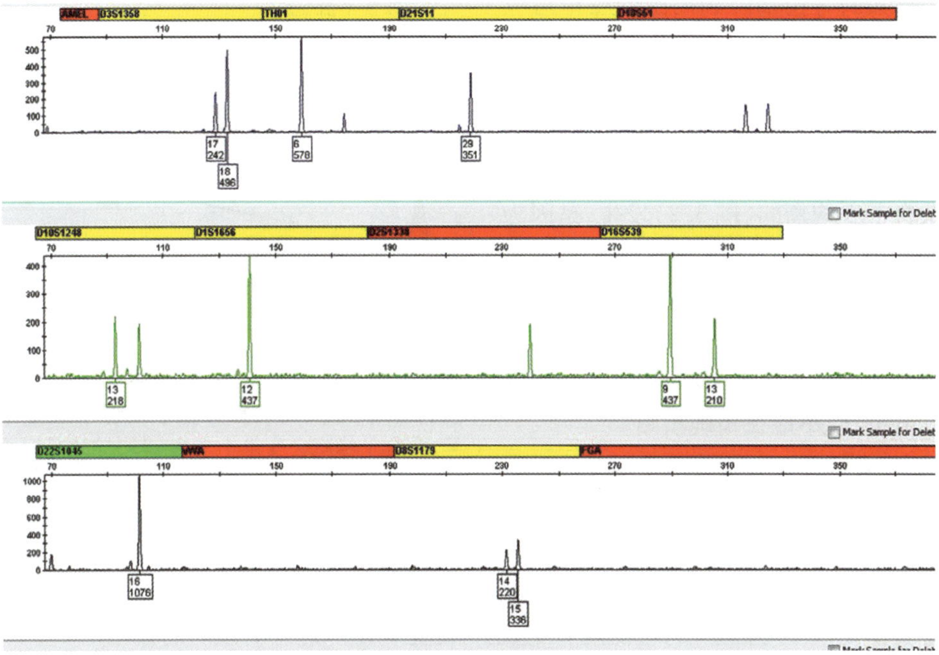

（B）显示等位基因和基因座丢失的低模板DNA的ESX17 图谱文件

图 3.1（续）

3.1. 等位基因丢失的原因

如果有足够数量的 DNA，那么一个样本提取的试管中就有数千个 DNA 分子。另一方面，如果样本是低模板量的，只有少量 DNA 分子，可能是 10 个，甚至更少。如果 DNA 样本的体积是 100μl，然后用吸管取出 25μl 进行 PCR 扩增，那么四分之三的 DNA 会留下来。现在举一个极端的例子：假设在 100μl 的样本提取液中只有一个 DNA 分子，用吸管移出去 25μl。有时分子会被捕获，但 75% 的概率它不会被吸管捕获。这样无法进行 PCR，进而导致等位基因的丢失。现在假设提取物中有两个分子，这两个分子是同一基因座的不同等位基因，分别命名为 *a* 和 *b*。在移液之后，在 EPG 中可能显示 4 种结果：等位基因 *a* 和 *b* 没有丢失；*a*（*b* 丢失）；*b*（*a* 丢失）；无（*a* 和 *b* 两者均丢失）。

通常情况可用于分析的样本不止一两个分子。分子越多，吸管捕获特定等位基因类型的可能性就越大，丢失的可能性就越低。

等位基因丢失的定义：等位基因丢失的现象是杂合子不均衡的一种极端形式，杂合子不均衡以低模板或部分 DNA 图谱为特征[34,143,144]，具体定义为低于分析阈值（analytical threshold，AT）的等位基因信号[144]，即等位基因信号与背景噪声无法区分的水平（图 3.4）。

在文献中，已经使用了许多不同的术语来描述“最小可分辨信号（minmum distinguishable signal）”[145]。“分析阈值（*AT*）”这个名词似乎比较标准，在本书中我们也使用该术语。Bregu 等[145]回顾了可用于确定 *AT* 值的各种方法，通常将 *AT* 值定为高出基线噪声 3 倍以上标准差。Mönich 等[146]提出了一种基于噪声对数正态分布的方法来确定 *AT* 值。STR-validator 实现了综合多种方法来评估 *AT* 值，这些方法可以同时研究。阴性对照或 DNA 样本均可使用。已知的等位基因和周围的噪声可以自动从计算中过滤掉。

模板量不足导致没有足够的分子来产生 PCR 信号;或者样本可能含有 PCR 酶抑制剂,从而阻碍了有效的扩增[147]。

杂合子不均衡的(图 3.2)发生,是因为样本在移液过程中,被捕获的分子数量不同。这就是所谓的随机效应。《牛津英语词典》对随机的定义是:"具有随机的概率分布或模式,这种概率分布或模式可以进行统计分析,但不能被精确预测。"

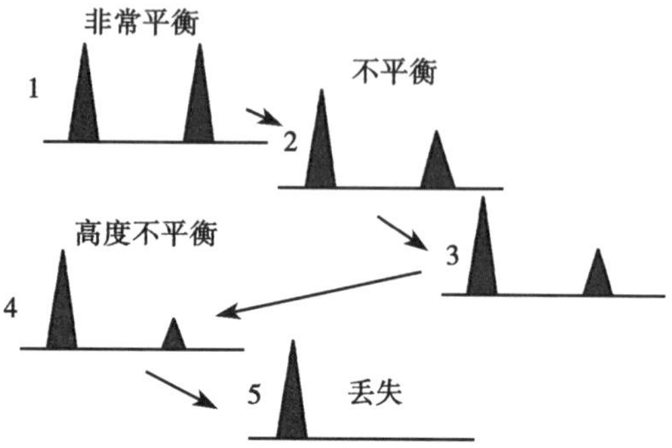

图 3.2 杂合子峰平衡的图解。如果在吸取的提取液中存在的每个等位基因的分子数目相同,则达到理想平衡(1)。如果捕获的分子数量不相等,杂合子峰就会变得不平衡(2),导致高度不平衡(3 和 4),甚至等位基因丢失(5)(无等位基因或等位基因低于分析阈值)

3.1.1 杂合子均衡和等位基因丢失关系的数学模型

从含有大量 DNA 分子的样本中,选择了一个杂合的基因座:总共随机抽取了 7 个分子。每个分子都是一个等位基因,可能是 a 型,也可能是 b 型。选择 a 或 b 的概率是 0.5(与掷硬币的概率相同)。在表 3.1 中罗列了 8 种不同的可供选择的组合。相应的杂合子均衡比(H_b)按第 2.1.2 节所述进行计算。

$$H_b = \frac{\phi_{smaller}}{\phi_{larger}} \tag{3.1}$$

其中 smaller 和 larger 指的是杂合子各自的峰值高度。比如有 6 个 a 等位基因和 1 个 b 等位基因,$H_b = 1/6 = 0.14$。

"我们观察到由 a 和 b 的特定组合表示的杂合子均衡的可能性有多大",这个问题需要不同的概率来回答。这个概率是基于 B 的二项式分布(表 3.1)计算得到,$H_b \sim B(n,p)$;符号~表示"具有分布",n 和 p 分别是描述分子数量和选择特定等位基因的概率的参数。

表 3.1 样本中有 7 个等位基因时杂合子均衡预期分布示例。(a 或 b 的每一个选择概率都是 $p=0.5$)。该表显示了杂合子等位基因平衡取决于所示的 a、b 等位基因的给定数量。二项式概率是观察到已知数量的 DNA 分子的概率:例如,7a 和 0b 等位基因

a 等位基因数量	b 等位基因数量	杂合子等位基因峰高平衡	二项式概率
7	0	0	0.008
6	1	0.14	0.054
5	2	0.29	0.164
4	3	0.42	0.273
3	4	0.42	0.273
2	5	0.29	0.164
1	6	0.14	0.054
0	7	0	0.008

对于低模板的样本,从提取液中抽取已知 DNA 分子量的试验用样品,是观察杂合子均衡与模板量关系的有效方法。图 3.3,用于 PCR 的试验用样品分别含有从 1 个到 100 个杂合子等位基因分子的提取液。是否会出现等位基因丢失,关键取决于原始样本提取液中的分子数量。存在的分子越少,等位基因丢失的可能性就越大[124,148]。

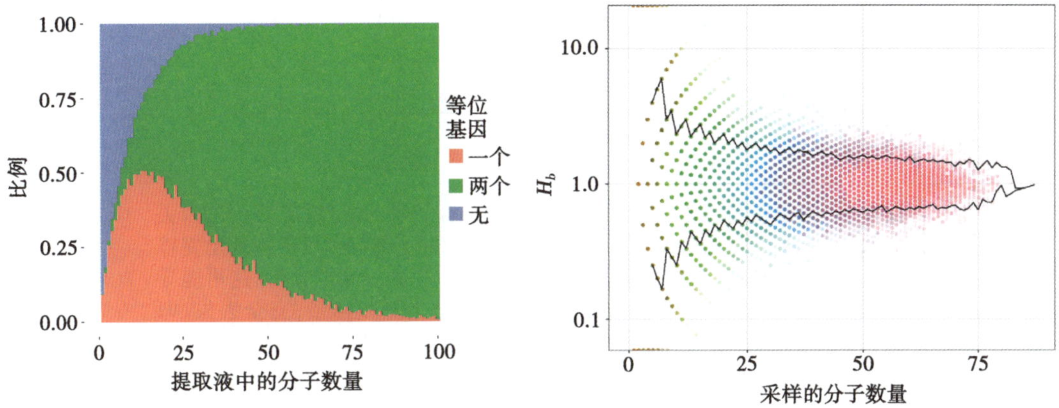

图 3.3　低模板量提取液中预选等位基因的二项式模拟(1 000x)以及 0.05 的小等分比例对杂合子均衡的影响。左图:从含有等位基因 1~100 个分子的 DNA 提取液中提取已知量的 DNA 分子。没有等位基因丢失、一个等位基因丢失或两个等位基因丢失时的比例与 DNA 提取液中的分子数的关系图。右图:从包含等位基因 10~600 个分子的 DNA 提取液中提取等分。杂合子均衡和样本分子总数的关系图。实线分别表示 5% 和 95% 的置信区间。图转自文献[114]

3.2. 随机阈值和等位基因丢失

以峰高(RFU)来衡量的随机阈值,是判定一个基因座是否能够被很好地呈现的准则。符合杂合子等位基因峰高平衡的预期,则不太可能发生等位基因丢失[143]。这个定义特别适用于纯合子,因为它们是作为单一等位基因存在的。问题是我们并不知道单个等位基因峰是 *aa* 基因型,还是 *aF* 型,其中 *F* 代表一个可能丢失的等位基因。如果没有发生丢失,*F* 也可以包含等位基因 *a*,因此它的等位基因频率变为 $p_F=1$。实验室使用不同的规则[1] 来解释常规的高模板量(high-template,HT)和低模板量(low-template,LT)DNA 样本,因此如何区分这两种 DNA 是很重要的。

因此,随机或纯合子阈值(*T*)用作评估低模板量单峰时用 $2p_ap_F$ 来计算,而评估正常图谱时用 p_a^2 来计算。它取决于 DNA STR 分型试剂盒、模板量、PCR 和 CE 的设置。

图 3.4 展示了所有可能的杂合子状态,取决于等位基因被认为是低模板还是高模板。后者是常规的。这里有两个阈值:分析阈值(*AT*)和随机阈值(*T*);这两个阈值将被赋值,例如分析阈值为 50RFU(*AT*),随机阈值为 150RFU(*T*)[2]。概括来说:

1. 当等位基因高于 *T* 时,则样本为高模板(HT),无等位基因丢失发生,等位基因应该是平衡的。

2. 当两个等位基因都在 *T* 和 *AT* 之间,且无等位基因丢失发生,但该基因座被认为是低模板的,因此,杂合子均衡的严重差异预计会超出高模板时的参考值。

3. 一个等位基因在 *T* 和 *AT* 之间,另一个等位基因低于 *AT*。即使该等位基因在 *AT* 下方

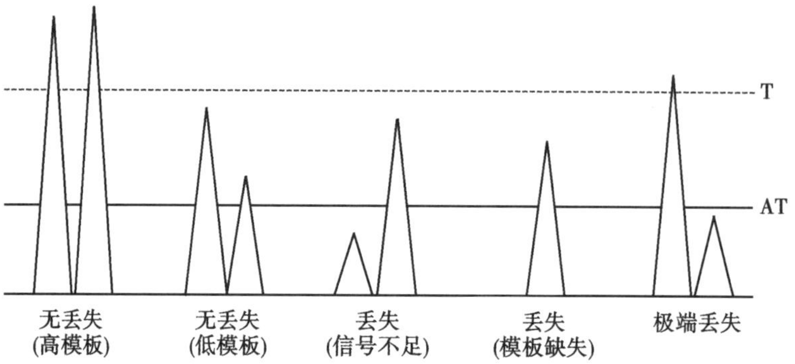

图3.4 高模板图谱通常具有平衡良好的杂合子峰，并且没有等位基因丢失。低模板图谱的特点是有等位基因丢失的风险。他们很可能表现出完整的基因型，没有等位基因丢失，但通常会增加不平衡。经过分析，这可能导致3种类型的丢失：分子量不足，无法在 *AT* 之上产生信号；完全丢失，即PCR反应中没有分子；严重丢失，一个等位基因低于 *AT*，另一个等位基因高于随机阈值(*T*)。经 Oskar Hansson 许可，转载自文献[114]

可见，该等位基因也属于丢失。

4. *T* 和 *AT* 之间只有一个等位基因。它要么是纯合子，要么是等位基因丢失的杂合子。

5. 最后一个例子是极端的等位基因丢失，这里有一个高于 *T* 的等位基因，它是高模板的。另一个等位基因低于 *AT*，它已经丢失。这种图谱可能被错误地认为是“常规”(HT)模板扩增出来的纯合子。

3.3. 国家 DNA 数据库和低模板 DNA 的现场斑迹

实验室有关于不同类型的 DNA 图谱可通过国家 DNA 数据库进行检索的指南，这取决于观察到的等位基因数量和图谱的质量。Gill 等[143]介绍了使用随机阈值的原因。如果供者具有杂合子基因型 $g=(ab)$，而现场斑迹(E)显示为纯合子基因型 $E=a$。要么犯罪嫌疑人由于是(ab)型被排除在外，要么另一种解释是等位基因 b 已经丢失。决策过程的一个关键部分是 $E=(aa)$ 还是 $E=(aF)$，当在国家 DNA 数据库(national DNA database, NDNAD)中检索时，其中“F”与包括 a 在内的任何等位基因匹配，也就是被用作“通配符”。如果现场斑迹显示是纯合子，通常会与预先确定的随机阈值 T 进行比较。从经验上来说，在 3700 ABI 遗传分析仪上运行 SGM Plus 这样的系统时，T 的水平通常被设置在 150RFU 的峰高水平。

在下文中，通过观察到的等位基因丢失率以及与给定随机阈值 T 相关的错误认定/排除风险来探讨其含义。如果等位基因峰高大于 T，则现场斑迹被认定为纯合子(aa)，如果小于 T，则被认定为 aF。当对证据的强度进行评估时，F 被并入中性事件，导致似然比为 $LR=1/2p_a$。Buckleton 和 Triggs[149]发现这种处理不一定是保守的，尤其是保留或呈现的等位基因的峰高/面积接近 T 时(第3.7节)。

阈值 T 由实验确定，如果设置得太高，那么可以下载到数据库中的样本数量将受到限制，因为 aa 基因型将被分型为 aF。这并不是一个错误，因为 aa 组合包含于 F 中。然而，如果现场斑迹是 aa 纯合子，那么任何带 a 的组合都是匹配的，导致假阳性数量升高。

相反，如果 T 设置得过低，则可能导致被错误的认定为 aa，这可能导致在数据库中存在的犯罪嫌疑人与现场斑迹不匹配而错误的排除。

综上所述，关于应将随机阈值（T）放置在何处取决于两个相互矛盾的问题：

1. 如果 T 设置得太高，那么不必要地调用"F"意味着匹配的概率增加，并且 NDNAD 上有更大的机会匹配（假阳性）。

2. 如果 T 设置得太低，杂合子（ab）被错误指定为纯合子（aa），则可能导致错误排除。即降低错误包含的风险会增加错误排除的风险，反之亦然。表 3.2 中给出了可能出现的后果表。

表 3.2　结果表：只要等位基因 a 低于任意指定的低模板 DNA 阈值，就会使用'F'标记。最糟糕的情况发生在现场斑迹是 a 型，而犯罪者是（ab）型时，因为 NDNAD 上可能会出现不匹配，因此可能无法搜索到犯罪者（假设他在数据库中）。该表经 Elsevier 许可，转载自文献[143]

现场斑迹分型	罪犯分型	假设分型	NDNAD 结果	NDNAD 风险	似然比
a	ab	aF	匹配	错误认定	$1/2p_a$（风险可能比较大）
a	ab	aa	不匹配	错误认定	不匹配
a	aa	aF	匹配	错误认定	$1/2p_a$（比较稳妥的数据）
a	aa	aa	匹配	无	p_a^2
ab	ab	ab	匹配	无	$1/2p_ap_b$
FF	aa	FF	无信息	无法加载	LR = 1
FF	ab	FF	无信息	无法加载	LR = 1

3.4. 等位基因丢失和严重丢失的定义

当有足够的 DNA 存在时（通常为 500pg 或更多），那么 PCR 扩增将产生平衡良好的杂合子图谱[91,108]。当分析数量较少的 DNA 时，杂合子均衡更为多变。要报告等位基因，它必须高于分析阈值（AT）的特定水平。低于这个阈值，背景噪声可能会掩盖等位基因的存在。通常，对于使用 AB 3100/3130 自动测序仪的系统，默认 AT 约为 50RFU，但对于更灵敏的 AB 3500 仪器，默认 AT 提高到约 200RFU。给定一个基因型为 $g=(ab)$ 的杂合子供者，我们将案件斑迹中受影响的等位基因低于 AT 的情况定义为等位基因丢失。我们将案件斑迹受影响的等位基因低于 AT，而现有的等位基因高于 T 的情况定义为严重等位基因丢失（图 3.5）。

等位基因丢失是杂合子均衡降低的一种极端形式，随着分析的 DNA 数量的减少，等位基因丢失的概率增加。

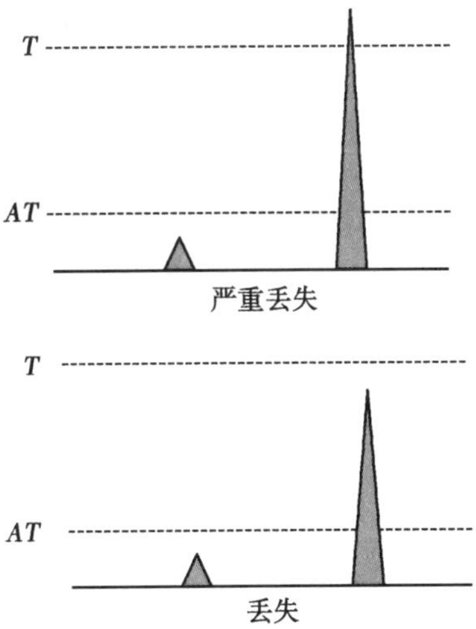

图 3.5　当发生等位基因丢失时，其中一个等位基因低于检测限（AT）阈值。在严重丢失的情况下，当前等位基因高于低模板时的阈值 T。经 Elsevier 许可转载自文献[143]

3.5. 研究低模板 DNA 随机阈值 T 的意义

为了确定 T 阈值,我们特别关注这一情况,其中供者 $g=(ab)$,现场斑迹为 $R=a$,a 是存在的等位基因。在这个定义下,隐含着 $Pr(R=a|g=(ab),Hp)$,控方命题 Hp,只有在等位基因 b 丢失的情况下才可能是非零。反方,在 Hd 条件下,该基因座是 aa 纯合子命题,即没发生等位基因丢失,是完全有效的。正式的统计处理可以用来评估证据的强度,但要做到这一点,有必要包括等位基因丢失的概率 p_D。Buckleton 和 Triggs[149] 指出 p_D 趋近于1时,如果当前的等位基因的大小接近 T,则 LR 趋近于零(排除)。

随机阈值(T)的粗略定义如下:在一个群体中,具有 n 个杂合子基因型(对于一个标记),给定一个杂合子(ab),且等位基因 a 或者 b 丢失,T 随机阈值是当前等位基因(即没有丢失的等位基因,因此它看起来是纯合的)的最大观察峰高。因此,设置 T 的目的是相对于当前等位基因的多少来作为确定是高模板 DNA 图谱还是低模板 DNA 图谱之间的临界点。基于这个定义,随机阈值 $T=x$(RFU),存在的等位基因是 a 型峰高为 γ_a,因此 $\gamma_a<T$,表明等位基因可能丢失,基因型被认定为 aF。如果 $\gamma_a>T$,则认为等位基因不可能丢失,基因型被认定为 aa。但我们现在必须考虑,这种以阈值或"分界点"为基础的"要么全有,要么全无"的做法是否现实。这个问题如图3.6所示。如果我们选择150RFU 为阈值,这表明图谱是高模板且正常的,即不是低模板的,而如果峰值降低1RFU,则它突然变成低模板。这种因为1RFU 导致的二进制分类的突然改变是不合逻辑的。因为等位基因丢失的概率是从0到了1,这种现象被称为"断崖效应"。

图3.6 断崖效应的效果图。即使相差1RFU,低模板 DNA 与常规 DNA 图谱的含义也会发生突然改变

3.6. 等位基因丢失概率的历史进展

在2009—2010年间,《国际法医遗传学》(FSI:G)杂志进行了一场关于低模板 DNA 和常规 DNA 图谱之间区别的讨论[150]。那些希望根据样本数量区分低模板 DNA 和常规 DNA 的支持者声称,低模板分析并不可靠,它的使用应该仅限于调查性分析[151]。有人建议以200pg DNA 为界限来划分这两个类别。这是"断崖效应"的一个例子。200pg 的 DNA 样本是

可以接受的，而199pg的DNA样本是不能接受的。未来的方法是通过建立概率模型来完全避免这场争论，在概率模型中，等位基因丢失事件的概率是用相对于当前峰值增加的大小来衡量。这样避免了断崖，因为从正常模板到低模板的转变是渐进、连续的。采用概率的定义，不需要进行分类。取而代之的是，引入了一种通用的方法，该方法可以应用于所有DNA图谱的解释，不管样本模板的数量或质量如何。

在评估DNA图谱证据的强度时，如果现场斑迹是低模板的单一等位基因 a，也就是 $Pr(E|H_d)=p_a^2$，如果来自犯罪嫌疑人的参考样本显示两个等位基因(ab)，则不再匹配(图3.7)。只有在等位基因丢失的概率为1的情况下，根据控方的主张，证据才能被证明是正当的。然而，辩方可以有两种可能性来解释证据。一种可能性是如果没有发生等位基因的丢失，那么真正的供者是纯合子 $Pr(E|H_d)=p_a^2$，另一种可能是如果发生了等位基因的丢失，那么供者除了等位基因 a，还可能有任何等位基因的 $Pr(E|H_d)=2P_aP_b$。把似然比放在一起得出：

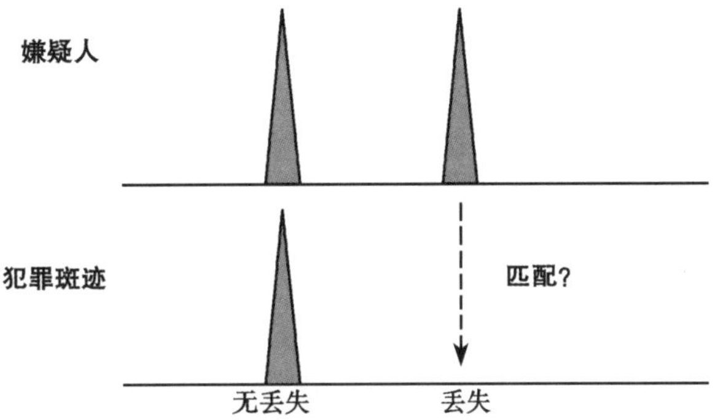

图3.7 将犯罪嫌疑人的参考图谱与在控方假设下表现出等位基因丢失的犯罪斑迹图谱进行比较

$$LR=\frac{1}{\underbrace{p_a^2}_{\text{无丢失}}+\underbrace{2p_a(1-p_a)}_{\text{丢失}}} \tag{3.2}$$

简化公式，

$$LR\approx\frac{1}{2p_a-p_a^2} \tag{3.3}$$

公式3.3被称为2p规则，这是第一次尝试使用概率处理等位基因丢失现象。严格来说，分母应该减去 p_a^2，但为了简单起见，这一点没有执行。

3.7. 引入等位基因丢失的概率

Gill等[142]提出了一种将等位基因丢失纳入概率计算的理论。上一节中的示例继续使用，现场斑迹的基因型为 $E=a$，犯罪嫌疑人参考样本的基因型为 ab。我们将继续使用 p_D 作为等位基因丢失概率的缩写。制作一个表格来列出各种可能性是很有意义的，在表3.3中 g 是辩方命题下罗列的所有可能的基因型。

表3.3 评估现场斑迹 $E=a$ 和 $S=ab$。M_j 是我们认为现场斑迹供者的基因型或有序等位基因集合。这里，为简单起见，我们不区分纯合子和杂合子的丢失概率

命题	g	$Pr(g)$	$Pr(E\|g)$	乘积
1	(aQ)	$2p_a(1-p_a)$	$p_D(1-p_D)$	$2p_a(1-p_a)\times p_D(1-p_D)$
2	(aa)	p_a^2	$(1-p_D)$	$p_a^2\times(1-p_D)$
			乘积和	$Pr(E\|H_d)=$ 以上总和

3.7.1 辩方主张

命题1：如果等位基因丢失已经发生，g 被认定为 aQ，Q 可能是除了 a 之外的任何等位基因。概率 $Pr(g)$ 在第三列，并且与前一节公式3.2中的分母所描述的相同。在下一列 $Pr(E|g)$ 中，考虑了等位基因丢失的概率。等位基因 a 没有丢失的概率为 $1-p_D$，而等位基因 Q 丢失的概率为 p_D。接下来将这些概率相乘，形成结果列。

命题2：如果未发生等位基因丢失，则基因型为 aa，$Pr(g)=p_a^2$，没有等位基因丢失，因此 $Pr(E|g)=1-p_D$，接下来将这些概率相乘，形成结果列。

最后，根据结果列得和计算出 H_d 下证据的概率。

注意 $Pr(g)$ 下字母与公式中描述的相同。

3.7.2 控方主张

控方的观点是犯罪嫌疑人为 ab 型。这是表3.3中的“命题1”的陈述。等位基因 a 没有丢失，而等位基因 b 丢失，因此 ab 组合的概率是 $(1-p_D)p_D$。与前面的例子一样 $Pr(g)=1$，因为我们以犯罪嫌疑人的基因型为条件：aQ。

形成似然比：似然比由表3.3中乘积之和的公式表示：

$$LR=\frac{Pr(E|H_p)}{Pr(E|H_d)}=\frac{\cancel{(1-p_D)}p_D}{[2p_a(1-p_a)\times\cancel{(1-p_D)}p_D]+[p_a^2\times\cancel{(1-p_D)}]}=\frac{p_D}{p_a[2(1-p_a)\times p_D+p_a]}\tag{3.4}$$

如果将 $p_D=1$ 代入到公式3.4，公式3.4就变为公式3.3，$LR=1/2p_a-p_a^2$。到目前为止（第3.6节），作为似然比的分子，检方的主张被认定的概率为1。然而，本练习中 p_D 作为分子，当分析低模板样本时，其 p_D 值必须小于1。这意味着忽略基因丢失的概率并非中立的。“2p”规则与公式3.4的关系图见图3.8A，表明 $p_a=p_b=0.2$，当 $p_D<0.5$ 时是非保守的。当 $p_D<0.05$ 时，$LR<1$。因此，当等位基因高于随机阈值 T 时，特别不建议使用“2p”规则，因为这等同于 $p_D\approx0$，这导致证据的强度偏向支持辩方的主张（图3.8B）。如果现场斑迹的供者是纯合子，那么证据就更有可能的，假设丢失显然是不合理的。如果保留的等位基因是一个远远高于背景的峰值，那么假设等位基因丢失是不合理的，这样等位基因丢失的预期就会很低[149]。

图3.9显示了表型纯合子（即，可能是杂合子，但其中一个等位基因已丢失），其大小在 T 和 AT 之间逐渐变化[34]。

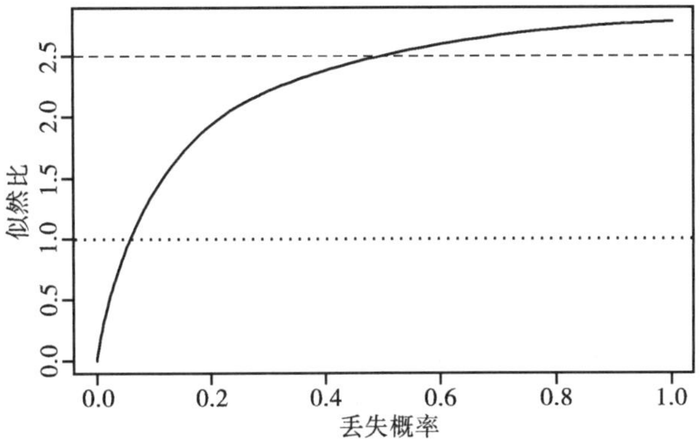

（A）比较使用“2p”规则计算的*LR*值，无p_D(上虚线)与公式3.4，其中包括丢失概率，下虚线显示*LR*=1，中间点。当这条线下降到下面时，它有利于排除的是辩方主张

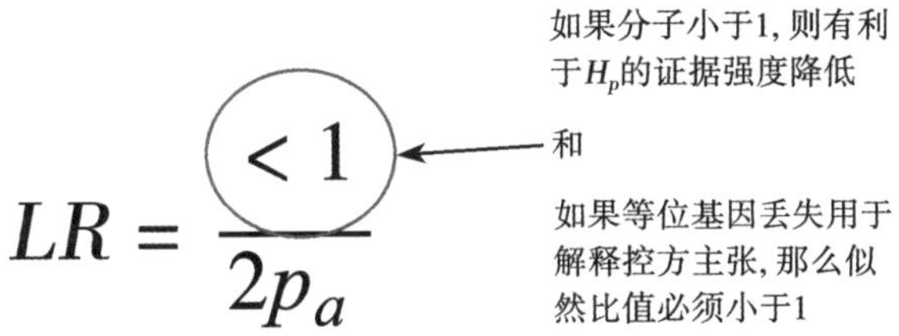

LR = < 1 / 2p_a
如果分子小于1，则有利于H_p的证据强度降低
和
如果等位基因丢失用于解释控方主张，那么似然比值必须小于1

（B）“2p”规则。如果等位基因丢失，考虑使用参数p_D，分子小于1(控方主张)，结果是支持控方主张的证据强度肯定下降

图 3.8　“2p”规则与等位基因丢失概率的关系

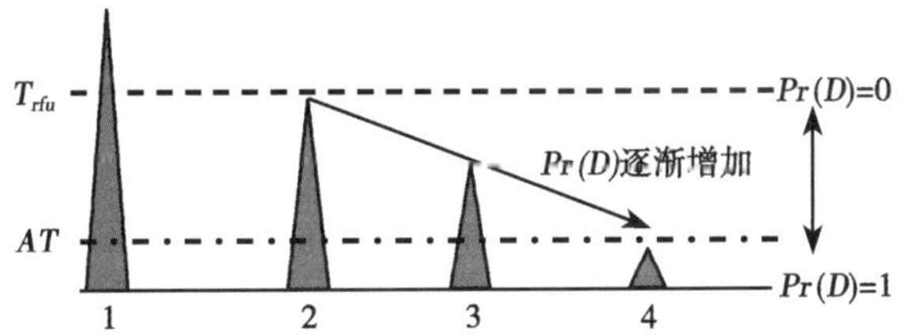

图 3.9　等位基因 1~4 是大小递减的表型纯合子。等位基因丢失的概率随着保留峰的减小而增加

3.8. 一种计算等位基因丢失概率和随机阈值的方法

随机阈值通常由实验确定，并被设置为任意水平，如果等位基因高于指定阈值，则极不可能发生等位基因丢失。这样可以确定是纯合子。如果一个基因座上的单个等位基因（表示为 *a*）出现在随机阈值以下，则该等位基因被指定为（*aF*），其中“*F*”表示可能存在“任何等位基因”，包括 *a*。

前面的章节表明，由于“断崖效应”，随机阈值（*T*）不应被设定为一个绝对的值。然而，如果风险分析合格，则可以应用 *T*=*x*RFU。这可以通过考虑一个由 n 个杂合子，有基因型 *ab*，*a* 或 *b* 等位基因的丢失的群体来组成，那么 *T* 是保留的等位基因，不会超过的峰值高度。这一概率（就风险而言）是由数据库用户、控方机构决定的，而不是由科学家决定的。实践中，用户希望错误风险非常低，这将减少有用图谱的数量，即那些可以报告给国家 DNA 数据库（NDNAD）的图谱。

3.8.1　试验设计和数据收集

为确定 *T* 值而收集的数据应代表 NDNAD 中使用案件斑迹的样本。作为起点，可以在实验室中产生数据，这些数据代表了发生严重等位基因丢失的低模板 DNA 图谱。

举个例子，ISFG DNA 委员会[63]描述了一种实验方法，该方法利用体液或更常见的实战样本进行了一系列稀释实验来提取和纯化 DNA。重要的是在等位基因严重丢失发生或不发生的临界区稀释倍数。该方法考虑到杂合子，有 3 种可能的结果（我们在括号中使用记号，其中 1 表示等位基因丢失，0 表示等位基因未丢失）：

1. 存在两个等位基因（0,0）。
2. 一个等位基因存在，另一个等位基因丢失：（1,0）或（0,1）。
3. 两个等位基因均丢失——基因座缺失（1,1）。

这个实验的设计是为了让数据产生所有 3 种类型的事件。如果实验室进行一项试点研究，以确定在同一实验中产生所有 3 种状态的 DNA 浓度范围，这是实验室最容易实现的。

我们比较关注等位基因的峰高。例如，如果等位基因低于 50RFU 的 *AT*，则认为该等位基因已丢失。为了试验的进行，有必要将测序仪上的检测下限阈值降低，例如 30RFU，这样可以延长曲线并提高了低于 *AT* 估计的等位基因丢失的概率 p_D。

从 SGM PLUS 试剂盒（表 3.4A）的验证试验中（总共）496 个基因座的数据集中显示了观察到的 7 个杂合子基因座的一个子集：

表 3.4 （A）等位基因名称和记录峰高的原始数据集（RFU）。（B）等位基因 1 峰高由表（A）的数据表示，等位基因 2 的丢失状态由 50RFU 的 *AT* 决定。该表经 Elsevier 许可，转载自文献[63]

样本编号	等位基因 1	等位基因峰高 1	等位基因 2	等位基因峰高 2
1	17	135	25	193
2	11	30	13	80
3	29	157	30	160
4	14	30	16	142
5	13	319	14	117
6	6	150	9.3	36
7	21	56	23	30

（A）

样本编号	等位基因峰高 1	丢失状态 2
1	135	0
2	30	0
3	157	0
4	30	0
5	319	0
6	150	1
7	56	1

（B）

步骤 1：在表 3.4A 的每一行中，如果一个等位基因 2 已经丢失（<50RFU），则被指定为“1”，或者如果等位基因 2 没有丢失（≥50RFU），被指定为“0”。

步骤 2：制作一个新的表格，显示等位基因 1 的峰值高度和等位基因 2 的丢失状态（表 3.4B）。

3.8.2 关于 Logistic 回归的一种解释

普通的线性回归模型使用该公式

$$y=a+bx$$

其中 y 是因变量(可以作为感兴趣等位基因丢失的指示),x 是解释变量(对应等位基因的高度,以 RFU 表示)。请注意,y 与 x 呈线性关系;a 和 b 是线性模型参数,其中 a 是截距,b 是坡度的斜率。

在表 3.4B 中所示,因变量(y)是二进制数据 1 或 0,因此不能在线性回归模型中使用。在这个例子中,等位基因丢失的概率是因变量,可以采用逻辑(Logistic)回归。这种方法是通过计算概率 $p/(1-p)$ 来实现,其中 p 是某种概率。例如,假设我们取一个介于 125RFU~175RFU 之间的数据子集,并希望计算等位基因丢失的概率。我们进行试验,如果 100 个基因座中有 25 个出现丢失($p=0.25$),将其转化为概率:0.25/0.75=0.33。相应的,等位基因没有丢失的概率为 0.75/0.25=3。

这两个数字并非对称的,但是通过对数处理可以恢复其对称性,因为 $\log_e(0.33)=-1.099$,$\log_e(3)=1.099$。等位基因丢失和不丢失的概率是相反的符号。取概率的对数称为 logit 函数,logistics 回归公式实质上与线性回归公式相同,其中 $y=\text{logit}(p_D)$:

$$\log_e\left[\frac{p_D}{1-p_D}\right]=a+bx \tag{3.5}$$

经过重新排列后,模型通常表示为:

$$p_D=\frac{1}{1+e^{-(a+bx)}} \tag{3.6}$$

在 R 软件中,可以用下面的命令:

fit = glm($\gamma\sim x$, *family* = *binomial*)

summary(fit)

其中 y 是二项式响应变量,p_D 和 x 是协变量(峰高 RFU),图 3.10 显示了一个实例曲线图。

在 y 轴上使用 $\log p_D$ 绘制逻辑回归曲线是很有意义的,因为这能够提供一种直线关系,并且可以用来在非常低的概率下评估风险。例如在一个等位基因峰高在 250RFU,其等位基因丢失的风险是 $p_D=4*10^{-4}$。因为我们已经将曲线的评估阈值扩展到 30RFU,所以我们可以很容易评估等位基因丢失的下限,如 AT=50RFU 时,$p_D=0.45$。

框 3.1　用 R 编码绘制逻辑回归曲线

下面的脚本可以在 R 中运行来生成一个图。

```
# Prepare data in 2 columns with first column = peak height and col-
umn 2=binary response variable
# Save into .csv format and run the code to generate summary statis-
tics and plot
dat<-read.table(file="LogisticTableR.csv",sep=",",
header=TRUE)
x=dat[,1]
y=dat[,2]
data1=cbind.data.frame(x,y)
mod1 = glm(y x, family = binomial,data=data1)
summary(mod1)
plot(x,y,ylab="Probability of drop-out",xlab="size (Peak Height)",
                                          xlim=c(0,300),pch=20)
curve(predict(mod1,data.frame(x=x),type="resp"),
add=TRUE)
```

Logistic 回归模型已经被广泛用于帮助理解等位基因丢失[93,152-155]。

最后，我们注意到 logistic 回归模型仅适用于杂合子，对纯合子的估计是不同的，但在这里我们不再进一步考虑，因为 Buckleton[149]的研究表明，在证据是等位基因 a 而犯罪嫌疑人是(aa)的情况下，报告 p_a^2 不存在过大的风险问题。这个问题只与证据是 a 而犯罪嫌疑人是(ab)有关，"2p"规则可能存在过大风险。

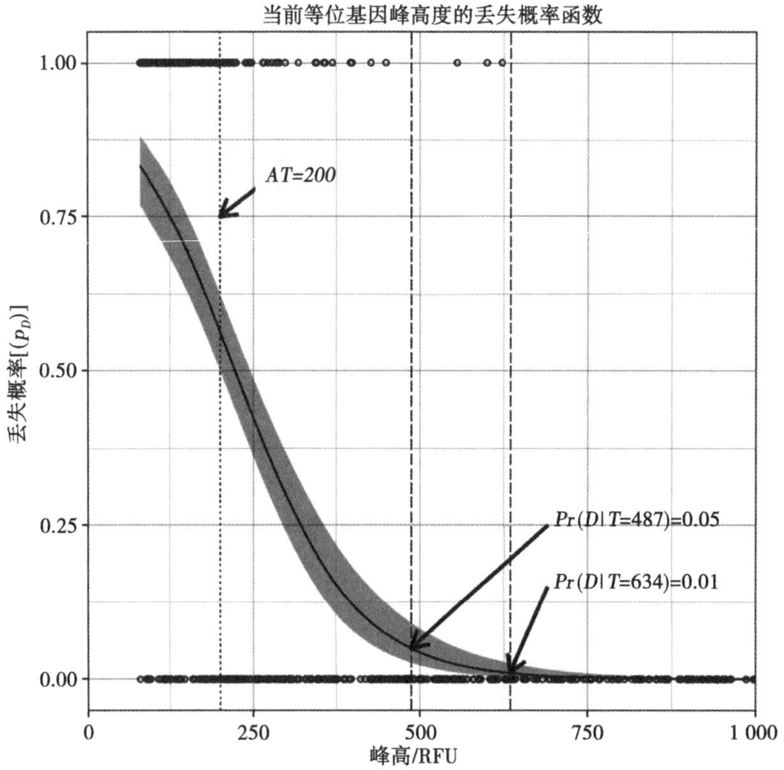

图 3.10 基于 AB3500xl 分析仪对已知杂合子 Logistic 回归对随机阈值进行估计。在本例中，使用该仪器的分析阈值(AT)设置为 200RFU。对应于 p_D=0.01 和 0.05 的随机阈值(T)分别为 634 和 487RFU。同样的数据被用来生成图 2.2。使用 R 语言包 strvalidator(1.3 版)的 Drop-out 模块进行数据分析，使用 ggplot2(1.0 版)进行绘图。经 Elsevier 许可，转载自文献[85]

3.9. 使用 *STR-validator* 软件绘制等位基因特性

STR-validator 软件有一个模块来描述等位基因丢失的特征。选择 *Drop-out* 选项卡后，然后单击"计算"(Calculate)按钮打开等位基因丢失分析窗口。有分别用于选择数据集和参考数据集的下拉菜单。样本数显示在下拉菜单旁边。单击"子集"(subsetting)按钮打开一个单独窗口，列出数据集中的参考样本和匹配样本。重要的是每个样本要用正确的参照物进行分析。选项组中有一个复选框，用于忽略示例名称中的大小写。等位基因丢失被定义为峰值高度低于 *AT* 的等位基因。数据集中的最低峰值高度自动设定为 *AT*。有 4 种方法可以获得等位基因丢失评分。

- 相对于低分子量的等位基因丢失的评分
- 相对于高分子量的等位基因丢失的评分

- 相对于随机等位基因丢失的评分
- 每个基因座等位基因丢失的评分

前 3 个选项是文献[63]推荐的，而最后一个选项是出于试验目的。前 3 个选项可能会丢弃许多等位基因丢失现象，而第 4 个选项则会捕获所有等位基因丢失现象。另一方面，前 3 个选项可以给低于 *AT* 的现象打分，而第 4 个选项不能。评分的方法对预测等位基因丢失概率的准确性没有得到广泛的研究。可以选择多种评分方式。单击“计算”(Calculate)按钮即可执行该功能。这将创建一个具有指定名称的新数据框并将其保存在工作空间中。

单击“模型”(Model)按钮可以打开一个新窗口(图 3.11)，根据等位基因丢失的结果对

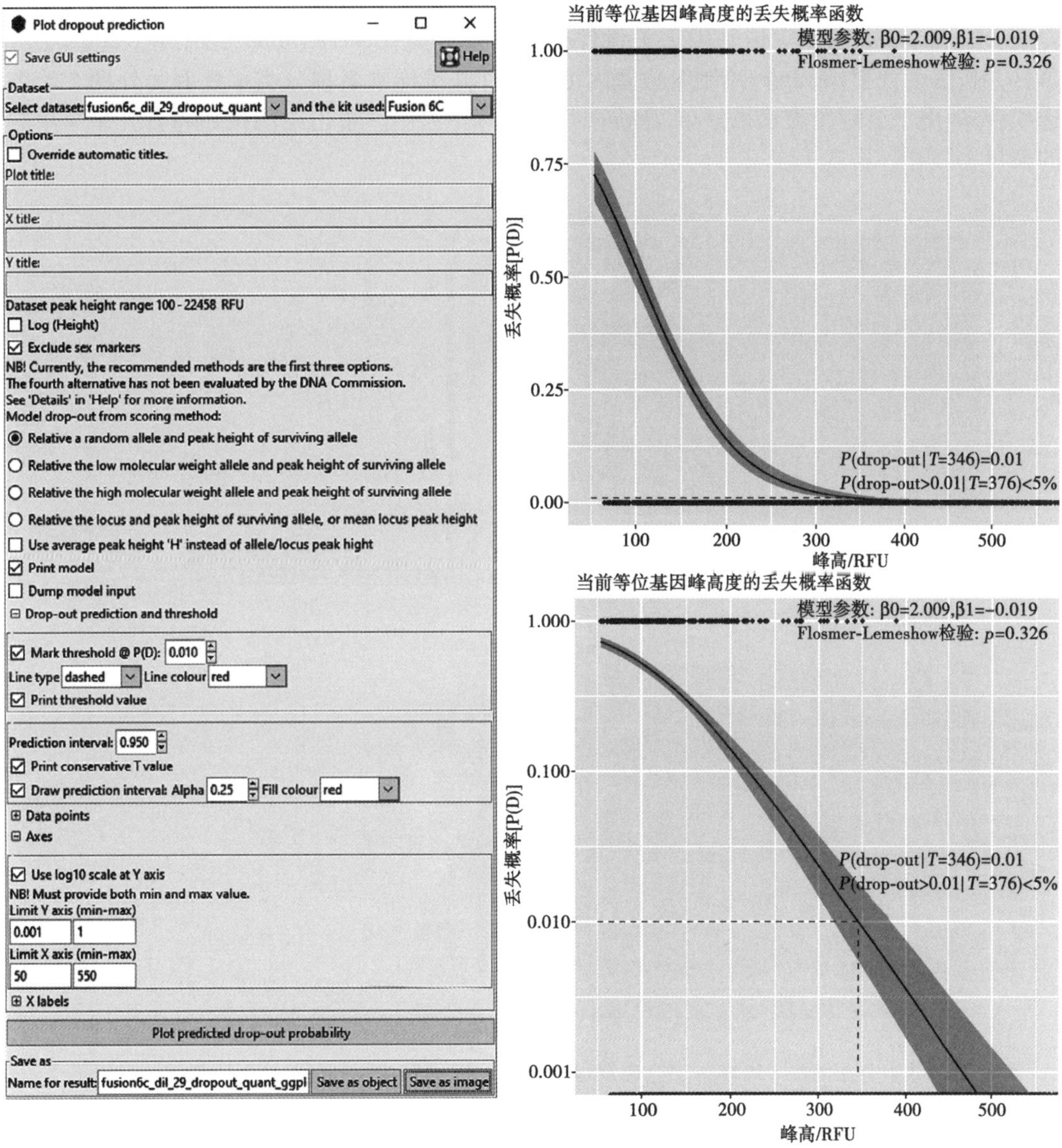

图 3.11　*STR-validator* 的“*Plot Drop-Out Forecast*”窗口(左)，用于回归模型和随机阈值的可视化。在本例中，轴被用 Log_{10} 进行标准化处理以产生线性关系，与默认的常规绘图(顶部)相比，在小概率下(底部)通常更容易读取。绘图使用 strvalidator(版本 2.2)生成

等位基因丢失的概率进行建模。有一个下拉菜单可用于选择要建模的数据集。可以选择输出模型参数、以指定的等位基因丢失概率标记随机阈值、包括基本观测值以及计算指定的预测区间。通过预测区间可以计算出随机阈值的保守估计-观察到等位基因丢失的概率大于特定阈值,且保守峰高小于特定值(例如,1-0.95=0.05),为了评价 Logistic 回归的拟合 t 值优度,采用 Hosmer-Lemeshow 检验[156]。值低于 0.05 表示拟合较差。在有关文献[111,157]中讨论了 logistic 回归方法的替代方法。可拓展组中 *Data points*、*Axes* 和 *X labels* 中提供了用于自定义绘图的其他设置。单击“绘制预测缺失概率”按钮将打开一个单独的绘图窗口,并绘制某一峰值高度范围的预测概率(图 3.11)。输出窗口可以调整大小。更改绘图设置并单击绘图按钮将更新绘图窗口。

目前有 4 个热点分布图绘图选项:*Average peak height*,绘制等位基因丢失事件并按平均峰高分类;*Amount*,绘制等位基因丢失事件并按数量分类;*Concentration*,绘制等位基因丢失事件并按浓度分类;*Sample*,绘制等位基因丢失事件并按样本名称分类。还有另外两个绘图选项:*ecdp* 用于绘制经验累积分布,*Dotplot* 用于按标记绘制。单击绘图按钮将打开一个单独的窗口,并绘图(图 3.12)。

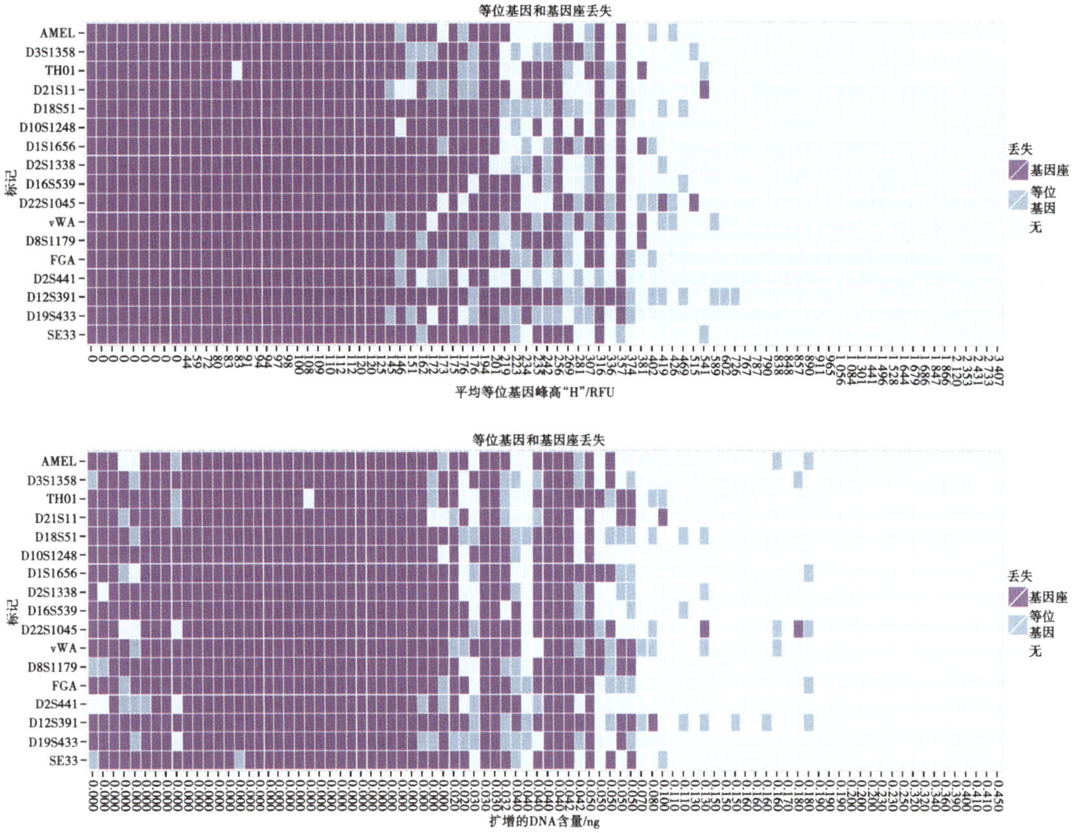

图 3.12 热点分布图按平均峰高(上)和 DNA 扩增量(下)显示观察到的等位基因和等位基因丢失事件。列代表样本,行代表基因座。对于平局没有具体的顺序。DNA 量根据 Quantifiler Duo 重复运行进行评估。分析阈值设置为 AT=200RFU。平均峰高是用高于 80RFU 的峰来计算的。因为印刷要求,原文图例颜色已被替换。经 Elsevier 许可,转载自文献[116]

从这些数据中,可以计算出如图 3.10 中所示任何设定的 T 的等位基因严重丢失的概率,用术语 $p_D(p_D, x>T)$ 表示,其中 x=峰高。

3.10. 总结

当分析低水平的DNA时，DNA图谱的解释是复杂的，因为随机效应导致了不平衡的杂合子。杂合子失衡的一种极端形式会导致一个或两个等位基因丢失，这称为等位基因丢失。峰高越高，或DNA含量越大，等位基因丢失的概率就越低。随机阈值是与非常低的等位基因丢失概率相对应的峰高水平，因此，如果鉴定人在一个基因座观察到单个等位基因，则可以推断第二个(隐藏)等位基因不太可能发生丢失。

根据ISFG DNA委员会的建议，可以通过估计相对于峰高的等位基因丢失概率(例如，$p_D=0.05$)来定义随机阈值，该概率是由一系列不同数量的样本的Logistic回归确定的[144](图3.10)。Gill等提供了对于指定T选择p_D相关的风险分析，并由Kirkham等证实。另一种估算T的方法已经发表：来自单个杂合子峰的峰高的经验累积分布[111]；观察到的单个杂合子等位基因的最大峰高[90,158]和杂合子峰平衡的方差[159]。Butler[160]以及本书第68页中比较了ABI 3130和ABI 3500仪器的随机阈值(后者更为灵敏)。

等位基因丢失的概率被证明是与基因座相关的[154,153]。它还受到*AT*(Analysis threshold)[161,162]的影响。虽然等位基因丢失和等位基因的长度被证明是相关的[162]，但Lohmueller等提出逻辑回归的建议，基于平均等位基因丢失估计，产生稳健的*LRs*。这种关系也适用于来自于不同STR复合系统的数据。然而，不同的毛细管电泳仪器之间的差异也可能相当大[95,158]；采用不同PCR循环数也有显著的影响。

Gill等对等位基因丢失的概率进行了建模[143]，他使用保留的杂合子峰的峰高作为预测因子指标。Tvedebrink等[163]用图谱的平均峰高取代单峰峰高，认为这样更加稳定可靠[154]。这两种方法都依赖于经验数据。也有基于案发现场状况和供词情况来进行建模估计等位基因丢失的可能性。Balding等[70]使用模拟退火算法使证据的概率最大化(即使用最大似然比估计(*MLE*))，而Haned等[68]则使用蒙特卡洛模拟生成等位基因丢失概率的分布与观察到的等位基因数量的关系图。

注释

1. 如第4.2节所述，一般将使用"consensus method"来解释低模板量图谱。
2. 实验室将根据其对给定方案的验证研究来设置这些值。实验室之间会有一些差异。

(张君　刘莹 译)

第 4 章
低模板 DNA

4.1. 历史

为了增加案件的检出率,法庭科学家们总是不遗余力地提高检测方法的灵敏性。1995年首次引入 PCR 技术时,PCR 一般仅限于 28 个扩增循环。Findlay 等[164]利用 AmpFlSTR SGM Plus 复合系统检验单个口腔黏膜细胞 DNA,扩增了 34 个循环后,成功地获得了分型。但是,事情总是有两面性,与日常检验策略相比,结果解释变得复杂了。因为随着扩增循环数的增加,图谱上偶尔会出现额外的等位基因,这种等位基因又被称为插入等位基因。另外,PCR 带来的影子峰明显增高,等位基因的丢失也变得很常见。这种方法通过补充 PCR 循环次数,增加可检测的 PCR 产物数量,从而提高检测灵敏性。下面介绍一些通过这种方法获得痕量 DNA 图谱的案例。

Wiegand 和 Kleiber[165]用 30~31 个扩增循环分析了一个被施以绞刑的罪犯的脱落上皮细胞。Van Hoofstat 等[166]通过 28~40 个扩增循环,成功获得了工具握把上指纹和生长终期毛发休止期(telogen)发根的 DNA 图谱,甚至还有研究者得到了毛干的核 DNA 图谱[167-169]。

为了鉴定古人类骨骼 DNA,人类学家和法医学家很快就开始使用这种能够提高灵敏度的方法[170-172]。Gill 等[173]使用 38~43 个循环分析去世 70 年的 Romanov 家族成员 STR。Schmerer 等[174,175]和 Burger 等[176]分析了几千年前骨骼组织中的 DNA(分别使用了 60 和 50 个 PCR 循环)。一些研究者改良了常规 PCR 方法,例如,Strom 和 Rechitsky 就使用了嵌套引物 PCR 策略[177]。这种方法是先将 DNA 进行了 40 个循环的第一轮放大,随后对第一轮扩增产物中的目标片段进行了 20~30 个循环的第二次扩增。该方法可用于分析焦尸遗骸和微量血斑中的 DNA。飞速发展的生物化学方法使得现有的 DNA 分析技术越来越有效,因此分析低模板 DNA 所需的 PCR 循环数量可以减少到 30 个了。现在,从大规模灾难中找到的骨骼中分析 DNA 已成为常规手段,并促成了一些大型实验室的建立,例如荷兰海牙的失踪人员内部委员会(Internal Commission on Missing Persons,ICMP)实验室。

对于与微量 DNA 证据相关的文献的全面回顾,读者可参考 Van Oorschot 等的综述[178]。

所有低模板 DNA 的分析方法都常常受到第 3 章所述的随机效应的影响。如果 DNA 分子以低拷贝数存在,由于取样(富集)过程的差异,收集到的 DNA 片段也会有所差异。这会导致短片段等位基因的优势扩增。因此,有几个后果是无法避免的:

- 基因座分型丢失,即整个基因座扩增失败。
- 由于杂合基因座一对等位基因中的一个未能扩增到可检测的水平,因此可能发生等位基因丢失。
- 杂合子等位基因扩增不平衡,如第 3.1 节所述。
- 影子峰与目的等位基因面积的比例可能会增大。

- 等位基因插入导致检材分型与比对样本不同。

这些结果导致检材 DNA 图谱可能与来源个体分型不同。最初，Tarbelet 等[179]提出重复分析的原则，其中有一条规则就是，只有在重复检测中观察到至少两次，才能确认这个等位基因的存在。Gill 等将 Tarbelet 的重复规则进行了延伸[142]。后来，引入了新的软件解决方案，这个软件将插入/丢失等位基因的概率纳入计算[144]中，取代了人工推算。而且这个软件非常适合作为首选计算工具，因为它能够考虑了等位基因插入、丢失、峰高和影子峰的影响，从而对电泳图谱中的所有信息（第 6 章和第 8 章）进行全面评估。

在 2000 年，科学家首次提出进行低模板 DNA 分析是一个相当有争议的问题。人们一直在争论低模板 DNA 的缺乏再现性，证据意义的不确定性以及污染的影响。这些争论最终导致了 2007 年“奥马爆炸案审判”的被告被判“无罪”，因为法官认为低模板 DNA 不适合作为证据使用（详情请参见以下链接 https://judiciaryni.uk/sites/justiciary/files/decisions/Queen%20v%20Sean%20Hoey.pdf）。

这一事件直接导致英国当局暂时中止了使用低模板 DNA 证据，但经过审查后，很快又恢复了：http://news.bbc.co.uk/1/hi/uk/7341251.stm。它不再被称为“低拷贝”，而是被重新命名为“低模板”DNA（即 LT-DNA（low-template DNA））分析。从此，低模板 DNA 分析就成了常规检测方法。检测低模板 DNA 的灵敏度成为衡量复合扩增试剂的最新标准。此外，新的生物化学方法降低了抑制剂对 PCR 的影响，也对灵敏度的提高作出了贡献。

奥马爆炸案审判结论表明，在做 DNA 结果解释时，有必要确保 DNA 证据有一个完整的传递链，因为 DNA 结果本身并不能提供其来源个体活动轨迹的信息，解释证据时还需要一些关于“如何”或“何时”的 DNA 转移知识。随着时间的推移和研究的深入，法医 DNA 专家们越来越清楚地认识到，DNA 可以很容易地在物体和人之间转移。这使得出庭质证变成了艰巨任务，这在第 12.5 节中有进一步的讨论。

4.2. 一致性判断原则

一致性判断原则是早期解释低模板 DNA 时的创新。这个概念由法庭科学服务部（英国）提出，是为了满足将 DNA 分析应用于“高发犯罪”的要求，特别是偷窃、盗窃车辆等。在这些犯罪中，诸如方向盘之类的被接触物品被擦拭，并交给实验室进行检验分析。尽管 Gill 等[142]已经建立了一个理论体系来解释出现插入和丢失等位基因的 DNA 分析数据，但直到 2000 年它依然是不完备的，因此必须找到一种替代（也许同样不太理想）策略。这篇学术论文最后还预言性地宣布：

“这些指南最终将被使用本文描述的贝叶斯原理的专家系统所取代。”

一致性判断方法是通过观察单个等位基因，是否可以从作为阴性对照样本分型找到，然后对该等位基因的来源进行判断。这些阴性对照样本包括在每一组检材分析中。

表 4.1 显示了 30 个阴性对照的结果作为示例。

阴性对照能够扩增出影子峰（即插入等位基因），是相当常见的。在表 4.1 中，有 9 例没有观察到插入等位基因；14 例观察到单个等位基因；6 例观察到 2 个等位基因，1 例观察到 3 个等位基因。

表 4.1 中汇总了 30 个平行扩增试验的阴性对照(使用 AMPFISTR SGM plus 试剂盒)中发现的插入等位基因[142]。Amelo:amelogenin;THO:HUMTH01;D21:D21S11;D18:D18S51;D8:D8S1179;vWA:HUM-VWFA31/A;FGA:HUMFIBRA/FGA;D19:D19S433;D16:D16S539;D2:D2S1338;D3:D3S1179。经 Elsevier 许可,转载自文献[142]

样本	Amelo	D19	D3	D8	THO	vWA	D21	FGA	D16	D18	D2
1	–	–	–	–	–	–	–	–	–	–	–
2	–	–	15	–	–	–	–	–	–	–	–
3	–	–	–	–	–	–	–	–	–	–	–
4	–	–	17	–	–	–	–	–	–	–	–
5	–	–	–	–	–	–	–	–	–	–	–
6	–	–	–	–	–	–	–	–	–	–	–
7	–	14	–	–	–	–	–	–	–	–	–
8	X	–	–	13	–	–	–	–	–	–	–
9	–	–	14	–	–	–	–	–	–	–	–
10	X	–	–	–	–	–	–	–	–	–	–
11	X	–	–	–	–	16	–	–	–	–	–
12	–	–	–	–	–	–	–	–	–	–	–
13	–	13	–	–	–	–	–	–	–	–	–
14	–	–	–	–	–	–	–	–	–	–	–
15	–	–	16	–	–	–	–	–	–	–	–
16	–	–	–	15	–	–	–	–	–	–	–
17	X	15	–	–	–	–	–	–	–	–	–
18	X	14	–	14	–	–	–	–	–	–	–
19	–	–	–	–	–	–	28	–	–	–	–
20	–	–	–	–	–	–	–	–	–	13	–
21	–	–	–	–	–	–	33.2	–	–	–	–
22	–	–	–	–	–	–	–	–	–	–	–
23	–	–	–	10	–	–	25 27	–	–	–	–
24	–	–	–	–	–	–	–	–	–	–	–
25	–	–	15	–	–	–	–	–	–	–	–
26	–	–	–	–	–	–	–	–	–	–	–
27	X	–	–	10	–	–	–	–	–	–	–
28	–	15	–	–	–	–	–	–	–	–	–
29	–	–	15	–	–	16	–	–	–	–	–
30	–	15	–	–	–	–	–	–	–	–	–
+ve	X Y	14 15	15 17	11 12	6 7	16 17	28 31.2	23 25	11 13	12 13	17 22
−ve	–	–	–	–	9.3	–	–	–	–	–	–

由此，很容易计算出单个样本的单个基因座的插入等位基因概率 p_C。

$$p_C = \frac{n}{N \times L} \tag{4.1}$$

式中，p_C = 插入等位基因概率；n = 观察到的插入等位基因数量；N = 阴性对照样本数量；L = 基因座数量。

因此，在表 4.1 中，总共有 $n=24$ 个插入等位基因事件；$N=30$；$L=10$ 个 STR 基因座：

$$p_C = \frac{24}{30 \times 10} = 0.08 \tag{4.2}$$

在低模板 DNA 检验中，插入现象非常常见。表 4.1 显示的是一个早期实验，且采取了严格的预防措施，以尽量减少污染和插入等位基因的发生。后来，采用 $p_C=0.05$ 作为分析软件中插入等位基因发生概率的默认值。然而按照目前的标准，这个数值有点高。在过去的 20 年里，软件系统和实验室检验已经得到了很大的改进，因此，等位基因插入的概率明显下降，因此 p_C 一般取值 0.001。这种分析方法不需要考虑峰高；在本书第 7.10 节将重新讨论，说明 *EuroForMix* 如何整合 p_C 值。

等位基因的插入往往是随机的，可以发生在任何基因座。因此，等位基因的插入不太可能在一组平行扩增样本中重复出现。在这里，平行扩增通常被定义为从单个 DNA 提取液中分出两份或两份以上的模板分别进行扩增。随机效应导致随本来存在的等位基因一起扩增出来的插入等位基因有所不同。表 4.2 显示了使用一致法分析的一个例子。

表 4.2　一致法示例分析了两个扩增产物（R_1，R_2）。等位基因必须经平行扩增，分型一致才能被确认，否则使用“*F*”标记。经 Elsevier 许可，转载自文献[142]

样本	Amelo	vWA	THO	D8	FGA	D21	D18	D19	D3	D16	D2
R_1	X,Y	16,19	6,7	12,14	20,24	28,30	12,F	13,17	15,16	11,13	17,20
R_2	X,Y	16,19	6,F	12,14	20,24,25	28,30	12,F	13,17	15,16	11,13	17,20
分型一致	X,Y	16,19	6,F	12,14	20,24	28,30	12,F	13,17	15,16	11,13	17,20
犯罪嫌疑人	X,Y	16,19	6,7	12,14	20,24	28,30	12,12	13,17	15,16	11,13	17,20

来自同一检材的扩增产物 R_1 和 R_2 的 DNA 图谱存在差异（表 4.2），下面一行显示了与犯罪嫌疑人参考样本的对比。“*F*”（其中 *F* 表示任何等位基因）被用来表示可能的等位基因丢失，例如，在扩增产物 R_2 的 TH01 基因座中，如果是纯合子，第二个等位基因可能是“6”，如果是杂合子，则可能是任何其他等位基因。在 FGA 基因座，有 3 个等位基因——20、24、25，因此如果该检材来自一个个体，那么其中一个等位基因肯定是随机扩增导致的插入。因为等位基因“25”在 R_1 中不存在，它被认为是“影子峰”，即非“一致性”。在这个例子中，通过“一致法”得到的分型和参考之间的唯一区别是在 TH01，其中记录了等位基因 7 的丢失事件，以及在 D18，其中提供了“*F*”标记。无论何时出现“*F*”，都使用 2p 规则（第 3.7 节）。

Benschop 等[180,181]比较了使用“一致性”原则进行分析的一些方法，平行扩增次数 $n=2\sim6$。如上所述，这些方法都认为在两个或多个扩增产物中重复见到的等位基因被认为是真实存在的。一般认为“真峰”需要在“*n*/2”个扩增产物，也就是在至少一半扩增产物中被观察到。结果表明，对于准确度和数据库搜索来说，最有效的方法就是“*n*/2”方法，最佳平行扩增次数

(n)为 4(假设有足够的样本可用)。作者还将这种方法得出的结果与整合法进行了比较,其方法是将平行扩增产物中的所有等位基因组合在一起。这种方法会导致插入等位基因被认为是“真峰”,以及“不完全匹配的基因座”的存在,不建议常规使用。但是,Buckleton 等[182]发现整合法是可以接受的,前提是插入和丢失的概率很小,并且需要利用第 4.4.1 节所述的广义统计理论进行分析。

4.2.1 污染与等位基因丢失

区分污染和等位基因丢失是很重要的。两者都是可以在阴性对照样本中观察到的,但它们的成因和影响是不同的[63]:

1. 对于法医物证学检验来说,污染不是件小事情。污染是指实验室来源(很可能是来自在实验室工作的人员)或收集证据的犯罪现场勘查人员来源的 DNA 转移到现场检材上,从而获得虚假的现场检材 DNA 图谱。为此,许多实验室要求工作人员和参观实验室易污染区域的人提供 DNA 样本。将这些分型与对照样本和案例样本进行比较,可以判断是否发生了污染事件。因为来自污染源的等位基因来自同一个体,所以这些等位基因跟基因组一起存在。污染通常看起来属于低模板 DNA,且只在部分检材 STR 基因座分型中出现。具体原因分析如下:

a. 实验室工作人员和警方现场勘查人员的转移:皮肤碎屑或说话时产生的唾液喷溅液滴。通过在工作过程中使用隔离服和口罩,可以将这类污染降到最低。每次产生的数据需与进入实验室工作人员和警方现场勘查人员的排除数据库进行比较,以便发现 DNA 的意外转移。Fonneløp 等的研究[183]证明了警方现场勘查人员和实验室工作人员对证据袋的污染非常普遍。培训相关人员,让他们意识到处理证据时应特别小心,应使用防污染措施(如 ENFSI[184]和英国法庭科学监管机构[185]的概述),这点非常重要。

b. 试剂污染:一次性消耗品在制造过程中可能受到污染。无菌并不等同于没有 DNA。一些用于医疗用途的塑料制品主流灭菌方法,例如伽马射线,可以杀死细菌和病毒,但不会破坏 DNA。祛除塑料制品上污染 DNA 的一种有效方法是使用环氧乙烷[186-188],但这种化学物质对于常规实验室来说太危险了,因此该方法最好在生产塑料制品的工厂使用。另外,任何试剂都可能在制造过程中受到污染。知名的学术组织 ENFSI(European Network of Forensic Science Institutes)和 SWGDAM(Scientific Working Group on DNA Analysis Methods)都认识到这是一个值得关注的问题,并联合发布了指南,鼓励制造商建立数据库,用于筛查制造过程的污染[189]。事实证明,说服制造商遵守这些规定是很困难的,这主要是因为个人遗传学数据需要得到保护的规则。英国法庭科学服务中心在被关闭前就建有一个制造商排查数据库。ICMP 已经采纳了这一建议,并执行 ENFSI DNA 数据库的管理方法和技术要求[190]。2016 年,国际标准化组织(ISO)发布了法庭科学 DNA 级产品标准[191],并被一些制造商采用。然而,Vanek 等学者[192]认为这一标准是不够的,他们认为该标准只是“规定了用于法庭科学 DNA 目的的生物材料收集、储存和分析所用产品的生产要求,却没有规定扩增后分析中使用的消耗品和试剂的相关要求。”

c. 污染可能来自实验室检验过的另一个检材/样本。例如,在 Adam Scott[193]的错案中,由于微量滴定板被无意中重复使用,检材受到污染(见第 1.8~1.11 节内容)。在 Queen v. Farah Jama[193]案(见第 1.11.2~1.12.1 节内容)中,污染发生在一间医疗检查室;前一天从一名犯罪嫌疑人身上提取了样本,但不知何故,这个样本却被另一个无关病例的样本污染了。然而，确切的转移机制还没有被发现。因为该案，英国监管机构发布了防止拘留所和医疗检查室污染的指南[194]。

2. 插入是指来自不同个体的 DNA 片段的在单个等位基因分型上显示出来的结果[195]。这种 DNA 在气溶胶中是可移动的，并且存在于房间灰尘中[196]。如果一个 DNA 片段掉到一个开放的扩增管子里，它就会被放大。如果两个 DNA 片段落入，它们都会被扩增，但这两个 DNA 片段可能来自两个不同的个体。这些等位基因片段被视为独立存在，不是跟整个基因组一起存在的。这种区别很重要，因为插入的基因分型概率计算模型中假设了等位基因的源片段是独立于基因组的，因此不考虑基因组污染。如果存在基因组污染，可以作为分子和分母的未知供者纳入标准 *LR* 分析中。

不管一个实验室做得多好，等位基因插入（即游离 DNA 片段的存在）和污染都是不可避免的。两者都会发生。每次检验添加阴性对照样本的目的就是监控两种情况的发生。这一点对于实验室的质量监控非常重要；Gill 和 Kirkham[197] 对此作了进一步描述。阴性对照不能保证特定样本中是否有污染或游离 DNA 片段，因此阴性对照品中没有等位基因插入或污染并不意味着整批样本都完全没有。使用没有杂峰的阴性对照结果作为样本未发生污染的证据是错误的，这种检验是不可能存在的。

插入和污染事件的峰值高度往往较低，因此等位基因峰值越大，发生污染或等位基因插入的可能性就越小[197]。对于定量概率模型，这种峰高关系可以使用指数分布进行建模（在第 7 章第 7.10 节中进一步描述）。

经常有人问，到底有多少等位基因插入事件可以合理地认为是等位基因插入而不是“污染”。遵循 Taylor 等的相同方法[121]，Hansson 等[195] 绘制了每个分型的观测峰数（定义为相对概率），并用发生率参数 $\lambda=0.437$ 拟合泊松分布。泊松分布是一种离散的概率分布，表示给定数量的事件在固定时间间隔内发生的概率，如果这些事件以已知的恒定发生率发生，以 λ 表示，并且事件彼此独立。使用 *STR-validator* 软件中的“plot 污染”函数制作了图 4.1。该

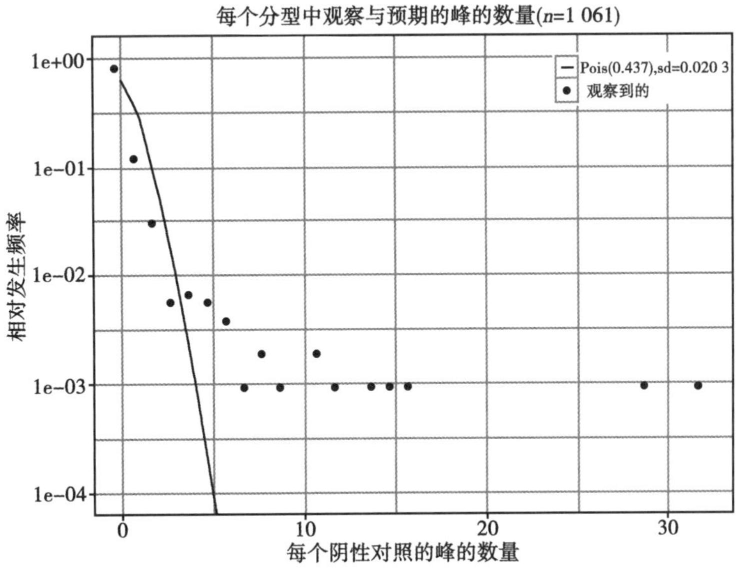

图 4.1　从 228 个犯罪样本批次中提取的 1 061 个阴性对照的分型观察数字图。拟合的泊松分布显示了对独立的等位基因插入的期望发生率。经 Elsevier 许可，转载自文献[195]

图展示了从228个犯罪样本批次中提取的1 061个阴性对照,使用 PowerPlex ESX 17 快速扩增试剂盒观察到的每个分型等位基因峰的相对发生率。拟合的泊松分布显示了等位基因插入的期望发生率。图中等位基因插入发生率不再符合泊松分布(独立模型)的特点,反映出了各种污染中的等位基因插入发生情况。在这个例子中,泊松分布适合于0~3个等位基因,但不能解释观察到的4个或更多等位基因。因此,等位基因插入概率参数可以合理地应用于3个等位基因插入事件,即来自3个不同供者的事件。其他更多的等位基因插入都被认为是污染,也就是说,是一个供者的基因组污染。

4.3. 统计学分析

目前一种广义统计理论[142]考虑了等位基因插入、等位基因丢失和影子峰等因素。本文为基础理论做好了铺垫,并对目前尚不完善的一致性判断方法进行了论证。本文为读者提供了全面的统计分析参考。以下是对第3.7节的简化解释。

4.4. 平行实验

文献中有一些关于进行平行实验(即一个样本同时进行多次扩增)的优点的讨论[180,181,80]。这种做法最初源于第4.2节所述的"一致性"方法的经验。在这个方案中,只有扩增后重复出现的等位基因才能被认为是真实存在的。有研究者指出,等位基因插入事件基本上是随机的,不太可能重复出现,因此不会报告这种等位基因。这种经验法的问题在于它舍弃了没有重复出现的等位基因,没有考虑到所有可用的信息,而且这种方法在混合分型的解释中作用有限。使用平行实验概率模型时,没有什么限制或绝对要求。有时提取出来的DNA量不足以进行平行实验。如果有足够的DNA,可以进行平行实验,当然也会增加检验的成本。从纯科学的角度来看,平行扩增总是有用的,因为它们可以用来证实检验结果。但是,如果只有非常少量的DNA,再为了进行平行试验进行稀释,会导致等位基因丢失过多,检验可能达不到预定的目的。因此,是否进行平行试验取决于提取出来的DNA数量。

用于平行实验的样本一般来自单次提取物,在PCR分析之前,这些提取物至少分成两份。如果是低拷贝模板,那么由于第3章中讨论的随机效应,扩增参数将是不同的。似然比率可以对每次扩增进行分析,也可以将所有扩增结果的 *LR* 进行组合,成为联合概率。

Haned 等[68]解释:

"一旦根据3个平行实验,推导出未知个体的基因型,基因型被复现的概率就可以成倍增加。然而,既然扩增产物分型同时取决于所有假设供者的基因型,它的计算肯定与简单地分别计算每次平行实验的 *LR* 不同。"

4.4.1 评估3个平行扩增样本证据强度的案例

假设一个犯罪现场斑迹,经过3次平行扩增,在D18S51基因座观察到3种不同的基因型:$R_1=12$;$R_2=16$;$R_3=12,16$ 和犯罪嫌疑人 $S=12,16$。

使用第1.6节所述的似然比率方法对证据进行评估。

或者:

H_p:假设扩增平行实验产物 R_1、R_2、R_3 的 DNA 来自犯罪嫌疑人 S;

或者:

H_d:假设扩增平行实验产物 R_1、R_2、R_3 的 DNA 来自一个未知无关个体。

为了评估证据的强度,如果可能发生等位基因插入或丢失,我们需要两个参数来表示这些事件的概率:等位基因丢失概率 p_D,等位基因插入概率 p_C。未发生丢失和插入的概率分别为($1-p_D$)和($1-p_C$),简写为 $p_{\bar{D}}$ 和 $p_{\bar{C}}$。由于纯合子有两个相同等位基因的拷贝,这两个拷贝意味着与杂合子的等位基因相比,发生丢失的概率不大。如果纯合子发生丢失,认为发生概率接近 p_D^2[65]。然而,Balding 和 Buckleton[198]指出,使用 $0.5\times p_D^2$ 评估纯合子等位基因丢失发生率更准确。

因为不知道供者的基因型,如果发生等位基因丢失,认为它可能是该基因座任何没有观察到的其他等位基因,所以定义"Q"代表这个虚拟的等位基因[65]。在本例中,Q 的出现概率为 $p_Q=1-p_{12}-p_{16}$。使用 Q 的优点是能简化计算,这在分析混合样本时很重要。

另一种选择是在一个基因座上假设每一个可能的等位基因:对于每个可能的等位基因,在 H_d 假设下,有必要对 *STRidER* 中列出的 18 个可能的成对组合进行概率计算,其中必须包括 R_1 的等位基因 12 和 R_2 的等位基因 16。R_1 组合可能是 9,12、10,12、11,12 和 12,13 等,这些都需要计算。先不考虑等位基因插入,使用 Q 替代未知等位基因,将其简化为 3 种组合:Q,12、12,12 和 12,16。如果等位基因 12 和 16 都是等位基因插入,分型组合需要增加 12,Q、16,Q 和 Q,Q。

计算 *LR* 所需的公式可按表 4.3 所示推导。这里 g 是供者的基因型,假设 $Pr(g)$ 是观察到基因型的概率。Ri 是重复出现的基因型,$Pr(Ri|g)$ 表示基因型为 g 时,Ri 重复出现的概率。

表 4.3 *LR* 计算公式的说明

样本	$Pr(g)$	R_1	R_2	R_3	计算
g_1	$Pr(g_1)$	$Pr(R_1\|g_1)$	$Pr(R_2\|g_1)$	$Pr(R_3\|g_1)$	本行乘积
g_2	$Pr(g_2)$	$Pr(R_1\|g_2)$	$Pr(R_2\|g_2)$	$Pr(R_3\|g_2)$	本行乘积
g_3	$Pr(g_3)$	$Pr(R_1\|g_3)$	$Pr(R_2\|g_3)$	$Pr(R_3\|g_3)$	本行乘积
					本列之和

计算步骤如下:

- 第 1 步:根据平行实验结果,列出供者可能的基因型,将这些组成 g 列,列为 $g_1,g_2,...$ 等。
- 第 2 步:计算第二列中的 $Pr(g)$
- 第 3 步:计算 R_1、R_2、R_3 列中的 $Pr(Ri|g)$
- 第 4 步:计算每行的乘积
- 第 5 步:将以上乘积相加,求和
- 第 6 步:分子是根据犯罪嫌疑人的基因型,与观察到重复出现 Ri 的概率相对应的乘积 $Pr(Ri|g)$。本例中是在表 4.4 第二行右侧与基因型 12/16 相对应的部分,但没有频率项。

在下面的[142]例子中,为了简单起见,我们认为纯合子和杂合子基因型有相同的等位基因丢失概率。在第 5 章中,我们描述了每种类型的等位基因丢失概率。

表 4.4 计算似然比的案例，其中 3 个平行扩增产物显示等位基因插入和丢失。最后一列的最下面的值为 H_d 假设成立的概率。对于 g=12,16，H_p 下证据的概率以红色标识。为了简单起见，p_D 用于定义纯合子和杂合子的等位基因丢失概率。列出这个表的主要目的是说明其计算的复杂性，以及由此产生的软件计算量

g	*Pr*(g)	R_1(12)	R_2(16)	R_3(12,16)	乘积
12,12	p_{12}^2	$p_{\bar{D}}p_{\bar{C}}$	$p_Dp_Cp_{16}$	$p_{\bar{D}}p_Cp_{16}$	$p_{\bar{D}}^2p_{\bar{C}}p_Dp_C^2p_{12}^2p_{16}^2$
12,16	$2p_{12}p_{16}$	$p_Dp_{\bar{D}}p_{\bar{C}}$	$p_Dp_{\bar{D}}p_{\bar{C}}$	$p_{\bar{D}}^2p_{\bar{C}}$	$2p_{\bar{D}}^4p_{\bar{C}}^3p_D^2p_{12}p_{16}$
16,16	p_{16}^2	$p_Dp_Cp_{12}$	$p_{\bar{D}}p_{\bar{C}}$	$p_{\bar{D}}p_Cp_{12}$	$p_{\bar{D}}^2p_{\bar{C}}p_Dp_C^2p_{12}^2p_{16}^2$
12,Q	$2p_{12}p_Q$	$p_{\bar{D}}p_Dp_{\bar{C}}$	$p_D^2p_Cp_{16}$	$p_{\bar{D}}p_Dp_Cp_{16}$	$2p_{\bar{D}}^2p_{\bar{C}}p_D^4p_C^2p_{12}p_Qp_{16}^2$
16,Q	$2p_{16}pQ$	$p_D^2p_Cp_{12}$	$p_{\bar{D}}p_Dp_{\bar{C}}$	$p_{\bar{D}}p_Dp_Cp_{12}$	$2p_{\bar{D}}^2p_{\bar{C}}p_D^4p_C^2p_{12}^2p_Qp_{16}$
Q,Q	p_Q^2	$p_D^2p_Cp_{12}$	$p_D^2p_Cp_{16}$	$p_D^2p_C^2p_{12}p_{16}$	$p_D^6p_C^4p_Q^2p_{12}^2p_{16}^2$
					分母是本列之和

对于每个平行扩增产物，我们需要用到等位基因丢失和等位基因插入的概率，前提假设基因型为 g。例如，R_2=16，而 g=12,12，只能解释为等位基因 12 丢失，等位基因 16 插入。虽然 12,12 是纯合子基因型，但为了简单起见，我们与文献[142]保持一致，将等位基因丢失概率定义为 p_D，而不使用 p_D^2。每当发生等位基因插入时，我们认为发生概率为 $p_C \times p_{16}$（假设等位基因插入是随机的，因此特定等位基因 16 出现的概率就是其在群体中的频率）。代入公式 $p_Dp_Cp_{16}$，乘以表 4.4 中每一行，得到最后一列的结果（使用乘法，因为给定行中描述的所有事件都以基因型 g 为条件）。以此类推，得出最后一列中的数据。最后一栏的总和即为以 H_d 假设成立的（边缘化）概率；这被称为“总概率定律”（H_p 和 H_d 两个假设分别使用相同的公式来计算 LR）。计算 H_p 假设概率时，只计算 $p(R_i|g)$，其中 $g=S=(12,16)$，因为犯罪嫌疑人的基因型是已知的（因此不需要使用等位基因频率）。

以下是上述步骤的总结：

1. 根据控方提出的 H_p 假设，很明显，如果基因型为 12,16 的犯罪嫌疑人遗留了犯罪现场的斑迹，那么 R_1 和 R_2 就存在着等位基因丢失了。如果 H_p 是真的，那么 R_1 中的等位基因 16 一定是丢失了；对于 R_2，等位基因 12 丢失，而在 R_3 中没有等位基因丢失或插入。前两个平行扩增产物的等位基因丢失降低了证据的强度。

2. 相反，如果 H_d 是真的，那么所有可能的基因型都来自未知的个体，其分型在表 4.4 第一列（g）列出。

3. 如果 g=(12,12)：第一个平行扩增产物 R_1=12，就解释为它是没有等位基因丢失和插入，即供者为纯合子，且没有污染。发生概率为 $p_{\bar{D}}p_{\bar{C}}$。

4. 第二个平行扩增产物是 R_2=16；如果供者为纯合子，有等位基因 12 丢失，概率为 p_D（更好的概率评估公式应该是 p_D^2，但我们与文献[142]一致，公式简化，没有对纯合子和杂合子的等位基因丢失进行区别）。

5. 第三个平行扩增产物是 R_3=12,16，如果供者为纯合子，则认为是存在等位基因 12 的丢失和等位基因 16 的插入，发生概率为 $p_{\bar{D}}p_Cp_{16}$。

6. 对 g 列中的数据进行类似计算。

下一步是将结果制成表格并导出公式[142]。从如下公式 4.3 可以看出，忽略 Q，只要 p_D 很小，这些简化对最后的结果影响将很小。

$$LR=\frac{1}{2p_{12}p_{16}\left[1+\frac{p_{12}p_{16}p_C^2}{p_Dp_D^2p_C^2}\right]} \tag{4.3}$$

假设 p_C 较小(<0.3),LR 可近似为犯罪嫌疑人基因型的随机匹配概率的倒数:

$$LR\approx\frac{1}{2p_{12}p_{16}} \tag{4.4}$$

然而,这种简化往往是不能适用于所有案件的,这就是为什么每个案件都需要单独计算。

- 即使对于简单案例,公式也非常复杂,这意味着手工计算是不可行的。
- 这就是为什么需要简化来“凑合”。但这种解释仅限于简单的 DNA 图谱,不适用于混合分型。
- 所示方法是科学的,可以应用于影子峰的解释,不过这样会使公式更加复杂。
- 在早期阶段,计算机软件显然是推动理论研究到实践应用阶段的必要条件。

4.5. 降解检材

由于暴露在潮湿、细菌和紫外线等环境因素下,降解样本通常会需要进行综合分析[199]。

样本降解是 DNA 链随机断裂的结果(有关降解的机制和后果的详细信息,请参阅文献[200]的综述)。通常,提取的样本中有多个 DNA 拷贝,但降解会减少可用于 PCR 的片段数量;如果数量太少,则会导致等位基因丢失,见第 3.1 节所述。

最近的一项利用大规模平行测序(massive parallel sequencing,MPS)检测的研究发现,没有证据表明 DNA 分子中存在受保护区域[201]。不论一个 DNA 片段上的一个或多个位置被降解,对于扩增来说,都没有区别,因为无论 DNA 在哪个位置断裂或断裂成几段,片段都无法扩增。当然,较长的 DNA 片段比较短的 DNA 片段受到的影响更大,这导致了 EPG 的经典“滑雪坡”现象(图 4.2)。在法医 DNA 样本中,通常存在多个基因组拷贝,DNA 降解会导致失衡,可能导致等位基因的丢失[202](在第 3.1 节中讨论)。Bright 等[203]建立了降解指数曲线模型。第 7.8 节介绍了 *EuroForMix* 的类似方法。降解指数曲线拟合法用于评估降解样本 PCR 后 DNA 图谱的情况。

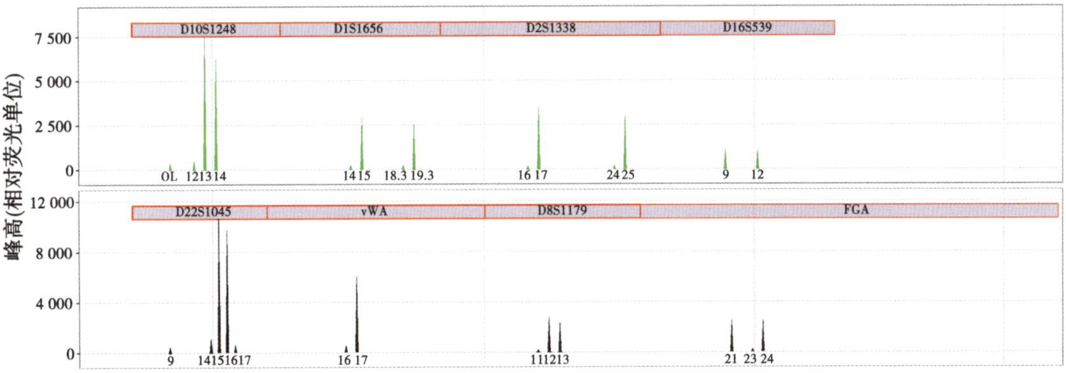

图 4.2 典型的“滑雪坡”降解模式,使用 ESX17 试剂盒。经 Springer 许可,转载自[195]

4.5.1 降解检材 PCR 前的量化和描述

在 PCR 之前,对 DNA 提取液进行定量分析,从而评估用于 PCR 的最佳模板量。通常,建议使用 0.5~1ng 的 DNA,以确保单一供者的扩增产物图谱的完整与均衡。与小片段等位基因相比,降解样本中能够用于大片段等位基因分析的 DNA 模板较少。在大片段 DNA 量较少的情况下,可以增加模板量,以尽量弥补扩增的不平衡。

实时 DNA 定量试剂盒能够评估每个样本的降解程度[204-207]。目前市场上已有商业化定量试剂盒,例如 QuantifilerTrio DNA 定量试剂盒和 PowerQuant 试剂盒,这类试剂盒是通过增加第二个较长的目标 DNA 片段来评估 DNA 数量来实现的。通常一个 200~300 个碱基对片段(x_2)是由更长的目标片段产生的,而较短的目标片段产生 70~150 碱基对片段(x_1)。

降解程度越大,每个目标片段的定量值之间的差异就越大。此差异可用于计算降解指数:$DI=\frac{c_{x_1}}{c_{x_2}}$,其中 c_{x_1} 是小片段的目标 DNA 数量(c),c_{x_2} 表示大片段的目标 DNA 数量。*DI* 是一个简单的指标,表明现场检材 DNA 片段大小对应的数量。根据所生成的 DNA 图谱,操作者可以来决定如何进行下一步操作。计算出的 *DI* 在 QuantifilerTrio 和 PowerQuant 两个试剂盒之间是不同的,因为它们的目标片段大小不同。

下一步是计算一个独立于所用试剂盒的参数:降解参数 $Pr(deg)$ 表示单碱基对降解的概率(框 4.1)。Hansson 等[148]提供了从降解组织样本中提取的 DNA 的案例,这些样本使用两种不同的定量试剂盒进行了定量,并能够了解降解情况。

框 4.1 降解概率 *Pr*(*deg*) 的推导

从单个基因组拷贝中等位基因丢失的概率可以用公式 4.5 来描述,假设每个拷贝的碱基对之间是独立的,以估计 x 个碱基对断裂的概率:

$$p_D=1-(1-Pr(deg))^x \tag{4.5}$$

其中 p_D 是等位基因丢失的概率。我们可以得出一个 x 个碱基对大小的片段不发生降解,并可用于扩增的概率。

$$p_{\bar{D}}=1-p_D=(1-Pr(deg))^x \tag{4.6}$$

但是,有必要评估 DNA 降解的概率作为 n 个 DNA 拷贝数($Pr(D_n)$)的函数。这可以通过公式 4.7 中的二项式进行计算。

$$Pr(D_n)=1-(1-p_D)^n \tag{4.7}$$

我们做了与文献[208]相同的假设,并使用了不论序列中碱基种类的恒定断裂概率。与文献[208]相似,我们假设浓度 $c(x)$、片段长度 x 和不降解概率之间呈对数线性关系。使用自然对数,

$$\log(c(x))=\log(H)+\log(1-Pr(deg))x \tag{4.8}$$

其中 H 表示等位基因峰高。从下面的公式 4.9 和公式 4.10:

$$\log(1-Pr(deg))=\frac{\log(c(x_2))-\log(c(x_1))}{x_2-x_1} \tag{4.9}$$

$$Pr(deg)=1-e\frac{\log(c(x_1))/\log(c(x_2))}{x_1-x_2} \tag{4.10}$$

式中 $x_1<x_2$ 且 $c(x_2)\leqslant c(x_1)$。我们可以将其理解为受影响碱基 5' 端断裂的概率。

给定 $Pr(deg)$,可以估计任何长度的完整片段的数量。图4.3显示了使用公式4.6在不同的降解参数值下,完整片段的概率与其长度的函数关系。

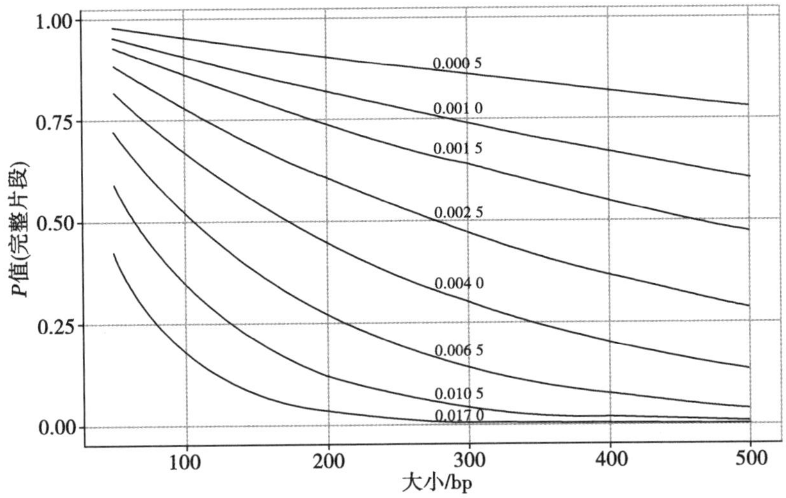

图4.3 在不同降解参数(0.000 5~0.017 0)下,可用于扩增的完整片段与片段长度的相关性。经Springer许可,转载自文献[148]

为了模拟降解,假设每个等位基因(即片段长度)是完整的,因此可用于PCR扩增,建立模型计算其概率。然后通过模拟估算PCR后DNA片段的数量。

这是R包*PCRsim*版本1.0的网址,http://cran.r-project.org/web/packages/PCRsim/index.html.该软件包是基于取证*forensim*[209]中的模拟函数开发的。这两个软件包都可以建立"模拟整个DNA图谱过程的数学模型"[124]。在*pcrsim*中,假定扩增产物根据循环数不断指数增长,因此PCR效率为恒定的,事实上,这一点在前10~15个循环中是正确的[210,211]。实际由于DNA聚合酶受到扩增产物的抑制作用,PCR效率在一定循环周期后进入平台期[212]。但是,低模板样本的STR分析发现,PCR效率从未达到平台期[213]。作者发现,从30到35个PCR循环数每增加一次,等位基因峰高的增加基本一致,与理想的扩增情况相一致。因此,恒定的PCR效率虽然是个近似值,但在实际应用时却是比较理想的。一些公开的PCR效率值为0.82[124]、0.85[214]和0.82~0.97[215]。这里我们使用PCR效率 $pcr_{ef}=0.90$。

PCR后回收的完整片段数量可以通过二项式计算得出

$$N_{intact}=Bin\left(N_{molecules},p_{\overline{D}}\right) \tag{4.11}$$

式中,$N_{molecules}$ 是模拟PCR扩增后每个等位基因的数量,N_{intact} 是完整的DNA片段数量。为了说明这一点,我们使用二项式分布式 $Bin(N=167,p_{\overline{D}}=0.05)$ 模拟了300个碱基的片段以及1ng DNA(相当于167个单倍体拷贝)(图4.4)的降解。

这个范围的完整DNA拷贝数是可以被扩增的,但是在这个特殊的例子中,当 $p_{\overline{D}}=0.05$ 时,1ng有1到19个未降解的拷贝。只有当存在足够的DNA片段来触发毛细管电泳仪的电荷耦合器件(charged coupled device,CCD)相机时,才能看到被识别的荧光峰。对于28个循环,需要大约30个单倍体拷贝(大约90pg),然后才有足够的PCR产物被检测到[216],而对于34个循环,只需要一个单倍体细胞(单倍体细胞中大约3pg DNA)就可以产生足够的

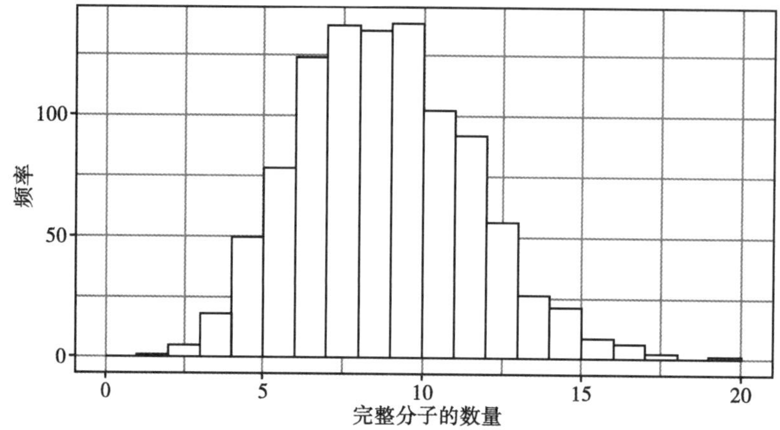

图 4.4 片段长度为 300bp 的 167(用"N"表示)个拷贝的 1 000 次模拟,$p_{\bar{D}}=$ 0.05 片段完整率,对应于 $Pr(deg)=0.0099$。完整 DNA 片段的数量是 1~19,这个范围可能无法产生足够被检测到的 PCR 产物。经 Springer 许可,转载自文献[148]

信号[217]。

当分析降解 DNA 时,在进行系统优化时必须同时考虑 PCR 循环次数的影响。我们用 100 个碱基的较小碎片重复模拟(图 4.5)。使用相同的降解参数,一个只有 100 个碱基的片段有 37% 是完整的。因此,从二倍体细胞中提取的 1ng DNA 中,有 44 到 83 个完整基因组(大约 264 到 498pg)。即使在 28 个循环时,PCR 产物也能超过可检测阈值。

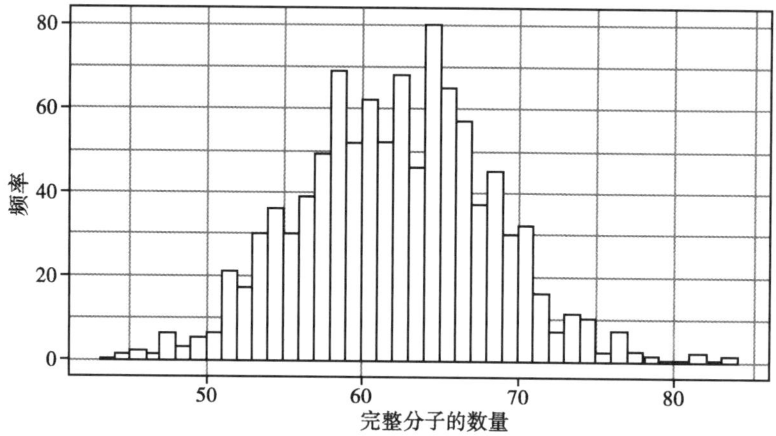

图 4.5 片段长度为 300bp 的 167(用"N"表示)个拷贝的 1 000 次模拟,$p_{\bar{D}}=$ 0.37 完整率,对应于 $Pr(deg)=0.0099$。完整 DNA 片段的数量是 44~83,这个范围可以产生足够被检测到的 PCR 产物。经 Springer 许可,转载自 Hansson 等的文章[148]

PCR 的循环次数是考虑是否可以分析降解的 DNA 的一个关键因素。如果将每个碱基对的降解概率用作参数,而不是使用降解指数,那这个参数将独立于试剂盒(不再随着使用试剂盒的不同而变化,就是比较稳定的)。在了解降解参数的情况下,可以通过模拟预测得到的 DNA 图谱,如图 4.5 所示。

4.6. 总结

前一章介绍了导致等位基因丢失和杂合子失衡的随机效应概念。本章追溯了早期用于解释低模板 DNA 的方法，从“一致性”方法开始，在这种方法中，对单个提取物进行重复测试，只报告重复的等位基因。此方法仅限于分析只有一个供者的检材分型，且有待完善。

本书引入了等位基因插入的概念。这些并不是真实存在的等位基因，与“污染”不同。前者来源于不同的个体，后者则是来自单个个体的多个等位基因。这种区别对概率模型很重要，因为插入等位基因被视为出现在单个基因座，而污染等位基因是多个基因座出现异常，且插入等位基因来自同一个体。插入等位基因实际被认为是单基因座单个等位基因异常，插入的概率小，符合泊松分布，该分布适合于评估复合扩增系统的阴性对照中观察到的等位基因插入的数量。

本书引入了新的统计理论，将等位基因插入和丢失的组合概率应用于评价扩增产物。所产生的公式非常复杂，很难用手工计算出来。很明显，我们需要开发软件进行计算，这将在下一章中介绍。

在犯罪现场检材中通常可以观察到 DNA 的降解。DNA 会降解成较短的片段后，可能无法用于 PCR。在 EPG 中，降解被认为是一个典型的“滑雪坡”现象，与小片段基因座相比，大片段 DNA 更容易被降解，即降解程度越大，越容易发生等位基因丢失。

DNA 实时定量试剂盒能够通过检验两种不同分子量的 DNA 含量来评估每个被测样本的降解程度。该信息可用于估计降解参数，即单个碱基对降解的概率。这些信息可以用来预测检材的降解程度，并帮助法医工作者决定模板量，以获得最佳毛细管电泳结果。

注释

1. 除非实验室或现场勘查人员的分型被保存在质控数据库中，否则只通过 DNA 图谱，不可能确定是未知个体在犯罪现场遗留了 DNA，还是实验室或现场勘查人员的污染。不过，不论未知供者的来源是哪种，*LR* 都是有效的。

（刘莹　方晨 译）

第 5 章

LRmix 模型理论

5.1. 背景

在第 4 章,我们介绍了些基础理论来解释低模板 DNA 图谱,如丢失和插入的发生概率,以及通过使用一致性分布来计算证据的联合概率等。考虑到人群子结构,第 1.12.6 节中,引入了 Balding 和 Nichols F_{ST} 校正[42]。这些理论对于手动计算过于复杂,仅能通过计算机算法运行实现。

本章介绍了一种方法,即 Hinda Haned 编写的一个 R 语言软件[218] *Forensim*[209],该软件将上述概念集合到一起,详细的软件包教程可见于 http://forensim.r-forge.r-project.org/。在这里我们介绍了 *Forensim* 中的模块 *LRmix*[219],它是 *LRmix Studio* 的前一版本,这将在下一章介绍。*LRmix* 有助于计算低模板 DNA 样本的似然比,包括存在丢失、插入,任何数量的供者以及重复的样本。该软件由文献[220,65]提出的模型进行编程,并引入了丢失和插入的参数。

为了评估证据的强度,我们用到了第 1.6 节中使用的似然比方法。我们使用了控方(H_p)和辩方(H_d)提供的两种不同的假设。证据的强度可以用似然比进行描述,通过对每个假设的相对权重进行比较,公式如下。

$$LR=\frac{Pr(E|H_p)}{Pr(E|H_d)} \tag{5.1}$$

其中 E 是犯罪现场证据的 DNA 分型。H_p 是控方的假设,包括以下典型的形式:犯罪嫌疑人是犯罪现场物证的供者。H_d 是辩方的假设,通常为以下形式:未知个体是犯罪现场物证的供者。

为了评估证据的价值,我们引入了一种可能性评估模型,如丢失/插入模型。该模型具有巨大的优势,因此已被多篇文献[220,221,65,68]所报道。

这种概率模型最早是通过 *likEvid* 方程用 R 语言编辑,能够在 R 数据分析软件 *Forensim* 包中应用。*likEvid* 虽是通过 R 编写的,但其中一系列的方程是通过 C 语言编写的,这样能够在 R 环境中运行得更快。为了使 *Forensim* 这一功能更好地为出具报告的人员所用,我们使用了一种面对用户友好的 Tcl/Tk 界面,命名为 *LRmix*,该软件同样在 *Forensim* 包中可以使用。

这一章针对数据分析理论进行了概述,并对概率模型进行了较为细致的描述。本章介绍了模型的不同组成部分,并且介绍了这些组分在 *LRmix* 中是如何应用的。该模型已经接入 *LRmix Studio*,案例的应用会在下一章节进行介绍。

5.2. 模型介绍

在第 1.7~1.11 节中介绍了混合样本的似然比计算方法，在第 3.7 节介绍了将等位基因的丢失理论应用于似然比计算，在第 4.2.1 节介绍了插入的相关分析，在第 4.4 节介绍了应用插入和丢失的概率进行多重分析（在单一提取物中出现两个或两个以上的样本分型）。

本章主要介绍了基于 *LRmix* 模型针对上述内容计算 *LR*（似然比）。

第一步最重要的是明晰控辩双方。案件并不只是受限于单个个体。表 5.1 列举了在应用中几种较为典型命题的例子。

在表 5.2 中列举了来自 3 次独立的重复实验，犯罪现场样本的 15 个基因座中的 4 个基因座的分型结果。在表 5.3 中罗列了对应的犯罪嫌疑人 DNA 分型。犯罪嫌疑人或遇难者的 DNA 分型仅被分析了一次。在表 5.3 中同样有一个例子。

表 5.1 不同情境下的 H_p 和 H_d

H_p：犯罪嫌疑人是供者
H_d：未知个体是供者
H_p：犯罪嫌疑人和受害者是供者
H_d：两名未知个体是供者
H_p：犯罪嫌疑人和 3 名未知个体是供者
H_d：4 个未知个体是供者

通过提供两个方案，正如在 5.1 表中提到的，每个基因座的似然比都根据所给的参数进行统计，这样很容易通过每个基因座的 *LRs* 乘积获得总的 *LR*。

$$LR=\frac{Pr(E_1|H_p)}{Pr(E_1|H_d)}\times...\times\frac{Pr(E_L|H_p)}{Pr(E_L|H_d)} \tag{5.2}$$

表 5.2 犯罪现场的 DNA 分型，包括 4 个基因座及 3 次重复 R_1、R_2、R_3

样本	标记	等位基因 1	等位基因 2	等位基因 3
R_1	D3S1358	14	15	16
R_1	vWA	16	19	21
R_1	D16S539	9	10	11
R_1	D2S1338	20	23	24
R_2	D3S1358	14	15	16
R_2	vWA	16	19	21
R_2	D16S539	9	10	11
R_2	D2S1338	20	23	24
R_3	D3S1358	15	16	17
R_3	vWA	16	19	21
R_3	D16S539	9	10	11
R_3	D2S1338	20	23	24

表 5.3 犯罪嫌疑人的 DNA 分型,包括 4 个基因座

样本	标记	等位基因 1	等位基因 2
犯罪嫌疑人	D3S1358	15	17
犯罪嫌疑人	vWA	16	21
犯罪嫌疑人	D16S539	9	10
犯罪嫌疑人	D2S1338	23	24

E_L 是 DNA 在 L 基因座的分型。例如在 5.2 表中,$E_{vWA}=\{16,19,21;16,19,21;16,19,21\}$,3 次重复结果通过分号分开。

5.3. 理论探究

在本节,为了清楚起见,我们只考虑一个位点。基于第 4.4.1 节中来自 Curran 等[220]的范例,计算公式如公式 5.3 所示:这是观察到基因座 1 的 n 次重复的 DNA 分型联合概率,$E=(R_1,R_2,...,R_n)$,以已知和未知基因型为条件,在给定假设(H)成立下:

$$Pr(R_1,...,R_n|H)=Pr(R_1,...,R_n|T,V,x) \tag{5.3}$$

- $R_1,...,R_n$ 是基因座 1 的 DNA 分型的重复
- T 是在 H 假设下个体的基因分型,例如在 H 的假设下,已经获取了犯罪嫌疑人和遇害者基因型(他们的基因均已知)。
- V 是在 H 假设下与案件无关的个体的基因分型。在 H_d 假设下,所有的个体均在控方假设下与案件有关,但是在辩方假设下与案件无关。例如,一个犯罪嫌疑人在 H_p 假设下与案件相关,但是在 H_d 假设下,与案件无相关性。我们做出上述定义,因为分析这些基因型可能会影响对未知分型的解读。
- x 是在 H 假设下具有相同 DNA 分型的未知个体数量。例如在 H_p 假设下,DNA 分型结果显示是混合样本,来自犯罪嫌疑人和另外一个未知个体,$x=1$。模型会通过分析所有可能的基因型计算这种不确定性的来源,正如之前 4.4 表所显示的。

通过定义,这些 x 个未知个体可能会有不同基因分型 u,如果有多个未知基因型,则为混合基因型。我们将 U 作为 x 个未知个体一组可能的(混合型)基因分型。如果只有一次重复,$R_i(i=1,...,n)$,可以按照如下公式:

$$Pr(R_i|T,V,x)=\sum_{u\in U}\underbrace{Pr(u|T,V)}_{\text{基因分型概率}}\underbrace{Pr(R_i|T,u)}_{\text{重复概率}} \tag{5.4}$$

这是涵盖未知个体全部可能的分型结果的通用公式(已经在第 1 章证明)。公式 5.4 帮助我们将可能的概率分为两个部分,这样可以分别计算,重复概率 $Pr(R_i|T,u)$ 以及基因分型概率 $Pr(u|T,V)$。我们现在扩展了这一公式,在基因分型基础上,所有的 $R_1,...,R_n$ 是独立的,因此公式可以扩展为:

$$Pr(R_1,...,R_n|T,V,x)=\sum_{u\in U}Pr(u|T,V)\prod_{i=1}^{n}Pr(R_i|T,u) \tag{5.5}$$

需要注意的是,重复概率只取决于假设供者 $g=(T,u)$ 的基因分型,V 是被忽略的。在本章节中我们假设分型 $g=(g_1,...,g_K)$ 由 K 个供者的分型组成。K 代表未知个体的数量,加上 T 中的基因分型数量。

注意在案件中如果没有未知个体 $x=0$,$U=\varnothing$(例如空集),公式 5.5 将被简化为公式 5.6

$$Pr(R_1,...,R_n \mid T)=\prod_i Pr(R_i \mid T) \tag{5.6}$$

既然 $Pr(T \mid V)=1$,仅在 g 中存在未知分型时才可以计算分型概率。未知个体的分型没有被分析,这些需要作为模型中基因型概率的一部分进行分析,正如公式 5.4 和 5.5 所示。在综上所述的案件中,重复概率需要被计算。

在所有可能的组合基因型元素 $g=(T,u)$ 都将分析这些重复以及基因型概率,在 U 队列中未知个体 U 的所有基因分型必须要考虑进去。如果没有未知供者($x=0$),基因型可能性为 1。

在接下来的部分,会介绍更多的内容,关于出现插入和丢失时如何计算重复概率。

5.4. 重复概率

重复检验(平行检验)在第 4 章已经介绍过,并且在第 4.4.1 节列举了一个范例来评估重复对已知分型分析的证据可信性的影响。在本章节,我们会对 *LRmix* 中的概率模型进行解释。

概率模型定义了给定拷贝的可能性,往往取决于在 H 条件下(包括已知和未知的供者)的假设供者的基因分型和未知参数。“丢失概率”(第 3.7 节)与“插入概率”将会在第 4.2.1 节被一同讨论。

在公式 5.4 和 5.5 中列举的概率公式确定了 $Pr(R_i \mid T,u)$ 的成立条件。在这里我们对 T(已知供者)和 u(未知供者)的重复次数和基因型进行了比较。简单地说,两者均被定义为 g,例如 $g=(T,u)$。此外,需要对 g 中每一个组分中重复 R_i 的概率进行定义,表示为 $Pr(R_i \mid g)$。

5.4.1　插入和丢失:定义

丢失是指一个等位基因没有在样本中检出,往往是由于 DNA 的数量和质量较差导致的。(这点已在第 3 章进行讨论);或者尽管能够在样本中有表达,如果等位基因的峰值低于分析的阈值(analytical threshold,AT),该基因座仍无法被检出。

插入已经在第 4 章进行阐述。插入指的是在犯罪现场的样本中偶然检出一个与该样本无关等位基因。插入的等位基因出现往往是由于环境中 DNA 片段导致的(例如塑料制品和屋内灰尘)。当微量的图谱中有 1 个或 2 个无关等位基因出现,插入会被认为是轻微的污染所致。如果出现有两个或更多的插入等位基因,一般认为是来自两个或两个以上的个体产生的独立事件(第 4.2.1 节)。

等位基因丢失或插入的概率参数之前在第 4.2.1 节中作为案件介绍过。我们将模型的参数定义如下(同样在 *LRmix* 中):

1. d_k 是在杂合子基因型中供者 k 丢失一个等位基因的概率(两个等位基因的概率相同)。

2. d'_k是在纯合子基因型中供者 k 丢失等位基因的概率。

3. p_C 是在一个基因座出现插入的概率。

5.4.2 插入和丢失:规范化

在本节我们对4.4.1中的方法进行规范,用于计算单个个体的似然比,并将其拓展至混合样本分析。插入和丢失均为随机事件,可能仅出现在某一次重复中。继 Haned 等[68]报道之后,插入和丢失的等位基因在重复中被视为独立的。为了便于重复概率的统计,基于插入和丢失的概率,每种重复 $R_i(i=1,...,n)$ 和特殊的混合基因型 g 所提供的信息分为如下3个部组:

— 无丢失/插入组:$A_i=R_i \cap g$;在这一组中基因座中没有等位基因的插入和丢失,这些等位基因均在 g 或者 R_i 中;

— 丢失组:$B_i=g\backslash(R_i \cap g)$,这一组中存在等位基因丢失(无论是在一个或多个拷贝中);这些等位基因在 g 中,但不在 R_i 中;

— 插入组:$C_i=R_i\backslash(R_i \cap g)$,这组存在等位基因插入,这些等位基因在 R_i 中,但是没有在 g 中。

除了这些以外,我们同样定义了特定等位基因 a 的丢失概率,该等位基因 a 是给定的基因型组合 $g=(g_1,...,g_k)$ 中的其中一个:

$$D_a(g)=\prod_{k=1}^{K}\left[d_k^{\mathbb{I}(g_k\text{包括等位基因a的杂合子})}\right]\left[d_k'^{\mathbb{I}(g_k\text{a, a纯合子})}\right] \tag{5.7}$$

其中当 x 为真时,$\mathbb{I}(x)$ 为1;否则 $\mathbb{I}(x)$ 为0。需要记住 $d_k^0=1$ 表明没有丢失,$d_k^1=d_k$ 相当于丢失。该公式是含有特定等位基因 a 的供者全部丢失的参数 d_k(如果是纯合子则为 d'_k)的乘积。该公式仅针对存在于组合基因型 g 的等位基因计算。注意,正如第4.4.1节中述,所用 $Da(g)$ 等同于"p_D"等位基因丢失概率。

示例

如果 $g=(11,11;11,12)$,则使用公式5.7得出 $D_{11}(g)=d'_1d_2$,$D_{12}(g)=d_2$。根据这个定义,对于每个基因型组合 g 的重复概率按照如下公式计算:

A. 如果 $C_i\neq\varnothing$(例如,至少有一个插入)

$$Pr(R_i|g)=\underbrace{\left[\prod_{a\in A_i}(1-D_a)\right]}_{\text{无插入/丢失}}\underbrace{\left[\prod_{a\in B_i}D_a\right]}_{\text{丢失}}\underbrace{\left[\prod_{a\in C_i}p_Cp_a\right]}_{\text{插入}} \tag{5.8}$$

B. 如果 $C_i=\varnothing$(例如没有插入)

$$Pr(R_i|g)=\underbrace{\left[\prod_{a\in A_i}(1-D_a)\right]}_{\text{无插入/丢失}}\underbrace{\left[\prod_{a\in B_i}D_a\right]}_{\text{丢失}}\underbrace{\left[(1-p_C)\right]}_{\text{插入}} \tag{5.9}$$

在公式中,D_a 是等位基因 a 的丢失概率,对于每个供者 k,使用公式5.7,将其定义为丢失概率函数 d_k 或者 d'_k,p_C 是插入的概率。

对于每个重复i,基因型组合 A_i、B_i 和 C_i 集定义为基因型组合 g,n 次重复的联合概率是通过每个重复概率的乘积得到的,如公式5.5所示。

在每一个命题下，将每个供者 k 的丢失参数标记为 d_k（如果 k 是杂合子）或者 d'_k（如果 k 是纯合子）。因此，在 H_p 下，如果有包括犯罪嫌疑人和未知个体的两个供者，则存在两个丢失参数，犯罪嫌疑人有一个，未知个体有一个。每种参数都适用于一个供者的两个等位基因。注意尽管这里所建模型允许不同的基因座丢失概率存在差异，但目前的个案工作实施要求模型中的全部基因座的丢失概率参数保持一致。

附录 B. 3. 2 中，在 $d'_k=d_k^2$ 的情况下，公式 5. 8 和公式 5. 9 有另一种表述方法（公式的简化）。

接下来，将展示重复概率的计算方法。

5. 4. 3　示例 1

在这个例子中，我们考虑 $R_1=\{11,12,13\}$，$R_2=\{11,12\}$，以及包括已知和未知基因型 $G_1=(11,11;12,12;13,14)$ 的组合 G_1。对于杂合子基因型，我们将每个供者 k 的丢失参数定义为 d_k，对于纯合子基因型，我们将每个供者 k 的丢失参数定义为 d'_k。基于此，我们应用公式 5. 7 计算对于每种 G_1 中的等位基因的丢失概率：

- 等位基因 11：$D_{11}=d'_1$（供者 1 有纯合子基因型）
- 等位基因 12：$D_{12}=d'_2$（供者 2 有纯合子基因型）
- 等位基因 13：$D_{13}=d'_3$（供者 3 有杂合子基因型）
- 等位基因 14：$D_{14}=d'_3$（供者 3 有杂合子基因型）

对于每一个重复 R_i，我们定义在 A_i，B_i 和 C_i 这些等位基因中，对应的这些集合中每个等位基因的相应参数如下表：

分组	重复 R_1	重复 R_2
A_i	$\{11,12,13\}$	$\{11,12\}$
B_i	$\{14\}$	$\{13,14\}$
C_i	$\varnothing$	$\varnothing$

承接公式 5. 9，该范例的重复概率如下：

$$\begin{aligned}Pr(R_1,R_2|g) &= \left[(1-p_C)\prod_{a\in A_1}(1-D_a)\prod_{a\in B_1}D_a\right]\left[(1-p_C)\prod_{a\in A_2}(1-D_a)\prod_{a\in B_2}D_a\right]\\ &=[(1-p_C)(1-D_{11})(1-D_{12})(1-D_{13})D_{14}][(1-p_C)(1-D_{11})(1-D_{12})D_{13}D_{14}]\\ &=[(1-p_C)(1-d'_1)(1-d'_2)(1-d_3)d_3][(1-p_C)(1-d'_1)(1-d'_2)d_3^2]\\ &=(1-p_C)^2(1-d'_1)^2(1-d'_2)^2(1-d_3)d_3^3\end{aligned}\tag{5.10}$$

5. 4. 4　示例 2

在这个例子中，我们认为基因型组合 G_2 为 $(11,11;12,12;12,14)$，与例 1 相同的重复：$R_1=\{11,12,13\}$，$R_2=\{11,12\}$。请注意在这个例子中，供者 2 和供者 3 的 G_2 基因型都有等位基因 12。

利用公式 5. 7 计算 G_2 中唯一等位基因的丢失概率，我们得到：

- 等位基因 11：$D_{11}=d'_1$（供者 1 为纯合子基因型）

- 等位基因 12:$D_{12}=d_2'd_3$(供者 2 为纯合子基因型,供者 3 为杂合子基因型)
- 等位基因 14:$D_{14}=d_3$(供者 3 为杂合子基因型)

丢失参数与例 1 相同,对于所有重复 i,我们按照如下分组定义 A_i,B_i 和 C_i:

分组	重复 R_1	重复 R_2
A_i	{11,12,13}	{11,12}
B_i	{14}	{14}
C_i	{13}	∅

应用公式 5.8 和公式 5.9,重复概率为:

$$\begin{aligned} Pr(R_1,R_2|G_2) &= \left[\prod_{a\in A_1}(1-D_a)\prod_{a\in B_1}D_a\prod_{a\in C_1}p_Cp_a\right]\left[(1-p_C)\prod_{a\in A_2}(1-D_a)\prod_{a\in B_2}D_a\right] \\ &=[(1-D_{11})(1-D_{12})D_{14}p_Cp_{13}][(1-p_C)(1-D_{11})(1-D_{12})D_{13}D_{14}] \\ &=[(1-d_1')(1-d_2'd_3)d_3p_Cp_{13}][(1-p_C)(1-d_1')(1-d_2'd_3)] \\ &=p_C(1-p_C)p_{13}(1-d_1')^2(1-d_2'd_3)^2d_3^2 \end{aligned} \tag{5.11}$$

这部分对重复的可能性进行了定义和论证。在下一节,将对基因型概率进行定义和说明。在最后一节,我们将展示一个范例。在范例中,重复概率和基因型概率将被联合用于似然比的计算。

5.5. 基因型概率

K 个供者的基因型集 $g=(g_1,...,g_K)$包括已知基因型集 T 和未知基因型集 u,即 $g=(T,u)$。T 的基因型为已知,$Pr(T|V)=1$,因此观察到基因型集 g 的概率如下所示:

$$Pr(g|T,V)=Pr(T|V)Pr(u|T,V)=Pr(u|T,V) \tag{5.12}$$

当某个假设 H 的未知参与个体数量大于 1(即 $x>0$)时,需要利用公式 5.4 和公式 5.5 计算基因型概率项 $Pr(u|T,V)$。这是根据已知参与个体 T 和已知非参与个体 V 中的基因型提供的信息,观察到未知基因 u 的特定基因型组合的概率。计算详情如下,但首先有必要解释如何推导未知基因的可能基因型。

5.5.1 确定未知基因型

由于未知个体的基因型是未知的,我们计算的总概率 $Pr(R_1,\cdots,R_n|T,V,x)$,要考虑所有可能的基因型组合(如公式 5.4 与 5.5 所示)。

如果一个基因座在群体中具有 m 个等位基因,在 m 个等位基因中选择两个等位基因从而形成基因型[2](一些简单的示例也可参见第 1.11 节),则有$\binom{m+1}{2}=\frac{(m+1)!}{2!\ (m-1)!}=\frac{(m+1)m}{2}$种方式。这相当于在 m 个中任意选择两个的组合个数[220],例如,在 FGA 基因座,在荷兰人群中观察到 20 个等位基因,因此在该基因座有 210 个不同(独特)的基因型。

如果存在单个未知基因，则其可能存在$\binom{m+1}{2}$种基因型。如果有一个以上的未知基因，我们必须考虑在一个给定基因座上可能存在的$\binom{m+1}{2}$基因型的 x 种基因型组合的总数，这将会有$\binom{m+1}{2}^{x}$种组合。

在本节中，假设未知供者的丢失概率相同，可以应用公式 5.4 和公式 5.5，而不用罗列未知基因型的所有的$\binom{m+1}{2}^{x}$组合[3]。例如，如果一个基因座只有两个等位基因 13 和 14，那么就有 3 种可能的基因型：13、13；14、14 和 13、14（此处不考虑等位基因丢失）。现有两个未知个体（$x=2$），并且每个未知个体有 3 种可能的基因型，两个个体则有 6 种不同的无序组合（从 3 种可替换的基因型中选择两种无序基因型方法的数量）。

注意表 5.4 并非全面，因为其忽略了顺序导致的可能性：13、14，13、13。尽管相反的已经列出：13、13，13、14。然而，去考虑未知个体的全部可能基因型，那意味着这两种混合分型需要考虑。表 5.5 给出了全部的可能性。

表 5.4 具有两个等位基因 13、14 的真实基因座的可能基因型组合。注意基因型对未知个体的顺序是任意的

组合	未知个体 1	未知个体 2
u_1	13,13	13,13
u_2	13,13	13,14
u_3	13,14	13,14
u_4	13,14	14,14
u_5	14,14	14,14
u_6	13,13	14,14

表 5.5 在具有两种等位基因 13、14 的真实基因座的全部可能基因型组合。注意在表 5.4 被忽略的内容已经加高亮了

组合	未知个体 1	未知个体 2
u_1	13,13	13,13
u_2	13,13	13,14
u_2'	13,14	13,13
u_3	13,14	13,14
u_4	13,14	14,14
u_4'	14,14	13,14
u_5	14,14	14,14
u_6	13,13	14,14
u_6'	14,14	13,13

例如：在两个未知个体中存在9种基因型组合，如果在计算时不考虑基因型组合顺序，即，无论 $u_2=\{13,13;13,14\}$ 或者 $u_2'=\{13,14;13,13\}$，公式 5.4 和公式 5.5 的总和的内部都是相同的：

$$Pr(u|T,V)=\prod_{i=1}^{n}Pr(R_i|T,u) \tag{5.13}$$

只需对其中一个选项进行计算。然而，为了正确计算 $Pr(R_1,...,Rn|T,V,x)$，需要考虑特定有序基因型组合的全部可能的排列顺序。因此，我们只需考虑排列因子，仅考虑独特的无序基因型组合即可进行计算。对于每个基因型组合，排列因子仅是给定基因型组合中置换的排列数量（给出有序可能性的数量）。因此，对于给定的组合，如果有1型的 $k1$ 基因型和2型的 $k2$ 基因型等，排列因子由 $\frac{x!}{k_1!...k_j!}$ 决定，J 是特有基因型的数量，k_j 是 j 型的基因型数量。

例如，对于表 5.4 中的有序基因型组合，对于 $x=2$ 个未知个体有 $J=3$ 个基因型可用，分别为 13,13;13,14;14,14。如果考虑第二个组合 U_2，我们看到 13,13 和 13,14 出现一次，没有观察到 14,14。因此 $k_1=1,k_2=1,k_3=0$，得到排列因子为 $\frac{2!}{1!\ 1!\ 0!}=2$。重复表 5.4 中的所有组合，得到下表 5.6。

表 5.6 表 5.4 的扩展，将排列因子考虑在内

组合	未知个体1	未知个体2	排列因子
u_1	13,13	13,13	$\frac{2!}{2!\ 0!\ 0!}=1$
u_2	13,13	13,14	$\frac{2!}{1!\ 1!\ 0!}=2$
u_3	13,14	13,14	$\frac{2!}{0!\ 2!\ 0!}=1$
u_4	13,14	14,14	$\frac{2!}{1!\ 0!\ 1!}=2$
u_5	14,14	14,14	$\frac{2!}{0!\ 0!\ 2!}=1$
u_6	13,13	14,14	$\frac{2!}{1!\ 0!\ 1!}=2$

因此，考虑排列因子的话，公式 5.5 可以修改为：

$$Pr(R_1,...,R_n|T,V,x)=\sum_{u\in U'}\frac{x!}{\prod_{j=1}^{J}k_j!}Pr(u|T,V)\prod_{i=1}^{n}Pr(R_i|T,u) \tag{5.14}$$

U'是所有可能的无序基因型组合（与公式 5.4 与 5.5 中的 U 相反，U 考虑了所有有序组合基因型结果）。

如上所述，在未知供者数量增加时，应用排列因子有助于减少计算工作量。然而只有每个未知供者的参数相同时才能实现。这意味着如果假定不同的未知供者具有不同的参数(例如存在丢失),则必须考虑全部有序组合的基因型(例如用于定量模型 *EuroForMix*)。

关联性条件下(亲缘关系)未知供者基因型的确定

第 1.16 节我们已经证明了似然比十分依赖于提出的命题。似然比标准的格式将未知/已知的个体明确区分为与相关的人(POI)无关。然而,这并不是强行的。例如,辩方可能提出一个假设,即 DNA 来自 POI 的兄弟姐妹。在之前一节中,仅当假设任何未知个体均与任何已知有表型的个体(如受害者和/或犯罪嫌疑人)无关时,才可能计算唯一的成对基因型组合(而非进行所有可能的排列)。

如果假设未知个体与有表型的个人之间存在亲缘性,例如,假设其中一个未知个体是(已分析)存疑个体的兄弟,则必须在公式 5.5 中考虑所有基因型排序。这意味着我们不能再使用上述唯一的组合。在前面的示例中,如果在未知个体和已知表型的个体间存在亲缘关系,就必须考虑表 5.5 中的所有基因型。

5.5.2 对种群亚群体的校正

任何基因型组合的概率仅为其在目标人群中预期频率的概率。

例如,对于纯合子基因型 13,13,基因型概率为 p_{13}^2,对于杂合体基因型 13,14,基因型概率为 $2p_{13}p_{14}$。这些从等位基因频率获得的基因型频率估计值符合 Hardy-Weinberg 平衡(第 1.3 节)。该模型假设个体间没有亲缘性。

根据 Hardy-Weinberg 平衡,基于人群等位基因频率计算罕见和常见的基因型概率。因此,如果 DNA 分型中有一个罕见的等位基因,而犯罪嫌疑人恰好有这个等位基因,那么证据的价值将极大提升,有力支持控方的假设。然而,在不同基因座观察到的等位基因频率为估计值。因此,分型的罕见性很可能是由于错误的采样策略或错误的采样人群导致的:一种分型可能在整个荷兰人群中都罕见,但在犯罪嫌疑人(未定义)所在的亚群中较为常见。人群的亚群体组成的影响将在第 1.12 节中进一步探讨。

为了校正人群的亚群体结构,需要对等位基因频率进行校正。该校正称为 θ 或 F_{ST} 校正(第 1.12.6 节)。θ 是人群细分(亚群体)的量度,它表示亚群体中等位基因频率与整体群体频率的差异程度。人群的常用数值在 0.01 至 0.05 之间。通过“抽样公式”[222] 进行 θ 校正(公式同样见附录 *A*)。对于来自集合 U 中给定基因型组合 u 的每个等位基因 a,抽样公式定义如下:

$$Pr(u|T,V) = 2^h \prod_{a \in u} \frac{m_a\theta + (1-\theta)p_a}{1+(m_+-1)\theta} \tag{5.15}$$

在该公式中:对于(组合的)基因型 u^4 所有元素(等位基因)a,m_a 是分型 a 在 T 和 V 集合中的等位基因数量,同样之前出现在 u 集合中。此外,$m_+ = \sum_b m_b$(对于每次 a 的增量),h 是 u 集合中的杂合子数量,p_a 是等位基因 a 的频率。重要的是,如果公式(5.15)中 $\theta=0$,Hardy-Weinberg 平衡估算值恢复为:

$$Pr(u|T,V) = 2^h \prod_{a \in u} p_a \tag{5.16}$$

为了说明使用抽样公式计算基因型概率,下面给出两个例子。

5.5.2.1 例 1

在这个例子中,我们计算了基因型组合 $u_2=(13,13;13,14)$,$T=\varnothing$,同时 $V=\varnothing$。

对于 u_2 所有元素(等位基因),我们应用了公式 5.15,并将排列因子相乘。公式是通过基因型组合 u_2 的每个等位基因累乘,正如框中所示。

- $\boxed{13}$,13;13,14
  - 没有等位基因 13 出现在样本中→$m_{13}=0$
  - 没有 T 或 V 的等位基因→$m_+=0$
  - 如果应用于公式,则得到 p_{13}
- 13,$\boxed{13}$;13,14
  - 等位基因 13 已经出现在样本中 1 次→$m_{13}=1$
  - 已经取样发现了 1 个等位基因(之前的步骤)→$m_+=1$
  - 如果应用公式,则得到 $\theta+(1-\theta)p_{13}$
- 13,13;$\boxed{13}$,14
  - 等位基因 13 已经出现在样本中 2 次→$m_{13}=2$
  - 已经取样发现了 2 个等位基因(之前的步骤)→$m_+=2$
  - 如果应用公式,则得到$\dfrac{2\theta+(1-\theta)p_{13}}{1+\theta}$
- 13,13;13,$\boxed{14}$
  - 等位基因 14 没有出现在样本中→$m_{14}=0$
  - 已经取样发现了 3 个等位基因(之前的步骤)→$m_+=3$
  - 如果应用公式,则得到$\dfrac{(1-\theta)p_{14}}{1+2\theta}$

为了获得概率,将所有可能性进行累乘:

$$Pr(u_2=(13,13;13,14)\mid T=\varnothing,V=\varnothing)=4p_{13}(\theta+(1-\theta)p_{13})\frac{2\theta+(1-\theta)p_{13}}{1+\theta}\frac{(1-\theta)p_{14}}{1+2\theta}$$

注意一共乘了 4 次,这是 2 个排列因子的乘积,以及杂合子基因型的修正值(公式 5.15 中的 h)。

5.5.3 例 3

在第二个例子中,我们认为基因型组合 $u_2=(13,13;13,14)$,$T=(11,12)$,$V=\varnothing$。在我们开始计算之前,已知 $m_{11}=1$,$m_{12}=1$ 以及 $m_+=2$。由第一个等位基因 13 开始(顺序不影响结果):

- $\boxed{13}$,13;13,14
  - 没有等位基因 13 出现在样本中→$m_{13}=0$
  - T 有 2 个等位基因→$m_+=2$
  - 如果应用于公式,则得到$\dfrac{(1-\theta)p_{13}}{1+\theta}$

- 13, $\boxed{13}$;13,14
  - 等位基因 13 出现在样本中 1 次→$m_{13}=1$
  - 已经取样发现了 3 个等位基因(之前的步骤)→$m_{+}=3$
  - 如果应用于公式,则得到$\frac{\theta+(1-\theta)p_{13}}{1+2\theta}$
- 13,13; $\boxed{13}$,14
  - 等位基因 13 出现在样本中 2 次→$m_{13}=2$
  - 已经取样发现了 4 个等位基因(之前的步骤)→$m_{+}=4$
  - 如果应用于公式,则得到$\frac{2\theta+(1-\theta)p_{13}}{1+3\theta}$
- 13,13;13, $\boxed{14}$
  - 等位基因 14 没有出现在样本中 1 次→$m_{14}=0$
  - 已经取样发现 5 个等位基因(之前的步骤)→$m_{+}=5$
  - 如果应用于公式,则得到$\frac{(1-\theta)p_{14}}{1+4\theta}$

因此得出:

$$Pr(u_2=(13,13;13,14)\mid T=(11,12),V=\varnothing)=$$

$$4\frac{(1-\theta)p_{13}}{1+\theta}\frac{\theta+(1-\theta)p_{13}}{1+2\theta}\frac{2\theta+(1-\theta)p_{13}}{1+3\theta}\frac{(1-\theta)p_{14}}{1+4\theta}$$

在这里再次注意,一共连乘了 4 次,这是 2 个排列因子的乘积,以及杂合子基因型的修正值。以上样本很容易扩展到多个已知/未知的个体。

5.5.4 计算存在亲缘关系的基因型概率

在第 1.16 节已经证明了似然比与所提出的假设有密切相关。标准的格式设定未知/已知个体为与利害关系人(POI)无关。然而,辩方可能提出一种观点即 DNA 来自 POI 的同胞们。

当涉及亲缘关系时,未知(未分析)个体亲属的基因型概率不再遵循公式 5.15 和公式 5.16。的确在这种情况下,其中一个未知个体与有分型的个体(如疑似人员)有关,即基因型概率不仅取决于群体中的等位基因频率和 θ,还取决于来自血缘一致性(identity by descent, IBD)的等位基因概率,正如第 1.12.3 节节中所介绍的,即两个相关个体具有同一(最近)祖先的共享等位基因的概率。如在第 1.12.3 节中有关不同 IBD 数值相对应的亲缘性更多详情,以评价如何使用 IBD 值来归纳亲缘性公式,请参见附录 A.2。

在法医学文献[223,48,70]中已经广泛讨论了基于其亲属的分型,如何分析无分型的未知个体的基因型概率。在下文中,我们介绍了这些作者用到的相同公式。注意我们仅描述了一种情况,即其中一个未知个体假定与一个有分型的个体(在集合 T 或 V 中)有关。

请记住,在给定的假设下,可能存在 x 个未知供者。在先前的小节中,我们假定这些未知数与有分型的个体无关,我们使用公式 5.15 和公式 5.16 确定其概率。我们现在考虑一种情况:在 x 个未知个体中,可能有一个个体与集合 T 或 V 中有分型的个体存在亲缘关系。

未知个体的基因型 u(结果 U 中的一个元素)的参数可分为两个独立的基因型组:$u=(z,q)$,其中 z 是未知亲属的基因型,q 为无关未知个体的基因型。我们选择 z 作为 u 组合中第一个未知基因的基因型(考虑未知相关性的位置并不重要)。

从而未知基因型的概率可总结为:

$$Pr(u\mid T,V)=Pr(z,q\mid T,V)=Pr(z\mid T,V)Pr(q\mid T,V,z) \tag{5.17}$$

基于公式 5.17,当 u 分解成相关未知个体第一个的基因型 z 和其余不相关未知的基因型 q 时,我们可以独立计算相对值的概率和剩余未知基因型的概率,然后将两者相乘,前提是我们在计算后一种概率时考虑了第一未知基因型的特征。

应用公式 5.15 能够得到无关的未知个体基因型 $Pr(q\mid T,V)$ 的概率,其中 q 中的每个等位基因 a 如前所述进行了迭代,但现在 m_a 是集合 z 中 a 型等位基因的数量;除了 q 集中先前涉及的等位基因(对于 a 的每个增量)外,还包括 T 和 V。

在 *LRmix Studio* 和 *EuroForMix* 中,我们只考虑 H_d 假设下的相关性,其中 z 是已知分型个体的未知亲属的基因型,我们将其定义为 t_{rel}。在 *LRmix Studio* 中,此类型的相关个体为 H_p 假设下的指定利害关系人(POI),其成为 H_d 下的已知非供者(因此是集合 V 的一部分)。在 *EuroForMix* 中,相关个体可视为 V 或 T 定义下的任何个体。

请注意,如果不需要校正群体亚结构($\theta=0$),则未知亲属的基因型仅取决于已分型的相关 t_{rel} 的基因型:

$$Pr(z\mid T,V)=Pr(z\mid t_{rel}) \tag{5.18}$$

未知的亲属 z 可以与 t_{rel} 存在不同程度的相关性。在这里我们考虑了法医学案件中最相关的亲缘关系。

- 父母/子女
- 兄弟姐妹
- 半同胞兄弟姐妹
- 堂兄妹
- 叔叔/侄子
- 祖父母/孙子孙女

无关个体的基因型概率由 5.15 公式所定义,然而,z 的基因型概率,命名为 t_{rel},当 $\theta=0$ 时依据表 5.7 进行计算。

表 5.7 基于亲缘关系 t_{rel} 的基因型推测未知个体的可能的基因型 z。其概率是基于 $\theta=0$

t_{rel}	z	父母/子女	全同胞兄妹	堂兄妹	半同胞叔/侄 祖父母/孙子女
12,12	12,12	p_{12}	$\frac{(1+p_{12})^2}{4}$	$\frac{p_{12}(1+3p_{12})}{4}$	$\frac{p_{12}(1+p_{12})}{2}$
	13,13	0	$\frac{p_{13}^2}{4}$	$\frac{3p_{13}^2}{4}$	$\frac{p_{13}^2}{2}$
	12,13	p_{13}	$\frac{p_{13}(1+p_{12})}{2}$	$\frac{p_{13}(1+6p_{12})}{4}$	$\frac{p_{13}(1+2p_{12})}{2}$

续表

t_{rel}	z	父母/子女	全同胞兄妹	堂兄妹	半同胞叔/侄 祖父母/孙子女
	13,14	0	$\frac{p_{13}p_{14}}{2}$	$\frac{3p_{13}p_{14}}{2}$	$p_{13}p_{14}$
12,13	12,12	$\frac{p_{12}}{2}$	$\frac{p_{12}(1+p_{12})}{4}$	$\frac{p_{12}(1+6p_{12})}{8}$	$\frac{p_{12}(1+2p_{12})}{4}$
	12,13	$\frac{(p_{12}+p_{13})}{2}$	$\frac{1+p_{12}+p_{13}+2p_{12}p_{13}}{4}$	$\frac{p_{12}+p_{13}+12p_{12}p_{13}}{8}$	$\frac{p_{12}+p_{13}+4p_{12}p_{13}}{4}$
	12,14	$\frac{p_{14}}{2}$	$\frac{p_{14}(1+2p_{12})}{4}$	$\frac{p_{14}(1+12p_{12})}{8}$	$\frac{p_{14}(1+4p_{12})}{4}$
	14,14	0	$\frac{p_{14}^2}{4}$	$\frac{3p_{14}^2}{2}$	$\frac{p_{14}^2}{2}$
	14,15	0	$\frac{p_{14}p_{15}}{2}$	$\frac{3p_{14}p_{15}}{2}$	$p_{14}p_{15}$

当 $\theta>0$ 时,计算 $Pr(z|T,V)$ 的公式见附录 A.2.2。针对父母/子女,兄弟姐妹,半堂兄妹,叔叔/侄子,半同胞兄弟姐妹,和祖父母/孙子孙女的关系的概率计算见附录 A.2.3。

需要注意的是,在 *LRmix Studio* 中,当 $\theta>0$ 时,$Pr(z|T,V)$ 近似约等于 $Pr(\mathrm{z}|t_{\mathrm{rel}})$,$T$ 在 H_d 条件下为非空集(例如,当存在特定条件下的供者时)

$$Pr(z|T,V) \approx Pr(z|t_{rel}) \tag{5.19}$$

这意味着除了 t_{rel} 外,T 和 V 集合中其他基因型的等位基因不被考虑在内。

5.5.5 存在亲缘关系的混合样本计算范例

在这一节,我们将计算 $Pr(u|H)$ 的基因型概率,基于下列假设:

H:一个 $t_{rel}=(13,13)$ 的犯罪嫌疑人的未知(无分型)的兄弟(已知与案件无关),与一个参与案件的未知无关个体 $E=\{13,14\}$。

如果我们认为这两个个体在 H 的假设下是无关的,我们可以根据第 1.9 节的假设得到表 5.8,该表展示了在不同的基因型混合情况下所有可能的基因型(这里我们没有考虑等位基因丢失的情况)。

表 5.8 所有可能的基因型组合的详尽列表以及其基因型的概率,对于两个未知个体(与犯罪嫌疑人无关的),其虚拟基因座有两个等位基因 13 和 14

组合	未知个体 1	未知个体 2	$Pr(u\|T,V)$
u_1	13,13	13,13	$p_{13}^2\times p_{13}^2$
u_2	13,13	13,14	$p_{13}^2\times 2p_{13}p_{14}$
u_2'	13,14	13,13	$2p_{13}p_{14}\times p_{13}^2$
u_3	13,14	13,14	$2p_{13}p_{14}\times 2p_{13}p_{14}$

续表

组合	未知个体 1	未知个体 2	$Pr(u\|T,V)$
u_4	13,14	14,14	$2p_{13}p_{14}\times p_{14}^2$
u_4'	14,14	13,14	$p_{14}^2\times 2p_{13}p_{14}$
u_5	14,14	14,14	$p_{14}^2\times p_{14}^2$
u_6	13,13	14,14	$p_{13}^2\times p_{14}^2$
u_6'	14,14	13,13	$p_{14}^2\times p_{13}^2$

现在我们继续评估作为未知个体之一的 H，事实上，作为犯罪嫌疑人的兄弟，具有基因型(13,13)，第二个未知个体是与犯罪嫌疑人无关的。需要注意的是，既然所有的基因型的组合方式在这两个未知个体中被认为具有亲缘性(正如表 5.8 中所示)，表明第一个或第二个未知个体与犯罪嫌疑人有关。我们根据公式 5.17 计算基因型概率如下 5.20：

$$Pr(u|H)=Pr(z|t_{rel})Pr(q|t_{rel},z) \quad (5.20)$$

z 是具有分型 t_{rel}=(13,13)的犯罪嫌疑人的兄弟的基因型。

利用表 5.7 中的公式，我们得到表 5.9，该表格给了我们在 $\theta=0$ 情况下基因型的概率。表 5.10 给了我们在 $\theta>0$ 情况下的基因型概率。在附录 A.2.3，我们提供了 $\theta>0$ 情况下，包括常规与特殊亲缘关系的计算公式。

表 5.9 全部的可能基因型以及对应的基因型概率($\theta=0$)，对于一个分型为 13,13 的犯罪嫌疑人的未知兄弟以及一个无关个体

组合	未知个体		$Pr(u\|H)$
	犯罪嫌疑人兄弟	未知个体	
u_1	13,13	13,13	$\frac{(1+p_{13})^2}{4}\times p_{13}^2$
u_2	13,13	13,14	$\frac{(1+p_{13})^2}{4}\times 2p_{13}p_{14}$
u_2'	13,14	13,13	$\frac{p_{14}(1+p_{13})}{2}\times p_{13}^2$
u_3	13,14	13,14	$\frac{p_{14}(1+p_{13})}{2}\times 2p_{13}p_{14}$
u_4	13,14	14,14	$\frac{p_{14}(1+p_{13})}{2}\times p_{14}^2$
u_4'	14,14	13,14	$\frac{p_{14}^2}{4}\times 2p_{13}p_{14}$
u_5	14,14	14,14	$\frac{p_{14}^2}{4}\times p_{14}^2$
u_6	13,13	14,14	$\frac{(1+p_{13})^2}{4}\times p_{14}^2$
u_6'	14,14	13,13	$\frac{p_{14}^2}{4}\times p_{13}^2$

表 5.10 全部的可能基因型以及对应的基因型概率($\theta>0$),对于一个分型为 13,13 的犯罪嫌疑人的未知兄弟以及一个无关个体

组合	未知个体		$Pr(u\mid H)$
	兄弟	无关个体	
u_1	13,13	13,13	$\frac{1}{4}\left(1+\frac{2(2\theta+(1-\theta)p_{13})}{(1+\theta)}+\frac{(2\theta+(1-\theta)p_{13})(3\theta+(1-\theta)p_{13})}{(1+\theta)(1+2\theta)}\right)\times\frac{(4\theta+(1-\theta)p_{13})(5\theta+(1-\theta)p_{13})}{(1+3\theta)(1+4\theta)}$
u_2	13,13	13,14	$\frac{1}{4}\left(1+\frac{2(2\theta+(1-\theta)p_{13})}{(1+\theta)}+\frac{(2\theta+(1-\theta)p_{13})(3\theta+(1-\theta)p_{13})}{(1+\theta)(1+2\theta)}\right)\times 2\frac{(4\theta+(1-\theta)p_{13})(1-\theta)p_{14}}{(1+3\theta)(1+4\theta)}$
u_2'	13,14	13,13	$\frac{(1-\theta)p_{14}}{2(1+\theta)}\left(1+\frac{2\theta+(1-\theta)p_{13}}{1+2\theta}\right)\times\frac{(3\theta+(1-\theta)p_{13})(4\theta+(1-\theta)p_{13})}{(1+3\theta)(1+4\theta)}$
u_3	13,14	13,14	$\frac{(1-\theta)p_{14}}{2(1+\theta)}\left(1+\frac{2\theta+(1-\theta)p_{13}}{1+2\theta}\right)\times 2\frac{(3\theta+(1-\theta)p_{13})(\theta+(1-\theta)p_{14})}{(1+3\theta)(1+4\theta)}$
u_4	13,14	14,14	$\frac{(1-\theta)p_{14}}{2(1+\theta)}\left(1+\frac{2\theta+(1-\theta)p_{13}}{1+2\theta}\right)\times\frac{(\theta+(1-\theta)p_{14})(2\theta+(1-\theta)p_{14})}{(1+3\theta)(1+4\theta)}$
u_4'	14,14	13,14	$\frac{(1-\theta)p_{14}(\theta+(1-\theta)p_{14})}{4(1+\theta)(1+2\theta)}\times 2\frac{(2\theta+(1-\theta)p_{13})(2\theta+(1-\theta)p_{14})}{(1+3\theta)(1+4\theta)}$
u_5	14,14	14,14	$\frac{(1-\theta)p_{14}(\theta+(1-\theta)p_{14})}{4(1+\theta)(1+2\theta)}\times\frac{(2\theta+(1-\theta)p_{14})(3\theta+(1-\theta)p_{14})}{(1+3\theta)(1+4\theta)}$
u_6	13,13	14,14	$\frac{1}{4}\left(1+\frac{2(2\theta+(1-\theta)p_{13})}{1+\theta}+\frac{(2\theta+(1-\theta)p_{13})(3\theta+(1-\theta)p_{13})}{(1+\theta)(1+2\theta)}\right)\times\frac{(1-\theta)p_{14}(\theta+(1-\theta)p_{14})}{(1+3\theta)(1+4\theta)}$
u_6'	14,14	13,13	$\frac{(1-\theta)p_{14}(\theta+(1-\theta)p_{14})}{4(1+\theta)(1+2\theta)}\times\frac{(2\theta+(1-\theta)p_{13})(3\theta+(1-\theta)p_{13})}{(1+3\theta)(1+4\theta)}$

5.6. 完整的 *LR* 计算范例

这一节将解释基于单一供者的 DNA 分型(证据)计算一个样本的单一基因座似然比。在所给的基因座上,具有重复性的等位基因如下:$R_1=\{13\}$,$R_2=\{13,14\}$。在似然比的计算中存在如下假设:

- H_p:具有基因型 13,14 的犯罪嫌疑人,与证据有关。
- H_d:与犯罪嫌疑人无关的未知个体,与证据有关。

为了减少计算的复杂性,基因座展示了荷兰人群的 3 个等位基因——12、13 和 14,其频率分别为 p_{12}、p_{13} 和 p_{14}。插入和丢失的参数在 5.4.1 中已定义。

在 H_p 假设下：

由于 H_p 假设下没有未知的供者，基因型概率为 1。重复概率公式 5.21 和公式 5.22：

$$Pr(R_1=\{13\}\mid T=\{13,14\})=d_1(1-d_1)(1-c) \tag{5.21}$$

$$Pr(R_2=\{13,14\}\mid T=\{13,14\})=d_1(1-d_1)^2(1-c) \tag{5.22}$$

联合重复概率基于公式 5.21 和 5.22：

$$Pr(R_1,R_2\mid T)=\{13,14\}=d_1(1-d_1)^3(1-c)^2 \tag{5.23}$$

由于 H_p 假设下没有未知个体，证据的概率简化为重复概率的乘积：

$$Pr(E\mid H_p)=d_1(1-d_1)^3(1-c)^2 \tag{5.24}$$

在 H_d 假设下：

在 H_d 假设下，有一个未知个体，一个分型为 13,14 的已知无关个体（犯罪嫌疑人）。$x=1$，$T=\varnothing$，$V=\{13,14\}$。忽略证据的分型，分析的第一步需要推导出未知个体的可能基因型。在荷兰人群中，该基因座有 3 个不同的等位基因（12、13 和 14）。因此有 6 个可能的基因型：12,12；13,13；14,14；12,13；12,14 和 13,14。未知个体可能有这些基因型中的任何一种。U 集合中包括 6 种可能的基因型。表 5.11 给出了分别在 $\theta=0$ 和 $\theta\neq 0$ 的情况下 6 种基因型的概率。

表 5.11 在 H_d 条件下的基因型概率

组合		$Pr(u\mid T,V)$
u	$\theta=0$	$\theta>0$
12,12	p_{12}^2	$\frac{(1-\theta)p_{12}(\theta+(1-\theta)p_{12})}{(1+\theta)(1+2\theta)}$
13,13	p_{13}^2	$\frac{(\theta+(1-\theta)p_{13})(2\theta+(1-\theta)p_{13})}{(1+\theta)(1+2\theta)}$
14,14	p_{14}^2	$\frac{(\theta+(1-\theta)p_{14})(2\theta+(1-\theta)p_{14})}{(1+\theta)(1+2\theta)}$
12,13	$2p_{12}p_{13}$	$2\frac{(1-\theta)p_{12}(\theta+(1-\theta)p_{13})}{(1+\theta)(1+2\theta)}$
12,14	$2p_{12}p_{14}$	$2\frac{(1-\theta)p_{12}(\theta+(1-\theta)p_{14})}{(1+\theta)(1+2\theta)}$
13,14	$2p_{13}p_{14}$	$2\frac{(\theta+(1-\theta)p_{13})(\theta+(1-\theta)p_{14})}{(1+\theta)(1+2\theta)}$

下一步是针对所有可能的基因型，利用公式 5.8 和公式 5.9 推导出未知个体的重复概率。表 5.12 列出了这些可能性。

应用公式 5.5，结合表 5.11 和表 5.12，在 H_d 假设下，当 $\theta=0$ 时，证据的概率为：

$$Pr(E|H_d)=d_1'^2p_C^3p_{13}^2p_{14}\times p_{12}^2+(1-d_1')^2p_Cp_{14}(1-p_C)\times p_{13}^2$$
$$+d_1'(1-d_1')p_C^2p_{13}^2\times p_{14}^2+d_1^2(1-d_1)^2p_{14}p_C(1-p_C)\times 2p_{12}p_{13}$$
$$+d_1^3(1-d_1)p_C^2p_{13}^2\times 2p_{12}p_{14}+d_1(1-d_1)^3(1-p_C)^2\times 2p_{13}p_{14}$$

通过计算概率的比计算得出 LR：

$$LR=d_1(1-d_1)^3(1-p_C)^2/[d_1'^2p_C^3p_{13}^2p_{14}\times p_{12}^2+(1-d_1')^2p_Cp_{14}(1-p_C)\times p_{13}^2$$
$$+d_1'(1-d_1')p_C^2p_{13}^2\times p_{14}^2+d_1^2(1-d_1)^2p_{14}p_C(1-p_C)\times 2p_{12}p_{13}$$
$$+d_1^3(1-d_1)p_C^2p_{13}^2\times 2p_{12}p_{14}+d_1(1-d_1)^3(1-p_C)^2\times 2p_{13}p_{14}] \quad (5.25)$$

表 5.12 在 $g=u$ 条件下，未知基因型的重复概率。假设只有一个供者时，杂合子和纯合子的等位基因丢失频率分别为 d_1 和 d_1'

g	$Pr(R_1=\{13\}\|g)$	$Pr(R_2=\{13,14\}\|g)$	$Pr(R_1,R_2\|g)$
12,12	$d_1'p_Cp_{13}$	$d_1'p_C^2p_{13}p_{14}$	$d_1'^2p_C^3p_{13}^2p_{14}$
13,13	$(1-d_1')(1-p_C)$	$(1-d_1')p_Cp_{14}$	$(1-d_1')p_Cp_{14}(1-p_C)$
14,14	$d_1'p_Cp_{13}$	$(1-d_1')p_Cp_{13}$	$d_1'(1-d_1')p_C^2p_{13}^2$
12,13	$d_1(1-d_1)(1-p_C)$	$d_1(1-d_1)p_{14}p_C$	$d_1^2(1-d_1)^2p_{14}p_C(1-p_C)$
12,14	$d_1^2p_Cp_{13}$	$d_1(1-d_1)p_Cp_{13}$	$d_1^3(1-d_1)(p_Cp_{13})^2$
13,14	$d_1(1-d_1)(1-p_C)$	$(1-d_1)^2(1-p_C)$	$d_1^2(1-d_1)^3(1-p_C)^2$

5.7. 总结

本章结合前面所讨论的概念来解释并开发了 *LRmix* 模型。*LRmix* 是一个将丢失、插入以及不同数量的供者考虑在内的定性分析模型。然而，它并没有明确地体现等位基因的峰高，影子峰或者降解程度这些定量（连续）模型中保留的内容。这些将在之后的章节讨论。下面总结了本章涉及的主要概念：

1. *LRmix* 模型基于似然比公式。
2. 模型可以通过分析联合概率对重复的 DNA 分型进行解析。
3. 丢失是指由于 DNA 质量或数量过低未能在犯罪样本的分型中检出的等位基因。插入由于外源性 DNA“污染”导致，被认为是独立事件。我们通过列举了一系列概率学例子来定义插入和丢失。
4. 使用 θ 校正来计算人口亚结构，该方法通过举例进行证明。
5. 列举了包括关联性分析在内的似然比计算的范例。

注释

1. http://forensim.r-forge.r-project.org/。
2. 请注意，基因型中的等位基因的顺序并不重要，因此基因型 *ab* 等效于基因型 *ba*。

3. 请注意，由于每个未知供者具有不同的混合比例参数，因此无法实现对模型的定量。
4. 公式都是根据（组合）基因型载体 u 及每个等位基因推导出来的。
5. 只有当 $\theta>0$ 时，z 才具有重要性。
6. 此外，在这种情况下，t_{rel} 不是 V 中的唯一元素。

（方晨　程凤 译）

第 6 章
定性（半连续）模型：*LRmix Studio*

我们将前一章介绍的方法编入了两个软件包，并将其源代码开放。Hinda Haned 发布了 R 软件 *forensim* 第一个版本 http://forensim.r-forge.r-project.org/。之后 Hinda Haned 和 Jeroen de Jong（NFI）进一步加强了该软件包。该软件被命名为 *LRmix Studio*，它是用 Java 编写的，具有友好的、操作方便的界面。这是一个定性模型，它虽未直接考虑峰高值或影子峰，但它间接地模拟了重要的现象，如等位基因的丢失和插入。这个软件不仅免费，且资源开放，可从 https://github.com/smartrank/lrmixstudio.git 下载。

6.1. 当次要供者作为证据时，主/次供者的混合 DNA 的解释

第 2.3 节讨论了对主次峰图谱的解释，该过程用手工分析是可能完成的。但是过程很长，且很难避免人工计算错误。这里扩展了这个方法，引入前面章节描述的等位基因丢失和插入（第 4.2 节）原理，进而替代了使用经验的指导方针。因此，整个过程实现了自动化。数据分析必须放在案件情况的背景下来建立控方和辩方提出的假设。分析所需的数据在该书网站的“Major_minor”文件夹中。

6.1.1 案件情况

一名妇女被人用刀刺死，且在犯罪现场找到了这把刀。该刀被确认为凶器，并从刀柄上获得了 DNA 图谱。根据目击证人的描述，警方逮捕了一名犯罪嫌疑人并从他身上获得了对照样本。在这个阶段，有必要制定一个假设（一旦 DNA 分析结果已知，可能需要改变假设）。预判到该刀上会出现受害者 DNA，刀柄上可能有犯罪嫌疑人 DNA。

生成的电泳图谱如图 6.1 所示，并按照用户手册 https://github.com/smartrank/lrmixstudio/blob/master/docs/manual/manual.pdf 的描述将数据加载到 *LRmix Studio*。

6.1.2 探索性数据分析

在计算之前，很容易查看等位基因数据。数据一旦导入分析系统，就在工具栏的分型汇总（profile summary）选项卡下显示的选择框内进行比较（图 6.2）。

分析结果表明在犯罪斑迹的每个基因座上最多可观察到 4 个等位基因，使用第 1.7.2 节和公式 1.6 介绍的计算方法，这表明是一个简单的两个个体的混合样本。犯罪样本中包含受害者的所有等位基因；现场斑迹中 D2S1338、TH01 和 FGA 基因座仅检出部分等位基因，控方假设认为，在上述基因座上发生了等位基因丢失。

6.1.3 假设

考虑到带血刀具是在犯罪现场发现的，且被认定为是凶器，我们推测受害者的 DNA 会在刀上出现。因此，两个可选假设是基于这个条件，控方主张犯罪嫌疑人是样本的供者，而辩方主张供者为未知名个体。

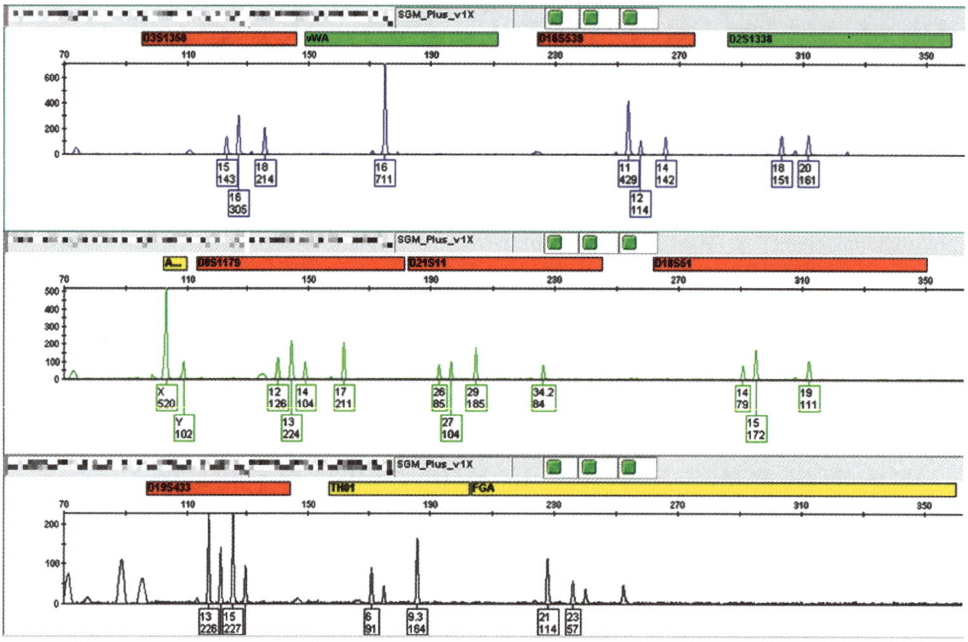

图 6. 1 案例电泳图谱

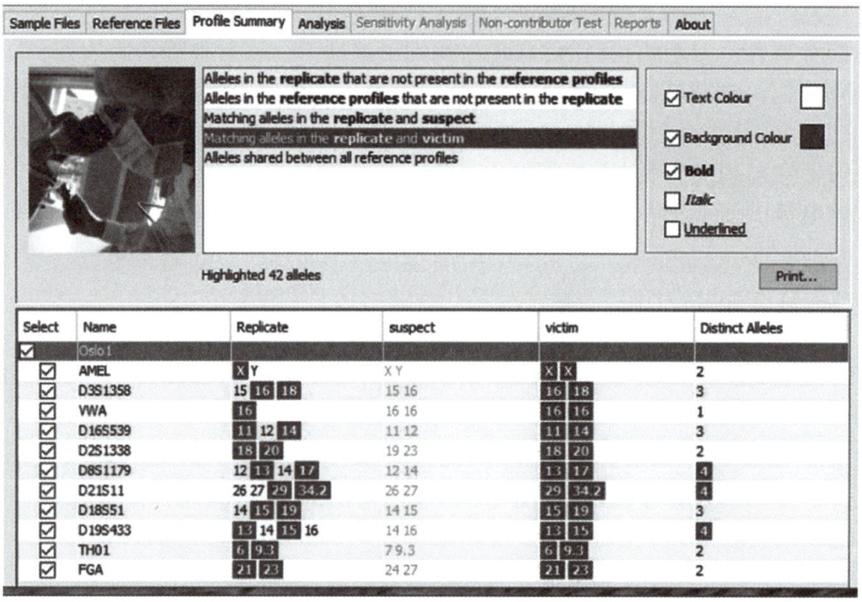

(A) 受害者

图 6. 2 来自 *LRmix Studio* 的混合样本分型汇总截图。受害者、犯罪嫌疑人与现场斑迹(重复样本)的比对

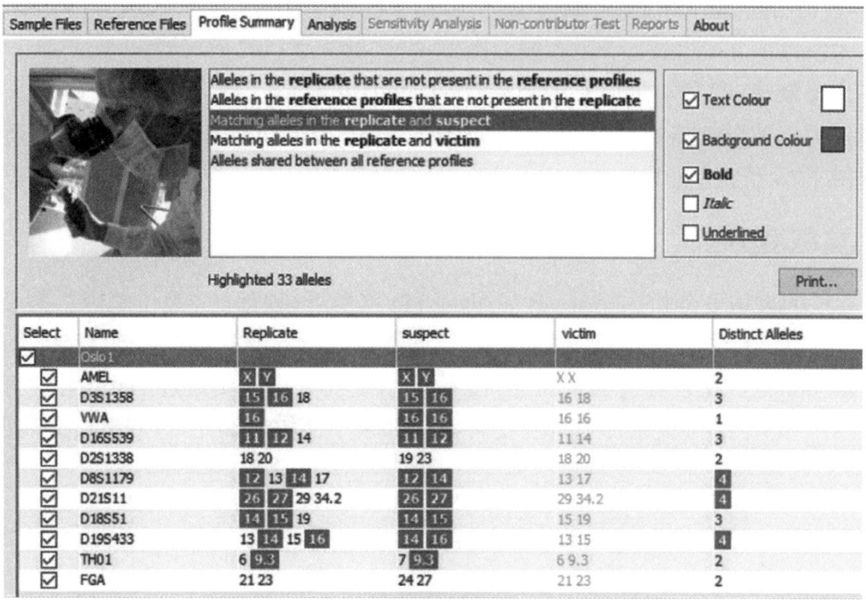

(B) 犯罪嫌疑人

图 6.2(续)

证据的强度取决于对下列两个可选假设的考虑。

H_p:DNA 是受害者与犯罪嫌疑人的混合。

H_d:DNA 是受害者与未知名个体的混合。

在 *LRmix Studio* 工具栏的分析(Analysis)选项卡下通过勾选方框来设置假设。在每个假设下都可设置未知供者的数量(图 6.3)。在第 5.4.1 节中定义的等位基因丢失概率(drop-out probability)是指每个供者等位基因丢失概率参数(d_k),需要注意的是,在一个具体的假设中,未知供者采用相同的等位基因丢失概率参数。暂时忽略等位基因丢失概率值。

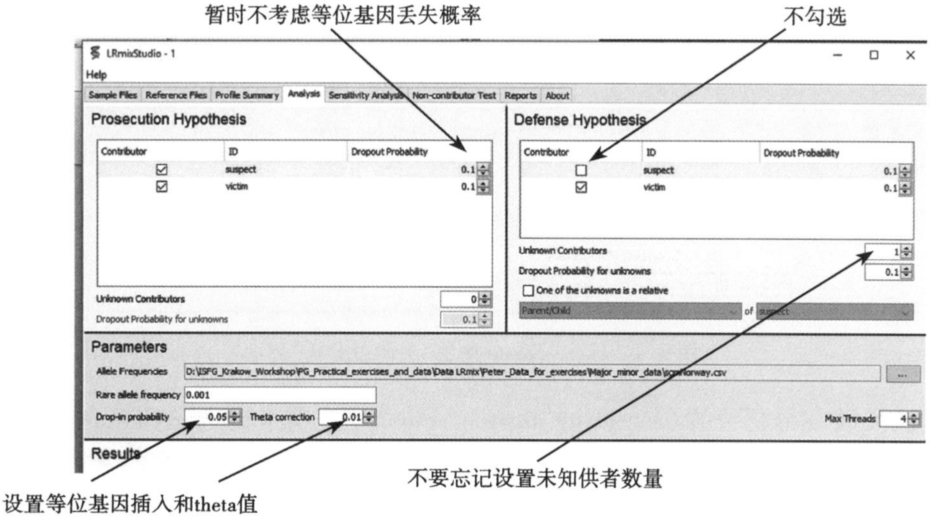

图 6.3　*LRmix Studio* 中的“分析”界面

在“参数(parameters)”部分,输入以下数据:

1. 点击“alleles frequencies”栏右侧的浏览按钮,输入文件位置。
2. 提供了默认的“稀有等位基因频率(rare allele frequency)”(本例为0.001)。
3. 通过数据或默认值提供了“等位基因插入概率(drop-in probability)”(本例为0.05)。
4. 提供了“θ 校正值(theta correction)”(本例为0.01)。

6.1.4 灵敏度分析

在工具栏的灵敏度分析(sensitivity analysis)选项卡下,顶部的“等位基因丢失变量(vary drop-out)”勾选框可选“犯罪嫌疑人(suspect)”“受害者(victim)”和“未知供者(defence unknown contributors)。受害者选项未勾选(图6.4),因为a)在犯罪斑迹中包含受害者的全部分型;b)在 H_p 和 H_d 的假设条件下均有受害者。如果不能同时满足a)和b),则需要勾选该勾选框。

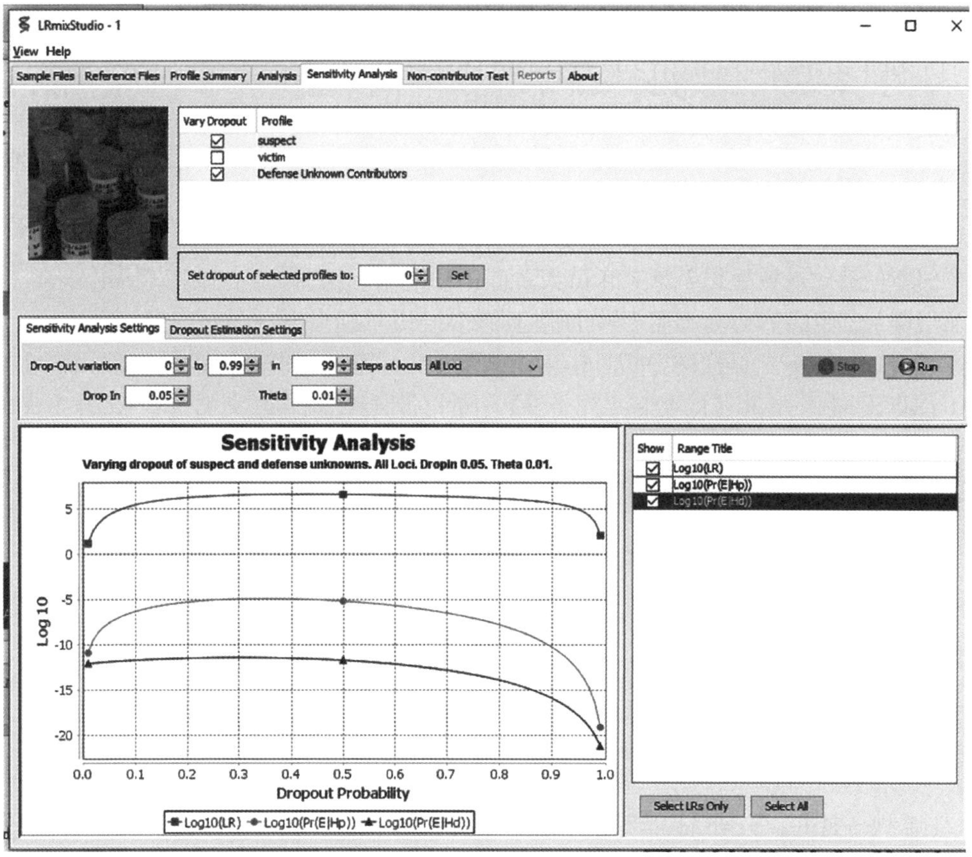

图6.4 *LRmix Studio* 中的“灵敏度分析”界面

确认灵敏度分析设置(sensitivity analysis settings)选项卡内的选项已选择后,点击“Run'”按钮。对于被勾选的供者(这里指犯罪嫌疑人和未知名供者),该模型引入了一个等位基因丢失概率参数 d。x 轴上,d 值以0.01的步幅在0和1之间变化,因为在丢失变量部分,未对受害者进行勾选。受害者的丢失概率参数均等于0(即:在 H_p 条件下,$d_2=0$;在 H_d 条件下,$d_1=0$)。根据丢失概率参数 d 值的取值范围,计算出了 $\log_{10}LR$ 值(图6.4),并可选

择绘制出相应的 $\log_{10}Pr(E|H_p)$ 和 $\log_{10}Pr(E|H_d)$ 曲线。

下一步是估计丢失概率的可信区间,也就是寻找共同的丢失概率参数 d 的可信值。

6.1.5　采用经验方法计算等位基因丢失标准

Gill 等[124]认为,对于低模板 DNA,在没有降解的情况下,可合理假定等位基因丢失的概率与基因座无关。要注意的是,如果发生了显著的降解,则大分子量基因座更易受到影响。利用现代复合扩增条件,生物化学/检测系统可分辨 PCR 产物中一个单拷贝的 DNA[195]。基于 d 在所有基因座都是常数的假设,我们提供了一种在早期模型(*LoComatioN*)中使用的方法,通过模拟来估计 d 值[65]。下面的方法在附录 B.3.3.2 中也有进一步的公式演示。

对于一个具体的假设,我们认为供者数量 K 和等位基因插入概率 p_C 是预先确定的。这里假设 K 个供者中的 U 是代表未知名供者。假设等位基因丢失概率等于 d,模拟的目的是估计在 L 个基因座共观察到 x 个等位基因的概率。也就是说,我们希望估计 $Pr(x|d,p_C,K)$。假设 p_C 和 K 都是常数,公式就变为 $Pr(x|d)$。此外,根据观察到的 x,$Pr(d|x)$,我们将使用这个分布来提供 d 的分布。

模拟包含以下几个步骤:

1. 指定 d 值。
2. 生成 1 000 个随机 U 的 DNA 图谱,并与已知供者结合来获得 1 000 个 K 的分型。
3. 采用已选择的等位基因丢失概率 d 值,使 1 000 个 K 的分型发生随机的等位基因丢失。
4. 使用概率 p_C 生成等位基因插入(从群体频率数据中提取具体的等位基因)。
5. 最终建立了 1 000 个混合分型。
6. 计算所有等位基因的总数,γ 代表每个生成的分型。
7. 计算模拟次数(>1 000),其中 $\gamma=x$ 个等位基因(与观察到的相同)。
8. 使用下一个 d 值重复步骤 1~7。

根据每个给定的 d 值,从 1 000 次重复中通过计算 x 情况的数量来估计 $Pr(x|d)$。

该过程在图 6.5 有详细说明:在有 3 个供者的情况下,从犯罪斑迹证据中观察到 33 个等位基因。犯罪嫌疑人和受害者的分型都是已知的,等位基因丢失概率参数和未知供者均为未知。

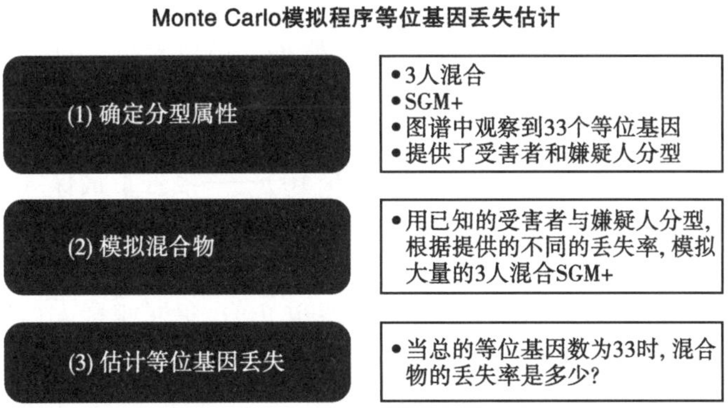
Monte Carlo模拟程序等位基因丢失估计
(1) 确定分型属性
•3人混合
•SGM+
•图谱中观察到33个等位基因
•提供了受害者和嫌疑人分型
(2) 模拟混合物
•用已知的受害者与嫌疑人分型,根据提供的不同的丢失率,模拟大量的3人混合SGM+
(3) 估计等位基因丢失
•当总的等位基因数为33时,混合物的丢失率是多少?

图 6.5　模拟过程示意图。没有等位基因丢失的情况下,进行了 1 000 次的模拟,生成了 3 人混合样本。对于每一个模拟分型图谱,等位基因丢失率都在 0 与 0.99 之间以 0.01 的步幅变化,每一步都记录了新获得的等位基因数量(x)的分布

第一步,不考虑等位基因丢失($d=0$),随机生成 1 000 个 DNA 图谱,并计算每次模拟观察到的总等位基因数。结果用密度直方图表示,见图 6.6。

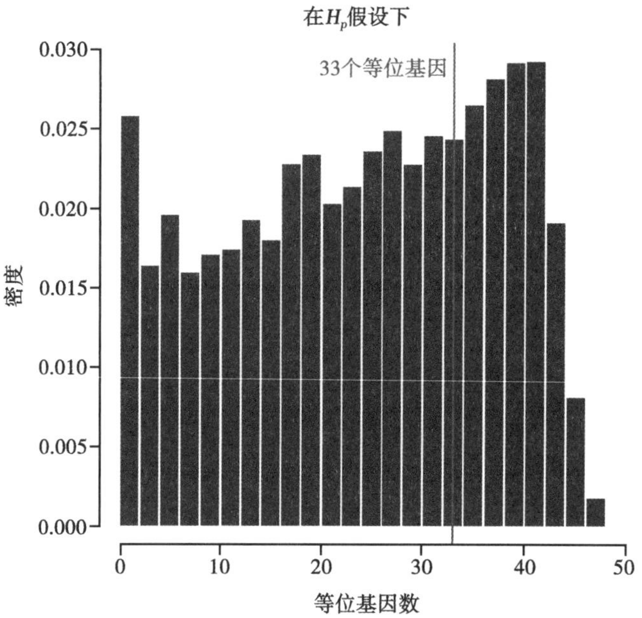

图 6.6 未采用等位基因丢失,绘制的 1 000 次模拟产生的等位基因数的分布

此外,以 0.01 的步幅从 0.01~0.99 的范围内选择一个丢失值(drop-out value)d。对于一个已选择的给定的 d 值,随机生成的 1 000 个图谱中,每个分型中的等位基因都按照 d 的概率被随机剔除。同样,每个分型图谱中的每个基因座,等位基因都会以概率 p_C 随机抽取出来,并可能被添加到相应的图谱中。最后,根据在模拟中使用的每一个 d 值,绘制出 33 个等位基因的分布,并提供 $Pr(d|x=33)$。从分布中可以计算出第 5 和第 95 百分位,并报告最保守的 *LR* 值(图 6.7)。在 H_d 条件中,重复这个过程。

在文献[65]描述的另一个案例(图 6.8)中,测试了变量 K 的作用。采用两种不同的条件($K=2$ 或 $K=3$)对 32 个等位基因分型的等位基因丢失概率进行模拟。因为当 3 个供者时,可预测到更多的等位基因,这使得等位基因丢失分布图向右偏移。也就是说,可能会观察到更多的等位基因丢失。“可信区间”是由 $F(d|x=32)$ 分布图的第 5~95 百分位来定义的。2 个人时,$F(d|x=32)=0.95$ 对应的 $d=0.16$,3 个人时,$d=0.37$;*LRmix Studio* 软件计算了 $F(d|x=32)=0.95$ 和 0.05 时相对应的似然比,并给出了最保守的数值(图 6.9)。

在辩方和控方假设下分别进行了模拟(图 6.10)——报告了最保守的 *LR* 值(本例中 $d=0.03$)。为了进行下一步的计算,在灵敏度分析界面中,“设置所选分型的等位基因丢失概率(Set dropout of selected profiles to)”选项中该值显示为 0.03(图 6.9)。点击“Set”按键,切换到“Analysis”界面。等位基因丢失概率参数 d 值,犯罪嫌疑人(H_p)和未知名供者(H_d)选项中如图 6.11 所示自动填充。点击“Run”按键,获得单个基因座 *LR* 值列表及总的 *LR* 值。注意:示例中的 3 个基因座(D2S1338、TH01 和 FGA)的最低 *LR* 值均<0.1。复核分型发现,在 H_p 假设条件下,这 3 个基因座均有等位基因的丢失。然而,总的 $LR=3\ 005$ 支持控方假设,即混合样本是来自犯罪嫌疑人和受害人的 DNA(通常做法是四舍五入,因此 $LR=3\ 000$ 才会被报告)。

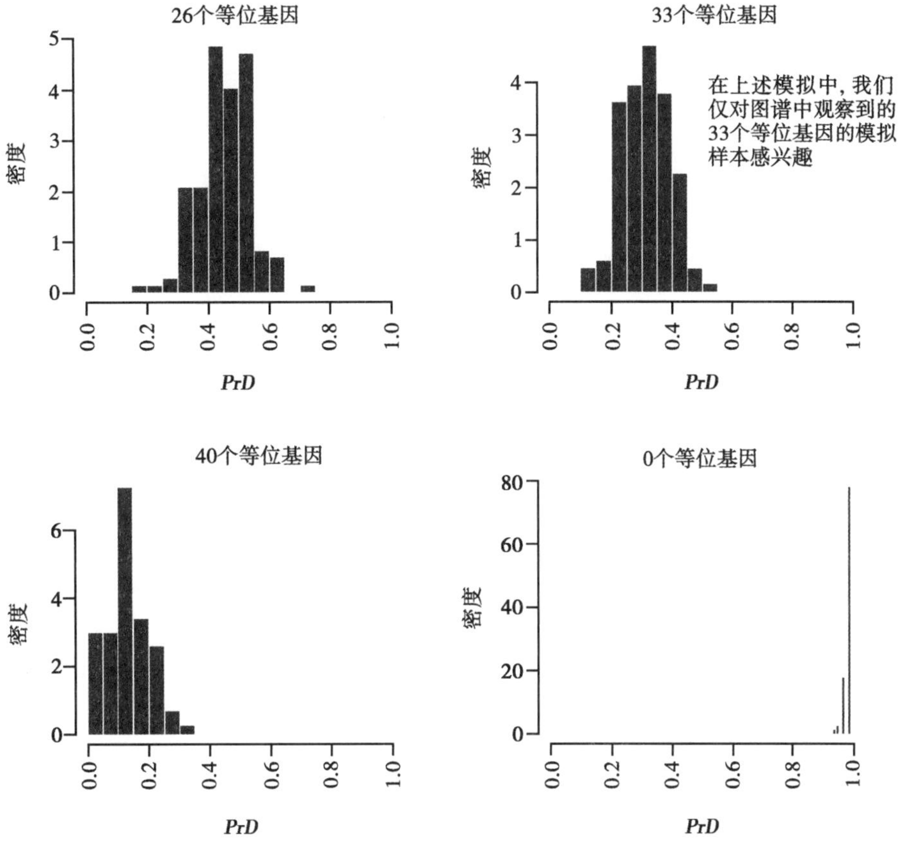

图 6.7　一旦用每一个 d 值完成了模拟，就可生成密度直方图。上图展示了 $x=26$、33、40 和 0 时的 $Pr(d|x)$ 分布的例子。我们感兴趣的是 $x=33$ 的分布，因为它代表了电泳图谱中观察到的 33 个等位基因。值得注意的是，x 的值越大，分布越向左移动，这表明 d 的合理范围在缩小(等位基因数越少，等位基因丢失水平就越高，这必须靠 x 和 K 来解释)

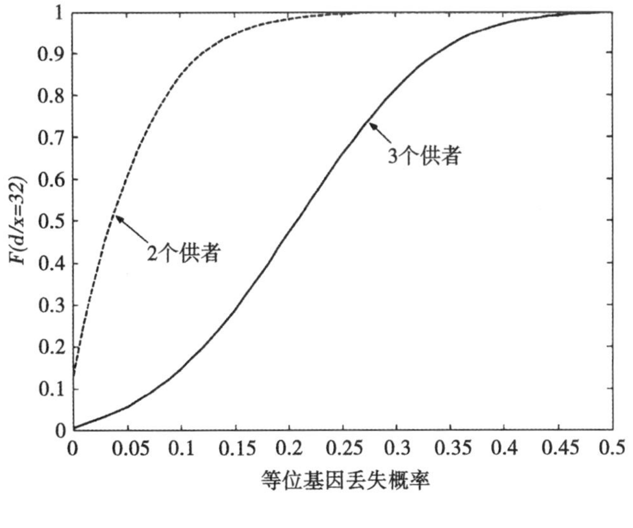

图 6.8　32 个等位基因分型 $F(d|x=32)$ 的累计分布函数(cumulative distribution function, cdf)。实线代表的是假定混合样本是 3 个供者的 d 值的累计分布函数，而虚线代表的是假定混合样本是 2 个供者的 d 值的累计分布函数。y 轴告诉我们：概率相同时，对应的 x 轴上的 d 值更小。例如，如果从 x 轴上 0.16 处画 1 条垂线，再从垂线与虚线相交点处画 1 条水平线，该水平线交于 y 轴的 0.95 处。我们将其解释为，假设该混合样本只有 2 个人，我们有 95% 的把握相信真实的 d 值小于 0.16。该图是经 Elsevier 许可，转载自文献[65]

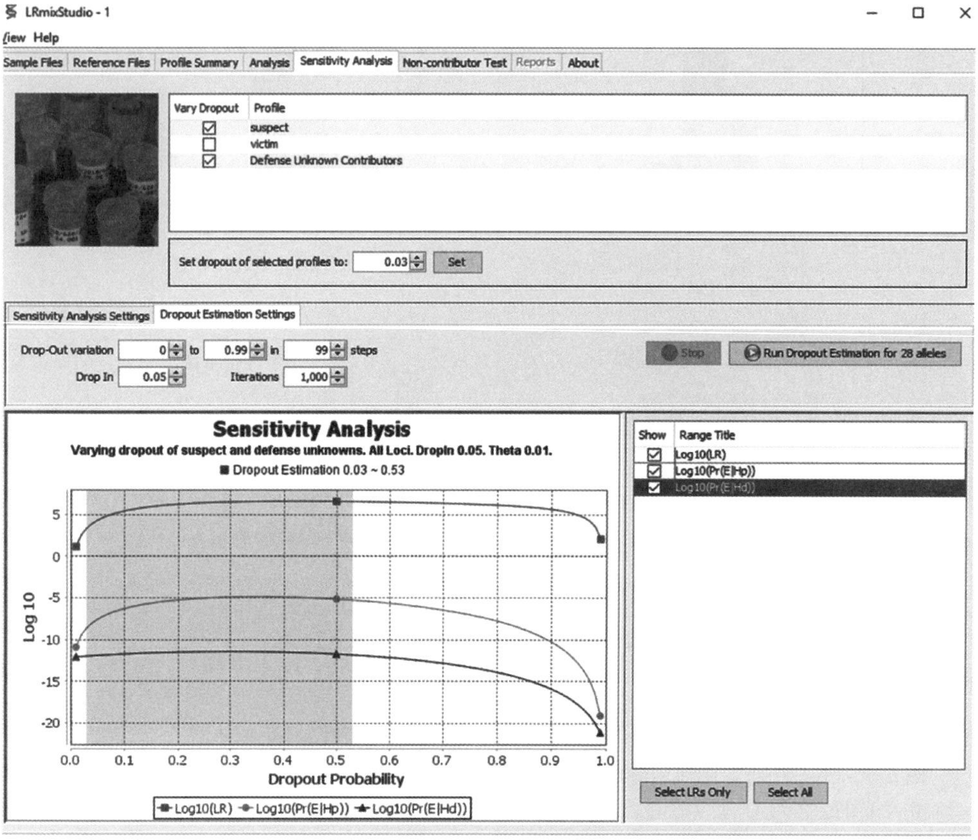

图6.9 *LRmix Studio* 中的“灵敏度分析”界面

	等位基因丢失概率	
假设	最小(5%)	最大(95%)
控方	0.09	0.53
辩方	0.03	0.52
总体	0.03	0.53

图6.10 来自 *LRmix Studio* 的报告。展示了等位基因丢失最小概率(5%)和最大概率(95%)时,等位基因丢失灵敏度的模拟结果

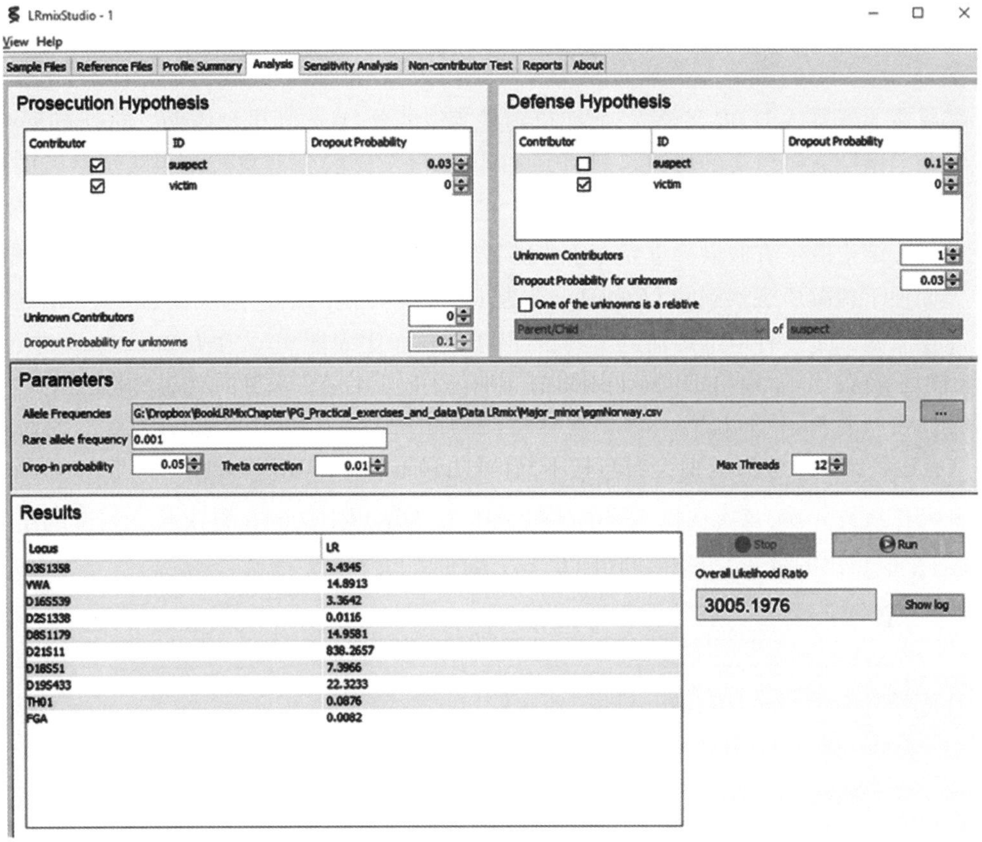

图 6.11 假设检验、等位基因丢失和插入概率以及每个基因座和总的 *LR* 值结果的完整分析展示

6.1.6 非供者参与分析

Gill 和 Haned[224] 提出使用非供者测试来研究个案具体 *LR* 的稳健性。这些测试是基于“Tippett 测试”,最初由 Colin Tippett 用来分析汽车上的假冒油漆[225],并由 Evett 和 Weir 推广[226,213-215]。后来 Gill 等将该测试引入到针对每个具体案例的 DNA 分析中。该检验被用作分析误导性证据有利于控方的可能性。这个想法是用一些随机分型来代替被质疑的供者(POI),也就是犯罪嫌疑人的分型,并重新计算每一个随机分型的似然比。由两个供者组成的一个简单的 *LR* 计算如下,这里 S 代表被质疑的供者(犯罪嫌疑人),分子和分母中的 V 代表受害者,U 代表分母中的无关个体:

$$LR=\frac{Pr(Evidence\mid S+V)}{Pr(Evidence\mid U+V)} \tag{6.1}$$

在非供者测试中,S 由 n 个随机个体分型($R_{1\ldots n}$)来代替,其中 n 通常是一个≥1 000 的数字,下面给出了辩方假设为真时的随机个体 LR_S 的分布:

$$LR_n=\frac{Pr(Evidence\mid R_n+V)}{Pr(Evidence\mid U+V)} \tag{6.2}$$

一旦公布了非供者的分布,就可以提供一些有用的统计信息:

- 分位数测量,即中位数和第 99 百分位数;
- p 值。

如果犯罪嫌疑人的 *LR* 足够大,便能很容易实现区分,且与随机个体 LR_S 的分布无重叠,可支持犯罪嫌疑人是供者的假设。然而,如果用随机个体的分型来代替犯罪嫌疑人的分型得到的 LR_S 与观察到的 *LR* 数量级相同,那么犯罪嫌疑人分型数据与随机个体没有区别,这时支持排除结论的辩方假设。重点在于非供者测试是一种诊断测试,一方面辅助结果解释,另一方面便于理解所观察到的 *LR* 的任一限制。

非供者测试是一种可选的辅助工具,有助于理解个案效能[68]。在 *LRmix Studio* 中,切换至"非供者测试(non-contributor test)"界面,可执行这个测试。参数和假设均默认来自分析选项卡中对应的数值,非供者测试包含计算模拟随机个体分型替代相关人员分型所获得的 *LR*。

此操作执行 n 次,每次选择不同的随机个体,n 为用户定义的重复次数。测试的结果为 $n(\log_{10})$ 个似然比的分布,用条形图(图 6.12)表述如下:

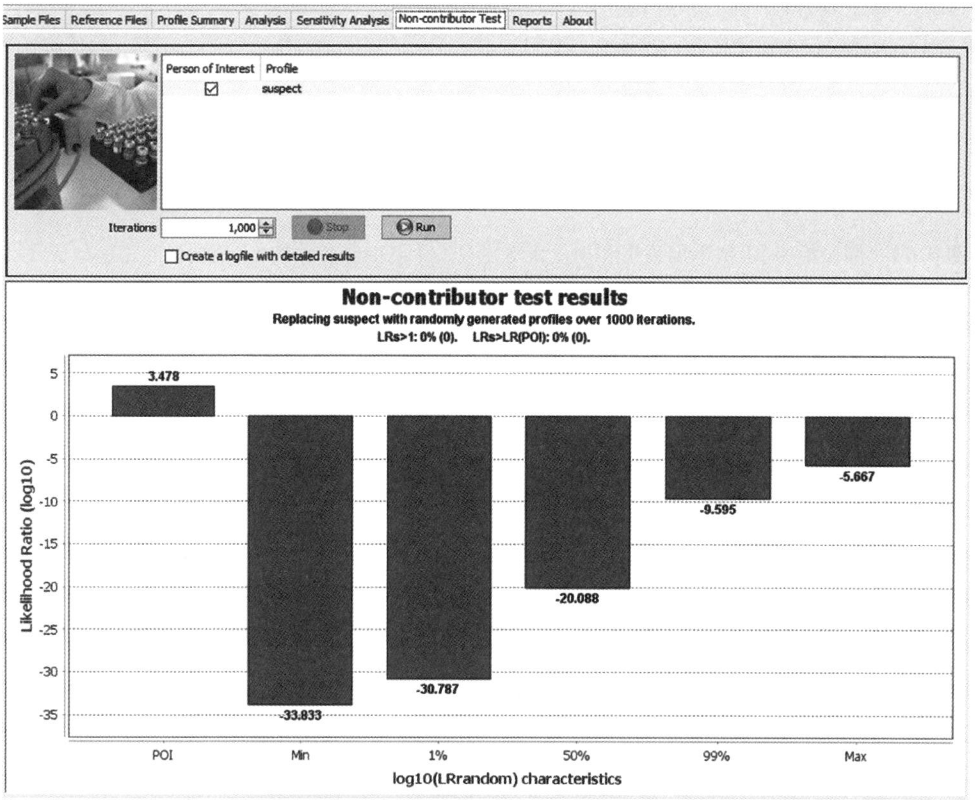

图 6.12 显示百分位结果的非供者测试

依据利害关系人所获得的个案 $\log_{10}LR$,用红色显示;

所得到的分布的最小值、最大值、第 1 百分位、第 50 百分位和第 99 百分位用灰色显示。

如案例所示,观察到的 $\log_{10}LR$ 最大值为 -5.667,第 99 百分位为 -9.595,中位数为

−20.088。这些值远低于观察到的个案 $\log_{10}LR=3.478$,这让人相信该模型是稳定可靠的,因为它明显地将具有排除性的低 *LR* 分配给随机个体。

框 6.1　对于非供者测试,理想的样本大小是多少?

假阳性匹配的风险随着被测供者数量的增加而增加。有多少 $LR>=z$ 的情况可以用 $Pr(LR>z|H_d)<1/z$[227] 来表示。换句话说,我们不希望看到超过 N/z 次机会匹配,其中 N 代表非供者测试的数量。在这个例子中,$LR=3\ 000$ 意味着在 3 000 个非供者的样本中,我们可能期望找到一个个体,该个体的 *LR* 与嫌疑人 *LR* 的数量级相同。如果我们发现更多个体,那么我们可以得出模型不稳健的结论。因此,在执行非供者测试时,通过评估 *z* 个非供者来检验 $Pr(LR>z|H_d)<1/z$ 的关系是有用的。本例中,当 3 000 个非供者被测试时,最高 $\log_{10}LR=-4$。该方法的局限性在于执行计算所花费的时间,例如,对于 $LR=1bn$ 是不现实的,但执行 100 万次模拟是有可能的,这大约需要 10 分钟。如果测试的非供者数量足够多,将观察到可能超过观察值的假阳性 LR_S。这对参考数据库搜索是有影响的,后者将在第 11 章中讨论。

6.1.7　如何在陈述书中使用 *LR*

要准备一份法庭陈述书,可采用下列格式:

协议声明

根据我的同事——伯明翰实验室的 Thomas 先生——提供的信息,我知道在死者 Jones 女士的公寓里发现了一把刀,在公寓里找到这把刀之后,对刀柄进行了检测,最终获得一份混合 DNA。这个 DNA 可能来自 Jones 女士和 Smith 先生。

陈述条件

我的解释和结论是基于在这次检验中所获得的信息。如果这个信息发生变化,我将需要重新评估考虑过的假设。这种重新评估在未进行任何庭审之前进行会更有效[2]。

目的

确定是否有证据支持刀柄上的 DNA 是来自 Smith 先生的假设。特别是解释在这个案例中获得的 DNA 分析结果。

结果的陈述

根据从刀柄上获得的 STR 分型,以及来自 Smith 先生和 Jones 女士的口腔比对样本,这是一份两个人的混合 DNA。我已经将这份 DNA 与 Smith 先生和 Jones 女士的比对样本进行了比较。

建立选择假设

为了评估上述结果的重要性,我考虑了两种假设:

(a) 样本的供者为 Smith 先生和 Jones 女士;

(b) 样本的供者为 Jones 女士与一名与他们任何一人无关的未知名个体。

考虑替代假设

如果第一个假设(a)为真,证据的可能性是(b)所描述的替代假设的 3 000 倍。

如果已经执行非供者测试,那么可帮助理解下列的可选附加内容:

似然比已经做过性能测试。为了做到这一点,我们每次用一个不同的随机无关个体代替 Smith 先生并计算似然比,这一过程共重复了 1 000 次。当进行这个步骤时,观察到的最大似然比小于 0.000 01。

注释:永远不要使用这样的陈述:"DNA 来自 Smith 先生和 Jones 女士的可能性是…的 3 000 倍",这是一个控方谬误。为了防止这种情况发生,我们必须始终包含条件语句:使用"如果"这个词来描述一个似然比来避免这种陷阱。

下一个案例采用图例说明了非供者测试在用作解释证据的模型是否稳定方面的作用。

6.2. 有两名犯罪嫌疑人的案例

6.2.1 案件情况

一名女性受害者被性侵。S_1 和 S_2 两名犯罪嫌疑人被逮捕并被指控为强奸犯。证据是从受害者暴露的皮肤上提取的棉签拭子,该区域被多次撞击并有擦伤。电泳图谱表明这是至少 3 个人的混合样本。已从 3 名相关个体提取了用于比对的样本。

6.2.2 探索性数据分析

由于每个基因座有多个等位基因,且这些等位基因属于分析阈值(AT)和随机阈值(T)之间的低模板区的范围,所以该电泳图谱(EPG)被归类为 3 人或 3 人以上个体混合的低模板(图 6.13)。虽然整体分型较好,但预估可能会出现等位基因丢失。

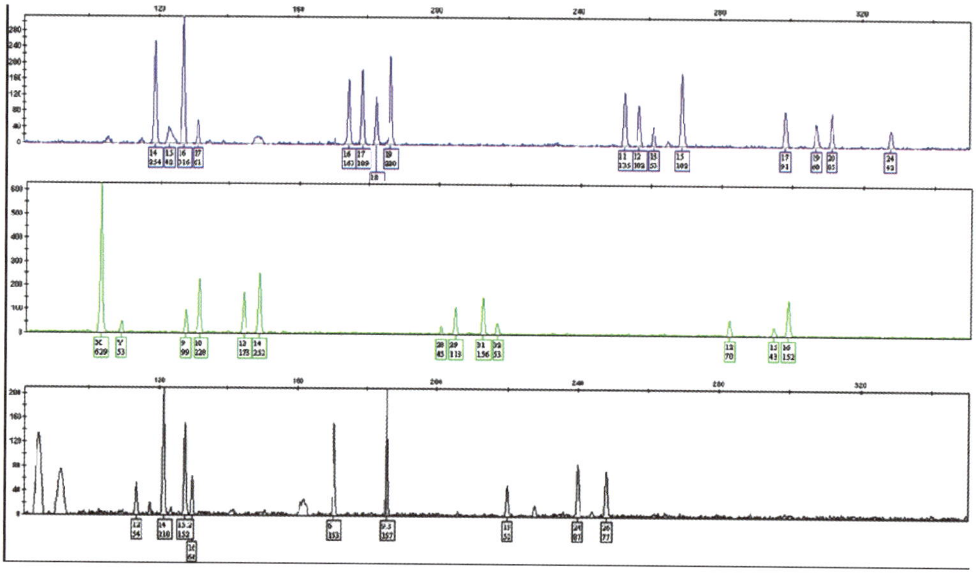

图 6.13 两个犯罪嫌疑人案例电泳图谱。经 Elsevier 许可,转载自文献[224]

从案例情景中设定初始假设为:

H_p:证据是 S_1、S_2 和 V 的混合样本。

H_d:证据是两个未知个体和 V 的混合样本。

6.2.3　供者的最小数量

如果 H_p 为真,那么 3 个个体都出现了等位基因丢失(图 6.14)。出现等位基因丢失最多的是 S_2,其中 5 个基因座只有部分分型,且 D21S11 基因座全部丢失。V 只有在 D2S1338 基因座丢失了一个等位基因。如果同一个基因座的等位基因不超过 4 个,那么表明在 H_d 假设下是 2 人混合的。然而,在 H_p 假设下,我们必须考虑在比对样本中观察到,但在犯罪样本中未观察到的等位基因。例如:基因座 D21S11,观察到 3 个等位基因 29,31,32。S_1 是 28,32;S_2 是 30,30,受害者是 29,31。合并的比对样本以及犯罪样本中应共有 5 个不同的等位基因:28、29、30、31、32,但 S_1 和 S_2 中方框突出显示的等位基因在犯罪样本中没有观察到。在 H_p 条件下,比对样本中额外的等位基因只能解释为在现场斑迹样本中是否已发生丢失。因为比对样本中共有 5 个等位基因,这要求有包含受害者在内的 3 个供者。

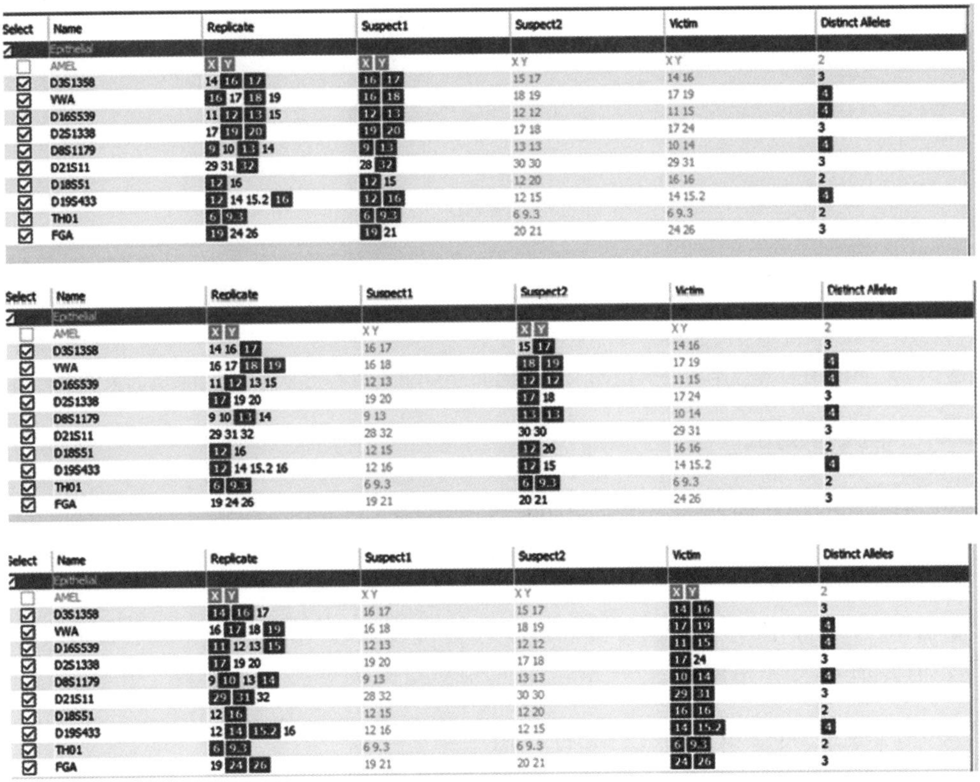

图 6.14　犯罪嫌疑人 1、犯罪嫌疑人 2 和受害者与重复样本等位基因匹配概述

在 H_p 条件下,当两个犯罪嫌疑人被添加到数据中,D19S433 和 FGA 基因座均应有 5 个等位基因。严格地说,在辩方假设下,我们仅能引入两个供者。但是我们处于探索性模式,因此我们假定每个假设都有 3 个供者。灵敏度分析如图 6.15 所示,因为在受害者分型中观

察到等位基因丢失,所以丢失勾选框被标记。所有供者和基因座的等位基因丢失保守估计是0.15,这个值被插入到图6.16的分析页面中。LR=24 000,这似乎是支持犯罪斑迹供者是S_1、S_2和V而不是受害者与两个未知的无关个体的有力证据。

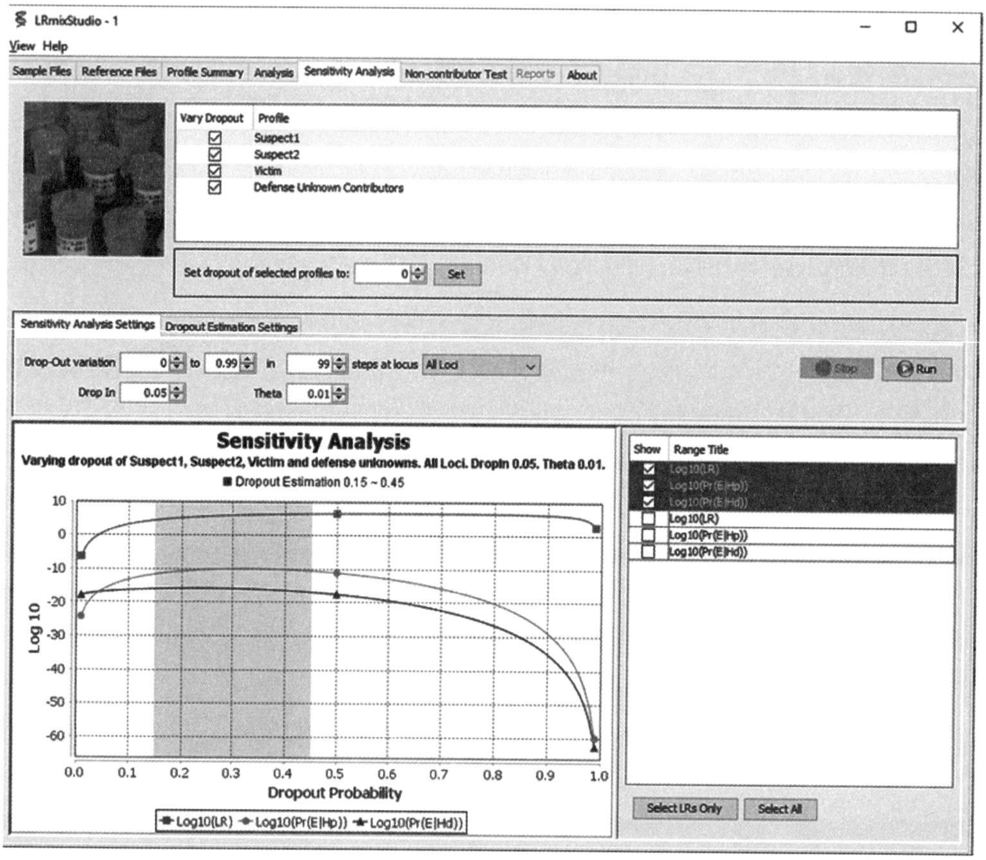

图6.15 用来评估等位基因丢失范围及对应的保守LR的"两名犯罪嫌疑人"案例的灵敏度分析

6.2.4 非供者测试

下一步是执行非供者测试。在这个案例中,在H_p假设条件下有两个犯罪嫌疑人。因此,分别对S_1和S_2进行两种不同的供者测试(图6.17)。

分析表明,将24 000个随机个体代入S_1,得到$\log_{10}LR_{max}=-4.2$,因此该模型相对于S_1来说是稳健的。然而,对于S_2,非供者给出的第99百分位数的$\log_{10}LR_{max}=7$。这表明该模型对于S_2没有鉴别力,如果根据联合LR来起诉他,显然是错误的。

6.2.5 假设的确立及探索性数据分析

这个例子说明了假设的确立必须遵循Gill and Haned所描述的指导原则[224]。似然比,顾名思义,它比较的是两个备选的假设。这并不意味着两者都是正确的。事实上,在这个例子中,两者都不是真的。一个假设比另一个假设为真的可能性更高,并不代表着这个假设为真。

使用非供者测试探索数据可以得出这样的结论:供者S_2对似然比的贡献是中性的。

下一步是执行探索性数据分析,确定分析不同假设组合的效果。

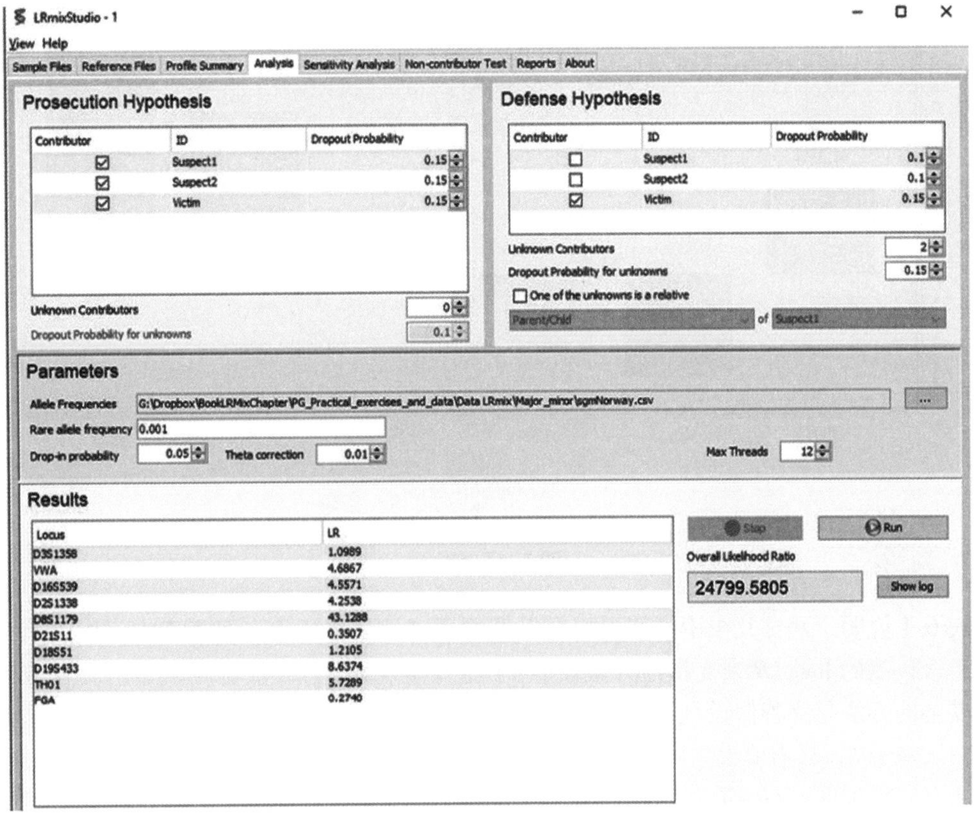

图 6. 16　两名犯罪嫌疑人案例的分析及 *LR* 的计算

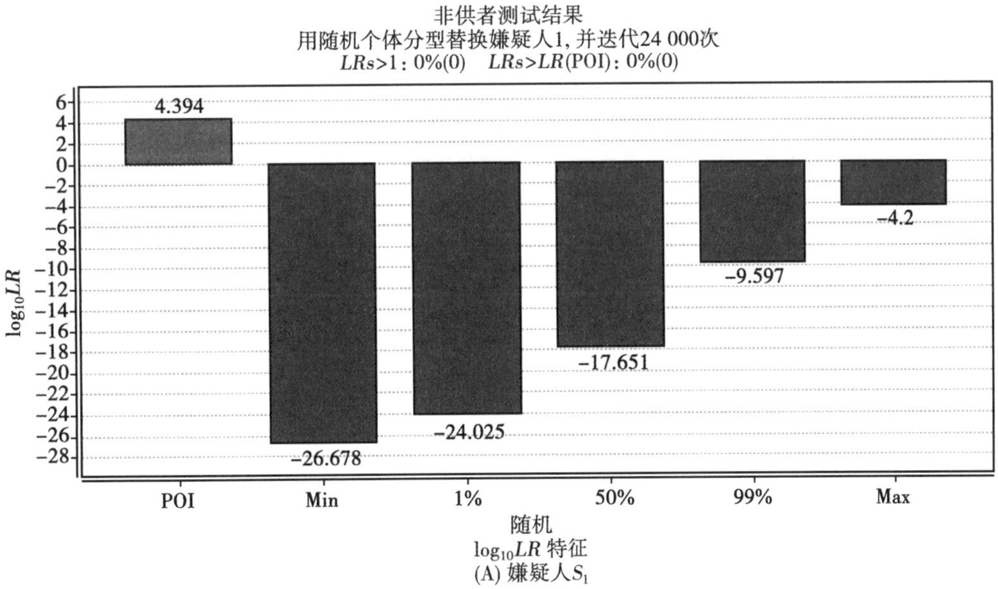

图 6. 17　S_1 和 S_2 的非供者测试分析。尽管该模型对 S_1 是有鉴别力的，但随机个体对 S_2 获得的 *LR* 值表明：所使用的模型对这个人没有提供信息

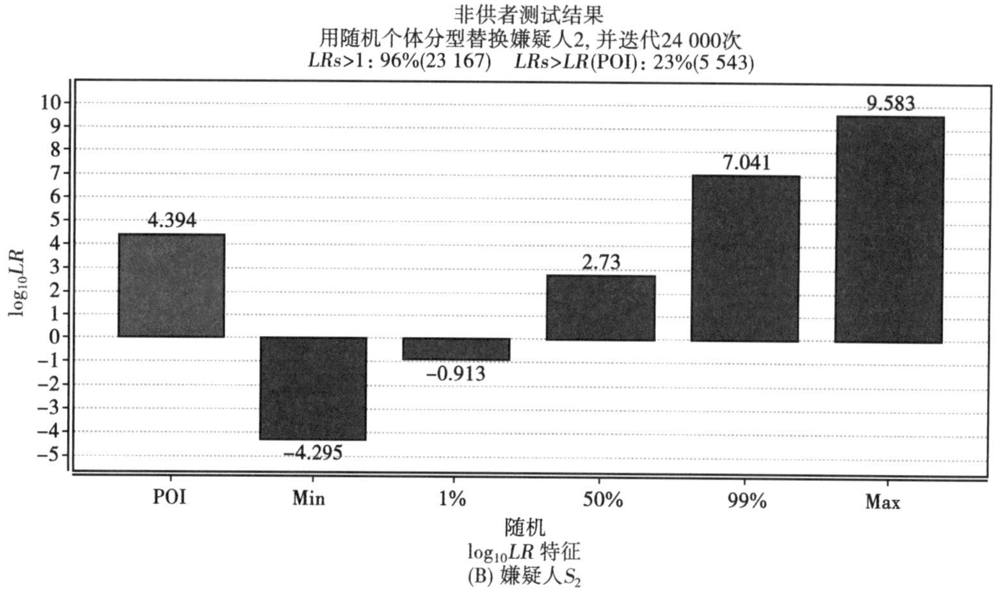

图 6.17(续)

表 6.1 说明了测试几个不同假设组合以及非供者测试的百分比所得到的 LR_S。第一个假设组合以高的 $\log_{10}LR$ 来支持控方假设;对于犯罪嫌疑人 S_2,非供者测试显示其具有误导性。妥善的方法是完善假设,使每个假设的分子只考虑一个被告,允许对具体个体的证据进行评估。对于 S_1,只需要设立两个人的条件,因为在任何给定的基因座上等位基因的最大数量是 4 个。得到 $\log_{10}LR=7.1$,这比在分子上将两个犯罪嫌疑人结合在一起所得到的值大得多。而且,对 100 万次模拟的非供者测试显示,随机个体给出的 $\log_{10}LR$ 非常低,这支持了模型的稳健性。当 S2 在没有 S1 的情况下测试时,需要 3 个供者,因为 FGA 基因座在 H_p 假设下有 5 个等位基因。该测试给出了一个较低的 $\log_{10}LR$,这表明支持 H_d 的假设。由于非供者测试的第 50 至第 95 百分位数的 $\log_{10}LRs$ 的范围在−5.5 到−0.56 之间,表明这个分型与一个随机个体没有差异。

表 6.1 不同假设组合和等位基因丢失参数 d 的非供者分析结果

假设				非供者分析	$\log_{10}LR$ 百分位数			
H_p	H_d	$\log_{10}LR$	d	替换	50	99	最大	模拟次数
S_1,S_2,V	U,U,V	4.394	0.15	S_1	−17	−9.5	−4.2	24 000
S_1,S_2,V	U,U,V	4.394	0.15	S_2	2.73	7.041	9.5	24 000
S_1,V	U,V	7.129	0.01	S_1	−31	−16	0.392	1 000 000
S_1,V	U,U,V	7.788	0.44	S_1	−16	−8.7	−0.884	500 000
S_2,V,U	U,U,V	−2.9	0.15	S_2	−5.5	−0.56	0.988	1 000

对于要测试的供者的数量,有时可能存在争议。ISFG DNA 委员会对此进行了讨论,并得出了结论:限制供者的数量满足等位基因数即可(公式 1.6)。只要供者的数量在控方假设下是一定的,通常不会帮助辩方增加额外的供者。因为这样通常会使 LR 增加,更有利于

控方。表 6.1 说明了这一点,其中一个假设为 $H_p: S_1, V$,相对应的假设为 $H_d: U, V$ 或者 $H_d: U, U, V$。值得注意的是,随着 H_d 中供者数量的增加,*LR* 也从 $\log_{10}LR=7.1$ 增加到 $\log_{10}LR=7.7$。Benschop 等[228]的研究表明,一般情况下都是如此(图 6.18)。总之,通过在 H_d 中增加一个额外的供者来检验模型是非常有用的。如果一个额外的供者导致 *LR* 增加,那么随后的添加将导致进一步的增加。因此不需要进行广泛的测试,只需要一个额外的供者就可以建立一个趋势。

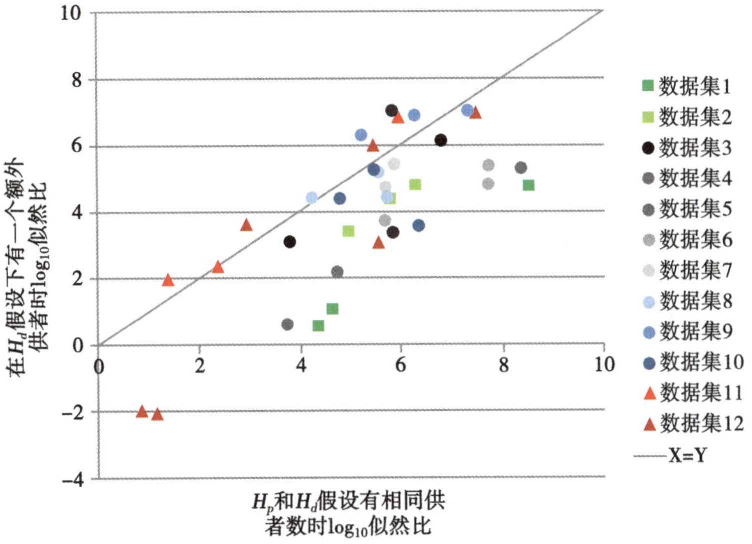

图 6.18　4 人 NGM 图谱的似然比($\log_{10}LR$),在 H_p 和 H_d 条件下,均有其中一个供者。在 H_d 条件下,我们推断出了在 x 轴上的相同数量的供者,在 y 轴上增加了一个额外的供者(4 个未知)。数据点按照数据集分组,“极端杂合子”“随机”“极端纯合子”分别用正方形、圆形和三角形表示。这 12 个数据集的布局如下:数据集 1 和数据集 2 都是“极端杂合子”,因为它们使用的供者在 NGM 每个基因座上都是杂合子,而且供者之间的共享等位基因很少。数据集 11 和数据集 12 是“极端纯合子”,因为它们是由具有相似分型或大量纯合子基因座(15 个基因座中有 6 个,它们组成了最常见的等位基因)组成的。其余的 8 个数据集是“随机的”,因为它们是从随机选择的样本组成的 DNA。因此等位基因多样性在极端杂合子数据集中最高,在极端纯合子数据集中最低。经 Elsevier 许可,转载自文献[228]

6.3. ISFG DNA 委员会的建议

ISFG DNA 委员会[34](附录 C)总结如下:

C.1 **假设的确立**　在复杂案件中,可能涉及多个罪犯或受害者,因此要明确假设并不容易。DNA 结果本身可能也有不同的解释。此外,H_p 和 H_d 之间可能存在很大差异。例如,在 H_p 中,我们可能考虑供者是一个受害者和一个犯罪嫌疑人($V+S$),而在 H_d 中,我们可能检验更复杂的情节,比如这个斑迹是由 3 个未知个体所留的($U_0+U_1+U_2$)。有一种普遍的误解就是认为在 H_p 和 H_d 中的供者应该是相同的。对此并没有要求。

C.2 **H_p 和 H_d 的确立**　原则上,H_p 代表控方立场,H_d 代表辩方立场,两者都受限于对案件情况的了解。H_p 和 H_d 通常由法医学家制定。在一个典型的案例中,H_p 可能提出 DNA 是由犯罪嫌疑人(S)和一个未知个体(U_1)组成的混合;在 H_d 中,S 被 U_0 替代。但是辩方可能改变 H_d,而不是 H_p。例如,如果供者的数量存在争议。因此,法医学家和辩方之间的一些对话有助于确立 H_d。如果在开庭前无法进行,分析人员可能会在报告中声明辩方可能提出的其他主张,这将需要额外的计算。

C.3 **供者的数量** H_p 和 H_d 中的供者数量可能是不相同的,最简单的解释(解释证据所需的最少的未知供者)通常是那些使各自的可能性最大化的解释[36]。但是需要进一步的研究来证实,因此,对不同供者数进一步分析可能是明智的选择。

6.3.1 假设的确立:总结

1. 假设的确立可能很复杂,但是一些简单的指导方针可辅助这个过程。

2. 使假设简单。根据案件相关情况和电泳图谱确立假设。在理想情况下,分析案例之前应先设定假设以防止偏差。根据分析结果,例如对电泳图谱的分析,这对完善假设是必需的。

3. 前面描述的两个犯罪嫌疑人的案例表明:分子上的多个供者在分母上由未知个体所代替的假设很可能会误导。

$$\frac{S_1+S_2+V}{U+U+V}$$

如果有两个犯罪嫌疑人,建议独立分析,提供两个似然比,针对每个犯罪嫌疑人都有一个似然比。

$$\frac{S_1+V+U}{V+U+U}\text{和}\frac{S_2+V+U}{V+U+U}$$

4. 只要供者在分子与分母上同时出现,就没有问题。例如,如果以辩方同意 DNA 来自 S_1 为条件,那么可允许下列的计算方法:

$$\frac{S_1+S_2+V}{S_1+U+V}$$

5. 供者的数量最好由一个基因座上的最少等位基因数来限制;包括在公式 1.6 计算中的条件参考样本。对于一个给定的假设,供者的最小数量往往会使证据力度最大化,通常有利于辩方。

6. 假设可能无法一刀切。可以分析多对假设,探索不同数量供者对似然比的影响。

7. 在检查似然比的稳健性和显示建模缺陷(随机个体也可得到高的 LR_S)上,非供者测试是一个有效的工具。

6.4. 一个重复扩增样本的分析示例

样本 5 由 3 次重复扩增的样本组成,分别标记为 5.1、5.2、5.3。等位基因列在图 6.19 中。与利害关系人(POI)分型匹配的等位基因用红色标出。在每次重复的样本中都有不同的等位基因丢失。样本 5.1,D12S391:19;样本 5.2,FGA:26;样本 5.3,D2S441:15;D3S1358:15。此外,每次重复扩增的样本显示在利害关系人中未观察到的等位基因可归于一个未知个体。尽管样本取自完全相同的提取物,但不同重复扩增次数之间样本不匹配的等位基因并不相同。这是第 3 章中讨论的随机效应的一个例子。

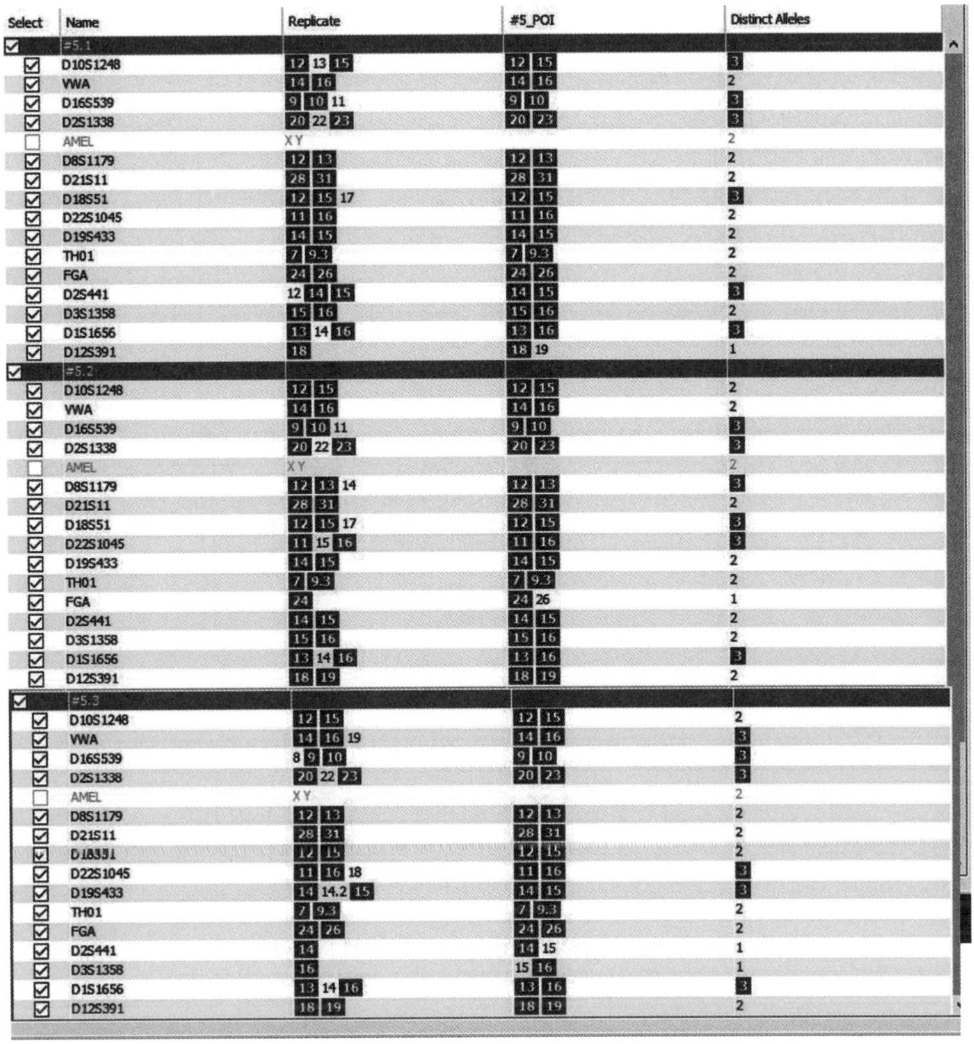

图 6.19　*LRmix Studio* 中重复扩增样本概述

因为计算中加入了更多的信息,重复扩增样本的联合概率估计增加了似然比,证明控方假设是案件真相(表 6.2)。

表 6.2　样本 5 的重复扩增样本的似然比比较

样本	$\log_{10}LR$
5.1	11.45
5.2	11.04
5.3	10.7
5.1 和 5.2	12.98
5.1,5.2 和 5.3	13.167

在第 5.4 节中讨论了重复概率的理论。从实际的角度来看,Steele 等[80]表明随着重复扩增样本被添加到分析中(图 6.20),*LR* 趋向于向已知个体(Q)的逆匹配概率(inverse match probability,IMP)增加。逆匹配概率(IMP)是一个任何似然比模型都不能超过的限制。如果 Q 很少,那么需要更多的重复扩增样本,因为每个重复扩增样本的信息越少,导致等位基因丢失就越多。

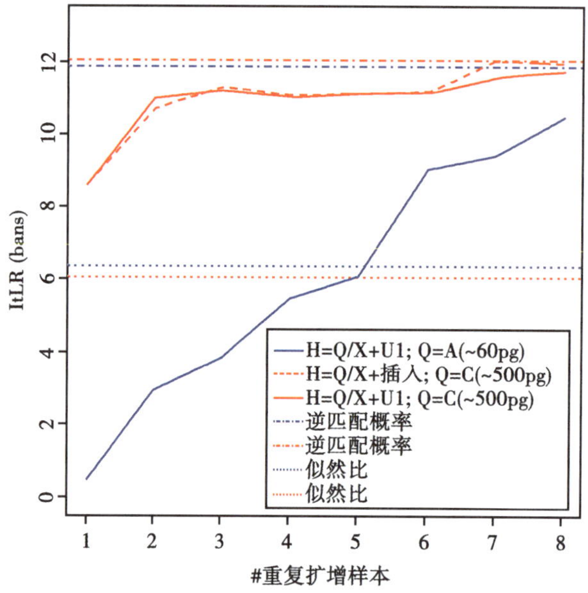

图 6.20 实验室准备的两个供者的犯罪斑迹在多达 8 次重复的低模板似然比。实线表示包含一个未知个体(U1)的两个供者分析。已知个体 A 为次要供者,用蓝线表示;个体 C 为主要供者,用红线表示。虚线表示允许等位基因丢失(仅针对已知的主要供者 Q)的一个供者分析。逆匹配概率 $1/(2p_a p_b)$ 用点划线显示,与已知个体(Q)的颜色相一致。mix*LR* 是第 1.7 节所述的使用标准模型未考虑峰高值获得的似然比,用点线显示。与已知个体(Q)的颜色也保持一致。在图例框内,H 表示一个可选的未知个体 X 与 Q 的假设。经 Elsevier 许可,转载自 Steele 等的文献[80]

6.5. 亲缘关系

LRmix Studio 和 *EuroForMix* 采用了第 5.5.4 节所述的公式来进行亲缘关系的计算。第 8.8 节提供了使用 *EuroForMix* 计算的实例。

6.6. 总结

前面的章节解释了由于这个理论对于手工计算来说过于复杂,因此,软件解决方案的可用性变得至关重要。

本章介绍的是第 5 章所述的方法的实现,并创建了名为 *LRmix Studio* 的软件。该软件由荷兰法医研究所(NFI)建立和维护。本章还介绍了根据案例情况制定假设的重要性,通过该案例来确立备选假设并进行计算。本章提供了一个出庭陈述的例子。为了测试模型的稳健性,引入了非供者测试。这些测试的想法是用随机产生的分型替代控方假设中相关人员分型来确定对似然比的影响,称之为"H_d 为真"测试。似然比的分布是从 1 000 个甚至于更多的测试中获得的,每一个测试都是针对不同的随机参考分型而进行的。一个稳健的模型可提供非供者 *LRs*,这些 *LRs* 比原始测试所得到的小得多。

本章讨论了一个复杂的案例,在一个案件中有两个犯罪嫌疑人被指控。这个案例表明当分子上有两个已知个体,而分母上没有已知个体时,推导出一个似然比是有问题的。这个 *LR* 结果可能具有误导性。下一步的方法是分别计算,以使每个计算都单独考虑一个被质疑的供者。我们提倡采用探索性数据分析来确定分析不同假设组合的效果。非供者分析有助于测试假设,以确保结果是有意义的。探索性数据分析也被用于优化假设的供者数量。

重复样本是从完全相同的提取物中提取的样本。对多次重复的分析会增加"H_d 为真"的 *LR*,但该值不能超过利害关系人(POI)的逆匹配概率。然而,重复是否能被分析取决于可用的样本量。

对假设而言,不需要对 H_d 中的"随机未知"个体进行测试。相反,亲缘关系计算可能使用类似于"供者是利害关系人的兄弟姐妹"的假设。

即使一个很大的数字,比如假设条件里有 5 个未知供者,基于定性模型的计算通常也是快速的。但是,定量模型需要更多的计算工作,因为它考虑了峰高值和影子峰。定性模型在许多 DNA 分型如国家 DNA 数据库的大规模比对中非常有用。因此,第 11 章中的 *CaseSolver* 和 *dnamatch2* 软件使用开放源代码的 R-package forensim 将其合并在一起[209]。虽然该模型的性能不如定量模型(第 9 章),但它作为减少所需比较次数的初始步骤是有用的(因为使用定量模型进行分析的要求更高)。

注释

1. 种群使用的等位基因频率未设定任何亚种群结构校正。

2. 告诫很重要,因为科学家根据他对案件情况和证据的理解,限制了他的陈述。辩方希望提出一个不同的主张。由于计算比较复杂,科学家希望避免在审判过程中进行新的计算。开庭前讨论永远是解决任何问题的首选。

(高林林　张更谦 译)

第 7 章 定量（连续）模型理论

7.1. 引言

定量连续模型主要依赖等位基因峰高信息。按照 Clayton 提出的指导原则[94]，早期的方案就曾考虑峰高因素，参见第 2.3 节的阐述。这一指导原则描述了如何从混合样本中“分离”供者，尤其是对于主要/次要供者混合样本，主要供者可利用杂合平衡 $H_b>0.6$ 来进行认定。但是这些指导非常“原始”，因为他们是基于二分法的分析方法。假定存在一个由两个供者构成的混合样本分型组合，在控方假设 H_p 下第一个供者是 POI(persons of interest)，基因座分型为等位基因 A 和 B，第二个供者是未知个体，其等位基因为 C 和 D，混合样本分型为 AB,CD。如果供者 1 是 H_p 假设下明确的主要供者和 POI，那么证据强度就为 $LR=1/(2p_Ap_B)$ 在这里 p_A 和 p_B 表示相应等位基因的概率。如果 $p_A, p_B, p_C, p_D=0.1$，那么 $LR=50$。如果两个供者构成比相等，按照杂合平衡 $H_b>0.6$ 的原则，则每个供者可有多种潜在的等位基因组合，那么计算证据强度必须考虑所有可能的等位基因对组合(第 1.7 节)，这样一来似然比也就要低很多：$LR=1/(12p_Ap_B)=8.3$。这些指导方案的问题在于他们都是基于阈值的二分法，LR 计算值为 50 或 8.3 反映了拆分和未拆分等位基因的两个极值，他们中间没有其他值。直观上，我们认为随着两个供者峰高差异的趋同，证据强度应该逐渐下降，表明两个供者拆分的不确定性升高。二分法的模型不能处理这一问题，因此，我们对该问题的理解中缺失了一些应考虑的因素。

本章的目的是描述定量模型从初始阶段开始的发展历史。

7.2. 准备一个定量模型

理解定量模型的第一步始于确定每个供者的相对贡献度，我们称作混合比例 M_x。

假定一个基因座，有 A、B、C 和 D 4 个等位基因，对应的峰高为 γ_A、γ_B、γ_C 和 γ_D(以分子量升序排列)，第一个个体基因型为 AB，第二个个体基因型为 CD，混合样本中第一个供者比例(取决于基因型组合)为：

$$M_x=\frac{(\gamma_A+\gamma_B)}{(\gamma_A+\gamma_B+\gamma_C+\gamma_D)} \tag{7.1}$$

从两个供者都是杂合子的混合样本(一个基因座有 4 个不同等位基因)中计算出 M_x 比例最简单。如果另一个基因座也有 4 个等位基因，那么我们就可以获得第二个 M_x 估计值。

但是，混合样本中有些基因座仅由 2 个或 3 个等位基因构成，这表明两个个体有共享的等位基因，这也被称作“遮盖”(第 1.8 节)。Gill 等[229]发现在一个混合样本中各基因座之间混合比例相近时，会存在随机变异。已知 M_x 的估计值，就可以计算混合样本等位基因的期望比例(用 $E[Y'_A]$ 表示等位基因 A 的比例),表 7.1、表 7.2 和表 7.3 分别表示存在 2、3 和 4 个等位基因时的占比情况。

公式推导如下:

1. M_x 是供者 1(C1)基因型的比例,$1-M_x$ 是供者 2(C2)基因型比例[1]。

2. 每个基因型由 2 个等位基因构成,因此 C1 和 C2 的每个等位基因的期望比例分别为 $M_x/2$ 和 $(1-M_x)/2$。

3. 已知峰高的观察值为 $\gamma=(\gamma_A,\gamma_B,\cdots)$,我们对峰高进行均一化,$\gamma'=\gamma/\sum\gamma$,$\sum\gamma$ 表示所有峰高值的总和。此外,令 $n_{A,k}$ 为供者($k=1$ 和 $k=2$)等位基因 A 的个数和,(可以为 0,1 或 2)。由此,等位基因 A 的峰高比例期望值为

$$E[Y'_A \mid g]=(M_x \times n_{A,1}+(1-M_x)\times n_{A,2})/2 \tag{7.2}$$

g 是供者的假定基因型组合,决定了 $n_{A,1}$ 和 $n_{A,2}$。

更多供者构成混合样本公式见附录 B。

以两个供者构成混合样本为例,基因型为 $g=AB,CC$:

1. 对于等位基因 A,在 C1 中有 1 个拷贝,在 C2 中有 0 个拷贝。因此,$E[Y'_A \mid g]=(M_x\times 1)\times 1/2$

2. 对于等位基因 B,同样在 C1 中有 1 个拷贝,在 C2 中有 0 个拷贝。因此,$E[Y'_B \mid g]=(M_x\times 1)\times 1/2$

3. 对于等位基因 C,在 C1 中有 0 个拷贝,在 C2 中有 2 个拷贝。因此,$E[Y'_C \mid g]=[(1-M_x)\times 2]\times 1/2$

当两个供者含有相同等位基因 A 时,比如基因型为 AB,AC,那么 $E[Y'_A \mid g]=[M_x\times 1+(1-M_x)\times 1]\times 1/2$

这些计算很容易就能编写进电子表格中。如果对混合样本解释正确,那么峰高的观察值和期望值应该相似。通过*残差平方和*(*RSS*)可用来检验这一结果,它是每个等位基因的残差平方的总和。对于任何给定的基因型组合,表 7.1、表 7.2 和表 7.3 中混合样本每种基因型组合的残差可参考观察峰高进行计算。这被定义为"损失函数",它是一个衡量模型能在多大程度上准确预测期望结果方面的指标。期望峰高与观察峰高相差越大,误差(平方)也就更高,预测的结果也就更差:

$$RSS(g)=\sum_{全部等位基因}(观察值-期望值)^2=\sum_{等位基因a}(\gamma'_a-E[Y'_a \mid g])^2 \tag{7.3}$$

表 7.1　利用 M_x 计算峰高期望值:四等位基因。经 Elsevier 许可,转载自文献[229]

基因型	A	B	C	D
AB,CD	$M_x/2$	$M_x/2$	$(1-M_x)/2$	$(1-M_x)/2$
AC,BD	$M_x/2$	$(1-M_x)/2$	$M_x/2$	$(1-M_x)/2$
AD,BC	$M_x/2$	$(1-M_x)/2$	$(1-M_x)/2$	$M_x/2$
BC,AD	$(1-M_x)/2$	$M_x/2$	$M_x/2$	$(1-M_x)/2$
BD,AC	$(1-M_x)/2$	$M_x/2$	$(1-M_x)/2$	$M_x/2$
CD,AB	$(1-M_x)/2$	$(1-M_x)/2$	$M_x/2$	$M_x/2$

表7.2 利用 M_x 计算峰高期望值:三等位基因。经 Elsevier 许可,转载自文献[229]

基因型	*A*	*B*	*C*
AA,*BC*	M_x	$(1-M_x)/2$	$(1-M_x)/2$
BB,*AC*	$(1-M_x)/2$	M_x	$(1-M_x)/2$
CC,*AB*	$(1-M_x)/2$	$(1-M_x)/2$	M_x
AB,*AC*	0.5	$M_x/2$	$(1-M_x)/2$
BC,*AC*	$(1-M_x)/2$	$M_x/2$	0.5
AB,*BC*	$M_x/2$	0.5	$(1-M_x)/2$
BC,*AA*	$(1-M_x)$	$M_x/2$	$M_x/2$
AC,*BB*	$M_x/2$	$1-M_x$	$M_x/2$
AB,*CC*	$M_x/2$	$M_x/2$	$1-M_x$
AC,*AB*	0.5	$(1-M_x)/2$	$M_x/2$
AC,*BC*	$M_x/2$	$(1-M_x)/2$	0.5
BC,*AB*	$(1-M_x)/2$	0.5	$M_x/2$

表7.3 利用 M_x 计算峰高期望值:二等位基因。经 Elsevier 许可,转载自文献[229]

基因型	*A*	*B*
AA,*AB*	$(M_x/2)+0.5$	$(1-M_x)/2$
AB,*AB*	0.5	0.5
AA,*BB*	M_x	$1-M_x$
AB,*AA*	$1-(M_x/2)$	$M_x/2$
BB,*AA*	$1-M_x$	M_x
AB,*BB*	$M_x/2$	$(1-M_x)/2$
BB,*AB*	$(1-M_x)/2$	$(M_x/2)+0.5$

举例:假设一个基因座有3个等位基因 *A*、*B*、*C* 混合比例参数估计值 $M_x=0.4$。峰高观察值分别为 $\gamma_A=1\ 000$;$\gamma_B=1\ 900$;$\gamma_C=1\ 100$。因此观察比例为 $\gamma'_A=0.25$,$\gamma'_B=0.475$,$\gamma'_C=0.275$。如果基因型为 g=*AB*,*BC*(见表7.2),那么期望比例 $E[Y'|g]$ 为:

$$E[Y'_A|g]=\frac{M_x}{2}=0.2$$

$$E[Y'_B|g]=0.5$$

$$E[Y'_C|g]=(1-M_x)/2=0.3$$

基于等位基因峰高比例用公式7.3计算残差平方和(RSS):

$$RSS(g)=(0.25-0.2)^2+(0.475-0.5)^2+(0.275-0.3)^2=0.004$$

该计算可用于各种基因型组合,每种组合都会产生不同残差值,见表7.4最后一列。

表 7.4 三等位基因混合样本的分析,表中列出了每种可能的基因型组合的残差平方和(RSS)计算结果

基因型组合	等位基因占比的期望值			等位基因占比的观察值			RSS
	A	*B*	*C*	*A*	*B*	*C*	
AA,*BC*	0.4	0.3	0.3	0.250	0.475	0.275	0.054
BB,*AC*	0.3	0.4	0.3	0.250	0.475	0.275	0.009
CC,*AB*	0.3	0.3	0.4	0.250	0.475	0.275	0.049
AB,*AC*	0.5	0.2	0.3	0.250	0.475	0.275	0.139
BC,*AC*	0.3	0.2	0.5	0.250	0.475	0.275	0.129
AB,*BC*	0.2	0.5	0.3	0.250	0.475	0.275	0.004
BC,*AA*	0.6	0.2	0.2	0.250	0.475	0.275	0.204
AC,*BB*	0.2	0.6	0.2	0.250	0.475	0.275	0.024
AB,*CC*	0.2	0.2	0.6	0.250	0.475	0.275	0.184
AC,*AB*	0.5	0.3	0.2	0.250	0.475	0.275	0.099
AC,*BC*	0.2	0.3	0.5	0.250	0.475	0.275	0.084
BC,*AB*	0.3	0.5	0.2	0.250	0.475	0.275	0.009

由此可见,证据将支持最低的基因型组合 RSS,而不支持表中所列的其他基因型组合,因为这种基因型组合期望值与观测值最接近。

计算机程序进行了类似的分析,这一原理可同时适用于所有基因座,且将残差转换成“权重”以便用于概率计算。为了以最简单的方式实现这一点,必须假设供者基因型残差值符合正态分布[2]。只有这样 M_x 就可以在所有基因座之间同时变化并被选择,以此来保障 RSS 的最小值[3]。

此外,在这样的背景下未知供者的基因型可被视为需要估计的未知参数(将会在后面的 7.3.1 节进行阐述)。为了找到最能解释实际观察值的基因型组合(即最高似然比值),应计算每种可能的基因型的 M_x 值。根据特定基因型组合和混合比例(M_x)同时拥有最高似然比和所有基因座的最小 RSS,这被称为最大似然比估计(*MLE*)。其优势在于,最小 RSS 法考虑了所有潜在混合组合去支持原始推论,而不需要预先指定某种基因型组合。然后根据实际情况和混合样本基因型组合的分级排列得出一个解释:“证据支持 *AB*,*CD* 是最佳支持的基因型组合的设定”。重点是不会排除某一种基因型,而是将它们按顺序排列。在表 7.4 中,按照 RSS 值最低的原则[4],*AB*,*BC* 组合排列在第一位,其次是 *BB*,*AC* 和 *BC*,*AB*,以此类推(在真实案例中我们会完整分析所有基因型信息,而不是单一基因座)。

读者可参考 Gill 等的文章[229]获得更多信息。

7.2.1　“MasterMix”Excel 电子表格程序举例

7.2.1.1　步骤 1

用“二等位基因模拟”电子表格举例,输入峰高值和预计 M_x。在这一例子中,$\gamma_A=2\,183$,$\gamma_B=899$(表 7.5)。等位基因峰高比例和混合比例(M_x 和 $1-M_x$)可以自动计算。

表 7.5　MasterMix,二等位基因电子表格。输入两个峰高值,自动计算峰高比例。输入一个预计 M_x(在这一阶段这个值可以是任意值);输入 M_x=0.2,那么自动计算 $1-M_x$=0.8

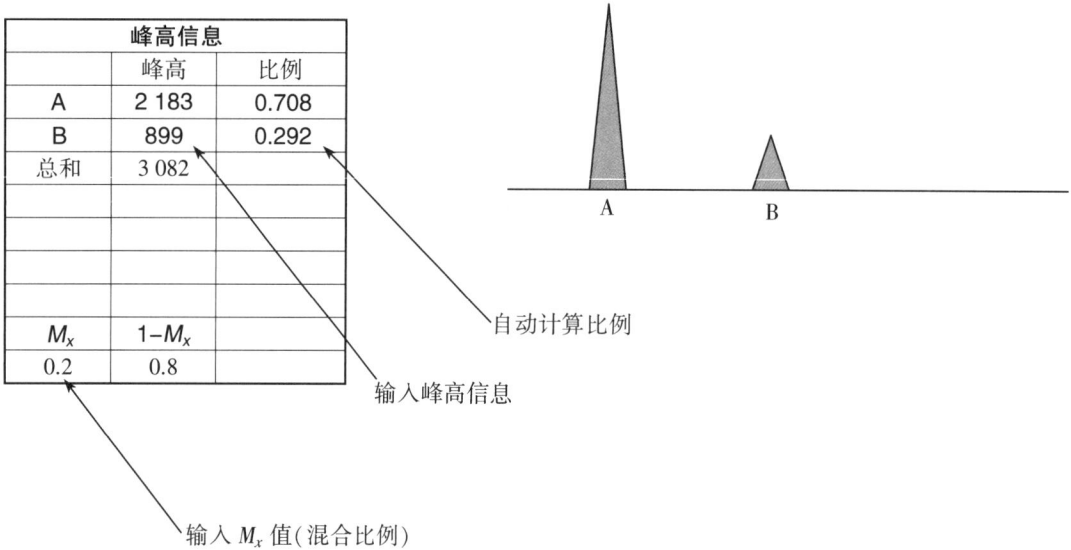

峰高信息		
	峰高	比例
A	2 183	0.708
B	899	0.292
总和	3 082	
M_x	$1-M_x$	
0.2	0.8	

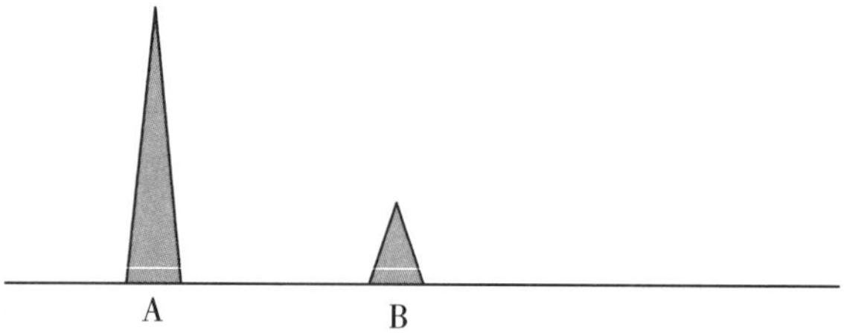

自动计算比例

输入峰高信息

输入 M_x 值(混合比例)

7.2.1.2　步骤 2

使用通用公式 7.2,得到表 7.3 中列出的二等位基因计算特定公式,自动计算等位基因峰高比的期望值(对于给定的 M_x 值)。当进行了表格中的叠加计算后我们得到表 7.6,以 AA,AB 基因型为例:

1. C1 个体每个等位基因的贡献是 $M_x/2$。
2. C2 个体每个等位基因的贡献是 $(1-M_x)/2$。
3. 因此,C1 个体等位基因 A 的期望比例是 $2M_x/2=M_x$。
4. C2 的等位基因 A 期望比例是 $(1-M_x)/2$。
5. 所以等位基因 A 的总比例是来自 C1 和 C2 个体比例之和:$[2M_x+(1-M_x)]/2=M_x/2+0.5$(公式 7.2)。

当 $M_x=0.2$ 时,得出 $E[Y'_A \mid g]=0.6$,结果显示在表 7.6 中。

6. 所有其他基因型的混合比例期望值的计算与上述相同。公式与表 7.3 中相同。
7. 计算所有等位基因峰高比例观察值-期望值的平方和得到 RSS。

在“M_x 状态(M_x conditioned columns)”栏中,以 A,B 等位基因峰高比例观察值(分别为 0.71 和 0.29)为条件,计算每种基因型组合的 M_x(C1 供者)和 $1-M_x$(C2 供者)。

示例如表 7.6:

1. 以相同的基因型组合进行举例:$g=AA$,AB。
2. A 在 C1 中有两个拷贝,在 C2 中有一个拷贝。对公式 7.2 进行改写,我们得到预计的混合比例：

$$M_x \mid g = 2\gamma'_A - 1$$

3. 等位基因 A 的观察比例为 0.71，故

$$M_x \mid g = 2 \times 0.71 - 1 = 0.42$$

见表 7.6。

表 7.6　MasterMix 程序显示残差的计算，M_x 取决于峰高比例观察值和杂合平衡。这里的“差(残差)”表示 RSS

基因型	比例期望值 A	比例期望值 B	比例观察值 A	比例观察值 B	差异(残差)	M_x(状态) M_x	M_x(状态) $1-M_x$	杂合子均衡 PHR1	杂合子均衡 PHR2
AA,*AB*	0.6	0.4	0.708	0.292	0.023	0.42	0.583	NA	0.00
AB,*AB*	0.5	0.5	0.708	0.292	0.087	NA	NA	0.41	NA
AA,*BB*	0.2	0.8	0.708	0.292	0.517	0.71	0.292	NA	0.41
AB,*AA*	0.9	0.1	0.708	0.292	0.073	0.58	0.417	NA	NA
BB,*AA*	0.8	0.2	0.708	0.292	0.017	0.29	0.708	NA	NA
AB,*BB*	0.1	0.9	0.708	0.292	0.740	1.42	-0.417	NA	NA
BB,*AB*	0.4	0.6	0.708	0.292	0.190	-0.42	1.417	NA	NA

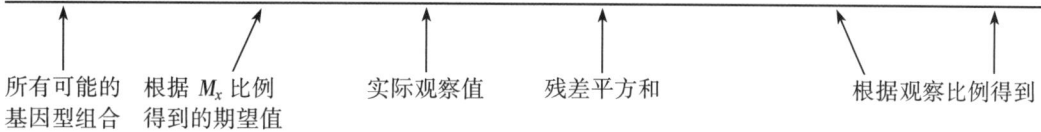

所有可能的基因型组合　　根据 M_x 比例得到的期望值　　实际观察值　　残差平方和　　根据观察比例得到

4. 相同的计算过程被写入表格的其余部分，同时根据不同的基因型得出 M_x 值的范围。

5. 基因型为 $g = AB, AB$ 时无法估计 M_x 值。因为不论 M_x 值取何值，$E[Y'_A \mid g] = E[Y'_B \mid g] = 0.5$ 是不变的。

7.2.1.3　步骤 3

点击模拟按键(表 7.7)。这将在第 22~27 行中生成一个新表格，并且根据 0.1~0.9 之间(以 0.05 递增)的 M_x 值自动计算 RSS 值：

- 通过 M_x=0.1、0.15、0.2、0.25…0.90 的逐步增长进行循环计算。结果以图形方式绘制(图 7.1)。
- 如果在 Excel 电子表格的单元格 A10 中手动输入一个值，例如 M_x=0.9，则相关的等位基因峰高比例期望值和 RSS 可以在表 7.6 中显示。

图 7.1 显示对于基因型组合 *BB*,*AA* 在 M_x=0.3 时，RSS 最小；与之相反的基因型组合 *AA*,*BB* 在 M_x=0.7 时，RSS 最小(在此阶段，我们不知道哪个基因型对应哪个供者)。同样，对于基因型 *AA*,*AB* 和相反基因型 *AB*,*AA* 的 RSS 最小值在 M_x 分别为 0.4 和 0.6 时出现。如果我们以供者 1 为次要供者，供者 2 为主要供者，那么我们可以说证据最支持 *BB*,*AA* 基因型组合。剩余的可能的基因型组合(例如 *AB*,*BB*)似乎没有得到很好的支持，因为它们的残差不是最小。

表 7.7 MasterMix 程序显示了每种基因型组合在 M_x 值为 0.1~0.9 之间的所有 RSS 计算值

峰高信息				组合	期望比例		观测比例
	高度	比例			*A*	*B*	*A*
A	2 183	0.708		*AA,AB*	0.6	0.4	0.708
B	899	0.292		*AB,AB*	0.5	0.5	0.708
SUM	3 082			*AA,BB*	0.2	0.8	0.708
				AB,AA	0.9	0.1	0.708
				BB,AA	0.8	0.2	0.708
				AB,BB	0.1	0.9	0.708
M_x	$1-M_x$			*BB,AB*	0.4	0.6	0.708
0.2	0.8						

CLICK FOR TWO-ALLELE SIMULATION

在填入关于等位基因峰高细节后按这个按钮

在 M_x=0.1~0.9之间该程序模拟残差(单元格 J3:J9)

M_x

基因型	0.1	0.15	0.2	0.25	0.3	0.35	0.4	0.45	0.5	0.55	
AA,AB	0.05012177	0.03554114	0.02346051	0.01387988	0.00679925	0.00221862	0.00013799	0.00055736	0.00347673	0.0088961	0.01
AB,AB	0.08678302	0.08678302	0.08678302	0.08678302	0.08678302	0.08678302	0.08678302	0.08678302	0.08678302	0.08678302	0.08
AA,BB	0.7400731	0.62341184	0.51675058	0.42008932	0.33342806	0.2567668	0.19010554	0.13344428	0.08678302	0.05012177	0.02
AB,AA	0.11683169	0.09391232	0.07349295	0.05557358	0.04015421	0.02723484	0.01681547	0.0088961	0.00347673	0.00055736	0.00
BB,AA	0.07349295	0.04015421	0.01681547	0.00347673	0.00013799	0.00679925	0.02346051	0.05012177	0.08678302	0.13344428	0.1
AB,BB	0.86673436	0.80215373	0.7400731	0.68049247	0.62341184	0.56883121	0.51675058	0.46716995	0.42008932	0.37550869	0.33
BB,AB	0.13344428	0.16052491	0.19010554	0.22218617	0.2567668	0.29384743	0.33342806	0.37550869	0.42008932	0.46716995	0.51

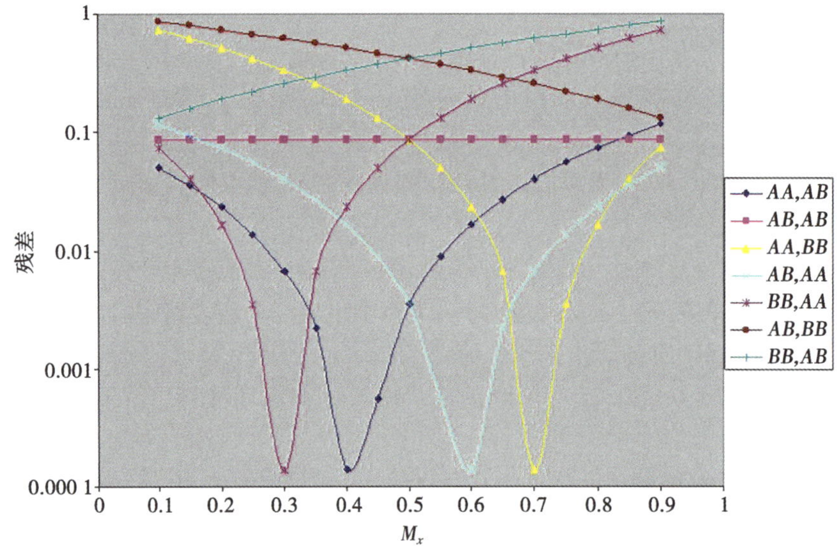

图 7.1 以 log 的刻度显示 M_x 与 RSS

一个 4 个等位基因的例子：使用“四等位基因模拟”电子表格，现在假设一个基因座有 4 个等位基因 *A*,*B*,*C*,*D*；峰高值分别为 1 255、1 200、533 和 642(表 7.8)。

运行模拟程序，显示在 M_x=0.3 时基因型组合 *CD*,*AB* 的 RSS 最小，而相反基因型组合 *AB*,*CD* 在 M_x=0.7 时 RSS 最小(图 7.2)，即主要、次要供者基因型分别是 *CD*、*AB*。

表7.8　MasterMix,4个等位基因电子表格,显示了当 $M_x=0.3$ 时,等位基因 A、B、C、D 的观察比例与期望比例

在此输入峰高信息				组合	期望比例				比例观察值			
	峰高	比例			*A*	*B*	*C*	*D*	*A*	*B*	*C*	*D*
A	1 255	0.346		*AB*,*CD*	0.150	0.150	0.350	0.350	0.346	0.331	0.147	0.177
B	1 200	0.331		*AC*,*BD*	0.150	0.350	0.150	0.350	0.346	0.331	0.147	0.177
C	533	0.147		*AD*,*BC*	0.150	0.350	0.350	0.150	0.346	0.331	0.147	0.177
D	642	0.177		*BC*,*AD*	0.350	0.150	0.150	0.350	0.346	0.331	0.147	0.177
总和	3 630			*BD*,*AC*	0.350	0.150	0.350	0.150	0.346	0.331	0.147	0.177
				CD,*AB*	0.350	0.350	0.150	0.150	0.346	0.331	0.147	0.177
M_x	$1-M_x$											
0.3	0.7											

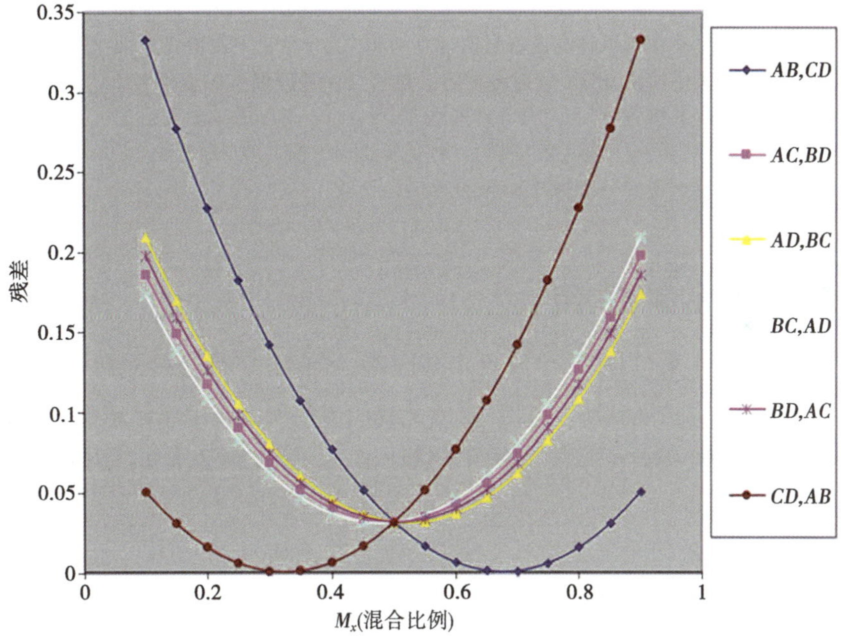

图7.2　四等位基因混合样本的 M_x 与RSS图

以建立在推定基因型组合条件上的杂合平衡分析来补充四等位基因的分析(图7.3)。证据支持两种基因型组合 *AB*,*CD* 或 *CD*,*AB* 为最优选择:

1. 针对这些基因型,将 M_x 进行了优化(可能性最高)。
2. 基因型组合 *AB*,*CD* 符合杂合平衡(PHR)>0.6准则。
3. 其余基因型杂合平衡<0.6。
4. 对于基因型 *AB*,*CD* 和 *CD*,*AB*,供者1占比(M_x 值)分别为0.676和0.324(即,接近0.7和0.3的最小残差估计值)。若认定供者1为次要供者,最支持的分型是 *CD*,*AB*。

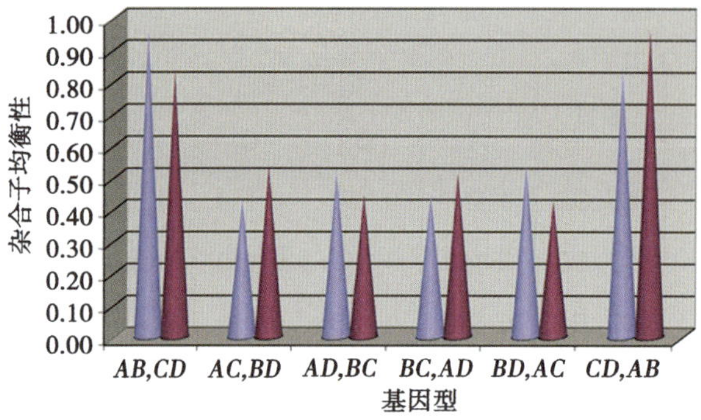

	差异	M_x(条件的)		杂合子均衡性	
基因型	残差	M_x	$1-M_x$	PHR1	PHR2
AB,CD	0.142	0.676	0.324	0.96	0.83
AC,BD	0.069	0.493	0.507	0.42	0.54
AD,BC	0.081	0.523	0.477	0.51	0.44
BC,AD	0.063	0.477	0.523	0.44	0.51
BD,AC	0.075	0.507	0.493	0.54	0.42
CD,AB	0.001	0.324	0.676	0.83	0.96

图 7.3　四等位基因混合样本在不同的基因型组合中显示的杂合平衡。以峰高比观察值计算的 M_x 值与杂合平衡值在下面的表中给出，PHR 分别代表第一和第二种基因型。假设供者 1 是次要供者，以 $M_x=0.3$ 计算残差，显示 *CD*,*AB* 是最受支持的基因型组合（最底部一行）。注意此时 M_x 值为 0.324，杂合平衡状态很好分别为 0.83 和 0.96

7.2.2　多基因座的信息应用

一个典型的复合体系包含 15 个或更多基因座，则有更多机会检测每个基因座的 M_x。残差分析（使用 RSS）可扩展到所有基因座，因此我们应用所有基因座计算整体值，而不是检测一个基因座的 M_x 值（因此更多数据被用于估计 M_x）。这在预测未知基因型组合方面有明显优势。

到目前为止，之前的讨论是基于对杂合平衡阈值检测和 M_x 的使用。这些知识可用于专家评估，其中从主要/次要供者构成的简单 2 人混合样本中分离出主要供者，以作为独立供者进行证据解释，这种方法称为减法。当然，这种方法有严重的局限性：

1. 它依赖于主要/次要峰明显的分型图谱构成的混合样本，不能用于供者构成比相同的平衡混合样本。

2. 分离出的分型要准确、清晰（我们在这里没考虑等位基因插入和丢失）。

3. 使用了阈值的检测方式（同一供者的一对杂合子等位基因 $H_b>0.6$）

阈值检测并不令人满意，因为它们是“有或无”的关系；这导致了“断崖效应”（图 3.6）。这种困境源于一个概念：$H_b>0.6$ 则通过阈值检测。但是想象一下：如 $H_b=0.5999$，但不能通过阈值检测，虽然它仅比阈值低了 0.0001。这种情况凸显了这一方法的不足之处。实际上，没有任何事情是绝对的是或不是，不确定状态是持续的。从概率而言，这意味着测量的确定性将逐渐从绝对是($Pr \approx 1$)变成绝对不是($Pr \approx 0$),而不是根据主观设定阈值在 $Pr=0$ 到1之间跳动。前面的例子展示了如何使用残差按照最强证据支持力度对基因型组合进行排序。下一步是将残差转化为概率权重,该概率权重可用于在给定等位基因峰值和 M_x 的情况下得到等位基因排列的概率,因此,测量不再是二分法的,而是在0到1之间连续进行。我们可以开始考虑“似然比”。

7.3. 用概率模型估计似然比

连续模型中对混合样本需要考虑的主要属性如下:

1. 供者数量。
2. 混合比例。
3. 等位基因峰高观察值。
4. 等位基因峰高期望值。
5. 等位基因的峰高变异程度。

为了说明这一点,我们首先考虑一个由两个供者组成的简单模型,3个或更多供者构成的模型,请参见附录B.3.7。

7.3.1 正态分布模型

上一节中描述的模型的局限性在于它不能使用概率描述,然而关键要素已经具备。电子表格“MasterMix”显示了如何通过最小化残差来计算 M_x。这是通过使用优化算法来完成的,该算法对0到1之间所有 M_x 值的所有残差进行估算。这是将残差转换为概率“权重”的一小步;假设残差服从正态分布,则可以最好地说明这一过程。它遵循了Evett等最初提出的原始模型[230]。

7.3.2 步骤1:计算期望峰高

我们现在使用绝对峰高,而不再使用最初在公式7.2中引入的表7.1、表7.2、表7.3中的公式来计算峰高的期望比例,因为在模型扩展应用时绝对峰高更方便使用(例如,构建等位基因丢失模型)。在下文中,在我们的计算将不再使用峰高比。

设定观察峰高 $\gamma=(\gamma_A,\gamma_B,...)$,并假设两个供者的基因型 $g=(g_1,g_2)$,供者1的混合比例为 M_x,供者2为 $1-M_x$,$n_{A,k}$ 是等位基因 A 分别在供者($k=1$ 和 $k=2$)中的等位基因个数。等位基因 $E[Y_A|g]$ 的峰高期望值为

$$E[Y_A|g]=(M_x \times n_{A,1}+(1-M_x)\times n_{A,2})\sum_\gamma/2 \tag{7.4}$$

其中 $\sum_\gamma$ 是峰高和。注意:除了乘以峰高和 $\sum_\gamma$ 这一点差别外,公式7.4几乎与公式7.2相同,后者考虑了期望峰高比例。

示例:第7.2.1节中讨论的四等位基因例子如表7.9所示。在“NORMAL_DISTR_ANALYSIS”工作表“四等位基因模拟”电子表格中,等位基因峰高期望值采用上述公式计算。

表 7.9 采用公式 7.4 计算等位基因峰高期望值

在此输入峰高信息					峰高期望值			
	峰高	比例		基因型	*A*	*B*	*C*	*D*
A	1 255	0.346		*AB*,*CD*	544.500	544.500	1 270.500	1 270.500
B	1 200	0.331		*AC*,*BD*	544.500	1 270.500	544.500	1 270.500
C	533	0.147		*AD*,*BC*	544.500	1 270.500	1 270.500	544.500
D	642	0.177		*BC*,*AD*	1 270.500	544.500	544.500	1 270.500
SUM	3 630			*BD*,*AC*	1 270.500	544.500	1 270.500	544.500
				CD,*AB*	1 270.500	1 270.500	544.500	544.500
M_x	$1-M_x$							
0.3	0.7							

7.3.3 步骤 2:计算权重

证据强度的计算需要两个部分:权重和在 H_p 或 H_d 假设下的基因型概率

$$Pr(E|H)=\sum_g \underbrace{Pr(E|G,H)}_{\text{权重}}\times\underbrace{Pr(g|H)}_{\text{分型}|\text{命题}} \tag{7.5}$$

权重是在给定基因型和假设下的证据概率。它仅考虑了峰高的观察值和期望值,即第 7.2 节中描述的残差。但是要使残差转换为概率,需要假设它们遵循某种分布。由于峰高信息(证据 E)是连续的,因此我们需要考虑它的连续分布;最简单的就是正态分布。使用 NORM.DIST 函数可以很容易地将其编程到 Excel 电子表格中。需要的 3 个参数为:

1. γ:峰高观察值。
2. μ:峰高期望值。
3. σ:峰高标准差。

正态分布的概率密度函数公式为:

$$f(\gamma|\mu,\sigma)=\frac{1}{\sigma\sqrt{2\pi}}\exp\left\{-0.5\left(\frac{\gamma-\mu}{\sigma}\right)^2\right\} \tag{7.6}$$

注释:公式 7.6 的指数包含表达式$(\gamma-\mu)^2$,这是残差平方计算(观察值-期望值)^2。在此,峰高期望值参数 μ 等于公式 7.4 中定义的 $E[Y|g]$,它取决于具体的基因型 g 和混合比例参数 M_x。

使用表 7.9 中所列的峰高观察值和峰高期望值评估每个等位基因的概率密度函数,从而得到权重;结果如表 7.10 所示。将等位基因权重相乘得到每个基因型组合的联合权重。

继续举例:假如表 7.9 中的基因型组合为 CD,AB;$M_x=0.3$;假定 $\sigma=40$,那么 4 个等位基因的权重为

$$f(\gamma_A|\mu=1\,270.5,\sigma=40)=9.25\times10^{-3}$$

$$f(\gamma_B \mid \mu = 1\,270.5, \sigma = 40) = 2.11 \times 10^{-3}$$
$$f(\gamma_C \mid \mu = 544.5, \sigma = 40) = 9.57 \times 10^{-3}$$
$$f(\gamma_D \mid \mu = 544.5, \sigma = 40) = 5.11 \times 10^{-4}$$

上述每个等位基因权重相乘即得到基因型 *CD*,*AB* 的联合权重 $= 9.55 \times 10^{-11}$。

所有基因型组合计算的电子表格如表7.10所示。

表7.10　使用正态分布公式计算权重。联合权重标记为黄色,是每个基因型单行乘积。*CD*,*AB* 基因型组合以绿色背景显示。$M_x = 0.3$,$\sigma = 40$。*A*、*B*、*C*、*D* 等位基因频率分别为0.1、0.2、0.3、0.1

基因型	每个等位基因权重				联合权重
	A	*B*	*C*	*D*	
AB,*CD*	3.07E-71	4.83E-61	1.52E-76	2.45E-56	5.520E-263
AC,*BD*	3.07E-71	2.11E-03	9.57E-03	2.45E-56	1.519E-131
AD,*BC*	3.07E-71	2.11E-03	1.52E-76	5.11E-04	5.035E-153
BC,*AD*	9.25E-03	4.83E-61	9.57E-03	2.45E-56	1.047E-120
BD,*AC*	9.25E-03	4.83E-61	1.52E-76	5.11E-04	3.470E-142
CD,*AB*	9.25E-03	2.11E-03	9.57E-03	5.11E-04	9.553E-11

7.3.4　步骤3:在给定假设下综合基因型概率和权重

最后,参照公式7.5在给定假设 $Pr(g \mid H)$ 下,权重乘以基因型概率,其中 H 为 H_p 或 H_d。计算整合了基于群体频率数据的等位基因概率,在第1.8.1节(表7.11)中已经进行了概述。

本例中,假设前提如下:

H_p:DNA来自犯罪嫌疑人和一个未知个体。

H_d:DNA来自两个未知的个体。

原告假设下的计算

犯罪嫌疑人的参考样本是基因型 *CD*。在控方假设下,未知个体基因型必定是 *AB*。如第1.7.8节公式1.7所述,以同样的方式推导出 $Pr(g \mid H_p) = 2p_A p_B$。如果等位基因 *A*、*B*、*C*、*D* 的等位基因频率分别为0.1、0.2、0.3、0.1($M_x = 0.3$,$\sigma = 40$),那么 $Pr(g \mid H_p) = 2 \times 0.1 \times 0.2 = 0.04$,如表7.11最下面一行所示。这一列中的所有其他基因型概率均采用相同的方法计算,其中第二个列出的供者基因型始终是未知个体。

被告假设下的计算

在表7.11第二列中计算出被告假设 $Pr(g \mid H_d)$ 的基因型组合的概率;如第1.7.8节中的公式1.7描述,每个基因型概率为 $4p_A p_B p_C p_D$。基因型概率乘以权重,便得到表7.11中的"H_d 乘积"。然后根据公式7.5,将这些计算结果相加,就得到 $Pr(E \mid H_d) = 2.29 \times 10^{-13}$。

表 7.11 "联合权重"乘以 $Pr(g \mid H)$ 得到每个具体基因型组合在 H_d 和 H_p 假设条件下的乘积。计算每种基因型的似然比,其中 H_p 假设取决于"基因型"列中的第一个供者。例如,在第一行中,H_p 表示表 7.10 中所示的基因型 AB。在 H_d 假设下,则计算为"H_d 乘积(Product H_d)"列所列出的乘积的和。"LR(考虑峰高)"这一列是通过将"H_p 乘积(Product H_p)"列的各个数值除以"H_d 乘积"列的总和得出的。将其与"LR(无权重)"进行比较,这列没有使用加权(即没有考虑峰高信息)。"LR_{max}"是根据 H_p 下的条件个体的匹配概率的倒数计算出的最大可能的 LR,例如,第一行中的 $1/(2p_Ap_B)$。等位基因 A、B、C、D 的概率分别为 0.1、0.2、0.3、0.1,M_x=0.3。突出显示的底行是 CD,AB 基因型的计算。有关基因型的行顺序,请参见表 7.10

联合权重	$Pr(g \mid H_d)$	H_d 乘积	$Pr(g \mid H_p)$	H_p 乘积	LR(考虑峰高)	LR(无权重)	LR_{max}
5.520E-263	0.002 4	1.324 7E-265	0.06	3.311 7E-264	1.444 5E-251	4.166 666 667	25
1.519E-131	0.002 4	3.646 5E-134	0.04	6.077 6E-133	2.650 8E-120	2.777 777 778	16.666 666 7
5.035E-153	0.002 4	1.208 4E-155	0.12	6.042 1E-154	2.635 4E-141	8.333 333 333	50
1.047E-120	0.002 4	2.513 3E-123	0.02	2.094 4E-122	9.135 1E-110	1.388 888 889	8.333 333 33
3.470E-142	0.002 4	8.328 8E-145	0.06	2.082 2E-143	9.081 8E-131	4.166 666 667	25
9.553E-11	0.002 4	2.292 71E-13	0.04	3.821 19E-12	16.666 666 67	2.777 777 778	16.666 666 7
		sum 2.29271E-13					

似然比

继续以 CD,AB 基因型为例:$Pr(E \mid H_p)$除以 $Pr(E \mid H_d)$,得到似然比 LR=16.67(表 7.11"LR(考虑峰高)"列的最后一行)。在相邻的"LR(无权重)"列中,即第 1.7.8 节中描述的不考虑峰高的标准计算,得出低得多的 LR 值:2.78。峰高观察值加权 LR 与最后一列中的 LR_{max} 相同,其计算方式是犯罪嫌疑人基因型 CD 的匹配概率的倒数,即 $LR_{max}=1/(2p_Cp_D)$。在本例中,主要供者和次要供者的比例差距很大,这使得可以通过如第 2.3.4 节所述的减法轻松分离等位基因 AB 和 CD。当然,使用基因分型概率的优势在于,我们无需用一个随意的杂合平衡阈值决定是否去掉一个基因型。软件会自动考虑这一点。现在如果我们用表 7.9 中的例子,并且改变条件,让每个等位基因有相同的峰高,那么,模型将会给出与不考虑峰高计算 LR 一样的值,因为这种情况下峰高信息是无用的。计算出的许多 LR 通常会介于 LR_{max}(犯罪嫌疑人匹配概率的倒数)和 LR_{min}(即不考虑峰高时)两个极值之间。

总而言之,我们在概率模型中利用期望峰高与观察峰高两个值的残差计算解决了二元模型的问题。

7.3.5 估计正态分布的参数:最大似然比估计(MLE)

在工作表"NORMAL_DISTR_ANALYSIS"中,标记为"ENFSI 1 case"为例,仅使用前 11 个基因座。电子表格中提供了完整的说明。

用 H_p:$S+U$ 和 H_d:$U+U$ 替代 LR 计算中的假设条件,其中 S=犯罪嫌疑人,U=未知个体。

正态分布公式 7.6 中有两个未知参数,分别是由 μ 参数确定的混合比例(M_x)和峰高的标准差(σ)。为了优化参数,ISFG DNA 委员会建议[34]如下:

"辩方的目的是最大限度地提升证据在 H_d 假设下的可能性。类似地,控方的目的是要根据他们的案件理论,最大限度地提高证据在 H_p 假设下的可能性。"

这需要两个单独的计算,一个用于 H_d,一个用于 H_p(表 7.12)。例如,在 vWA 基因座,基因型 BC,AB 以绿色突出显示,其中犯罪嫌疑人基因型为 BC,未知(第二个)供者基因型为 AB,AC 或 CC,后两个并没有突出显示,但它们以 BC,AC 和 BC,CC 的形式出现在上面的两个行中,并且使用与表 1.7 中相同的公式,将计算结果列入"H_p 乘积"列中。唯一的不同是,如第 7.3.4 节所述和表 7.13 所示,将每个基因型概率乘以它们的权重。

表 7.12 以 vWA 基因座为例,使用 Excel 电子表格"ENFSI 1 case"对"ENFSI exercise 1"进行分析。绿色突出显示的行是 H_p 假设,其中第一个供者 BC 是犯罪嫌疑人,第二个(未知)供者是 AB 或 AC 或 CC(所有都包括在计算中)。Excel"Solver"对 M_x 和 St. Dev 参数进行优化,H_p 和 H_d 分别最大化,最终得到对数似然比和似然比

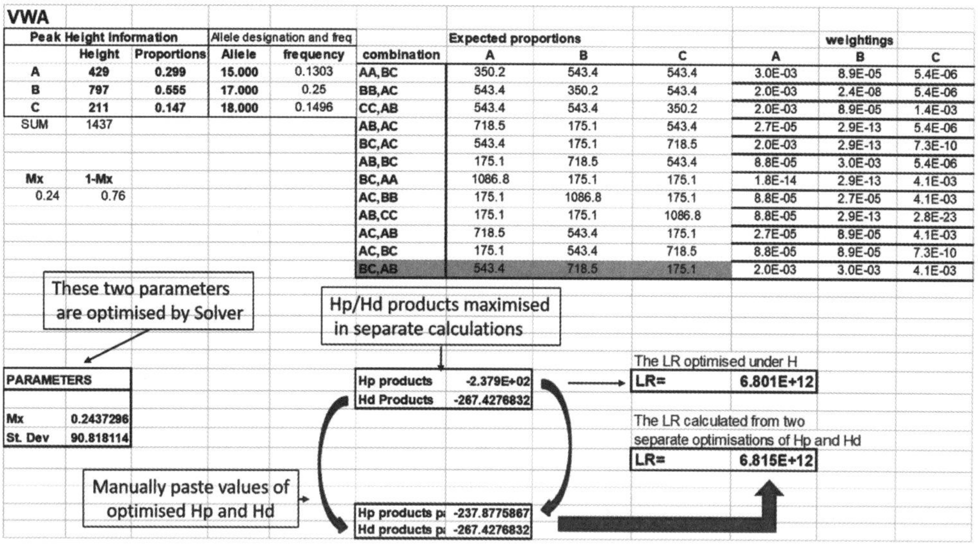
VWA

Peak Height information			Allele designation and freq			Expected proportions			weightings		
	Height	Proportions	Allele	frequency	combination	A	B	C	A	B	C
A	429	0.299	15.000	0.1303	AA,BC	350.2	543.4	543.4	3.0E-03	8.9E-05	5.4E-06
B	797	0.555	17.000	0.25	BB,AC	543.4	350.2	543.4	2.0E-03	2.4E-08	5.4E-06
C	211	0.147	18.000	0.1496	CC,AB	543.4	543.4	350.2	2.0E-03	8.9E-05	1.4E-03
SUM	1437				AB,AC	718.5	175.1	543.4	2.7E-05	2.9E-13	5.4E-06
					BC,AC	543.4	175.1	718.5	2.0E-03	2.9E-13	7.3E-10
					AB,BC	175.1	718.5	543.4	8.8E-05	3.0E-03	5.4E-06
Mx	1-Mx				BC,AA	1086.8	175.1	175.1	1.8E-14	2.9E-13	4.1E-03
0.24	0.76				AC,BB	175.1	1086.8	175.1	8.8E-05	2.7E-05	4.1E-03
					AB,CC	175.1	175.1	1086.8	8.8E-05	2.9E-13	2.8E-23
					AC,AB	718.5	543.4	175.1	2.7E-05	8.9E-05	4.1E-03
					AC,BC	175.1	543.4	718.5	8.8E-05	8.9E-05	7.3E-10
					BC,AB	543.4	718.5	175.1	2.0E-03	3.0E-03	4.1E-03

PARAMETERS	
Mx	0.2437296
St. Dev	90.818114

Hp products	-2.379E+02
Hd Products	-267.4276832
Hp products p	-237.8775867
Hd products p	-267.4276832

表 7.13 $Pr(E \mid H_p)$的产生,犯罪嫌疑人基因型为 BC 型,现场检材分型为 ABC。计算结果罗列在电子表格 ENFSI 1 的"权重(weighting)""$Pr(g \mid H_p)$"和"H_p 乘积"列

基因型	$Pr(E=BC \mid H_p)$	权重	乘积
BC,AB	$2p_Ap_B$	ω_1	$2p_Ap_B \cdot \omega_1$
BC,AC	$2p_Ap_C$	ω_2	$2p_Ap_C \cdot \omega_2$
BC,CC	p_C^2	ω_3	$p_C^2 \cdot \omega_3$
	乘积相加得到 $Pr(E \mid H_p)$		

$Pr(E \mid H_d)$的计算与前者过程相同,计算结果显示在"$Pr(g \mid H_d)$"和"H_d 乘积"列中。同时显示了 H_d 计算结果的总和。

在 Excel 电子表格中,选项卡"Data">"Solver"下的"Solver"可用来优化 M_x 和标准差参数[6]——每个 DNA 图谱的每个参数只有一个值。Solver 的设置如表 7.14 所示。在单元格 \$B\$187-\$B\$188 中的两个参数"M_x"和"St Dev"可以自动复制/链接到电子表格中的每个基因座,如 vWA 基因座对应的单元格 \$A\$175-\$B\$175,然后对 DNA 图谱中每个基因座同时进行优化。单元格 \$G\$186-\$G\$187 中,随着 M_x 的不断变化,H_p 和 H_d 的计算结果被最大化,对 \$B\$187-\$B\$188 单元格中的标准差值也进行相同操作,直到值无法再提高为止。值

得注意的是“Solver”对 M_x 和标准差参数的更新会同时反映到每个基因座上。步骤 1~3(第 7.3.1 节)是对单个基因座结果进行了描述。当延伸到多个基因座,需要分别计算 H_p 和 H_d 乘积结果(自然对数相加,是最可靠的方法),显示在单元格 G186- G187 中。

在第 7.2.1 节中描述的“MasterMix”简单示例中,我们通过手动计算发现了最小残差,其中在 $M_x = 0.1 \sim 0.9$ 范围中评估了所有 M_x 可能性(表 7.7)。我们同样可以利用“Solver”完成相同的计算。一旦要包含多个参数,手动计算方法将难以实现。使用“Solver”分别将 H_p 和 H_d 假设的似然比对数最大化,然后将似然对数的指数相除得到似然比(表 7.14)。

表 7.14 “Solver”的设置如下图所示。目标单元格为 G186,指的是 H_d 乘积。勾选框设置为“Max”,这意味着我们寻求最大值。M_x 范围在 0 到 1 之间,标准差限制在 10 到 2 000 之间。在“Select a Solving Method(选择求解方法)”一栏选择“Evolutionary(演化)”。从计算方面来说,每个基因座似然比的自然对数之和要比将每个基因座似然比相乘高效很多。需要进行两个计算。第一个是最大化单元格 G186 中的 H_p 乘积,第二个是最大化单元格 G187 中的 H_d 乘积。其结果必须手动复制到 G192:193 单元格中,根据两者的指数计算出的似然比值列在 J189 单元格中(表 7.12)

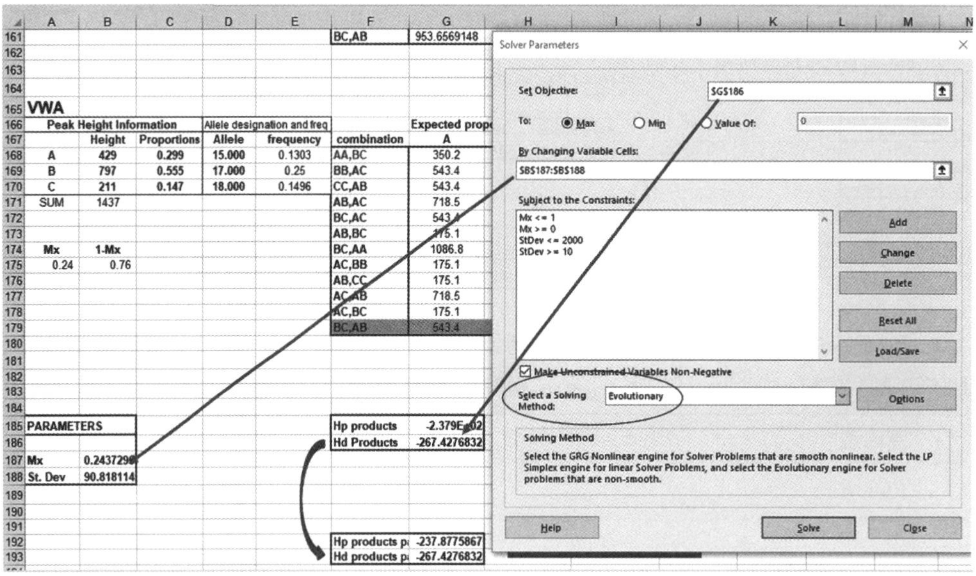

7.4. 回顾

1. 在本节中,我们演示了根据等位基因峰高计算混合样本比例的重要性,以及早期通过残差分析对 M_x 进行优化的说明。计算是在一个命名为“MasterMix”的 Excel 电子表格中进行。还阐述了依靠 M_x 计算峰高的期望值。

2. 尽管“MasterMix”计算说明了概率软件应遵循的基本原则,但这些计算本身都不是概率性的,也不能与基于等位基因频率的基因型概率信息结合。

3. 如果假设给定基因型的观察值-期望值得到的峰高残差服从正态分布,那么就可以进行基于基因型对峰高的概率估计,被称为“权重”,进而计算原告和被告假设下的概率。

4. 峰高遵循正态分布(概率)的附加假设需要额外的参数 σ(标准差),以描述峰高的变异。

5. 在正态分布假设下,使用 M_x 和 σ 计算峰高权重。根据在 H_p 和 H_d 下具体的基因型组合,分别将权重乘以基因型概率(如第 7.3.5 节所述)。概率总和(分别为"H_p 乘积结果"和"H_d 乘积结果")用于计算每个基因座的似然比。

6. 分别在 H_p 和 H_d 下对似然比对数最大化,同时估算未知参数(σ 和 M_x)。优化过程称为最大似然比估计。它是通过迭代实现的,并使用 Excel"Solver"置入函数在电子表格"ENFSI 1 case"中进行了说明。此优化在所有基因座上同时进行,因此每个样本分型只有一个 M_x 和 σ 值。

7.5. Gamma 模型

Evett 等的文献中描述的第一个定量连续模型使用正态分布[230]。尽管它是一个很有用的论证,但是人们认识到峰高并不遵循钟形曲线。实际分布明显偏斜。Cowell 等[231]人提出了一个新模型来考虑偏斜度,建议使用我们在 *EuroForMix* 中应用的 Gamma 分布模型。

7.5.1 Gamma 分布

与正态分布不同,gamma 分布更复杂。它需要指定两个参数,即形状参数 α 和尺度参数 β,gamma 分布将这些参数作为变量。示例分布如图 7.4 所示。

Gamma 分布的概率密度函数表示为

$$f(\gamma \mid \alpha,\beta)=\frac{1}{\beta^{\alpha}\Gamma(\alpha)}\gamma^{\alpha-1}exp\left\{-\frac{\gamma}{\beta}\right\}=gamma(\gamma \mid \alpha,\beta) \tag{7.7}$$

其中 $\Gamma(x)$ 称为 gamma 函数。公式 7.7 中得出的密度函数提供了 *EuroForMix* 中的"权重"。

尺度参数具有拉伸或压缩分布的效果,形状和尺度参数一起决定了 gamma 分布。

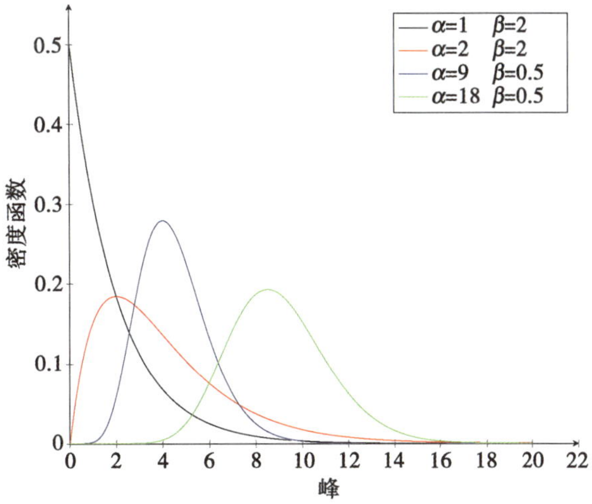

图 7.4　形状参数 α 和尺度参数 β 决定了 gamma 分布的密度函数,如图所示,x 轴表示峰高,y 轴表示密度函数值(即"权重")

在 Excel 中,函数 GAMMA. DIST(γ,alpha,beta,cumulative)用于计算权重,其中 γ=峰高观察值,alpha 和 beta 为形状参数、尺度参数、cumulative 设置为 FALSE,以考虑 gamma 的概率密度函数,而非累积的概率密度函数。

7.5.2 单个供者的模型

对于 *EuroForMix* 中的模型,尺度参数对于所有标记都是不变的,但是形状参数将取决于对所有供者的预期贡献度。下面是一个示例。

如果考虑仅有供者基因型 *AB*,则等位基因 *A* 和 *B* 的权重将为 $f(\gamma_A \mid \alpha,\beta)\times f(\gamma_B \mid \alpha,\beta) = gamma(\gamma_A \mid \alpha,\beta)\times gamma(\gamma_B \mid \alpha,\beta)$,但是,如果基因型为 *AA*,则等位基因 *A* 的权重将为 $f(\gamma_A \mid \alpha,\beta) = gamma(\gamma_A \mid \alpha\times 2,\beta)$。

乘以 2 是 gamma 分布的加和性决定的,这意味着如果我们增加两个或多个随机变量,则形状参数会简单地相加。这仅在尺度参数相同时才成立。这是由于形状参数在进行 gamma 密度函数之前就已经完成了尺度参数赋值。因此,以"形状参数"和"尺度参数"输入函数很有意义的。在应用时,形状参数与特定等位基因贡献度成比例。

7.5.3 参数优化

对于 gamma 模型,将期望峰高(峰高 Y)定义为形状参数和尺度参数的乘积,得出 $E[Y] = \alpha\times\beta$。此外,峰高的方差为 $Var[Y] = \alpha\times\beta^2$。衡量差异的另一种方法称为变异系数(coefficient-of-variance),即标准差除以期望峰高$\left(\text{公式 } CV[Y] = \frac{\sqrt{Var[Y]}}{E[Y]} = \alpha^{-\frac{1}{2}}\right)$。这种方法的特点是它与峰高值大小无关。例如,如果峰高值在 10 000~20 000RFU 的范围内变化,则峰高的方差变化通常也将非常大。但是,如果我们用峰高期望值,则得数字会小得多,在不同数据之间的可比性更强(那些更小 RFU 结果的数据)。因此,*CV* 是衡量变异的标准测量方法。

在 *EuroForMix* 中,我们进行了以下参数优化,有助于更容易地解释参数[7]:

$$\mu = E[Y] = \alpha\times\beta \tag{7.8}$$

$$\omega = CV[Y] = \alpha^{-\frac{1}{2}} \tag{7.9}$$

因此换算回形状和尺度参数我们得到

$$\alpha = \frac{1}{\omega^2} \qquad \beta = \mu\omega^2 \tag{7.10}$$

我们还可把公式 7.7 改写为如下形式:

$$f(\gamma \mid \mu,\omega) = \frac{1}{(\mu\omega^2)^{\omega^{-2}}\Gamma(\omega^{-2})}\gamma^{(\omega^{-2}-1)} exp\left\{-\frac{\gamma}{\mu\omega^2}\right\} = gamma(\gamma \mid \omega^{-2},\mu\omega^2) \tag{7.11}$$

其中 ω^{-2} 表示形状参数,$\mu\omega^2$ 表示尺度参数。

如果分析阈值(analytical threshold,AT)为 0RFU,根据 DNA 图谱,利用基因座峰高值之和的平均值(即除以 2),可对参数 μ 进行估计。否则,由于峰高可能会被截短而获得另外一个值。

对于上一节中单个供者的例子,如果基因型为 AB,则权重为 $gamma(\gamma_A \mid \omega^{-2},\mu\omega^2)\times gamma(\gamma_B \mid \omega^{-2},\mu\omega^2)$,如果基因型为 AA,则权重为 $gamma(\gamma_A \mid \omega^{-2}\times 2,\mu\omega^2)$。

对于多人构成的混合样本,还需要考虑每个个体混合比例,这样,对于一个具体的等位基因,形状参数将是所有供者的相对贡献的总和。举一个例子最容易说明这一点。

7.5.4 举例

本示例摘自"ENFSI exercise 1"示例,并编写在 Excel 工作簿"Gamma"中。读者如想按照第 8 章所述使用 *EuroForMix* 进行示例操作,除了将检测阈值设置为 50RFU,必须将所有参数都设置为零。电子表格"Gamma">"ENFSIcase with Q"只是基本功能,不包括插入和F_{ST} 功能。在此阶段,影子峰和降解都没有纳入考虑范围,因此这些选项在 *EuroForMix* 中都必须关闭。以基因座 D2S1338 为例。这是一个四等位基因基因座,犯罪嫌疑人基因型为 AD,未知个体分型为 BC,在表 7.15 中的绿色行标出。

最大似然比估计用于优化未知参数。此过程与第 7.3.1 节中的正态分布示例中描述的过程相同,只是在这里我们需要优化更多参数。Solver 对参数 M_x(混合比例),mu,符号 μ(期望峰高);omega,符号 ω(峰高变异系数)进行了优化。与前面的示例一样,所有基因座上可同时进行优化;其目的是在两次独立的计算中分别将 H_p 和 H_d 的概率(作为参数的函数)最大化来计算 LR。如表 7.15 所示,电子表格"ENFSIcase with Q"解释了这一过程。

表 7.15　以"ENFSI exercise 1"中的基因座 D2S1338 为例("Gamma">"ENFSIcase with Q"电子表格,在 H_d 假设下优化参数)。使用 Solver 函数对 M_x、ω 和 μ 参数进行了优化,使 H_p 和 H_d 假设下所有基因座似然比对数最大化。在此,使用公式 7.10 计算最匹配观察峰高的相应形状参数和尺度参数。权重是根据=GAMMA. DIST(y,shape,scale,cumulative=FALSE)计算得出的,其中 y 是观察峰高,且包含形状参数和尺度参数

D2S1338

Height Information here

	Height	peak height			Genotype	Expected peak height (shape*scale) A	B	C	D	weightings A	B	C	D	combined weights
A	300	0.190	17.000	0.2447	AB,CD	285.473	285.473	722.419	722.419	2.35E-03	9.17E-04	1.43E-03	3.24E-04	1.001E-12
B	471	0.298	18.000	0.0634	AC,BD	285.473	722.419	285.473	722.419	2.35E-03	1.24E-03	6.91E-04	3.24E-04	6.555E-13
C	512	0.323	19.000	0.1109	AD,BC	285.473	722.419	722.419	285.473	2.36E-03	1.24E-03	1.43E-03	2.35E-03	9.847E-12
D	300	0.190	20.000	0.1761	BC,AD	722.419	285.473	285.473	722.419	3.24E-04	9.17E-04	6.91E-04	3.24E-04	6.661E-14
SUM	1583				BD,AC	722.419	285.473	722.419	285.473	3.24E-04	9.17E-04	1.43E-03	2.35E-03	1.001E-12
					CD,AB	722.419	722.419	285.473	285.473	3.24E-04	1.24E-03	6.91E-04	2.35E-03	6.555E-13

Mx	1-Mx
0.2832379	0.7167621

Omega	0.292
mu	1007.893

These parameters Optimised with Solver

Parameters (global)

shape	11.692592	(alpha)
scale	86.199263	(beta)

The shape and scale parameters are calculated from Omega and mu

Parameters per contributor

shape A=	3.3117855	in contributor 1
shape A=	8.3808066	in contributor 2
scale=	86.199263	universal
mu=	285.47347	in contributor 1
mu=	722.41936	in contributor 2

Relative proportions of shape parameters calculated using Mx

已知供者 1 的混合比例为 M_x,供者 2 的混合比例 $1-M_x$,$n_{A,k}$ 是等位基因 A 在供者($k=1$ 或 $k=2$)中的个数;等位基因 A 的形状参数为:

$$\alpha_A=\frac{M_x\times n_{A,1}+(1-M_x)\times n_{A,2}}{\omega^2} \tag{7.12}$$

等位基因 $B,C,D\cdots$也是如此。注意这一公式的分子部分源于第 7.2 节中描述的"MasterMix"电子表格分析。

通过将$(M_k\times n_{A,k})$项添加到分子中,可以轻松地将该公式扩展到包含 3 个或更多的供者的混合样本,每增加一个供者 k 就加 1,其中 M_k 是供者 k 的混合比例(请参阅附录 B)。对于两个供者,我们简单地表述为 $M_1=M_x$ 和 $M_2=1-M_x$。

以表 7.15 为例,在基因型为 *AB*,*CD* 条件下,等位基因 *A* 的权重要求按照形状参数公式 7.12 计算:$\alpha_A = M_x \times \frac{1}{\omega^2}$。

对于两个供者均具有等位基因 *A* 拷贝的基因型:*AA*,*AB*,该等位基因的形状参数的计算为 $\alpha_A = \frac{M_x \times 2 + (1-M_x) \times 1}{\omega^2}$。

在表 7.15 所示的示例中,峰高观察值的分布由两个形状参数(α_1 和 α_2,各表示一个供者)和一个全面的(global)尺度参数(β)决定。图 7.5 展示了两个供者的概率密度分布结果。该模型给出了期望峰高 μ_1 和 μ_2。注意混合比低的供者图形的偏斜,这是典型现象,且说明了为什么在分析数据时 gamma 分布优于正态分布。

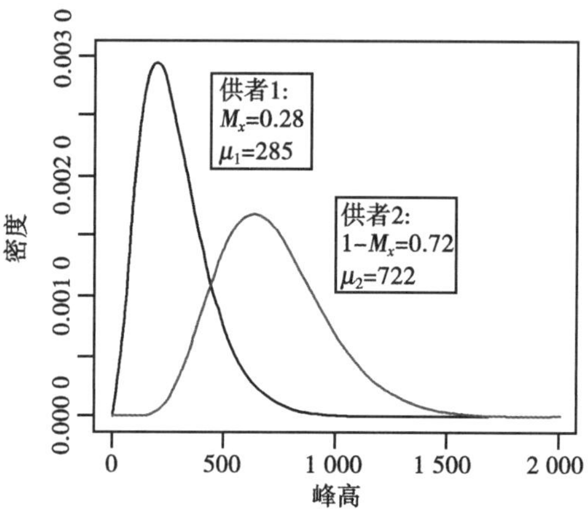

图 7.5 在 ENFSI exercise 1 中,两个供者的峰高 gamma 分布。生成图片的 R 语言代码见框 7.1

知识方框 7.1 用于生成图 7.5 的 R 程序

```
k<-c(3.312,8.381)        #供者 1 和 2 的形状参数
theta<-c(86.2,86.2)      #供者 1 和 2 的尺度参数
plot(0,0,xlim=c(0,2000),ylim=c(0,0.003),type="n",
xlab="peak height",ylab="density")
for(i in seq_along(k))  curve(dgamma(x,shape=k[i],
scale=theta[i]),from=0,to=2000,col=i,add=TRUE,
xlab="peak height",ylab="density")
```

如上所述,尺度参数(变量)$\beta = \mu \times \omega^2$,这意味着这些参数在所有基因座上均保持不变。

对于具体的基因型组合 *g*,权重 $Pr(E \mid g)$ 的计算就是将每个等位基因的权重相乘:

$$Pr(E \mid g) = gamma(\gamma_A \mid \alpha_A, \beta) \times gamma(\gamma_B \mid \alpha_B, \beta) \times \cdots \tag{7.13}$$

7.5.4.1 参数计算总结

电子表格中的参数说明(表 7.15)。

1. M_x 是供者 1 的混合比例,$1-M_x$ 是供者 2 的混合比例;ω 是变异系数;μ 是期望峰高。为了在 *EuroForMix* 中进行分析,这 3 个参数被视为未知参数,并通过优化对其进行估算,以提供与模型的最佳拟合。所有其他参数均来自这 3 个参数。

2. 所有参数的计算为
   - 形状参数(α)= $1/\omega^2$
   - 尺度参数(β)= $\mu \times \omega^2$

3. 每个供者的参数计算为
   - 供者 1:$\alpha_1 = M_x/\omega^2$
   - 供者 2:$\alpha_2 = (1-M_x)/\omega^2$
   - $\beta = \mu \times \omega^2$
   - $\mu_1 = \alpha_1 \times \beta$
   - $\mu_2 = \alpha_2 \times \beta$

要获得全局参数,添加两个供者参数,如下所示:

- $\mu=\mu_1+\mu_2$
- $\alpha=\alpha_1+\alpha_2$

4. 通过将每个供者的形状参数和尺度参数相乘来计算等位基因的期望峰高,如表 7.16 所示。

表 7.16　以供者等位基因出现个数(0,1,2)为条件计算等位基因期望峰高。α_1 是供者 1 的形状参数,而 α_2 是供者 2 的形状参数。"Total contribution(总供者)"这一列给出指定等位基因的峰高估计值(即两个人的贡献之和)。"Total contribution(总供者)"也可以用上述第(3)点的公式 M_x 和 μ 表示

每个供者等位基因数	供者 1	供者 2	总贡献
0,2	$\alpha_1\times\beta\times0$	$\alpha_2\times\beta\times2$	$2\alpha_2\beta=2(1-M_x)\mu$
1,1	$\alpha_1\times\beta\times1$	$\alpha_2\times\beta\times1$	$(\alpha_1+\alpha_2)\beta=\mu$
2,0	$\alpha_1\times\beta\times2$	$\alpha_2\times\beta\times0$	$2\alpha_1\beta=2M_x\mu$
1,2	$\alpha_1\times\beta\times1$	$\alpha_2\times\beta\times2$	$(\alpha_1+2\alpha_2)\beta=(2-M_x)\mu$
2,1	$\alpha_1\times\beta\times2$	$\alpha_2\times\beta\times1$	$(2\alpha_1+\alpha_2)\beta=(1+M_x)\mu$
2,2	$\alpha_1\times\beta\times2$	$\alpha_2\times\beta\times2$	$(2\alpha_1+2\alpha_2)\beta=2\mu$

5. 权重由 Excel 函数=GAMMA. DIST(γ,shape,scale,cumulative=FALSE)计算:
其中 γ 是峰高观察值,包含形状参数和尺度参数。

- 形状参数的计算如上文第(3)点所述,乘以每个供者提供的等位基因数量并除以 ω^2。例如,对于基因型组合 AA,AB,等位基因 A 形状参数分别为

$$\alpha-\frac{2\times M_x+(1-M_x)\times1}{\omega^2} \tag{7.14}$$

对于等位基因 B,形状参数为
α=公式

$$\alpha=\frac{0\times M_x+(1-M_x)\times1}{\omega^2} \tag{7.15}$$

- 尺度参数与之前描述的一样为 $\beta=\mu\times\omega^2$
- 通过将各个等位基因权重相乘得出特定具体的基因型组合的总权重。

6. 最终,H_d 与 H_p 乘积的计算与 7.3.4 节阐述的正态分布模型的计算方法完全相同。如该部分所述,还比较了与未考虑峰高的 LRs 值和 LR_{max} 值。

参数关系如图 7.6 所示。优化了 3 个参数以找到最适合模型的参数:M_x,ω 和 μ。用来计算 gamma 分布的形状参数(α)和尺度参数(β)。反过来,这将计算出权重并乘以不考虑峰高的 $Pr(g\mid H)$(这需要等位基因频率数据和条件基因型组合)。每个假设 $Pr(E\mid H_p)$ 和 $Pr(E\mid H_d)$都分别被优化,目的是使每个假设下的对数似然比最大化,这是通过改变 M_x,ω 和 μ 参数实现的。似然比为 $LR=\frac{Pr(E\mid H_p)}{Pr(E\mid H_d)}$。

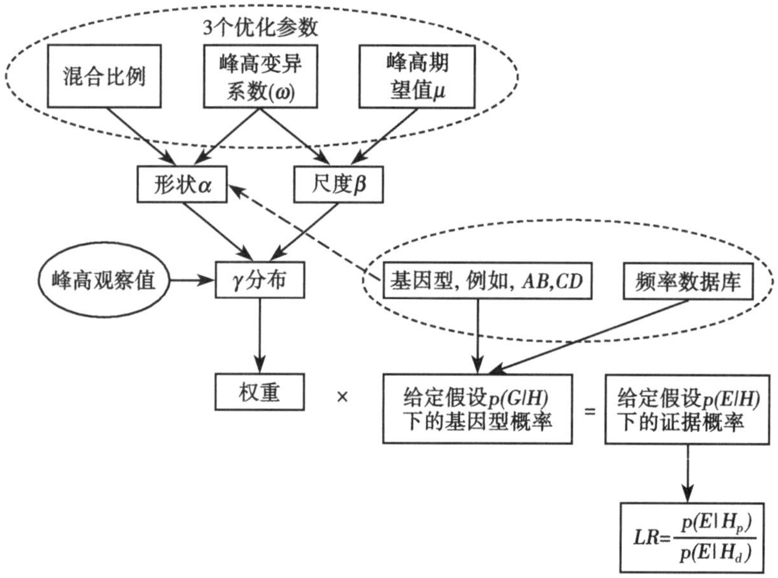

图7.6 该流程图展示了如何形成gamma模型中的参数并计算似然比

7.6. Gamma模型解释等位基因丢失

使用*LRmix Studio*时,通过引入一个丢失参数d(对于所有供者而言都是相同的)来处理等位基因的丢失,并且当以基因型为条件时,可以计算得出等位基因a的丢失概率D_a(公式5.7)。这个全局的d值被应用于所有的DNA基因座。该过程与定量模型不同。在第3.1节中的解释,等位基因丢失是杂合失衡的一种极端形式。要预测等位基因丢失,我们只需要对峰高建立模型。估计低于分析阈值(AT)的等位基因认为是丢失。对于定量模型,不必将等位基因丢失概率作为参数。它可以用连续峰高模型进行估计,为从0RFU到AT(分析阈值)RFU的gamma密度函数曲线下的面积。因此,等位基因丢失概率是0到AT的积分。该积分可通过Gamma累积函数计算得出(密度函数的积分变体)。

7.6.1 等位基因Q

最好用一个例子来说明。假设我们有一个现场检材为单一供者,其分型为A,而犯罪嫌疑人的基因型为AB。如果控方假设是正确的,那么等位基因B一定是丢失了。作为辩方假设来说,这一分型结果没有等位基因丢失,取而代之的解释是这一检材的供者基因型为纯合子AA(第3.7节)。

在控方假设下,如果现场检材中等位基因A很低,那么就可以合理地推定等位基因B发生了丢失,因此它不能被检出。在第3.7节中,介绍了虚拟等位基因Q,它被定义为除了在现场检材中观察到的等位基因外的任何等位基因。在这个例子中,等位基因Q的概率是$1-p_A$。第4.4.1节展示了一个在*LRmix Studio*中使用等位基因Q的示例。

在"ENFSI exercise 1"示例中,现场斑迹TPOX基因座仅检测到等位基因8。犯罪嫌疑人的分型为8,12,因此在控方假设下,等位基因12发生了丢失。为了分析这种情况,必须考虑在表7.17中列出的所有可能的基因型($AA,AQ;AQ,AQ\cdots$)。

表 7.17　现场检材仅有一个等位基因 8 的权重计算,其中犯罪嫌疑人是杂合子 8,12。电子表格“Gamma”>“ENFSIcase with Q”

TPOX				
Height Information here				
	Height	peak height	Allele	Frequency
A	1258	1.000	8.000	0.4859
SUM	1258			
Mx	1-Mx			
0.2832379	0.7167621			
Parameters (global)				
shape	11.692592	(alpha)		
scale	86.199263	(beta)		
Parameters per contributor				
shape A=	3.3117855	in contributor 1		
shape A=	8.3808066	in contributor 2		
scale=	86.199263	universal		
mu=	285.47347	in contributor 1		
mu=	722.41936	in contributor 2		

	Expected peak height		weightings		combined
Genotypes	A	Q	A	Q	weights
AA,AQ	1293.366301	722.419355	1.21E-03	6.76E-08	8.214E-11
AQ,AQ	1007.892828	1007.89283	7.90E-04	4.55E-12	3.593E-15
AA,QQ	570.9469457	1444.83871	5.21E-05	3.49E-19	1.818E-23
AQ,AA	1730.312183	285.473473	5.64E-04	1.18E-02	6.652E-06
QQ,AA	1444.83871	570.946946	1.11E-03	6.89E-06	7.637E-09
AQ,QQ	285.4734728	1730.31218	9.63E-07	3.39E-24	3.261E-30
QQ,AQ	722.4193552	1293.3663	1.90E-04	1.24E-16	2.357E-20
AA,AA	2015.785656		1.64E-04		1.635E-04
					sum
				Omega	0.292
				mu	1007.892828

所有的被告假设基因型组合都已经列出。虽然只有一个等位基因存在,但是 DNA 图谱上其他基因座上包含至少 3 个等位基因的情况排除了这一斑迹来自单一个体的可能性。等位基因 12 的丢失必定降低对原告假设证据的支持强度,由于现场斑迹丢失了一个等位基因(在 H_p 假设下)而导致与参考分型“不匹配”。

表 7.17 中列出了所有可能的 8 种基因型组合。它们包含了 0~3 个等位基因 Q(每种基因型组合中必须至少有一个等位基因 *A*)。另外,在被告假设下,没有一个先验前提能说明发生了等位基因丢失,这意味着两个供者都是纯合子 *AA*,*AA*。

等位基因 *A* 的权重计算与第 7.5.4 节中所述完全相同。首先,计算可以提供等位基因 *A* 的供者个数;其次,通过公式 7.12 构建形状参数;再次,通过形状参数和尺度参数来构造 gamma 密度函数,并用相应峰高观察值评估密度函数来得到权重;最后,利用 GAMMA. DIST 函数(γ, shape, scale, cumulative = FALSE)计算。如果观察到更多的等位基因,则计算每个等位基因的权重,然后将其相乘。

但是,等位基因 *Q* 的计算方式有所不同。在表 7.17“权重(weightings)”列中,GAMMA. DIST 函数(*AT*, shape, scale, cumulative = TRUE)中将 γ 设置为等位基因丢失阈值(*AT*),本例中,*AT* = 50RFU,并且“cumulative”选项设置为“TRUE”。这是为了计算等位基因丢失概率,我们将其定义为峰高在 0-50RFU 区间的概率。

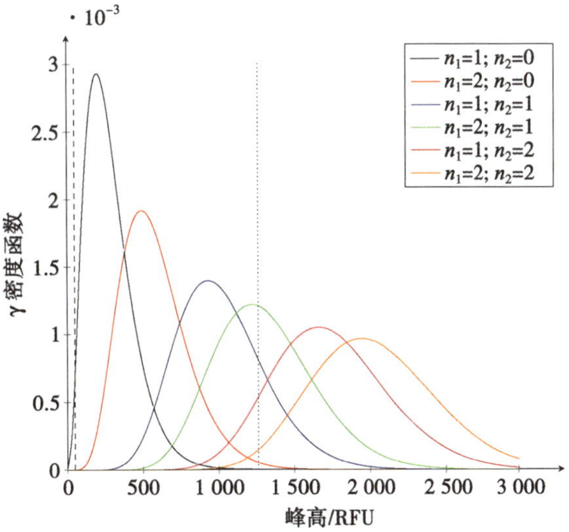

图 7.7　该图展示了等位基因供者数分别为 0、1 和 2 时,供者 1(n_1)和供者 2(n_2)的峰高 RFU 值的 gamma 密度函数形态。垂直的虚线为 *AT*=50RFU 阈值,点虚线表示观察到的等位基因 *A* 峰高(1 258RFU)

图 7.7 显示了对于每个供者提供了数目不同的等位基因时,峰高结果的 gamma 密度函数,这是通过基因型组合假设给出的。例如,在基因型组合 *AQ*,*AA* 中,等位基因 *A* 的峰高分布

有一个来自供者 1 的等位基因 A,而有两个等位基因 A 来自供者 2。分布由 gamma(shape, scale)函数定义,其中,形状参数是按每个供者计算的,而尺度参数如表 7.17 所示是通用的。利用这些信息,对于该基因型组合,等位基因 A 的分布是 gamma(20.17,86.2),如图 7.7 中紫色线所示。形状参数根据公式 7.14 计算得出,尺度参数为 $\beta=\mu\times\omega^2$。

尺度参数计算(所有等位基因相同):

$$\beta=\mu\times\omega^2=1\,007.89\times0.292\,5^2=\beta=86.2 \tag{7.16}$$

等位基因 A 的形状参数计算:

$$\alpha_A=\frac{1\times M_x+(1-M_x)\times2}{\omega^2}=\frac{1\times0.28+(1-0.28)\times2}{0.292\,5^2}=20.1 \tag{7.17}$$

如果我们分析等位基因 Q(可能丢失的等位基因),对于此基因型组合,它仅存在于供者 1 中,由于形状参数 gamma(3.31,86.2)很小,因此丢失的可能性很小(图 7.7 中的黑线)。

等位基因 Q 的形状参数计算:

$$\alpha_Q=\frac{1\times M_x+(1-M_x)\times0}{\omega^2}=\frac{1\times0.28+(1-0.28)\times0}{0.292\,5^2}=3.3 \tag{7.18}$$

尺度参数的计算与之前相同。读者可以在与表 7.17 相关的电子表格中进行相同的计算。

犯罪嫌疑人 TPOX 基因座分型为 8,12,因此,原告假设认为作为证据的现场检材分型是 8,Q(示例中 TPOX 等位基因 8=A;等位基因 12 未检出,但被归为等位基因 Q)。因此,在 H_p 假设下有几种可能的基因型组合。假设犯罪嫌疑人是供者 1,基因型组合有 AQ,AA;AQ,AQ 和 AQ,QQ。

表 7.18 以"ENFSI exercise 1"中 TPOX 为例计算 LRs,犯罪嫌疑人为 AQ,列出了原告假设基因型组合为 AQ,AQ、AQ,AA 和 AQ,QQ 时的乘积值,除以 H_d 的乘积之和进行似然比的计算

基因型	联合权重	$Pr(g\mid H_d)$	H_d 乘积	$Pr(g\mid H_p)$	H_p 乘积	LR(考虑峰高)	LR(无权重)	LR_{max}
AA,AQ	8.214E-11	0.117 955 27	9.688 58E-12	0.499 602	3.861E-05	3.900E+00	1.075 099 877	4.235 514 783
AQ,AQ	3.593E-15	0.249 602 538	8.968 49E-16	0.499 602	1.571E-06	1.586E-01	1.075 099 877	2.001 591 746
AA,QQ	1.818E-23	0.062 400 635	1.134 37E-24	0.264 299	3.861E-05	3.900E+00	1.075 099 877	4.235 514 783
AQ,AA	6.652E-06	0.117 955 527	7.846 63E-07	0.236 099	1.571E-06	1.586E-01	1.075 099 877	2.001 591 746
QQ,AA	7.637E-09	0.062 400 635	4.765 28E-10	0.236 099	1.803E-09	1.821E-04	0.790 952 259	3.783 596 301
AQ,QQ	3.261E-30	0.132 044 315	4.306 32E-31	0.264 299	1.571E-06	1.586E-01	1.075 099 877	2.001 591 746
QQ,AQ	2.357E-20	0.132 044 314	3.112 27E-21	0.499 602	1.803E-09	1.821E-04	0.790 952 259	3.783 596 301
AA,AA	1.635E-04	0.055 742 648	9.116 45E-06	0.236 099	3.861E-05	3.900E+00		
	总和	0.930 146 139	9.901 6E-06					

回想一下,在 H_p 和 H_d 假设下使用 Excel 中的 Solver 通过两种不同的计算方法来对未知参数进行优化,因此"*LR*(考虑峰高)"这一列是基于两种假设的最优值计算得到的(第 7.3.5 节)。电子表格的目的是使读者能够了解单元格中的公式。H_d 计算如表 7.17 和表 7.18 所示,计算似然比为 0.126 8,支持被告假设,该值与 *EuroForMix* 的计算结果在小数点后四位相同。如果在不考虑峰高的情况下进行计算["*LR*(无权重)"列],则 *LR* 会变高,*LR* = 1.08:这略微有利于 H_p 假设。在表中,LR_{max} =2.0 是基于第 3.6 节中所述的修正后的 2p 规则[$LR=p_A\times(1-p_A)$],这显然不是一个保守值。这个简单的示例表明,在正式计算中通过放弃 TPOX 基因座来保持中立,这与直接指定这一基因座 *LR*=1 是一样的。在这种情况下,这种方法是不合理的,会导致过高估计整体 *LR* 值。

上述规则被用于解释所有其他可能的基因型组合。因为被告假设始终认为有一个未知供者可能丢失了一个或更多等位基因,就使用等位基因 *Q* 去解释供者之间的重叠等位基因。结果就是,两个供者构成的具有 4 个等位基因的基因座不需要等位基因 *Q*,但是在出现 1~3 个等位基因时,应该使用等位基因 *Q* 方便结果解释。与第 1.7 节中描述的简单示例(无丢失)相比,这一计算非常复杂。表 7.19 显示了 2 人构成的混合样本中有 1~3 个等位基因情况下,H_d 假设可能存在的基因型组合。不难看出,随着供者数量的增加计算需求呈指数增长,因此无法使用简单的电子表格计算应用于 3 个或更多供者的混合样本。

表 7.19 犯罪现场痕迹有 1、2、3 和 4 个等位基因,假如这是两个供者构成的混合样本并存在等位基因丢失时,被告假设条件下所有的等位基因组合。等位基因 *Q* 在无阴影部分,黄色部分为基因型没有丢失的情况。本表适用于假定不存在等位基因的插入

等位基因数			
1	2	3	4
AA,AQ	AA,BQ	AB,CQ	AB,CD
AQ,AQ	BB,AQ	AC,BQ	AC,BD
AA,QQ	QQ,AB	AQ,BC	AD,BC
AQ,AA	AB,AQ	BC,AQ	BC,AD
QQ,AA	BQ,AQ	BQ,AC	BD,AC
AQ,QQ	AB,BQ	CQ,AB	CD,AB
QQ,AQ	BQ,AA	AA,BC	
AA,AA	AQ,BB	BB,AC	
	AB,QQ	CC,AB	
	AQ,AB	AB,AC	
	AQ,BQ	BC,AC	
	BQ,AB	AB,BC	
	AA,AB	BC,AA	
	AB,AB	AC,BB	
	AA,BB	AB,CC	
	AB,AA	AC,AB	
	BB,AA	AC,BC	
	AB,BB	BC,AB	
	BB,AB		

7.6.2 Excel 电子表格与 *EuroForMix* 的比较:总结

使用 gamma 模型在 Excel 电子表格"Gamma">"ENFSIcase with Q"中分析了"ENFSI exercise 1"的现场斑迹分型。这一练习的目的是明确需要进行哪些计算,它还说明了进行最大似然比估计的原则。

为了进行最大似然比估计,如表 7.20 所示使用"Solver":

步骤 1:通过优化单元格 B379:B381 中的 3 个参数(即 H_p 下的 M_x、ω 和 μ),并将每个基因座的似然比乘积(自然对数之和)输出为最大化的似然比。计算完成后,将结果(不要复制公式)从单元格 B385 复制/粘贴到单元格 F385 中。

步骤 2:在单元格 B386 中,使用 Solver 来最大化似然比对数。将此值复制/粘贴到单元格 F386 中。单元格 F387 中可得出似然比。

步骤 3:参照电子表格本身,通过复制/粘贴 H_p 乘积(显示为绿色行)并除以 H_d 乘积(黄色突出显示)来计算每个基因座的 *LR*。记住要对 H_p 和 H_d 分别进行参数的优化,再进行计算。

表 7.20 设置 Excel Solver 进行最大似然比估计。分别对 H_p 和 H_d 进行优化参数和计算

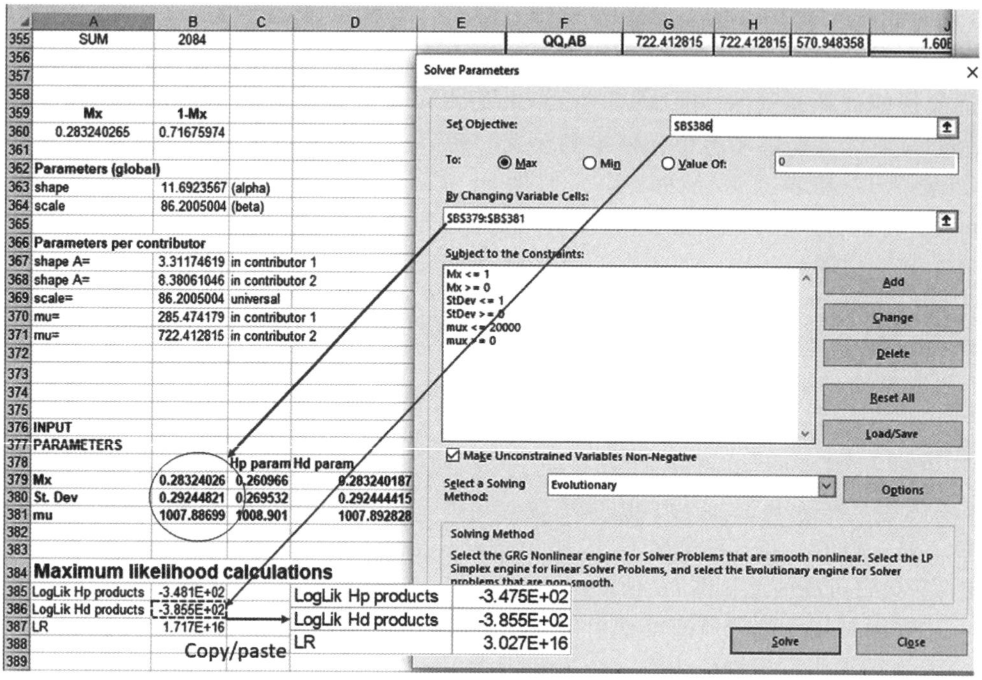

步骤 4:与 *EuroForMix* 中的分析结果进行比较,得出相同的结果(表 7.21)精确度可达小数点后 3 位(差异是由于数值四舍五入而导致的)。

表 7.21 *EuroForMix* 分析结果(Fst=0,drop-in=0,不考虑影子峰和降解)比较似然比的对数值和电子表格的 *LR* 值,两者的值是相同的

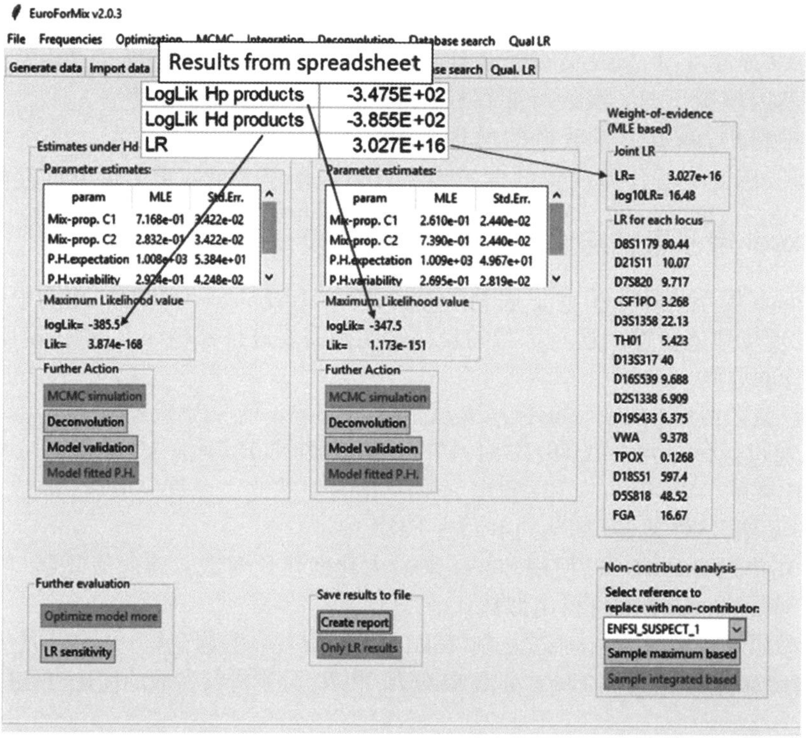

7.7. 拆分

拆分是用于评估最大可能基因型的方法。在“Gamma”工作簿“拆分(deconvolution)”电子表格中有一个演示电子表格。该电子表格重现了四等位基因(包括等位基因 Q)的示例,如“ENFSI exercise 1”所述。用于计算权重和 $Pr(g \mid H)$ 的方法与第 7.5.4 节中所述相同。由于需要优化两个单独的参数,因此电子表格包含两个部分,分别在 H_p 和 H_d 下执行相应的计算。以“Gamma”>“ENFSIcase with Q”电子表格中的 CSF1PO 基因座为例,表 7.22 显示了部分 H_d 假设下计算的电子表格。按照提示复制/粘贴等位基因频率,峰高和参数,表格可自动进行必要的计算。

表 7.22　以“ENFSI exercise 1”的 CSF1PO 基因座为例,命名为“拆分(deconvolution)”的工作簿显示了参数,峰高、等位基因频率等输入信息

k Height Information here

	Height	Proportions
A	282	0.185
B	455	0.299
C	786	0.516
SUM	1523	
Hd parameters		
Mx	1-Mx	
0.283	0.716759813	

Insert the peak heights here

Parameters (global)		
shape	11.69266043	(alpha)
scale	8.620E+01	(beta)

Parameters per contributor		
shape A=	3.311831329	in contributor 1
shape A=	8.380829105	in contributor 2
scale=	86.19875983	universal
mu=	285.4757533	in contributor 1
mu=	722.4170751	in contributor 2

Spreadsheet used to calculate the weights under Hd

	Expected peak height (shape*scale)				weightings	
Genotype	A	B	C	Q	A	B
AB,CQ	285.476	285.476	722.417	722.417	2.51E-03	1.02E-03
AC,BQ	285.476	545.813	285.476	722.417	2.51E-03	1.16E-03
AQ,BC	285.476	545.813	545.813	285.476	2.51E-03	1.16E-03
BC,AQ	722.417	285.476	285.476	722.417	2.53E-04	1.02E-03
BQ,AC	722.417	285.476	722.417	285.476	2.53E-04	1.02E-03
CQ,AB	722.417	722.417	215.687	215.687	2.53E-04	1.16E-03
AA,BC	570.9515066	722.4170751	722.4170751		9.60E-04	1.16E-03
BB,AC	722.4170751	570.9515066	722.4170751		2.53E-04	1.90E-03
CC,AB	722.4170751	722.4170751	570.9515066		2.53E-04	1.16E-03
AB,AC	1007.892828	285.4757533	722.4170751		7.43E-06	1.02E-03
BC,AC	722.4170751	285.4757533	1007.892828		2.53E-04	1.02E-03
AB,BC	285.4757533	1007.892828	722.4170751		2.51E-03	1.66E-04
BC,AA	1444.83415	285.4757533	285.4757533		5.32E-09	1.02E-03
AC,BB	285.4757533	1444.83415	285.4757533		2.51E-03	1.35E-06
AB,CC	285.4757533	285.4757533	1444.83415		2.51E-03	1.02E-03
AC,AB	1007.892828	722.4170751	285.4757533		7.43E-06	1.16E-03
AC,BC	285.4757533	722.4170751	1007.892828		2.51E-03	1.16E-03
BC,AB	722.4170751	1007.892828	285.4757533		2.53E-04	1.66E-04

CSF1PO example

	Allele Frequencies
Allele A	0.2623
Allele B	0.3011
Allele C	0.3151

INPUT PARAMETERS		
	Hp param	Hd param
Mx	0.261	0.283
omega	0.270	0.292
mu	1008.901	1007.893

Insert the allele frequencies and parameters for Hp and Hd here - the calculations are automatic

如前所述,对于正态分布模型(表 7.11),“H_d 乘积”列=权重×$Pr(g \mid H_d)$(表 7.23)。测试的一对假设为:H_p:$S+U$ 和 H_d:$U+U$。

在 H_p 下,基因型列表中的第一个供者 C1 为犯罪嫌疑人,第二个供者 C2 为未知个体。在 H_d 下,C1 和 C2 均为未知个体。C1,C2 各个基因型的联合概率可以通过“H_d 乘积”列中的相应值除以“H_d 乘积”的总和来计算(表 7.24),联合概率的总和=1。可以看出,“最大可能性的基因型(top genotype)”是 AC,BC 组合,概率为 0.618,如果使用 *EuroForMix* 分析相同的数据,结果相同。

7.7.0.1　边际概率的计算

边际概率描述的是每个供者 C1 和 C2 基因型(即每两个“联合基因型”),其计算如下:

表 7.23 “ENFSI exercise 1”中边际概率的计算

Q	weights	Pr(G|Hd)	Product Hd
6.76E-08	2.441E-16	0.012094662	2.9529E-18
1.06E-08	2.404E-18	0.012094662	2.90794E-20
1.18E-02	4.849E-11	0.012094662	5.86486E-13
6.76E-08	1.352E-18	0.012094662	1.63555E-20
1.18E-02	4.291E-12	0.012094662	5.18933E-14
1.18E-02	2.686E-13	0.012094662	3.24844E-15
	1.57E-09	0.013055266	2.05385E-11
	6.79E-10	0.01498643	1.0172E-11
	2.60E-10	0.015683242	4.07356E-12
	1.07E-11	0.0261	2.78931E-13
	3.18E-10	0.031366484	9.98819E-12
	5.89E-10	0.029972861	1.76453E-11
	4.20E-16	0.013055266	5.48947E-18
	2.62E-13	0.01498643	3.92473E-15
	4.09E-10	0.015683242	6.40747E-12
	6.69E-13	0.026110533	1.74607E-14
	3.60E-09	0.031366484	1.12884E-10
	3.26E-12	0.029972861	9.77343E-14
		SUM	1.82749E-10
Omega	0.292		
mu	1.008E+03		

C2 Genotype Tested	sum of products | G	probability C2
CQ	2.953E-18	1.6E-08
BQ	2.908E-20	1.6E-10
BC	1.51655E-10	8.3E-01
AQ	1.63555E-20	8.9E-11
AC	2.0491E-11	1.1E-01
AB	4.192E-12	2.3E-02
AA	5.48947E-18	3.0E-08
BB	3.92473E-15	2.1E-05
CC	6.40747E-12	3.5E-02
	SUM	1.0E+00

C1 Genotype Tested	sum of products | G	probability C1
CQ	3.24844E-15	1.8E-05
BQ	5.18933E-14	2.8E-04
BC	1.00859E-11	5.5E-02
AQ	5.86486E-13	3.2E-03
AC	1.12906E-10	6.2E-01
AB	2.43318E-11	1.3E-01
AA	2.05385E-11	1.1E-01
BB	1.0172E-11	5.6E-02
CC	4.07356E-12	2.2E-02
	SUM	1.000E+00

表 7.24 以“ENFSI exercise 1”中 CSF1PO 为例,C1,C2 基因型的联合概率,最受支持的基因型组合用高亮显示

C1,C2	联合概率	C1,C2	联合概率
AB,*CQ*	1.616E-08	*BC*,*AC*	5.466E-02
AC,*BQ*	1.591E-10	*AB*,*BC*	9.656E-02
AQ,*BC*	3.209E-03	*BC*,*AA*	3.004E-08
BC,*AQ*	8.950E-11	*AC*,*BB*	2.148E-05
BQ,*AC*	2.840E-04	*AB*,*CC*	3.506E-02
CQ,*AB*	1.778E-05	*AC*,*AB*	9.554E-05
AA,*BC*	1.124E-01	*AC*,*BC*	6.177E-01
BB,*AC*	5.566E-02	*BC*,*AB*	5.348E-04
CC,*AB*	2.229E-02	总和	1
AB,*AC*	1.526E-03		

1. 分别列出 C2 和 C1 供者全部基因型 *CQ*,*BQ*,*BC*... 概率的完整列表。

2. 对于 C2 的基因型,“乘积之和|G(sum of products|G)”一列是在 C2 指定基因型时 H_d 乘积值的和。例如,C2 基因型为 *CQ*,那么 C1 基因型只有一种可能为 *AB*,因此,当 G=*CQ* 时“乘积之和|G”是基因型组合 *AB*,*CQ* 的“H_d 乘积”值。

3. 现在考虑 C2 为基因型 *BC*。那么 C1 的基因型有 4 种不同的可能性,在“乘积之和|G”这一列将 *AQ*,*BC*;*AA*,*BC*;*AB*,*BC*;*AC*,*BC* 基因型组合的“H_d 乘积”值相加。其原理与第 1.8.1 节对分子的处理相同。

4. 对于表 7.23 中的所有其余基因型,重复此过程计算。

5. 按照第 1.8.1 节对分母的处理原则将“H_d 乘积”这一列的值相加。

6. 通过“乘积之和|G”的值除以“H_d 乘积”的和可计算“C2 概率”。

7. “最大可能性基因型(top genotype)”是概率最大的基因型。在此示例中,供者 C2 ($1-M_x=0.72$)的概率 $Pr(g=BC\mid H_d)=0.83$,显示在表 7.23“C2 概率(probability C2)”列。总的来说,其结果在 *EuroForMix* 软件中被称为“边际概率”。

8. 通过将供者 C2 排名首位的基因型(*BC*)概率除以排名第二的基因型(*AC*)概率:0.83/0.11=7.4,计算出“与下一个基因型的比(Ratio to next genotype)”。

9. 对所有其余基因型重复该过程以计算其各自的概率。

10. “C2 概率(probability C2)”列中的概率总和为 1。

11. 对供者 C1 重复相同的过程。

12. 在 H_p 假设下,用相同的程序拆分供者 C2(因为我们将犯罪嫌疑人定为 C1,因此该基因型不会拆分)。

在表 7.23 中分别列出了在 H_p 和 H_d 条件下的供者每种基因型的概率。数据可以方便地在饼图中观察(图 7.8)。H_p 和 H_d 下未知供者 C2 基因型为 *BC* 时概率最高分别为 0.91 和 0.83。在这两个假设下概率不同,这是因为参数不同并且后者没有考虑 C1 个体。在 H_d 下,对于供者 C1 基因型 *AC* 的概率最高(0.62)。

电子表格拆分(Deconvolution)中显示的结果也可以使用 *EuroForMix* 软件实现,该软件将在下一章详细描述。

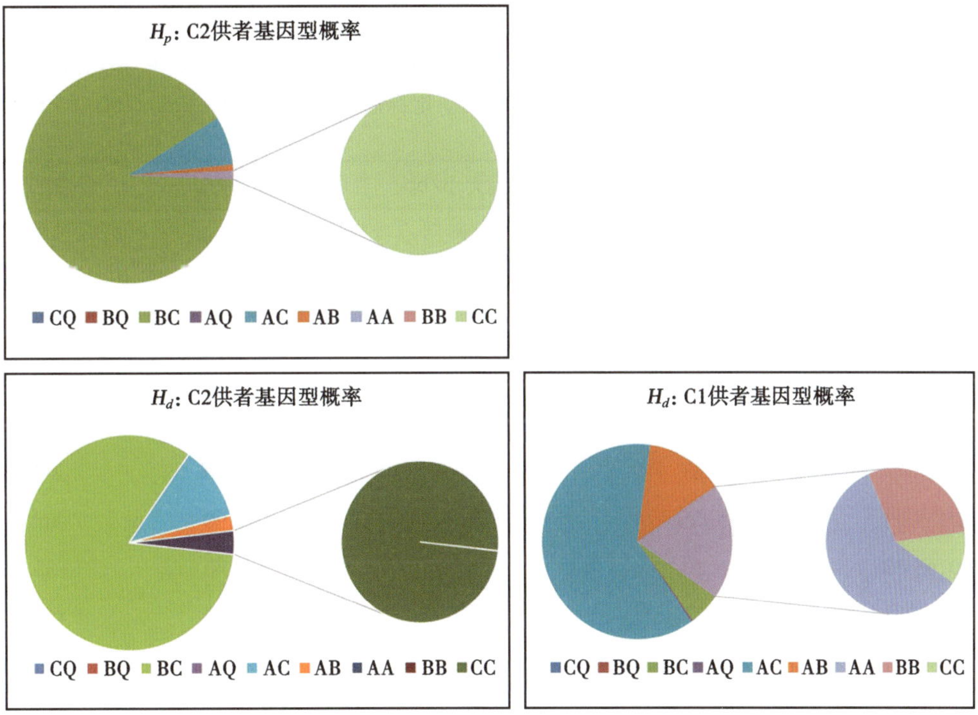

图 7.8　以“ENFSI exercise 1”中 CSF1PO 为例,用饼图来表示 H_p 和 H_d 假设下拆分的供者基因型 $Pr(g\mid H)$ 概率,该数据来自表 7.23

7.8. 降解

犯罪斑迹由对细菌营养丰富的体液组成,这些细菌会在室温下的潮湿环境中生长。细菌具有 DNA 酶活性,可把 DNA 切成小片段。如果 DNA 的两个引物结合区之间的序列被切断,则导致无法进行 PCR 扩增。因此,DNA 片段越大,发生降解的机会越大。降解的因果关系在第 4.5 节中进行了描述。观察到的效果是,随着片段长度的增加,DNA 图谱显示等位基因峰高显著降低,这可以通过回归系数建模。

以下是使用“ENFSI exercise 1”的示例。

步骤 1:根据基因座的峰高观察值之和与峰高平均值确定回归系数。

例如:基因座 D8S1179 具有 3 个等位基因;片段大小分别为(bp)为:132、148 和 152bp,平均值为 144bp。峰高分别为 288、1 525 和 1 129RFU,峰高和为 2 942RFU。第一个 x 和 y 坐标为 144 和 2 942。表 7.25 显示了用于回归分析的数据矩阵。

步骤 2:为了进行回归,将峰高转换为自然对数,因为这最好地描述了线性关系。回归式为 $LN(\gamma)=a+bx$,其中 γ=峰高,x=片段长度,a=截距系数,b=回归(梯度)系数。这些分别被计算为 $a=8.15$ 和 $b=-0.002\,68$。

步骤 3:峰高的期望值自然对数值 $\gamma=exp(LN(\gamma))$ 转化为期望峰高,这些峰高在表 7.25 中列出并在图 7.9 中作图。

表 7.25 以“ENFSI exercise 1”的数据进行回归分析。将基因座的大小(bp)取平均,加和所有的峰高。峰高期望值可以从峰高的自然对数的回归分析中得出。定标后的 bp 大小(x-125)/100,x=片段大小(bp),用于 *EuroForMix* 中计算平均中的回归参数

基因座	大小/bp	标化后大小/bp	峰高/RFU	峰高期望值
D8S1179	144.00	0.19	2 942.00	2 371.49
D21S11	210.00	0.85	1 820.00	1 987.27
D7S820	274.00	1.49	1 555.00	1 674.24
CSF1PO	326.63	2.02	1 523.00	1 454.13
D3S1358	131.00	0.06	2 988.00	2 455.50
TH01	179.33	0.54	2 627.00	2 157.37
D13S317	225.65	1.01	2 693.00	1 905.70
D16S539	275.30	1.50	2 182.00	1 688.42
D2S1338	323.31	1.98	1 583.00	1 467.12
D19S433	126.00	0.01	2 522.00	2 488.61
vWA	179.67	0.55	1 437.00	2 155.44
TPOX	232.99	1.08	1 258.00	1 868.60
D18S51	293.00	1.68	1 286.00	1 591.18
D5S818	153.00	0.28	1 729.00	2 315.01
FGA	233.00	1.08	2 084.00	1 868.55

在显示证据图谱时,*EuroForMix* 会自动生成类似的回归分析(图 7.9)。在此,对总峰高进行了 gamma 分布拟合,并提供了 99% 的"覆盖"区间以量化总峰高的偏差。

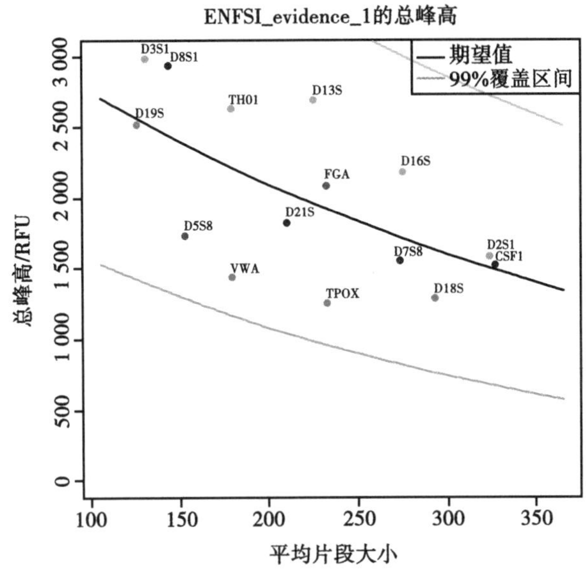

图 7.9　"ENFSI exercise 1"的数据。*EuroForMix* 形成的平均片段大小和总峰高的回归分析;标签为:"import data">"View evidence"

步骤 4:在 *EuroForMix* 中,通过建立降解速率斜率参数 τ 并使用 $\tau^{(x-125)/100}$ 定标使其形成形状参数的一部分,但不包括截距系数。斜率是一个常数,其递减要求 τ 在 0 和 1 之间。定标使其他模型参数可在片段大小 = 125bp 时进行解释,并且使 τ 的估计更可靠。

步骤 5:在该示例中,我们使用简单的线性回归估计 $b=-0.267$,该值是通过指数取值 $\exp(b)=\tau=0.765$ 转换获得,它非常接近 *EuroForMix* 估计的 τ 值(0.756)。在 *EuroForMix* 中 τ 与其他参数(μ,ω,M_x)是同时进行的优化,所以图中的数字略有差异。

步骤 6:计算等位基因 Q 的权重:等位基因 Q 未知。等位基因 Q 的回归加权使用 x 作为复合扩增试剂盒特定数据中具有最大分子量的等位基因。

步骤 7:在所有情况下,将回归加权乘以形状参数,以使 gamma 密度函数变为 $gamma(\gamma_A \mid \alpha_A\tau^{(x_A-125)/100},\mu\omega^2)$,其中原始形状自变量 α_A 定义来自公式 7.12。

例如,对于基因型 BC,AC,等位基因 A,B,C 的形状参数为:

$$\alpha_A=\frac{(1-M_x)\tau^{(x_A-125)/100}}{\omega^2} \tag{7.19}$$

$$\alpha_B=\frac{M_x\tau^{(x_B-125)/100}}{\omega^2} \tag{7.20}$$

$$\alpha_C=\frac{[(1-M_x)+M_x]\tau^{(x_C-125)/100}}{\omega^2} \tag{7.21}$$

7.8.1 用电子表格进行演示

第 7.5.4 节中描述的 gamma 模型电子表格被扩展到名为“Degradation”的新工作簿。除了回归参数 τ 被添加到未知参数列表外,该表格与先前描述的电子表格相同。如上一节的步骤 6 所述,在 Excel 电子表格的“weightings”列中的 GAMMA. DIST 函数的形状参数被乘以 $\tau^{(x-125)/100}$,其中 x 是观察到的等位基因的片段大小。电子表格中提供了每个等位基因的片段大小(表 7.26)。

表 7.26 “降解(Degradation)”工作表中 FGA 基因座的输入信息。包括了 FGA 基因座等位基因 21、22 和等位基因 *Q* 的片段大小,后者对应复合扩增试剂盒中最大等位基因的分子量

FGA					
在此输入峰高信息					
	峰高	比例	等位基因	频率	大小/bp
A	1 288	0.618	21	0.160 2	231.000
B	796	0.382	22	0.191 9	235.000
总和	2 084		等位基因 *Q*	0.647 9	349.000

可以使用 Solver 来计算最大似然比估计,方法与第 7.6.2 节中所述的方法相同,只是对更多参数进行了优化(表 7.27),因此该过程需要一点时间才能完成。

表 7.27 Excel Solver 进行最大似然比估计的设置,包含了降解参数 tau。分析时在 H_p 和 H_d 假设下分别优化参数

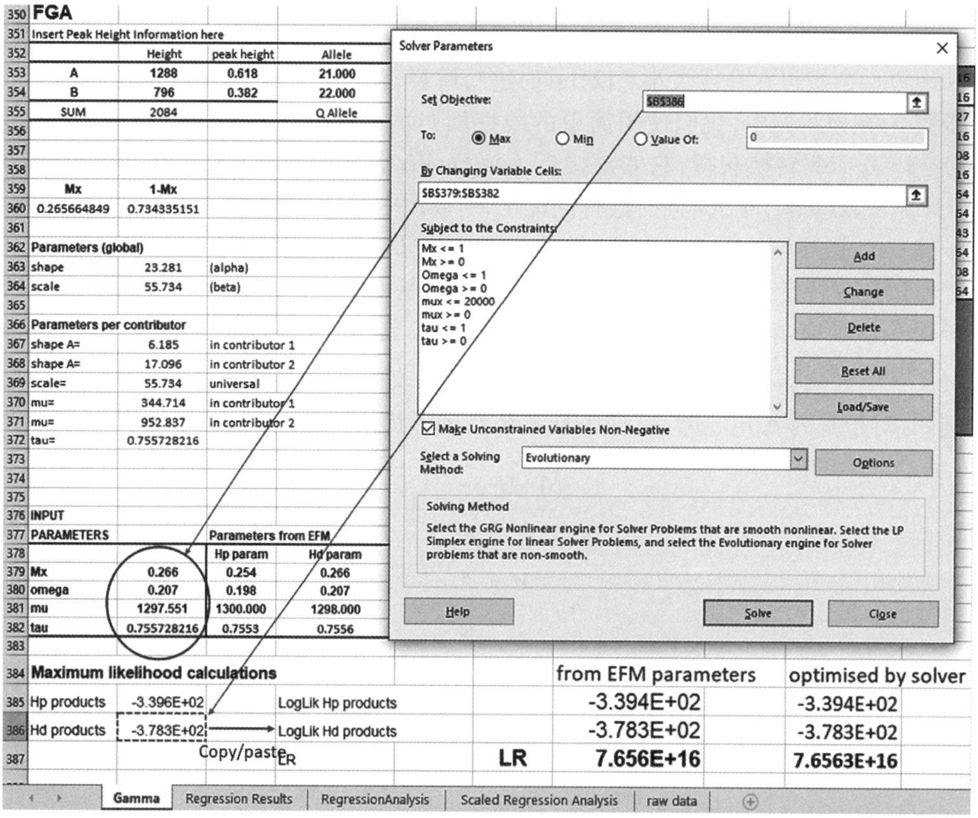

表 7.28 比较了电子表格得出的结果与 *EuroForMix* 的结果。*EuroForMix* 和 Solver 优化的参数非常一致,似然比对数和 $\log_{10}LR$ 也是如此。因此似然比之间的差异很小:*EuroForMix* 为 7.681E+16,而电子表格分析为 7.656E+16,该差异主要是四舍五入导致的。

表 7.28　Solver 电子表格参数和 *EuroForMix* 优化参数的比较以及两者所得似然比的比较

	Parameters from EFM		From Solver	
	Hp param	Hd param	Hp param	Hd param
Mx	0.254	0.266	0.254	0.266
omega	0.198	0.207	0.198	0.207
mu	1300.000	1298.000	1299.683	1297.551
tau	0.7553	0.7556	0.755477055	0.75572822

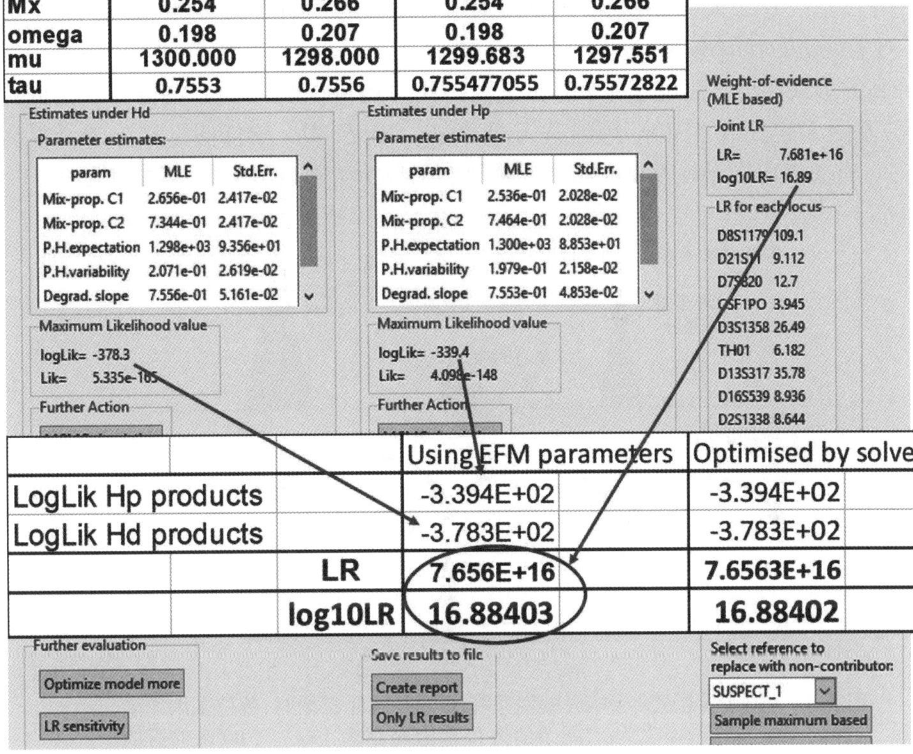

		Using EFM parameters	Optimised by solver
LogLik Hp products		-3.394E+02	-3.394E+02
LogLik Hd products		-3.783E+02	-3.783E+02
	LR	7.656E+16	7.6563E+16
	log10LR	16.88403	16.88402

7.8.2　回顾

EuroForMix 中使用了回归模型来提供回归斜率(图 7.9)。*EuroForMix* 将斜率系数 τ 优化为 Gamma 函数形状参数的一部分。使用最大似然比估计,可以与先前描述的其他参数(M_x,μ,ω)同时进行此优化。在 H_p 和 H_d 下分别进行优化,因此估计的参数值将有所不同。表 7.27 中显示的电子表格分析展示了对“ENFSI exercise 1”这一例子的完整计算,包括降解。

7.9. 影子峰(Stutter)

在 *EuroForMix* 中,通过添加一个额外的参数 epsilon(ε)来添加一个用于解释“后向影子峰”的模型,以非影子峰分子量为 n 的、四碱基重复的母等位基因上的峰高的预期比例给出,在 n-1 个重复的等位基因位置加上相应峰高。每个基因座都可以使用一个单独的影子峰参数,但这会大大增加模型的复杂性,计算时间和收敛性问题,因此该软件目前在所有基因座上均采用单一的参数。

基于定量模型的其他/可替代的概率基因分型软件通常会根据验证研究对影子峰模型进行预校准,从而无须优化影子峰参数(如在 *EuroForMix* 中的那样)。

为了说明如何分析影子峰,假定亲本等位基因(parent allele)的峰高值的一部分(ϵ)丢失给比它重复次数少 1 次的等位基因(n-1 次重复)。如果在 n-1 重复位置上已经存在等位基因,则影子峰会添加到已有等位基因上,使其形成包含影子峰和等位基因的混合峰。如果在 n-1 个重复位置没有等位基因,则"等位基因"是纯影子峰。

图 7.10 显示出了 3 个等位基因 A,B,C;源自等位基因 A 的纯影子峰标记为 Z。如果我们还假设存在等位基因 Q 丢失(无法观察到 Q),则来自供者的预期等位基因峰高为 E_A,E_B,E_C,E_Z 和 E_Q。对于 *EuroForMix* 模型,这些与形状参数 $\alpha_A,\alpha_B,\alpha_C$ 和 α_Q 成比例,但是,为了简洁,我们以期望峰高的形式给出。假设这 3 个等位基因彼此间隔 4bp,从 A 到 C 的分子量由低到高,影子峰/等位基因 Z 也比 A 少 4bp,等位基因 Q 未知(*EuroForMix* 软件假定其分子量很高,如 7.8 节所述)。有关考虑影子峰模型时如何计算似然函数的精确数学定义,请参见 B.3.11

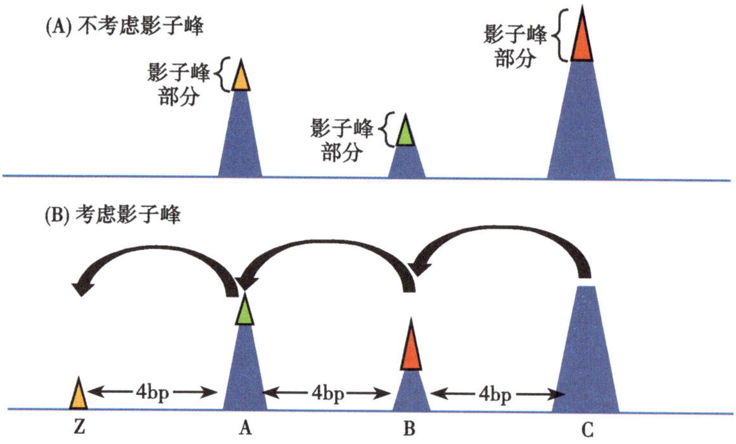

图 7.10 (A)不考虑影子峰时的期望峰高。当 PCR 扩增时,等位基因产生了影子峰。这部分定义为ϵ,剩余的等位基因峰高为 $1-\epsilon$。(B)调整后的峰高去除了等位基因 C 的影子峰部分,将其移到 n-1 的等位基因位置或-4bp 的位置,将其加入到等位基因 B 中。等位基因 B 和 A 也移去了对应比例到-4bp 位置。等位基因 Z 是纯影子峰

假设一个 2 人混合样本来说明这个问题,其中所考虑的基因型为 AB,CQ,即在该示例中没有共享的等位基因,参见图 7.10。

1. 从等位基因 C 开始,给等位基因 B 的影子峰预期高度为:$\epsilon \times E_C$。
2. 因此等位基因 C 剩余的期望峰高为$(1-\epsilon)\times E_C$。
3. 等位基因 B 也会失去其预期峰高的一部分到等位基因 A 所占位置,并且该影子峰比例为 $\epsilon \times E_B$。因此,等位基因 B 的预期峰高为$(1-\epsilon)\times E_B$。
4. 因此等位基因 B 的峰高期望值包括两个成分:a) 等位基因 C 的影子峰:$\epsilon \times E_C$;b) 失去影子峰后等位基因 B 的剩余部分:$(1-\epsilon)\times E_B$。
5. 因此,等位基因 B 的预期峰高为$(1-\epsilon)\times E_B+\epsilon \times E_C$。
6. 同理,等位基因 A 的期望峰高为$(1-\epsilon)\times E_A+\epsilon \times E_B$。
7. 一定比例的等位基因 A 产生了预期高度的影子峰,与在位置 A 处相比少 4bp 的位置

出现的等位基因 Z 仅为 $\epsilon \times E_A$。

8. 等位基因 Q 未观察到,等位基因丢失是其潜在的峰高低于分析的阈值。因此,由 Q 提供的任何影子峰都在阈值以下,并且不会被观察到,并且对其他任何等位基因的影响都可以忽略不计。此外,由于等位基因 Q 未知,我们无法认定任何来自它的影子峰。在计算中,仅考虑了预期的峰高比例 M_x 和$(1-M_x)$。

7.9.1 总结:使用混合比例 M_x 考虑期望峰高

从 7.5.4 节总结,期望峰高由两个供者 C1 和 C2 的混合比例分别为 M_x 和 $1-M_x$ 得出,并且在 gamma 模型中使用的等位基因 A 的形状参数为

$$\alpha_A = \frac{M_x \times n_{A,1} + (1-M_x) \times n_{A,2}}{\omega^2} \tag{7.22}$$

对于基因型 $g=AB, CC$,等位基因 A,B 和 C 的形状参数为

$$\alpha_A = \frac{M_x \times 1 + (1-M_x) \times 0}{\omega^2} \tag{7.23}$$

$$\alpha_B = \frac{M_x \times 1 + (1-M_x) \times 0}{\omega^2} \tag{7.24}$$

$$\alpha_C = \frac{M_x \times 0 + (1-M_x) \times 2}{\omega^2} \tag{7.25}$$

如果基因型为 AB, AC,则 C1 和 C2 对等位基因 A 都有贡献,因此

$$\alpha_A = \frac{M_x \times 1 + (1-M_x) \times 1}{\omega^2} \tag{7.26}$$

7.9.2 完整影子峰模型

影子峰的峰高期望值是通过将上一节中的混合比例参数乘以 ϵ 而获得的。为了说明这一点,表 7.29 中显示了所有三等位基因基因座(包括考虑等位基因丢失)的分子部分。

表格中的值除以 ω^2 即可得到形状参数,该形状参数直接导入到 gamma 模型中。

Excel 电子表格“StutterAndDegradation”>“Stutter”显示一个基因座的所有详细计算,以说明如何对该功能进行建模。如先前在 7.8 节中所述,参数 ϵ 与其他参数(μ,ω,M_x 和 τ)同时被优化。图 7.10B 显示了考虑到影子峰时预期峰高如何变化。

7.9.3 一个工作实例:说明 *EuroForMix* 中影子峰的影响

为了演示影子峰模型,从 PROVEDIt 数据库[232] https://lftdi.camden.rutgers.edu/provedit/files/。下载已过滤的 .csv 文件 E02_RD14-0003-42_43-1;9-M2S10-0.15IP-Q1.0_001.20sec.fsa。两个供者(编号 42 和 43)以 1∶9的比例混合,总计 0.15ng 的模板 DNA 经超声处理 10s 使其降解,采用 Identifiler Plus 复合扩增,在 AB3130 平台上电泳,进样时间设置为 20 秒。该数据被放入到 *EuroForMix* Excel 电子表格文件夹“Stutter Sample”中,该文件夹包含 3 个文件:“ProvedIt-SampleForStutter”以及参考分型“Suspect42”和“Victim43”,其中犯

表 7.29 用于描述当考虑影子峰时等位基因峰高调整的公式。图 7.10 解释了 3 等位基因分型图谱的例子考虑了 Q 等位基因丢失。这些公式形成了 gamma 分布中形状参数的分子，分母为ω^2

Genotype	Z	A	B	C	Q
AB,CQ	$M_x\epsilon$	$(M_x(1-\epsilon))+(M_x\epsilon)$	$(M_x(1-\epsilon))+((1-M_x)\epsilon)$	$(1-M_x)(1-\epsilon)$	$(1-M_x)$
AC,BQ	$M_x\epsilon$	$(M_x(1-\epsilon))+((1-M_x)\epsilon)$	$((1-M_x)(1-\epsilon))+(M_x\epsilon)$	$M_x(1-\epsilon)$	$(1-M_x)$
AQ,BC	$M_x\epsilon$	$(M_x(1-\epsilon))+((1-M_x)\epsilon)$	$((1-M_x)(1-\epsilon))+((1-M_x)\epsilon)$	$(1-M_x)(1-\epsilon)$	M_x
BC,AQ	$(1-M_x)\epsilon$	$((1-M_x)(1-\epsilon))+(M_x\epsilon)$	$(M_x(1-\epsilon))+(M_x\epsilon)$	$M_x(1-\epsilon)$	$(1-M_x)$
BQ,AC	$(1-M_x)\epsilon$	$((1-M_x)(1-\epsilon))+(M_x\epsilon)$	$(M_x(1-\epsilon))+((1-M_x)\epsilon)$	$(1-M_x)(1-\epsilon)$	M_x
CQ,AB	$(1-M_x)\epsilon$	$((1-M_x)(1-\epsilon))+((1-M_x)\epsilon)$	$((1-M_x)(1-\epsilon))+(M_x\epsilon)$	$M_x(1-\epsilon)$	M_x
AA,BC	$2M_x\epsilon$	$(2M_x(1-\epsilon))+((1-M_x)\epsilon)$	$((1-M_x)(1-\epsilon))+((1-M_x)\epsilon)$	$(1-M_x)(1-\epsilon)$	
BB,AC	$(1-M_x)\epsilon$	$((1-M_x)(1-\epsilon))+(2M_x\epsilon)$	$(2M_x(1-\epsilon))+((1-M_x)\epsilon)$	$(1-M_x)(1-\epsilon)$	
CC,AB	$(1-M_x)\epsilon$	$((1-M_x)(1-\epsilon))+((1-M_x)\epsilon)$	$((1-M_x)(1-\epsilon))+(2M_x\epsilon)$	$2M_x(1-\epsilon)$	
AB,AC	$(M_x\epsilon)+((1-M_x)\epsilon)$	$(M_x(1-\epsilon))+((1-M_x)(1-\epsilon))+(M_x\epsilon)$	$(M_x(1-\epsilon))+((1-M_x)\epsilon)$	$(1-M_x)(1-\epsilon)$	
BC,AC	$(1-M_x)\epsilon$	$((1-M_x)(1-\epsilon))+(M_x\epsilon)$	$(M_x(1-\epsilon))+(M_x\epsilon)+((1-M_x)\epsilon)$	$(M_x(1-\epsilon))+((1-M_x)(1-\epsilon))$	
AB,BC	$M_x\epsilon$	$(M_x(1-\epsilon))+(M_x\epsilon)+((1-M_x)\epsilon)$	$(M_x(1-\epsilon))+((1-M_x)(1-\epsilon))+((1-M_x)\epsilon)$	$(1-M_x)(1-\epsilon)$	
BC,AA	$2(1-M_x)\epsilon$	$(2(1-M_x)(1-\epsilon))+(M_x\epsilon)$	$(M_x(1-\epsilon))+((M_x)\epsilon)$	$M_x(1-\epsilon)$	
AC,BB	$M_x\epsilon$	$(M_x(1-\epsilon))+(2(1-M_x)\epsilon)$	$(2(1-M_x)(1-\epsilon))+(M_x\epsilon)$	$M_x(1-\epsilon)$	
AB,CC	$M_x\epsilon$	$(M_x(1-\epsilon))+(M_x\epsilon)$	$(M_x(1-\epsilon))+(2(1-M_x)\epsilon)$	$2(1-M_x)(1-\epsilon)$	
AC,AB	$(M_x\epsilon)+((1-M_x)\epsilon)$	$(M_x(1-\epsilon))+((1-M_x)(1-\epsilon))+((1-M_x)\epsilon)$	$((1-M_x)(1-\epsilon))+(M_x\epsilon)$	$M_x(1-\epsilon)$	
AC,BC	$M_x\epsilon$	$(M_x(1-\epsilon))+((1-M_x)\epsilon)$	$((1-M_x)(1-\epsilon))+(M_x\epsilon)+((1-M_x)\epsilon)$	$(M_x(1-\epsilon))+((1-M_x)(1-\epsilon))$	
BC,AB	$(1-M_x)\epsilon$	$((1-M_x)(1-\epsilon))+(M_x\epsilon)+((1-M_x)\epsilon)$	$(M_x(1-\epsilon))+((1-M_x)(1-\epsilon))+(M_x\epsilon)$	$M_x(1-\epsilon)$	

罪嫌疑人是次要供者,且其比例较低,等位基因和影子峰高相似。为了进行比较,在文件“ProveditSampleStutters Removed”中准备了一个已经过滤了影子峰的文件,从数据中删除了所有小于主峰 0.15 倍的峰。“Identifiler_Caucasian”频率数据库文件用于所有分析,该文件位于“Stutter Sample”文件夹中。要将项目加载到 *EuroForMix* 中,请使用“stutter”程序加载项目文件。必须将“Settings”选项卡切换为“Default detection threshold” = 50;默认 F_{ST} 和等位基因插入概率都设置为零(图 7.11)。

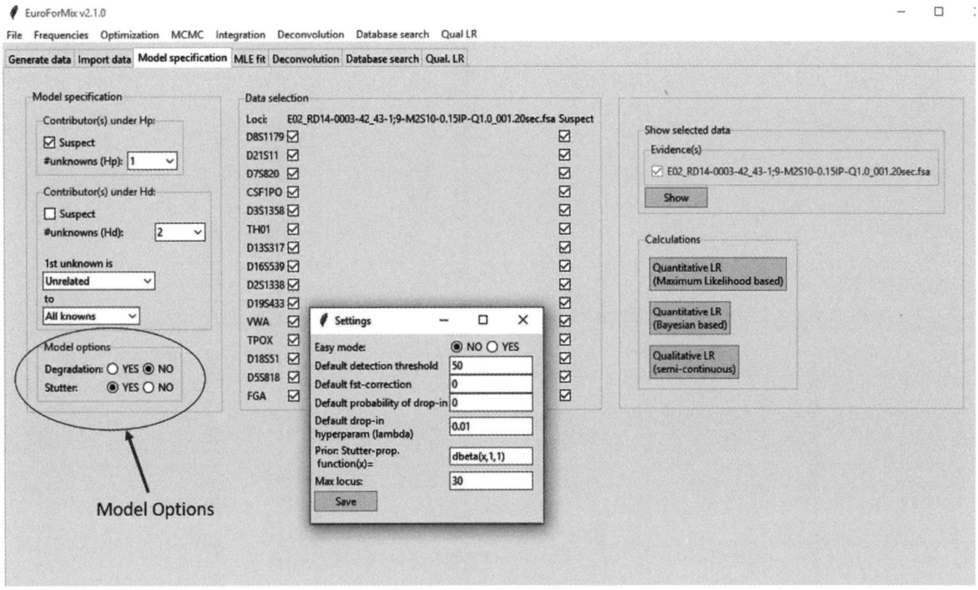

图 7.11　解释影子峰的模型设置

模型指定为 H_p:S+U;H_d:U+U,其中 S=犯罪嫌疑人 43,U=未知个体(图 7.11)。

如果“Stutter”和“Degradation”的模型选项按钮均关闭,则 *EuroForMix* 无法运行,并显示以下错误消息:“设定的模型无法解释数据,请重新设定模型”。出现错误消息是因为存在太多等位基因,无法解释 2 人混合(图 7.12)。

例如,在基因座 D8S1179 有 5 个等位基因,在 D21S11 有 6 个等位基因。如果不考虑影子峰,则至少需要 3 个供者。但是,可以观察到基因座 D8S1179,等位基因 10 和 12 可以用影子峰来解释;基因座 D21S11,等位基因 26 和 28 同样可归为影子峰。假如考虑影子峰,则可以将模型减少到两个供者。

因此,如图 7.11 所示,打开影子峰选项可以使模型成功运行。模型参数和似然比如图 7.13 所示。

图中分别列出了在 H_d 和 H_p 下的模型参数,“Stutter-prop”(影子峰比)即 ϵ,在 H_d 和 H_p 下分别为 0.14 和 0.08,计算所得 $\log_{10}LR$ = 5.395。

7.9.4　在同一模型中分析影子峰和降解

图 7.14 显示的样本高度降解,因此将影子峰和降解模型结合在一起分析会更加准确。将“Model options”中“stutter”和“degradation”两个选项均切换到“Yes”即可执行(见图 7.11)。

重新运行模型,可得到更高的 $\log_{10}LR$ = 7.92(图 7.15),并且构建的影子峰比例模型在

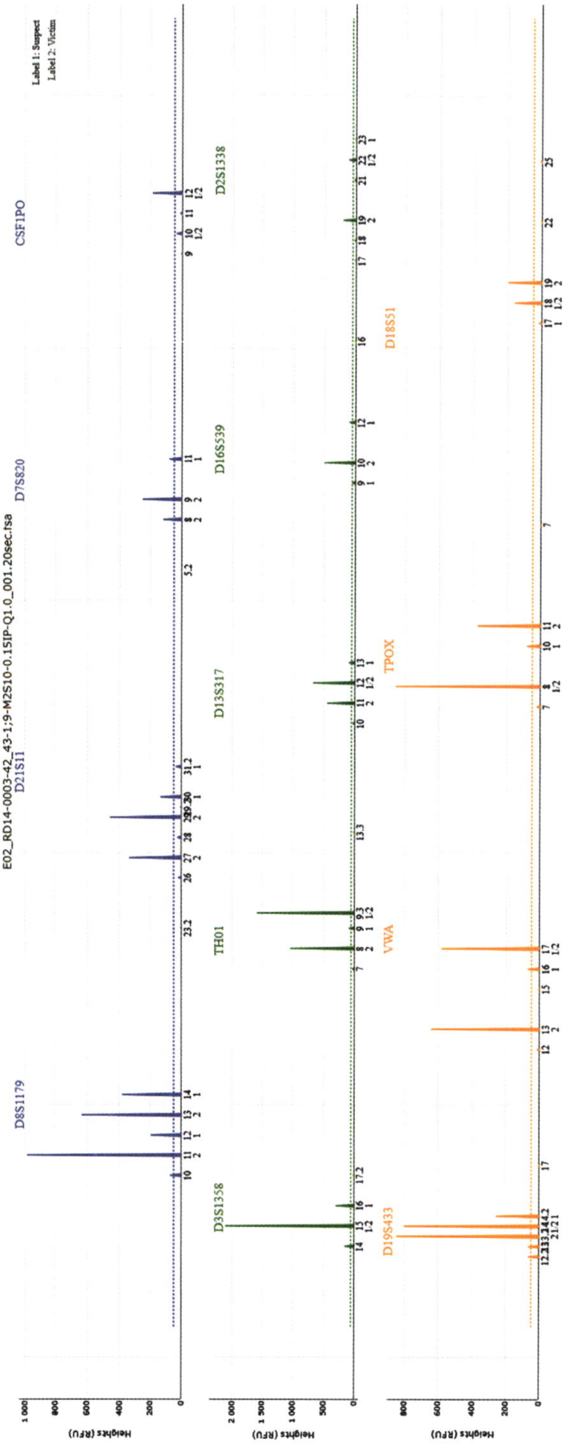

图 7.12 显示影子峰的电泳图。为了简洁，只显示了 3 种颜色

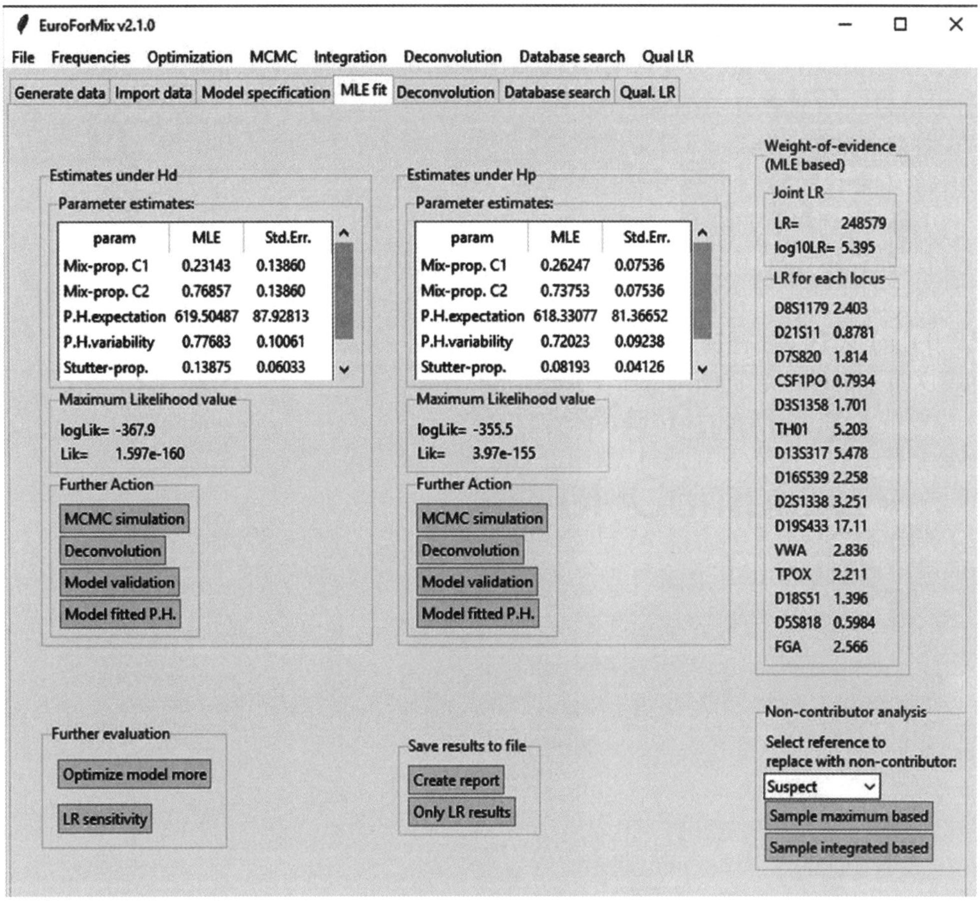

图 7.13　影子峰分析结果

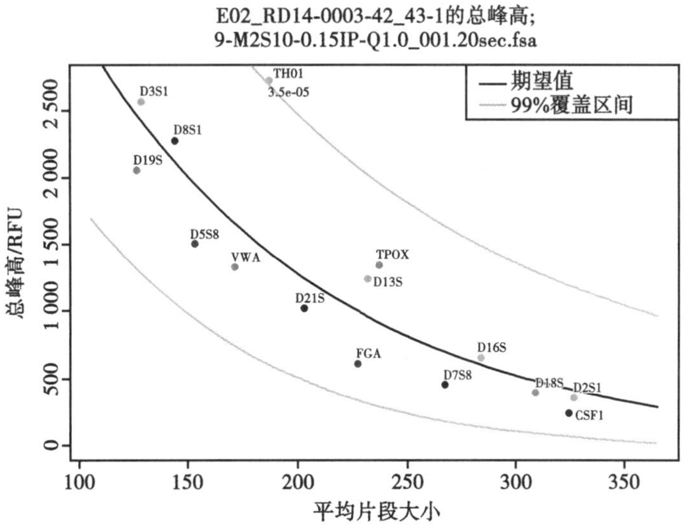

图 7.14　包含大片段等位基因降解的影子峰图谱的回归分析

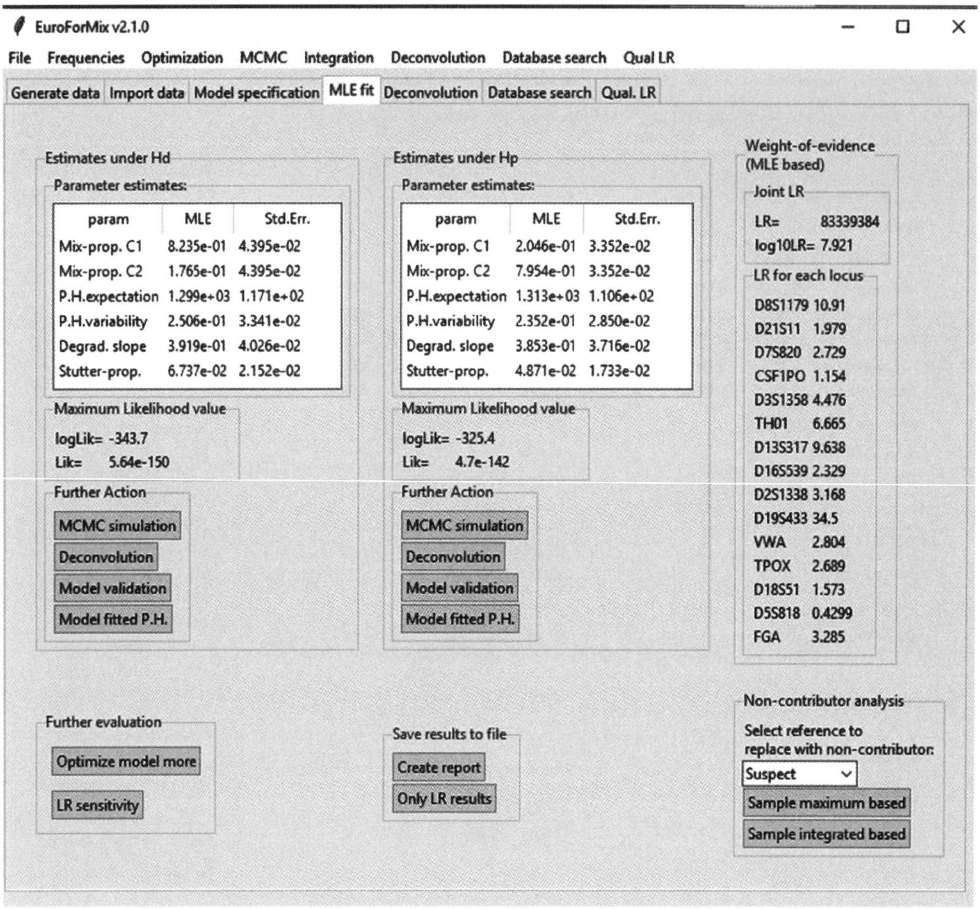

图 7.15　影子峰和 degradation 模式均打开的运行模型

H_d 和 H_p 下更低，分别为 0.067 和 0.049。与仅采用影子峰模型相比，影子峰/降解组合模型中的似然比对数要大得多(H_d 为-343.7 与-367.9)，这表明组合模型提供了对数据的最佳解释，因此在案例中对此模型生成报告(有关如何使用对数似然推断模型与数据最佳拟合的解释，请参见第 8.5.6 节)。

7.9.5 使用电子表格模型说明影子峰

在 Excel 工作表“StutterAndDegradation”中，有一个命名为“影子峰”的电子表格来演示影子峰模型。与上一节中分析使用的例子相同，在此仅评估 D13S317 基因座。用 *EuroForMix* 选择影子峰模型的分析如图 7.13 和图 7.15 所示。现场检材中 D13S317 等位基因为 11、12、13，分析方案模拟了如图 7.10 所示的模式，其中 $A=11$；$B=12$；$C=13$，等位基因 Z=10，后者因为是低于 50RFU 分析阈值的影子峰，因此在示例中已舍去(表 7.30)。

假设命题为 H_p:$S+U$；H_d:$U+U$，其中犯罪嫌疑人的分型 $BC=12,13$。

电子表格模型与前面在 7.6 节中描述的 gamma 模型基本相同，不同之处在于添加了一个额外的等位基因 A 的影子峰等位基因 Z，并且其峰高值根据影子峰的比例(ϵ)和 M_x 进行了如表 7.29 所示的调整。当等位基因/影子峰 Z 低于检测限时，等位基因会发生丢失，因此权重的计算方法与等位基因 Q 相同(表 7.31)。

表 7.30　表格详细展示了 D13S317 等位基因、峰高、比例、频率和片段大小。等位基因 Z 视为等位基因丢失的纯影子峰

等位基因分配	峰高	峰高比例	等位基因	频率	大小/bp
A	448	0.368	11	0.299 042 19	229.650
B	674	0.553	12	0.284 675 07	233.650
C	97	0.080	12	0.107 419 98	237.650
Z	0	0.000	Q	0.308 862 76	249.65
总和	1 219				

表 7.31　加入了影子峰后的 gamma 分布模型权重。下表显示 H_d 假设时形状参数的分子，公式显示在表 7.29 中。犯罪嫌疑人基因型为 BC；用灰色标出包括未知个体的 4 个可能的基因型组合

	weightings					combined weights		
Genotype	Z	A	B	C	Q		Pr(g|Hd)	Product Hd
AB,CQ	9.18E-01	3.116335E-04	1.885757E-04	1.900794E-03	6.234838E-02	6.396E-12	0.011297764	7.226E-14
AC,BQ	9.18E-01	4.221562E-04	5.162517E-04	1.883216E-03	6.234838E-02	2.350E-11	0.011297764	2.655E-13
AQ,BC	9.18E-01	4.221562E-04	5.744121E-04	1.900794E-03	5.018677E-01	2.124E-10	0.011297764	2.400E-12
BC,AQ	7.43E-01	8.887438E-04	1.323582E-04	1.883216E-03	6.234838E-02	1.027E-11	0.011297764	1.160E-13
BQ,AC	7.43E-01	8.887438E-04	1.885757E-04	1.900794E-03	5.018677E-01	1.188E-10	0.011297764	1.342E-12
CQ,AB	7.43E-01	9.402272E-04	5.162517E-04	1.883216E-03	5.018677E-01	3.410E-10	0.011297764	3.852E-12
AA,BC	8.40E-01	6.966230E-04	5.744121E-04	1.900794E-03		6.39E-10	0.005469271	3.50E-12
BB,AC	7.43E-01	9.127110E-04	3.561219E-04	1.900794E-03		4.59E-10	0.005206506	2.39E-12
CC,AB	7.43E-01	9.402272E-04	5.418221E-04	2.389611E-03		9.05E-10	0.001964636	1.78E-12
AB,AC	6.75E-01	9.938131E-04	1.885757E-04	1.900794E-03		2.40E-10	0.0109	2.63E-12
BC,AC	7.43E-01	8.887438E-04	2.142356E-04	1.308678E-03		1.85E-10	0.003929271	7.28E-13
AB,BC	9.18E-01	4.692893E-04	7.040171E-04	1.900794E-03		5.77E-10	0.010413013	6.01E-12
BC,AA	5.33E-01	8.940783E-04	1.323582E-04	1.883216E-03		1.19E-10	0.005469271	6.49E-13
AC,BB	9.18E-01	5.753388E-04	8.128809E-04	1.883216E-03		8.09E-10	0.005206506	4.21E-12
AB,CC	9.18E-01	3.116335E-04	2.762362E-04	3.754288E-04		2.97E-11	0.001964636	5.83E-14
AC,AB	6.75E-01	1.006941E-03	5.162517E-04	1.883216E-03		6.61E-10	0.010938542	7.22E-12
AC,BC	9.18E-01	4.221562E-04	5.980690E-04	1.308678E-03		3.03E-10	0.003929271	1.19E-12
BC,AB	7.43E-01	9.579041E-04	6.606599E-04	1.883216E-03		8.86E-10	0.010413013	9.22E-12
						Sum	0.143629062	4.763E-11
					omega	0.777		
					mu	6.195E+02		

Numerator of scale parameter when stutter is incorporated into gamma model

Genotype	Z	A	B	C	Q
AB,CQ	0.032	0.231	0.306	0.662	0.769
AC,BQ	0.032	0.306	0.694	0.199	0.769
AQ,BC	0.032	0.306	0.769	0.662	0.231
BC,AQ	0.107	0.694	0.231	0.199	0.769
BQ,AC	0.107	0.694	0.306	0.662	0.231
CQ,AB	0.107	0.769	0.694	0.199	0.231
AA,BC	0.064	0.505	0.769	0.662	
BB,AC	0.107	0.726	0.505	0.662	
CC,AB	0.107	0.769	0.726	0.399	
AB,AC	0.139	0.893	0.306	0.662	
BC,AC	0.107	0.694	0.338	0.861	
AB,BC	0.032	0.338	0.968	0.662	
BC,AA	0.213	1.356	0.231	0.199	
AC,BB	0.032	0.413	1.356	0.199	
AB,CC	0.032	0.231	0.413	1.324	
AC,AB	0.139	0.968	0.694	0.199	
AC,BC	0.032	0.306	0.801	0.861	
BC,AB	0.107	0.801	0.893	0.199	

0.035

为了同时计算影子峰和降解的影响，形状参数中同时包含了 ϵ 和 τ 参数，因此对表 7.29 进行了相应的调整，如表 7.32 所示。

以基因型 AB,CQ 为例。等位基因 Z,A,B,C 间均相差 4 个碱基对(图 7.10)：

1. 影子峰/等位基因 Z
   a. 等位基因 A 给等位基因 Z 的影子峰部分为 $M_x\epsilon$
   b. 等位基因 A 的峰高受降解影响，从而降低了形成影子峰的峰高。用于确定期望峰高的降解参数与第 7.8 节中的步骤 7 中描述的相同为 $\tau^{(x_A-125)/100}$，其中 x_A 是等位基因 A 的片段长度。

c. 每个影子峰均乘以降解参数,所以等位基因/影子峰 Z 的形状公式为

$$\frac{M_x\epsilon\times\tau^{(x_A-125)/100}}{\omega^2}$$

2. 等位基因 A

a. 等位基因 A 的峰高由于丢失的影子峰部分使其降低,值为 $M_x(1-\epsilon)$。

b. 等位基因 A 的峰高受降解影响。用于确定期望峰高的参数 $\tau^{(x_A-125)/100}$,其中 x_A 是等位基因 A 的片段长度。

c. 此外,等位基因 A 从等位基因 B 接收一部分,这由参数 $M_x\epsilon$ 确定。

d. 等位基因 B 受降解影响,因此可以将预期的峰高进行调整:$\tau^{(x_B-125)/100}$。

e. 每个影子峰均乘以降解参数,所以等位基因 A 的形状公式为

$$\frac{\overbrace{Mx(1-\epsilon)}^{\text{A 等位基因减少的 stutter}}\times\overbrace{\tau^{(x_A-125)/100}}^{\text{A 等位基因的降解}}+\overbrace{M_x\epsilon}^{\text{来自 B 等位基因的部分}}\times\overbrace{\tau^{(x_B-125)/100}}^{\text{B 等位基因的降解}}}{\omega^2}$$

3. 等位基因 C

a. 等位基因 C 不会接收来自任何等位基因的影子峰,因此它只能损失峰高。

b. 影子峰造成的损失为$(1-M_x)\epsilon$。

c. 由于降解,期望峰高为 $\tau^{(x_C-125)/100}$。

d. 等位基因 C 的形状参数是

$$\frac{(1-M_x)\epsilon\times\tau^{(x_C-125)/100}}{\omega^2}$$

4. 等位基因 Q 中不考虑影子峰,因为它是无关紧要的。因此,仅针对降解对形状参数进行调整,如先前在 7.8 节中所述:

$$\frac{(1-M_x)\epsilon\times\tau^{(x_C-125)/100}}{\omega^2}$$

可以按照上述规则阐明所有形状公式。表 7.32 显示了其他基因型组合的简化公式。在“StutterAndDegradation”文件夹中的电子表格“影子峰”中提供了一个完整的示例,读者可以根据 gamma 模型,并结合影子峰和降解模型了解所有基因型组合的分析。

联合权重的计算与针对 gamma 模型所述方式完全相同—将各个权重相乘;然后通过将“联合权重”乘以 $Pr(g\mid H_d)$来计算“H_d 乘积”值。“H_d 乘积”值的总和构成最大似然比估计值,如表 7.33 所示。H_p 乘积可使用与第 7.6.1 节描述的相同方法进行计算。用户可以将使用 *EuroForMix* 计算的参数复制/粘贴到电子表格的“输入参数(Input Parameter)”字段中,以生成“回归和影子峰”模型和仅有“影子峰”模型的似然比。请注意,电子表格同时包含这两种模型。为了“关闭”降解模型,将 τ 参数设置为 1,只有这样,模型才能仅评估影子峰。

表 7.32 当同时考虑影子峰和降解时，该表展示了用于计算形状参数分子的部分公式，用于计算影子峰 Z 和等位基因 A 和 C。每一个影子峰项 $M_x\epsilon$ 乘以降解项 $\tau^{(x_A-125)/100}$，x_A 是等位基因 A 的片段大小。这些公式是由 Excel 工作表"StutterAndDegradation" > "Stutter"权重列产生的

基因型	Z	A	C
AB,CQ	$M_x\epsilon\tau^{\frac{x_A-125}{100}}$	$M_x(1-\epsilon)\tau^{\frac{x_A-125}{100}}+M_x\epsilon\tau^{\frac{x_B-125}{100}}$	$(1-M_x)(1-\epsilon)\tau^{\frac{x_C-125}{100}}$
AC,BQ	$M_x\epsilon\tau^{\frac{x_A-125}{100}}$	$M_x(1-\epsilon)\tau^{\frac{x_A-125}{100}}+(1-M_x)\epsilon\tau^{\frac{x_B-125}{100}}$	$M_x(1-\epsilon)\tau^{\frac{x_C-125}{100}}$
AQ,BC	$M_x\epsilon\tau^{\frac{x_A-125}{100}}$	$M_x(1-\epsilon)\tau^{\frac{x_A-125}{100}}+(1-M_x)\epsilon\tau^{\frac{x_B-125}{100}}$	$(1-M_x)(1-\epsilon)\tau^{\frac{x_C-125}{100}}$
BC,AQ	$(1-M_x)\epsilon\tau^{\frac{x_A-125}{100}}$	$(1-M_x)(1-\epsilon)\tau^{\frac{x_A-125}{100}}+M_x\epsilon\tau^{\frac{x_B-125}{100}}$	$M_x(1-\epsilon)\tau^{\frac{x_C-125}{100}}$
BQ,AC	$(1-M_x)\epsilon\tau^{\frac{x_A-125}{100}}$	$(1-M_x)(1-\epsilon)\tau^{\frac{x_A-125}{100}}+M_x\epsilon\tau^{\frac{x_B-125}{100}}$	$(1-M_x)(1-\epsilon)\tau^{\frac{x_C-125}{100}}$
CQ,AB	$(1-M_x)\epsilon\tau^{\frac{x_A-125}{100}}$	$(1-M_x)(1-\epsilon)\tau^{\frac{x_A-125}{100}}+(1-M_x)\epsilon\tau^{\frac{x_B-125}{100}}$	$M_x(1-\epsilon)\tau^{\frac{x_C-125}{100}}$

表 7.33 工作表"StutterAndDegradation" > "Stutter"，显示输入参数，用于计算表 7.31 上 D13S317 的权重。在 *EuroForMix* 上运行含所有基因座的模型，参数保存在工作表"Stutter and degradation"模型和"Stutter"模型。用户拷贝/粘贴相关信息后输入到参数处就会计算出最大似然比。表中仅以"Stutter only"模型的 H_p 参数为例进行说明。但还必须在 H_d 参数下产生"H_d 乘积"项。拷贝/粘贴相关信息到"H_p/H_d 乘积"处去计算似然比，并与 *EuroForMix* 的数据比较

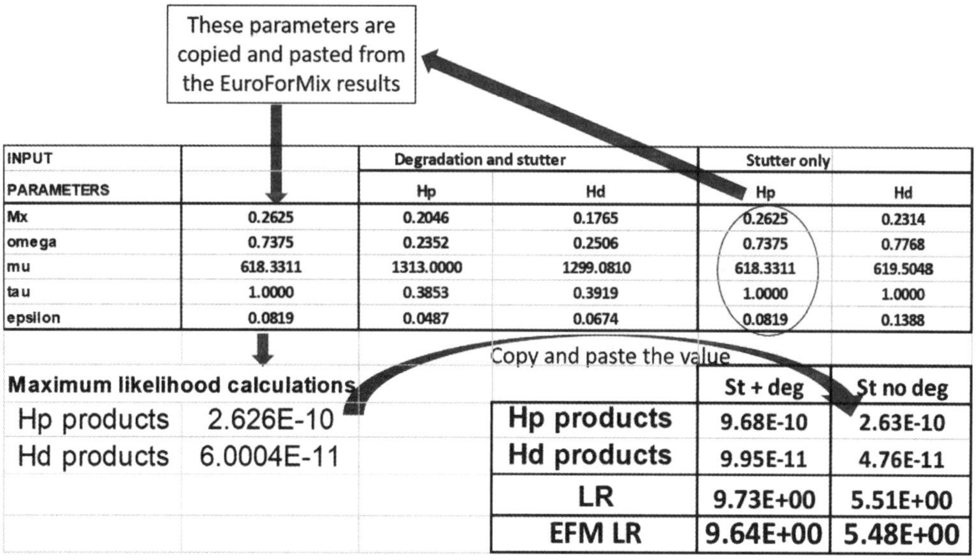

These parameters are copied and pasted from the EuroForMix results

INPUT PARAMETERS		Degradation and stutter		Stutter only	
		Hp	Hd	Hp	Hd
Mx	0.2625	0.2046	0.1765	0.2625	0.2314
omega	0.7375	0.2352	0.2506	0.7375	0.7768
mu	618.3311	1313.0000	1299.0810	618.3311	619.5048
tau	1.0000	0.3853	0.3919	1.0000	1.0000
epsilon	0.0819	0.0487	0.0674	0.0819	0.1388

Copy and paste the value

Maximum likelihood calculations			St + deg	St no deg
Hp products	2.626E-10	Hp products	9.68E-10	2.63E-10
Hd products	6.0004E-11	Hd products	9.95E-11	4.76E-11
		LR	9.73E+00	5.51E+00
		EFM LR	9.64E+00	5.48E+00

两种模型之间存在很大差异。"Stutter only"模型将影子峰参数（epsilon）优化为在 H_p 下为 0.08，在 H_d 下为 0.14，而"Stutter and degradation"模型则分别为 0.05 和 0.068。似然比也有所不同："Stutter only"模型为 5.51，"Stutter and degradation"模型为 9.73。该样本高度降解（图 7.14），因此可以预料加入降解模型会更佳。

在 *EuroForMix* 模型中,分析所有基因座后用似然比对数给出了“最佳”的模型。在 H_d 下,“Stutter and degradation”和“Stutter only”模型的值分别为-343.7 和-367.9(图 7.13 和 7.15),这表示前者是首选。下一章第 8.5.6 节将详细介绍模型的选择。

电子表格模型评估单个基因座 D13S317。使用“Stutter and degradation”和“Stutter only”模型所得“H_d 乘积”分别为 9.95e-11 和 4.76e-11。仅对 D13S317 这一基因座,如果将这些值与 *EuroForMix* 模型的值进行比较,则该值分别为 1.01e-10 和 5.75e-11。电子表格模型和 EFM 模型之间的 *LR* 值存在细微差异(表 7.33)。计算中的这些差异可通过分析的基因型列表来解释。在电子表格中,表 7.31 提供了 18 种基因型组合。每个基因型组合包含等位基因 *A*,*B*,*C* 中的一个或多个。但是,*EuroForMix* 考虑得更多,因为在被告假设下,有可能等位基因 *A* 是等位基因 *B* 的纯影子峰,或者等位基因 *B* 是等位基因 *C* 的纯影子峰。这些考虑不太可能成立,因为 D13S317 的峰高太高而不能是影子峰。但是,在概率模型的环境中,存在一个有限的,尽管很小的概率:*B* 为 *AA*,*AC* 基因型组合的纯影子峰,或 *A* 是 *BC*,*CC* 基因型组合的纯影子峰。每个备选基因型组合都必须存在等位基因 C,因其无法用影子峰解释。

因此,在电子表格模型没有考虑额外的 38 种基因型组合。权重的总和表明这种影响很小(对于“Stutter and degradation”和“Stutter only”模型,权重之和分别为 1.22e-12 和 9.86e-12),但足以解释在表 7.33 中展示的 LR 值的细微差别。

7.9.6 处理前向影子峰和复杂影子峰

可以将完全相同的原理用于前向(n+1)影子峰和“复杂”影子峰,“复杂”影子峰在这里定义为任何不是前向或后向的影子峰,比如 n-2(向后减少两个重复的影子峰)。3.0.0 及更高版本的 *EuroForMix* 具有处理前向影子峰的功能。每种影子峰都需要不同的 ϵ 值,然后可以按每个基因座细分它。但是,这将需要对模型进行非常广泛的参数化,You 和 Balding[233] 比较了两种计算程序:LikeLTD 和 *EuroForMix* 后,指出了广泛参数化的一些缺点。前者可以处理后向影子峰,前向影子峰和 n-2 影子峰(向后减少两个重复的影子峰)。尽管这在目标供者的构成比很低的情况下具有优势,但是计算速度会大大降低。任何优点都受限于 DNA 图谱信息量低且拥有多等位基因丢失的情况。关于是否应该首先解释此类图谱是不可避免的问题(ISFG DNA 委员会建议 8[34]8)。我们的观点是始终保持模型简单,不要过度参数化,而应同时确保模型适当且符合目标要求;请记住,模型不能替代专家意见和常识。也不能取代结果解释之前的操作(重新提取和重新分析)以确保信号满足解释的需求。

7.9.6.1 使用后向和前向影子峰的计算示例

最后一个示例来自第 7.9.5 节中解释的上一个示例。等位基因的排列顺序遵循图 7.10,只是额外增加比等位基因 *C* 大 4bp 的等位基因来解释前向影子峰。和以前一样,我们评估基因型 *AB*,*CQ*,仅描述等位基因 *B* 影子峰的推导。请注意,现在需要两个 epsilon(影子峰)参数,一个用于描述后向影子峰(ϵ),另一个用于前向影子峰(ϵ')。

1. 等位基因 *B* 丢失后向影子峰的部分,从而使其峰高值减小为 $M_x(1-\epsilon)$。
2. 等位基因 *B* 丢失前向影子峰的部分,其峰高值减小为 $M_x(1-\epsilon')$。
3. 另外,等位基因 *B* 从等位基因 *C* 接收后向影子峰部分,值为$(1-M_x)\epsilon$。
4. 等位基因 *B* 也从等位基因 *A* 接收一定比例的前向影子峰,即 $M_x\epsilon$。
5. 等位基因 *B* 受降解影响,因此可以调整预期的峰高:$\tau^{(x_B-125)/100}$,其中 x_B 是等位基因 *B*

的片段长度,单位为 bp。

6. 每个影子峰项都乘以降解项,从而得出等位基因 B 的形状参数:

后向影子峰分子的计算式:

$$\underbrace{M_x(1-\epsilon)}_{B\text{ 等位基因减少的影子峰}} \times \underbrace{\tau^{(x_B-125)/100}}_{B\text{ 等位基因的降解}} + \underbrace{M_x\epsilon}_{\text{来自 }C\text{ 等位基因的部分}} \times \underbrace{\tau^{(x_C-125)/100}}_{C\text{ 等位基因的降解}}$$

前向影子峰分子的计算式:

$$\underbrace{M_x(1-\epsilon')}_{B\text{ 等位基因减少的影子峰}} \times \underbrace{\tau^{(x_B-125)/100}}_{B\text{ 等位基因的降解}} + \underbrace{M_x\epsilon'}_{\text{来自 }A\text{ 等位基因的部分}} \times \underbrace{\tau^{(x_A-125)/100}}_{A\text{ 等位基因的降解}}$$

因此,形状参数分子是以上各项的总和除以峰高变异参数 ω^2:

$$\text{形状参数}=\frac{\text{前向影子峰顶+后向影子峰顶}}{\omega^2}$$

7. 可以在上述框架内扩展到其他复杂的影子峰,例如 $n-2$,但是每种新的影子峰部分都需要使用不同的影子峰参数 ϵ 来进行优化。

7.10. 等位基因插入模型

等位基因插入理论在第 4.2 节中进行了描述。对于 *LRmix Studio*,仅使用插入事件的绝对数量来生成模型。公式是

$$p_C=\frac{n}{N\times L} \tag{7.27}$$

其中 p_C 是插入的概率;n 是观察到的插入事件的数量;L 是基因座的数量,N 是阴性对照样本的数量,每个样本由 L 个基因座组成。

假设呈指数分布,从分析阈值(AT)的 RFU 开始,作为所有等位基因插入的峰高模型(类似于 Taylor 等[60]):

$$f(\gamma \mid \lambda, AT)=\lambda\times\exp^{-\lambda(\gamma-AT)} \tag{7.28}$$

λ 参数测量曲线的陡度,并将其用作插入值对插入等位基因峰高建模:

$$\lambda=\frac{n}{\sum i(\gamma_i-AT)} \tag{7.29}$$

其中 AT 是分析阈值;γ_i 是第 i 个高于 AT 值的插入事件的峰值高度,n 是峰高高于 AT 的峰数量(等位基因插入发生数目)。

7.10.1 使用 *EuroForMix* 估算 lambda

lambda 参数可以直接利用 *EuroForMix* 的“Import Data”>“Fit drop-in data”进行估算。峰高数据保存在 . csv 文件中,并生成图 7.16 所示的输出结果。

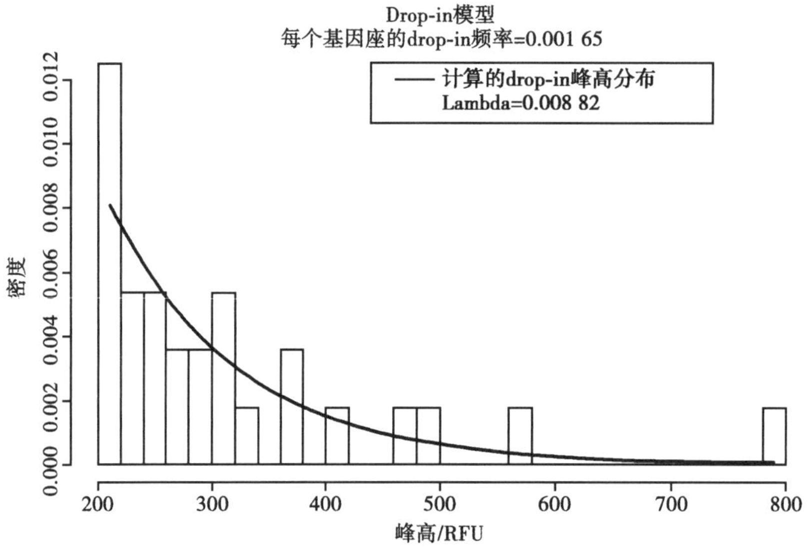

图 7.16 该模型以 ESX17 分型信息显示如何计算λ。. csv 文档的峰高信息为 208,252,330,200,379,202,240,488,226,312,318,271,577,208,795,220,250,413,245,286,238,273,367,306,291,217,202,461。该数据用 Promega ESX17 复合扩增后在 AB3500 平台电泳得到

7.10.2 等位基因插入特点

大多数插入的等位基因峰值高度都很低。这意味着高的峰更可能是来自实际供者的等位基因而不可能是等位基因插入。因此,与 200RFU 插入的等位基因相比,600RFU 的插入不应采纳。

只有在使用条件设置时,插入才会对计算产生影响。通常,如果供者的数量被低估,则会发生这种情况。例如,考虑一个 DNA 图谱中的单个基因座:在 H_p 下,存在一个已知的基因型 *AB* 和犯罪嫌疑人 *CD*。现场斑迹是 *A*,*B*,*C*,*D*。构建两个供者的模型。这时无须假定插入,因为这两个供者的基因型组成了斑迹中的所有等位基因。现在,在保持参考个体基因型不变的情况下,考虑现场斑迹基因型 *A*,*B*,*C*,*E*。不能再使用相同的 H_p 条件解释两个供者构成的犯罪斑迹:犯罪嫌疑人的 *D* 等位基因丢失;因此犯罪斑迹中的等位基因 *E* 一定是插入的等位基因,H_p 就需要相应的调整。请注意,如果包括其他供者(3 个而不是两个供者),则可以不必引入插入参数。如果执行此操作,则 H_p 假设条件应分别基于犯罪嫌疑人,已知、未知的个体。每个 DNA 图谱文件采用太多插入等位基因从来都不是一个好方法。可以使用插入/污染事件拟合泊松分布来评估局限性[121],如第 4.2.1 节所述。

用于解释等位基因 *a*(峰高 γ_a 和等位基因频率 p_a)插入的模型公式为:

$$Pr(\text{等位基因 } a \text{ 插入}) = p_C \times p_a \times \lambda \times e^{-\lambda(\gamma_a - AT)} \tag{7.30}$$

如果没有插入为$(1-p_c)$。

7.11. 总结

定量(连续)模型包含等位基因峰高信息。本章描述该理论的早期发展,从经验性的“Clayton”准则[94]开始,分析杂合平衡以区分混合样本的主要/次要供者。混合比例(M_x)是一个重要概念,用于估计严格以基因型为条件的等位基因期望峰高,从而能够对以给定基因型为条件的证据进行“最佳拟合”排序。该方法被编码到电子表格“MasterMix”[229]中,但仅限于两个供者。此外,这一计算没有引入概率模型,因此它也是基于经验的。

尽管如此,假设 M_x 残差(即基因观察峰高-预期值的平方)呈正态分布,是开发第一个概率模型的关键要素[230]。将残差转换为概率“权重”,然后将其应用于基因型列表中所有可能的基因型。通过等位基因峰高对等位基因丢失建模(在定性模型中不再有等位基因丢失参数)。这些计算显示在 Excel 工作簿“NORMAL_DISTR_ANALYSIS”中。该方法很容易扩展到多个供者。

但是,峰高的分布不遵循简单的正态分布曲线,数据明显偏斜。考虑到这一点,Cowell 等提出了一个基于 Gamma 分布的新模型[234],我们将其应用在 *EuroForMix* 中。该模型适用于降解,其峰高受分子量影响;影子峰和等位基因插入也被纳入模型构建;混合样本可以被拆分为备选供者基因型并按似然比排序。进行计算的公式被编码到工作簿“Gamma”中的 Excel 电子表格中。

注释

1. 这里仅假设两个供者,因此上述混合比例可用。在附录 B 中,我们介绍了包含多个供者的通用公式。

2. RSS 值随后成为权重的一部分(请参见第 7.3.1 节)。

3. 这与正态分布假设的最大似然比估计相同。

4. 在此 M_x 固定为 0.4。

5. 在下一节中,我们将展示如何计算 sigma。

6. ‘Solver’用于找到一个单元格(称为目标单元格)中公式的最佳值(最大值或最小值),这个单元格受工作表中其他公式的值限制。

7. 重新参数化还改善了似然比优化。

8. “如果 DNA 谱图中某些基因座的等位基因处于以背景噪声为主导的水平,则不应尝试对这些等位基因进行生物统计学解释。”

(张更谦　高林林 译)

第 8 章

EuroForMix

EuroForMix[76]是由 Øyvind Bleka 开发的一个连续(定量)模型的软件。软件使用 R 语言[218]编写,是一款可以免费无限次下载的软件,windows 版本的下载地址是 www.euroformix.com,源代码可以从 https://github.com/oyvble/euroformix 获得。*EuroForMix* 软件界面友好,且包含多个能够独立计算的功能,例如似然比(基于最大似然比和贝叶斯方法),混合样本分型拆分和模型验证。基于 C++脚本运行的这些功能选项可以快速计算概率。访问网址 www.euroformix.com 可以得到更详细的安装和使用教程。

8.1. *EuroForMix* 原理

EuroForMix 实际上是 Cowell 等[235,234]开发模块的一个扩展版本,该版本中假设峰高呈 γ 分布,而其中混合比例,影子峰比例,峰高平均值和供者数量被作为未知参数。本书介绍的模型包括等位基因插入,DNA 降解和亚群结构。*EuroForMix* 与 *DNAmixtures*[74]一样,均采用最大似然方法处理未知参数。此外,*EuroForMix* 还包括一个未知参数被"综合考虑"(也称为边缘化)的贝叶斯框架(此外,*EuroForMix* 还综合考虑了一个未知参数,同样使用了贝叶斯方式处理)。*EuroForMix* 的方法与 *STRmix*[60]和 *TrueAllele*[59]的不同之处在于,使用一个精确计算"总和"表达式的方法(公式 5.4),而无须进行 MCMC[71]抽样。但是,作为 *EuroForMix* 中可用的其他可选工具,在参数选择上也可以使用 MCMC 进行抽样来有效地评估未知参数的后验概率。附录 B 包含 *EuroForMix* 中使用的统计学描述。

8.2. *EuroForMix* 的应用解释

痕量样本 DNA 含量可以使用短串联重复序列(STR)相应等位基因数据的峰高,即相对荧光强度(relative fluorescence units,RFU)进行评估。等位基因的峰高是与供者的数量成正比。一个个体一般在 STR 基因座具有纯合基因型(两个相同的等位基因)或杂合基因型(两个不同的等位基因)。在一次较理想的 PCR 扩增中,杂合子基因型的峰高应是大小相等,而纯合子基因型的峰高应是杂合基因型的两倍。实际上,如第 2 章中所述,峰高的分布是随机的,并且在两次 PCR 扩增之间相比的话也会有所不同。在不消除真正源自供者的等位基因时,设定一个检测阈值,可以尽可能地消除背景"噪声"。如果 DNA 量很少或者受降解影响,等位基因峰高可能会降至检测阈值以下,这种情况则表现为等位基因丢失(见第 3 章)。当 n 个重复的等位基因序列在 PCR 扩增过程中丢失一个串联重复序列时,会出现后向影子峰,即出现在 $n-1$ 个等位基因位置的等位基因峰(见图 7.10)。第 2.2 节中还介绍了其他种类的影子峰,例如 $n+1$(前向影子峰)和复杂影子峰,例如 $n-2$。*EuroForMix* 的模型中没有包含所有类型的影子峰,原因主要包括如下几点:

- 每增加一个参数都会对计算速度产生重大影响。
- $n-1$ 以外的影子峰一般都低于阈值;当来自 POI 的等位基因峰高与主要供者的影子峰高处于相似的低水平时,许多接近噪声基线的分型将不会被显示出来,通常会出现等位基因丢失。

- 如第 2.2 节所述,前向影子峰和复杂影子峰可以通过使用影子峰过滤器去除,但是,如果 POI 的峰高与其处于相同水平时需引起警惕,因为过滤器可能会去除真实存在的等位基因和伪峰,这会对解释产生不利影响。
  注意:现在 *EuroForMix* 的第 3 版将 $n+1$ 前向影子峰也纳入评估范围。

8.3. 理论探究

我们的最终目的是将 POI 是否是犯罪现场 DNA 分型 E 的证据力度量化。在第 1.6 节描述中可知,作出的两种假设分别为:H_p 是控方,H_d 是辩方。指定了一个概率模型,假定情况 H 为真,则概率模型给出观察证据 E 的概率为 $Pr(E \mid H)$,因此,通过似然比(likelihood ratio,LR)得到 H_p 和 H_d 定义的两种假设的比值为:

$$LR=\frac{Pr(E \mid H_p)}{Pr(E \mid H_d)} \tag{8.1}$$

LR 指的是 H_p 假设成立的概率与 H_d 假设成立的概率之比。

8.4. 模型特点

模型的功能如下:
(1) 多个供者
可以设定任意数量的参考分型;
可以指定任意数量的未知供者(实际上限制为 4 个)。
(2) 扩展
等位基因丢失(第 7.6 节);
等位基因插入(第 7.10 节);
$n-1$ 影子峰(第 7.9 节);
降解(第 7.8 节);
亚人群结构(F_{ST}/θ 相关性)(第 5.5.2 节)。
$n+1$ 影子峰(3.0.0 新版本)
(3) 重复性样本分析
重复性样本分析—不需要产生一致性的样本;
该模型假设每次重复,其供者和峰高比例均相同。

8.5. 软件示例

下面将对一个案例进行详细分析。在进行分析之前,有必要详细考虑案件情况,分别列出代表控辩双方的假设情况。案例来自 Lourdes Prieto(圣地亚哥德孔波斯特拉大学),欧洲法庭科学研究网工作组(ENFSI)已将该案例作为实验室练习使用。选择这样一个相对比较简单的例子,原因是在这个程序快速运行的同时能够快速的让新用户熟悉这套流程。当然,这个软件在计算复杂案例(例如 4 个或者 4 个以上的供者)时将会花费更多的时间。

这些案例根据复杂程度由低到高的顺序提供给读者,这样以便读者能够更好地以结构化的方式全面了解程序的功能。前两个是分型数据的影子峰过滤的示例练习,且已经在第 2.2 节中描述过。最后一个示例中包含影子峰在内的所有 DNA 图谱数据。

8.5.1 ENFSI 练习 1：混合样本来自两个个体，主次组分占比有明显差异，其中次要组分是犯罪嫌疑人

8.5.1.1 案例背景

一名男子在马德里遇刺。目击者发现了犯罪嫌疑人，并且警察将他成功抓捕。然而，犯罪嫌疑人否认犯罪事实，宣称他当时不在该区域活动。在进行尸检时收集了受害者指甲缝内的生物学检材，随后，法官询问科学家是否有证据表明犯罪嫌疑人是该检材的供者。

正如第 12 章中所述，当一个犯罪嫌疑人被发现后，科学家将会对发现的证据进行评估。因此，他/她必须收集足够多与案件有关的信息，这样以便在检测结果出来之前可制定备选假设（这样可以防止主观臆断：详细讨论见第 12 章）。这里将从 DNA 本身的证明价值分析证据来源，而犯罪行为本身是另外一个需要考虑的因素，不能把 DNA 证据的存在与犯罪行为等同，这个不能混淆（由于攻击本身的活动层面是一个独立的考虑因素，因此这里不能与之相混淆）。

科学家提出下面两种假设进行研究：

H_p：犯罪样本中的 DNA 来自犯罪嫌疑人和受害者。

H_d：犯罪样本中的 DNA 来自一名未知个体和受害者[1]。

下一步是处理样本，使用 *EuroForMix* 软件分析电泳图谱信息。

步骤 1a：加载数据，然后从“File>Settings”选项键启动设置窗口。在相应框中输入检测 AT、F_{ST} 和等位基因插入概率（图 8.1）。默认的“drop-in hyperparameter[2]（λ）”应符合等位基

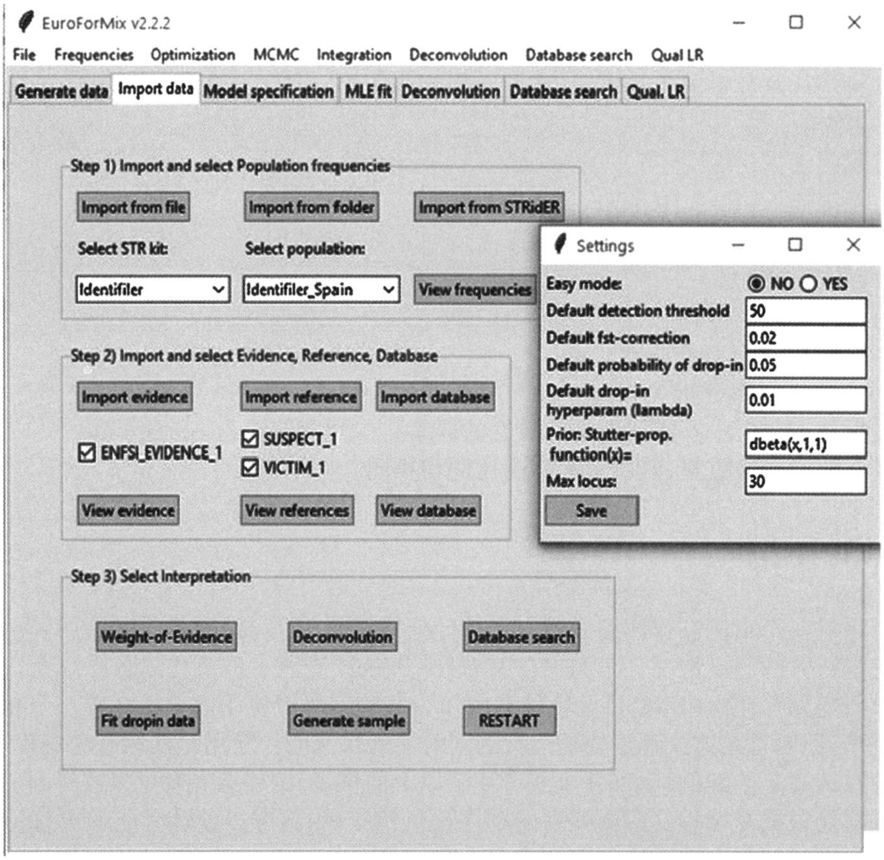

图 8.1 第 1 步展示“导入数据”选项与“设置”选项

因插入分布形状。软件系统一般会设置一个默认等位基因插入概率($\lambda=0.05$)(见第 7.10 节)。虽然最好能按照第 4.2 节所述进行相关实验,得到实际等位基因插入概率,但实际概率往往比这个值小得多,因此该值对 *LR* 的总体影响很小(见附录 E[236]),特别是没有基因座需要用等位基因插入来解释的时候。“Prior stutter-prop.”选项不能单独设置,有关此函数的描述,请参见附录 B.3.12.2。在“最大基因座”(“Max locus”)选项默认设置的是 30,这个可以不用单独设置(除非试剂盒中基因座超过了 30 个)。如果选择“简易模式”(“Easy mode”),那么在随后的步骤中,软件将使用 MLE 方法进行相关计算。

步骤 1b:点击“查看证据”(“View evidence”)选项。这将在 R 控制台中输出等位基因数据(命名和峰高)(图 8.2),如果安装了“plotly”R 软件包(见用户手册说明),它将在浏览器窗口中显示高分辨率的电泳图谱。图 8.3 中展示了等位基因的命名及其相对应的峰高。在等位基因名称的下方还显示了与供者 1 和供者 2 相匹配的等位基因。

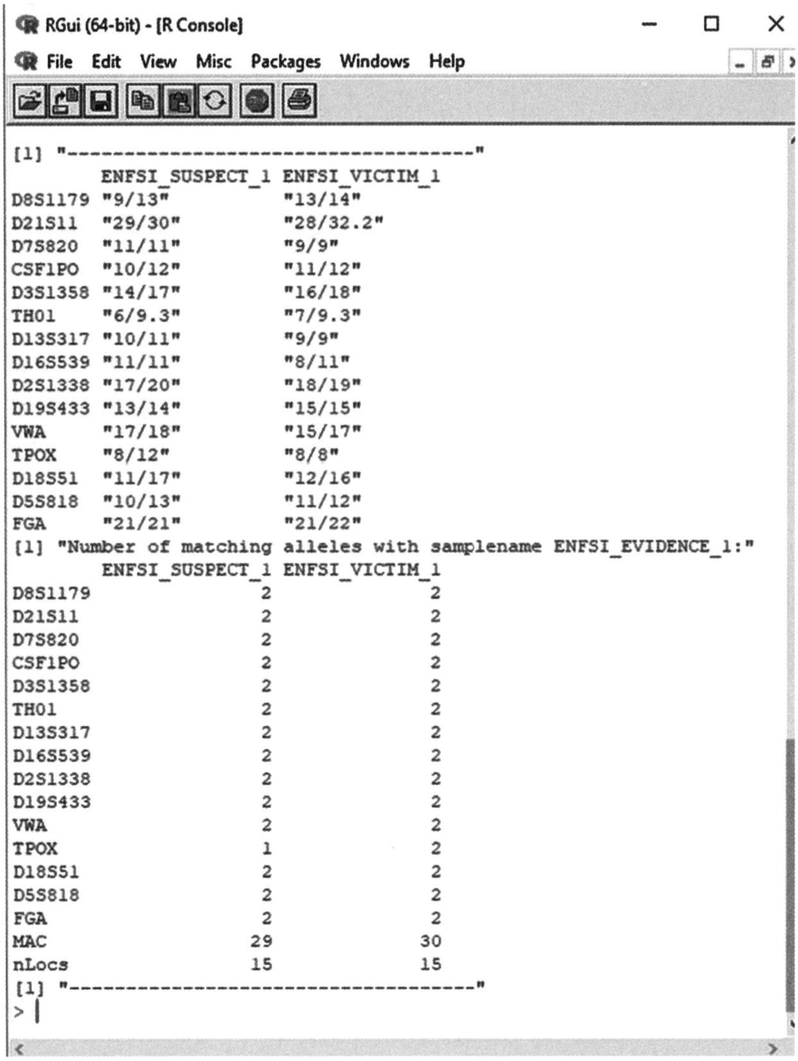


```
[1] "------------------------------------"
        ENFSI_SUSPECT_1 ENFSI_VICTIM_1
D8S1179 "9/13"          "13/14"
D21S11  "29/30"         "28/32.2"
D7S820  "11/11"         "9/9"
CSF1PO  "10/12"         "11/12"
D3S1358 "14/17"         "16/18"
TH01    "6/9.3"         "7/9.3"
D13S317 "10/11"         "9/9"
D16S539 "11/11"         "8/11"
D2S1338 "17/20"         "18/19"
D19S433 "13/14"         "15/15"
VWA     "17/18"         "15/17"
TPOX    "8/12"          "8/8"
D18S51  "11/17"         "12/16"
D5S818  "10/13"         "11/12"
FGA     "21/21"         "21/22"
[1] "Number of matching alleles with samplename ENFSI_EVIDENCE_1:"
        ENFSI_SUSPECT_1 ENFSI_VICTIM_1
D8S1179               2              2
D21S11                2              2
D7S820                2              2
CSF1PO                2              2
D3S1358               2              2
TH01                  2              2
D13S317               2              2
D16S539               2              2
D2S1338               2              2
D19S433               2              2
VWA                   2              2
TPOX                  1              2
D18S51                2              2
D5S818                2              2
FGA                   2              2
MAC                  29             30
nLocs                15             15
[1] "------------------------------------"
> 
```

图 8.2 在浏览界面显示的证据结果,等位基因名称和峰值高度以及与已知个体的“匹配”信息

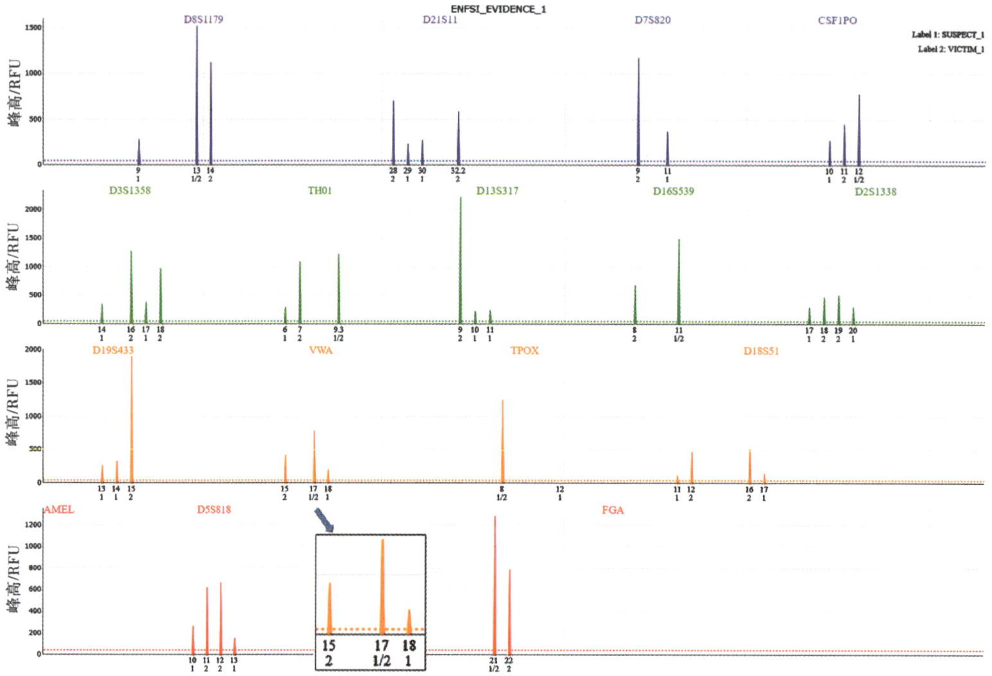

图 8.3 点击步骤 1:“查看证据”(“View evidence”)选项生成的电泳图谱结果图,其中 vWA 基因座被放大

接下来,如第 7.8 节所述,生成降解曲线(图 8.4)。图中的点显示了每个基因座观察到的峰值高度总和与等位基因的平均片段长度。黑线表示预计峰高,灰色线表示峰高的总和 99% 覆盖区间(即预计 99% 的峰高总和在区间内)。目的是证明现场检材是否有降解的可能。曲线会有一个向下的斜率的参数,表明其中大片段 DNA 降解为小片段,这证明现场检材存在降解,在随后的 *LR* 计算中则需要合理地考虑到这一点。

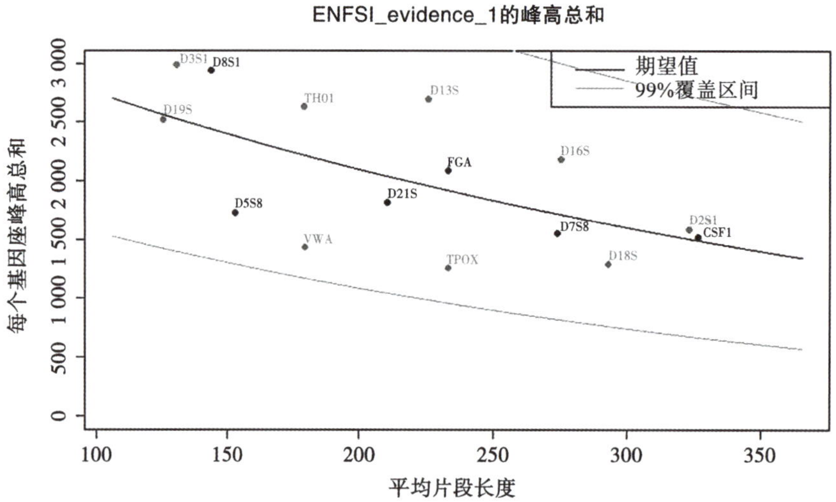

图 8.4 点击步骤 1 中的“查看证据”(“View evidence”)选项生成的降解模型图:显示每个基因座的峰高总和及相对应的片段长度

8.5.2 参考样本

如图 8.5 所示，点击“查看参考样本”(View references)选项可在 R 控制台中显示犯罪嫌疑人和受害者的等位基因，以及与现场检材样本匹配的等位基因列表。如果现场检材样本中存在相应的等位基因，其中纯合子需要被记录两次。“匹配等位基因数(matching allele count，MAC)”指的是匹配等位基因数之和，“nLocs”是基因座数量。

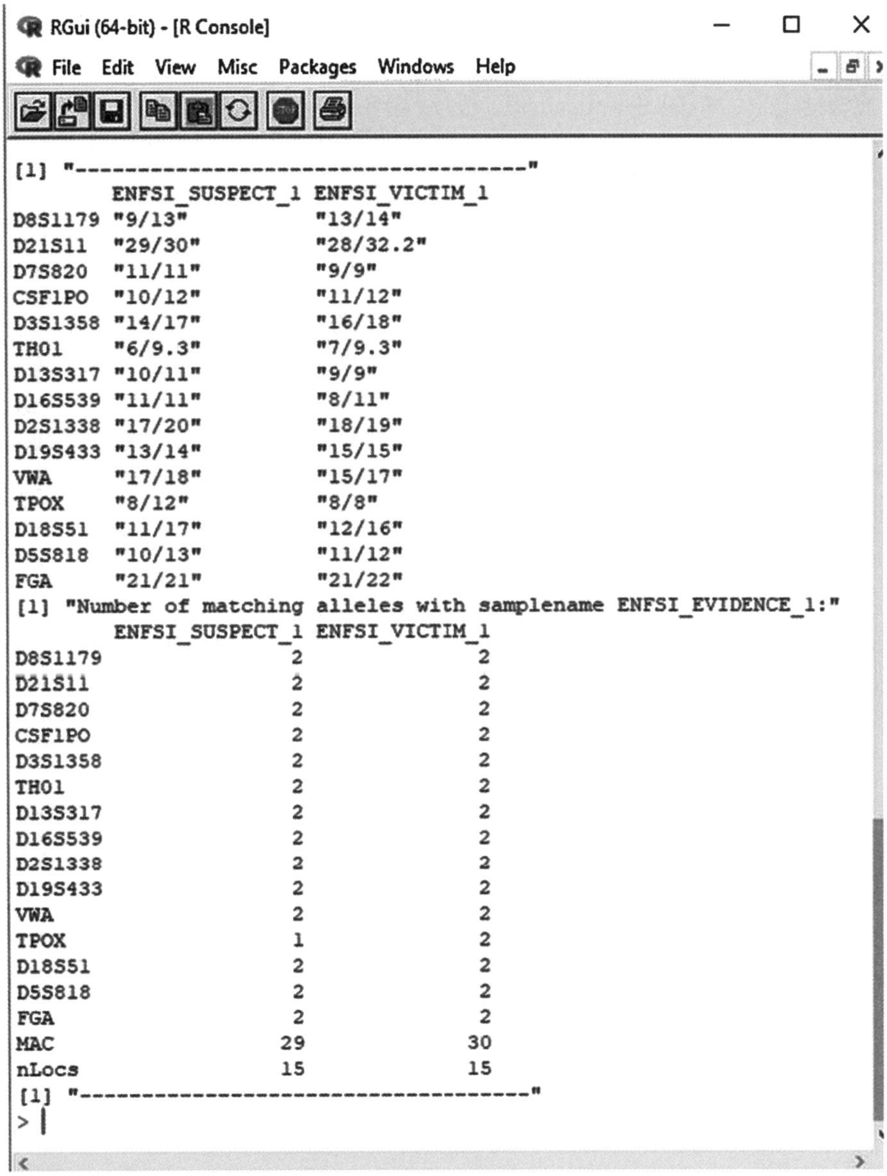


```
[1] "------------------------------------"
        ENFSI_SUSPECT_1 ENFSI_VICTIM_1
D8S1179 "9/13"          "13/14"
D21S11  "29/30"         "28/32.2"
D7S820  "11/11"         "9/9"
CSF1PO  "10/12"         "11/12"
D3S1358 "14/17"         "16/18"
TH01    "6/9.3"         "7/9.3"
D13S317 "10/11"         "9/9"
D16S539 "11/11"         "8/11"
D2S1338 "17/20"         "18/19"
D19S433 "13/14"         "15/15"
VWA     "17/18"         "15/17"
TPOX    "8/12"          "8/8"
D18S51  "11/17"         "12/16"
D5S818  "10/13"         "11/12"
FGA     "21/21"         "21/22"
[1] "Number of matching alleles with samplename ENFSI_EVIDENCE_1:"
        ENFSI_SUSPECT_1 ENFSI_VICTIM_1
D8S1179               2              2
D21S11                2              2
D7S820                2              2
CSF1PO                2              2
D3S1358               2              2
TH01                  2              2
D13S317               2              2
D16S539               2              2
D2S1338               2              2
D19S433               2              2
VWA                   2              2
TPOX                  1              2
D18S51                2              2
D5S818                2              2
FGA                   2              2
MAC                  29             30
nLocs                15             15
[1] "------------------------------------"
> |
```

图 8.5 输出界面显示的参考样本的等位基因分型，与现场检材等位基因分型匹配。MAC＝匹配等位基因数，nLocs＝基因座数

8.5.3 证据的初步评估

如图 8.3 所示，在现场检材分型中，受害人的所有等位基因都显现很好。除“TPOX 12”一个等位基因外，犯罪嫌疑人其余等位基因均可在现场检材分型中找到。以等位基因“D7S820 11”和“TH01 6”为例，如果犯罪嫌疑人是其中一个供者，那么他应是次要供者。在任何基因座上都不会超过 4 个不同的等位基因，这表明现场检材至少为 2 人混合。

8.5.4 模型设定

在“导入数据”(“Import Data”)选项中，选择“证据权重”(“Weight-of-Evidence”)将选项切换至“模型设定”(“Model Specification”)选项(图 8.6)。使用复选框来选择试剂盒的基因座。软件格式很简单，可以在复选框中根据各假设选择已知个体。因为 DNA 是从被害人的指甲缝里获取的，所以可以在 H_p 和 H_d 两种情况下进行调整。上文提到现场检材中至少有两个供者，因此，在 H_p 假设下不存在未知个体，在 H_d 假设下存在一个未知个体(因为犯罪嫌疑人可能不在这里出现)。“模型选项”(“Model options”)允许操作者使用复选框添加降解和/或影子峰。在计算部分，这两个选项都是显示为灰色，即不可选状态。但如果禁用简易模式，对高级用户来说这两个选项都可以被使用。点击“连续 LR”—“基于最大似然”，(“Maximum Likelihood based”)，显示“MLE 拟合”(“MLE fit”)页面。

因为这个案例是一个简单的 2 人混合模型，运行只需要几秒钟。具有更多供者的更复杂模型将需要更长的运行时间。软件将循环进行 4 次优化，以确保结果可重复，如附录 B.3.12 所述。

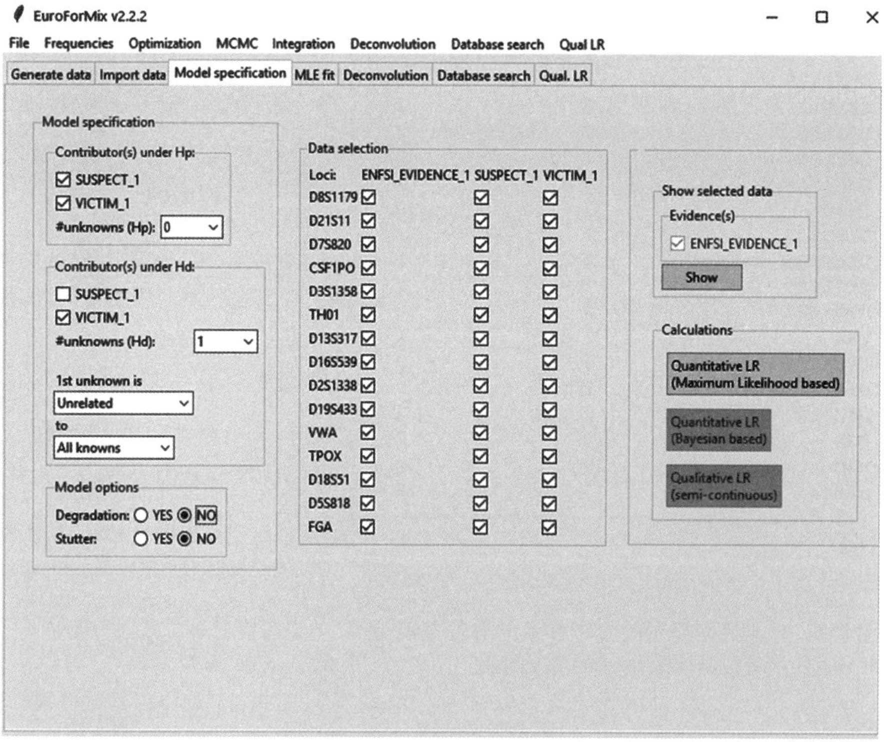

图 8.6 模型设定选项

8.5.5 MLE 拟合选项

MLE 拟合选项（图 8.7）包含证据解释所需的全部结果。

从“H_p 假设”的部分开始，方框中显示了程序计算的 MLE 参数

1. “Mix-prop. C1”：第一个供者 C1 的混合比例（参数 M_x）
2. “Mix-prop. C2”：第二个供者 C2 的混合比例（1-参数 M_x）
3. “P. H. 期望值”：峰值高度期望值（参数 μ）
4. “P. H. 可变性”：峰值高度可变性（参数 ω）

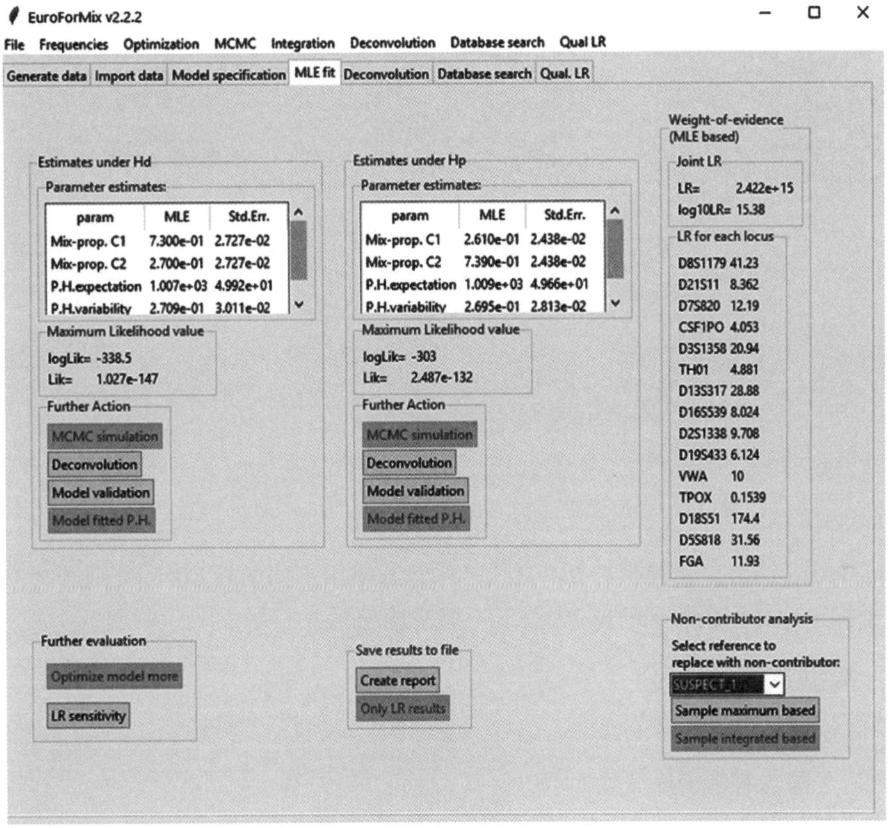

图 8.7 最大似然评估选项

C1 和 C2 的排序如“导入数据”（“Import data”）选项所述，即 C1=犯罪嫌疑人，C2=受害人。混合比例（M_x）分别给定为 0.26 和 0.74，如果证实 H_p 为真，则在现场检材中，犯罪嫌疑人的 DNA 含量较小而被害人的含量较大。

在 H_d 下，指定 C1 是唯一已知的受害者，而 C2 是未知的。受害者和未知者的 M_x 比例与 H_p 项下描述的内容相近，分别为 0.73 和 0.27。

在报告结果之前，有必要检查一下该模型是否为最优。在这个案例里，我们加入影子峰或降解的干扰。最后，记录下最大对数似然值 H_d(LogLik)=−338.5，似然比 $\log_{10}LR=15.38$。

为了得到最适合数据的模型，在返回模型设定界面选项时，将通过点击选项加入“降解”（“Degradation”）选项（图 8.8），并将得到的结果记录在 MLE 拟合页面上[别忘了点击“定量

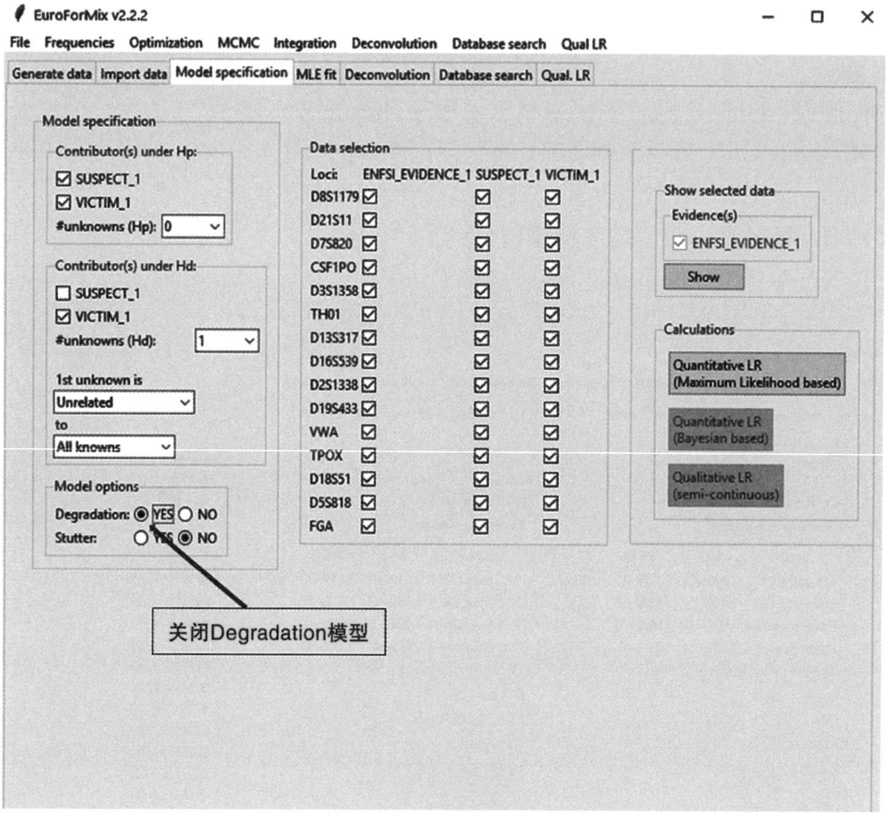

图 8.8 模型设定选项,显示选项降解(“Degradation”)项目

LR”(“Quantitative LR”)选项拟合新模型]。在尝试使用不同的模型时,分别选择有和没有降解/影子峰选项并记录得到的数据,按下一节所述进行。

8.5.6 模型选择

可用的一些模型如下:

1. 无影子峰与有影子峰
2. 无降解与有降解
3. 没有等位基因插入与有等位基因插入
4. 改变供者的数量

考虑一个模型搜索策略,建议可以从最简单的模型开始。随着参数的增加可以增加模型的复杂程度,当一个更复杂的模型不可能比已经找到的模型表现得更好时,寻找“最佳”模型的工作就停止了。

为了选择最终的模型,将采用“阿卡克信息准则”(Akaike information criterion,AIC)[237]。该准则偏向于选择最简单的模型。为了避免“过度参数化”,软件会在参数过多时,自动扣减分数。如果在 H_d 下选择最简单的模型——没有降解,没有影子峰和无混合,软件将不会扣减分数。如果仍然是两个人混合,但参数只增加了“降解”,没有增加“影子峰”,则需减 1 分;如果增加了“降解”和“影子峰”模型,则需要减 2 分,以此类推。如果再加上一个额外的供者,那么就需要为此进行额外的减分。建立表格,比较“调整后的 logLik 值”(表 8.1)。

表 8.1 模型选择程序。选择最简单的模型,用黄色高亮显示,它提供了 H_d 下最低的调整 LogLik 值。注意,无论使用哪种模型,对似然比的影响都是最小的

降解模型	影子峰模型	LogLik(罚分)	调整后的 LogLik 值	$\log_{10}LR$
2 人				
no	no	−338.5	−338.5	15.38
yes	no	−330.8(−1)	−331.8	15.61
no	yes	−338.5(−1)	−339.5	15.41
yes	yes	−330.9(−2)	−332.9	15.63
3 人				
yes	no	−330.9(−2)	−332.9	15.63

在本例中,选择 2 人混合、存在降解、无影子峰的情况下,找到了最简单的数据拟合模型。注意,无论选择何种模型,$\log_{10}LR$ 几乎是一样的。在 3 人模式中,即便是增加一个新的供者对 $\log_{10}LR$ 值也几乎没有影响。这是因为第三个供者只有处于在 H_d 下 $M_x=10^{-10}$,在 H_p 下 $M_x=10^{-8}$ 这样很低的水平时才符合模型的要求。然而,这些值远远低于任何商业化试剂盒的检测阈值,因此它们对 LR 的影响可以忽略不计(图 8.9)。

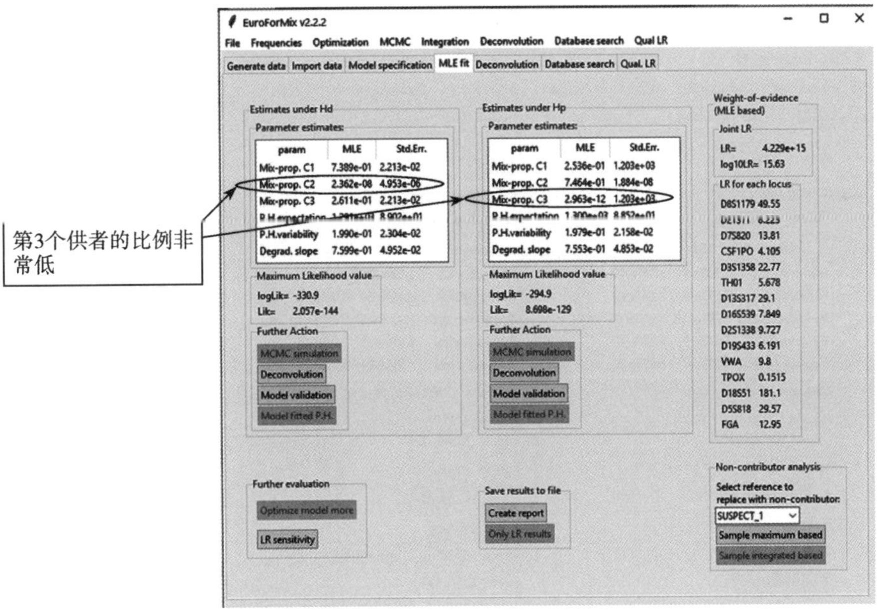

图 8.9 H_p 假设现场检材为犯罪嫌疑人、受害者和未知者 3 人混合及 H_d 假设为受害者和两个未知者 3 人混合的模型运行。注意:在这两个假设下,次要供者 C2 和 C3 所占的 DNA 比例都很低

这也说明了一个问题,那就是不一定要知道一个明确的"供者人数"。相反的问题是:"什么数量的供者能够优化模型"。从 ISFG DNA 委员会建议[34]的附录 C 来看,在 H_p 和 H_d 假设下,供者的数量是没有必要相同的。最小供者数量是如第 2.3.2 和 6.2.3 节分别所述的基于一个基因座的最大等位基因数除以 2(公式 2.5),包括分型已知的参考样本等位基因数。

8.5.7 模型验证

为了确保在选项中定义正确的模型并按“连续 *LR*”(“Continuous *LR*”)选项进行下一步,因此在 MLE 拟合选项中,H_p 和 H_d 的“进一步操作”(“Further action”)部分下的“模型验证”(“Model validation”)选项都可以使用的,点击选项将创建一个对话框(图 8.10)。在模型验证中将显著性水平设置为 0.01(第 8.5.8 节),这将生成 H_p 和 H_d 的 P-P 图(图 8.11)。

8.5.8 P-P(概率-概率)图

P-P 图将观察到峰高的两个经验累积分布与理论基础模型进行比较。如果模型处于理想状态,则应该存在 45°的直线关系。但是,由于随机效应,结果永远不可能完美。为了推断峰高模型(即 γ 分布)是否等于观察到的峰高值,可以将观察到的值与模型图中反映该值的点进行比较。分布的分位数在图 8.11 中显示为散点图。黑色虚线是 0.005 和 0.095 分位数(对应于显著性水平 0.01),而红色虚线是等效的“Bonferroni 校正”的分位数,其中 Bonferroni 校正的显著性水平调整为 0.01 除以 PH 观测值的数量(即 0.01/45)。虽然可以使用红色虚线作为参考,但是,没有为模型的“接受”指定阈值概率。如果显著性水平为 0.05,那么这意味着 20 个示例中将有一次错误。0.01 和 0.001 的水平将分别表示 100 次和 1 000 次的测试中有一次错误,如果要设置实际阈值,这样的水平可能更合适。如果模型验证的值超出范

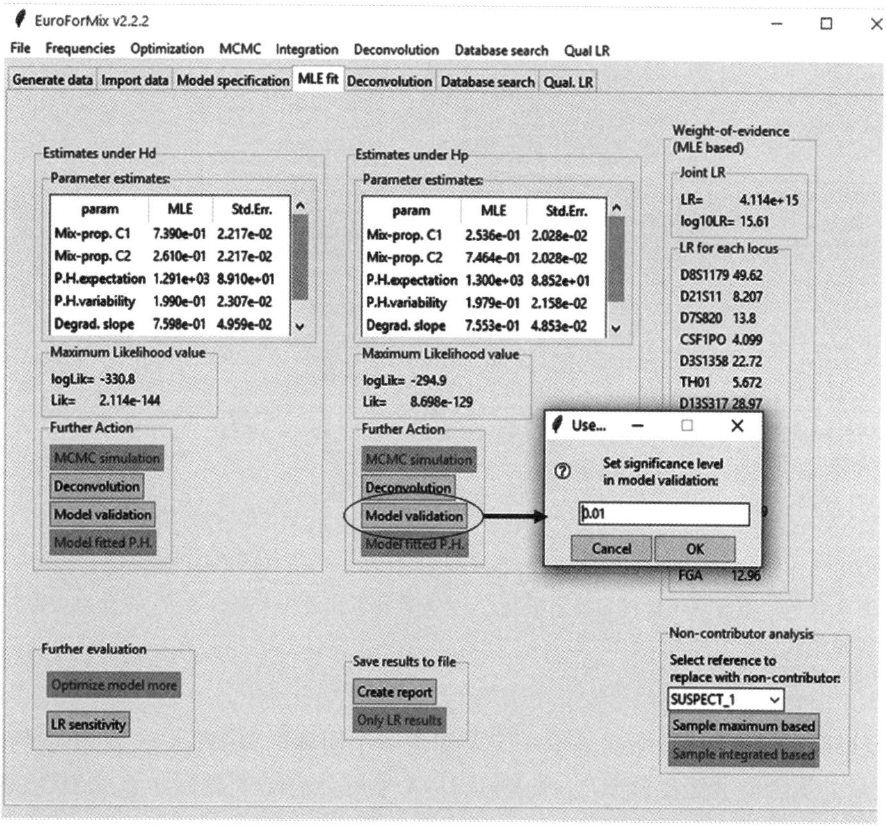

图 8.10 点击模型验证(Model validation)选项以显示对话框,生成一个 P-P 图

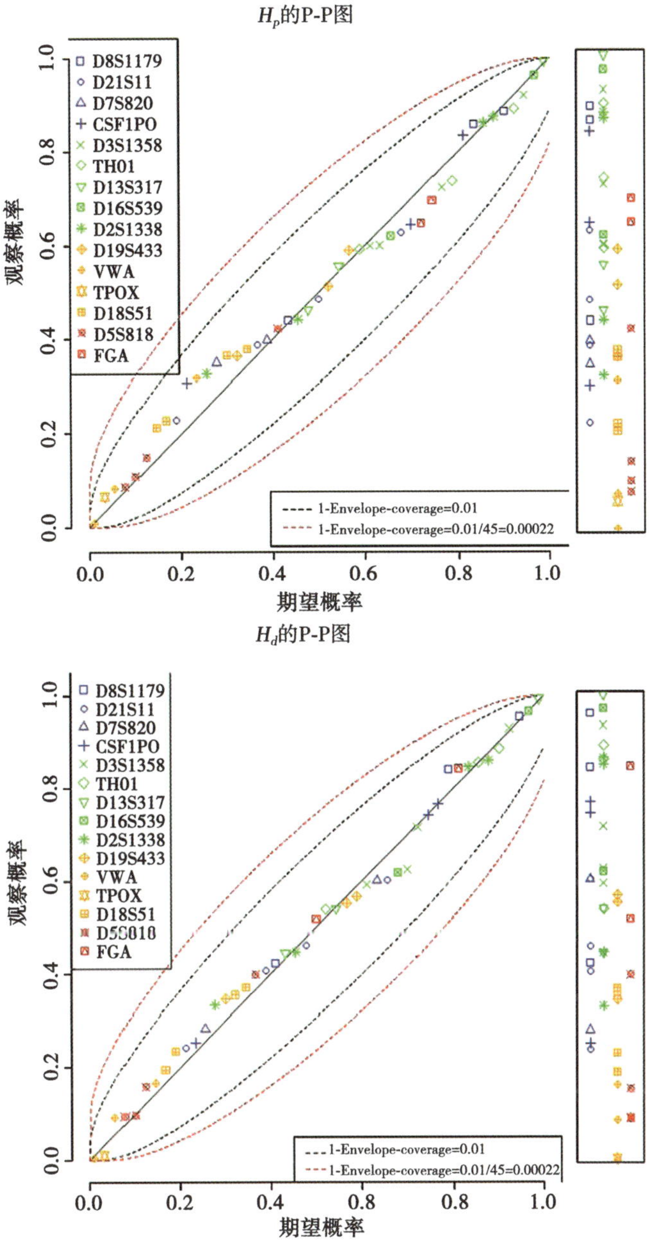

图 8.11 显示了 H_p 和 H_d 的 P-P 图，该图则是覆盖所有数据的合理直线拟合

围，则需要再次检查样本：可能是因为重叠峰的高度偏差太大，或者可能是某个过高的影子峰造成，或者由于近亲样本对混合样本的影响，可能存在较多的等位基因共享。解决的办法可能是在一项分析中省略重叠峰，或者排除一个似乎有问题的基因座。如果与直线的偏差很大（即在散点图外有很多点），则最好不要报告混合，或者用其他模型分析分型。有关 P-P 图的分析及其在结果判断中的应用，更多讨论请参见第 10.3.5 节。

框 8.1 使用 P-P 图验证(常规)

模型推断过程的最后一步是检验拟合的连续模型对于预估检测阈值 *AT* 以上的峰值高度是否合理(图 8.11)。在一个包含两个假设的设定 *H* 下进行模型评价。在 $\hat{\beta}$ 的条件中以 *H* 到 Eq 下的最大自变量(公式 8.2)。Cowell 等[231]定义了每个等位基因的条件观测累积概率:

$$Pr_{m,a}(y_{m,a})=Pr(Y_{m,a}\leqslant y_{m,a} \mid H,\hat{\beta},y_{(m,-a)},Y_{m,a}\geqslant AT) \tag{8.2}$$

Y 为随机变量。这里 $y_{m,a}$ 是基因座 *m* 上处等位基因 *a* 的观测峰值高度,($y_{m,-a}$)是同一基因座中观测到的其他超过 AT 的等位基因。*EuroForMix* 提供了所有累积概率之间的概率-概率(PP)图 $\{Pr_{m,a}(y_{m,a})\}_{y_{m,a}\in y_m}^{m=1,\ldots,M}$ 和标准均匀分布,以检验拟合的连续模型是否为观测峰高 $y_1,\ldots,y_M$ 的合理假设。如果与这一假设存在偏差表明应改变或改进现有连续模型。

8.5.9 *LR* 灵敏度

Bleka 等[76]所述程序的最后一部分是进行 *LR* 灵敏度测试。这个选项在"MLE fit"选项上能够找到,它根据估计产生 MLE 的参数的误差来生成 *LR* 的分布。该方法采用马尔科夫链蒙特卡洛(MCMC)模拟,因此两次不同的运行不会产生相同的结果。选择 5% 的分位数进行评估。在本例中,$\log_{10}LR=14.1$,而 MLE 期望值为 15.76。结果四舍五入到最接近的数量级,因此 $\log_{10}LR=14$ 为报告值(图 8.12)。

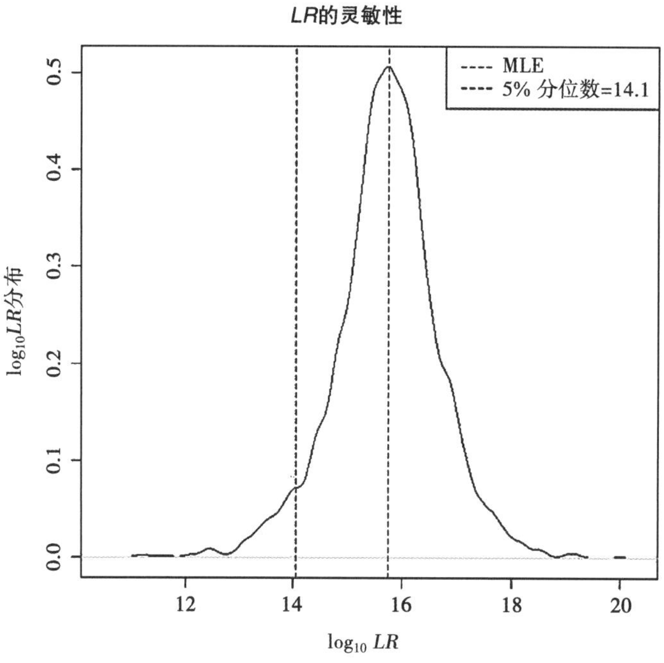

图 8.12 使用参数的不确定性进行灵敏性分析展示 *LRs* 的分布,展示 MLE 和 5% 分位数的分布

8.5.10 模型拟合的峰高选项

在“MLE 拟合”(“Model fitted P. H.”)选项的“下一步操作”(“Further Action”)部分选择“模型拟合 P. H.”(“MLE fit”)选项时,用户必须在设置对话框中禁用“简易模式”。该功能将计算出供者和未知个体的预期峰高的值绘制出来,通过拆分方式估计最有可能的基因型(第 8.5.12 节),并以叠加直方图的形式叠加在电泳图谱之上(图 8.13)。在这个例子中,H_p 的结果是这样的:犯罪嫌疑人为分型提供了 $M_x=0.25$,受害人提供了剩余的部分($1-M_x=$

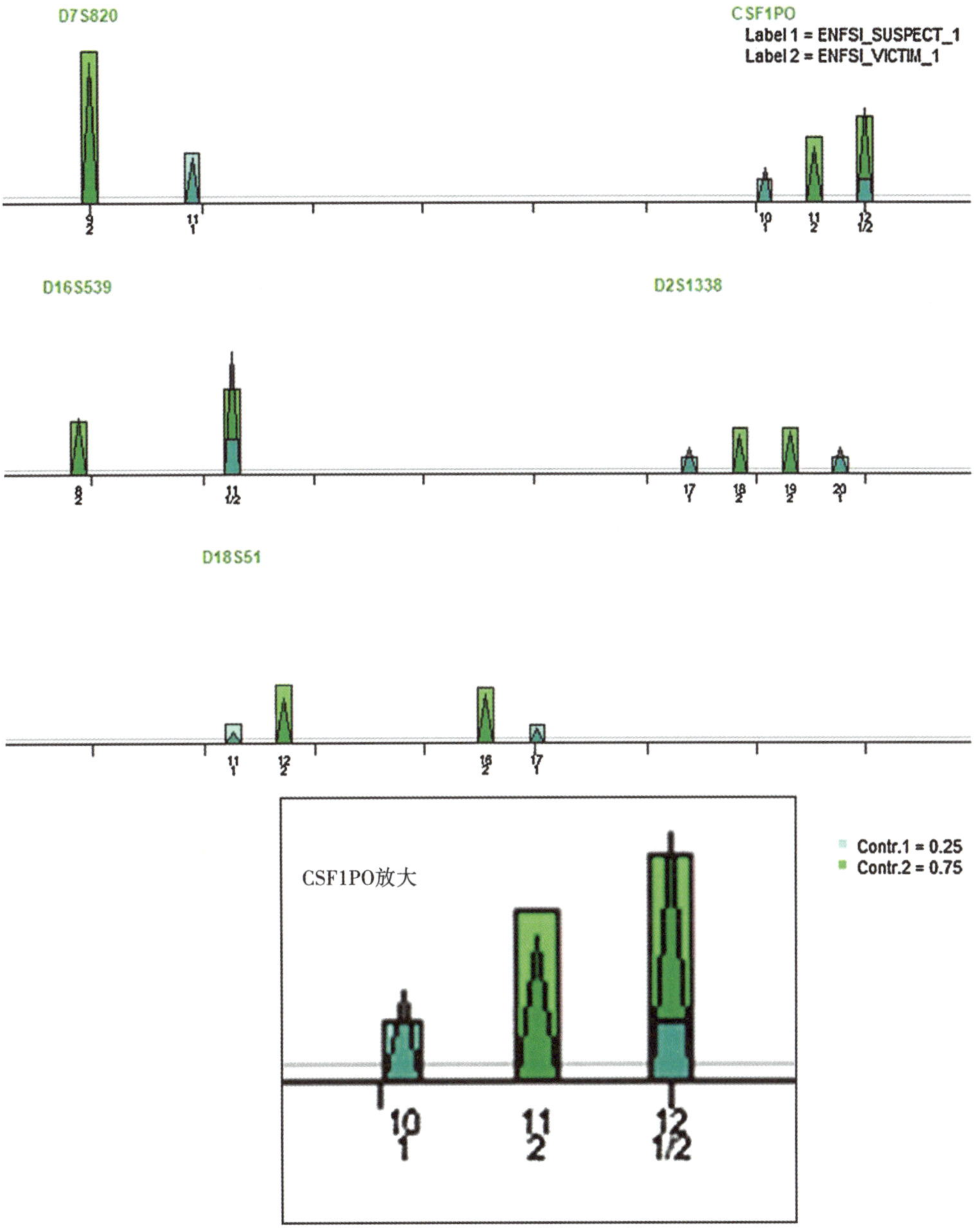

图 8.13 H_p 下的模型拟合峰值高度,显示了电泳图谱的一部分。为了展示得更清楚,将 CSF1PO 放大,可以看出等位基因 12 应由两个供者提供,其中所占比例较少的是犯罪嫌疑人

0.75)。对于 H_d 下的"模型拟合 P. H."提供了一个类似的图,其中各自的 M_x 比例是作为一个未知个体而不是作为犯罪嫌疑人计算。如果重复被分析,则每个重复的直方图被并排绘制。这个图对模型进行了一个有效的检测,以确保各个等位基因"拟合"的合理性。

8.5.11 非供者分析

有关非供者分析的详细信息,请参见第 6.1.6 节中的 *LRmix Studio*。在 MLE 适合选项上可以找到非供者分析的对话框。在下拉框中,可用于选择要用非供者替换参照样本。必须通过在"数据库搜索"("Database search")>"设置非供者数量"("Set number of non-contributors")下的对话框中输入数字来设置测试的非供者数。在此处输入 10 开始,计算运行需要多长时间,然后,将数字调整为合适的数值—尝试至少进行 1 000 次测试。进行计算时,点击"基于样本最大值"("Sample max-imum based")选项[如果之前指定了连续贝叶斯法,则会选择"基于样本综合法"("Sample integrated based")]。如果将 F_{ST} 设置为 0,分析速度会更快,否则对于比较复杂的分析会非常耗时。分析打印出 0.5、0.95、0.99 百分位数和最大观测值(图 8.14)。所有数值都很低(99 百分位数为 $\log_{10}LR=-15$),这说明模型是稳定可靠的。

```
[1] "100% finished..."
[1] "0.5-quantile=-25"
[1] "0.95-quantile=-19"
[1] "0.99-quantile=-16"
[1] "Max=-13"
[1] "rate(LR>0)=1.0e+00"
[1] "rate(LR>1)=0.0e+00"
[1] "Mean LR=2.8e-16"
[1] "Std LR=6.7e-15"
     0.5      0.95      0.99       Max
-25.14881 -18.84314 -15.74159 -12.68856
>
```

图 8.14 显示了 1 000 次模拟的非供者分析结果,列出了 0.5、0.99 百分位数和最大观测值;还提供了 *LR* 的平均值和标准误差,以及 *LR*>0 与 1 的比值

8.5.12 拆分

拆分用于预测一个"未知"个体的基因型。我们曾在第 7.7 节介绍过理论基础,还用 Excel 电子表格解释了现有示例的统计数据。这里将解释如何在被害人是"已知"的控方假设情况下解读未知个体。拆分位于"MLE 拟合"("MLE fit")选项上的"进一步操作"("Further Action")中,创建"拆分选项"("Deconvolution tab")(图 8.2)。有许多不同的方法来可视化结果。最方便的是如图 8.2 所示的"顶部边缘"("Top Marginal")。"受害者"("victim")只有一个选项(C1),因为它是有条件的,所以概率(C1)都等于 1。未知个体(C2)的最高基因型以概率<1 的方式列出。"下一个基因型的比值"("ratio to next genotype")是最高概率除以第二高概率的比值,数字越大,确定性越强。例如,D21S11 基因型 28/32.2 的比值为 1 291,而 D7S820 基因型 11/11 因为比值为 4.9,则不太确定。

在"拆分"("Deconvolution")选项上选择"全部联合"("All Joint")选项,列出排名的 C1,C2 基因型的排名(表 8.3)。例如,基因座 D7S820,C2 的第二备选基因型是 9/11(*Pr*=0.165 1)。"所有的边际(G)("All Marginal(G)")"选项还给出了每个供者每个基因型的概率列表。"所有的边际(A)"("All Marginal(A)")选项给出了每个供者每个等位基因的概率列表(所以 C2 在基因座 DS7S820 上等位基因 11 的边际概率为 0.99,而等位基因 9 的边际概率为 0.165 2)。

在这个例子中,C2 最可能的基因型是可以正确推导出来的。但是,如果是更复杂的例子,情况就不那么清楚了。

表 8.2 受害者(C1)和未知供者(C2)在 H_d 下的拆分,显示了最高的边际结果,即在给定拟合模型下最有可能的基因型。C1 的概率=1,因为以现场检材分型中必须含有受害者等位基因为前提条件

基因座	最高等位基因_C1	概率_C1	转换基因型率_C1	最高等位基因_C2	概率_C2	转换基因型率_C2
D8S1179	13/14	1	NA	9/13	0.876 8	7.438
D21S11	28/32.2	1	NA	29/30	0.997 1	1 291
D7S820	9/9	1	NA	11/11	0.812 7	4.923
CSF1PO	11/12	1	NA	10/12	0.740 4	4.344
D3S1358	16/18	1	NA	14/17	0.986 3	162.4
TH01	7/9.3	1	NA	6/9.3	0.752 8	3.301
D13S317	9/9	1	NA	10/11	0.985 3	134.2
D16S539	8/11	1	NA	11/11	0.980 7	81.8
D2S1338	18/19	1	NA	17/20	0.986 1	186.8
D19S433	15/15	1	NA	13/14	0.997	616.4
vWA	15/17	1	NA	17/18	0.954	38.62
TPOX	8/8	1	NA	8/8	0.932 2	13.75
D18S51	12/16	1	NA	11/17	0.994 3	570.4
D5S818	11/12	1	NA	10/13	0.995 4	410
FGA	21/22	1	NA	21/21	0.572 6	1.534

表 8.3 H_d 下受害者(C1)和未知供者(C2)的拆分,显示了"所有联合"("All Joint")的结果,即给定模型下最可能的基因型

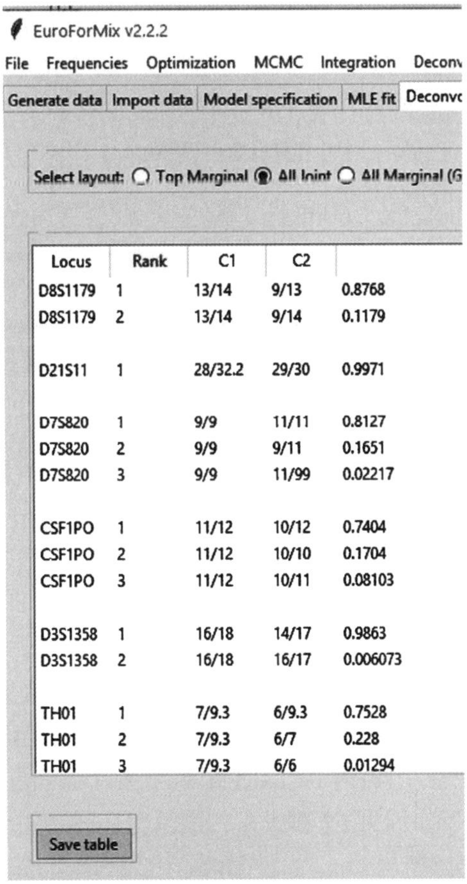

Locus	Rank	C1	C2	
D8S1179	1	13/14	9/13	0.8768
D8S1179	2	13/14	9/14	0.1179
D21S11	1	28/32.2	29/30	0.9971
D7S820	1	9/9	11/11	0.8127
D7S820	2	9/9	9/11	0.1651
D7S820	3	9/9	11/99	0.02217
CSF1PO	1	11/12	10/12	0.7404
CSF1PO	2	11/12	10/10	0.1704
CSF1PO	3	11/12	10/11	0.08103
D3S1358	1	16/18	14/17	0.9863
D3S1358	2	16/18	16/17	0.006073
TH01	1	7/9.3	6/9.3	0.7528
TH01	2	7/9.3	6/7	0.228
TH01	3	7/9.3	6/6	0.01294

8.6. ENFSI 练习 2:解释使用定量模型的优势

8.6.1 案例背景

欧洲某市一女警被强奸,几小时后犯罪嫌疑人被拘留。法医学家从犯罪嫌疑人身上提取了阴茎拭子,并将其送到实验室进行分析。法官想知道是否有证据支持犯罪嫌疑人强奸女警的说法。辩方否认了这一指控,反驳说袭击发生时他不在附近,也就是说该案存在一个未知的犯罪嫌疑人。

如果控方的主张是正确的,那么预计会从阴茎拭子中找到女警的细胞以及犯罪嫌疑人的细胞。但是,在警方对犯罪嫌疑人采取强制措施期间,犯罪嫌疑人当然会绝不承认。在这期间他没有洗澡或清洗过身体局部。本案中在可以获得被害人和犯罪嫌疑人的参考样本情况下,我们想了解被害人 DNA 转移到犯罪嫌疑人中的情况,因此被害人只在 H_p 下假设条件成立。

在分析之前,可以提出以下两个假设条件:

H_p:阴茎拭子含有被害人 DNA。

H_d:阴茎拭子未含有被害人 DNA。

加载 ENFSI 练习 2 文件夹中的数据(图 8.15)去评估证据。

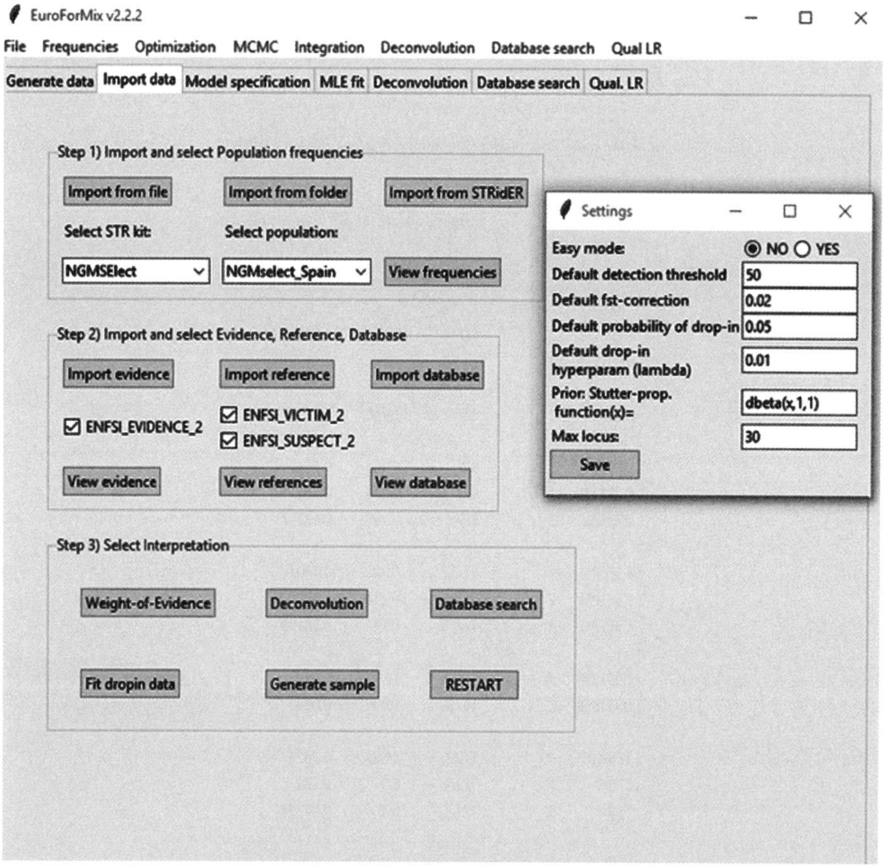

图 8.15 "ENFSI 练习 2"样本和设置

从电泳图谱和分析出来的基因型中可以清楚地看出，所处理的是一个至少是 2 人的混合样本，*EuroForMix* 要考虑的假设如下：

H_p：DNA 证据是犯罪嫌疑人和受害者的混合样本。

H_d：DNA 证据是犯罪嫌疑人和无关个体的混合样本。

通过 8.5.1 节讨论的各种分析，最佳模型是考虑检材降解，但无影子峰的情况（图 8.16 和表 8.4），其中 $\log_{10}LR=11.3$。然而，再次选择其他模型对 *LR* 影响不大；在 H_p 下确定的混合样本比例（M_x）是犯罪嫌疑人（C1）$M_x=0.79$，受害者（C2）$M_x=0.21$（图 8.16）。结果说明受害人是 DNA 图谱的次要提供者。

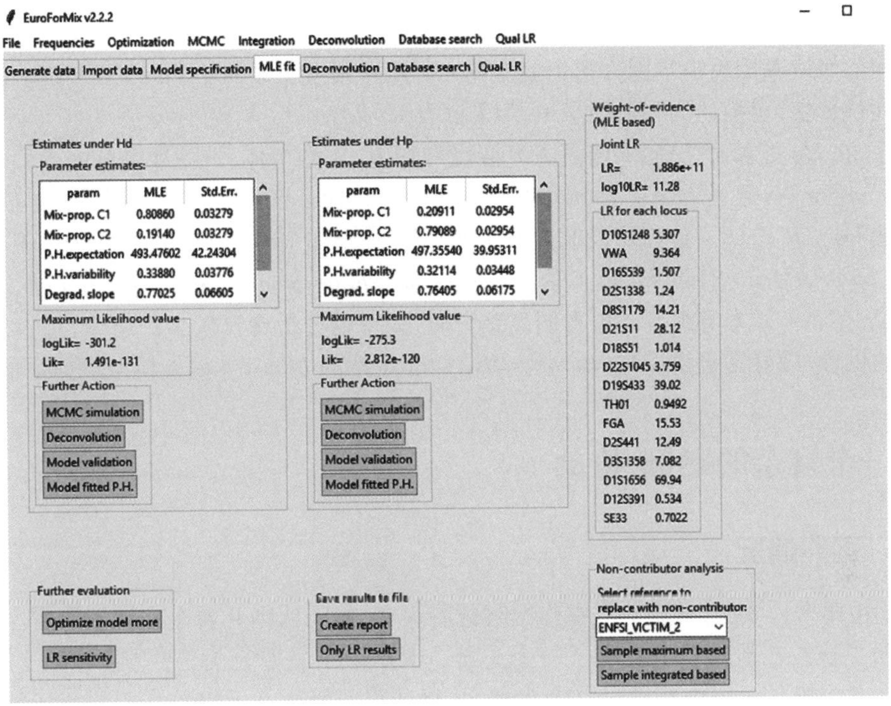

图 8.16 “ENFSI 练习 2”使用降解模型的 *LR* 结果

表 8.4 “ENFSI 练习 2”不同模型的 *LR* 和 LogLik 结果比较。最佳拟合模型被突出显示

降解模型	影子峰模型	LogLik（罚分）	调整后 LogLik 值	$Log_{10}LR$
2 人				
no	no	−305.9	−305.9	10.87
yes	no	−301.2(−1)	−302.2	11.28
no	yes	−305.7(−1)	−306.7	10.77
yes	yes	−301.2(−2)	−303.2	11.28
3 人				
yes	no	−301.3(−2)	−303.3	11.32

使用保守方法(第 8.5.9 节)计算 *LR*,按 MLE 拟合选项的 *LR* 灵敏度项,得到 $\log_{10}LR=9.9$。如果将此结果与 *LRmix Studio* 所取得的结果进行比较,则得到更低的数值 $\log_{10}LR=8.98$。

8.6.2 从分析中排除已知犯罪嫌疑人的效果

现在尝试另一种分析思路,使用相同的数据,观察不同的假设条件来对 *LR* 的影响:

H_p:犯罪斑迹是受害者和不明身份者的混合样本。

H_d:犯罪斑迹是由两个不明身份的人混合而成。

犯罪嫌疑人在假设中不再存在。*EuroForMix* 的分析方法如前所述。MLE 的 $\log_{10}LR=11.06$,调整后的保守 $\log_{10}LR=9.61$,即证据强度几乎没有改变。与 *LRmix Studio* 分析相比,在最合理的等位基因丢失范围内得出最低的 *LR*,差异相当明显,$\log_{10}LR=0.79$($LR=6.1$),参照语言评价量表,可描述为“弱证据”(第 12 章表 12.2)。

总之,在 H_p 受害人 V+犯罪嫌疑人 S 假设与在 H_d 未知个体 U+犯罪嫌疑人 S 假设下,无论使用 *EuroForMix* 还是 *LRmix Studio*,得出的结果没有什么区别。保守的评估方法使两个软件得出的 $\log_{10}LR$ 均>9。但当假设改为 H_p:受害人 V+未知个体 U 与 H_d:未知个体 U+未知个体 U 时,*EuroForMix* 软件的 *LR* 值几乎没有变化,而 *LRmix Studio LR* 软件则明显减少。可以概括地说,在混合样本各组分含量有明显差异时,如果需分析含量较少的组分,且 H_p 假设中有未知的供者,最好用定量模型(*EuroForMix*)而非定性的 *LRmix Studio* 模型进行评估。

8.7. 一个复杂的案例:抢劫

8.7.1 案件情况

抢劫由两个人实施,其中一人在作案时戴着头套,而同伙则开着车在屋外等候。犯罪嫌疑人 R 被抓获并在他的车上发现了一个头套。他承认了犯罪行为,并提供了自己的样本。他承认在多次抢劫过程中都戴过这个头套,并指证犯罪嫌疑人 *S* 也曾在犯罪现场戴过同一个头套。但是,在犯罪嫌疑人 *S* 被讯问时,他否认戴过头套,也否认参与抢劫。为了排除嫌疑,他也提供了自己的样本。

头套是一个关键证据,科学家需要对它进行分析,并且提供足够的信息来应对以下备选假设:

H_p:头套 *E* 的 DNA 中含有犯罪嫌疑人 R 和犯罪嫌疑人 *S* 的成分。

H_d:头套 *E* 的 DNA 中含有犯罪嫌疑人 R 和其他未知个体的成分。

8.7.2 分析

加载数据并应用设置(图 8.17)。

这个例子的设置与前面的例子不同。使用的试剂盒是 Promega ESX17,CE 设备是 AB 3500。这台仪器比以前的仪器要灵敏得多,实验室应用的检测阈值为 200RFU。降解参数是根据实际观测结果得出的,其水平比前面练习中使用的参数低很多:$PC=0.001\,65$,$\lambda=0.008\,2$。由于必须考虑等位基因插入现象,软件计算时会自动扣分,因此对似然比结果产生了明显影响。

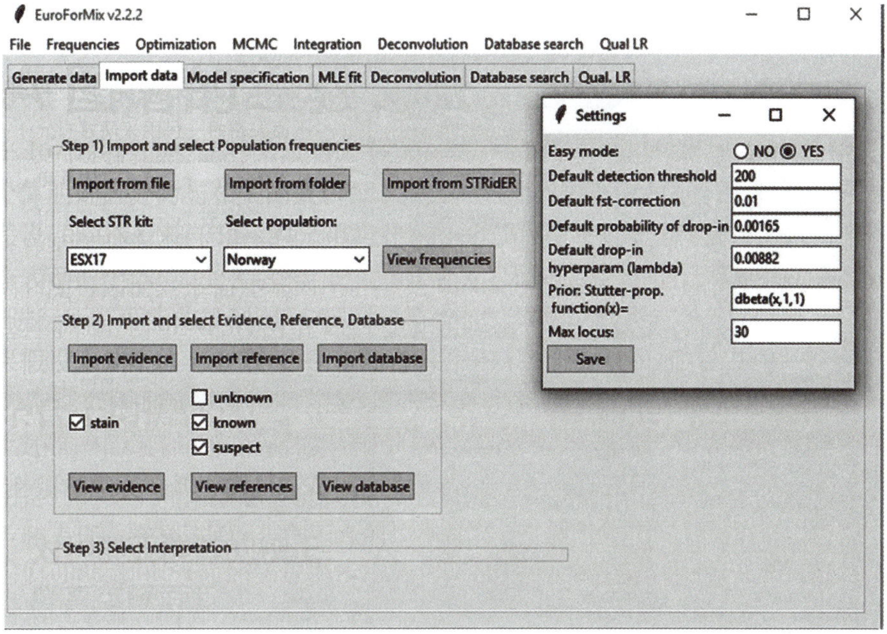

图 8.17　抢劫案例的设置

从电泳图谱(图 8.18)中可以看出,情况很复杂——分析结果显示至少有 3 个人戴过这个头套。

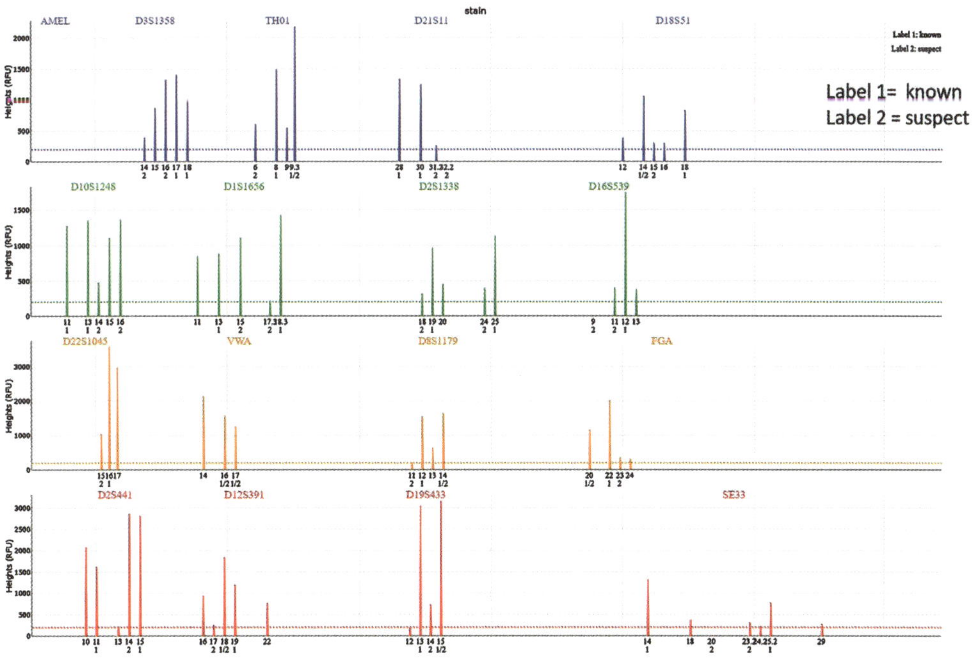

图 8.18　抢劫案例电泳图谱图

使用 *LRmix Studio* Gui 可以得到等位基因的匹配情况。犯罪嫌疑人 *R* 的所有等位基因和犯罪嫌疑人 *S* 大约 90% 的等位基因都能在头套的分型中找到(图 8.19)。

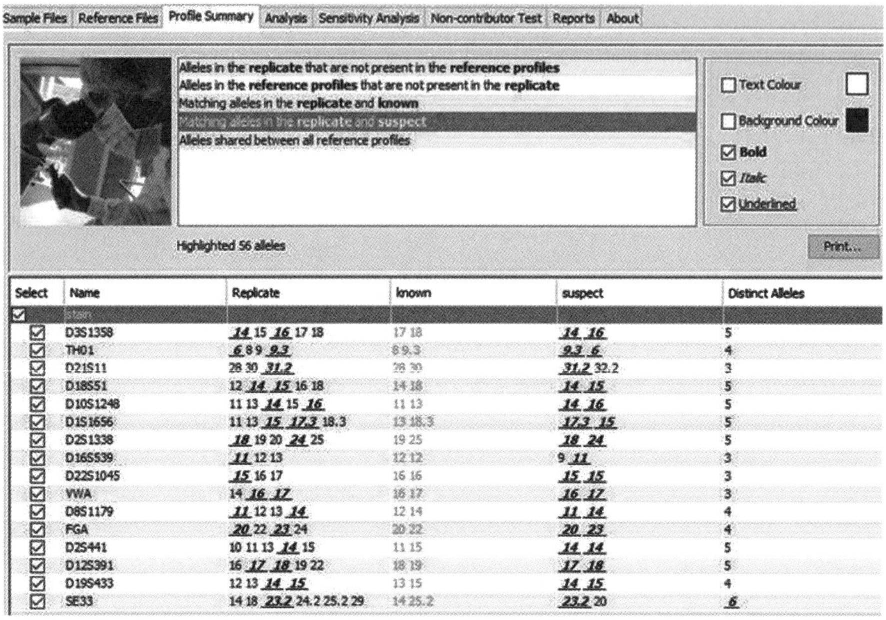

图 8.19　抢劫案犯罪嫌疑人与头套(重复检测)等位基因的比较

如果 H_p 假设为真,那么本应该出现在图谱里的等位基因"D21S11:32.2""D16S539:9""SE33:20"却没有出现,应该是发生了丢失。头套的图谱中,各基因座最多地显示了 6 个不同的等位基因,然而,需要注意的是,考虑到犯罪嫌疑人的基因型,等位基因"SE33:20"必须加到总计数中,这样就有 7 个不同的等位基因。这意味着如果不考虑影子峰的存在,有 4 个或更多的供者。如果等位基因"SE33:24.2"是等位基因"SE33:25.2"的影子峰产物,这意味着至少有 3 个供者。这个结果与 *LRmix Studio* 的分析结果是不同的,因为 *EuroForMix* 的程序中不考虑影子峰或峰值高度。在头套的分型中,SE33 有 6 个不同的等位基因。如果 H_p 假设为真,则头套分型中缺少表 8.5 中的等位基因"SE33:20"(红色标识),该等位基因一定是丢失了。

表 8.5　抢劫案:SE33 等位基因列表和使用 *LRmix Studio* 进行两个假设条件下的推理

条件假设	现场斑迹等位基因						参考样本等位基因		唯一等位基因清单	最小参与者数量
	1	2	3	4	5	6	已知	犯罪嫌疑人		
H_p	14	18	23.2	24.2	25.2	29	14,25.2	23.2,20	14,18,20,23.2,24.2,25.2,29	4
H_d	14	18	23.2	24.2	25.2	29	14,25.2		14,18,23.2,24.2,25.2,29	3
峰高	1 312	373	318	229	779	279				

如果 H_d 为真,犯罪嫌疑人被一个没有 SE33:20 等位基因的未知个体取代,将最低供者减少到 3 人。因此,在假设 H_p 和 H_d,最小供者数量将会不同。其次,当考虑等位基因的峰高时,等位基因 23.2、24.2 处于影子峰的位置。前者的可能性较小,因为它的峰高大于等位基

因 24.2,而等位基因 23.2 又小于等位基因 25.2,所以等位基因 24.2 可能是影子峰,但峰高比相当高,为 229/779=0.29。由于样本是低模板的,所以预计可能会出现高水平的影子峰(通常影子峰峰高/母本等位基因峰高<0.15,但在低模板的情况下可以超过这个范围,见第 2.2.4 节)。另外,也可能是等位基因与影子峰相互重合。*EuroForMix* 模型在考虑检材降解,影子峰和 H_d=3 个供者的选项下运行(见下一节)。当使用全联合选项表 8.6 对混合样本进行解析时,那么犯罪嫌疑人 *S*(C2)的最高排名基因型为 29/99("99"用来表示丢失的情况)。犯罪嫌疑人 *R* 的基因型为 23.2/99 将恢复到第二排名。对前 20 名的检查显示出可能的基因型选项。等位基因 24.2 在 C2 和 C3 中均被认定为影子峰(除 4 种基因型外,其余每个基因型都有)。

表 8.6 H_d 下,解析 SE33 基因型的联合概率显示 C1(犯罪嫌疑人 *R*)已知,C2(犯罪嫌疑人 *S*)和 C3 为未知供者

基因座	排名	C1(已知)	C2(未知)	C3(未知)	概率
SE33	1	14/25.2	29/99	18/23.2	0.1122
SE33	2	14/25.2	23.2/99	18/29	0.1076
SE33	3	14/25.2	18/99	23.2/29	0.09878
SE33	4	14/25.2	23.2/29	18/99	0.048
SE33	5	14/25.2	23.2/24.2	18/29	0.04729
SE33	6	14/25.2	24.2/29	18/23.2	0.0462
SE33	7	14/25.2	18/29	23.2/99	0.04406
SE33	8	14/25.2	18/23.2	29/99	0.04227
SE33	9	14/25.2	18/24.2	23.2/29	0.04068
SE33	10	14/25.2	23.2/29	18/24.2	0.03187
SE33	11	14/25.2	18/23.2	24.2/29	0.02807
SE33	12	14/25.2	18/29	23.2/24.2	0.02641
SE33	13	14/25.2	29/99	18/24.2	0.0192
SE33	14	14/25.2	24.2/99	18/29	0.01699
SE33	15	14/25.2	18/99	24.2/29	0.01691
SE33	16	14/25.2	14/29	18/23.2	0.01539
SE33	17	14/25.2	25.2/29	18/23.2	0.0152
SE33	18	14/25.2	14/23.2	18/29	0.01476
SE33	19	14/25.2	23.2/25.2	18/29	0.01458
SE33	20	14/25.2	23.2/29	14/18	0.01425

8.7.3 *EuroForMix* 分析

如前文所述,运行了一系列有/无影子峰和降解的模型来探索数据。表 8.7 提供了本次练习的结果。"最佳拟合"模型为有影子峰和降解的 3 人混合模型($\log_{10}LR$=7.1),混合比例(H_p)为"已知供者"(C1)=0.52;"犯罪嫌疑人"(C2)=0.015;"未知供者"(C3)=0.33。因此,如果 H_p 为真,则犯罪嫌疑人是 DNA 图谱的次要提供者。

表 8.7 抢劫案实例的探索性数据分析。K=供者数量；罚分=罚分参数，加到 LogLik 中，提供罚分调整值。$\log_{10}LR$ 是计算值，报告的 LR 是由 LR 灵敏性分析计算出的“保守”估计值（“MLE 拟合”（“MLE fit”）选项）。“最佳拟合”模型被突出显示

K	影子峰	EuroForMix 分析				MLE$\log_{10}LR$	保守 $\log_{10}LR$	
		降解	罚分	LogLik	调整 LogLik		EuroForMix	LRmixStudio
3	no	no	0	−577.7	−577.7	2.62	1.1	−2.85
3	no	yes	−1	−567.3	−568.3	4.45		
3	yes	no	−1	−572.6	−573.6	4.6		
3	yes	yes	−2	−560.7	−562.7	7.1	5.1	
4	no	no	−1	−574.9	−575.9	4.05	2.58	1.62
4	no	yes	−2	−564.3	−566.3	6.52		
4	yes	no	−2	−572.6	−574.6	4.6		
4	yes	yes	−3	−560.7	−563.2	7.1	5.61	
$H_P=4$, $H_d=3$	yes	yes	−2.5	−560.7	−563.2	7.1	5.76	−0.22

请注意，假设为 4 个个体混合，即使考虑有影子峰和降解的情况，对 MLE LR 模型也是没有影响的，LogLik 值相同，在进行 AIC 修正时也不是最优的，并且运行时间也要长很多。另外，在 H_p 下，第二个未知个体“C3”的混合样本比例极低，$M_x=10^{-8}$；在 H_d 下，$M_x=10^{-12}$（图 8.20），因此，已知供者“C1”、犯罪嫌疑人“C2”和“C3”的混合样本比例实际上没有改变。可能有 4 个或更多的个体使用了该头套，但由于它们的模板含量太低，以至于实际上不可能明确出现在电泳图谱上，所以对 LR 没有影响（图 8.20）。在这种情况下，运行 5 个供者需要很长时间，但同样道理，这对 LR 没有任何影响。

当模型中不包括影子峰时，能得出 3 个供者结论的唯一方法是将疑似影子峰的等位基因作为插入来分析。这就导致 LR 减分了，也就解释了为什么在 4 个供者模式的 LogLik 值较高，因为影子峰被视为来源于第 4 个供者了。也就是从 LogLik 值上看，4 个供者（无影子峰）模型比 3 个供者模型更容易解释。

从这种分析中可以得出一个一般的指导方针：

- 供者的数量无法明确确定：一个好的模型将以非常低的 M_x 值分配剩余的供者，并尽量减少插入事件的数量。软件会将实现稳定的 LR 计算的最小供者数量作为“有效”数量，这点是很实用的。使用这种探索性数据分析表明，可以通过 LogLik 值评估出一个“最佳拟合”模型，从而找出最佳的供者数量。一旦找到最佳数量，在模型中增加一个额外的供者对 LR 的影响非常小，因为这个额外的供者所能分配到的混合样本比例太小，可以忽略不计。出于同样的原因，增加其他供者对 LR 也没什么影响。

最后用 P-P 图（图 8.21）与保守的 5% 显著性水平下的 LR（使用第 8.5.8 和 8.5.9 节所述的灵敏性分析得出）对模型进行测试。

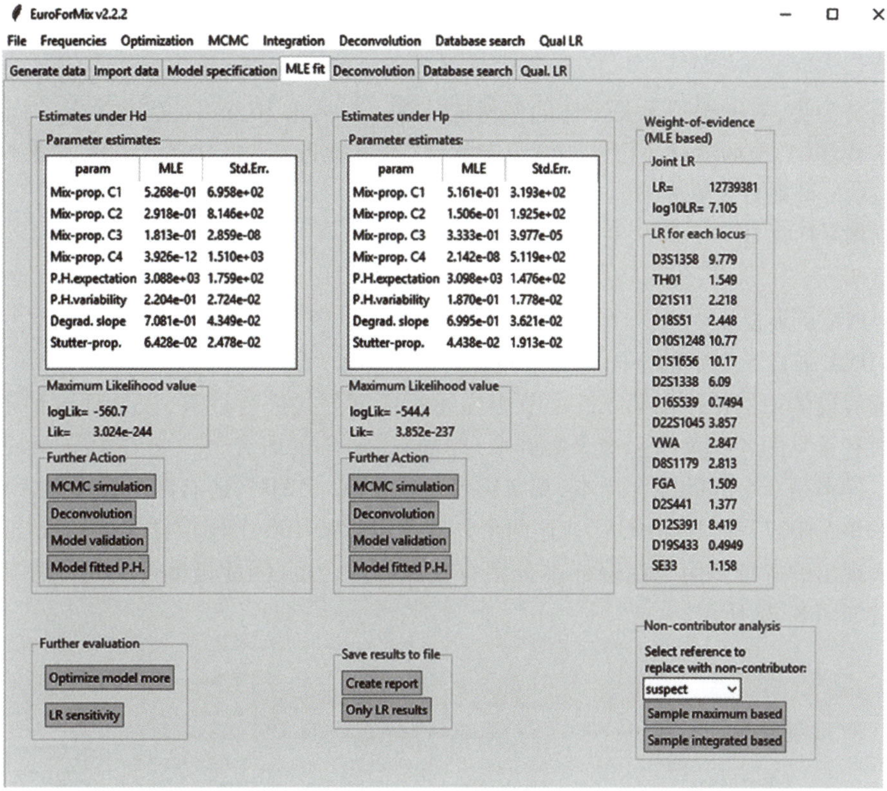

图 8.20 4 人混合模式,需考虑影子峰和降解。在 H_p 下,未知个体“C4”峰高比例 $M_x = 10^{-8}$,处于极低水平,对于 H_d,$M_x = 10^{-12}$,所以对 LR 的影响可以忽略不计

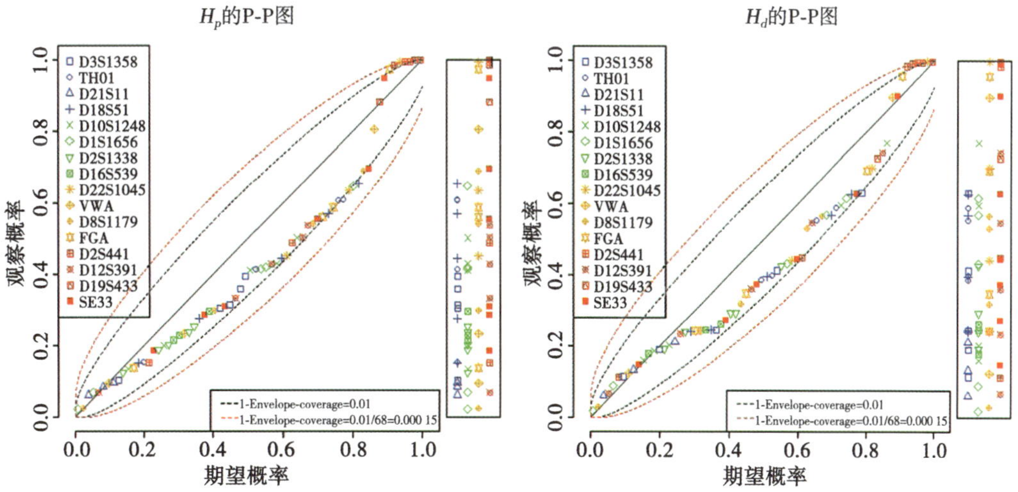

图 8.21 P-P 图验证显示 0.01 散点图。一个点落在 H_p(D22S1045 等位基因 17)下的红虚线外,这应是一个离群值,不足以影响模型

8.8. 有亲缘关系干扰的计算

到目前为止，只考虑了无关个体的似然比计算。在第 1.16 节中，有人指出，对证据的另一种辩护解释中，现场检材还可能包含兄弟姐妹(或其他近亲)的 DNA，因此，假设不再是：

H_p:DNA 是来自 S 先生。

H_d:DNA 是来自一个与 S 先生无关的个体。

而认为：

H_p:DNA 是来自 S 先生。

H_d:DNA 来自 S 先生的全同胞兄弟姐妹。

后面假设的似然比使用第 5.5.4 节中描述的详细公式进行计算，以处理这种亲缘关系和其他所有常见的各类关系。这个案例来自 Benschop 等的研究[238]，将在第 9.10.2 节进一步讨论。样本是 3 个人的混合样本，真实供者"Z" "AA" "AB"，还有两个样本是 AA 的模拟兄弟，即"B-AA007"和"B-AA038"。这两个样本是特意从 100 个模拟样本中选择出来的，因为它们表现出的等位基因与混合样本分型有较高的重合度，因此被匹配的可能性较大。使用的设置如图 8.22 所示。

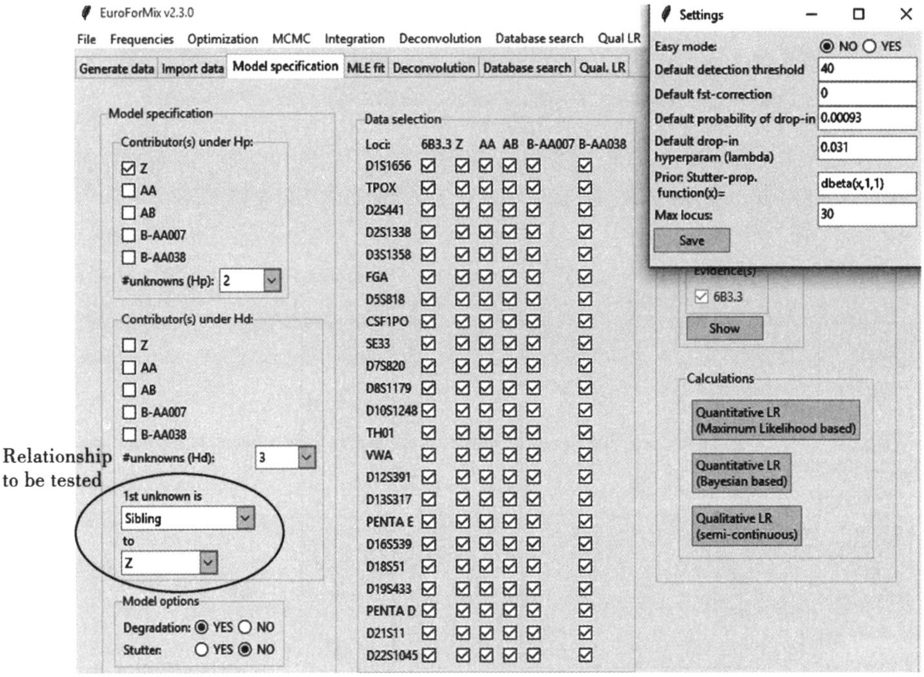

图 8.22 有亲缘关系干扰的示例的模型规范。数据分析只考虑了检材降解，未添加影子峰模块

计算似然比的假设涵盖了所有的关系：

H_p:DNA 来自 S 先生和两个无关未知个体。

H_d:DNA 来自 S 先生的一个全同胞和两个无关未知个体。

此处

- 无关个体和 S 先生之间是没有亲缘关系的。
- 使用上述相同的假设表述对多种关系进行了检验(用 H_d 下的“兄弟姐妹”代替表 8.8 中所列的另一种关系)。

8.8.1 结果和讨论

在示例中,模拟兄弟(AA038 和 AA007)的 DNA 其实均未出现在现场检材里,但在假设条件 H_d 的情况下,由于两者为 AA 的同胞兄弟,拥有较多的共享等位基因,于是都得到了较高的计算结果,$\log_{10}LR \approx 6$(表 8.8)。重申一下,模拟的兄弟姐妹提供如此高的似然比是不寻常的(在 100 次模拟中,有 6 个例子给出了 $LR>100$)。选择这一对只是为了示范。当 H_p 假设主张为已知样本,H_d 假设主张为已知样本的父母/子女或兄弟姐妹时,$LR<1$,表明支持给定关系的 H_d 假设;另外,叔侄和表兄弟的假设都没有得到支持。再来关注一下根据真实供者得出的数据,相较于其他亲缘关系,所有的 $\log_{10}LR$ 都是非常高的,也就是说,从统计学的角度看,始终支持混合样本来自真实供者的假设。

表 8.8 不同层次的亲缘关系产生的似然比($\log_{10}LR$)。Z、AA 和 AB 是真正的供者。所显示的混合样本比例(M_x)为 H_p 假设下的数值。LR 的计算方法是在 H_d 假设下,利用指定的关系,依次对各条件进行计算。其中有两个样本 AA038 和 AA007 是样本 AA 的模拟兄弟。叔侄类包括同父异母、同母异父的半同胞兄弟姐妹、祖父母/孙子关系

	个人检测				
	真实供者			模拟兄弟	
样本	Z	AA	AB	AA038	AA007
M_x	0.8	0.09	0.09	0.07	0.061
	$\log_{10}LR$				
不相关	32.79	14.07	12.84	6	5.96
父母/孩子	17.85	4.86	4.66	−2.77	−0.88
兄弟姐妹	10.34	2.84	3.448	−3.48	−1.73
叔/侄	22.53	7.58	7.4	0.95	1.22
堂(表)兄弟	26.21	9.75	9.31	2.04	2.86

8.9. *EuroForMix* 的重要更新

EuroForMix 将随着时间的推移而不断发展,重要更新将根据用户的反馈和需求发布。本章中讨论的例子是用 2.3.1 版本的过程。3.0.0 版本以及更高版本将增加重要的功能:

- 由于 C++代码应用并行化的方式,计算速度更快;CPU 性能越好,计算速度越快(表 8.9)。
- 所有类型计算的进度条;MLE 方法的估计时间。
- 模型扩展:可选的前向影子峰模型(第 7.9.6 节)和可选的标记/染料、分析阈值(第 3.1 节)、插入模型(第 7.10 节)和 F_{ST}(第 5.5.2 节)的具体设置。

表 8.9 高规格计算机处理时间比较。采用英特尔酷睿 i7-8700CPU@3.20GHz,6 核,12 处理单元。所用的例子是第 8.7.2 节中描述的“抢劫者样本”,其中 S=犯罪嫌疑人;K=已知个体;U=未知个体。该模型包括降解、插入、F_{ST} 和后向影子峰。假设情况如表所示。使用“set.seed(1)”进行一次优化所用的全部时间可以与其他计算机系统直接比较。* ='set.seed(2)'。种子(seed)值对运行时间具有很大影响

条件		时间
H_p	H_d	
S+K	K+U	1.5sec
S+K+U	K+2U	3sec
S+K+2U	K+3U	21sec
S+K+3U	K+4U	37min*
S+3U	4U	142sec

- 表 8.1 所示的程序是根据调整后的最高 LogLik 值,利用 H_d 下的 Akaike 信息标准,自动决定最佳 MLE 模型。用户可以比较不同数量的供者、降解(ON/OFF)、$n-1$ 后向影子峰(ON/OFF)、$n+1$ 前向影子峰(ON/OFF)的 LogLik、*LR* 和 M_x 值。
- 验证 P-P 图(几乎)即时创建(第 8.5.8 节)。
- 种子设置:如果种子设置为给定值,那么 MCMC 和保守 *LR* 值(第 8.5.9 节)将在不同运行之间可重复。
- 次来源 *LR* 值与次次源 *LR* 值可同时提供(在第 12.5 节中讨论)。
- *EuroForMix* 的所有更新都将在本书的增编中得到充分说明,增编将在网站上公布。

8.10. 结果解释流程

解释过程可以概括为一系列步骤(图 8.23):

1. 解释工作首先要对案情进行评估,因为科学家可能需要分析从犯罪现场提取的样本。第一步是收集所有相关资料,制定初步假设方案。鉴于案件情况。如果控方假设为真,他们在法庭会怎样分析?如果辩方假设为真,律师在法庭上又会怎样辩护?是否有已知的犯罪嫌疑人?还有哪些已知个体可能对现场检材数据分析有用?例如,如果现场检材是犯罪嫌疑人在实施犯罪时强行接触过的衣物,那么我们的分析应该有以下几项:a)衣物上可能有被害人的 DNA;b)衣物上可能有犯罪嫌疑人的 DNA。另外,犯罪嫌疑人的亲属有没有可能才是真正的犯罪嫌疑人?

2. 假设拟定后,下一步就是对现场斑迹进行分析,生成 DNA 图谱。

   a. 检查图谱,寻找等位基因数量最多的基因座,用以估计最小供者数量。由于条件不同,H_p 和 H_d 之间的最小供者数量可能不同(第 8.7.2 节)。在确定供者的数量时,要控制等位基因插入出现的次数,详见第 4.2.1 节。

   b. 结合这一信息,按“已知”个体(如受害人、犯罪嫌疑人)和“未知”个体来界定 H_p 和 H_d,以便有足够多的理由来解释所需最低数量的个体。

   c. 是否有降解的证据?如果有,则需要在数据分析一开始就使用这一参数。

   d. 进行分析,并记录 H_d 的 $\text{Log}_{10}LR$。这个值用于评价“最佳拟合”模型(例如,第

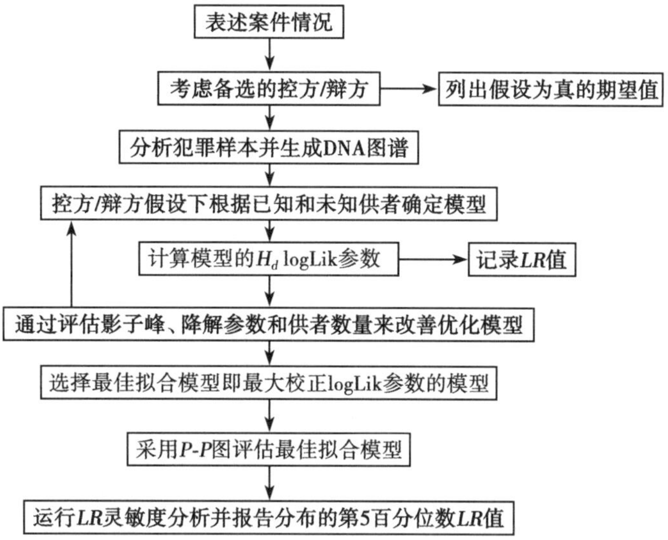

图 8.23 流程图显示案件解释所需的详细工作流程

8.7.3 节)。

e. 下一步是完善模型:增加影子峰,看是否对之前记录的 $Log_{10}LR$ 值有影响。在 H_p 和 H_d 下增加一个未知供者,看看对模型是否有改进。过多的未知供者对 *LR* 的影响非常小,因为他们的 DNA 在混合样本中占比极小。

f. 在(使用 Akaike 信息准则)最大 $Log_{10}LR$ 值的测试模型中,调整影子峰/降解参数和供者数量,选择最佳拟合模型。

g. 使用 P-P 图检查最佳拟合模型,以确保拟合模型与观测到的峰值高度能够吻合。

h. 进行一个可选的非供者进行模拟,用一个随机个体代替已知个体来检查的效果。

i. 进行可选的 *LR* 灵敏度测试,并报告 5% 显著性水平的 *LR*(由实验室决定哪种方法更可取)。

3. *LR* 用于表示支持 H_p 假设或 H_d 假设的证据的强度(第 12 章),并将用作撰写鉴定意见的依据(第 6.1.7 节和第 12.11 节)。

注释

1. 在第 7.5.4 节中,使用的是 Excel 电子表格进行计算。假设只包括一个已知供者,H_p 假设是:犯罪样本来自犯罪嫌疑人和一个无关未知个体,H_d 假设是犯罪样本来自两个无关未知个体。

2. 超参数通常是根据其他数据固定的,并作为先验,它不属于待优化的未知参数。

3. 一台有 8 个 cpu 的计算机要比一台有 2 个 cpu 的计算机快 4 倍,总共要产生 8 000 次迭代(如果它们的处理速度相同)。有 8 个 cpu 的计算机每个 cpu 必须处理"1 000"次迭代,而有 2 个 cpu 的计算机每个 cpu 必须处理"4 000"次迭代(因此它慢了 4 倍)。

(范庆炜　陈曼　译)

第 9 章
验证

9.1. 背景

在许多书本中回顾了文献中谈到的“验证”问题，这个对“验证”进行说明的文献大多来源于 DNA 分析方法科学工作组（The Scientific Working Group on DNA Analysis Methods, SWGDAM[239]）、国际法医遗传学会（International Society of Forensic Genetics, ISFG）[240]和英国法医监管机构（UK Forensic Regulator）[241]。一些实验室已经发布了验证研究，例如文献[242,243,77,67]所述。Coble and Bright[62]对此亦有完整的评论。美国首席科学与技术顾问委员会（President's Council of Advisors on Science and Technology, PCAST）发表了一份报告，该报告对包括 DNA 混合样本在内的常见法医证据进行了讨论[244,245]。该报告力荐在更广泛的检材类型中均进行测试，并通过验证研究和出版物来支持法医行业内的公开和共享。这些成果可用以辅助研究人员判断应在何种情况下进行调查以及解释为什么不同的方法会产生不同的结果。

需提出的一个基本问题是：“我们如何确保一个复杂的计算机程序能够提供“正确答案”？”

不幸的是，没有正确的答案。在乔治·博克斯[246]的一句名言中，他说：

“由于所有模型都是错误的，因此科学家无法通过过多的阐述来获得‘正确的’模型。相反，在威廉·奥卡姆之后，他试图寻求对自然现象的经济学描述。正如伟大的科学家拥有设计简单而值得回味的模型能力一样，过度详尽和过度参数化通常是平庸的标志。”

William of Ockham（1287—1347 年）是英国中世纪的一位僧侣，其观点具有很大的影响力，他以提出“奥卡姆剃须刀”原理而著称[247]。这个原理称为“如无必要，勿增实体”，即“当面对一个有争议的假设性答案时，应该选择作出假设最少的答案”。“剃须刀”的概念用来通过剔除不必要的假设来区分两个假设：

“最简单的解释往往是正确的解释”。

“主体个数不应超出必需的数量”。

在上一章中，我们看到了该原理的应用，我们寻求一方面最大化一个命题的对数似然值，同时最小化模型中的参数数量。通过应用“Akaike 信息准则”找到最佳模型，该模型通过参数数量的增加，对数似然值发生变化来达到获得最简单解释的目的。

本质上，模型应该尽可能简单，但又不应该如此简单，以至于忽略了重要的参数——例如，几乎所有模型都受益于降解参数的应用，但是可能没有必要设置更多的供者（即，最小供者数量，如第 2.3.2 节中所述）。

总而言之，我们寻求一种“金标准”解决方案：该模型既不应过高也不能过低参数化。但是从这个论述中可以得出，并没有绝对“正确的”似然比。一些作者将似然比称为“个人信念”[248]。

这是因为似然比本身完全取决于它所基于的假设。它并不质疑这些假设是否正确。分

析的前提是:“如果命题是正确的”。这与检验这些命题是否正确不一样,因为这将有悖于“检察官谬论”。科学家不评估命题,而是在认定命题正确的前提下,评估相应的结果。这样的思考模式隐含在正式表达 $Pr(E|H,I)$ 中,这是给定命题(H)和背景信息(I)时的证据概率,其中 H 由控方和辩方分别提供。

9.2. 避免“黑匣子”

软件的使用是为了解决公式太复杂而难以进行手动计算的问题,而不应被当作一端输入一端输出的“黑匣子”似的解决方案。这就是我们提倡“探索性方法”的原因,在该方法中,使用合理的假设对输出进行调查,并且在结果中报告的通常是提供最高对数似然比的模型。

Haned 等[249]为验证提供了指导。模型验证是对模型(以及随后的软件)运行进行明确陈述的过程。对于解释分析模型,可陈述如下:

“模型 X 在软件 Y 中的实施对于在法医案件中的应用是有效的,但要遵守操作验证文件中所述的限制”。

模型和软件验证在本质上是密不可分的,因为软件运行往往需要执行和使用一个模型。但是,这两个概念也可以通过简单的方式关联起来,该软件仅仅是模型的载体。如图 9.1 所示,例如,当基础理论或数学被证明存在缺陷时,经过验证的软件实际上可能依赖的是一个无效模型。目的是实现一个有效的模型,但重要的是要认识到,由一个软件正确执行的模型的数学操作不会提供有关模型本身有效性的信息。相反,证明正确实施是验证的关键部分。

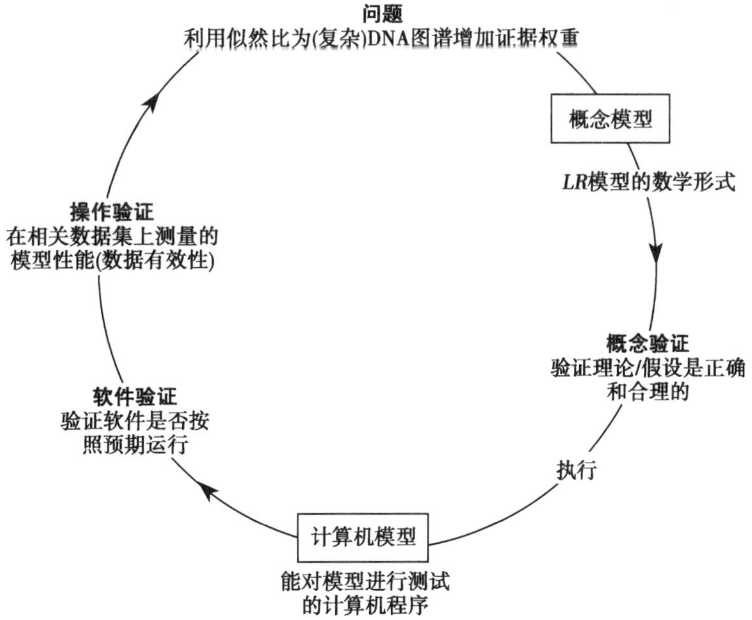

图 9.1　模型开发和验证过程的简化表示。该图显示了概念验证,操作验证和软件验证的不同阶段。经 Elsevier 许可,转载自文献[249]

9.3. 模型验证

模型验证确保全面评估模型以使其适合某一目的。这可以通过两个步骤来实现:概念验证和操作验证[250]。

9.3.1 概念验证

概念验证主要目的是证实模型的数学形式及其基础假设从根本上是正确的。在同行评审的科学期刊中发表该模型的理论,其为基础理论的独立评估提供了机会,即阐明了基础假设。最重要的是,记录了对模型结构的科学支持。为了使概念验证成功通过,必须对模型理论进行透彻地解释。虽然有必要发表,但不充分;一个编辑决定发表并不构成对内容科学性或有用性的根本证明。

电子出版物的出现消除了空间限制,并允许在线发布补充材料;它还为建模人员提供了扩展其方法的机会。结论所依据的基础数据作为补充材料发布,以便独立研究人员可以对其进行检查并用其来独立验证所获得的结果。对于开放软件,计算机代码也可以作为补充材料发布或提供代码所在位置的链接[251]。之后可以由独立研究人员进行研究,以促进对模型的理解,这是概念验证的重要组成部分。相关领域的其他各方也可以独立评估模型的实施情况。

证明概念有效性最直接的方法是让模型开发人员采用公开透明的方法,该方法允许进行真正独立的审查和验证。一个透明的方法要求对所有模型假设进行详细描述,任何希望独立重现模型的人都可以访问,如文献[70,252]所示。这与黑匣子方法截然相反,在黑匣子方法中只提供了部分解释,剥夺了独立研究人员在有需求时审查详细信息以及重构模型的能力[63,253]。

9.3.2 操作验证

我们遵循[254]并将操作验证定义为确定“模型的输出行为是否具有模型预期适用性范围内目的所需的准确性”的过程。通常使用“计算机模型”来确认操作验证。换句话说,除非计算机执行模型可以运行一个文件并产生输出,否则模型的操作有效性无法被测试(图9.1)。操作的有效性通过自定义的标准进行测试,这些标准可以被接受或拒绝。可以使用基于 *LR* 的模型确定这些。例如,可以容易地测试以下属性:

- 与一个标准的基本模型进行比较,该模型在最小的假设下运行,以便可以客观地衡量考虑了附加参数的模型的有效性。Gill 和 Haned[224]定义了这种模型的要求,该模型无须使用所有可用信息的情况下就可对复杂的 DNA 图谱进行评估。
- 任何图谱的一组命题的 *LR* 都小于或等于其在分子命题条件下产生的匹配概率的倒数[255]。
- 对于一个给定的图谱,其 *LR* 随着模糊度的增加和信息内容的减少而降低[255]。具体来说,任何与可疑供者和证据分型一一对应的偏离,以及证据分型本身的任何信息丢失,都应使 *LR* 降低。
- 可以将 *LR* 与基准 *LR* 值进行比较。当可以从已知分型图谱中估计模型的大多数参数时,基准 *LR* 可以计算出来(请参阅下文)。可以调查观察输出与预期输出之间产生差异的原因,然后对该模型进行修改以产生预期输出。

9.4. 为基于 *LR* 的模型定义基准

当可以从已知输入的样本直接估计参数时,某些模型的基准似然比是可以计算的。通过这类样本估计的参数获得的模型 *LR*,和应用另一数据集获得的 *LR* 结果应该是趋同的[85]。

用于操作验证的数据的质量和范围至关重要[250,254]。我们遵循 Sargent[254] 提到的,将数据有效性定义为:

“确保模型构建、评估和测试以及为解决问题进行模型实验所需的数据是充分且正确的”。

通常情况下,使用实验数据集进行验证,其中样本的真实成分是已知的(例如,参见文献[252,67])。选择的测试样本类型应代表在真实检案工作中遇到的情况。模型的实验数据集应包含极端情况,即便这些情况最终可能无法在个案工作中解释。这个想法不仅想确定系统是否可以如期运行,而且确定系统何时可能会运行失败。具体来说,研究模型在其应用范围内的边缘很重要。会增加分析复杂性的法医案件样本的常见特征是供者多,检材量少(可能引发等位基因丢失)以及检材质量差(例如,降解、抑制物、污染)。所有这些因素均会使不确定性增加,同时信息量减少。模型的局限性和证据的局限性均必须进行测试。例如,在超过一定数量的供者测试之后,验证可以确定,因分型的信息量实在太有限而无法可靠地区分真实供者与碰巧共享一些等位基因的非供者。因此,基于对模型的操作验证(由软件实施),对试图解释超过定义的供者数量的混合案例样本进行限制可能是有意义的。

模拟数据有助于探索模型的局限性,但是,它们不能代替实验数据[253]。使用模拟数据建模的任何参数都必须使用真实样本获得的分型结果进行测试,并根据测试结果改进模型。最有效的模型是使用最广泛的数据进行测试的模型[254]。Nordstrom 很好地说明了这一点:

“任何模型计算的最大弱点是输入数据的质量和假设的充分性(内在的和外在的);谨防 GIGO(“无用输入,无用输出”)。”

9.4.1 软件验证

软件是模型的计算机化版本,使模型验证练习成为可能,因此,模型和软件的验证往往是同时进行的(图 9.1)。

我们将软件验证定义为确保编程算法遵循模型中的数学概念。建议按照以下的主要步骤进行软件验证:

1. 定义软件的统计规范:这是一个模型背后的理论大纲,将在模型的计算机化版本中实现。本书汇编了通常在经过同行评审的论文中描述的模型和软件实现的可用信息。

2. 进行分析验证:例如,可以推导出简单案例(例如,单一来源和 2 人混合物)似然比的分析计算,并将其与软件输出进行比较。根据模型的复杂程度,分析验证可能可行也可能不可行。这被称为“复杂性悖论”[253];模型越复杂,验证模型的不同模块就越困难。在这种情况下,可以将软件输出与实现类似模型的替代软件的输出进行比较。

3. 与并行实现相比较:无论依赖于相似的还是不同的概率模型,与替代软件相比较,对于验证软件行为是有帮助的。这种比较依赖于 Gill 和 Haned[224] 以及 Steele 和 Balding[61] 所描述的“收敛原理”。软件之间的建模差异与 $\log_{10}$ 尺度上的一个单位相对应,可以忽略不计[61]。

4. 通过可视化检查和重新编码来验证代码本身。开放软件允许不受限制地访问软件。

9.5. *LRmix Studio* 和 *EuroForMix* 的验证研究

LRmix Studio 是“基本标准模型”。该模型中的假设是最小的。它使用了第5章中介绍的丢失，插入和等位基因频率。其局限性在于它未对影子峰的存在或峰高建模。但是，影子峰可被模型认定为额外的供者。*EuroForMix* 是定量连续模型。它考虑了峰高，丢失（drop-out）被建模为低于检测阈值（*AT*）的峰。插入（drop-in）被建模为考虑了峰高的指数函数（第7.10节），因此更高的等位基因峰值RFU比低等位基因峰值RFU受到的惩罚更高。*EuroForMix* 还考虑了 $n-1$ 型后向影子峰（其中 n=串联重复的数量），但是，它目前不对 $n+1$ 型前向影子峰（由 *EuroForMix* 的v.3纠正）或类似 $n-2$ 的复杂变体建模；这可以看作是该模型的局限。如有必要，可以将处于影子峰位置的等位基因过滤掉，或将其建模为其他供者。

我们的第一个验证研究由Bleka等发表[236]，使用AmpFlSTR NGM试剂盒检测。另外一项验证研究针对Promega PowerPlex Fusion 6C（缩写为PPF6C）检测体系，由Benschop等整理发表[238]。可以通过参考这些研究获得具体的实验细节。结果比较并总结如下。

9.5.1 NGM DNA 图谱

使用33个人的已知参考分型，总共获得了4个2人混合样本和55个3人混合样本（子集由Benschop等[81]和Haned等描述分享[252]）。两个全同胞个体9A和10B也纳入这项研究中。表9.1总结了所有59份样本的情况。

表9.1 该表总结了纳入的所有样本，并提供了供者相应的DNA量（以pg表示）。“#contr.”表示供者的数量，“DNA（pg）”表示每个供者的DNA量（以“：”分隔）。“样本”列的括号信息表示重复编号，例如（2~4）表示软件已对“2”“3”和“4”重复进行了分析。前8个样本包含低模板的成分（即小于50pg）。接下来的两个样本“8.7d”和“9.6d”拥有大于50pg的成分，但是它们的质量差（有降解）。其余样本由同一个样本复制而成，不过DNA量不同。“降解”表示样本是否已降解。经Elsevier许可，转载自文献[236]

样本	供者个数	DNA量/pg	降解
0.5.（1~4），0.24.（1~4）	2	150:30	否
0.9.（1~4），0.28.（1~4）	2	300:30	否
0.6.（1~4）	3	150:30:6	否
0.7.（1~4）	3	150:30:30	否
0.10.（1~4）	3	300:30:6	否
0.11.（1~4）	3	300:30:30	否
8.7d.（2~4）	3	500:250:250	是
9.6d.（2~4）	3	500:250:50	是
1.1,2.1,3.1,6.1,8.1,9.1,10.1,11.1,12.1,14.1	3	100:50:50	是
1.2,2.2,3.2,6.2,8.2,9.2,10.2,11.2,12.2,14.2	3	250:50:50	是
2.3,3.3,6.3,8.3,9.3,10.3,11.3,12.3,14.3	3	250:250:50	是
1.5,2.5,3.5,6.5,8.5,9.5,10.5,11.5,12.5,14.5	3	500:50:50	是
1.6,2.6,3.6,6.6,8.6,9.6,10.6,11.6,12.6,14.6	3	500:250:50	是

9.5.2 PPF6C DNA 图谱

总共120份混合DNA提取物(6个数据集,每个数据集由20份混合样本组成)使用PPF6C试剂盒平行扩增了3份。这些混合样本因供者的数量、DNA量、等位基因共享水平以及分型等位基因丢失程度的不同而有所差异(表9.2和表9.3)。样本命名如下:以混合样本1A2.1为例,第一个数字代表数据集(1~6),字母对应于混合样本类型(A~E),第二个数字表示供者的数量(2~5),点后面的数字代表每个PCR重复数(.1、.2或.3)。在分析过程中,总共有6个不符合质量标准(即峰形差/宽)的样本(1E4.1、1E5.1、3E5.1、4E3.1、5E3.2、6E5.1)被删除,样本最后剩余354个混合分型。

表9.2 用于混合样本制备和PPF6C分析的6个供者组合概览。经Elsevier许可,转载自文献[238]

数据集	数据集类型	供者个数			
		2	3	4	5
		每个数据集的供者组成			
1	等位基因共享程度高	a∶b	a∶b∶c	a∶b∶c∶d	a∶b∶c∶d∶e
2	等位基因共享程度低	f∶g	f∶g∶h	f∶g∶h∶i	f∶g∶h∶i∶j
3	随机	k∶l	k∶l∶k	k∶l∶k∶n	k∶l∶m∶n∶o
4	随机	p∶q	p∶q∶r	p∶q∶r∶s	p∶q∶r∶s∶t
5	随机	u∶v	u∶v∶w	u∶v∶w∶x	u∶v∶w∶x∶y
6	随机	z∶aa	z∶aa∶ab	z∶aa∶ab∶ac	z∶aa∶ab∶ac∶ad

表9.3 每个数据集包含20种不同的混合样本,混合比例和每个供者的DNA量有所区别。运用PPF6C对这些混合样本进行分型。经Elsevier许可,转载自文献[238]

混合样本类型	供者个数			
	2	3	4	5
	每个供者DNA量(pg)			
A:主要供者为任何次要供者的2倍	300∶150	300∶150∶150	300∶150∶150∶150	300∶150∶150∶150∶150
B:主要供者为任何次要供者的10倍	300∶30	300∶30∶30	300∶30∶30∶30	300∶30∶30∶30∶30
C:2个供者等量	150∶150	150∶150∶60	150∶150∶60∶60	150∶150∶60∶60∶60
D:主要供者为次要供者的5到2.5倍	150∶30	150∶30∶60	150∶30∶60∶30	150∶30∶60∶30∶30
E:主要供者为次要供者的20到10倍	600∶30	600∶30∶60	600∶30∶60∶30	600∶30∶60∶30∶30
混合样本个数	5	5	5	5

9.5.3 重复扩增(Replicates)

重复是指从同一DNA提取物中进行独立PCR扩增得到的DNA图谱(第4.4节)。一个样本所有的重复均使用同一PCR板和PCR仪同时扩增。对于低模板样本的重复,随机效应会使峰高、杂合子均衡性和丢失(drop-out)方面带来很大的变化[142](第3章)。

9.5.4 影子峰过滤

如第2.2.3节所述,数据分析中会使用影子峰过滤器。影子峰模型的应用有减慢计算速度的影响,当有大量供者时,这可能是有问题的。如果主要供者是利害关系人(person of interest,POI),可以考虑使用基因分型软件的影子峰过滤器进行预处理。如果次要峰是可作证据的(evidential),并且他们的等位基因与后向或前向影子峰处于相同的峰值高度,那么我们自然就接近了解释的极限。但是,第9.14节的结果表明,影子峰过滤器对于可作证据的次要供者有时也是有用的。

9.5.5 等位基因频率数据库

运用6种不同的STR试剂盒对总共2 085名荷兰男性个体进行了分型判定,创建了一个有代表性的等位基因频率群体数据库[256]。共包括23个不同的常染色体遗传标记:其中16个存在于NGM试剂盒中,所有23个标记均包含在PPF6C试剂盒中。

9.6. 实验设计

9.6.1 使用NGM分型的实验

为了进行证据权重计算,将利害关系人(POI)与给定的混合样本进行比较(见表9.1)。

1. 测试命题:

H_p:POI和k个未知个体共同构成现场斑迹。

H_d:$(k+1)$个个体构成现场斑迹。

因此,H_p下的POI总是被H_d下的一名未知个体所代替。

2. 对于一个给定的混合样本(59个样本中的一个),依次将33个参考样本中的每一个视为POI,每个混合样本进行33次比较。只有2个或3个是真实供者,其余的都是非供者。

3. 对于29个混合样本,事先将一个供者设为“先验”假设,测试的命题为:

H_p:POI,一个已知个体V和k个未知个体共同构成现场斑迹。

H_d:一个已知个体V和$(k+1)$个个体共同构成现场斑迹。

对29个混合样本中的每一个进行了32次比较。

4. 通过对所有59个混合样本重复步骤2;对29个“有条件的”混合样本重复步骤3,我们最终进行了228次比较(其中POI是真实供者)和2 646次比较(其中POI是非供者)。当忽略掉全同胞之间的比较时,后者减少到2 634次。

9.6.2 使用PPF6C分型的实验

测试命题与针对NGM分型应用的命题相同。在H_p假设下使用真实供者作为POI

（即 H_p 为真，$n=427$）或在 H_p 下使用非供者作为 POI（即 H_d 为真，$n=408$），对 PPF6C 分型结果进行 *EuroForMix* 证据权重计算。在这些 H_d 为真的测试中，故意选择非供者，使其与混合样本中的等位基因有很大的重叠，并且对最坏情况进行了检查，其中真实供者之一的模拟亲属被视为 H_p 下的 POI。此外，*EuroForMix* 的 330 个 *LR* 结果与 *LRmix Studio LRs* 进行了比较。

9.7. 方法

对定性（半连续）模型 *LRmix Studio* 和定量（连续）模型 *EuroForMix* 的证据权重 *LR* 测试进行了比较。此外，使用 NGM 分型图谱，对 *EuroForMix* 和 *LoCIM* 工具（第 10.2 节）在估计未知主要成分最有可能分型的表现进行了比较。需要注意的是，*LRmix* 和 *EuroForMix* 中假定的统计模型要求指定供者的数量，而 *LoCIM-tool* 则不需要。

LRmix Studio 和 *EuroForMix* 都包含一个模型，该模型使用共祖系数 F_{st} 调整亚群相关性[42]。在所有分析中，我们遵循 Haned 等的观点[252]，通过应用 $F_{st}=0.01$ 来调节供者可能属于人口数据库中一个亚群的情况。

如第 4.3 节和第 7.10 节所述，两个软件包中都对等位基因插入进行了建模。

9.7.1 定义模型的特征

验证的目的是定义模型的性能。没有“真实”或“正确”的似然比可以计算。但是我们对模型可能报告错误的次数以及找出这种错误发生的情况感兴趣。有两种错误（假阳性和假阴性）。如果 $LR>1$，则提供证据支持控方包含的命题，而如果 $LR<1$，则提供证据支持辩方排除的命题。可以将错误类型定义如下：

- 假阳性错误：非供者提供的 $LR>1$。
- 假阴性错误：真实供者提供的 $LR<1$。

假阳性错误可能导致错误的定罪，而假阴性错误则可能导致对犯罪嫌疑人的不正当宽恕。这里有一个指导原则，即“保守”通常是最好的做法[34]。因此，系统常常被设置成故意低估支持控方命题的证据的力度。

为了发现假阳性和假阴性发生的错误率，运用测试软件对由已知个体组成的混合样本进行了分析（如表 9.1、表 9.3 和表 9.3 中所述）。可以在两种不同条件下计算 *LR*：

- 使用已知的非供者作为 POI 计算 *LR*（H_d 为真）；我们期望 *LR* 小于 1，否则为假阳性。
- 使用已知的真实供者作为 POI 计算 *LR*（H_p 为真）；我们期望 *LR* 大于 1，否则为假阴性。

EuroForMix 使用了最大似然估计（第 7.5 节），并扩展到 *LRmix Studio*（用于 NGM 分型结果）以实现结果的直接比较以及第 6.1.5 和 8.5.9 节所述的标准保守方法。

H_p 为真和非供者分析为进行性能研究和不同方法比较提供了基本测试。

9.8. 当 POI 为真实供者时，*LRmix Studio* 和 *EuroForMix* 的比较

当 POI 是真实供者时，来自 *EuroForMix*（定量模型）的 *LR* 值几乎总是大于来自 *LRmix Studio*（定性模型）的 *LR* 值。使用 MLE 方法和 NGM 数据进行比较，且 POI 低于 $LR=1$ 的案

例中，运用 *LRmix Studio* 分析的有 28 个，运用 *EuroForMix* 分析的有 5 个（总共 228 例）。采用保守方法后，这些数字分别增加到 67 和 11。这些都是假阴性结果（图 9.2）。

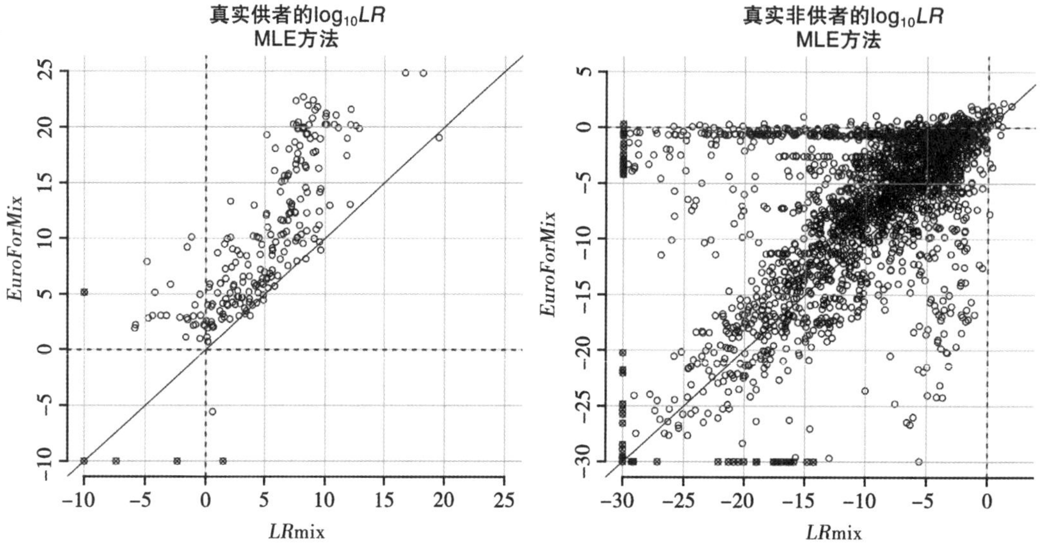

图 9.2 使用 *LRmix Studio*（*x* 轴）和 *EuroForMix*（*y* 轴）计算的 $\text{Log}_{10}LR$ 比较。左图描述了 MLE 方法，右图描述了保守方法。经 Elsevier 许可，转载自文献[236]

与 *LRmix Studio* 相比，由 *EuroForMix* 分析 PPF6C 数据后，93%（253/272）的样本会产生更大的 *LR*（图 9.3）。总共 88% 的数值高于一“Ban”[2]，而 3% 的数值低于一“Ban”（“Ban”详见本章注释 2）。许多实验室在检案工作中使用较高的阈值，如 100 万或 10 亿。举个例子，$\log_{10}LR=10$ 或 25 不会有什么本质区别，因为它们都大于阈值，因此对于报告的最终目的而言是等效的。当 POI 为主要供者且没有等位基因丢失时，无论使用 *LRmix Studio* 还是 *EuroForMix* 都能获得较大 *LRs*。因而，很明显，当次要供者是 H_p 假设下的 POI 时，使用峰高信息的主要优势是对于混合样本分析。

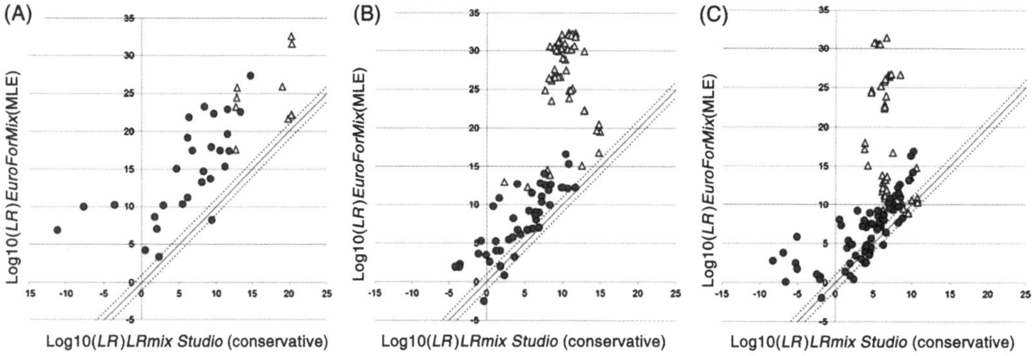

图 9.3 H_p 为真测试条件下，使用 *EuroForMix*（*y* 轴）获得的 $\text{Log}_{10}LR$ 对使用 *LRmix Studio*（*x* 轴）获得的相应的 *LR*（*x* 轴），（A）、（B）、（C）分别表示由 2 个个体、3 个个体和 4 个个体构成的混合样本。灰色圆圈和白色三角形代表使用真实供者作为 POI，分别贡献了 30/60pg 和 150/300/600pg 进行的分析。该图经 Elsevier 许可，转载自文献[238]

9.9. 当 POI 为非供者时，*LRmix* 和 *EuroForMix* 的比较

当使用峰高信息进行 *LR* 计算时，对 H_d 为真的测试有影响。与 *EuroForMix* 相比，使用文献[238]中的 PPF6C 数据分析后，*LRmix Studio* 所获得的假阳性错误数较低（图 9.4）。

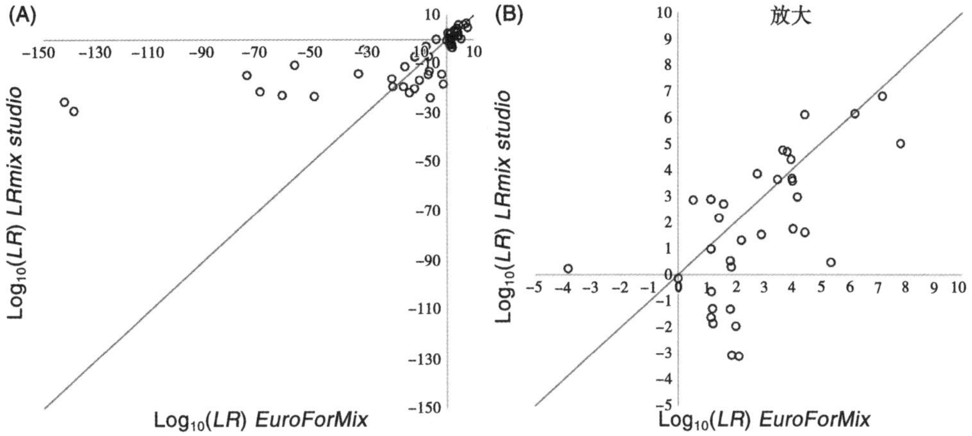

图 9.4　在 H_p 测试下，将非供者相关（三角形）或不相关（圆形）作为 POI 时，使用 *EuroForMix*（*x* 轴）和 *LRmix Studio*（*y* 轴）获得的 $Log_{10}LRs$。（A）显示了 58 项比较数据，（B）图 A 在最大 *LR* 值处的放大。该图经 Elsevier 许可，转载自文献[238]

当 POI 为非供者时，无论使用 *EuroForMix* 还是 *LRmix Studio*，保守方法还是 MLE 方法，获得的大多数 *LR* 小于 1。但是，对于使用 MLE 方法进行的 NGM 分型分析，有一些小的假阳性错误（*LR* 值刚好大于 1），在总计 2 634 个分析结果中，*LRmix* 获得的假阳性个数为 17，*EuroForMix* 获得的假阳性个数为 121。当使用保守方法时，假阳性错误的数目分别减少到 4 个和 5 个。结果展示在表 9.4 中。

表 9.4　观察数的 NGM 计数，其中 *LRmix Studio*（由 LR_{LRmix} 提供）和 *EuroForMix*（由 LR_{EFM} 提供）的 *LR* 小于或大于 1。表格显示了基于最大似然线性回归法（MLE）或基于保守线性回归法（CONS）时，H_p 为真（即：考虑真正的供者）或 H_d 为真（即：考虑非供者）时的观察次数。该表经 Elsevier 许可，转载自文献[236]

方法	假设为真实		$LR_{LRmix}<1$	$LR_{LRmix}\geq1$	总计
MLE	H_p	$LR_{EFM}<1$	3	2	5
		$LR_{EFM}\geq1$	25	198	223
		共计	28	200	228
	H_d	$LR_{EFM}<1$	2 509	4	2 513
		$LR_{EFM}\geq1$	108	13	121
		共计	2 617	17	2 634
CONS	H_p	$LR_{EFM}<1$	11	0	11

续表

方法	假设为真实		LR_{LRmix}<1	LR_{LRmix}≥1	总计
		LR_{EFM}≥1	56	161	217
		共计	67	161	228
	H_d	LR_{EFM}<1	2 625	4	2 629
		LR_{EFM}≥1	5	0	5
		共计	2 630	4	2 634

使用 PPF6C 分型结果进行的 H_d 为真测试比使用 NGM 分型结果的测试更具挑战性，因为选择的非供者拥有少量“看不见的”等位基因，这些等位基因在参考样本中存在，但在现场斑迹中未观察到。因此，这些图谱显示的等位基因与混合样本图谱有很大的重叠。PPF6C 分型结果包含 23 个常染色体标记，NGM 体系中仅包含 16 个。因此，可以预期，这两个复合体系的联合使用可获得较大的真实供者 *LR*，较低的非供者 *LR*。在 180 个 H_d 为真的测试中，使用 EuroForMix 的 MLE 功能分析后，有 173 个(92.8%)产生了真实的阴性结果，即 *LR*<1。使用 LRmix Studio 重新分析了由 EuroForMix 产生的 *LR* 大于 10 的结果。使用 LRmix Studio 对 3 人或 4 人混合样本进行 3 次分析；这 3 次均产生了真正的阴性结果。

由于其在混合图谱中存在较大比例的重叠，当模拟 POI 是真实供者之一的亲属时，假阳性率要大得多(图 9.4)。这些结果将在下一节中讨论。

9.10. 假阳性结果的特征

9.10.1 NGM 结果

表 9.5 描述了使用 *EuroForMix* 和 *LRmix Studio* 观察到的假阳性结果(使用 NGM 分型分型结果和保守计算方法)。请注意，参考样本 9A 是样本“9.x”中的真实供者，而参考样本“10B”是样本“10.x”中的真实供者。回想一下，样本 9A 和 10B 是同胞关系，两者在 30 个等位基因中共享了 19 个。由于 *LRmix Studio* 没有考虑峰高，因此在对具有同胞关系的真实供者进行比较时获得的 *LR* 值偏高。*EuroForMix* 结果中，只有 10.5 这一个样本 *LR* 高 200，POI 9A 由于有 15 个等位基因丢失，其水平很低，这使得比对结果非常不可靠。保守方法大大降低了大部分 *LR* 值，代价是引入额外的假阴性结果，其中 *EuroForMix* 分析引入了 6 个假阴性结果，*LRmix Studio* 引入了 39 个假阴性结果。当命题被改变为测试亲缘关系时，例如，对于样本“9.2”，H_p:“10B 是供者”对应 H_d:“10B 的一个同胞亲属是供者”，使用 *LRmix Studio* 计算的 *LR* 值接近 1，这意味着证据可能被解释为 POI 或同胞亲属(更多详细信息和亲缘性测试示例，请参见第 8.8 节)。

表 9.5 表(A)和(B)列出了阈值为 LR=1 的所有假阳性错误的 LR。表(A)显示了 POI 为样本真实供者之一的同胞亲属的假阳性结果,而表(B)显示了 POI 与样本中的供者无关系时的假阳性结果。"POI|cond"是与可能的条件参考的比较 POI。#d 是 POI 的等位基因丢失个数(如果有重复检测,则为平均值)。K 和 $\hat{K}$ 分别是供者的真实人数和预测人数。"Cons sibling LR"表示使用 *LRmix Studio* 计算的保守 LR,其中 H_d 为:"POI 的同胞亲属是供者"。经 Elsevier 许可,转载自文献[236]

样本	POI|cond	#d $LR_{EFM}\geq 1$	模型	K	$\hat{K}$	MLE LR	供者 LR	同胞供者 LR
9.3	10B	3	*LRmix*	3	3	959 356	70	3
9.2	10B	8	*LRmix*	3	3	236 768	161 385	1e-5
9.5	10B	5	*LRmix*	3	4	165 044	138 318	12
10.6	9A|10A	6	*LRmix*	3	4	55 972	3 193	1
10.6	9A	6	*LRmix*	3	4	1 327	9	0.02
10.5	9A	15	*EuroForMix*	3	3	288	8	na
10.2	9A	13	*EuroForMix*	3	3	72	2	na
9.3	10B	3	*EuroForMix*	3	3	23	1	na
10.3	9A	7	*EuroForMix*	3	3	20	1	na

(A):假阳性结果,同胞亲属

样本	POI|cond	#d $LR_{EFM}\geq 1$	模型	K	$\hat{K}$	MLE LR	供者 LR	同胞供者 LR
8.7d	3C	17.7	*EuroForMix*	3	3	162	6	na
8.7d	6B	19.3	*EuroForMix*	3	3	92	1	na
8.5	10B|8A	10	*LRmix*	3	4	85	2	0.7
8.5	9A|8A	9	*EuroForMix*	3	4	41	1	na
3.3	14C|3B	11	*EuroForMix*	3	3	35	3	na
2.1	1A	7	*EuroForMix*	3	3	30	2	na
3.2	11B	8	*LRmix*	3	3	14	8	0.8
8.5	1B|8A	8	*LRmix*	3	4	9	2	0.2
11.2	8C	7	*LRmix*	3	4	6	4	0.7

(B):假阳性结果,无关个体

总而言之,对于 POI 不是真实供者的同胞亲属之一的案例,*EuroForMix* 的假阳性匹配是有限的:LR<200,当使用 MLE 方法时 *LRmix Studio* 获得的 LR 小于 100;当使用保守方法时,两个不同的模型获得的 LR 均小于 10。

9.10.2 PPF6C 结果

与 PPF6C 混合样本分型有较多重叠的非供者假阳性结果很少发生:13/180 产生的 LR

值大于1,其中有3个的*LR*值大于10。这些*LR*分别为14、64和129,均为使用*EuroForMix*的MLE功能从3人或4人混合样本中获得。当使用*EuroForMix*的保守方法时,非供者的最大*LR*为2.3。

在实践案例中,通常不知道POI的亲属是否可能是混合样本中的其他可能供者。因此,当模拟真实供者的兄弟或父/子关系时,我们比较了它们对*LR*值的影响。我们仅使用那些与混合样本的图谱有较大重叠的亲属(0~14个等位基因在图谱中未找到来源)来模拟分析最坏的案例情况。2人混合样本中的0/36,3人混合样本中的11/36和4人混合样本中的23/36得到假阳性结果。与模拟父/子关系($n=13$)相比,模拟兄弟($n=21$)发生这些假阳性结果的可能性更高(表9.6)。有19次分析得出*LR*>100,这些在图9.5中有更详细的显示。该图显示,假阳性错误是由不同数量(0~11)的未检测到的等位基因造成的。此外,本研究中使用的每个数据集(供者组合)以及每种混合样本类型至少获得一次这些错误。

表9.6 基于H_p命题,PPF6C分型文件,应用*EuroForMix* MLE方法,以一个真实供者的模拟亲属为POI进行计算的*LR*结果。NOC表示供者个数。经Elsevier许可,转载自文献[238]

NOC	兄弟				父/子			
	LR <1	*LR* 1~100	*LR* >100	最大*LR*观察值(四舍五入)	*LR* <1	*LR* 1~100	*LR* >100	最大*LR*观察值(四舍五入)
2	18	0	0	0.04	18	0	0	0.000 7
3	10	2	6	2 800	15	3	0	8
4	5	3	10	64 000 000	8	7	3	220 000

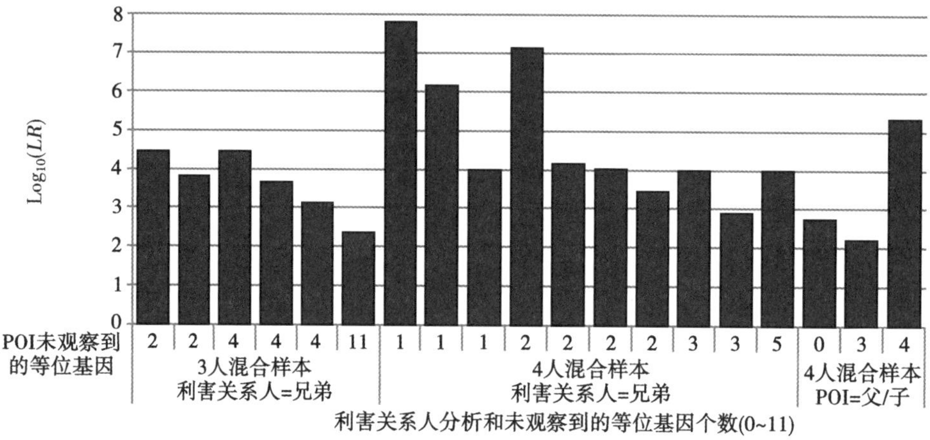

图9.5 在H_p下,真实供者的一个模拟亲属为POI时,进行*EuroForMix*分析得出*LR*>100的概览。PPF6C分型结果。经Elsevier许可,转载自文献[238]

如果可以的话,对单次检验H_d为真(总共$n=3$个观察值)且获得的*LR*大于10的测试,随后使用*EuroForMix*重新进行3次重复分析($n=2$次测试)。这些代表一个3人和一个4人混合样本。同样的,如果可能的话,对使用一个亲属作为POI并重复一遍产生*LR*>100($n=20$)的情况(图9.6),采用3次重复($n=19$)对它们重新进行检查。除一例外,采用3次

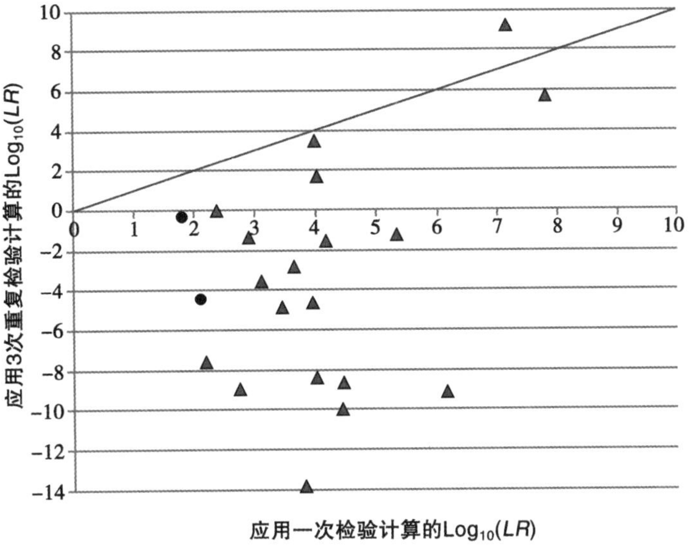

图 9.6 在 H_d 为真测试中,使用同一 DNA 提取物进行单次重复检验(x 轴)或 3 次重复检验(y 轴)分析获得的 *Log*$_{10}$*LRs*。黑色圆圈表示单次重复检验产生 *LR*>1 的无关个体,灰色三角形代表一次重复检验产生 *LR*>100 的真实供者的模拟亲戚。对角线代表 x=y。经 Elsevier 许可,转载自文献[238]

重复的 *LR* 均低于使用一次检验的 *LR*(图 9.6)。这种趋势是可以预见的,并且先前已对其他概率基因分型软件进行了报道[257]。通过 3 次重复获得了更多的真实阴性结果,尽管在 H_p 下,4 人混合样本分析中使用真实供者的兄弟或父/子作为 POI 时,在 19 个结果中仍然存在 4 个假阳性。

可以使用重复测试来减少假阳性错误的次数,尽管在模拟真实供者亲属时仍然可以观察到一些假阳性错误(图 9.6 零线上方三角形所示)。

总而言之,似然比是证据价值的一种表示方式。由两供者构成的完整分型图谱,如果 H_p 为真,与非供者分析出现假阳性匹配的可能性很低。但对于由多个(3 个或 3 个以上)供者构成的部分 DNA 分型图谱,出现机会匹配的可能性则升高。此外,供者的同胞亲属(兄弟姐妹)可以提供高 *LR*s 导致假阳性结果产生,特别是对于没有定量计算的 *LRmix Studio*。为避免这种情况,报告 *LR* 时包含提醒语句非常重要——H_d 命题限定供者为与犯罪嫌疑人无关的一个“未知”个体。当然,这些条件不是一成不变的。当辩方要求对罪犯是犯罪嫌疑人的兄弟的可能性进行计算时,是完全合适的。此外,亦应提醒法院关注亲缘关系对 *LR* 的影响。如果存在与犯罪嫌疑人有关的个体是罪犯的严重争议,最简单的方法往往是从亲属那里收集样本,并进行平行分析。

9.11. 假阴性结果的特征

使用 MLE 方法时,NGM 假阴性的数量最少(使用 *LRmix Studio* 个数为 28,使用 *EuroForMix* 个数为 5);而当采用保守方法时,NGM 假阴性的数量有所增加(使用 *LRmix Studio* 为 67,*EuroForMix* 为 11)(表 9.4)。不过,所有假阴性结果都可以追溯到某个特定类别的混合样本。除了降解程度过高的样本 9.6d 以外,所有假阴性的混合样本中次要供者 DNA 的量均小于或等于 50pg。对于 MLE 方法,应用 *LRmix Studio* 时,POI 等位基因丢失的最小观察数是 4 个(重复后的平均值),应用 *EuroForMix* 时为 12 个。对于保守方法,则最小观察数分别有 2 个和 8 个。

总而言之,正如巴特勒[160]第 7 章中所述,该信息可用于推导复杂阈值。例如,可设如下的指导陈述:

“如果与 POI 匹配的等位基因少于 x 个,则认为样本太复杂,无法使用 LRmix Studio 的保守方法进行进一步的统计分析”。

DNA 分型丢失越多,*LR* 值越低,发生假阴性结果的可能性也越大。想象一个极端的例子,供者被检出的分型少于总额的 1%。如果检出数目低于检测阈值,它将无法提供足够的信息以使 $LR>1$,因此将会产生假阴性结果。第 9.17 节扩展了在个案工作决策中制定准则的原则。

9.12. LR 值随着等位基因丢失而改变

9.12.1 NGM 结果

对于低模板、复杂 DNA 图谱,10∶1的比例往往是混合样本解释中推断次要供者的临界点。次要供者的峰高接近检测阈值,且与主要供者的影子峰峰高相似。图 9.7 显示了基于 MLE 方法,运用 *LRmix Studio* 和 *EuroForMix* 分析一个 NGM 图谱,在 POI 为真实供者的假设下 *LR* 值如何与等位基因丢失个数具有相关性,以及 POI 不是真实供者的假设下,*LR* 值如何与“明显”丢失的等位基因数量(即,看不见的等位基因数目)具有相关性。当 POI 不是真实供者时,现场斑迹中的等位基因要么偶然匹配要么不匹配。在实际案例中,在 H_p 条件下,如果存在 POI,那么丢失是等位基因缺失的原因,这也是图 9.7 中使用的条件。

对于 H_p 为真假设,我们也指出了 POI 是次要供者还是主要供者。当 POI 为主要供者时,$\log_{10}LR>10$ 较高,且丢失率为 0~2 个等位基因(有一个离群数,为 6 个丢失等位基因)。等位基因丢失越多,*LR* 越低。转向没有 POI 的结果,从我们观察到的图(基于 NGM 分型的 *LRmix Studio* 和 *EuroForMix* 结果)来看,在出现 6 个或更多等位基因丢失时,偶尔会有假阳性的存在,但相应的 *LR* 往往很低(<200)。当 H_p 为真时,使用 *LRmix Studio*,为假阴性 $LR<1$ 之前,观察到 $LR>1$ 的极限是 3 个等位基因丢失。对于 *EuroForMix*,在被记录为假阴性 $LR<1$ 之前,观察到 $LR>1$ 的极限是 11 个等位基因丢失。

9.12.2 PPF6C 结果

3 人和 4 人混合样本的 PPF6C 图谱观察到的趋势相似(见图 9.8[238])。PPPF6C 试剂盒包含的常染色体遗传标记比 NGM 更多(23 个而非 16 个),因此观察到 $LR>1$ 的界限更高。使用 *EuroForMix*,2 人混合样本未记录任何假阴性或假阳性结果。在 3 人和 4 人构成的混合样本中,分别获得至少 5 个和 11 个等位基因丢失的假阴性结果;假阳性结果发生在至少有 12 个和 5 个未观察到等位基因的样本中(图 9.8)。与 NGM 分型结果一样,假阳性结果的 *LR* 总是很低(<200)。

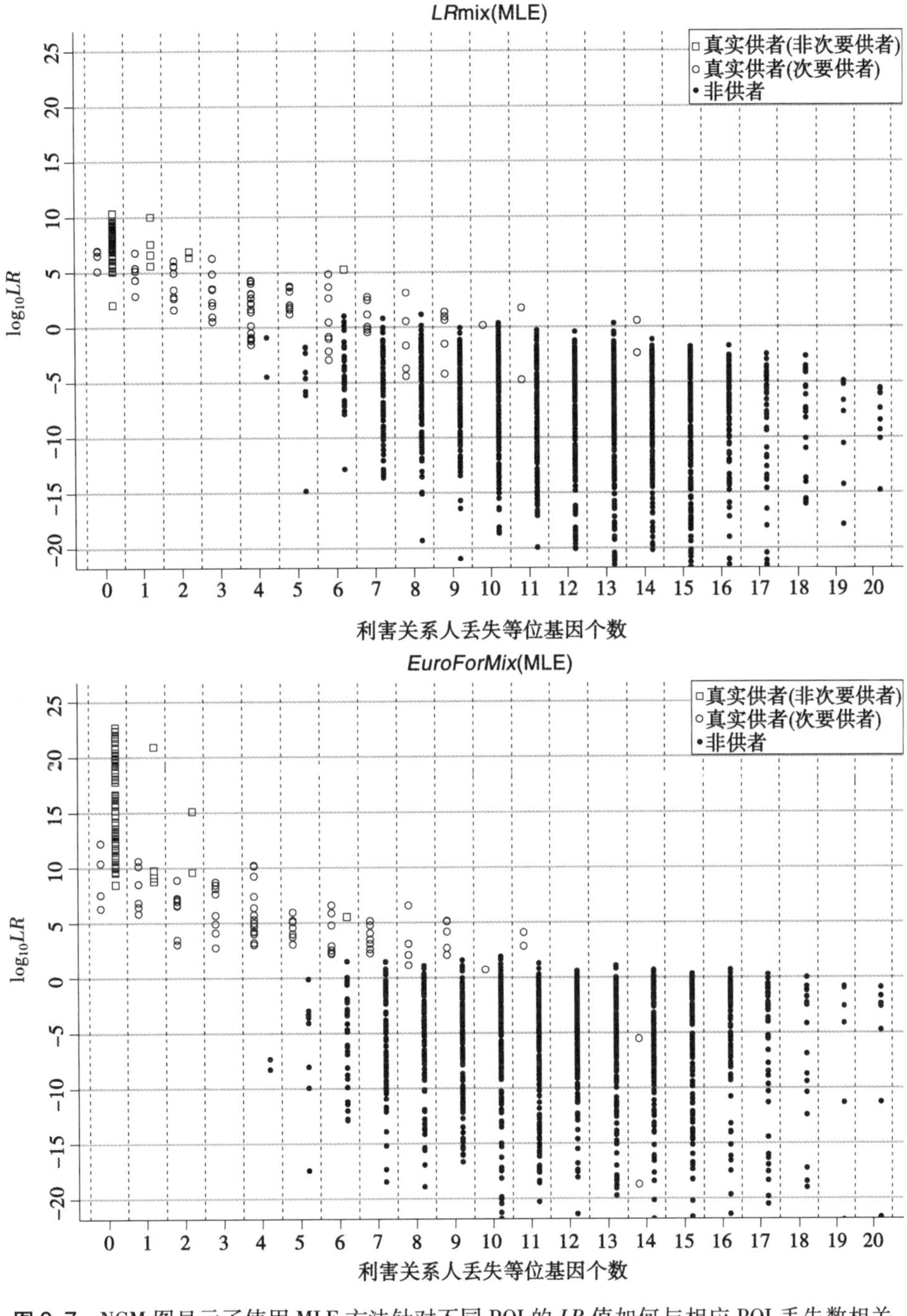

图 9.7　NGM 图显示了使用 MLE 方法针对不同 POI 的 *LR* 值如何与相应 POI 丢失数相关，其中未假定条件参考；省略掉重复样本和同胞亲属的比较。“主要”供者 DNA 量分别为 100pg、250pg 或 500pg。“次要”供者 DNA 量为 50pg

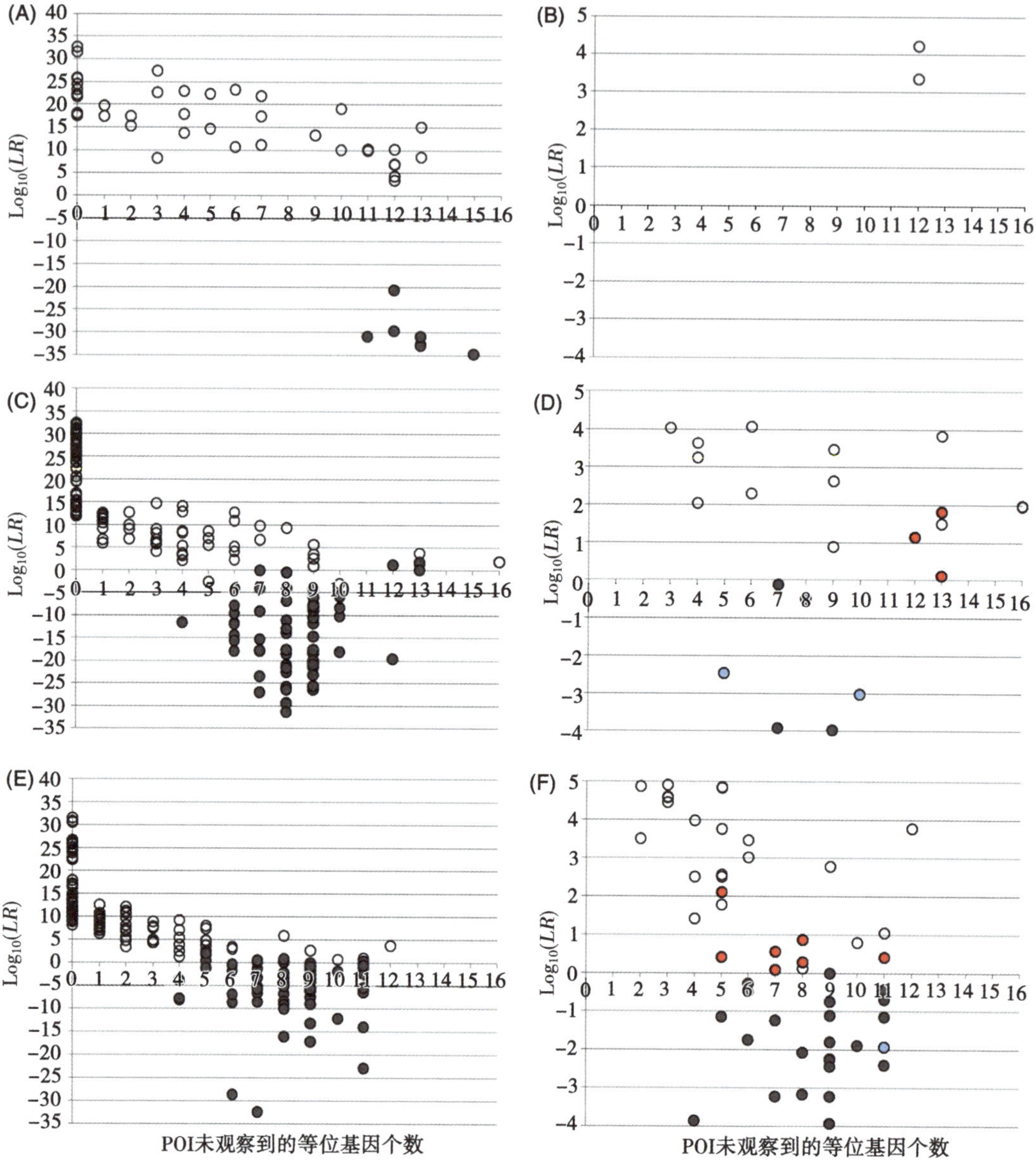

图 9.8 根据 PPF6C 数据，运用 H_p 为真（空心圆圈）或 H_d 为真（灰色圆圈）测试时计算出的 2 人（A 和 B）、3 人（C & D）和 4 人混合样本（E & F）的 Log_{10} *LRs* 同 POI 丢失或未观察到的等位基因数量的关系。B、D 和 F 的 *y* 轴进行了缩放以允许检查假阴性和假阳性错误（分别由蓝色和红色圆圈表示）。经 Elsevier 许可，转载自文献[238]

9.13. 使用 ROC 图比较两个或多个不同模型的性能

一个好的模型会同时最小化假阳性（H_d 为真，$LR>1$）和假阴性（H_p 为真，$LR<1$）的比例。当这些错误确实会发生时，我们希望假阳性 *LR* 的证据强度尽可能低。表示信息的另一种方法是创建特征曲线（receiver operating characteristic，ROC）[258]，如图 9.9 所示（NGM 数据，同胞亲属之间的比较，忽略掉 9A 和 10B）。这是通过绘制相对于 $LR=t$ 的各种阈值设置条件下

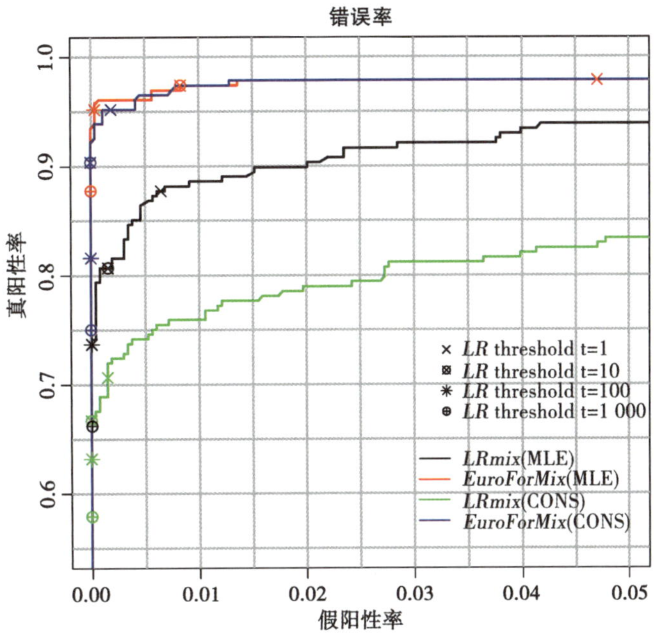

图 9.9 假阳性率(FP)(沿水平轴)和真阳性率(TP)(沿垂直轴)随 *LR* 阈值变化的特征曲线(ROC)图。该图显示了 *LRmix Studio* 和 *EuroForMix* 的最大似然估计方法(MLE)和保守方法(CONS)的结果。曲线上的点显示了不同 *LR* 阈值的 FP 和 TP 率。此图经 Elsevier 许可,转载自文献[236]

的真实阳性率与假阳性率的关系图来实现的。这对应于一个决策规则,如果 $LR>t$,则 H_d 被否定。例如,如果 $t=1$,且 H_p 为真,这时若 $LR<1$,则被定义为假阴性。相反,如果 $LR>1$,则为真阳性。如果 H_p 为假且 $LR>1$,则定义为假阳性。图 9.9 显示了在 t 值从 0 到无限大的变化范围内,沿 x 轴的假阳性比例与沿 y 轴的真阳性比例。

在图 9.9 中,阈值 $LR=1$ 表示为每条曲线的交叉,表 9.4 中统计了准确的实例数。对于 MLE 方法($t=1$),*LRmix Studio* 和 *EuroForMix* 的假阳性率分别为 0.006 和 0.046。相应的真阳性率分别为 0.88 和 0.98。对于保守方法,两个模型的假阳性率均为 0.002,*LRmix Studio* 的真阳性率是 0.71,*EuroForMix* 的真阳性率是 0.95。根据理想模型绘制 ROC 图,当 t 为某些值时(在 ROC 曲线的左上角产生一个点),它会同时显示出假阳性率等于 0 以及真实阳性率等于 1。在图 9.9 中,使用 *EuroForMix* 比使用 *LRmix Studio* 更有效地满足这种情况。此外,MLE 比保守方法表现更好。在案例研究中,我们总是希望尽量减少假阳性的数量,因此,保守方法可能是首选的,尽管该方法会使假阳性的发生率增加。

9.14. 比较 *EuroForMix* 的影子峰模型和 GeneMapper 的影子峰过滤器

来自等位基因 a 的影子峰是由 PCR 期间的链滑动引起的[259],通常会导致 $n-1$ 个 STR 重复单元(四碱基重复的单元为-4bp)的“后向影子峰”形成。在等位基因 $n-2$ 个重复单元(即双重后向影子峰)和 $n+1$ 个重复单元(即前向影子峰[110])的位置也可观察到其他影子峰,不过它们的发生频率较低,并且峰高通常要低得多(第2.2节)。在过度扩增的样本中可能会有更复杂的影子峰存在。在 GeneMapper 分析软件中,可以选择应用过滤器去除与 $n-1$ 和 $n+1$ 位置上的影子峰相吻合的等位基因[111]。在实践中,经常根据每个标记的平均影子峰峰高+3个标准偏差(SD)来对影子峰进行校准。它不考虑不同等位基因的影子峰的差异,因此,未消除影子峰的风险会随亲本等位基因的重复次数增加而增加。相反,随着"亲本"等位基因重复次数的增加,次要等位基因被当作影子峰删除的风险降低。当混合样本中 DNA 量占比多的供者(主要供者)产生的影子峰高度与次要供者的等位基因峰高相似时,问题会出现。因此,也不能保证真实供者的等位基因不会被删除。影子峰模型的应用会降低 *EuroForMix* 的计算速度,如果存在大量未知供者时,这可能会有问题。如果一个主要供者被假定为 POI,那么采用 GeneMapper 影子峰过滤器进行预处理是一种可接受的方式。另一方面,如果次要供者是有证据意义的,并且他们的等位基因峰高与前向或后向影子峰相近,那么自然就接近解释的极限。

在 *EuroForMix* 中,MLE 方法被用于计算后向影子峰($n-1$)的比例(假定所有标记都相同),并且该比例用于 *LR* 计算(如第7.5节所述)。*EuroForMix*3.0 版本能够评估前向($n+1$)影子峰。

我们使用了第8.5.6节中描述的模型选择框架来预测应用了影子峰过滤器之后是否应该使用影子峰模型。为了进行这项调查,所有比对中均使用了正确的供者数量。

图9.10显示,当所有数据(兄弟姐妹除外)均包括在分析中时,使用 GeneMapper 影子峰过滤器的方法可提高性能。观察发现,当使用 GeneMapper 影子峰过滤器时,在 H_p、POI 为次

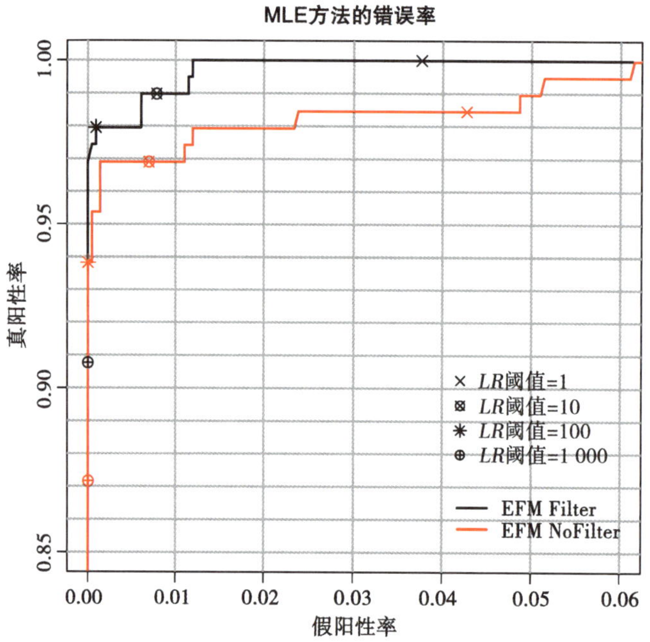

图9.10 特征曲线(ROC)图,其中以假阳性(沿水平轴)和真阳性(沿垂直轴)的数量作为 *LR* 阈值的函数进行绘制。图示为使用最大似然估计法,由 *EuroForMix* 获得的基于影子峰过滤数据(EFM Filter)或未过滤数据的结果(EFM NoFilter),其中重复样本被忽略

要供者的前提下,样本“1.6”“3.6”“8.6”“8.3”“3.3”和“3.5”的 *LR* 显著增加。发生这种情况的原因是,在每个案例中都删除了 D22S1045 基因座等位基因 17 的前向影子峰。这提高了模型与数据的拟合度。即使删除了一些次要 POI 供者的低水平的次要等位基因,使用 GeneMapper 影子峰过滤器(与 *EuroForMix* 中的影子峰模型相比)仍具有增加 *LR* 的效应。相反地,样本“3.2”“2.3”“2.6”“10.6”和“3.5”的原始数据中没有前向影子峰的存在。因此,这些样本的 *LRs* 显著降低,因为每个样本都被删除了一个或两个等位基因。图 9.11 显示了当使用了影子峰过滤器后,每个样本的 *LR* 如何变化的详细信息。

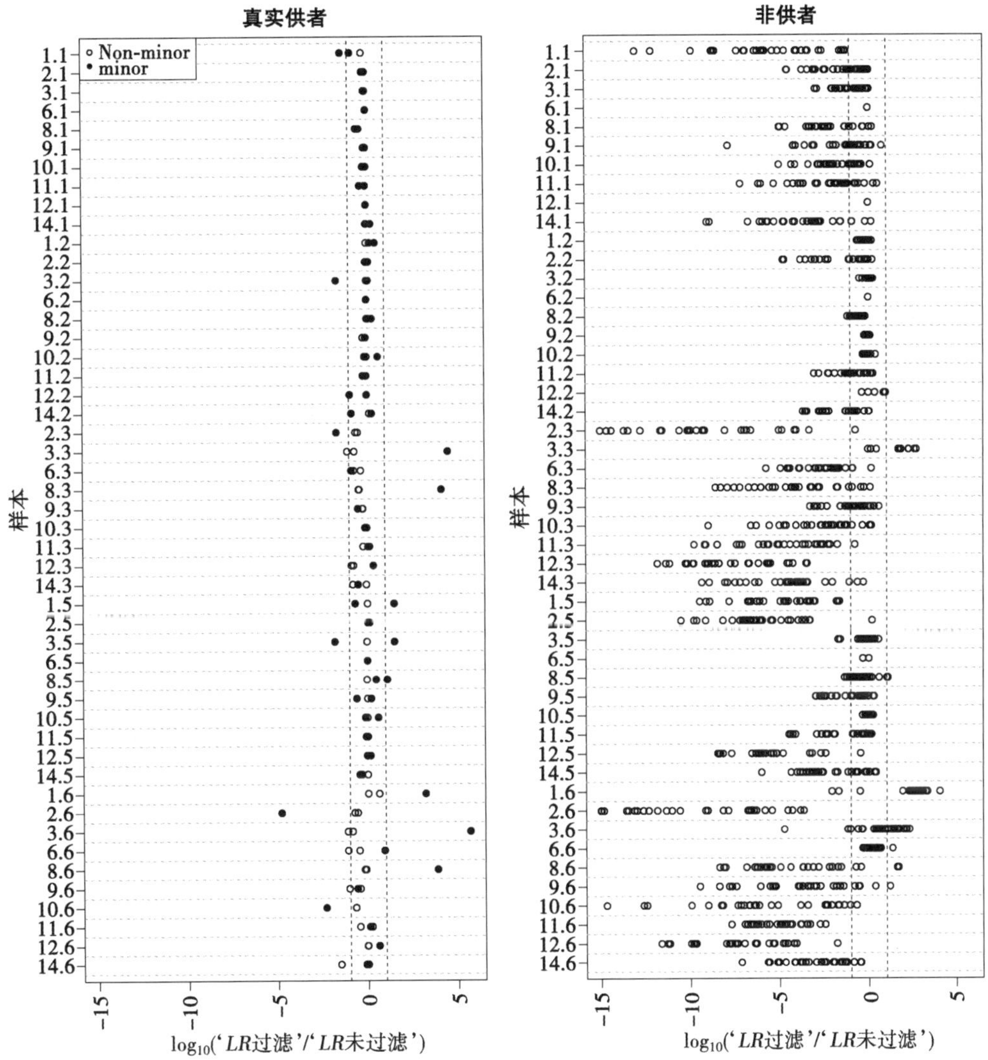

图 9.11 这些图显示了应用 GeneMapper 影子峰过滤器与 *EuroForMix* 的影子峰模型之间 $\log_{10} LR$ 值的差异(左图表示真实供者,右图表示非供者)。不考虑重复样本。垂直虚线表示 $LR=10^{\pm1}$

9.15. 似然比校准

1983 年,Ramos 和 Gonzalez-Rodriguez[260] 提出了似然比校准的概念。他们的目是为先前讨论过的现有方法提供一种补充方法，例如第 9.9 节和 ROC 图（第 9.13 节）中的非供者测试。

他们将校准定义为"一组可以测量的 *LR* 值的属性"。

"无论它们是如何计算的，该方法都会测量一组 LR 值的性能和校准。"

Ramos 和 Gonzalez-Rodriguez 的思想已被 Buckleton 等接受并适应了 *STRmix* 软件的概率基因分型模型[261]。校准的目的是在比较两个备选命题（H_p："POI 是供者"与 H_d："POI 不是供者"）时，衡量概率计算系统提供的大型数据集的 *LR* 是否符合预期。一组数据中的 POI 是真正的供者，另一组数据的 POI 来自准备的非供者。模拟后者可以生成大量数字。对于供者来源已知的 *LRs* 数据集，下一步是应用一种可以确定相对于给定 *LR* 的真实供者预期数的方法。通过以下方式完成：

图灵（Turing）的规则将在第 12.17 节中详细讨论。对于简单命题对，在图灵的期望中，非供者 $LR_{nc}=x$ 或更大的概率由 $Pr(LR_{nc}>x|H_d)\leqslant 1/x$ 调节，因此我们期望少于 N/x 匹配，其中有 N 个比较[227]，且 LR_{avg} 预期值为 1[262]。

换言之，如果现场斑迹 $LR_x=24\ 000$，且我们模拟了 $N=24\ 000$ 次非供者测试，则预期最多会有一个示例（$N/x=24\ 000/24\ 000=1$），其中 LR_{nc} 等于或大于 LR_x。

该规则已通过大量非供者和真实供者的数据集进行了测试。我们期望"好"模型将符合 Turing 的期望，也因此被认为是"可靠"的。

但要进行校准测试，必须首先使用概率而不是似然比。如第 12.8 节所述，我们可以通过乘以先验概率（prior odds）的方式将 *LR* 转换为后验概率（posterior odds）：

$$后验概率=先验概率\times LR \tag{9.1}$$

接下来，我们需要计算先验概率：如果我们有一组由 y（H_p 为真）个供者和 z（H_d 为真）个非供者组成的数据，则任何给定 POI 为真实供者的给定先验概率 $=z/y$。

为了说明这一点，以下是 Buckleton 等提供的示例[261]，其中比较了 $y=28\ 250\ 000$ 个错误供者和 $z=10\ 297$ 个真实供者的数据集，并提供了先验概率的计算 $z/y=0.000\ 364$。这些数据来自之前一项广泛的多实验室研究[263]。

后验概率必须转换为后验概率。可通过以下公式轻松计算：

$$Pr=\frac{概率}{概率+1} \tag{9.2}$$

使用公式 9.1 计算公式 9.2 中的后验概率后，可确定每个 *LR* 在 H_p 为真时的后验概率：

$$后验概率(H_p\ 为真)=\frac{1}{1+(LR\times 先验概率)^{-1}} \tag{9.3}$$

后验概率介于零和一之间。以引用的示例为例，一个小的 $LR=100$ 转换为后验概率 $P_r=0.035$，而一个非常高的 $LR=10^9$ 得到的后验概率 $Pr=0.9\ 999\ 997$（接近 1），在具有数量达到 28m 的数据集里可预期的假阳性很少（如果有的话）。观察到高 *LR* 假阳性的概率依赖于非常大的数据集，因为 *LR* 的大小与检测到假阳性的可能性（假设模型可靠）之间存在直接关系。因此，Buckleton[261] 等使用 28m 的样本大小可使校准测试扩展到相同数量级的 *LR*。

一旦将 H_p 为真的后验概率分配给每个真实的供者和非供者,数据将按照 Buck Buckon 等在表 4 中所示分组[261]。后验概率被分为多个类别。例如,“H_p 为真的后验概率”在 0.398~0.813 范围内(大约对应于 LR=110~150 000)时,在数据集中观察到 60 个错误供者和 314 个真实供者。这转换为观察到的后验概率为 314/(314+60)=0.605 5。这高于预期,被认为是分类的平均值。因此,真正的供者比预期的要多,这表明该模型已得到很好的校准,并且 LR 是保守的。对从 0 到 1 范围内的所有后验概率的所有类别进行重复测试,如 Buckleton 等在表 4 中所示[261]。

9.16. 不同软件之间的进一步比较研究

PCAST 报告[244,245]中提出了一个相关问题:

“在什么情况下,该方法产生(随机包含概率)与其他方法大不相同的结果?为什么?”

在前面的部分中,我们比较了 *EuroForMix* 和 *LRmix Studio* 的性能,介绍了在各种不同的条件下描述和比较不同软件性能的方法。当然,这些不是同行使用的唯一软件解决方案,因此疑问产生了,即基于不同标准的不同程序是否会提供相似的结果。此类研究很少,部分原因是商业程序限制了研究人员的访问。You 和 Balding[233]对 *EuroForMix* 和 *LikeLtd* 进行了比较。两者都是伽马分布模型,但是在处理插入和影子峰的方式上存在差异。与 *EuroForMix* 只对 $n-1$ 型影子峰建模的方式不同,*LikeLtd* 还对前向 $n+1$ 型影子峰和复杂的 $n-2$ 型影子峰进行了建模。两者都使用 MLE,但是两个模型之间的执行有所不同。该研究比较了使用不同 DNA 量的一到 3 个供者的情况。使用 ROC 分析来帮助得出结论:

“尽管基于不同的建模假设,*likeLTD* 和 *EFM* 的最终结果相似。*LikeLTD* 经常对 *DNA* 混合样本中的低水平供者报告更好的结果,根据我们研究中的所有混合分型分析认为,*LikeLTD* 的 *AUC*[4] 略好。

作者指出,如果 POI 是低占比的供者,使用 *LikeLtd* 对前向影子峰和复杂影子峰进行建模是有优势的,但缺点是计算时间增加了。

Manabe 等[78]将 *EuroForMix* 与 *Kongoh* 进行了比较。后者也是基于伽马分布模型,但是在执行上存在差异。这些作者比较了 2~4 人混合样本,发现生成的 LR“倾向于相似”。

Alladio 等[264]针对 2~3 人混合样本对几种分析软件进行了比较:*LRmix Studio*,*Lab Retriever DNA-View*,*EuroForMix* 和 *STRmix*。他们指出,与连续模型相比,“半连续”模型(定性模型)*LRmix* Studio 和 *Lab Retriever* 倾向于给出更低的 *LRs*(正如预期的)。通常,正如两种半连续方法一样,基于连续方法的结果给出了一致的相似答案,但是两种方法之间存在分歧,尤其是当混合样本的模板量大且 POI 为次要供者时。这些作者提出了一种采用“统计共识算法”的方法,该方法最初由 Garafano 等[265]提出,其中比较了几种统计方法,只有最保守的方法被报道,且前提是其 LR 结果是收敛的:

“我们的统计共识方法是比较不同软件提供的似然比值,只有结果被证明是收敛的,才最终报告最保守的似然比值。相反,如果似然比结果不收敛,则认为 *DNA* 解释是不确定的。”

如果采用这些方法,将产生一些不确定的结果,尤其是在主要/次要混合样本且次要供者为 POI 的情况,因为连续方法充分考虑了等位基因峰高,因此在此类测试中显然是优越的。Taylor 等[266]对“统计共识”方法的基本原理提出了质疑:

"如果一种模型的性能被证明优于另一种模型,那么我们为什么要依赖效率较低的版本来做决定呢,特别是该模型在评估特定种类证据方面存在公认的局限性的时候?"

9.17. 定义在法医案件中使用概率基因分型软件的准则

PCAST 报告[244,245]鼓励法医科学家分享概率解释软件的内部验证结果。解决有关何时或如何应用概率基因分型软件,或何时报告 *LR* 结果的内部实验室指南很少共享。这样的指导方针基于内部验证研究结果,因此是由案例工作中获得的专业知识提供的信息。但是,重要的是要对方法进行标准化,以便不同的用户可以重复它们。在 NIST[267]进行的一项研究中,由 69 个不同的实验室对混合样本进行了分析,结果表明,大多数使用 RMNE 或 CPE 来报告结论。但是,这些实验室通常会有不同的实践操作,因此产生的结果也有所不同。相反,采用概率基因分型(*LR*)方法消除了对严格规则集的依赖,因为判定插入和丢失峰等功能都包含在统计框架内,并且概率是连续的。如文献[268,269]所示,这导致了更紧密的实验室间标准化。

总而言之,我们希望在对案例有用的情况下执行 *LR* 计算,但要有效地执行此操作,需要一个过程来决定是否执行计算。为了确保标准化,实验室中不同报告人员在软件程序和解释过程本身的应用方面也需要统一。

荷兰法医研究所(Netherlands Forensic Institute,NFI)使用了一种渐进的方法:首先,对分型进行技术、独立地分析。接着,评估分型的质量,然后将其与参考分型进行比较。最后,只有满足某些条件时,才可以进行 *LR* 计算[94]。这些标准在实验室之间是不同的,以几个实验室间的研究为例[268,270,271,267,269]。例如,报告标准可以基于以下条件:假定供者的数量;预期的丢失情况和/或观察不到的等位基因数量(即参考样本和证据之间的"不匹配")。此外,案例情况以及可用的其他斑迹和/或 DNA 图谱也是决策过程的一部分。在进行 *LR* 计算后,可以检查结果。在 *EuroForMix* 和 *DNAStatistX* 中(第 10 章),通过检查 PP 图来验证计算的 *LR*,如第 8.5.8 节所述。如果模型的观测峰高和预期峰高的累积概率发生变化;可以考虑可能的原因。已知的模型验证失败的原因也在第 8.5.8 节中列出。如果在 H_p 下模型验证失败,因为 H_p 为假,*LRs* 将会很低(<1),无须采取进一步措施。如果验证失败是因为参数或模型不能很好地解释数据,则可以评估其他选项。例如,不同数量的供者或运用降解模型。如果由于重复之间峰高的偏离导致案例模型验证失败,建议使用单个重复执行 *LR* 计算,而不是联合执行。优化程序为重复组合(平均值)搜索最佳解释参数,当峰高不同时,这些参数可能不适合每个重复样本。可以检查结果的其他方面是,在 H_p 和 H_d 下,预期混合比例的差异以及每个基因座 *LR* 的变化。例如,如果只有一个基因座的 *LR* 非常低,小于 1,而其他所有基因座都包含在内,则可以检查该基因座,根据等位基因数量和峰高来查看结果是否在预料之中。其原因可能是由体细胞突变引起的影子峰升高。通过对已知内容的样本进行 *LR* 计算并检查结果,人们将获得有关结果的预期知识。

当模型验证通过时,可以报告 *LR* 结果,尽管各实验室的报告也不同。一些人报告实际值,而另一些人更喜欢报告范围或是口头的范围。此外,有时使用一个较低和/或较高的报告阈值。例如在英国的实验室,可能会使用 $\log_{10}LR=9$ 作为阈值上限,即大于此数值的 *LRs* 会则四舍五入。可以基于验证数据和假阳性/Ⅰ型错误检查(H_p 为真,*LR*>1,POI 为非供者)对可能被视为"不确定"的样本使用较低的报告阈值,例如 *LR*=200。

举个例子,在9.12中显示了NFI所使用的准则以及第一版 *DNAStatistX* 的实现。这些准则基于前面介绍的对 PowerPlex Fusion 6C 分型图谱进行验证研究的结果;其在法医案件中发挥的作用源于个案工作中的专业知识。当超过 $\log_{10}LR=4$ 的阈值时,将报告 *LR*,因为导致更低 *LR* 的计算可能对所使用的模型和参数更敏感。

案例分析过程中,当一个样本的结果介于 $\log_{10}LR=4\sim6$ 之间时,执行重复分析。重复分析倾向于增加真实供者的 *LR*,减少非供者(如由 Benschop 等[238]和第9.10.2节描述的真实供者的亲属)的 *LR*。在 *LR* 计算之前的比较中,可能会出现参考分型图谱的"不匹配"/未被观察到的等位基因,这是因为斑迹图谱中出现丢失或参考分型图谱来自非供者。遵循这些准则,对于 PPF6C 分型图谱,只要2人混合分型的不匹配数目不超过15个(允许的最大值;即POI未被观察到的等位基因个数);3人混合分型不超过10个以及4人混合分型不超过5个,就可以进行 *LR* 计算。大多数不匹配导致 *LRs* 位于非信息区域,即 $\log_{10}LR<4$[238]。低于阈值的 *LR* 不进行报告。有时,由于这些严格的指导原则,真实供者的真阳性 *LR* 可能会遗漏,这是实验室所能接受的风险,尽管如果能提出适当的论点,偏离指导原则也是可能的。当一个重复产生的 *LR* 在 $\log_{10}LR=6\sim10$ 范围内时,重复分析应以个案依赖的方式进行,即当需要有关POI或供者数量的更多信息时。显然,案件环境,案件中其他斑迹和分型的可用性也是该过程中考虑的因素。图9.12所示的指导方针并非严格的规则,而是决策过程中有用的工具。

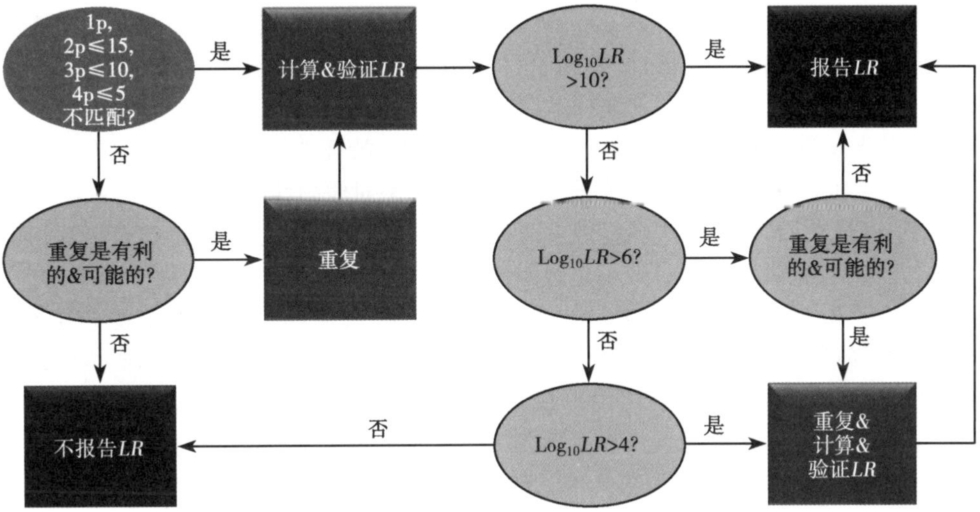

图9.12 案例研究中,使用 *DNAStatistX* 或 *EuroForMix* 分析 PPF6C 分型文件的指南示例总结

9.18. 总结

1. 本章是关于验证的。验证的目的是定义软件的使用范围和限制。验证实践分为3部分(第9.3节):

a. 概念验证,即验证支撑软件的数学公式是正确的。

b. 软件验证,以确保软件按预期运行;代码验证,例如通过软件的独立编码。

c. 操作验证,模型的输出行为通过代表"典型"案例和极端示例的各种不同证据类型进行测试。

2. 描述了使用 AmpFlSTR NGM 试剂盒和 Promega PowerPlex Fusion 6C 试剂盒进行的两项验证研究。准备了一系列包含 1 个到 5 个供者的混合样本,其中每个供者都是一个已知的个体,并且对 *EuroForMix* 和 *LRmix Studio* 进行了比较研究。

3. 进行了两种测试。似然比是通过命题计算的:

H_p:POI 和$(k-1)$个未知个体构成了混合样本;

H_d:k 个未知个体构成混合样本。

在实际案例中,我们不知道供者的身份,也无法做出任何假设。由于实验组的混合样本是人为设计的,因此我们确切地知道每个供者的身份。这使我们能够进行两种不同的比较:

H_p 为真,在这里我们知道 POI 是供者,并且我们知道控方命题是正确的;

H_d 为真,我们知道 POI 不是供者,并且命题是错误的。

4. 当 H_p 为真时,我们期望 $LR>1$,而如果 H_d 为真,则期望相反,即 $LR<1$。使用一组样本来测试 LR 期望值,并记录期望偏差。因此,如果 H_p 为真且 $LR<1$,则为假阴性错误,而如果 H_d 为真且 $LR>1$,则为假阳性错误(第 9.7 节)。假阳性错误往往备受关注,因为它可能导致错误地将一个人包含进去。然而,我们期望假阳性和假阴性错误会自然发生。验证练习的目的是量化它们的出现,并记录可能观察到的相应的 LR 大小。在第 12.17 节中讨论了解释策略的意义。

5. 当非供者 POI 是真实供者的近亲时,假阳性结果增加(第 9.10.2 节)。该影响在 *LRmix Studio* 中尤为普遍。由于 *EuroForMix* 是定量模型,其影响得到缓解,但仍可被观察到。当 POI 是真实供者的同胞亲属时,较多个体的混合样本(例如,4 个供者)更倾向于获得高 LR。

6. 为了比较两个或多个不同模型的性能,可绘制"特征曲线"(ROC)图(第 9.13 节)。这些是通过相对于 $LR=\mathrm{t}$ 的各种阈值设置下的真阳性率对假阳性率绘制的,其中 t 的值从观察的最小值到最大 LR 值。这些图提供了两种或两种以上不同方法的性能比较指标,其中最佳系统对于 $LR=\mathrm{t}$ 的低值可同时最小化假阳性和假阴性错误。

7. 描述了 Ramos 和 Gonzalez-Rodriguez 的校准方法。目的是在比较两个备选方案时,衡量一个概率系统行为提供的大型数据集的 LR 是否符合预期。相对于给定的似然比,真实的供者和非供者的观察数与预期数可以得到。

8. 最后,描述了如何使用验证结果来制定实验室内部程序,以决定如何以及何时使用概率基因分型来报告案例结果。第 9.17 节的流程图描述了这一点。

注释

1. 所有数据都可以在压缩文件"NFIdata"中找到 www.euroformix.com/data。
2. "Ban"是用于比较两个指定命题之间差异的一种度量方法:$\log_{10}LR=x$ bans[61]。
3. 通常低于检测阈值(AT)。
4. AUC 是曲线下面积,用于比较不同模型的测量方法。

(陈曼 李泽琴 译)

第 10 章

DNAxs 的开发和完善

DNAxs 团队

EuroForMix 实现并扩展了 Cowell 和其同事[234]以及 Graversen 和 Lauritzen[272]提出的模型,并于 2015 年首次发布。*EuroForMix* 是开放并且免费提供的,任何人都可以使用该软件或代码,也可以把它并入另一个软件中来使用。例如,eDNA 联盟[http://ednalims.com/probabilistic-genotyping/]已将 *EuroForMix* 作为 *BulletProof* 软件的基础。此外,荷兰法医研究所(netherlands forensic institute,NFI)基于 *EuroForMix* 中某些功能使用 Java 语言开发创建了 *DNAStatistX*。*DNAStatistX* 是一个统计资源库,它是名为 *DNAxs* 的 DNA 专家系统的一个模块。

10.1. DNA 专家系统

在过去的 20 年中,法医案件工作中获得复杂 DNA 图谱(例如,3 个或更多供者和/或低模板量 DNA)的比例明显增加。这是 STR 分型系统分析灵敏度的提高和可获得更大量标记物的结果。与此同时,提供给法医 DNA 实验室检验分析的证据类型也发生了变化;现场斑迹无论是数量还是质量,均由高到低。由于单个案件可能具有多个复杂的图谱,也可能具有多次重复的结果,如果人工将它们与参考图谱(有时很多)进行比较可能会非常复杂、耗时且容易出错。这就增加了对一种软件的需求,该软件能够快速、自动化地比对一整套 DNA 图谱,从而帮助 DNA 专家进行常规 DNA 案例分析。*eDNA*[273]就是这样一个应用程序,在 2014—2016 年得到欧盟(European Union)的支持。尽管其很实用,但各法医实验室可能无法轻易地实现 *eDNA* 的功能。这促使了其他专家系统的发展,例如奥斯陆大学医院(Oslo University Hospital)的 *CaseSolver*[274]和 NFI 的 *DNAxs*。本章重点介绍 *DNAxs*,网址为 https://www.forensicinstitute.nl/research-and-innovation/european-projects/dnaxs。该软件系统是基于服务器应用和结构化编程编写的(这样便于其他的软件工程师整合他们的工作),并且它使用的模块化方法也可以使我们可以轻松地整合新功能。自 2017 年 12 月起,*DNAxs* 软件系统已被日常应用在 NFI 的法医案件中。根据用户的反馈意见,该软件正在不断得到完善,事实也证明这一点非常重要。该软件除了拥有 *eDNA* 实现的匹配矩阵功能外,还具有许多其他功能,并且涵盖了从图谱解析到报告生成的大部分步骤。

10.1.1 *DNAxs* 的功能

DNAxs 的第一个版本(v1.0.0)已经发行并供给 NFI 内部使用,具有常染色体 STR 图谱数据的导入、查看、推断、匹配和导出等功能。表 10.1 对这些功能进行了基本概述,图 10.1 则是 *DNAxs* 部分功能的截图,这里用一张柱状图呈现了与其他两份参考样本进行比较的混合 DNA 图谱。图 10.2 是一个对大量 DNA 图谱进行比较分析的案例截图。若读者需要获

表 10.1 *DNAxs* 1.1.0 版的主要功能。经 Elsevier 许可，转载自文献[75]

功能	详细（描述）
登录	• 使用用户名和密码进行登录 • 登录页面包含发行说明，版本更改以及教程视频
导入图谱	• 可接受多种格式文件 • 支持 CE 与 MPS 数据
查看图谱	• 电泳图谱 • 柱状图可视化等位基因峰高/序列测序深度 - 如果有重复：用不同的颜色表示等位基因是否在重复实验中出现重复次数的一半以上 - 不同的颜色表示等位基因是否属于主要供者的一部分（根据 *LoCIM*）
查看总结性分析	• 总等位基因计数（total allele count，TAC） • 最大等位基因计数（maximum allele count，MAC） • Ⅰ、Ⅱ和Ⅲ型基因座数目（根据 *LoCIM*）
匹配图谱	• 在柱状图中匹配的等位基因
衍生图谱	• 推断主要供者（根据 *LoCIM*）
匹配矩阵	• 匹配矩阵可以将（多个）现场斑迹与（多个）参照图谱进行比较 • 颜色标记不匹配等位基因的数量，可以通过滑动条设置这个数字 • 匹配矩阵可以导出为 PDF
导出图谱	• 支持 LIMS/CODIS/SmartRank/Bonaparte 等 • 选择导出哪些等位基因选项（人工的/重复的/共有的/混合的/*LoCIM* 推断的）
审查追踪	• 追踪何时由何人执行哪些操作

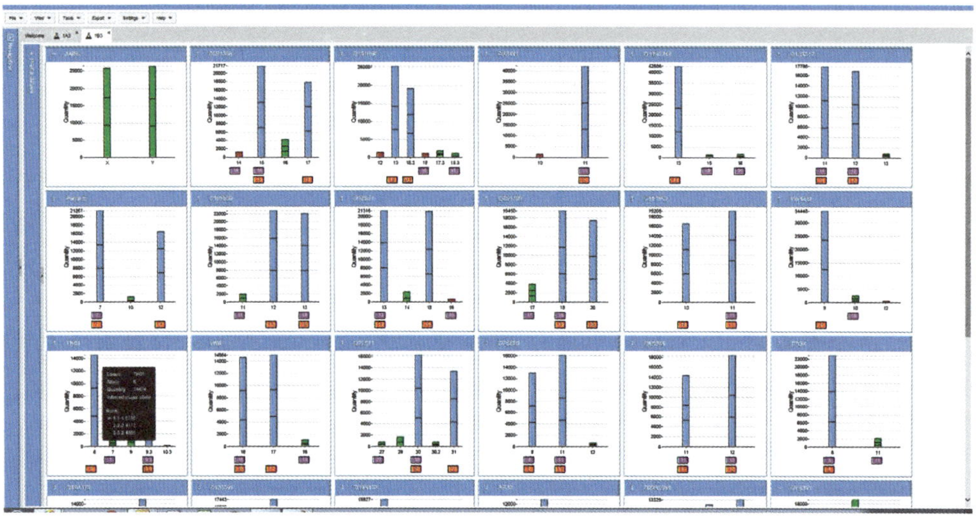

图 10.1 与 2 个参考图谱（如柱状图下面的彩色方块显示，横坐标为基因座的等位基因分型，纵坐标为对应等位基因的定量分布情况）进行比较的常染色体混合分型 *DNAxs* 柱状图的屏幕截图

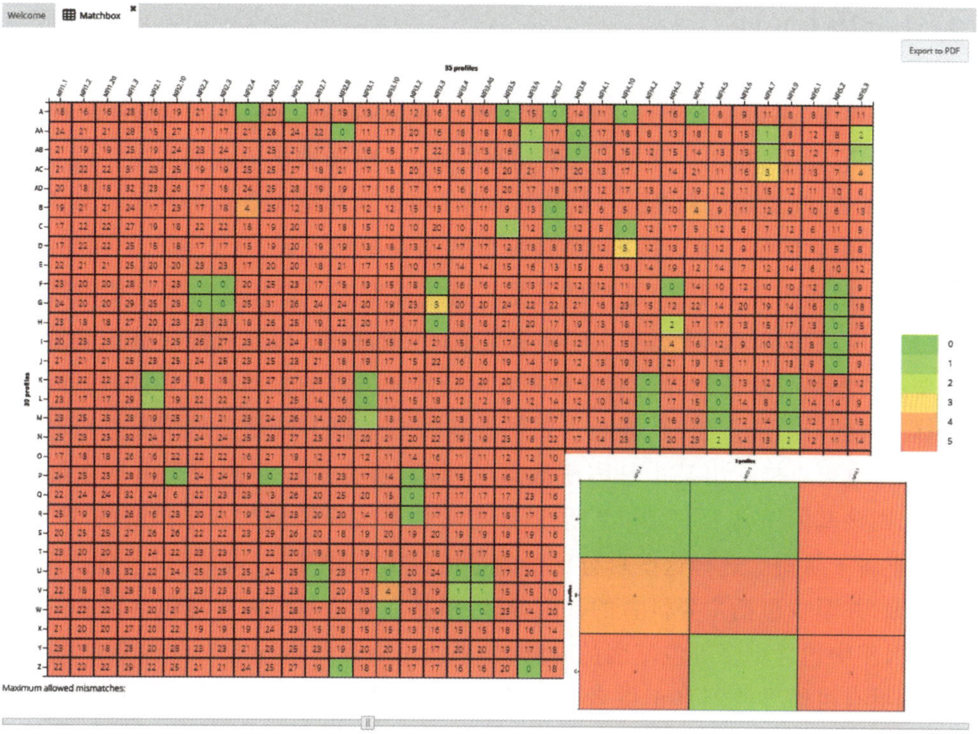

图 10.2 *DNAxs* 生成的大型匹配矩阵示例。用户可以选择水平或垂直显示哪些为现场斑迹或参考样本的图谱。在这个例子中，垂直显示了 30 个从“A”到“AD”的参考图谱，而现场斑迹则是水平显示。方格中的数字代表了不匹配等位基因的数量。绿色、橙色和红色分别表示“低”“中”和“高”数量的不匹配等位基因数。使用底部的滑动条可以人为设置这些数字。右下方显示的小匹配矩阵是其放大部分

得更多详细信息和图片，可以在 *DNAxs* 软件提供的手册中查阅。*DNAxs* 自 2017 年 12 月发行以来，已根据大量用户的反馈意见修正错误、开发新功能，使用户体验更加友好。在 2018 年，欧盟给予该项目一笔拨款赞助（ISFP-2017-AG-FORENSIC，拨款批准编号为 820838-DNAxs 2.0），其包含以下项目：

1. 包含实现 Cowell 等[234]和 Bleka[76]等发表的用于计算 MLE 的算法统计程序库。
2. 实现用于估算供者数量的工具。
3. 集成测试的开发和实施。

统计程序库支持并行计算，可以将其任务分配给计算机集群并行计算，并能够使 *LR* 计算请求自动排队。该程序库使用 Java 语言编写，可单独访问或通过 *DNAxs* 访问。由于构建 *DNAxs* 时使用了模块化方法，这可使许多新的功能轻松地合并进来；如果有更好的其他功能，也可以替换现有功能（模块），或者提高现有的性能。目前，一个包含图谱导入和导出方法的文档化 Web-API 已经构建完成。该 Web-API 允许连接到各种系统，例如 *LIMS* 和 *DNAxs*。在这个欧盟项目中，合作实验室在各种环境下测试软件的性能，并为扩大其用途提供准备。在项目结束时（2020 年），*DNAxs* v2.0 软件已供法医团体使用。*DNAxs* 本身不是开放的，但是它的许多功能都是开放的（例如 *LoCIM*，*DNAStatistX*，*SmartRank*）。

10.2. *LoCIM* 工具

LoCIM 工具是“基因座分类和主要供者推断,(locus classification and inference of the major”)的缩写。它是于 2013 年开发[81],最初是以 Excel 电子表格形式编写的。该工具利用等位基因峰高值、随机阈值和杂合子均衡性阈值(第 2 章和第 3 章)、最高等位基因峰高值与其他所有峰值之间的比例,进行相关基因型的调查推断。表 10.2 列出了详细的标准,这些标准将基因座定义为Ⅰ型、Ⅱ型或Ⅲ型。这些类型表示使用其推断主要供者的基因型时,复杂程度逐渐增加。Ⅰ型基因座将满足最严格的标准,很有可能会被正确地推断出来。Ⅱ型基因座具有较低的峰高或在峰高方面与次要供者的差异较小。Ⅲ型基因座不符合Ⅱ型标准中的一项或多项,是推断主要供者基因型过程中最复杂的情况。当对基因座进行分类后,就可以推断出某个基因座最高的峰,若所有等位基因峰高值均在最高峰的 50% 以内,则该基因座属于Ⅰ型和Ⅱ型;若所有等位基因峰高值均在最高峰的 33% 以内,则该基因座属于Ⅲ型。选择这些百分比目的是使得Ⅰ型和Ⅱ型基因座仅包含 1 个或者 2 个等位基因,并至少包括主要供者的基因分型,但是在Ⅲ型基因座可能包含更多的等位基因。当基因座中包含更多等位基因的时候,如果使用中等严格程度来设置 DNA 数据库检索条件,则更有可能寻找到真正供者的等位基因。例如,如果供者的基因型为 10,11,使用中等严格的参数进行筛选,可能获得 10,11,12,并且会突出其中的真实供者;但是在高严格程度的搜索中(例如:如果搜索的基因型为 11,12,而供者的基因型为 10,11),它可能会被漏掉。

表 10.2 将基因座定义为Ⅰ型、Ⅱ型和Ⅲ型的标准,与推断主要供者基因型的复杂性相对应

基因座类型	主要供者的等位基因峰高	主要供者等位基因杂合子均衡性	主要供者是杂合子时,主要与次要供者的混合比	主要供者是纯合子时,主要与次要供者的混合比
Ⅰ型	所有峰均高于随机阈值(ST)(如果有重复:则高于 ST 与重复次数的乘积)	至少为 0.60	至少为 1:4	至少为 8:1
Ⅱ型	-	至少为 0.60	至少为 2:1	至少为 4:1
Ⅲ型	-	-	-	-

LoCIM 工具可以处理随机阈值范围内有重复的峰高。对于有等位基因重复时,将使用每个等位基因的峰高之和。Ⅰ型基因座所要求的峰高阈值是随机阈值乘以重复次数。

尽管 *LoCIM* 会考虑整个图谱的结果,这将有助于判定是否能够正确地推断出Ⅰ,Ⅱ或Ⅲ型基因座,但 *LoCIM* 的结果仍然按基因座进行显示。例如,如果一个图谱主要是由Ⅰ型基因座和某些Ⅱ型基因座和一个或几个Ⅲ型基因座构成,则可能会正确地推断出整个分型图谱,包括Ⅲ型基因座。相反的情况也可能发生:例如,如果一个图谱主要是由Ⅲ型,几个Ⅱ型和仅仅一个Ⅰ型基因座构成,则很有可能会错误地推断Ⅰ型基因座。图 10.3 展示了一个是否

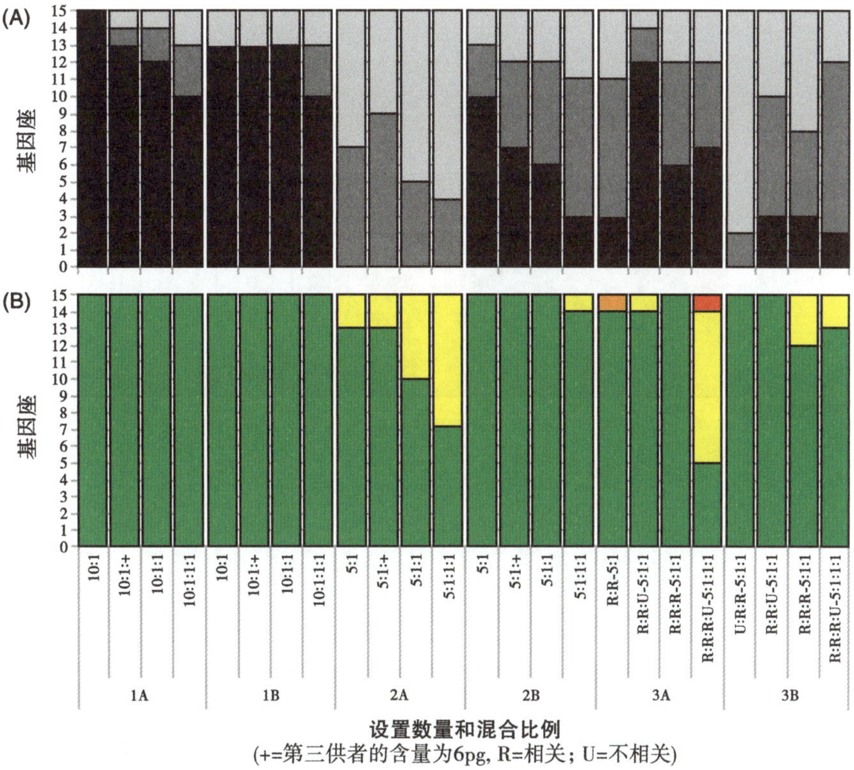

图 10.3 使用 4 次重复实验和 CE 进样设置为 3kV 5s 条件产生训练集中的 24 个共有 NGM 图谱的 *LoCIM* 结果。(A)黑色、深灰色和浅灰色分别代表Ⅰ、Ⅱ和Ⅲ型基因座的数目。(B)推断结果:绿色,正确推断;黄色,推断存在插入的额外等位基因,橙色,主要供者的等位基因丢失,红色,同时存在等位基因插入和主要供者的等位基因丢失。

可以根据基因座类型来正确推断主要供者基因型的例子。当使用基于如图 10.4 所示的 CE 进样设置为 9kV 10s 的 NGM 图谱(随机阈值为 600RFU)和基于图 10.5 所示的 CE 进样设置为 1.2kV 24s 的 PPF6C 图谱(随机阈值为 800RFU),分析验证 *LoCIM* 工具时,观察到了相同的趋势。

尽管 *LoCIM* 不是一种概率方法,但它的性能几乎与 *EuroForMix* 的解析标签选项中的“顶边际(Top Marginal)”的功能一样好(第 8.5.12 节)[236],与人工推断主要供者的基因型相比,其性能得到了很大提高(图 10.6)。

Excel 中的 *LoCIM* 工具最初是针对最多具有 15 个常染色体遗传标记的 DNA 图谱而开发的。现在它已在 *DNAxs* 中实现,并且可以容纳更多的标记,例如,PPF6C 图谱的验证就包含了 23 个常染色体标记。*LoCIM* 的结果以可视化的方式呈现,而且用户可以导出推断后的图谱(例如 CODIS 或 *SmartRank*)并在国家 DNA 数据库检索。然而,该方法将来可能会被一种可以解析混合图谱中所有供者的方法所取代。当前的概率法解析复杂的混合图谱非常耗时,而 *LoCIM* 工具只需几秒钟可完成结果分析,其已被证明是法医检案中非常有效和实用的可供选择的调查方法。

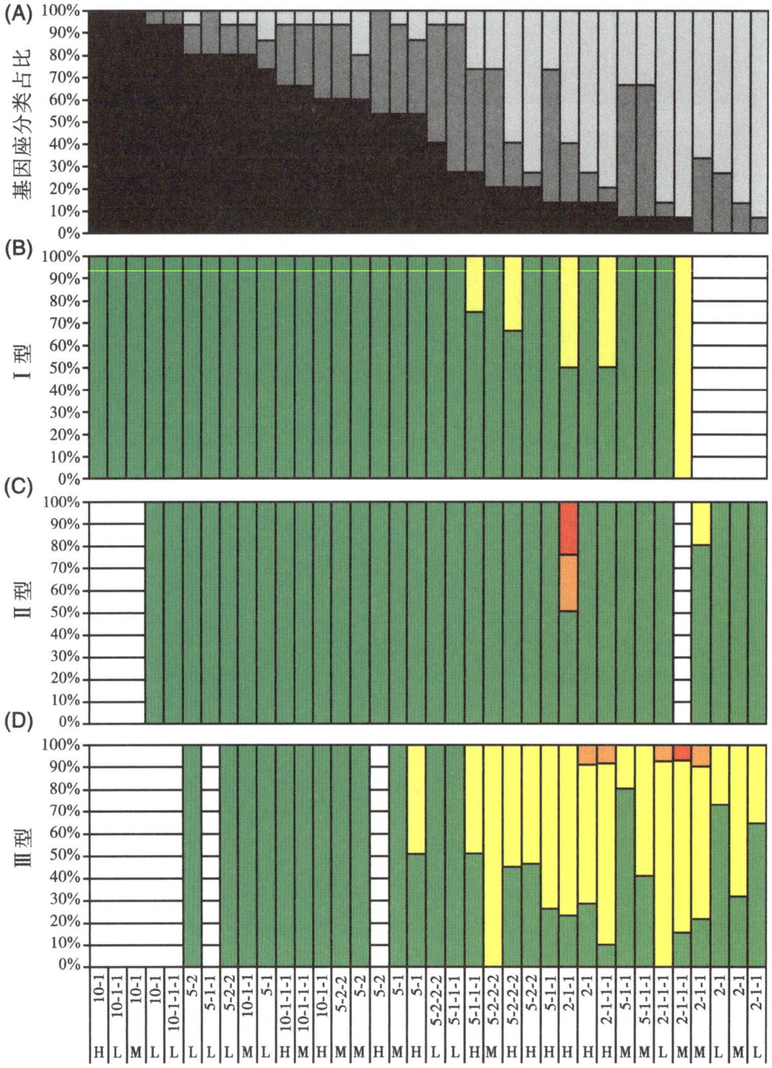

图 10.4 在 CE 进样设置为 9kV 10s 条件下分析的 36 个共有 NGM 图谱的 *LoCIM* 结果。(A)基因座分类结果(基因座Ⅰ型、Ⅱ型和Ⅲ型分别显示为黑色、深灰色和浅灰色)。(B)主要的Ⅰ型、(C)Ⅱ型和(D)Ⅲ型基因座的推断结果。正确的、插入的、丢失的等位基因、插入和缺失共同存在的等位基因,分别显示为绿色、黄色、橙色和红色的条形。未显示颜色的地方为没有观察到基因座类型。每个竖条代表一个混合样本,x 轴上的比例代表每个供者以 pg 为单位的 DNA 量,而 H、L 和 M 分别代表供者之间具有高、低和中等程度的等位基因共享。经 Elsevier 许可,转载自文献[81]

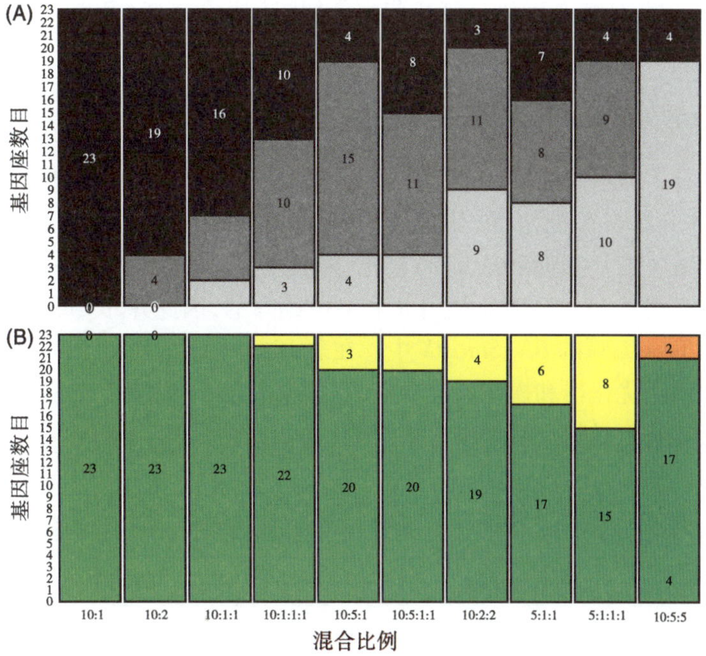

图 10.5 共有 PPF6C 图谱的 *LoCIM* 结果。(A)基因座分类结果(基因座Ⅰ型、Ⅱ型、Ⅲ型分别显示为黑色、深灰色和浅灰色)。(B)主要供者的推断结果。正确的、插入的等位基因、丢失的等位基因、插入和丢失共同存在的等位基因分别显示为绿色、黄色、橙色和红色的条形。每个竖条代表一个混合样本,比例代表每个供者以 pg 为单位的 DNA 量。条形图中的数字表示特定类型中的基因座数目。

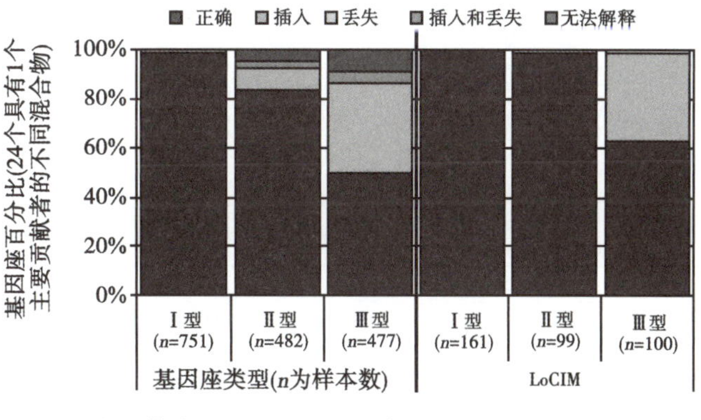

图 10.6 主要供者基因型的人工推断和自动 *LoCIM* 推断。人工推断总共由 19 位法医科学家进行。经 Elsevier 许可,转载自文献[81]

10.3. *DNAStatistX*

自 2019 年以来,*DNAxs* 已经实现 *DNAStatistX* 的功能(*DNAxs* v1.3.2 和 *DNAStatistX* v1.0.0),这是一个统计程序库,其中包含用于计算最大似然率估计(maximum likelihood estimate,MLE)的算法,该算法是基于 Cowell 等[234]和 Bleka 等[76]公开发表的模型。该统计库支

持并行计算，也可以将任务分配给计算机集群，并排队请求计算 *LR* 值。该库（*DNAStatistX*）是用 Java 编写的，可以单独访问或者通过 *DNAxs* 访问。

10.3.1 *EuroForMix* 和 *DNAStatistX* 之间的异同

EuroForMix 有3种不同的方法来计算 LR：a）MLE 方法（incl，一种“保守”的方法），b）全贝叶斯方法，c）来自 *LRmix* 的定性（半连续）方法。*DNAStatistX* 包含一种用于计算 MLE 算法。与 *EuroForMix* 一样，它包括 θ（theta）校正、降解模型、使用 P-P 图进行验证的模型，并可以考虑重复检验。由于 *EuroForMix* 是用 R 和 C++编写的，因此并非 *EuroForMix* 的所有功能都可用运行在以 Java 编写的 *DNAStatistX* 中。在表10.3中总结列出了两个软件有关 MLE 应用的一些差异。对于优化器和模型验证功能，已探索并选出了替代方案。此外，*DNAStatistX* 允许使用特定荧光甚至是特定基因座检测阈值（而不是通用的检测阈值），从而增大等位基因与噪声之间的区别。

表10.3 *EuroForMix* 和 *DNAStatistX* 在实现（过程）中的差异。经 Elsevier 许可，转载自文献[75]

	EuroForMix	*DNAStatistX*
代码	R 和 C++	Java
优化器	nlm	CMA-ES
优化器起始值	用户自定，默认为4	动态编程，在3到10次迭代中有3次相同的最大似然比
模型验证	适应性整合（AdaptIntegrate）	梯形积分器（TrapezoidIntegrator）
检测阈值	通用	荧光（基因座）特异性
插入参数	通用	荧光（基因座）特异性
影子峰模型	是	否
灵敏度分析	是	否
支持关系分析	是	否
自动 LR 计算排序	否	是（*DNAxs* 内）

在模型选择上，*EuroForMix* 包括降解模型和影子峰模型，而在 *DNAStatist*X 的第一个版本（v1.0.0）中，仅实现了降解模型。由于以下原因，影子峰模型没有实现：在 NFI 中，DNA 图谱分析使用基因座特异性的影子峰过滤器（n-2、n-1、n-0.5、n+0.5 和 n+1 位置上的重复单位），而 *EuroForMix* 仅考虑 n-1 个重复单位的影子峰位置（3.0.0及更高版本包含 n+1 个重复单位的影子峰）。

在 *EuroForMix* 中，通过使用能够最好地解释每个假设数据的参数可得到最大化的似然率。*EuroForMix* 有一个选项，可以通过灵敏度分析，将 *LR* 作为相关参数的函数来建模参数的误差[236]。作为一种所谓的有利于辩方主张的“保守（conservative）”值，当使用 *EuroForMix* 时，可以用灵敏度分析中较低的5%，该值称为“保守的 *LR*”。与 MLE 相比，这导致了较低的 *LR* 值。由于使用 PowerPlex Fusion 6C 图谱的降低效应非常小，对假阳性数量的影响极小[238]，并且灵敏度分析非常耗时，因此在 *DNAStatistX* v1.0.0 中不再保留这个选项。

在下面的章节中阐述了 *DNAStatistX* 和 *EuroForMix* 之间的差异影响。

10.3.2 评估参数的优化器

DNAStatistX 的第一个版本使用与 *EuroForMix* 相同的 MLE 函数来计算。在 *EuroForMix* 中,"nlm"优化器用于寻找最佳解释参数,以解释说明混合样本比例、峰高期望值、峰高差异、降解程度和影子峰比例。由于"nlm"在 Java 中无法实现,因此寻找了一种替代方法,即"CMA-ES"。不同的优化器可能会引起两个软件程序的运行结果的细微差别。通过比较 160 对不包括稀有等位基因假设的结果,检验了这些差异,当使用通用检测阈值进行分析后其结果可与 *EuroForMix* 媲美。这 160 对分析包括以下因素:供者数量为 1 到 4 之间、降解趋势、混合样本比例、峰高、等位基因丢失水平、等位基因共享水平和 STR 分型试剂盒(NGM 或 PowerPlex Fusion 6C)。H_p 假设下的 POI 是真实的或已知的非供者;在有或没有对已知供者进行限制的情况下,分别使用真正的或不正确的供者数量对模型进行测试。然后分别对所有标记进行了两个软件程序结果的 *LR* 比较(最多比较两位有效数字)。而估算的参数最多可以比较 4 个小数点,即科学记数法中尾数的前 4 位。对于预期的峰高,使用 1.0 的最小差异。当差异小于比较水平时,其被视为相等的结果。

160 对的分析结果表明,两个软件程序之间存在细微差异,如表 10.4 所示。

表 10.4 基于不同的优化器,*EuroForMix* 和 *DNAStatistX* 之间观察到的最大差异总结。经 Elsevier 许可,转载自文献[75]

差异处	分析的个数	差异范围(*DNAStatistX* 减去 *EuroForMix*)
无参数,似然比	38/160	不可用
似然比 log 值	12/160	-0.59 to+0.63
H_p 似然比 log 值	5/160	-1.3 to+7.6
H_d 似然比 log 值	2/160	+1.6 to+7.2
每个基因座的似然比	97/3 520	-72 to+5.2
预期峰高(RFU/%)	5/160	-135 to+32RFU/0.6 to 2.1%
预期峰高	5/160	0.6 to 2.1%
峰高差异	27/160	-0.1 to+0.4
混合比例	220/470	-0.4 to+0.3
降解程度	26/160	-0.01 to+0.02

当将 *EuroForMix* 获得的参数值置入 *DNAStatistX* 时,两个软件程序结果之间没有差异。这样的结果证实了用于实现计算 *LRs* 的代码是正确的,并且差异是由于使用了不同优化器的结果[75]。

10.3.3 优化器重复的次数

在 H_d 假设下,由两个未知个体组成的混合样本中,某些基因座可能含有 4 个等位基因,则每个供者有 15 种可能的基因型(包括丢失和/或杂峰插入事件),因此两个供者总共有

225 种不同的基因型组合(15×15)。这些计算需要大约 5 000 个优化步骤,而对于具有 23 个常染色体标记的图谱中,在 H_d 下,总共大约有 25 875 000(225×23×5 000)次计算。在 4 人混合的情况下,这个数字增加到数千亿次。为了提高 *DNAStatistX* 的处理时间效率,因此需要对优化器起始值或迭代次数进行详细检查。优化程序运行多次(表示为迭代次数)以达到全局最优。默认情况下,*EuroForMix* 中优化程序的迭代次数为 4。*DNAStatistX* 使用了不同的优化器,并通过 4 次迭代显示了可靠的结果。为了最大限度地减少处理时间,我们探讨了是否可以减少迭代次数。在 96.1%(23 233/24 184)的重复优化器运行中,获得了相同的最大似然比值(图 10.7,x 轴上的似然比为零),然而,只有 3.9% 的优化器运行存在差异,很明显,似然比值越低,优化程序迭代之间的差异就越大(图 10.7)。然而,经过 3 次迭代,非最优似然比值的概率为 1/16 445(表 10.5),这样的结果被认为是可接受的风险。尽管此概率很低,但对于 3% 的 H_p/H_d 计算,有超过 30% 的重复分析未找到最佳值(数据未展示)。因此,*DNAStatistX* 中的优化程序迭代次数被动态编程为至少有 3 次迭代:如果进行 3 次迭代似然比值不相同(在 $\log_{10}$ 刻度上最大相差两位小数),则迭代次数增加一,直到获得 3 次相同的最大似然比值。而最大迭代次数设定为 10。这种灵活性的做法节省了计算时间,并有效利用了计算能力,因为仅在需要时才应用 3 次以上的迭代。此外,使用“迭代 3 次”的方法,错过最优方案的可能性几乎是可以忽略不计的;经过 10 次迭代后错失最优值的概率计算为 $Pr=10^{-12}$。

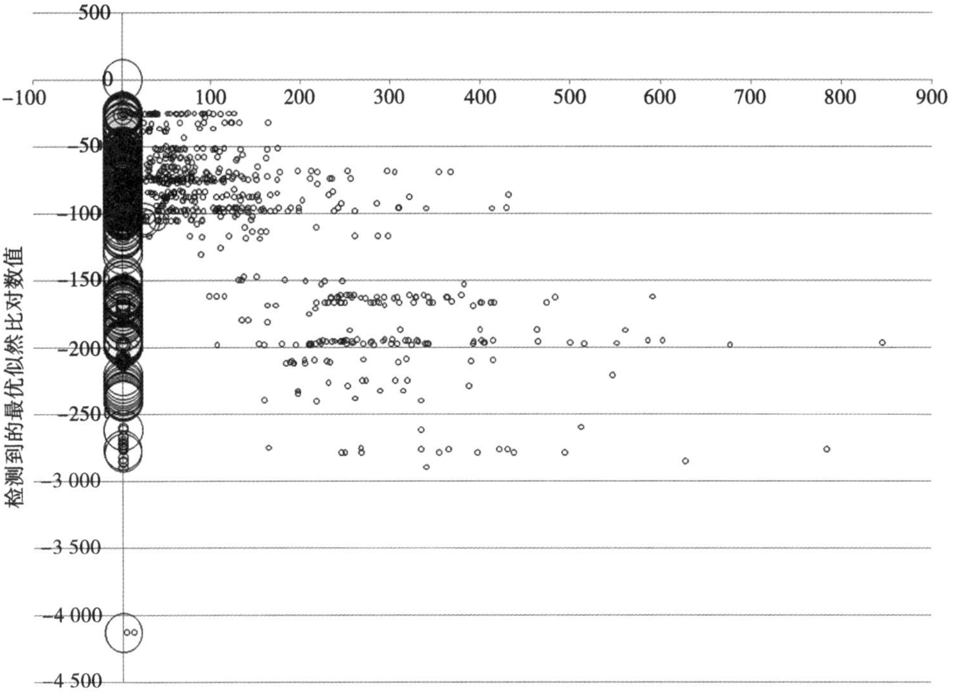

图 10.7 *DNAStatistX* 中优化程序迭代之间的似然比值变化。圆的大小与产生此最优值的分析次数成正比。$x=0$ 处的大圆是产生全局最优值的迭代。右侧的小圆表示没有产生全局最优值的迭代。与全局最优值相比,距离右边越远,差异就越大。经 Elsevier 许可,转载自文献[75]

表 10.5 H_p 和 H_d 下分析得出最优似然比(“成功”)的次数/百分比的总结,以及在 *DNAStatistX* 优化程序中使用 1、2、3 或 4 次迭代时错过最优值的概率

	总计	H_p	H_d
分析次数	24 184	12 092	12 092
成功分析的次数	23 233	11 594	11 639
错过最优值的比例(%)	3.9	4.1	3.7
1 迭代:错过:1 在	25	24	27
2 迭代:错过:1 在	647	590	713
3 迭代:错过:1 在	16 445	14 315	19 020
4 迭代:错过:1 在	418 206	347 596	507 691

10.3.4 通用与荧光特异性检测阈值比较

在 *EuroForMix*(版本 2.3.1 之前)中,所有基因座上都应用通用检测阈值。在 *DNAStatistX* 中,使用荧光甚至是基因座特异性检测阈值。采用 GeneMarker 分析图谱,并对使用通用检测阈值与荧光特异性检测阈值进行比较,(使用两组不同的荧光特异性检测阈值进行了 $n=20$ 的分析)研究结果表明:相比于通用检测阈值,使用荧光特异性检测阈值获得了更大的似然比值,因此荧光特异性检测阈值可以为数据提供更好的解释。然而,这对 $\log_{10}LR$ 的影响很小,因为在 H_p 和 H_d 下似然比的增加近似相等。

然而,如果使用荧光特异性的检测阈值,则需要收集荧光特异性的杂峰插入数据,这需要分析大量的空白案例。在 NFI,使用 PowerPlex Fusion 6C 以 29 个 PCR 循环和 CE 进样设置为 1.2kV 24s 的条件,在 3500xL 仪器上运行。使用“低”和“高”荧光特异性检测阈值对该试剂盒进行了验证,每种染料的阈值分别为 40 至 80RFU 和 85 至 140RFU。在低(见表 10.6)和高荧光特异性检测阈值下,对 1 119 个案例的 DNA 图谱进行分析并获得杂峰插入参数。结果是分别观察到了 240 和 48 个杂峰插入事件。每个遗传标记的杂峰插入相对频率在 0.000 4 和 0.013 3 之间变化。这些数据的 λ 值在 0.024 和 0.045 之间变化。在先前的研究中,使用 NGM 数据(ABI 3130xL 上使用 29 个循环且 CE 进样设置为 3kV 5s 的条件,并使用 GeneMapper 中的 50RFU 为通用检测阈值),总共分析了 14 757 个对照案件。这包括 80 个假阳性的等位基因,每个标记的杂峰插入频率为 0.000 36,λ 为 0.018[236]。

表 10.6 在 PowerPlex Fusion 6C 的空白案例中使用常染色体标记来计算杂峰插入概率和 λ 值。经 Elsevier 许可,转载自文献[75]

染料	基因座数目	检测阈值	杂峰插入数量	杂峰插入峰高之和相对检测阈值的偏移	杂峰插入比例(C)	λ 值
蓝色	6	45	89	3 569	0.013 3	0.025
绿色	5	50	54	1 574	0.009 7	0.034
黄色	6	45	67	1 652	0.010 0	0.041
红色	5	80	16	439	0.002 9	0.036
紫色	1	40	14	574	0.012 5	0.024
总计	23		240		0.009 3	0.031

10.3.5 模型验证

EuroForMix 和 *DNAxs* 的 Java 实现之间的第二个差异涉及到模型的“验证(Validation)”选项,在这里将每个等位基因的预期峰高的累积概率与观察峰高的累积概率作图,得出 P-P(概率-概率)图(第 8.5.8 节)。在模型验证过程中,将进行 Bonferroni 校正的“拟合优度检验”,其显著性水平默认设置为 0.01。当观察峰高偏离预期峰高时,等位基因将在“0.01-线(0.01-line)”之外出现。模型验证可用作质量检验,建议每次分析都要进行该过程。例如,如果有 5 个或多个数量特定的点位于 0.01-线之外,则可能认为模型验证为“失败”,因为预期和观察峰高发生了偏差。*EuroForMix* 使用“适应性整合(AdaptIntegrate)”,而 *DNAStatistX* 使用“梯形积分器(TrapezoidIntegrator)”用于模型验证。在 *DNAStatistX* 中进行 *LR* 计算时,将自动执行模型验证,而在 *EuroForMix* 中模型验证是可选的。*EuroForMix* 和 *DNAStatistX* 模型验证之间的比较显示,两个软件程序具有相同的数据点(最大差异为 0.01)。结果,在 *EuroForMix*(v1.11.4)中无法通过的模型验证分析在 *DNAStatistX*(v1.0.0)中也将失败。

当检验一组大量可变的 H_p 和 H_d 分析时($n=180$),在以下 3 种类型的分析中观察到了至少有两个数据点在 0.01-线之外的模型验证。第一个与 H_p 分析有关,且非供者作为 POI。对于非供者的分析,模型验证失败是可以预见的,因为峰高更难解释,也即 H_p 是假的。通常,这些分析将产生低 *LRs* 值(排除的结论)。第二种类型是分析过程中,当不使用降解模型时,而数据却显示了降解模式(峰高随着片段长度的增加而降低)。模型的预期峰高将不会拟合数据。第三种类型是分析了 3 个峰高差异很大的重复样本。当优化程序搜索到的参数能够最好解释联合数据的时候,并非所有单个数据点都遵循预期的峰高值。

此外,在其他情况下,如果数据不能通过假设的供者数量来解释的话,可以预期模型验证会失败。

使用 PowerPlex Fusion 6C STR 分型试剂盒默认值为大的循环数(32 个而不是 29 个),获得的重复数据可以观察到失败的模型验证。这些图谱表现出更大的随机变化。29 个循环的图谱随机阈值为 800RFU,而 32 个循环的随机阈值为 3 700RFU。这表明 γ 分布模型似乎不适用于随机变化较大的图谱类别。

10.3.6 *DNAxs* 软件测试

在开发过程中,发布之前以及验证期间进行软件测试对于确保软件稳定并按照设计运行是至关重要的。随着功能的不断增加,如果人工执行软件测试将成为一项非常耗时的任务,那么为了节省时间,提高测试范围,并增加特别的探索性测试以及降低成本和维护费用,专业的测试工程师设计并构建了针对 *DNAxs* 的自动化测试。

为了进行此软件测试,定义了 4 个级别的测试:

1. 单元测试(一种软件级别的测试,测试软件的各个单元/组件)。
2. 集成测试(将各个单元组合成为一个整体进行测试)。
3. 系统测试(一种软件级别的测试,测试完整和集成的软件)。
4. 用户体验测试(由用户和/或相关人员进行的一种测试,以测试软件是否满足要求并按预期进行工作)。在本节中,将进一步说明集成测试。

集成测试的目的是暴露集成单元之间交互过程中出现的错误。这一点很重要,因为单独的功能可能会表现良好,而同时使用时可能会失败。由于集成测试是开发过程的关键组成部分,因此在早期阶段就可以发现错误。测试时,代码覆盖率高,易于跟踪,并且其可以自动生成测试报告。因此在软件开发过程中，节省了很多时间和精力，且可以进一步探究软件的质量。

在测试过程中，测试工程师将执行 6 个连续的步骤（框 10.1）。

框 10.1　软件集成测试的步骤

1. 执行产品风险分析（product risk analysis，PRA）。
2. 根据每个功能创建流程。
3. 创建测试方案。
4. 创建自动测试步骤。
5. 在构建的服务器上运行自动化测试。
6. 检查自动生成的测试报告。

首先，执行 PRA 来确定软件的哪些部分有最高的损坏和故障风险，并确定构建测试脚本最重要的区域。产品风险定义为“损坏×失败的概率（Damage×Chance of failure）”，并使用 A、B 或 C 标记，分别表示为高、中或低风险（图 10.7）。PRA 可能从多种角度考虑要测试的系统，例如：a）从业务角度考虑：系统如何适应业务流程？哪些功能最重要？b）从技术/IT 角度来看：是否使用经过验证的技术？已安装的源代码库的稳定性如何？等等。PRA 分析可确保各个利益相关者、专家用户、软件和测试工程师对系统各个部分的固有风险达成共识。例如，对于 *DNAxs*，用户可能不会将登录/退出功能作为软件测试的最重要功能。但是，从技术角度来看，这是产品风险最高的地方：即，如果登录功能失败，则该软件将是不可用的（图 10.7）。

一旦 PRA 将某些功能标记为 A、B 或 C，测试工程师便会为 A 类功能创建处理流程。A 流程包括创建所有的可能路径、决策点（决策由软件或用户制定）以及与特定功能相关的操作。图 10.8 给出了一个处理流程的例子。

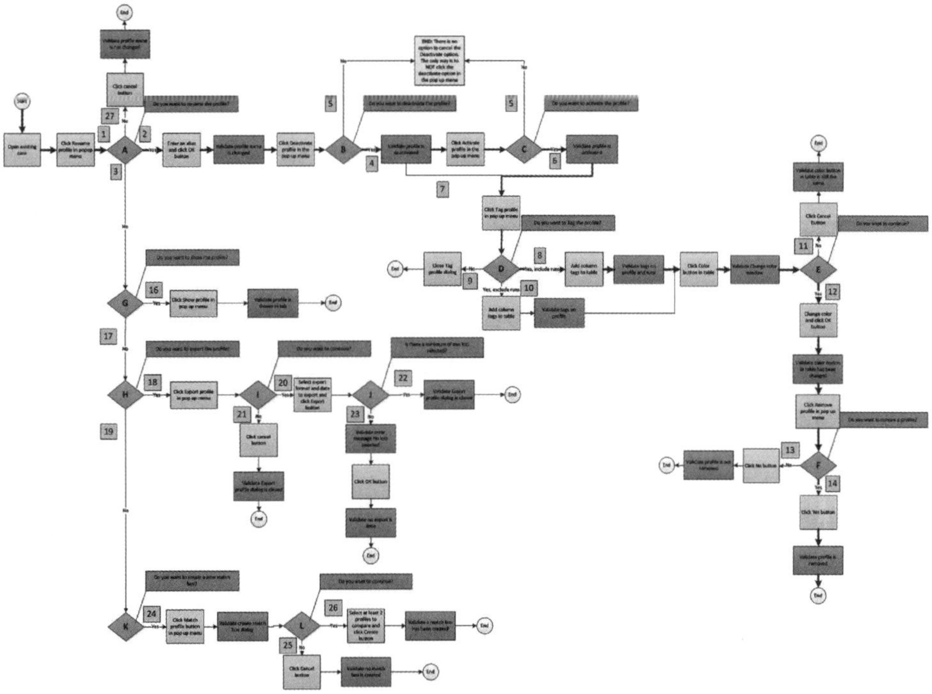

图 10.8　从某个特定菜单对 *DNAxs* 的图谱执行所有功能性操作的流程示例。浅灰色框表示用户执行的操作，菱形表示决策点，中灰色框表示有关终端用户的目标问题，深灰色框显示了在软件内执行的验证操作

接下来,使用"Gherkin"语言(https://cucumber.io/docs/gherkin/reference/)为每个流程创建测试场景。Gherkin语言是一种可读的人类语言,它从用户角度描述软件的行为。在特定情况下,使用"Given""When""Then"原则将流程的所有部分转换为文本(图10.9)。图10.10给出了一个示例。

情节:某些情况
Given(给定)某些背景
When(何时)执行命令
Then(然后)显示结果

图10.9 "Given""When""Then"情景原则,流程的所有部分翻译成Gherkin语言

```
Scenario: 0200 Empty fields warning Login
Given I am on the login page
When I click the login button
Then a warning message on the username field is shown: Please fill out this field

When I enter user1 in the username textfield
And I click the login button
Then a warning message on the password field is shown: Please fill out this field

When I clear the username textfield
And I enter password1 in the password textfield
And I click the login button
Then a warning message on the username field is shown: Please fill out this field
```

图10.10 DNAxs登录功能的测试场景示例

对于每种情况,都会创建测试步骤(图10.11)。这些步骤将用户可读的语法转换为可以与软件交互的代码。

代码每一次修改后,所有测试都将在构建的服务器上运行。构建过程包括单元测试和集成测试。构建完成后,将检查自动生成的测试报告。如果测试失败,则测试报告会指出哪

```
@When("I click the login button")
public void loginButtonClick() {
    _loginPage.clickLoginButton();
}

@When("I enter $username in the username textfield")
public void enterUsername(final String username) {
    _loginPage.enterTextInUsernameTextfield(username);
}

@When("I enter $password in the password textfield")
public void enterPassword(final String password) {
    _loginPage.enterTextInPasswordTextfield(password);
}

@When("I enter $username as username and $password as password")
public void enterCredentials(final String username, final String password) {
    _loginPage.enterTextInUsernameTextfield(username);
    _loginPage.enterTextInPasswordTextfield(password);
}
```

图10.11 DNAxs登录场景的测试步骤示例

个特定部分失败，软件开发人员将修改代码以修复错误。在软件进行每次更改后，所有测试脚本都将运行，并按计划每晚运行一次。只有当所有测试都成功时，构建的软件才会被接受，并可以送去发行。

10.4. 一个使用 *DNAxs-DNAStatistX* 和 *EuroForMix* 分析的案例

10.4.1　使用 *DNAxs-DNAStatistX* 进行分析

与前面的部分一样，本示例使用具有 *DNAStatistX* 功能的 *DNAxs* 进行分析（表 10.7）。*DNAStatistX* 与 *EuroForMix* 均基于相同的 *LR* 模型，因此结果非常相似[238]。*DNAxs* 和 *DNAStatistX* 已在本章的开头进行了介绍。

表 10.7　对 *DNAxs* 功能进行产品风险分析的示例。产品风险 = 损坏×失败的概率，并得出 A（高风险）、B（中风险）或 C（低风险）标记

	数量	测试目标	损害	失败概率	使用频率	故障概率	产品风险
功能	1	登录/退出	H	H	H	M	A
功能	2	案件管理	H	M	H	M	B
功能	3	设定值 - 用户：显示设置，用户偏好 - Bonaparte 设置	M	L	L	L	C
功能	4	帮助功能	L	L	L	L	C
功能	5	查看按钮	L	L	L	L	C
功能	6	匹配矩阵（+与 EPG 比较）	H	H	M	M	B
功能	7	导出文件	H	L	L	L	B

示例案例包括一个主要供者和两个次要供者的混合 PowerPlex Fusion 6C 图谱（表示为“4E3_2. csv”）；一个利害关系人（例如犯罪嫌疑人）（表示为“RefR. csv”）和主要供者的“4E3_U1. csv”的参考图谱。下面，我们介绍 *DNAxs/DNAStatistX* 的步骤；更多详细信息和图片可以在软件提供的用户手册中找到。

第一步是使用用户名和密码登录到 *DNAxs* 软件。登录后，将显示一个欢迎界面，您可以导航到版本更改、带有屏幕截图的用户手册以及教程视频。

在第二步中，可以通过按“File”>“Open Case”来打开或生成案例，此后可以选择包含数据的案例文件夹。

第三步是在“Traces”标题下添加案件现场斑迹图谱的文件数据。

现场斑迹图谱加载后，DNA 图谱将以类似于原始电泳图的条形图形式直观显示。并提供试剂盒设置的最大等位基因数量（maximum allele count，MAC）、总等位基因数量（total allele count，TAC）和 *LoCIM* 信息的概况和摘要统计信息（图 10.12 和图 10.13）。输出内容包括在第 10.2 节中定义的Ⅰ，Ⅱ和Ⅲ型基因座的数量，每个基因座的类型，其中多种颜色代表等位基因是否属于 DNA 图谱的主要成分。有关 *LoCIM* 的更多详细信息，请详见第 10.2 节。

此示例图谱展示了一个明显的主要供者，用蓝色峰表示。由于在 *DNAxs* 中所有基因座

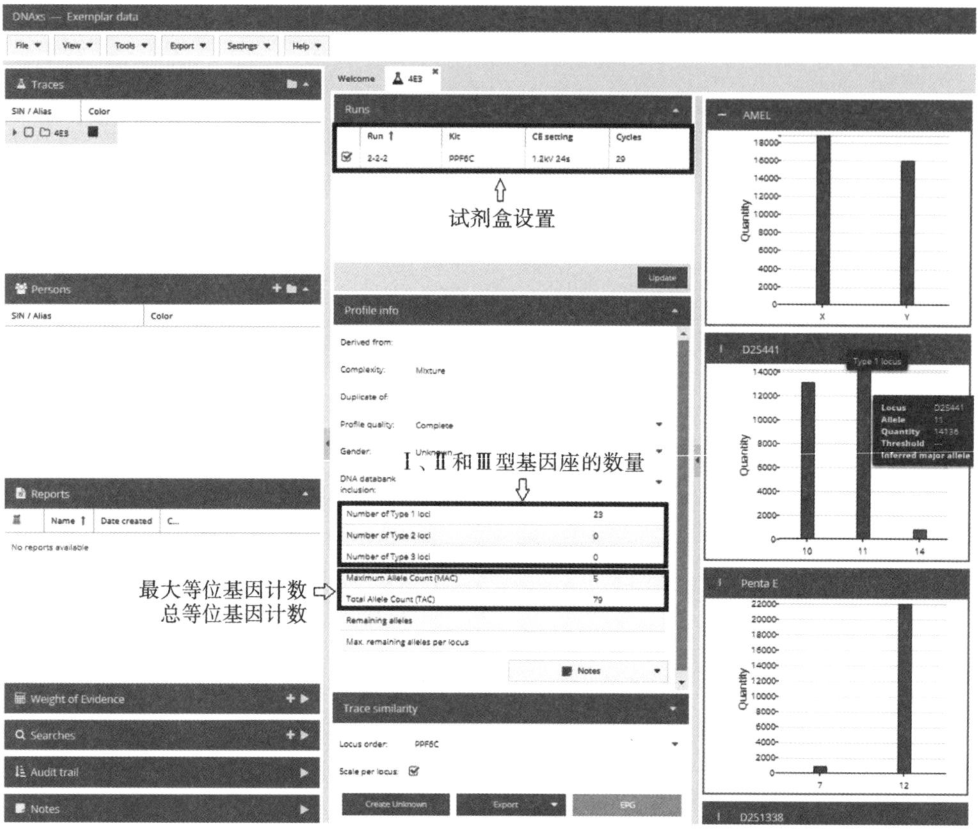

图 10.12 在 *DNAxs* 中加载现场斑迹的 PowerPlex Fusion 6C 图谱后,图谱的细节将显示出来

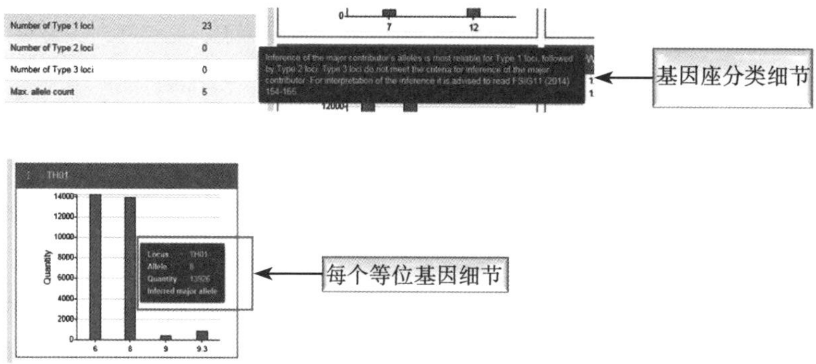

图 10.13 具有工具提示功能的 *DNAxs* 显示更多的详细信息

都被归为Ⅰ型,因此可以使用"Create unknown"选项推断主要供者,其后可以选择哪些个等位基因包含在推断的图谱中。在这种情况下,所有基因座均为Ⅰ型,我们接受 *LoCIM* 推断的所有等位基因(图 10.14)。在按"Create"后,将创建具有基因型的文件并将其存储为"4E3 U1"。"U1"代表未知个体 1,并且该分型数据会自动添加到"Persons"选项中。通过选择参考分型图谱,等位基因将显示在现场斑迹分型的等位基因下方。如果需要,可以通过双击颜色来更改参考分型等位基因的颜色。

第四步类似于第三步,但我们可以添加 POI 的参考分型,即"RefR. csv"(图 10.15)。参

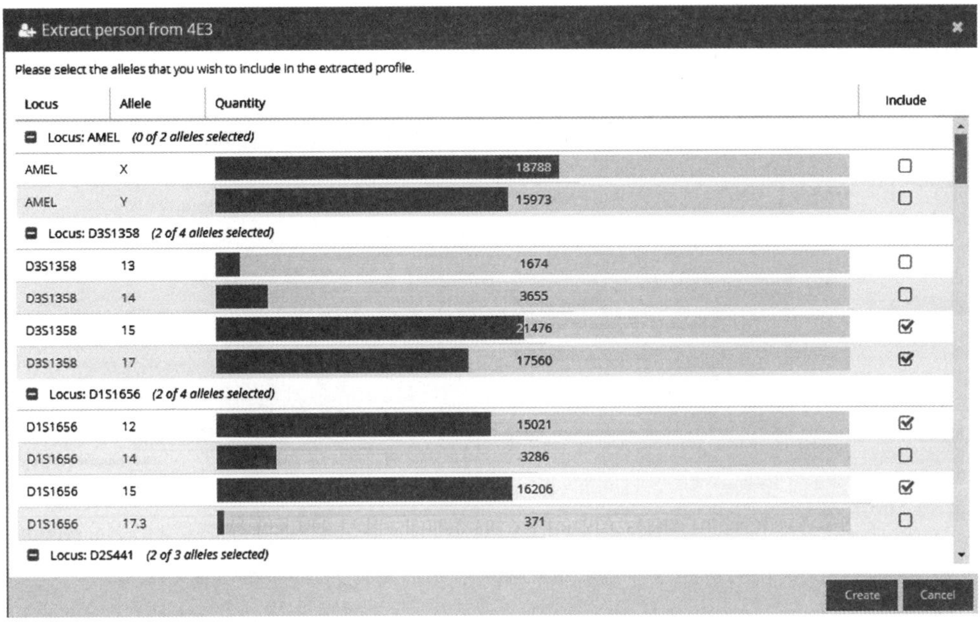

图 10.14 在 *DNAxs* 中推断主要供者(等位基因用蓝色标记)。该基因型将用样本名称加 U1(未知个体 1)表示。在这种情况下,推断的基因型为"4E3 U1"

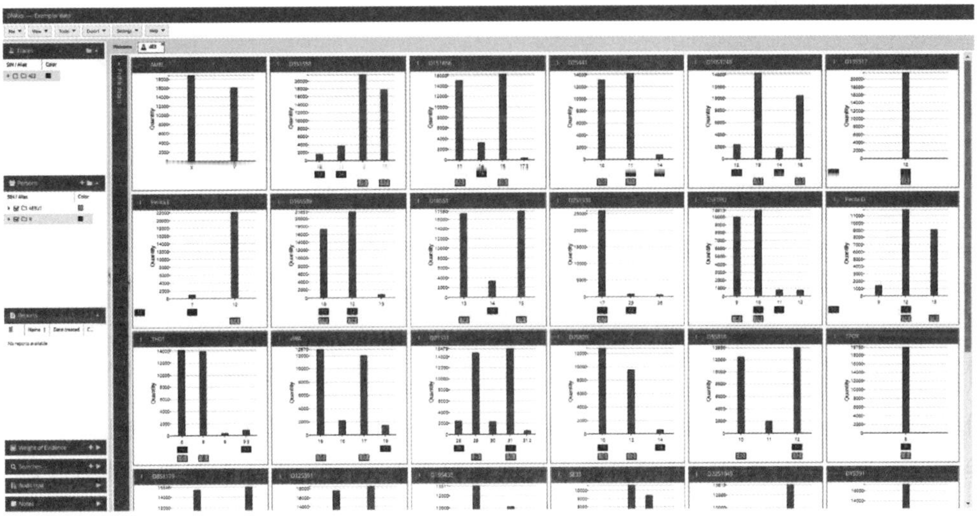

图 10.15 将参考图谱"RefR. csv"添加到"Persons"选项中,在斑迹图谱下方显示为红色标识

考样本和现场斑迹图谱之间的比较表明,斑迹图谱中没有观察到参考图谱的 4 个等位基因。检查分型之间差异的另一种方法是可以使用匹配框或匹配矩阵选项来完成此操作,这在比较许多图谱文件时特别有用(图 10.16)。

第五步是使用 *DNAStatistX* 计算 *LR* 值,可以在"Weight of Evidence"选项中找到(1.4.0 之后的版本)。在选择斑迹图谱和设置参数后,就可以定义假设(图 10.17)。此外,在"advanced settings"选项中可以选择人群的频率资料,设置 θ(theta)校正值和稀有等位基因的频率。在此示例中,我们使用"Fusion 6C holland2"的频率文件,稀有等位基因频率为 0.000 3,

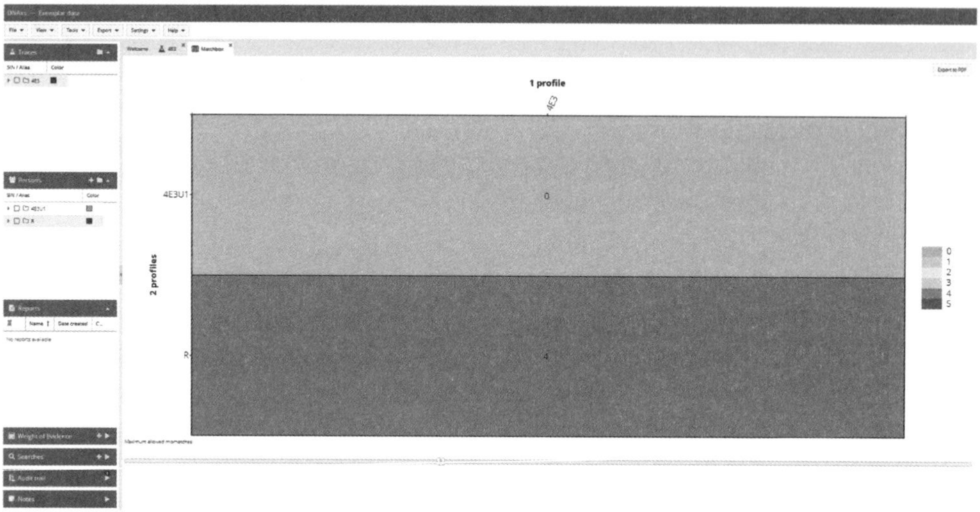

图10.16 斑迹4E3 2图谱与推断的主要供者(4E3 U1)和RefR参考图谱的匹配矩阵。不同颜色代表不匹配的等位基因的数量,对于推断的主要供者,该值为0;对于RefR,该值为4

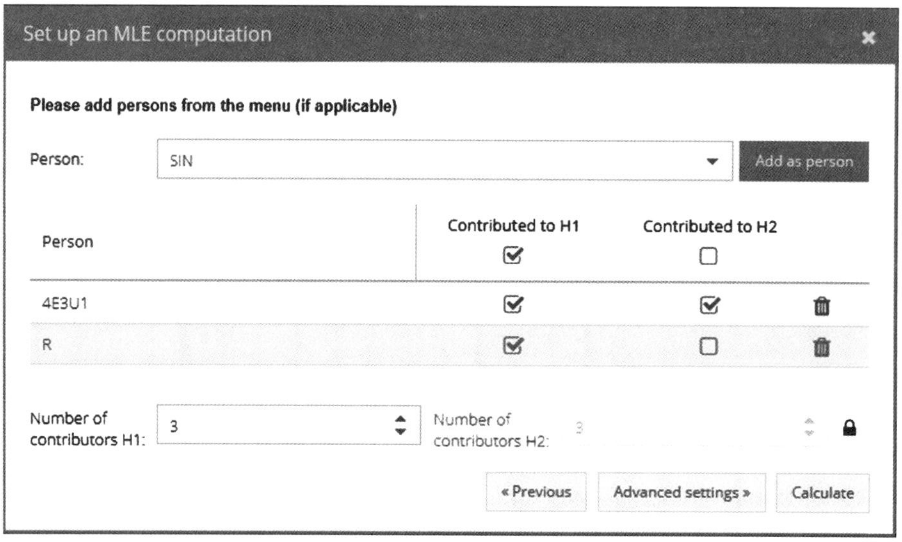

图10.17 自定义的*LR*计算的假设

θ(theta) = 0.01。如表10.6所示,其使用了荧光特异性的检测阈值和杂峰等位基因插入参数。通过点击“Calculate”计算,提交MLE任务。然后在“Weight of Evidence”证据效力选项中,将显示任务是否提交、排队、计算、完成还是失败等。计算完成后,即可查看结果。图10.18是一张显示了包括有关计算信息结果的表格,这些信息是H_p和H_d假设下的估计参数,每个基因座的*LR*和总*LR*值。在H_p和H_d下,估计的混合比例将以饼图的形式展示。该图还显示了模型验证是否通过(浅灰色),或者4个数据点(中灰色)或4个或更多数据点(深灰色)是否通过。此外,还展现了达到3次相同最优值的迭代次数。有关*DNAStatistX*程序中更多的迭代次数信息,请参见第10.3.3节。在H_p和H_d假设下,可以查看模型验证的更多详细信息(图10.19)以及优化器结果(图10.20)。在这个示例中,通过模型验证并找到

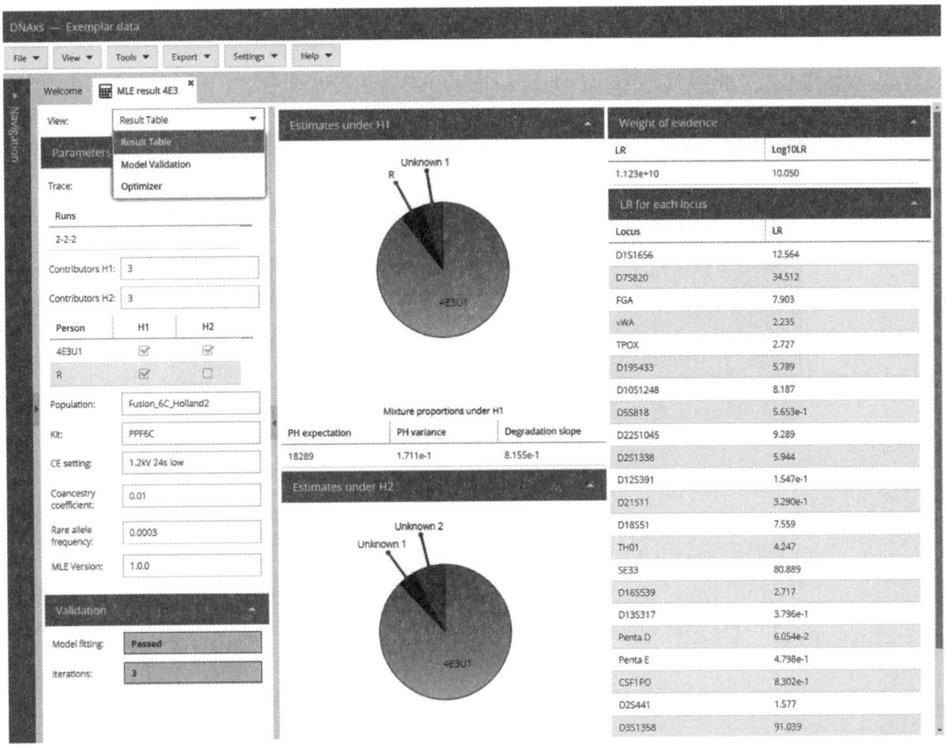

图 10.18 MLE 的结果表概括显示了总 *LR*,每个基因座的 *LR* 和基于 H_p(H1)和 H_d(H2)假设估算的参数。左侧面板显示了相关参数和假设,并显示通过了模型拟合(模型验证),和经过 3 次迭代后优化器获得的 3 次相同最优值的结果

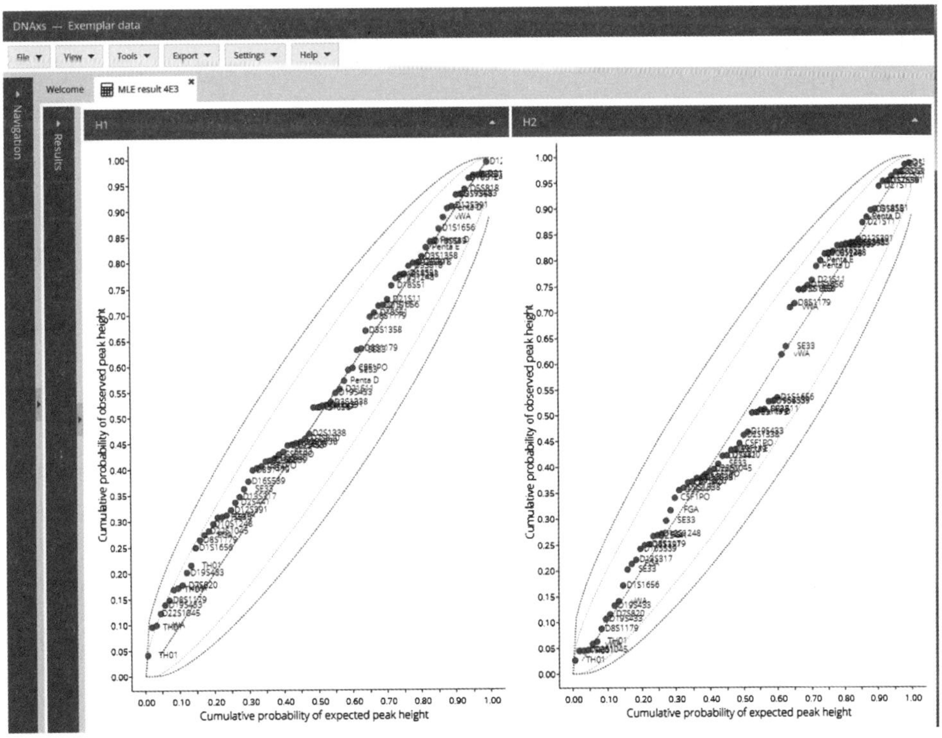

图 10.19 展示 PP 图结果的模型验证

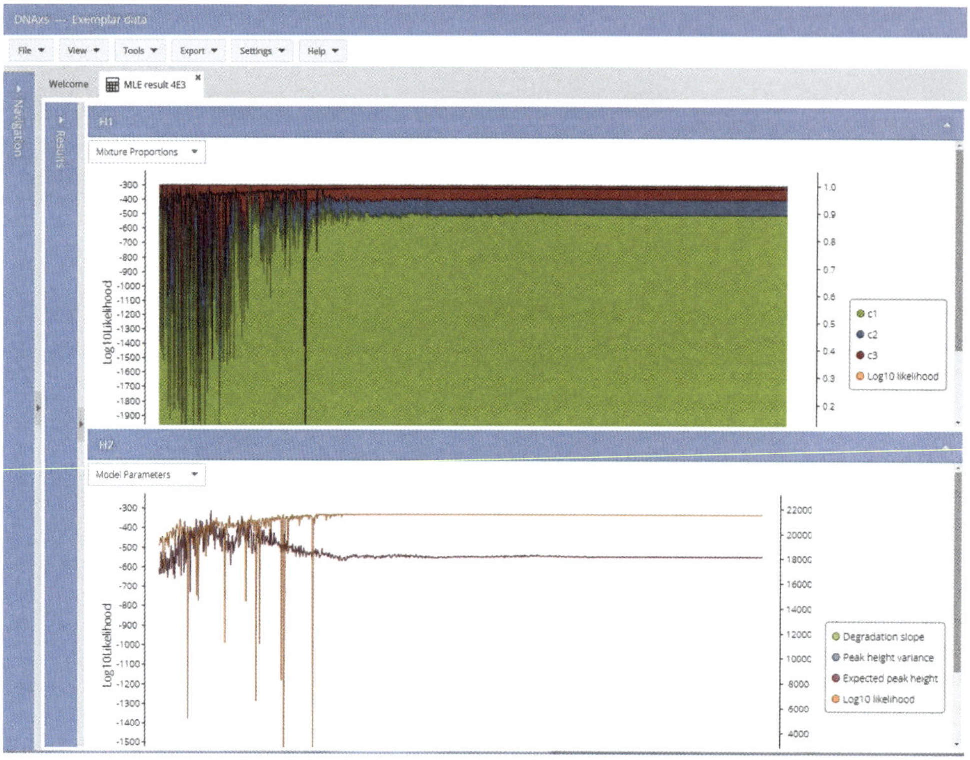

图 10.20　优化器展现了 H_p(H1)和 H_d(H2)假设下的估计参数结果

了全局最优值。这些假设是：

H_p：R+4E_3_U1+U；

H_d：4E_3_U1+U+U。

R=POI，4E_3_U1 是有一定限制的主要参考图谱。

其中 $\log_{10}LR=10.05$。

请注意，*DNAStatistX* 使用与 *EuroForMix* 相同的降解模型，但并不使用 $n-1$ 的后向影子峰模型。此外在 *DNAStatistX* 中，使用了本示例中使用的荧光特异性的检测阈值。为了便于比较，在下一部分中使用 *EuroForMix* 分析相同的示例。

10.4.2　使用 *EuroForMix* 的比较示例

使用 *EuroForMix* 对模拟犯罪样本“4E3.2_2_2.hid”（文件名“4E3_2.csv”）进行与 *DNAxs* 分析结果的比较研究。这已经在第 8 章进行了程序步骤的描述。*EuroForMix* 应用了与上一节中描述的相同阈值和设置，不同之处在于通用检测阈值 RFU=40，等位基因插入参数为 $pC=0.0093$，$\lambda=0.031$，而 *DNAxs* 使用荧光特异性检测阈值。

回顾一下，H_p 下的“犯罪嫌疑人”是从文件“RefR.csv”导入的样本“R”；基于一定条件，供者“4E3_U1”来自文件 4E3_U1.csv。R 是次要供者（$M_x\approx0.06$），而 4E3_U1 是主要供者（在 H_p 和 H_d 假设下），其中 $M_x\approx0.9$。使用以下假设来计算 3 位供者的 *LR* 值：

H_p：R+4E_3_U1+U；

H_d：4E_3_U1+U+U。

EuroForMix 使用与 *DNAxs* 相同的基于基因座特异性的影子峰过滤文件。结果存在两个不属于任何真实供者的峰,一个峰位于 $n+1$ 影子峰的位置(D8S1179 的等位基因 14),另一个峰不在影子峰位置(D12S391 的等位基因 27)。在整个过程都使用了降解模型,此时 $\log_{10}LR=9.4$。相应的 *DNAxs* 结果为 $\log_{10}LR=10.05$。差异可以归因于 *DNAxs* 中使用了不同的荧光特异性检测阈值,以及两个模型使用的不同的 MLE 优化器算法。

DNAxs 不包含影子峰模块,因此下一步是确定其对 *LR* 的影响。原始数据文件“4E3_20% DTH low”包含此数据。将该文件加载到 *EuroForMix* 中,使用与前面所述相同的参数设置,但这次使用影子峰和降解模块,这导致 *LR* 值降低至 $\log_{10}LR=6.5$。*LR* 的降低是很明显的,例如:在基因座 D8S1179,*LR* 从 3.018 降低到 0.007。

在仔细检查表 10.8 时可知,这个基因座未被过滤的数据集由 8 个等位基因组成,分型从 10 到 17。在 *EuroForMix* 第 3 版之前,仅考虑 $n-1$ 的后向影子峰;通过这种方式,只有等位基因 11 和 15 可以被完全解释,剩下的 6 个等位基因仍需要考虑。在 H_p 假设下,个体 R 为纯合子 13,4E3_U1 是杂合子 12,13。*EuroForMix* 第 3 版之前的版本未考虑前向 $n+1$ 的影子峰,因此仍留下 3 个未知的等位基因(10、14、17),这将需要两个未知供者来解释,即两个已知和两个未知的供者。在 H_d 假设下,R 是未知的,因此仅需要 3 个供者来解释。

表 10.8　过滤与未过滤的 D8S1179 等位基因数据。根据 $n-1$ 后向影子峰,删除等位基因 11 和 15,根据 $n+1$ 前向影子峰,删除等位基因 17

等位基因	已知(H_p)	峰高度	等位基因	已知(H_p)	峰高度
10		1 225	14		321
11		1 499	15		1 620
12	4E3	15 355	16	4E3	15 846
13	R	2 398	17		204

如果等位基因太多,就可能无法解释假定的供者数目,那么它们被认为是等位基因插入事件。考虑到等位基因插入的发生率非常低($p_C=0.0093$),相比于影子峰过滤掉的数据,*LR* 的降低对所有此类事件得出正确结果是不利的。相应地在这种情况下,推荐使用影子峰过滤后的数据,并同时增加供者的数量以抵消低等位基因插入参数的影响。正如在第 8.5.6 节中解释的,使用 Akaike 信息准则(Akaike information criterion,AIC),在 H_d 假设下根据最大似然值来确定用于报告目的的最佳模型是非常重要的。表 10.9 列出了各种模型的汇总结果。该表比较了完全影子峰过滤,没有影子峰过滤和其他类型的影子峰过滤器(即前向影子峰和 $n-2$ 的后向影子峰),最后仅剩下 $n-1$ 的后向影子峰需要分析。完全过滤影子峰数据的最佳模型是在包含 3 个供者的混合分析中实现的,而未过滤影子峰数据的最佳模型则需要 4 个或 5 个供者来解释。当对 5 个供者分析的时候,*LR* 值稍有下降,由于两个模型都提供了相似的 $\log_{10}LR=14$,因此它们在 4 个供者的时候基本稳定。该 *LR* 明显大于完全过滤影子峰后的 *LR*,这是因为它对包含影子峰的数据整体拟合得很好。4 个供者的模型中 $n-1$ 后向影子峰比例返回到了 $\varepsilon=0.07$。这个值与个体 R 的预估比例在同一范围之内,其中 $M_x=0.06$(表 10.10)。对于占比较少的供者,可以认为保留 n-1 的影子峰是为了减少潜在的偏差,因为它们的峰高度是相差不多的。前向和复杂的影子峰通常小得多,例如,基因座 D8S1179 中的 $n+1$ 前向影子峰是 204RFU=0.013,即亲本的 16 等位基因的大小(表 10.8)。

表 10.9 比较使用 3~5 个供者的影子峰过滤和未过滤数据分析的模型，显示了基于似然比参数的模型优化评估时，相关 *LR* 的敏感性。需要注意的是只能对应用相同数据的模型进行比较此参数。未过滤的数据为粗体，可以直接进行比较，也可以对复杂影子峰（数据中保留 *n*–1 的后向影子峰的等位基因）和完全过滤影子峰的数据集进行比较

是否过滤影子峰数据	供者的数量	似然比 Log 值与相应处罚（括号里）	调整似然比 Log 值	似然比的 log 值	备注
是	3	−763.3(−1)	−764.3	9.39	稳定在 3 个供者
是	4	−763.3(−2)	−765.3	9.39	
否	3	−1 331(−2)	−1 333	6.46	
否	4	−1 298(−3)	−1 301	14.02	稳定在 4 个供者
否	5	−1 290(−4)	−1 294	13.95	
删除复杂影子峰	3	−1 063(−1)	−1 064	15.65	
删除复杂影子峰	4	−1 063(−2)	−1 065	15.65	稳定在 3 个供者
DNAxs	3			10.05	

表 10.10 基于多种数据集分析的已知和未知供者（U1-U3）M_x 比例：完全影子峰过滤；未过滤，数据集中保留 *n*–1 后向影子峰等位基因的复杂影子峰过滤

		供者的数量		
数据	样本	3	4	5
过滤	4E3_U1	0.89	0.89	
过滤	R	0.055	0.059	
过滤	U1	0.052	0.026	
过滤	U2		0.026	
未过滤	4E3_U1	0.9	0.88	0.88
未过滤	R	0.066	0.06	0.055
未过滤	U1	0.32	0.026	0.021
未过滤	U2		0.026	0.021
未过滤	U3			0.021
复杂影子峰过滤	4E3_U1	0.9	0.9	
复杂影子峰过滤	R	0.06	0.06	
复杂影子峰过滤	U1	0.039	0.039	
复杂影子峰过滤	U2		10^{-10}	

只要解释为额外的供者，而不是插入现象，这就不太可能对结果解释产生影响。

对表 10.10 中 M_x 结果的进一步检查表明，额外的未知供者彼此之间的比例近乎相等，例如，对于 5 个供者（未过滤影子峰），每个未知供者的 $M_x=0.021$。发生这种情况主要是因为次要供者的峰高非常低，并且峰高信息无法进行可能的基因型区分。一个例外是在复杂影子峰过滤后的样本中,其中存在一个 $M_x = 0.039$ 和另一个处于极低水平 $M_x = 10^{-10}$ 的未知供者,在建模额外供者方面表现非常稳定,并且根据实验结果获得了很大的 *LR* 值。

这个比较的结论表明,只要过滤掉影子峰数据,*DNAxs* 和 *EuroForMix* 的结果是相当的。当利害关系人的等位基因处于影子峰片段大小时,基于 *EuroForMix* 利用影子峰模型分析可能会比较有利。在此示例中,它实际上导致了更高的 *LR* 值,但这并非总是如此。过滤复杂影子峰似乎是一个合理的折中方案。与完全过滤影子峰的数据相比,它能够小幅度地增加 *LR* 值。与这些影子峰所占据的范围相比,次要供者 R 的峰高更高,并且将其删除不太可能造成偏差。但是,如果 POI 的等位基因在复杂影子峰的范围内,则最好将其保留在数据中,并假设有额外的供者来解释额外的等位基因。然而,*EuroForMix* 第 3 版本能够建模后前向影子峰。

Balding 等[233]比较了 *EuroForMix* 和 *LikeLTD* 的结果,后者的软件能够对复杂影子峰进行建模。作者指出如果 POI 是低水平的供者,*LikeLTD* 会有优势,但缺点是增加了得到结果的计算时间。

10.5. 总结

荷兰法医研究所已经创建了 DNA 专家系统 *DNAxs*。其中被称为 *DNAStatistX* 的模块是 *EuroForMix* 中提供的 γ 模型用 Java 实现的。

1. *LoCIM* 工具是作为一种经验方法而开发的,可以使用等位基因峰高以及随机杂合子均衡阈值来推断基因型。基因座被分为 3 类,分别代表混合样本复杂程度不断提高的类别,这些类别将影响预测主要供者的混合样本解析能力。该软件也可以接受重复样本检验的结果。

2. 将 *DNAStatistX* 与 *EuroForMix* 进行比较。*DNAStatistX* 允许使用荧光特异的或基因座特异的检测阈值来增大等位基因和噪声之间的区别,而 *EuroForMix* 仅具有一个通用阈值(3.0.0 及以后版本将允许使用荧光特异性阈值)。*EuroForMix* 包括降解模型和影子峰模型,而在第一个版本的 *DNAStatistX*(v1.0.0)中,仅实现了降解模型。当程序使用不同的优化器来估计参数时,从结果相比来看,这会导致一些小的差异。在 *EuroForMix* 中,默认的优化程序迭代次数为 4,而在 *DNAStatistX* 中,实现了一种动态工具,该工具最初将优化次数限制为 3。假设 3 次结果相同,则程序终止,但如果它们不同,则它将启动其他优化,直到有 3 次结果相同为止。这将减少程序完成所需的处理时间。

3. 描述了 *DNAxs* 的软件测试。测试工程师按照 6 个连续的步骤进行。产品风险分析可确定软件的哪些部分遭受损坏和故障的风险最高。该软件的功能由流程定义,这些流程被编码到用于测试 *DNAxs* 的脚本中。这些脚本每晚运行一次,并且每次进行软件更改都会突出显示潜在的错误。只有当所有测试都成功时,软件构建才会被接受并发布。

4. 使用 *DNAxs* 和 *EuroForMix* 同时分析了一个示例案例。使用 PP 图进行模型验证描述。如果分析经影子峰过滤后的数据,结果是具有可比性的。如果利害关系人 POI 处于影子峰的片段大小,那么使用 *EuroForMix* 的影子峰模块可能是有利的。

(刘志勇　李万婷 译)

第 11 章

法医遗传学调查：*SmartRank*、*Case-Solver* 和 *DNAmatch2*

11.1. 国家 DNA 数据库

ISFG DNA 委员会[275]总结，法医 DNA 科学家具有双重角色，即调查与评估，具体如下：

通常情况下，可能会从犯罪现场的检材中提取到 DNA，但没有犯罪嫌疑人可以进行比对——那么这位科学家就被认为是在调查模式下工作。在这种情况下，通过在国家 DNA 数据库搜索来发现潜在的候选对象进行进一步调查。

在一个由 N 个个体组成的数据库中，在进行比对之前，所有个体都被认为是可能的候选人。因此，每个候选人 R_i（其中 $i=1...N$）依次与现场斑迹进行比对。

如果只有单一供者的现场斑迹，并且没有已知的相关人员，则子源级的命题将是：

H_p：候选人 R_i 是证据图谱 E 的供者；

H_d：一个不明身份的人是证据图谱 E 的供者。

似然比的计算为：$LR=\frac{Pr(E|H_p)}{Pr(E|H_d)}$

首先，我们考虑一个有代表性的单个个体的 DNA 图谱。任何一个备选人 R_i 给出一个高的似然比（$LR>>1$），则他/她将被转入下一步调查；如果给出一个小的似然比（$LR<1$），在这种情况下，他/她可能被排除在调查之外，并且不再被认为是可能的备选人。如果似然比很高（例如 $\log_{10}LR>10$，并且有一个数百万的大数据库），通常，在搜索和比对后被发现要么一个人，要么一个也没有。另外，在 DNA 图谱不完整的情况下，得出中间 $LRs>1$ 的值，则可能找到多个候选人；很明显，现场斑迹不可能来自所有人，因此，我们必须处理假阳性匹配的可能性。

如果得到似然比 $LR=x$（对于真正的供者），那么在全国 DNA 数据库中找到随机匹配的 DNA 图谱的概率大致与数据库的大小 N 成正比。每次数据库搜索预期的随机匹配（假阳性）数为 N/x。如果数据库大小为 5m（m = million，百万），LR = 1m，则预计大约 5 个随机匹配。即使 LR 很大，例如，LR = 1bn（bn = billion，10 亿）通常被认为足以用于报告目的，但仍有可能发生假阳性匹配。

通过应用二项式分布函数，可以确定从给定大小的数据库中精确获得一个偶然匹配的概率。这可以在 Excel 中通过 BINOM. DIST（number_s = 1，trials，probability_s，cumulative = FALSE）函数来计算，其中以下情况适用：

- number_s 为数据库 k 中随机匹配图谱的数量。如果我们对数据库中单个匹配的概率感兴趣，我们会将其设置为 1。
- trials 为独立比对的次数，即数据库的大小 N。

- probability_s 为随机匹配的概率。
- cumulative 设置为“FALSE”以确定 k 个随机匹配的概率，或“TRUE”以确定数据库中 k 个随机匹配的累积概率（请注意，累积函数将包括零匹配的概率，因此，如果我们对 1~5 次偶然匹配之间的累积概率感兴趣，则需要减去该值。）

二项式分布函数的公式[1] 为：

$$b(k;N=trials,p=probability\_s)=\binom{N}{k}\cdot p^{k}(1-p)^{N-k} \quad (11.1)$$

但是，我们对一个或多个匹配的概率感兴趣（没有限制）。这是通过设置 $k=0$ 来计算每个数据库搜索的非随机匹配数的期望值，并从 1 中减去这个概率。这可以方便地将二项式简化为：

$$1-b(0;N,p)=1-(1-p)^{N} \quad (11.2)$$

这公式很容易编程到 Excel 中（表 11.1）。至少一个随机匹配的概率为 0.63，其中 $LR=N=5\text{m}$（小于上面给出的粗略 N/x 公式）。当数据库大小为 5m（类似于一些较大的国家 DNA 数据库），假设 $LR=1\text{bn}$，则一个或多个随机匹配的概率为 0.005。这种可能性似乎很小，但是我们必须考虑数据库中多次搜索的累积效应。使用相同的原理，在 $LR=1\text{bn}$ 且对于每次 $N=5\text{m}$ 的数据库搜索的随机匹配概率为 $p=0.005$ 的情况下，如果进行 1 000 次独立搜索，则从二项式表达式中，将获得至少一次数据库搜索到的一个或多个随机假阳性匹配的概率为 0.99。

表 11.1　对于给定的数据库大小，至少一个随机匹配的概率以及被质疑样本的似然比

	似然比		
数据库大小	1.00E+05	5.00E+06	1.00E+09
1.00E+06	1.000	0.181	0.001
5.00E+06	1.000	0.632	0.005
1.00E+07	1.000	0.865	0.010
1.00E+08	1.000	1.000	0.095
1.00E+09	1.000	1.000	0.632

上面的解释被简化了，因为我们只考虑不相关个体的两个完整 DNA 图谱的完全匹配。Weir[276] 提供了一个更详细的调查，其中他考虑了不完整或者部分匹配的情况。他指出，假设 $F_{ST}(\theta)$ 值非常小，在用 FBI 和澳大利亚数据库进行比对时，观察到的具有不同数量匹配或部分匹配基因座的个体对的数量与预期一致。因此，可以预测数据库搜索中部分/不完全匹配的普遍性。这很重要，因为根据 11.4.2 节中描述的 Prüm 匹配规则允许进行低严格性的数据库搜索。

上面的讨论说明了出于调查目的使用数据库搜索的重要性。即使 LR 足够大，也不意味着候选人构成了现场斑迹检材。随机假阳性匹配的概率可以使用如图所示的二项式表达式来计算。然而，这并没有考虑到近亲。与随机无关个体间计算相比，近亲属的假阳性匹配概率大大增加[276-278]（第 8.8 节）。与现场斑迹图谱的部分匹配也更有可能发生在数据库中的犯罪者亲属身上；这样可以通过参考数据库中的亲属，用家系搜索的方式找到犯罪嫌疑人[279,280]。最近，直接面向消费者（DTC）的基因检测机构允许警方搜索他们的数据库，其中有数百万客户，以便寻找高度关注的犯罪嫌疑人；关于“法医谱系学”这个新兴领域的讨论，参见 Phillips[281]。使用高密度>500K 的 SNP 数据集的大规模平行测序可以检测到第二到第九代近亲[282]。

这里重申一下，无论使用哪种方法，在此阶段都没有被告，而科学家是以调查员身份工作的。检察机关将收到关于潜在候选人的通知，他们将决定他/她随后是否成为利害关系人（POI）。

11.2. 评估性报告何时合适?

一旦 POI 被确定，接下来将进行进一步的调查（面谈、证人信息、搜查场所等），收集非 DNA 证据，并询问 POI 对事实的描述。一旦确定了犯罪嫌疑人，科学家就会切换到评估模式。如果有足够的综合证据，则可以决定起诉他/她，因此该人成为被告。

然后科学家以“评估”模式进行操作，并应用解释原理[283]。作为范例，我们请读者参考 ENFSI 评估报告指南，其中必须进行评估报告的条件描述如下：

“在满足以下两个条件时，应出具供法院使用的评估报告：

- 授权机构或当事方要求法医从业人员检查和/或比对检材（通常是收集的微量检材与已知来源的参考检材）。
- 法医鉴定人员要根据具体情况或授权机构的指示，评估与特定竞争性命题有关的结果。

11.3. 警示故事

1999 年，来自英国斯温顿（Swindon，UK）的 49 岁男子雷蒙德·伊斯顿（Raymond Easton）在 175 英里外的英国博尔顿（Bolton，UK）被捕并指控入室盗窃，原因是犯罪现场的 DNA 样本与他在英国国家 DNA 数据库中的 DNA 图谱匹配。伊斯顿先生正处于帕金森病的晚期，在没有人帮助的情况下，他无法行走超过 10 米。4 年前，在一次家庭纠纷之后，他的 DNA 档案被载入数据库。案发现场的样本与伊斯顿先生的 DNA 图谱在 6 个基因座上相匹配，这在当时被认为足以确保个体认定，尽管此后所需的 STR 总数已扩大到 16 个，外加一个性别标记。据报道，匹配机会是 3 700 万比 1。伊斯顿先生在他的律师劝说警方进行进一步的 DNA 检测之前被拘留了几个月，最终排除了他的嫌疑[285]。这一案件说明了明确区分法医遗传学的调查和评估性的重要性，以及确保只有在案件中考虑到所有非遗传学证据之后才有进行起诉的必要性。

11.4. 目前用于比对现场斑迹与国家 DNA 数据库的方法

在欧洲，如果图谱与另一个图谱至少有 6 个基因座相匹配，就会报告 DNA 匹配[286]。跨欧洲边界的 DNA 图谱比对受普鲁姆（Prüm）条约的约束。在 2016 年至 2017 年期间，成员国保留了大约 612 万个已知个人的 DNA 图谱，以及 113.9 万个未侦破案件的分型结果，用于跨境比对，有如此庞大的数据需要进行比对，那么 6~7 个基因座匹配就会是有问题的，这将造成非常多的假阳性被认定[287,288]（见 11.1 节）。最大的国家 DNA 数据库有英格兰和威尔士（549.1 万）、美国（1 620 万）和中国（4 000 万）[2]。当然，为了能够跨国界比对 DNA 图谱，有必要对所使用的基因座进行标准化。第 1.2 节描述了标准化和协调的国际发展而形成的欧洲标准（ESS）基因座。最初的 7 个基因座被扩展到 12 个核心欧洲基因座[26,289]，扩展到有效的 16 个基因座（扩展的 ESS），因为有 4 个附加的基因座与欧洲的复合基因座（D16S539，D19S433，D2S1338，SE33）相同。

11.4.1　普鲁姆（Prüm）纳入规则

根据 2009 年普鲁姆纳入规则[286]，DNA 图谱必须符合这些标准才能纳入国际数据库比对[287]：

1. 对于已知人员，必须至少包含 7 个旧 ESS 基因座中的 6 个基因座。
2. 对于犯罪现场斑迹，必须包含至少 6 个 ESS 基因座。
3. 一个基因座的一个等位基因可以是一个通配符。
4. 不允许混合图谱（每个基因座最多两个值）。
5. 不允许有已与某人匹配的个人图谱。
6. 不允许有一个国家不愿提供图谱的资料（例如，为检测污染而保留的实验室人员的 DNA 图谱）。
7. 欧洲标准体系（ESS）在 2009 年又扩展了 5 个基因座，并由欧盟委员会正式采用[28]。

11.4.2　普鲁姆（Prüm）匹配规则

普鲁姆（Prüm）软件是由德国联邦刑事警察局（BKA）、奥地利内政部和荷兰法医研究所的 DNA 和 IT 专家联合开发的。当两个 DNA 图谱之间至少有 6 个完全相符的基因座时，它就会产生匹配。此外，允许有一个偏差（通配符或不匹配），这称为近似匹配。任何被上传的图谱都将与可用于比对的任何类型的 DNA 图谱进行比对，因此可以出现以下类型的匹配：斑迹与斑迹、斑迹与个体或者个体与个体。匹配可以有不同的特性：

- 特性 1：所有能匹配的基因座的等位基因都是相同的。
- 特性 2：两个匹配的图谱之一包含一个通配符的等位基因。
- 特性 3：一个基因座的一个等位基因包含一个碱基对的错误匹配（例如 9.2→9.3）。
- 特性 4：一个基因座的一个等位基因包含一个以上碱基对的错误匹配（例如 22→26）。

11.4.3　CODIS 包含和匹配规则

在北美，美国联邦调查局（FBI）赞助的 CODIS 核心基因座工作组建议在 2011 年使用的 13 个基因座基础上增加一组基因座[18,19]。随后进行了一项广泛的验证研究，结果建议采用 7 个新的基因座[20]，到 2017 年包含 20 个 CODIS 核心基因座。另外的 7 个基因座包括 5 个新的欧洲 ESS 遗传标记，以及 D2S1338 和 D19S433。这样有 15 个基因座包含在 CODIS 核心基因座和扩展的 ESS 基因座中[21]。

以下内容适用于向 CODIS 数据库提交个人图谱（自 2017 年起）：

1. “必须尽可能包含所有的核心基因座，但至少需要 8 个原 CODIS 核心基因座，且匹配的稀有度至少千万分之一。”[3]

2. 搜索必须高度严格，这意味着所质疑的样本中的所有等位基因必须与参考样本匹配,除了允许的单个不匹配。

3. 如果图谱是不完整的(丢失一些等位基因),则进行中等严格的搜索,这要求犯罪样本中存在的所有等位基因与可能包含不同数量等位基因的参考 DNA 图谱相匹配。

4. 最后,可以进行低度严格搜索以发现与犯罪样本(例如父母/后代)的部分匹配。

11.5. 传统国家 DNA 数据库的局限性:引入"*SmartRank*"

在国家 DNA 数据库中搜索复杂和不完整的个人图谱时通常会产生大量的可能匹配,这可能会给出许多候选犯罪嫌疑人,供法医科学家和/或警察进一步调查。目前大多数法医实验室的做法是根据与搜索的图谱相匹配的等位基因的数量对这些"命中"进行排序。这样,等位基因匹配数目相同的两份候选图谱间没有被区分,并且由于缺乏候选列表的其他排名标准,可能难以从假阳性中辨别出真正的匹配,或者注意到所有候选者实际上都是假阳性。开发 *SmartRank* 的目的是只推荐相关候选人,并相应地对他们进行排名。*SmartRank* 软件根据 DNA 数据库中的每个参考图谱计算搜索图谱的 *LR*,因此如果一个数据库中有 100 万个数据的话,将产生 100 万个 *LRs*。这些值从高到低排列;高于预先定义的 *LR* 阈值的最高值被突出显示以供进一步调查[290,291]。

SmartRank 是基于 *LRmix*[292,290] 开发的,该模型进行了多次修改,使之能够在非常大的参考样本的 DNA 数据库中搜索。对 *SmartRank* 进行了多项改进,以在不影响有效性的情况下加快操作速度。

1. 无论物证是否显示丢失迹象,第 3.7 节中描述的"Q"指定在 H_p 下均不使用。这就减少了未知供者可能的基因型组合的数量,如果候选者是 DNA 混合样本的真实供者,并且不受丢失的影响,那么这种组合有望产生更高的 *LR*。在 H_p 假设下如果需要使用丢失来解释图谱,那么预期的 *LR* 较低。

2. 辩方命题仅计算一次,而不是针对数据库中的每个候选人进行计算,然后针对每个候选人的分型进行 *LR* 计算。

为了测试这个系统,总共产生了 15 个由 2~3 个供者混合形成的 DNA 图谱样本,并且每个样本都与 44 个已知的参考图谱进行了测试。在 H_p 条件下,每个参照物被视为一个 POI,这导致总共有 15×44=660 个 *LR* 比对。对 *LR* 进行排名,以确定 *SmartRank* 是否对已知供者进行了高度排名。几乎所有的 POI 都出现在排名前 5 位的候选名单中(有一个样本出现了丢失,其中 *LR*<1)。然而,对于这项研究中最复杂的样本(3 个人有 30% 的丢失),3 个真实供者中的 *LR* 值有两个低于 1(错误排除)。这归因于 H_p 下的 Q 指令未启用,即未考虑等位基因丢失,这个是优化检索速度的一种措施。

搜索 DNA 数据库所需的总时间取决于使用的计算机、DNA 数据库的大小以及要搜索图谱的复杂性(即供者数量、等位基因数量、丢失:是或否)。应用速度优化,可以在 3 小时 44 分钟内完成对 44 个三组分混合样本的 22 万个参考样本的搜索。

11.6. 测试 *SmartRank* 效率的实验细节

总共使用 44 个参考图谱,包括 15 个 STR 基因座(D3S1358, vWA, D16S539、D2S1338、D8S1179、D21S11、D18S51、D19S433、TH01、FGA、D10S1248, D22S1045、D2S441、D1S1656、

D12S391)。首先,从 2 085 名荷兰男性的参考数据集中选择了 23 个图谱[256,293],并在其中 10 个样本中增加了 SE33 基因座分型,同时注意到在 2 085 个参考集中多次观察到的这些 SE33 等位基因[256]。接下来,从这 23 个基因型中衍生出 21 个虚拟基因型,以产生一组表示"与供者相似"的数据:对于 5 个相似基因型,一个随机选择的等位基因被一个罕见的等位基因取代(频率为 0.000 24,取自 Western 等文献[256])。对于 12 个相似的基因型,将所选的 23 种基因型中的 2 个或 3 个的等位基因进行组合,使相似基因型与 2 个或 3 个人的混合样本有 100%(n=4)、75%(n=4)或 50%(n=4)的等位基因重叠。现有的基因型被调整为代表 23 名供者之一的父亲(n=2;每个基因座至少有一个等位基因)或兄弟(n=2;共享一半的总体特征)。这组 44 个参考基因型构成了 *SmartRank* 性能研究的基础,它们被添加到参考 DNA 数据库的匿名副本中,并用于推导混合 DNA 图谱来搜索它们。

在 44 个参考基因型中总共产生了 343 个混合 DNA 图谱,这些混合图谱由具有不同程度的等位基因共享情况的 2~5 个供者组成。为了测试这个系统,我们使用了比利时(37 595)、荷兰(206 535)、意大利(69 985)、"大"法国(1 552 754)、"小"法国(43 861)和西班牙(189 867)的部分国家 DNA 数据库的匿名副本。此外,他们还使用一个包含 23 个不同基因座的模拟 DNA 数据库(220 044)来研究丢失对估计 *LRs* 的影响。在每一个 DNA 数据库中均添加了这 44 个参考图谱,以测试通过 *SmartRank* 或 CODIS 搜索获得的模拟 DNA 混合样本的真实供者的信息。

11.6.1 *SmartRank* 性能

首先,使用 20 个包括 2 人、3 人和 4 人且没有丢失等位基因的图谱检测了 *SmartRank* 在 5 个不同 DNA 数据库上的性能。这些 *SmartRank* 搜索可检索到这些混合样本所有真实供者(*LR*>1)(图 11.1,绿色菱形);即 2 人混合样本的两个供者,3 人混合样本的 3 个供者,等等。已知的供者不被搜索,因此在 3 人构成混合样本中,当其中一个供者在两种假设下都为已知个体,仅检索另外两个供者。结果与使用的 DNA 数据库或人口统计无关。除了检索出真正的供者,相似的供者被检索出来,特别是那些被模拟为与混合图谱中的等位基因有 100% 重叠的供者(图 11.1,蓝色方块)。非供者的检索(即假阳性或偶然匹配)取决于 DNA 数据库的大小和组成。数据库大小的影响从观察中得到推断,最小的两个 DNA 数据库,比利时和"小法国"的大小分别为 37 595 和 43 861,没有产生假阳性,而荷兰、西班牙、意大利和"大法国"的较大数据库的大小分别为 206 535、189 867、69 985 和 1 552 754,都发现假阳性的匹配(图 11.1,红色三角形)。尽管意大利 DNA 数据库比西班牙数据库小很多,但从意大利 DNA 数据库中观察到的假阳性比西班牙数据库还多,这一结果提示了数据库组成的影响。因此,不能排除每个国家使用不同的人口统计数据的额外影响。

图谱越复杂,即供者越多。如果丢失现象越严重,获得基因座信息量越少或相同的等位基因导致高度的等位基因共享,那么这些综合效应将降低真实供者的 *LR*。它还倾向于增加非供者的 *LR*,导致真实供者的和非供者之间的差别更小。综合效应意味着,对于这些受损的图谱,与非供者相比,它们排名靠前的可能性变小。图 11.2 显示了与 2015 年荷兰 DNA 数据库比对 5 到 8 个基因座的效果。基因座越多,排名就越高。丢失对排名效率也有显著影响。一般来说,我们认为超过 10~20 个可能的候选人名单很难处理,这个标准可以作为效率的指标。

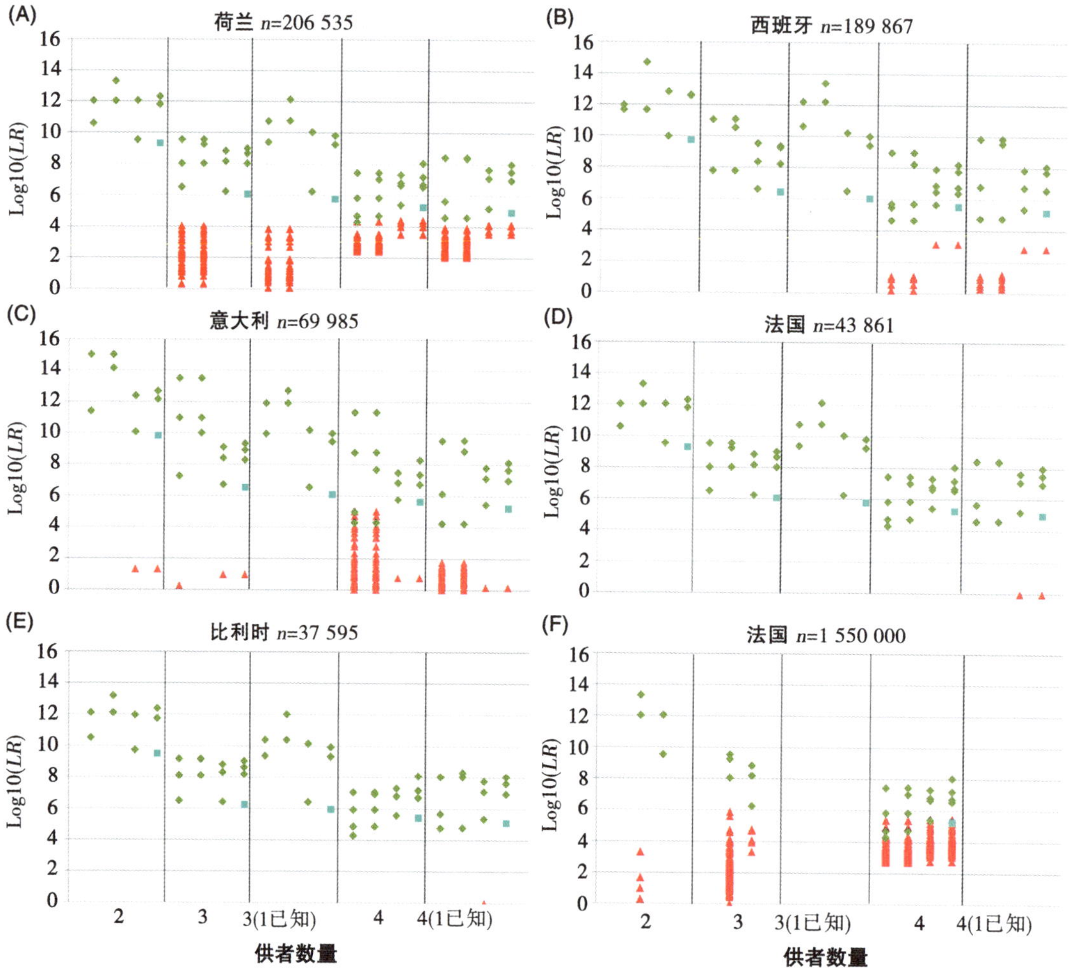

图 11.1 检索 2 人、3 人或 4 人无等位基因丢失的混合图谱的真实供者(绿色菱形)、假阳性(蓝色方块)和非供者(红色三角形)。使用荷兰(A)、西班牙(B)、意大利(C)、小法国(D)、比利时(E)或大法国(F)DNA 数据库获得的结果。每条垂直线表示对一个混合图谱的分析。请注意,只有一部分样本是使用大型法国 DNA 数据库进行分析的,并且没有搜索已知的供者。经 Elsevier 许可,转载自 Benschop 等文献[290]

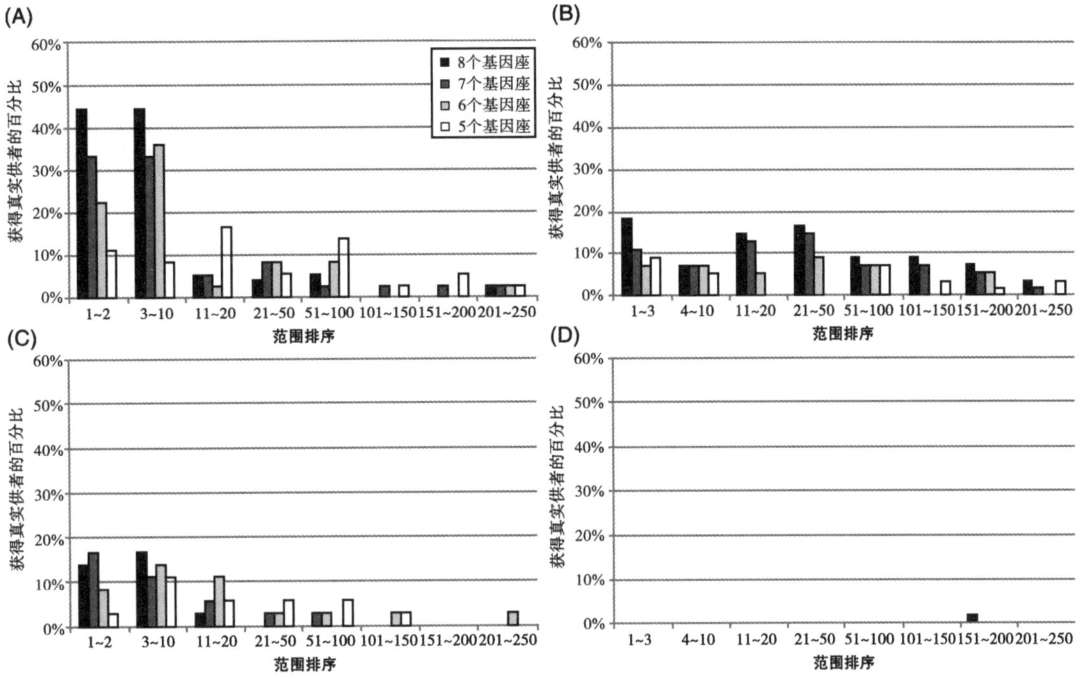

图 11.2　真正的供者在 2 人（A & B）和 3 人混合（C & D）中的排名，有 10%（A & C）或 40% 的丢失（B & D）。黑色、深灰色、浅灰色和白色条分别代表 8 个、7 个、6 个和 5 个基因座时的检出情况。使用荷兰 2015 年 DNA 数据库和 9 种不同的基因座组合进行分析。经 Elsevier 许可，转载自 Benschop 等文献[290]

11.7. *SmartRank* 与 CODIS 对比

SmartRank 和 CODIS 都是支持 DNA 数据库搜索的用户使用友好的软件。然而，他们的潜力和目的是不同的。CODIS 是一个功能强大的软件，旨在每天将大量犯罪现场图谱与违法者图谱比对。CODIS 最初的设计是为了搜索单个供者的图谱和最多两个人的混合样本并且没有丢失现象的图谱。CODIS 不对潜在候选人进行排名；多个匹配项被视为等效。

SmartRank 被设计用于使用更复杂的混合 DNA 图谱进行 DNA 数据库搜索。为了发现图谱类型，使用 *SmartRank* 可以补充 CODIS，从 343 个混合型图谱的完整列表中选择了 30 个具有不同特征（包括有或没有丢失）的 DNA 图谱。这些混合图谱中的每一个都用于一个 *SmartRank* 分析和两次中等程度的 CODIS 搜索：一个全部匹配，另一个允许一个不匹配。回顾一下，一份最多 20 名候选人的名单被认为是可以供调查人员进一步评估。因此，为了进行比对，评估了两个标准：

1. 在基于 *SmartRank* 的搜索中，真正的供者是否在候选名单的前 10 名（或前 20 名）之内？

2. 使用 CODIS 时，匹配总数是否少于 10（或 20）个候选人？

SmartRank 和 CODIS 都成功地检索到了 2 人、3 人和 4 人混合样本（没有丢失）的真实供者（表 11.2）。使用 *SmartRank*，所有真正的供者都排在前 10 位。当允许一个不匹配，或者有更多供者时，CODIS 搜索检索到 10 个以上的候选人。候选名单可能确实难以管理；例如，

在荷兰 DNA 数据库中搜索的一次 4 人混合样本测试中,总共出现了 4 302 次意外匹配(表 11.2)。

表 11.2 *SmartRank* 和 CODIS 在 2 人、3 人和 4 人混合样本中的表现,即(A)没有丢失或(B)总体丢失率为 5%至 50%。综合使用比利时、西班牙和荷兰的 DNA 数据库进行搜索的结果。经 Elsevier 许可,转载自文献[290]

A	供者数量	基因座数量	丢失	每个 DNA 数据库的样本量	搜索总次数	SmartRank			CODIS-0 个错配		CODIS-1 个错配	
						得到的供者	供者排序 1~10	供者排序 1~20	得到的供者	外来匹配的数量	得到的供者	外来匹配的数量
	2	15	0%	2	6	100%	100%	100%	100%	2~7	100%	3~25
	3	15	0%	2	6	100%	100%	100%	100%	3~38	100%	5~369
	4	15	0%	4	12	100%	100%	100%	100%	4~418	100%	7~4 302
B	2	16	5%	1	3	100%	100%	100%	0%	-	100%	2~4
			15%[a]	1	3	100%	83%	100%	33%	1~2	33%	2~3
			50%	1	3	0%	-	-	0%	-	0%	0~3
		8	10%	2	6	100%	100%	100%	0%	0~968	75%	2~985
			40%	2	6	100%	100%	100%	0%	0~968	83%	1~985
		6	10%	2	6	100%	58%	75%	0%	1~9	92%	13~396
			40%	2	6	100%	25%	100%	0%	1~9	100%	13~396
	3	16	5%	1	3	100%	100%	100%	22%	0~3	44%	4~68
			20%[a]	1	3	33%	100%	100%	33%	1~2	33%	2~4
			50%	1	3	0%	-	-	0%	-	0%	-
		8	10%	2	6	89%	0%	0%	0%	0~2 359	89%	10~2 461
			40%	2	6	0%	-	-	0%	0~317	0%	2~326
		6	10%	2	6	67%	0%	0%	0%	0~141	56%	64~2 399
			40%	2	6	0%	-	-	0%	0~10	0%	0~154

[a] 主要供者 0% 丢失,次要供者 30% 丢失。

丢失和可获得性基因座的减少显然使检索真实供者变得更加复杂,尤其是在 CODIS 搜索中,因为 CODIS 搜索不允许错配。虽然 *SmartRank* 并不总是在这些搜索中检索到所有真正的供者,但与 CODIS 相比,排名前 10(或 20)个候选名单中的真实供者的检索频率更高。用 CODIS 进行搜索会得到大量的候选匹配列表,这些列表主要发生在混合样本中检出基因座较少或较大的丢失水平时。对于低至中度丢失的 16 个基因座混合图谱来说,*SmartRank* 对 CODIS 补充最为明显(表 11.2)。

11.7.1 指定似然比阈值和排名靠前的候选列表

当使用 1 000 或 10 000 的 *LR* 阈值时,真阳性和假阳性之间获得了最佳平衡(表 11.3),

尽管仍然可以检索到相似的供者（数据未显示）。当前 10 名和前 20 名候选人的 *LR* 阈值分别为 1 000 和 10 000 时，检索到的非供者明显减少，而对真实供者的检索几乎没有影响，特别是当 *LR*>1 000 的阈值时（结果未显示）。因此，*LR* 阈值 1 000 用作默认值。因为当检查前 20 名而不是前 10 名候选人时，真正阳性的人数量几乎没有增加，所以选择了 10 名候选人作为默认值。然而，*LR* 阈值和候选列表的值可以在 *SmartRank* 中配置；特别是对于具有一个或两个已知供者的 5 人混合样本，检查排名前 20 位的候选对象以提高真阳性率可能是有用的。此外，如果是分析不太复杂的混合样本中的主要供者（那些没有出现丢失的混合样本或有高达 15% 丢失的双人混合样本），则可以选择 *LR* 阈值 10 000，因为预期假阳性较少，而仍能检索到真供者。

表 11.3　应用 *LR* 阈值对在非供者中检索携带 15 或 16 个基因座的真实供者有效性的影响。将所示 *LR* 阈值和 *LR*>1 边界的候选列表（仅限排名前 250 名候选对象）进行比对，以确定真正的供者丢失的百分比和非供者丢失的百分比（设计类似供者不包括在内）。颜色显示绿色的结果较好，橙色或红色结果较差。经 Elsevier 许可，转载自文献[290]

供者数量	丢失百分比	LR 阈值	真正供者丢失数量[a]	真正供者丢失百分比				非供者丢失百分比			
			1	100	1 000	10 000	100 000	100	1 000	10 000	100 000
2	0%	(*n*=20)	0/40	0%	0%	0%	0%	100%	100%	100%	100%
	5%	(*n*=6)	0/12	0%	0%	0%	0%	97%	98%	99%	100%
	15%	(*n*=5)	0/10	0%	0%	0%	0%	98%	99. 50%	100%	100%
	15%[b]	(*n*=5)	0/10	50%	50%	50%	50%	97%	100%	100%	100%
	30%	(*n*=5)	0/10	0%	0%	40%	100%	100%	100%	100%	100%
3	0%	(*n*=20)	0/60	0%	0%	0%	0%	49%	78%	98%	100%
	5%	(*n*=6)	0/18	0%	0%	0%	20%	72%	90%	98%	100%
	15%	(*n*=5)	0/15	0%	20%	33%	67%	78%	97%	99%	100%
	20%[b]	(*n*=5)	10/15	0%	0%	0%	0%	100%	100%	100%	100%
	30%	(*n*=5)	9/15	100%	100%	100%	100%	89%	100%	100%	100%
4	0%	(*n*=20)	0/80	0%	0%	0%	18%	23%	72%	93%	99%
	5%	(*n*=6)	1/18	10%	20%	30%	75%	82%	96%	100%	100%
4（1 个已知）[c]	0%	(*n*=20)	0/60	0%	0%	0%	17%	24%	80%	98%	100%
5（1 个已知）[c]	5%	(*n*=6)	7/24	7%	13%	53%	87%	60%	95%	99%	100%
5（2 个已知）[c]	5%	(*n*=6)	4/18	7%	21%	36%	71%	57%	94%	100%	100%

[a] 真实供者的总数是（未知）供者的数量乘以 *SmartRank* 搜索的数量（表示为（*n*=*xx*））。

[b] 主要供者有 0% 丢失，次要供者有 30% 丢失。

[c] 已知的供者没有出现丢失，也没有被搜索到。

11.7.2 局限性

SmartRank 的开发只是为了从 DNA 数据库搜索中找到相关的候选对象,并对它们进行相应的排序。为了达到这一目的,*SmartRank* 软件为要搜索的图谱和 DNA 数据库中的每个图谱计算 *LR*,并在定义的 *LR* 阈值之上对数据库条目进行排序。*SmartRank* 针对多种不同成分的混合 DNA 图谱和数据库进行了应用性验证。为了帮助 *SmartRank* 软件的用户,根据验证研究中描述的数据,提供了最佳实践指南。这些不能与标准混淆。请注意,为了实现灵活性,用户可以设置 *SmartRank* 中的几个选项。例如,我们可以将候选名单设置为排名最高的前 10 人,*LR* 阈值设置为 1 000,因为在本研究中使用的 DNA 数据库搜索到的数据,已经被证明可以通过是假阴性和假阳性最小化。但是,这些值可以由用户更改。决定 *SmartRank* DNA 数据库搜索是否成功的指南如表 11.4 所示。本指南基于使用包含 15 或 16 个基因座的 STR 图谱和供者的数量为 37 000~1 550 000 的 DNA 数据库。数据库搜索包含少于 15 个基因座的图谱可能会对真实供者的检索产生负面影响。另一方面,一个罕见的等位基因的存在可以对真实供者的匹配产生积极的影响。用包含更多基因座(例如 23 个基因座)的图谱进行搜索,有望扩展软件的适用范围;更复杂的 DNA 图谱可能适合 *SmartRank* 搜索。使用一个比本研究测试中更大的 DNA 数据库会导致大量的假阳性,而较小的 DNA 数据库预计会产生较少的假阳性。

表 11.4 判断 *SmartRank* DNA 数据库搜索是否能成功搜索手头上 DNA 图谱类型的指南。本指南是根据本研究中描述的数据编写的。我们期望使用一个大小为 37 000~1 550 000 的 DNA 数据库,对包含 15 或 16 个基因座的 STR 图谱进行预测。经 Elsevier 许可,转载自文献[290]

丢失百分比	供者数量				
	2 个	3 个	4 个	5 个(1 个已知)	5 个(2 个已知)
0%[a]	预期的 SmartRank 成功搜索				
5%[b]			预期到真正的供者会丢失		
15%		成功与否依赖于复杂程度;建议进一步考虑			
30%		部分或全部供者可能丢失			
50%	SmaetRank 搜索无法获得有效结果,不建议使用				

[a] 对于没有丢失的 2 人混合样本,CODIS 搜索也可能成功。

[b] 对于丢失率为 5% 且有已知供者的 5 人的混合样本,将候选人名单的上限扩大到 20 人,预计会产生更多的真阳性。

根据案例的类型和预期趋势,科学家可以决定对具有表 11.4 橙色框中所述特征的 DNA 混合样本进行 *SmartRank* 搜索。例如,用户可能希望将候选列表扩展到 20 个,因为这可能在某些混合样本搜索到更多真阳性供者,尽管假阳性的数量也可能增加。在第 11.10 节中,我们展示了如何通过在 *CaseSolver* 中应用定量模型(使用等位基因峰值高度)来进一步细化 *SmartRank* 候选名单。

总的来说,*SmartRank* DNA 数据库搜索是否成功取决于 DNA 数据库的大小和组成以及各种混合样本的特点。当然,还取决于 DNA 数据库中是否存在 DNA 混合样本的真实供者。

11.8. *SmartRank* 练习

SmartRank 可以从 https://github.com/smartrank/smartrank 上下载。读者应查阅方法指南，了解有关如何运行 *SmartRank* 的完整详细信息，总结如下：

第一步：打开 *SmartRank* 并加载标记为“database_CODIS_generated_220044”的 CODIS 数据库文件。该文件由 220 044 个样本的模拟数据库的 Excel 电子表格组成，这在第 11.6 节中有详细描述。这里总结一下，数据是 22 万个随机产生的参考图谱，其中添加了 23 个已知的个体。共有 15 个参考基因座。另外 23 个图谱是通过将 SE33 基因座添加到其中的 10 个图谱上生成的；还生成了其他虚拟图谱，使它们具有更多共同的等位基因，或代表父亲或兄弟姐妹的基因型；另外 5 个图谱中的常见等位基因被稀有等位基因替代。这些基因型是“相似的基因型”，因为共享等位基因较多，与已知的 23 个原始个体的假阳性匹配的期望值更高。加载数据时，用户将注意到一条错误消息：“样本被排除，因为它有 94 个字段（fields），但预期有 93 个字段！”。故意包含一个损坏的数据集（以表明软件可以识别此类数据）。我们继续使用 220 043 个样本的数据集。

第二步：数据加载后，就可以直观地看到基因座的数目和以样本总数的百分比表示的基因座的同一性（图 11.3）。

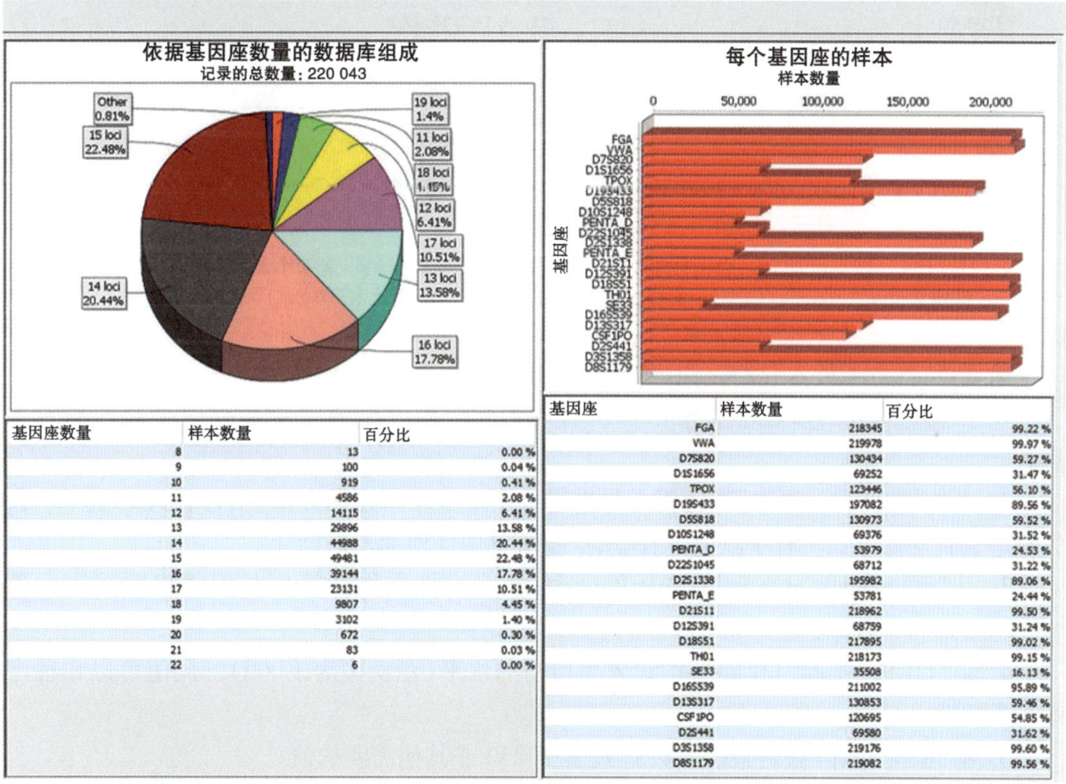

图 11.3　数据库中的数据的分解。页面左侧总结了每个样本的基因座数量，以占总数的百分比表示。页面右侧提供了每个基因座的样本数量，也表示为总数的百分比

第三步:加载一个样本。在演示中,加载文件夹"练习 2"中的示例样本"SMAR9999NL#2"(图 11.4)。对图谱的检查表明它至少是一个 4 人混合样本,基因座 D1S1656 有 7 个等位基因。

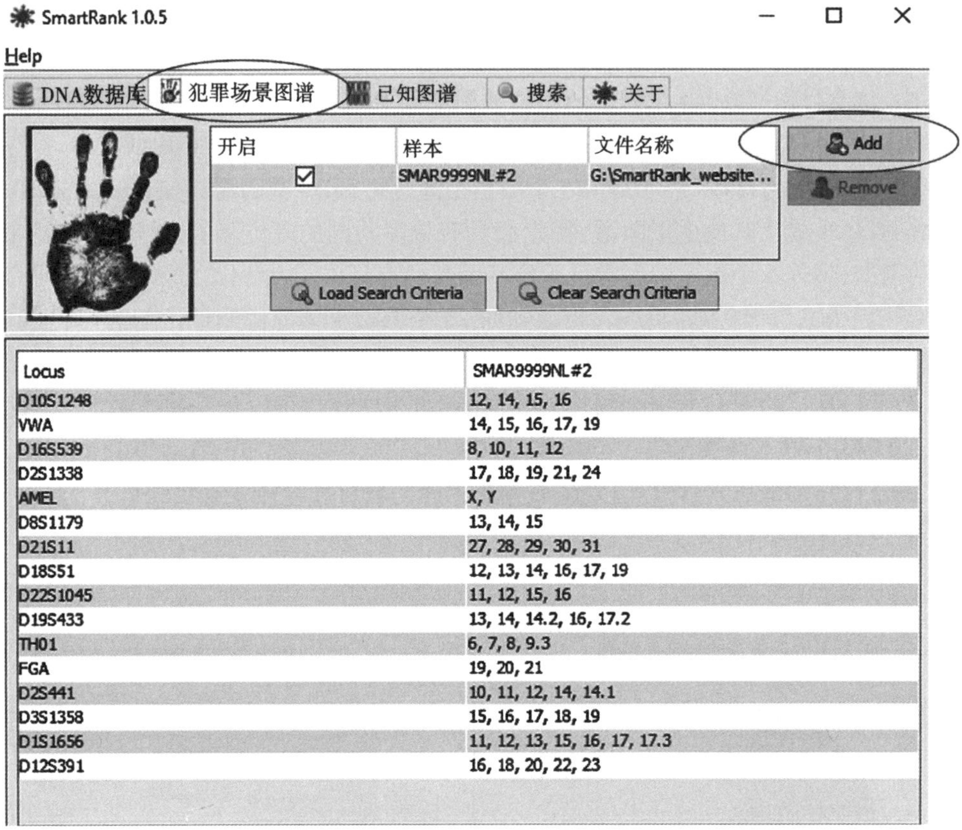

图 11.4 样本已加载。点击犯罪场景图谱"Crime-scene profile"选项卡和"Add",然后浏览到文件夹"exercise 1"中的样本。显示了混合样本的基因座和等位基因名称

第四步:接下来进入"搜索"页面,并填写参数(图 11.5)。

1. 在控辩双方的命题下填写未知供者的数量。辩方命题中总是有一个额外的未知供者。

2. 点击"估计丢失概率"按钮键。根据第 6.1.5 节中所述的方法,估计丢失的概率。丢失概率会自动插入到所有字段中,因此用户不需要做任何额外的操作。

3. 从"SmartRank exercises(SmartRank 练习)"文件夹加载等位基因频率数据库文件"NFI_freencencies. csv"。

4. 将"LR threshold(LR 阈值)"设置为所需的水平(示例中为 1 000)。此值可以在程序运行后更改。

5. 将"Report top(报告最多人数)"设置为 250 或其他需要的值。

6. 设置"Theta correction(θ 校正)"和"Rare allele frequency(稀有等位基因频率)"。

7. 按"Search(搜索)"按钮。

图 11.5 显示了填充字段和结果输出。输出显示有 512 个样本的 $LR>1$。其中,有 5 个

图 11.5　显示的搜索字段已完成并运行。结果匹配显示在输出字段的下部

LR>1 000 的“命中”排名。

双击候选名单中的某一个体，将产生一个输出结果，用以将现场斑迹图谱与参考图谱进行比对（图 11.6）。

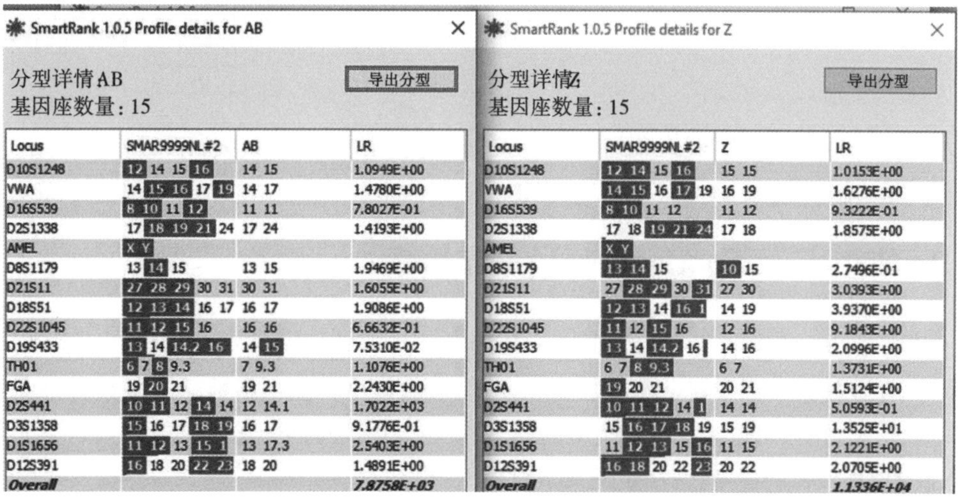

图 11.6　双击候选人 AB 和 Z 生成所示的输出。现场斑迹和参考样本中丢失的等位基因分别用红色突出显示

第五步:一旦生成一个排名表,它就提供给调查人员。请记住,这个过程目前是属调查性的,这意味着警方会在评估之前搜索更多证据来建立案件。假设警方询问了犯罪嫌疑人,案件中还有他供认不讳的大量其他非 DNA 证据。由于 Z 已经认罪,他在证据样本中有新的条件限制(图 11.7)。这将产生一个新的重新排序的候选列表。个体 AB 现在排名第一,其次是 X、Y 和 JCFD177BE#77。后面的候选人没有出现在第一个名单里(没有条件限制),排名第 8 者,*LR*=495。这表明在调查中可以采用灵活的方法。一旦收集到证据并正确地提出命题,检案人员就进入评估模式。有必要使用 *LRmix Studio* 重新运行样本,如第 6 章所述,根据案例情况,使用适当的频率数据库和其他参数。

图 11.7 个体 Z 被调节。这就产生了一个新的排名表,AB 个体在榜首,*LR*=105

11.9. 使用 *EuroForMix* 进行数据库检索

作为 *SmartRank* 的替代方案,*EuroForMix* 也包含一个用于数据库搜索的高级模块。这个模块是针对搜索一个或多个参考数据库而定制的,其中可能包括数千甚至数百万的参考样本。在这里,用户可以进行不同类型的搜索:等位基因简单匹配比对(MAC[4]),这是非常快速的;或者基于 *LR* 的搜索,使用定性或定量模型。

当 *LR* 计算仅基于定性模型时,考虑到 H_d 命题下图谱的等位基因总数,将丢失概率参数估计为后验丢失概率的中位数。

LR 计算也可以基于定量模型，用户必须选择是否应基于 ML 或贝叶斯方法计算 *LR*。ML 方法总是比贝叶斯方法快得多。此外，与 MAC 评分一起，在定性 LR 值计算中丢失参数默认为 0.1（供比对）。值得一提的是，定性 *LR* 比定量 *LR* 计算要快得多，因为它是一个更简单的模型。

计算完成后，软件会提供一个完整的比对列表，列表可以根据 MAC、定性 *LR*（如果计算）或定量 *LR*（如果计算）进行排序。

最后，值得注意的是，搜索可以通过 θ 校正来执行，然而，这降低了速度，因为在 H_d 下考虑所有参考样本，需要额外的计算。

11.10. 基于 *EuroForMix* 的专家系统 *CaseSolver*

CaseSolver（CS）是一个新的专家系统，用于管理全面的案例工作数据（开放，免费访问 http://www.euroformix.com/casesolver）。CS 在统计软件 R 中提供了一个图形化的用户界面，在这个界面上，它可以对来自单一来源的 DNA 分型和混合样本的参考 DNA 分型进行快速比对。此外，CS 还包含了在不同命题下重新计算 *LR* 和拆分的有用选项，还可以在评估的命题下给出期望的峰高图。CS 遵循 Bleka 等提出的方法[294]，该方法进行逐步序贯分析：首先进行简单的等位基因比对，然后使用定性模型 *LRmix* 进行分析，使用 *forensim*[219]（第 5 章），最后使用定量模型 *EuroForMix*[76]（第 8 章），以提供候选匹配的最终列表。这些步骤要求用户定义顺序分析中所需的阈值，这些阈值可能因软件的不同使用而有所不同。

在多种分析时，大量基因座产生很多需要被处理的数据。DNA 图谱的解释和比对成为一个耗时的瓶颈。这在常规的个案工作中可能是一个挑战，尤其是如果多个斑迹产生不同复杂程度的不同 DNA 混合样本。此外，当没有关于案件情况的可用信息时，潜在犯罪嫌疑人的名单可能很大，因为它可能包含在国家 DNA 数据库中的个体。警方希望科学家提供调查线索，以确定潜在犯罪嫌疑人。这意味着，可能需要对复杂犯罪斑迹图谱与参考样本进行大量交叉比对。

为了证明 CS 软件的潜力，我们分析了一个基于 Promega“GlobalFiler”试剂盒的实际案例，其中包含 119 个证据图谱和 3 个参考图谱。为了证明该系统的能力，我们将上述 3 个参考个体图谱添加到一个由 100 万个人组成的虚拟大型数据库中，以测试假定的真实供者的后续匹配[274]。*CaseSolver* 被用于 Promega Powerplex Fusion 6C 验证研究，包括基于 14 个参考样本的 25 个 2~4 人混合样本。简单等位基因比对、定性模型（*LRmix*）和定量模型（*EuroForMix*）的连续使用使分析非常快速和准确，最后，软件生成一个潜在匹配候选列表，并可作为报告导出。从这两项研究中，我们发现，来自 *CaseSolver* 的匹配候选项的分辨率与一位通过人工处理样本的科学家报告的分辨率相同，只是 *CaseSolver* 强调了两个手动错误。对于验证研究，我们发现低模板 DNA 样本给出了阴性结果，这证明了该工具的局限性。但总体而言，我们的评估研究表明，*CaseSolver* 将有利于所有分析，包括混合样本解释和筛选。重要的是，*CaseSolver* 消除了手动比对的耗时问题，并通过防止手动错误来提高质量。还有一些有用的函数可以将结果可视化为图形匹配网络或匹配矩阵。

Haldemann 等[273]（见第 10 章）开发了一个名为 eDNA 的前驱软件来协助完成这项任务；它自动地以基于分类和简单等位基因比对的结构化方式提供案例中所有数据的概述。然而，该软件不适合分析非常大的案件或数据库搜索，也不能对混合样本进行统计分析。第

11.5 节描述的 *SmartRank* 是一个开放软件,可对复杂的 STR 图谱进行 DNA 数据库搜索。该软件使用了 *LRmix* 模型[219,68],该模型适用于快速高效地搜索海量数据库[290,292]。*SmartRank* 显示超过预定义 *LR* 阈值的排名靠前的候选对象。虽然该软件已被证明在法医案件工作中是有用和有效的,但它没有考虑峰高,也没有提供证据和参考样本的结构化概述。因此,仍然需要先进的数据管理工具,这些工具能够自动提供考虑了峰高信息的所有证据图谱(混合和非混合)的概览。其目的是在提供大量参考个体时发现潜在的匹配项。此外,还需要报告科学家以探索性的方式从数据中提取尽可能多的信息,例如,能够推断混合样本中未知成分的 DNA 图谱(拆分),或通过调查可能的命题。

为了演示如何将该软件作为一个有效的工具来解决报告科学家的候选匹配问题,我们将 CS 应用于一个包含 100 多个证据图谱的真实案例(基于 GlobalFiler)。为了更广泛地测试 CS,我们生成了一个包含 100 万个参考样本的大型数据库,并将其与实际案例数据一起进行了分析[274]。

11.10.1 方法

11.10.1.1 估算供者的数量

当 CS 导入数据(包括等位基因和峰高)时,软件首先使用简单的规则 $K=\lceil$(‘任何遗传标记的最大等位基因计数’/2)[224]估计最少的供者数目,其中$\lceil$表示向上进位到最接近的整数,如第 2.3.2 节所述。基于此规则,最有可能指定证据图谱是单一来源图谱($K=1$)还是混合样本($K>1$)。其结果是,人工产物将产生额外等位基因,如影子峰或插入,可能高估了供者的数量。在进行“供者数量”分类后,CS 将所有导入的参考图谱与所有被分类为单一来源的证据图谱(即 $K=1$ 的证据图谱)进行比对。如果参考图谱的等位基因(非空基因座)与单一来源图谱的所有等位基因相匹配,则 CS 在证据资料的“匹配状态”栏下标记参考图谱名称。为了考虑不完整的图谱,用户可以设置一个阈值,以确定单一来源图谱中非空基因座的数量,以指定“匹配”(默认设置 7 个)。如果没有与单一来源图谱匹配的参考样本,CS 将创建一个具有特定 ID 的“未知”参考样本图谱。如果这些未知的单一来源图谱中有几个是相同的,它们将具有相同的未知 ID。混合样本的“匹配状态”总是以“混合样本”的形式给出。

如果 $K>1$,当等位基因丢失的数量未知,那么估计供者的数量是非常困难的。对于定性模型,提出了几种方法,其中使用了似然函数[295,296]。但是,这些方法不考虑包括等位基因丢失的不完整图谱。

一种性能好、速度快的方法是根据建议的供者数量(即 $\arg\max_K L_{max}(K)$),使用(定性模型)的最大似然值 L_{max}。这种方法有时会高估供者的数量。一种特殊的纠正方法是用假定供者的数量惩罚(penalize)最大的 log 似然值 $l_{max}=\log L_{max}$(使用参数 $\max_K\{l_{max}(K)-K\}$)。这种方法弥补了过高的估计,但更可能低估 3 个或 4 个真正的供者(图 11.8)。

11.10.2 混合样本比对

在一个案件中全部比对次数等于“参考者数量”乘以“混合样本数量”,执行如此数量的比对所需要的时间很大程度取决于用于分析的方法。第 8.5.2 节[291]“匹配等位基因计数”(MAC[5])执行速度极快(秒);而定性模型的推断速度较慢(分钟),而定量模型的推断速度更慢(小时)。因此,为了节省计算时间,如 Bleka 等[294]所述,CS 中的混合样本比对基于 3 步方法。每个步骤都会根据用户指定的阈值生成上一步中选定的候选列表。

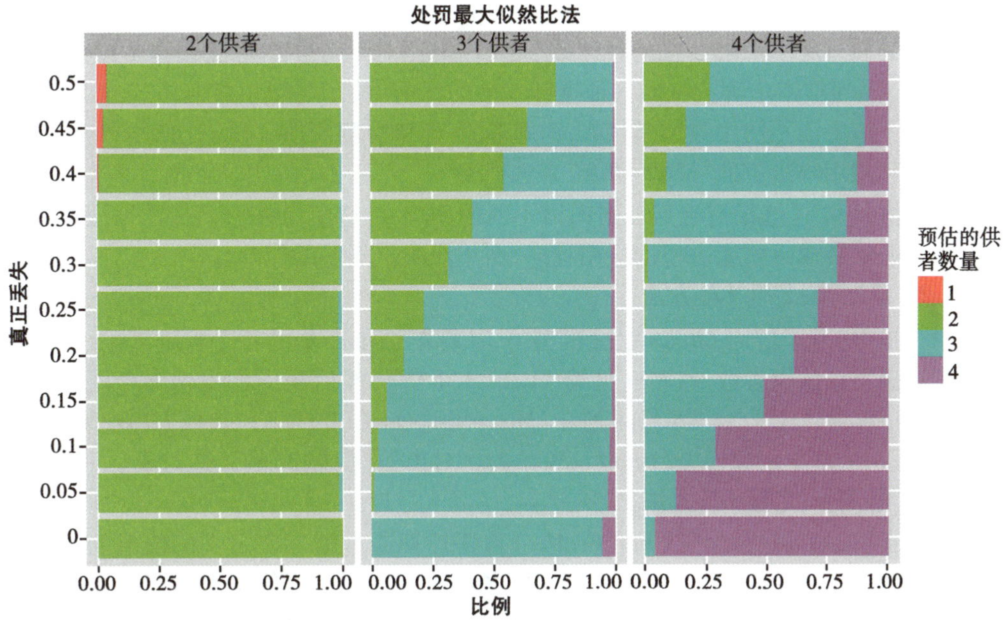

图 11.8 该图显示了不同真实的供者数量和丢失概率，基于 1 000 个随机模拟的证据样本的丢失概率的预测供者数量的比例。该图显示了使用最大似然估计法预测的供者数量（即参数 $max_K L_{max}(K)$）。所有样本均基于荷兰等位基因频率数据库的 15 个 NGM 标记。经 Elsevier 许可，转载自文献[236]

这个程序分为 3 个步骤。第一步执行 MAC，然后根据定性模型计算 *LR*（*LRmix*[219]，第 5 章）。最后，基于定量模型（*EuroForMix*，第 8 章）的 *LR* 计算用于筛选候选列表。为了重述定性和定量模型的 *LR* 是如何计算的，考虑两个调查命题，假设有 *K* 个供者：

H_p："利害关系人（POI）和 $K-1$ 未知（无关）个体是证据图谱 *E* 的供者"。

H_d："*K* 个未知（无关）个体是证据图谱 *E* 的供者"。

LR 由表达式 $LR=\frac{Pr(E|H_p)}{Pr(E|H_d)}$ 给出。将统计模型 $Pr(E|\beta,H)$（$H=H_p$ 或 $H=H_d$）代替 $Pr(E|H)$，其中包含必须推断的未知参数 β。为此，使用最大似然法推断定性和定量模型的未知参数[76,234]（附录 B.3.12），*LR* 如下所示：

$$LR=\frac{max_\beta Pr(E|\beta,H_p)}{max_\beta Pr(E|\beta,H_d)} \tag{11.3}$$

对于定性模型（*LRmix*），β 是丢失参数，给出了每个供者的丢失概率（被视为"基本模型"）[224,68]。这里的证据图谱（*E*）是等位基因的存在/丢失。对于定量模型（*EuroForMix*），每个等位基因的峰高（P. H.）也被视为 E 的一部分，第 8 章中描述了一组参数："混合比例""P. H. 期望值""P. H. 可变性""降解斜率"（如果启用）和"影子峰比例"（如果启用）。最大似然法是指选择的参数使观察证据图谱 *E* 的概率最大化。使用第 11.10.1.1 节中描述的最大似然法优化供者的数量。在定性和定量模型中，等位基因频率数据用于推断基因型概率。未观察到的等位基因被分配到最小观察等位基因频率。对于我们的数据，GlobalFiler 为 0.001 8，Fusion 6C 频率为 5.2×10^{-5}。

11.10.2.1 **第一步:匹配等位基因计数**

第一步是通过应用匹配等位基因计数(MAC)来比对参考样本与混合样本图谱。在 CS 中,MAC 是以参考样本中等位基因占证据样本中的比例值给出(以十进制格式给出)。空基因座被忽略。该方法不使用等位基因频率、峰高信息和检测阈值。所有比对的结果都显示在输出中。利用用户指定的“MAC 阈值”来选择下一个基于 *LR* 的比对步骤的候选对象。CS 中的默认阈值是 0.8(这相当于与证据图谱不匹配 20%),这使得在低模板证据图谱中检测出大量丢失的供者成为可能。根据应用程序,由用户决定阈值的值。

11.10.2.2 **第二步:定性 *LR* 方法**

在第二步中(基于应用 *LRmix* 定性模型[6]),计算第一步产生的每个候选者的 LR:这里,估计每个证据图谱的供者数量(K)(见第 11.10.1.1 节),然后相应的候选参考图谱依次指定为 POI(由 H_p 命题定义)。*LR* 结果列在“Match list(Qual LR)”下。定性 *LR* 阈值由用户指定,以选择下一个基于定性模型(*EuroForMix*)的比对步骤(步骤 3)的候选对象。

11.10.2.3 **第三步:定量 *LR* 方法**

在第三步中,根据定量模型(*EuroForMix*)重新计算通过第二步定义的阈值的每个候选者的 *LR*;供者的数量定义如第二步所述。用户指定的定量 *LR* 阈值用于指示所提供的候选的最终列表。用户也可以跳过基于定性模型的步骤(步骤 2),或基于定量模型的步骤(步骤 3)。在步骤 2 运行结束后的任何时候,用户可以对指定命题组合进行特定的比对;他/她可以对作为匹配候选的参考(在 H_p 和 H_d 下)进行条件处理。

11.10.3 模型参数

用于计算 *LR* 的模型需要用户指定一些参数,而这些参数没有被软件优化。对于定性和定量模型,他/她必须指定插入概率。对于所有分析,我们使用的插入概率等于 0.05(这是默认值)。对于定量模型,我们使用峰高插入参数等于 0.01(这是默认值),以及检测阈值(AT)和应用试剂盒,这是为特定数据集指定的。CS 还允许设置几个模型配置:应用降解模型或/和影子峰模型。在我们的分析中均使用降解模型,而不是影子峰模型,因为这会增加计算时间,而是应用了影子峰过滤器(见 Bleka 等[236]的附录用于性能比对)。“高级选项”(在“高级”下)能够为定性/定量模型指定最大供者数量(K_{max})。此设置的原因是,如果估计供者的数量很大,则用户可能希望避免执行非常耗时的计算。对于定性模型来说,这通常不是一个问题,对于 4 个以上的供者来说,这个计算很快,但是对于定量模型来说,这是一个挑战。在我们的分析中,在定性模型中使用 $K_{max}=4$(默认值),在定量模型中使用 3 个或 4 个供者,并比对结果以确定对 *LR* 的影响。此外,用于定量模型的优化数量是可设置的(我们推荐 4 种优化)。与解释软件 *LRmix* 和 *EuroForMix* 不同,当前 CS 版本(1.5.0)的用户不能指定 F_{ST} 校正以考虑亚群体结构[42]:被固定为零以减少计算时间。然而,该值通常较低,对 *LR* 影响不大。一旦找到候选匹配项,将根据实验室规程对证据进行评估,并将提供所需的值(例如使用 Eurofix)。CS 还可以使用自动打开 *EuroForMix* 选定相应的图谱进行分析。

11.11. 实例演示

11.11.1 案情

一个亲属报案称,他的妹妹(REF1)已经失踪数日。警方强行进入她的住所后,发现她已死亡，并且她的儿子（REF2）也死了。很明显，现场有一场暴力打斗，受害者被刺了好几刀。由于调查人员没有发现犯罪嫌疑人的踪迹，因此决定对犯罪现场进行全面勘查取样，以便从 DNA 分析中发现潜在犯罪嫌疑人（犯罪现场示意图如 11.9 所示）。从犯罪嫌疑人（REF3）中提取了参考样本，该犯罪嫌疑人后来被警方逮捕。

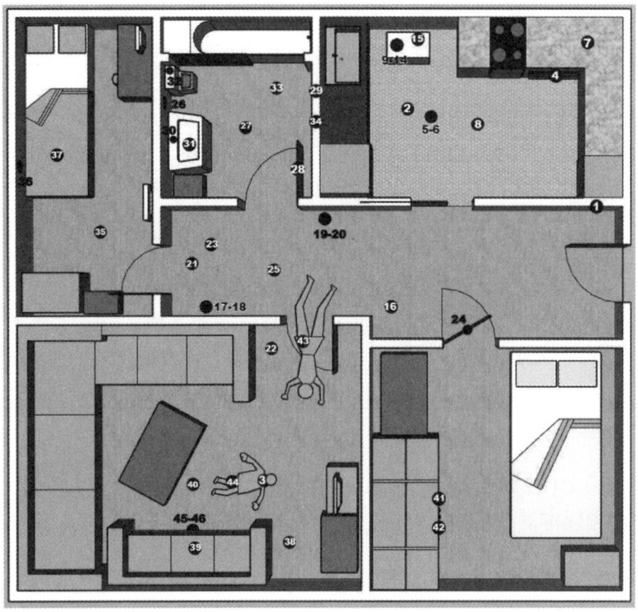

图 11.9　犯罪现场示意图，显示受害者和收集犯罪斑迹证据的位置。经 Elsevier 许可，转载自文献[274]

11.11.1.1　现场斑迹和 DNA 图谱

从 46 个不同的物品中共收集到 119 个现场斑迹。大多数是血迹，但也从烟头、手机拭子、抽屉把手、刀柄和刀片上找到了接触痕迹，这些可能被一个或多个犯罪者和受害者用作武器。使用 GlobalFiler（ThermoFisher Scientific）生成 DNA 图谱，并将分析阈值（AT）设置为 70RFU。所有的 DNA 图谱（等位基因和峰高）都在 http://www.euroformix.com/datasets。还提供了用于计算 *LRs* 的等位基因频率的文件[297]，这些等位基因频率来自 GlobalFiler 分析的 284 个个体。

发表于 http://www.euroformix.com/casesolver 的在线学习资料演示如何安装和设置 CS 以及如何导入数据。以下说明应与学习材料一起阅读（后者内容更广泛，并提供了分步说明）。

11.11.2　将数据导入 CS

1. 打开 CS。

2. 选择"Setup（设置）">"Set case directory（设置案例目录）"，选择包含案例文件夹"Real Case1（真实案例 1）"的目录（图 11.10）。重要的是目录不引用案例文件夹本身，而是引用包含具有案例名称文件夹的文件夹。

3. 选择"Setup"。选择"Set importData function（设置数据导入功能）"并选择文件"import DataFile.R（导入数据文件）"。这个文件包含一个 R 脚本，说明告诉 CS 如何从证据和

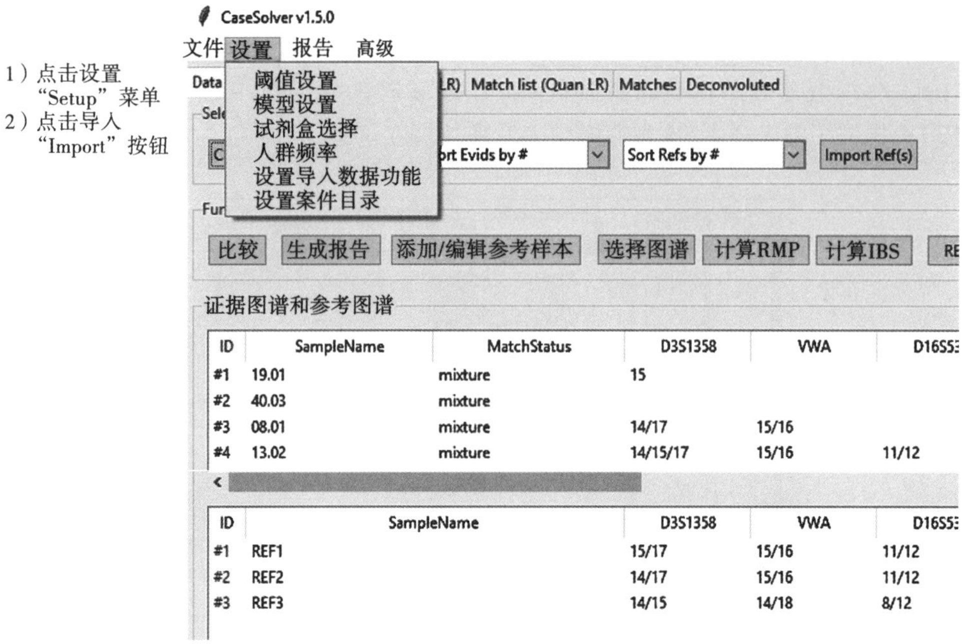

图 11.10 CaseSolver GUI 显示"设置"菜单通过"数据"选项卡访问。点击"导入"按钮后，窗格显示案例样本和参考样本的列表

引用文件加载数据。

4. 前面的两个步骤对于能够将数据加载到 CS 中非常重要。现在，从下拉菜单[7]中选择"Real Case1"，然后单击"Import"按钮，CS 将加载数据，以便它们出现在屏幕上。剩下的步骤将是模型和搜索配置。

5. 选择"Setup:Population frequencies(群体频率)"和频率文件"freqs. csv"。其中包含基于 GlobalFiler 试剂盒的西班牙人数据。

6. 选择"Setup:Kit Selection(试剂盒选择)"。选择"GlobalFiler"。这一选择对于 CS 显示 EPG 图谱和适应降解模型是必要的。

7. 其他设置可以在"Setup:Model settings(模型设置)"、"Setup:Threshold settings(阈值设置)"(图 11.11)和"Advanced:Advanced options(高级:高级选项)"(使用默认值)下选择。

犯罪样本及其匹配项列在图 11.10 的顶部窗格中，3 个参考样本列在下方窗格中。如果犯罪样本和参考样本匹配，则此信息将在匹配状态(MatchStatus)列中提供，例如，向下滚动列表显示样本"02. 01"和参考样本"REF3"之间有一个单个图谱匹配。如果单一供者图谱与任何参考样本都不匹配，则其状态标记为"未知 1"，并且相应的图谱将添

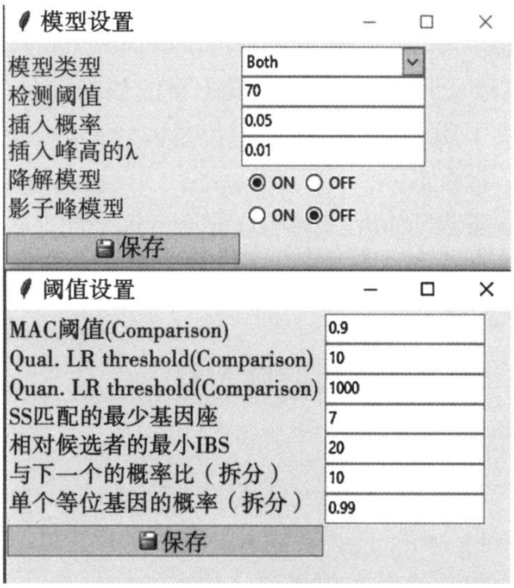

图 11.11 在"设置"菜单中，显示了"模型"(上窗格)和"阈值"(下窗格)设置

加到参考列表中。这使得在“比对”步骤中可以将未知的单一供者图谱与混合样本进行比对。请注意：不同的单一供者图谱（不匹配任何参考图谱）都被分配了一个连续的数字标识符。如果匹配状态描述为“混合样本”，这意味着样本（例如“19.01”）对于任何标记至少有 3 个等位基因。用于任何标记的进一步分析将在下一步中描述。如果用户双击一个示例，那么将生成一个 EPG。要在同一个 EPG 上显示多个图谱，请按住计算机键盘上的“CTRL”选择它们，然后按“ENTER”。可通过选择“selected prof（所选图谱）”找到所选图谱的其他功能。

11.11.3　参考图谱与混合样本比对

下一步是将所有参考样本与混合样本进行比对。按“Data（数据）”选项卡中的比对按钮。为了进行匹配过程，遵循第 11.10.2 节中描述的 3 步过程。

第一步：将所有参考图谱与所有混合样本进行比对，以提供一个基于混合样本中包含参考样本等位基因比例的分数（基于匹配的等位基因计数，MAC）。这些数据显示在“匹配矩阵”选项卡下（图 11.12）。如果在导入数据时选中了“高级选项”下的“比对单一来源”，也可以与所有证据图谱进行比对。

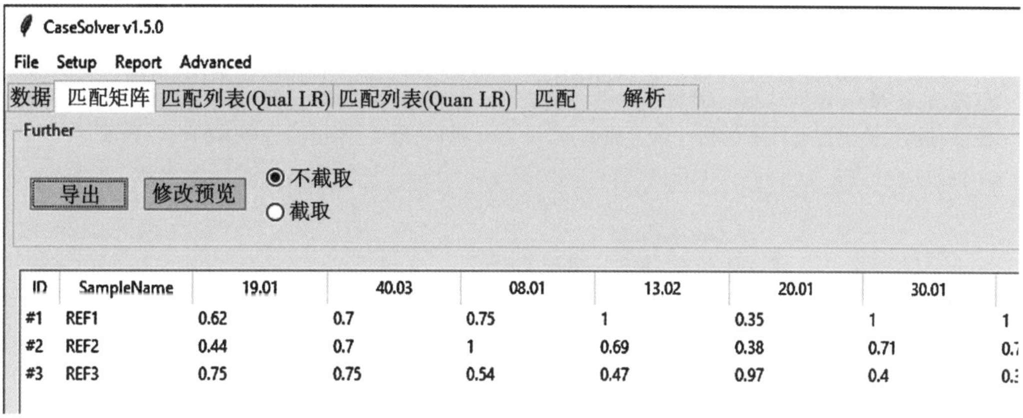

图 11.12　“匹配矩阵”结果显示了与犯罪样本匹配的等位基因比例，例如，REF1 的 0.62、REF2 的 0.44 和 REF3 的 0.75 与样本 19.01 匹配

第二步：MAC 方法是第一个过滤器。MAC 阈值设置（图 11.11）为 0.9（用户可以更改此参数），因此只有那些与一个或多个参考样本有 ≥0.9 匹配等位基因计数（比例）的才会通过到下一个分析阶段，即定性模型来计算 *LR*。从“Qual. *LR* 阈值设置”，仅显示 LR ≥ 10 的结果。$\log_{10}LRs$ 的排名列表显示在“Match list（Qual *LR*）”选项卡下（图 11.13）。

第三步：使用定量模型对图 11.13 中定性 *LR* 阈值的比对列表进行分析，定量模型提供了图 11.14 所示的列表。有一个 $\log_{10}LR=3$ 的阈值，在“阈值设置”“Quan. *LR* 阈值（比对）”框中提供。请注意：与上一个定性步骤相比，排名有所改变。

11.11.4　查看结果

“匹配”选项卡（图 11.15）提供了样本与参考值匹配的备选视图（图 11.14 中满足定量阈值 $LR \geq 10^3$ 的比对）。可以导出数据；通过按此选项卡中显示的按钮，可以生成匹配网络，

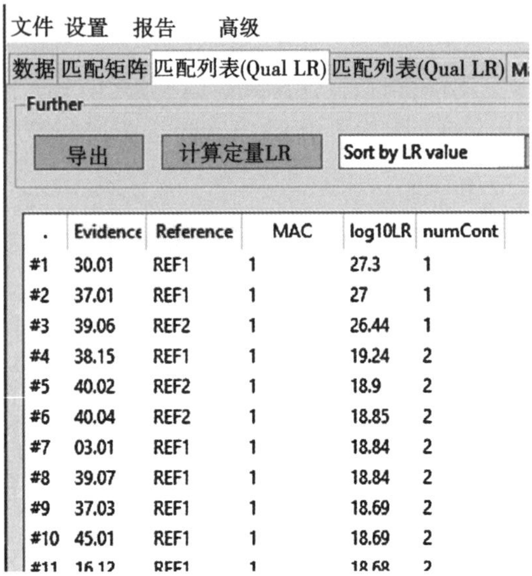

图 11.13 “匹配列表(Quan-LR)”结果,显示了与命名参考相比的样本排名列表。利用定量模型,将 MAC 比例与 $\log_{10}LR$ 排序结果一起提供;最后,给出混合样本的估计供者数量

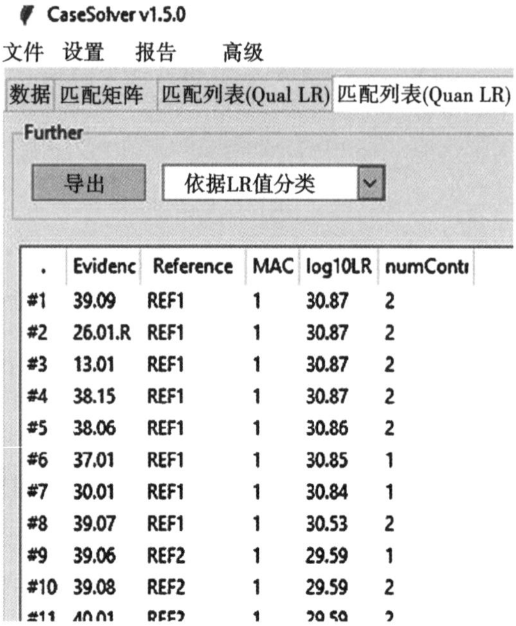

图 11.14 “匹配列表(Quan-LR)”结果,显示了与命名参考相比的样本排名列表。利用定量模型,将 MAC 比例与 $\log_{10}LR$ 排序结果一起提供;最后,给出混合样本的供者数量

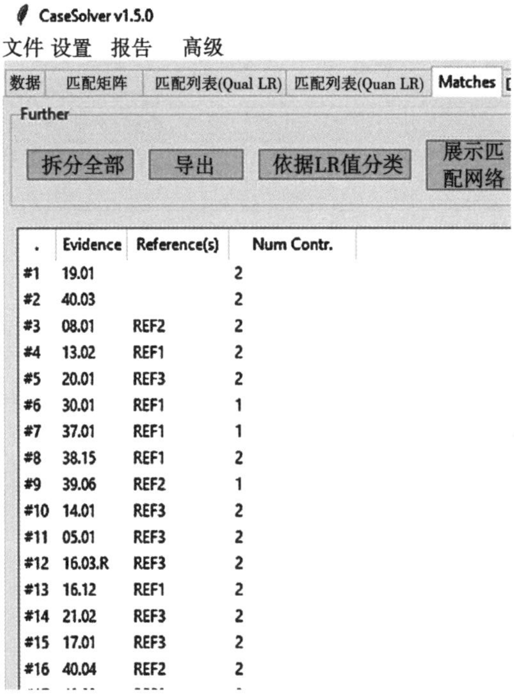

图 11.15 “Matches(匹配)”选项卡结果,显示了比对的样本列表、匹配的命名参考图谱和供者的数量

并可以拆分所有混合样本。此外，还可以为混合样本和单一来源图谱提供单独的匹配网络。

按下“显示匹配网络”按钮（图 11.16）可显示将所有结果合并到图形网络中。许多橙色和红色节点只匹配一个单一参考样本。这表明第二个供者要么是“未知的”，要么是无法获得大于相对于参考样本的阈值的 *LR*（示例中 $\log_{10}LR=3$）。如果需要，可以选择更改阈值，这将更改网络图形的外观。

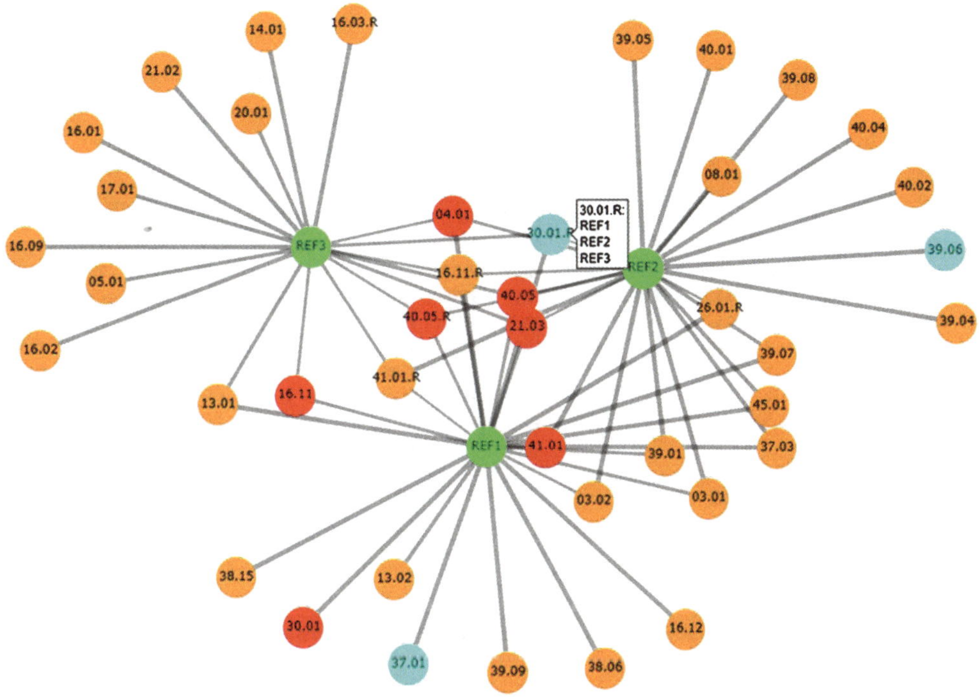

图 11.16 Matches 选项卡中的“Show match network（显示匹配网络）”生成网络图。参考样本是绿色节点。单源供者的证据是青色的；两个供者是橙色的，3 个或更多的供者是红色的。如果使用 R 中的“plotly”函数，则可以将鼠标悬停在一个节点上，这将显示匹配项的列表，如示例 30.01 所示。在 $\log_{10}$ 尺度上，边缘的厚度和节点之间的距离与 *LR* 的大小成反比

11.11.5 拆分

拆分结果显示在“Deconvoluted（拆分）”选项卡下。这些结果基于与 *EuroForMix* 相同的概率计算的，有关如何进行计算的详细信息在第 7.7 节中进行了描述，更多细节见文献[274]的补充材料。在这里，拆分是基于排名靠前的基因型（给出最大的概率），如果这个概率高于阈值，则该基因型就是拆分的结果。拆分阈值可以在“设置（Setup）”>“阈值设置（Threshold settings）”>“与下一个的概率比（拆分）（Prob-ratio to next（Deconvolution））”（默认值为 10）下更改。这是第一位基因型与第二位基因型的概率之比，也就是说，数字越高，证据就越“确定”地支持排名较高的基因型。如果最高概率低于该阈值，则仍有可能只有一个等位基因是确定的，因此也计算了单个等位基因的概率。如果一个等位基因至少有一个特定的阈值，称为“单等位基因概率（拆分）Prob. single allele（Deconvolution）”（默认为 0.99），CS 表示该等位基因是确定的，并将其添加到拆分结果中。在 CS（包括 *EuroForMix*）中，丢失的等位基因

被指定为等位基因“99”（代表未被观察到的任何等位基因）。在我们的数据中，样本 01.01-C1 是令人感兴趣的，因为未知成分的整体图谱已经被拆分。如果用鼠标左键“双击”该图谱，则会出现一条消息（图 11.17），询问用户是否希望将该图谱添加到图 11.10 中的参考列表中。这使我们有机会使用非集中的“未知”图谱搜索数据，这可能会突出新的调查线索（需要根据第 11.11.3 节的详细信息进行新的搜索）。CS 还可以通过“Export selected（导出选定）”按钮以 Genemapper 格式导出所选的拆分图谱。

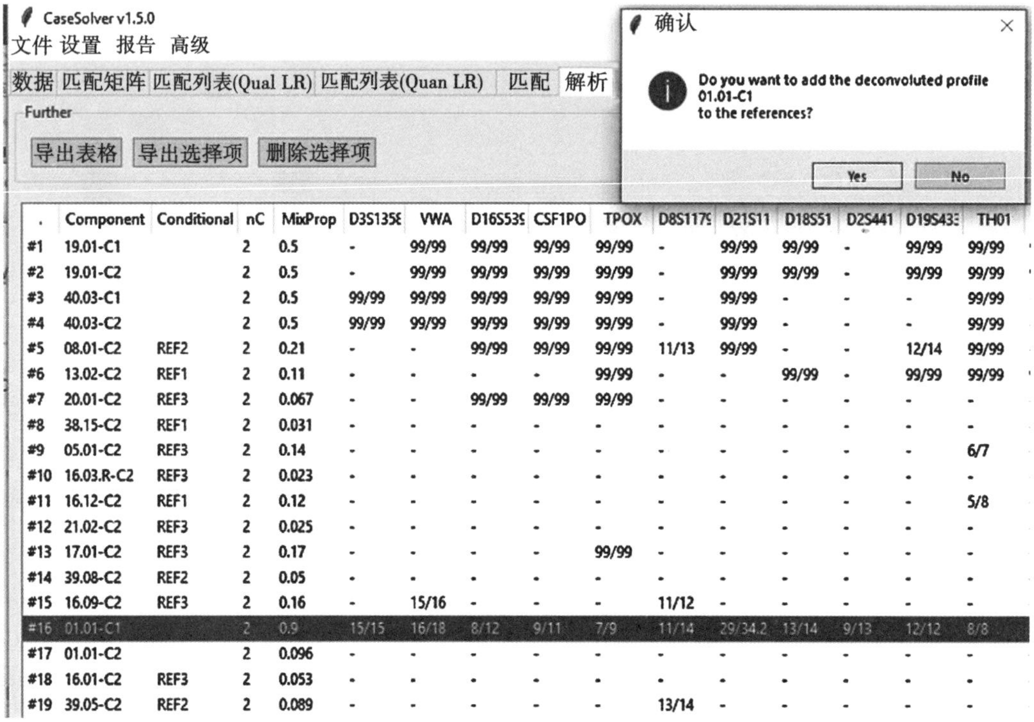

.	Component	Conditional	nC	MixProp	D3S135	VWA	D16S539	CSF1PO	TPOX	D8S1179	D21S11	D18S51	D2S441	D19S433	TH01
#1	19.01-C1		2	0.5	-	99/99	99/99	99/99	99/99	-	99/99	99/99	-	99/99	99/99
#2	19.01-C2		2	0.5	-	99/99	99/99	99/99	99/99	-	99/99	99/99	-	99/99	99/99
#3	40.03-C1		2	0.5	99/99	99/99	99/99	99/99	99/99	-	99/99	-	-	-	99/99
#4	40.03-C2		2	0.5	99/99	99/99	99/99	99/99	99/99	-	99/99	-	-	-	99/99
#5	08.01-C2	REF2	2	0.21	-	-	99/99	99/99	99/99	11/13	99/99	-	-	12/14	99/99
#6	13.02-C2	REF1	2	0.11	-	-	-	-	99/99	-	-	99/99	-	99/99	99/99
#7	20.01-C2	REF3	2	0.067	-	-	99/99	99/99	99/99	-	-	-	-	-	-
#8	38.15-C2	REF1	2	0.031	-	-	-	-	-	-	-	-	-	-	-
#9	05.01-C2	REF3	2	0.14	-	-	-	-	-	-	-	-	-	-	6/7
#10	16.03.R-C2	REF3	2	0.023	-	-	-	-	-	-	-	-	-	-	-
#11	16.12-C2	REF1	2	0.12	-	-	-	-	-	-	-	-	-	-	5/8
#12	21.02-C2	REF3	2	0.025	-	-	-	-	-	-	-	-	-	-	-
#13	17.01-C2	REF3	2	0.17	-	-	-	-	99/99	-	-	-	-	-	-
#14	39.08-C2	REF2	2	0.05	-	-	-	-	-	-	-	-	-	-	-
#15	16.09-C2	REF3	2	0.16	-	15/16	-	-	-	11/12	-	-	-	-	-
#16	01.01-C1		2	0.9	15/15	16/18	8/12	9/11	7/9	11/14	29/34.2	13/14	9/13	12/12	8/8
#17	01.01-C2		2	0.096	-	-	-	-	-	-	-	-	-	-	-
#18	16.01-C2	REF3	2	0.053	-	-	-	-	-	-	-	-	-	-	-
#19	39.05-C2	REF2	2	0.089	-	-	-	-	-	13/14	-	-	-	-	-

图 11.17 “拆分（Deconvolution）”选项卡结果，显示了比对的样本列表、匹配的命名参考样本和供者的数量

11.11.6 关联性搜索

CS 在 Data 选项卡下有一个名为“Calculate IBS（计算 IBS）”的按钮，它可以简单地计算所有参考图谱之间共享的等位基因的数量（IBS 代表“状态同源”）。这是一个很有用的特性，可以用来查明是否有任何参考样本是潜在的亲属关系，或者发现在单一来源图谱中的错误。IBS 阈值可在“Setup（设置）”>“Threshold Settings（阈值设置）”>“Minimum IBS for being relative candidate（相对候选最小 IBS）”下选择。如果所考虑的关系是父亲/儿子或两个兄弟姐妹，那么大约 50% 的等位基因将匹配。在 GlobalFiler 中有 21 个常染色体基因座，因此我们期望大约 20 个等位基因与这种关系相匹配（默认的阈值是 IBS=20）。点击“Calculate IBS（计算 IBS）”按钮（图 11.18），显示 REF2 和 REF1 可能是相关的，IBS=27，有 27 个共享等位基因（我们知道这些参考来自母亲/儿子），但也显示拆分未知样本 01.01-C1 与可疑 REF3 有着密切的关系，共有 24 个等位基因匹配。CS 包括一种在假设两个参考样本无关的情况下估计观察 IBS≥x 的概率的方法，对于 $x=0,1,2...,2\times L$（L 是基因座的数目）。这些概率

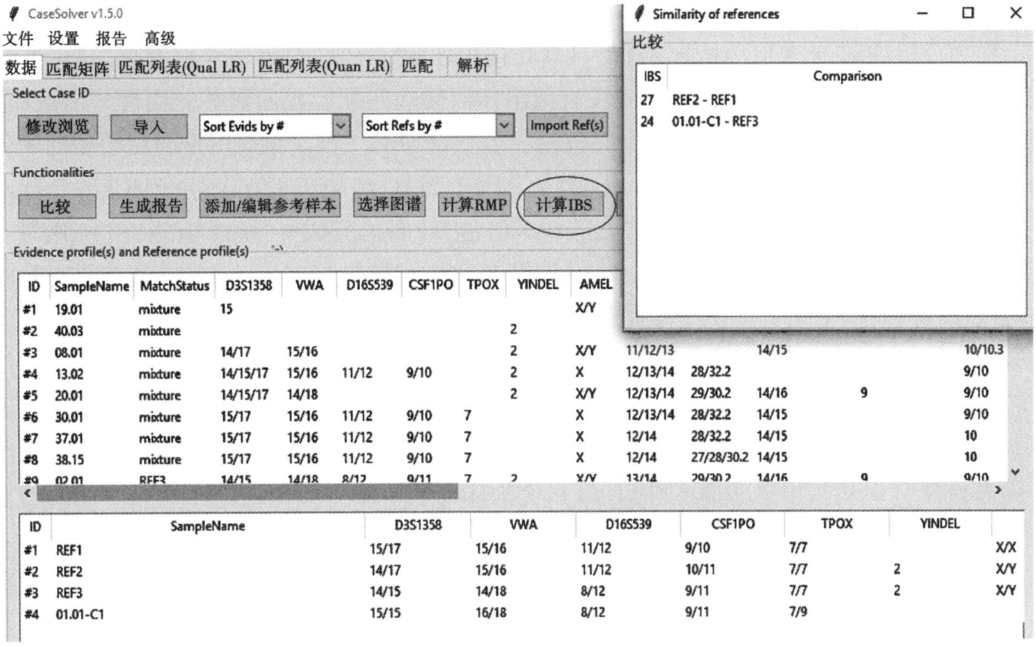

图 11.18　在参考样本中搜索潜在的亲属

可以通过选择“Advanced（高级）”>“Random IBS（随机 IBS）”来精确计算——观察到的 IBS 指示关系的一个小概率（*p* 值）。如果需要，应进一步进行正式的概率计算，以评估任何给定关系的可能性；这不是在 CS 中实现的，但可以在开放 Familias 中进行 https://familias.no/[298,299]。对于混合样本，可以使用开放软件 RelMix[57] https://cran.rproject.org/web/packages/relMix/index.html。

11.11.7　高级选项

“高级选项（Advanced）”选项卡为模型估计和搜索策略提供了额外的但不太重要的设置。在此，用户可以选择性定义定性和定量步骤中供者的最大数量，从而限制第 11.10.1.1 节中概述的自动供者估计。如果在定量模型中估计有大量供者，这将大大减少模型的计算时间。“Use SNP module（使用 SNP 模块）”选项将假设在比对分析中，所有证据图谱都是 3 人混合（Bleka 等文献[300]和第 13.7 节描述了默认 3 人供者的理由）。

11.11.8　更详细的结果摘要

11.11.8.1　与单一来源图谱的比对

据观察，在导入的 112 个证据样本中，有 68 个样本被归类为单一来源图谱（$K=1$）。在这个案例中，取了两个相关的参考图谱，即受害者 REF1 和 REF2（共享 27 个等位基因），并且许多单一来源的图谱也与这些图谱相匹配（29 个样本与 REF1 匹配，17 个样本与 REF2 匹配）。CS 还能够将其中 22 个单一来源图谱指定为未知男性图谱（unknown 1），该图谱随后与先前居住在该公寓的已知个体相匹配（REF3）。其余 44 个证据样本被归为混合样本（K 至少为 2）。

11.11.8.2 与混合样本的比对

作为分析的起点,MAC=0.8 和 *LR*=1 000 被用作 *LR* 阈值(对于两种模型类型)。在这个分析中,图谱 40.03,19.01 和 01.01 没有给出任何候选匹配。我们能够使用拆分函数(假设 *K*=2),从样本 01.01 中提取出一个完整的主要图谱 MAJ。再次将该图谱与使用相同阈值的所有其他混合样本进行比对。第一步提供了 76 个 MAC 高于 0.8 的比对列表(176 个比对在 1 秒内完成),而其中 73 个定性 *LR* 高于 1 000(在 21 秒内完成)。除了这些,70 个比对的定量 *LR* 高于 1 000(在 2.8 小时内完成,但将供者的最大数量限制为 3 个时,可将分析时间缩短至 10 分钟)。对应的匹配树图如图 11.16 所示。

11.11.8.3 亲缘性

在实际例子中,我们计算了 4 个参考样本(6 个成对比对)之间的 IBS。"Settings(设置)">"Threshold settings(阈值设置)">"Minimum IBS for Being a relative candidate(作为亲属候选的最小 IBS"被设置为 20(图 11.11),作为任何两个参考图谱之间匹配等位基因的最小数目,这些等位基因必须标记为潜在的亲属。

激活"Data(数据)"选项卡上的"Calculate IBS(计算 IBS)"按钮后,突出显示了两个参考对:

a) REF2 与 REF1,其中 27 个等位基因匹配;

b) 01.01-C1 和 REF3,其中 24 个等位基因匹配(01.01-C1 更名为 MAJ)。

接下来我们运行"Advanced(高级)">"Random IBS(随机 IBS)";这为 0-42 等位基因的不相关个体对之间的随机匹配创建了一个 *p* 值表。我们为观察到的匹配选择了两个 *p* 值,即 27 个等位基因匹配,*p*=1.2e−07,24 个等位基因匹配,*p*=2.0e−05。

这些 p 值需要进行邦费罗尼(Bonferroni)校正,以考虑进行的比对次数(n_{com}):

$$n_{com}=\frac{n_{ref}\times(n_{ref}-1)}{2}=6 \tag{11.4}$$

邦费罗尼(Bonferroni)校正 *p* 值=*p* 值×n_{com}。因此,校正后的 p 值为

a) REF1,其中 REF2=1.22e−07=7.3e−07;

b) MAJ,REF3=1.98e−05=1.2e−04。

这些校正后的 *p* 值给出了随机配对个体分别在 *x*=27 和 24 等位基因上匹配的概率(当进行 n_{com}=6 比对时)。它没有指出可能存在的关系类型(例如兄弟姐妹、父母/子女)。为了进行评估,需要进一步的测试,如附录 A.2 所述。可以使用 *Familias*[298,299] 等软件来提供这些信息。

当案件信息有限时,潜在亲属的信息可能对调查是有用的。

11.11.8.4 潜在的假阳性和假阴性

除了标准的搜索策略,我们还考虑了更彻底的分析,以发现潜在的假阴性或假阳性。在这里,我们将 MAC 阈值降低到 0.7,将基于定性的 *LR* 阈值降低到 1,然后应用定量模型,其中我们以假定的匹配图谱为条件。这项工作是在 Matches(Qual-LR)页面上以交互方式进行的。因此,我们使用 CS 在大约 1 小时的工作中获得了以下更新的结果。

潜在假阳性:

- 30.01.R−REF2(MAC=0.9):

- 以 REF1 的 K=3 个供者为条件,$\log_{10}LR$ 从 6.4 降低到-0.2
- 以 REF1/REF3 的 K=3 个供者为条件,$\log_{10}LR$ 进一步降低至-1.7
- 38.06-REF2(MAC=0.86):
  - 以 REF1 的 K=2 个供者为条件,$\log_{10}LR$ 从 4.6 降低到-4.1
  - 以 REF1 的 K=3 个供者为条件,$\log_{10}LR$ 从 4.6 降低到 1.7

潜在的假阴性:

- 39.04-REF3(MAC=0.76):以 REF2 的 K=2 个供者为条件,$\log_{10}LR$ 回升至 9.4
- 41.01-REF3(MAC=0.79):以 REF2 的 K=2 个供者为条件,$\log_{10}LR$ 回升至 8.7
- 40.03-REF3(MAC=0.75):以 none 的 K=2 个供者为条件,$\log_{10}LR$ 回升至 4.0

在 DYS391 标记中,REF3 具有等位基因 9。在所有 3 个混合样本中也都获得了此等位基因,这增加了对 REF3 可能是供者这一命题的支持(然而,在 LR 计算中没有考虑到这一点)。

11.11.9 搜索一个大型的虚拟国家 DNA 数据库

通常,犯罪嫌疑人的候选名单可能会扩展到国家 DNA 数据库。数据库的一部分可以根据犯罪的地理位置和特定区域内已知的罪犯进行选择。为了检验 CS 的有效性,将上述真实案件中已知分型的 3 名相关人士,即两名被害人和犯罪嫌疑人,添加到 100 万个随机生成的参考图谱中,并使用 CS 与证据图谱(基于案件中的现场斑迹)进行比对。这里使用 GlobalFiler 的等位基因频率,但除此之外,我们在 SE33 基因座插入了等位基因 5.3 和等位基因 28 的最低频率 0.001 8(之后所有频率均正常化)。重要的是,生成这样一个数据库,我们可以计算(和估计)获得的假阳性数。"importDataFile"可以自动生成 100 万个随机个体,方法是"freqs. csv"将文件放入"Real1"案例文件夹中,然后按"Data(数据)"选项卡上的"Import(导入)"按钮。

模拟、导入和可视化数据所需的时间约为 14 分钟,内存要求高达 13.4GB。存储项目需要一个 25MB 的文件,大约 10 分钟就可以导入。使用 MAC 方法将所有 100 万个参考图谱(包括案例参考图谱)与 44 份分类混合样本进行比对(总计 4 400 万份比对),并在一个巨大的表格中生成结果,所需时间为 34 分钟,需要 12.5GB。其中,56 521 个比对满足 MAC=0.8 的阈值。接下来,我们计算了所有候选者的定性 LR(大约在 8 小时内完成)。共有 302 个比对满足至少 1 000 的定性 LR(即 LR 大于等于 1 000)。计算这些剩余候选者的定量 LR 需要 16 分钟/4 小时(K_{max}=3/4),得到 210/190 匹配候选,LR 大于 1 000(K_{max}=3/4),68 个匹配候选的 LR 高于 10^6。表 2 概述了在 CS 中的每个比对步骤中应用"阈值测试"后生成的参考样本数。假设的 4 人混合图谱 04.01 产生了最多的假阳性,使用 MAC 方法,因为观察到大量等位基因,而定性 LR 方法在 LR=1 000 的阈值下删除了大多数假阳性。在下一步,定量模型进一步减少了候选人的数量;然而,许多候选人的 LR 仍然高于 1 000。对于假定的 4 人混合资料 04.01,当条件从定量模型中的 3 个供者变为 4 个供者时,假阳性数从 7 增加到 27 个;增加了生成更多排名靠前的参考样本 LR。随机生成的参考样本的最大假阳性定量 LR 为 $\log_{10}LR$=6.1(MAC=0.94),低质量样本的 LR 为 19.01。这是唯一一个与 LR 超过 100 万的比对。因此,当使用 LR 阈值 100 万时,所有上一节(表 11.5)中已知参考样本的比对结果获得最高排名。

表 11.5 该表概述了在 CS 中的每个比对步骤中对每个证据图谱经筛选后发现的生成参考图谱的发现数量(总计 100 万个)。“Expected”是预期的参考样本数,预期满足 MAC=0.8 阈值。这里,只提供至少有一个生成的参考候选的证据。对于样本 04.01,我们评估了定量模型中 $K=3$ 和 $K=4$ 的供者数量。最后一列表示使用观测到的 MAC 生成的参考图谱的最大观测 *LR*,如括号中所示。经 Elsevier 许可,转载自文献[274]

样本名称	预期数	MAC=0.8	Qual. *LR*=1 000	最大 Qual. *LR* (log10) w/MAC	Quan. *LR*=1 000	Quan. *LR*=le6	最大 Quan. *LR* (log10) w/MAC
04.01 (max*K*=3/4)	44 567	44 397	41	5.3(0.95)	7/27	0/0	4.8(0.95)/5.9(0.95)
16.11.R	2 691	2 665	12	4.6(0.90)	2	0	4.8(0.88)
41.01.R	2 456	2 466	10	5.9(0.93)	6	0	5.0(0.86)
30.01.R	1 616	1 639	24	4.8(0.88)	23	0	4.5(0.86)
21.03	1 183	1 200	21	5.3(0.90)	13	0	4.7(0.86)
19.01	1 170	1 190	35	4.5(0.94)	32	1	6.1(0.94)
40.05	1 120	1 182	17	5.3(0.90)	8	0	4.6(0.86)
40.05.R	1 073	1 100	17	5.3(0.90)	6	0	3.9(0.90)
16.11	226	251	0	-0.4(0.81)	-	-	-
40.03	114	94	24	4.7(0.85)	22	0	5.5(0.85)
13.01	83	82	0	2.4(0.81)	0	0	5.3(0.83)
16.02	72	65	0	2.8(0.81)	-	-	-
08.01	43	57	26	4.6(0.82)	21	0	4.7(0.82)
41.01	35	41	1	3.6(0.81)	0	-	-4.2(0.81)
39.04	11	13	1	3.4(0.81)	0	-	-2.0(0.81)
38.06/16.09/39.05	1.4/0.6/0.4	1/1/1	0/0/0	2.0/1.0/2.5 (0.81/0.81/0.81)	-	-	-

11.12. 法医遗传学对新的数字工具的需求:提高搜索大型 DNA 数据库的效率

DNA 技术的迅速变化和应用要求开发新的分析软件来处理产生的大量信息。传统的 DNA 分析通常是使用纸和笔对等位基因以及峰高进行人工比对。随着标记数量的增加,这类工作需要大量的资源,而抄写错误是一个特别值得关注的问题。DNA 分型灵敏度的提高也导致了更多的混合样本图谱的产生,常规的办案人员需要在复杂的案例中结合大量的其他图谱来分析这些混合样本图谱。CS 是一种探索性的调查工具,用于过滤大数据集,以发现候选匹配(参考图谱和证据图谱之间的潜在匹配),可以是单一来源图谱,也可以是混合图谱。我们演示了一个具有挑战性的案例,并展示了能够执行更彻底分析(*LR* 计算、拆分或简单亲缘性测试）的好处，在这些分析中，可以更仔细地指定命题，而无须导出到其他软件中。

在复杂的调查中，往往没有犯罪嫌疑人。通常情况下，调查人员会借助国家 DNA 数据库来发现潜在的候选人。当 DNA 图谱是单一的且分型良好的图谱时，这个过程是相当简单的，但是如果图谱是混合斑，就需要一个不同的方法。大多数国家的 DNA 数据库都是针对单一来源的。如果获得了混合图谱，则需要进行拆分以提取候选参考进行搜索，但此过程存在问题，因为它实际上仅限于明确的主要供者；如果利害关系人是次要供者，则该方法起不到作用，因为掩蔽和丢失意味着不可能存在要搜索到的最终参考样本。因此，依赖拆分是低效的，因为许多现场斑迹无法分析。因此，许多案件仍然悬而未决。

概率模型采用的似然比方法是一种更好的方法，因为对可以搜索的图谱没有限制（没有拆分），因此可以调查次要供者，不需要明确的主要供者作为利害关系人。*SmartRank* 采用了这种方法（第 11.6 节）。这是一个快速搜索引擎，是采用了 Haned 等的[68]定性模型。然而，定量模型是更有效的，因为它考虑了证据图谱中的峰高信息。但缺点是计算需求更大。因此，这可以作为对可搜索的参考样本数量的限制。为了解决这个问题，我们设计了一个 3 步测试。显然，在只有少数等位基因匹配的样本上进行大量计算是没有意义的。因此，通过进行简单的等位基因匹配，并消除那些低于某个阈值的参照图谱，就可以快速过滤这些信息。剩余部分可通过定性模型进行搜索，最终列表可通过定量模型进行细化。调查程序如图 11.19 所示。可从排除员工数据库（污染搜索）、对当地人口的大规模筛选、国家 DNA 数据库或其他调查结果突出显示的相关人员中获得要搜索的参考图谱。

实验室的目的是将参考图谱与相关的证据图谱进行比对，以提供候选人的排名名单。这份名单将转交警方以进行进一步调查。候选人名单可根据年龄或地理位置等条件加以限制[193]。如果表型信息可用，例如地理血统或头发/眼睛颜色，那么这也可以用于缩小候选名单的大小[285]，注意没有任何测试是 100% 确定的，因此存在假阴性的风险。要么淘汰所有候选人，要么确定一名犯罪嫌疑人，根据案件的补充证据，将其移交检察机关评估。如果全部被排除，警方就需要联系实验室，要求扩大候选名单，要么包括排名较低的参考样本，要么根据新的条件考虑一组新的参考样本。当案件中有足够的非 DNA 证据可以继续起诉时，科学家们就会转向 Gill 等[275]所提出的评估模式。一旦进入评估模式，将使用相关当局提出的精确命题来考虑证据的强度[284]，并使用适当的“F_{ST} 修正”（当前版本的 CS 不考虑 F_{ST}-修正）。重要的是，CS 可以将所选的 DNA 图谱直接导出到 *EuroForMix*，或者导出到文本文件中供其他软件使用，这样评估阶段就不会受到任何限制了。调查搜索的想法是优先考虑警察资源，因为在案件中信息有限。如果 DNA 证据图谱不复杂，并且在 16 个以上基因座分型都能很好的呈现，那么搜索几百万个个体的非常大的参考数据库通常是没有问题的。漏检的风险很低。然而，当图谱是 3 个人或更多人的复杂混合样本时，在候选名单中不可避免地会有许多假阳性匹配。为了进行调查，这张名单是根据似然比排序的，警方将按这个排列顺序对个人进行调查。一个人要进入评估阶段，必须还有一些额外的证据，例如目击证人、衣物纤维等。因此，这是一个耗时的过程。例如，如果在前 100 次比对后没有找到候选人，则可以选择将列表扩展到下一个 100 个，依此类推。这一过程完全由警方调查员决定，最终取决于调查某一特定犯罪的资源和时间。连环杀人的资源要比小偷小摸多。此外，不必

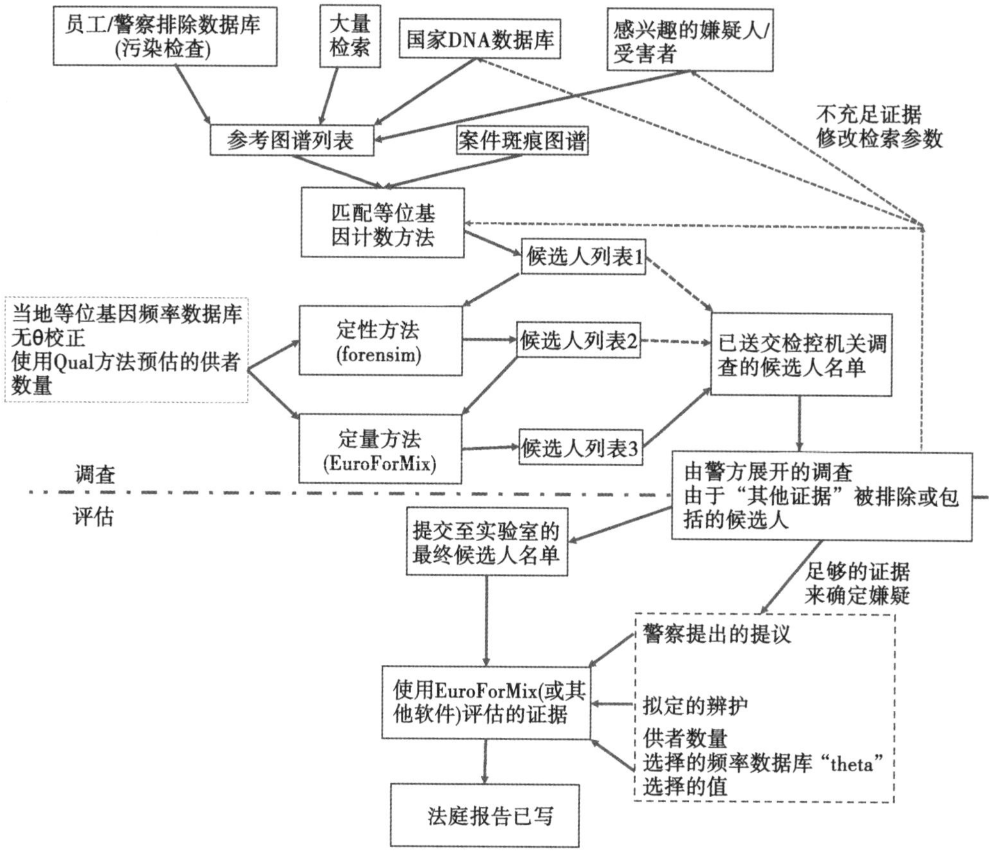

图 11.19　收集参考图谱（案例情况或数据库的一部分）并与证据图谱进行比对。一个分 3 步走的程序确定匹配，并将其转交检察机关进行进一步调查。要么所有候选人都被淘汰，在这种情况下，可能要求更放松或更集中的搜索，要么一个或多个候选人成为犯罪嫌疑人，实验室从调查模式转向评估模式，考虑当局提出的建议和案件情况的证据。虚线箭头是可选的。经 Elsevier 许可，转载自文献[274]

搜索整个数据库，数据库的子库可以根据地理位置、年龄和性别、犯罪手法已知的罪犯的前科等确定优先次序。这些是使用条件进行调查优先顺序确定的例子，而不需要搜索整个数据库。

11.12.1　为什么要使用逐步策略来提取候选匹配？

当将混合样本与大型 DNA 参考数据库进行比对时，*LR* 方法优于 MAC 方法[291]。研究表明，定量模型如 *EuroForMix*，优于定性模型[236,301]。然而，使用 *EuroForMix* 进行分析所需的时间是有限的，因此引入了逐步法。将 MAC 作为第一步的一个论据与许多实验室一致，这些实验室在报告结果之前对允许的不匹配数量设置了一个上限。例如，如果分析程序最多接受 4 个丢失，那么这种规则将很容易在 CS 中应用，其附加好处是加快比对（而不是不使用此阈值）。CS 使用定性模型，因为它非常快速且性能良好（*SmartRank* 也使用它）。为了提高性能，我们实施了 ML 方法[236]。从文献[274]中提出的 Fusion 6C 验证研究中，我们发现这种方法表现良好，为供者提供了高 *LR*，而对非供者给出了较低的 *LR*（除了具有高丢失水平的样本，其中供者的数量被低估）。然而，如实际案例所示，该模型有时会给出误导性的

LR 值，因为它不使用峰高模型，这通常发生在搜索大型 DNA 数据库或考虑亲属时。因此，我们建议通常采用 3 步策略（图 11.19）。这种方法是在合理的时间内完成的。

11.12.2　CS 的灵活性

CS 的一个重要方面是它非常容易个性化设置：用户可以提供不同的模型设置和搜索策略阈值，甚至可以定制可以导入到软件中的数据类型。CS 还可以创建简单的 HTML 报告，但是它不能直接生成 pdf 格式的报告。在这里，用户可以选择应该导出到报表的数据或结果的哪一部分。CS 使定义实验室特定的“ImportData”函数成为可能。这意味着没有规则来描述作为输入的 DNA 图谱格式，只要函数返回一个有效的格式，这个格式可以被 CS 识别。这使得一个通用框架能够将数据导入到 CS 中，受到 R 语言[218]及其支持的 R 包的限制。这种方法的灵活性意味着它可以集成到与我们使用的数据格式不同的实验室系统中。目前正在实施的另一种可能性是使用 CS 来分析基于二代测序的数据，其中可能需要考虑使用例如[302] Verogen 的 ForenSeq DNA Signature Prep Kit 的“最长不间断序列（LUS）[302]”（见第 13.9 节）。软件在误报和漏报方面的性能是验证的一个重要部分，它提供了性能的基准语句，以比较未来的改进，即验证是一个连续的过程。这将是有限制的，特别是当利害关系人是一个 DNA 模板水平非常低的供者时。等位基因将低于分析阈值，相应的 *LRs* 将很小（第 3.2 节）。系统的设计是探索性的模式，并且为用户提供了灵活性。找到匹配后，科学家进入分析的评估阶段，这是法院报告的基础，这意味着可以使用 *EuroForMix* 或任何其他概率软件，使用特定频率数据库、F_{ST} 校正、供者数量等重新计算 *LR*，如图 11.19 所示；其他地方报告的单独验证研究（例如[236,252,264]）对此进行了说明。

附录[274]的 D 部分描述了使用网页 www.euroformix/evaluations/上的 R 脚本执行数值/程序的检查，这些脚本在名为“NumEval_2.1.0”的文件（也可用于较新版本）中提供。自 2017 年 11 月以来，CS 已在挪威法庭科学部（奥斯陆大学医院）的案例工作中积极使用。在那里，CS 已经集成到数据系统和工作流程中，以实现数据的无缝传输。CS 是一个重要的工具，它支持报告科学家的发现，并可发现人工输入错误或早期阶段分析过程中产生的人工产物。该软件具有很大的灵活性，因此可用于特定的目的。这样实验室有必要进行内部验证，但任何软件都需如此。

11.12.3　搜索大型国家 DNA 数据库

为了检验 CS 的局限性，我们尝试了不同大小的参考数据库，这些数据库都基于 24 个基因座（也包括非常染色体标记）。对于生成的 100 万个参考样本，除了实际例子中的图谱之外，所需的内存是 13GB。在 8GB 的平台上无法进行计算。一旦所有的数据导入 CS 中，CS 比对和可视化超过 100 万个参考图谱与 44 种混合样本的结果，所需的总时间为 35 分钟+“额外”。这里，“额外”是指 MAC 比对后使用的策略。结果，我们发现基于定性/定量的方法对于减少非常高的假阳性率是很重要的：MAC = 0.8 阈值返回 56 445 生成的候选者，其中高阶混合样本 04.01 构成 44 397。使用阈值 $LR = 1\,000$ 的定性方法，依次还原了 229 个生成的候选者。最后，当应用定量模型时，*LR* 阈值为 1 000 适合获得 140/160 生成候选对象的可管理列表（$K_{max} = 3/4$）。但是，将阈值增加到 100 万时，除了一个实例外（$\log_{10}LR = 6.1$），几乎匹配列表中的所有生成的参考样本被排除。这一观察结果完全符合 Gill 等[227]的理论。他说：

“$LR=x$ 或更多出现的频率由 $Pr(LR>x|H_d)<1/x$ 来调节,因此我们永远不会期望超过 N/x 的机会匹配,其中 N 是数据库的大小。在一个大小为 N 的数据库中,LR 大于 x 的非供者的数量是 $N\times Pr(LR>x|H_d)$,它与 N 密切相关。”

由于假阳性结果的增加,对大量低 *LRs* 作为阈值的参考样本的搜索造成了研究的局限性。尽管如此,在我们的演示中观察到的假阳性数量远低于此类搜索的预期上限,即预期样本数 $n_{exp}=\frac{N}{LR_t}$[85,227]。在阈值 $LR_t=1\,000$ 时,样本数为 44 000,而在阈值为 $LR_t=1m$ 时,样本数为 44。对于大型 DNA 数据库,CS 对内存要求很高。瓶颈归结为图形用户界面中大矩阵的可视化。我们建议使用非图形化软件 *dnamatch2*[294] 作为一种节约内存的替代方案(它基于 CS 中使用的相同方法)。另一种选择是使用 *EuroForMix* 或 *SmartRank* 一次搜索一个证据图谱(也可以复制),以获得一组指定的命题。

11.12.4 使用 *DNAmatch2* 搜索大型数据库并作为污染搜索引擎

CaseSolver 旨在执行复杂的调查性搜索。*DNAmatch2*[294] 具有与 *CaseSolver* 相同的 3 步搜索功能,但在内存方面更为高效地执行大型数据库搜索(即图谱不显示在图形用户界面中)。它也是在日常的案件处理过程中进行污染调查推荐的平台。新版本的 *DNAmatch2*(v2.0.0)现在包含了一个 GUI,这使得设置和实施(管理)污染搜索简单易行。该软件以及用户手册可在 http://www.euroformix.com/dnamatch2 上获得。

有两种污染:

1. 来自犯罪现场调查员或实验室科学家的污染(第 1 类污染)。

2. 实验室内的污染,例如,案例(a)中的 DNA 被意外转移到不相关的案例(b)中,参见“错误逮捕亚当斯”的案例[193],其中使用过的微量加样板被意外重复使用(第 2 类污染)。

第 1 类污染的检测依赖于维护一个由警官、科学家和任何可能接触犯罪现场证据的人组成的“排查数据库”,因为这些人是最有可能意外污染犯罪现场证据的人。未能确认这些个体浪费了无数小时的资源来调查“未知”(无关)的 DNA 图谱。由于污染物通常存在于混合样本中,并且通常是次要的供者,因此无法通过拆分检测到它们。然而,本章所述的似然比方法是检测污染的最有效方法,可以参考排查数据库,也可以通过在指定时间段内对个案进行交叉比对。

为了证明我们使用 ESX17 试剂盒(16 个常染色体标记)和挪威人口频率数据库来模拟 $N=100$ 个随机参考分型[294],*EuroForMix* 中的“genDataset”函数用于创建 $M=1\,000$ 随机斑迹分型(具有伽马分布峰高),包括 1 人、2 人或 3 人混合样本。首先,进行 1 类污染调查(参考图谱与现场斑迹)。对于 $M\times N=100\,000$ 的比对,需要大约 1 分钟的时间。在剩下的 950 个比对中,有 35 个是阳性的,而在剩下的 50 个比对中,有一个是阳性的。50 例真阳性中有 35 例检测到,其余的 99 950 例中检测到 1 例假阳性。15 例假阴性发生的原因是等位基因的高水平丢失(通常每个图谱约有 10 个丢失),而一些真阳性的丢失为 6 个。

其次,我们对 $M\times(N+M-1)=1\,094\,000$ 个比对进行了 2 类污染搜索(犯罪现场斑迹与犯罪现场斑迹)。第一步,利用 MAC 程序耗时 5 秒,而第二步和第三步(估计供者的数量并计算定性 *LR*)基于 4 218 个组合,耗时 140 秒。最后一步(定量 *LR*)基于 848 个组合,耗时 3.3 小时。除了类型 1 数据库搜索的结果外,此过程还找到了其他匹配项。当考虑“现场斑迹与现场斑迹”的比对时,在 225 个真实阳性中有 88 个是阳性的。然而,在剩下的 499 275 个样本中,共发现 37 个假阳性。

在挪威,*dnamatch2* 自 2015 年以来一直被用作发现潜在污染事件的宝贵工具。排查数据库中的员工和技术人员常跟日常案件图谱进行比对(参考与证据的比对)。常规案例图谱也会相互比对(仅在不同情况下)。这个操作每周都会进行,并且任何结果都会被手动调查。在 2016 年至 2019 年(11 月)期间,共发现 22 起污染事件。

除此之外,每月例行对实验室表面进行"擦拭测试",以检查"热点 DNA 污染";结果会与排查数据库进行比对。

早期版本的 *dnamatch2* 只包含一个运行搜索的 R 函数。但是,新的更新版本 2.0 或更新还包含一个 GUI,以便用户可以搜索所有的设置。重要的是,*dnamatch2* 自动为所有执行生成会话日志。

11.12.5 估计供者数量的未来改进

供者数量的估计是使用 Bleka 等[236]引入的带有惩罚项的定性模型的最大似然估计进行的。有时供者的数量被低估,导致假阴性。我们希望在未来的更新中进一步改进该方法。CS 的相关度(亲缘关系)检验方法仅基于简单等位基因共享(IBS)。在未来的更新中,还可以计算假设关系的 *LR*,以进一步改进测试。可以发展更复杂的理论来确定两个不同混合样本中的供者是否相同(混合样本-混合样本搜索)。通过推广传统方法,可以计算 *LR* 分数,以比较命题"两个混合样本共享一个共同供者"与"两个混合样本不共享任何供者"[303]。因此,该方法可用于推断复杂混合样本中其他方法难以解决的共同未知供者的调查线索。

11.13. 总结

法医学家有调查和评估的双重角色。当案件中没有犯罪嫌疑人时,这位法医科学家处于调查模式。通常会导致在国家 DNA 数据库中搜索潜在犯罪嫌疑人。此外,有些案件可能比较复杂,需要调查大量现场斑迹和犯罪嫌疑人。许多不同的解决方案采用不同的软件来应对这些挑战。

国家 DNA 数据库包括大量的参考样本。为了查询数据库,有必要从犯罪样本中推断出单个供者来进行搜索。当现场斑迹是单一供者时,分析会相对简单,但当分析混合样本时就有问题了。从混合样本中拆分供者是可能的;如果 POI 是主要供者,拆分供者会简单。

查询数据库的另一种策略是使用概率基因分型软件计算似然比,用参考样本代替分子命题中的 POI。这将产生一个可排序的 *LR* 的大列表,最高的可能识别潜在的 POI,可用于进一步调查。

对于数据库的 *LR* 查询,*SmartRank* 是基于 *LRmix* 的定性软件;*DNAmatch2* 是基于 *EuroForMix* 的定量软件,考虑了等位基因峰高。用该软件通过犯罪样本跟员工排查数据库进行常规筛选还可以发现污染事件。与传统的数据库查询相比,这些软件提供了改进的解决方案。

CaseSolver 也基于 *EuroForMix*。该软件旨在协助报告科学家调查有大量案例斑迹和参考样本的案例。该软件将突出显示潜在的现场斑迹与现场斑迹,以及参考样本与现场斑迹的"匹配"。结果可以用图形化的"匹配网络图"来表示。

注释

1. 二项式系数$\binom{N}{k}$是从 N 个可能性中选择 k 个无序结果的方法数，也称为组合数。

2. 资料来源：https://www.gov.uk/government/statistics/national-dna-database-statistics；https://www.fbi.gov/services/laboratory/biometric-analysis/codis/ndis-statistics； https://www.hrw.org/news/2017/05/15/china-police-dna-database-threatens-privacy（2019 年 6 月 20 日访问）。

3. 关于 CODIS 和 NDIS 的常见问题 https://www.fbi.gov/services/laboratory/biometricanalysis/codis/codis-and-ndis-fact-sheet#Expert-Systems。

4. 在这里，MAC 不能与“最大等位基因计数”方法混淆。

5. 在这里，MAC 不能与“最大等位基因计数”混淆。

6. 然而，我们使用 ML 方法而不是丢失模拟方法。

7. 此列表显示所选“案例目录”中每个文件夹的名称，如果没有，则说明该目录已指定错误。

（哈力木热提·司马义江　刘晋玎 译）

第 12 章
解释、报告和交流

ENFSI 评估指南提供了案例报告的指导原则[284]，ISFG DNA 委员会在公开发表的两篇文章中提出关于混合样本案例报告指导原则的建议[34,63]。其最近发表的出版物[275,304]也是审查命题表述的最新最全面的论述。本章旨在总结主要观点，而不是对被引文献中的内容做详尽的叙述。需要特别说明的是，本章将会提到一些 ISFG DNA 委员会已经提出的建议[275]。在 DNA 分析方法科学工作小组（Scientific Working Group on DNA Analysis Methods, SWGDAM）的支持下，类似的讨论也会在美国持续进行。

12.1. 早期表达证据价值的方法及其局限性

ISFG DNA 委员会早期建议运用似然比法进行证据评估，而不是当时广泛采用的随机个体不被排除（random man not excluded, RMNE）的计算方式，即一个随机个体不能被排除其为某混合样本供者的概率。相反的计算方式是排除概率，即一个随机个体被排除为某混合 DNA 样本供者的概率。实际计算时可直接忽略“丢失”的等位基因的基因座。

RMNE，即包含概率 $Pr(I)$ 的计算公式如下：

$$Pr(I) = \left(\sum_{i=1}^{n} Pr(A_i)\right)^2 \tag{12.1}$$

其中，n 为某一给定基因座的等位基因数目，$A_{i..n}$ 是所有可能的等位基因，$Pr(A_i)$ 为第 i 个等位基因的频率，每个等位基因的概率相加后总数的平方即为 $Pr(I)$。

累积包含概率（combined probability of inclusion, CPI）是 k 个基因座 $Pr(I)$ 的乘积。

$$CPI = \prod_{l=1}^{k} Pr(I_l) \tag{12.2}$$

排除概率对应的计算公式为：

$$Pr(E) = 1 - Pr(I) \tag{12.3}$$

累积排除概率（combined probability of exclusion, CPE）计算公式为：

$$CPE = 1 - \prod_{l=1}^{k} Pr(I_l) \tag{12.4}$$

虽然这些计算方法易实现且不需要假设供者的数量，不过，仍存在两个缺点：

1. 需要一个默认的假设，即所有供者的全部等位基因均呈现在 EPG 中，不存在等位基因丢失的情况，即对于存在或可能存在等位基因丢失的次要供者，该计算是无效的。

2. 计算独立存在，不因犯罪嫌疑人的分型而发生改变，即不论其图谱是否匹配，计算方式不会因犯罪嫌疑人的存在而有任何改变。

RMNE 计算法与似然比法相比，

$$LR=\frac{Pr(E|H_p,I)}{Pr(E|H_d,I)} \tag{12.5}$$

似然比（LR）用两个不同的假设来表示，分子和分母分别表示控方（H_p）和辩方（H_d）成立时获得某证据的概率；I 为背景信息。若无犯罪嫌疑人提供分子部分的概率，似然比则不可能存在。

当报告 RMNE 时，有必要对某一现场斑迹是否可能由犯罪嫌疑人所留进行二次判断，或许由他所留（概率=1）或许没有（概率=0）。后者分子为 0，不可能进行似然比计算。我们再一次遇到如第 3.5 节所述的跌落悬崖效应（falling-off-the-cliff-effect），以及与之相关的问题——没有任何东西介于两者之间。这不可避免地产生了一系列问题："什么是匹配？""若除了一个等位基因外，所有等位基因分型均可在证据图谱中找到，那么犯罪嫌疑人是否匹配？"NIST 进行了一项研究[267]，由 69 个不同的实验室分析某一混合样本，结果显示大多数实验室使用 RMNE 或 CPE 来报告结论。不过，这些实验室通常使用不同的做法，由之产生的结果也不尽相同。相反，似然比法分析无须依赖严格的规则集（strict rule-sets），类似于等位基因丢失或插入等情况包含在其统计学算法中，因此其概率是连续的。这有利于实现实验室间标准化[268,269]。

12.2. 解释科学证据的重要原则大纲

似然比框架（The likelihood ratio framework）的构成是向法院报告证据的基础（第 1.6 节）。因此，ISFG DNA 委员会的建议 1"评估法医生物证据的价值"[275]指出（框 12.1）：

> **框 12.1**
> "通过设定一个似然比值来赋予 DNA 和生物学结果价值。这意味着至少要提出两个相反的命题。应公开关于模型和背景信息（如案件信息和数据）的假设。"

Jackson 等[305]提出了两个要求：

1. 必须提出控方和可选的辩方命题；

2. "这些命题应通过案情结构和刑事司法系统各方之间的交流意见来制定"。

就此而言，"情况框架（framework of circumstances）"是对案件所有有关方面的详细考虑，包括控方和辩方的不同意见。

证据价值的大小在很大程度上取决于授权当局所提出的命题。一旦命题发生改变，证据的价值随之改变。

似然比是两个条件概率的比值（公式 12.5）。换言之，它是控方命题为真且给定条件信息情况下获得证据的概率与辩方命题为真且给定条件信息情况下获得证据的概率的比值。

1. 若由控方命题得出的证据概率大于由辩方命题得出的证据概率，则 $LR>1$，证据支持控方命题。

2. 若由控方命题得出的证据概率小于由辩方命题得出的证据概率，则 $LR<1$，证据支持辩方命题。

3. 若由控方命题得出的证据概率等于由辩方命题得出的证据概率，则 $LR=1$，证据中立,未支持任何一方命题。

若计算似然比的模型有效,则其在严格的条件命题背景下得出的证据价值是客观的。似然比大小是对证据价值或强度的一种衡量。不过,需要明白的是没有真的(或正确的)似然比。

ISFG DNA 委员会的建议 2[275]概括如下(框 12.2):

> **框 12.2**
>
> “如 Evett 等人所述[306],没有正确的似然比,正如没有绝对正确的模型[246]。基于我们的假设,我们具备的知识以及想要的结果,我们将采用不同的模型,进而获得不同的 *LR* 值。因此,在我们的陈述中列出影响评估的因素(命题、信息、假设、数据及模型的选择)至关重要。”

12.3. 命题

与命题制定相关的指导方针有很多:

1. 由案件情况决定的命题必须合理。

需由控方和辩方各提出一个命题,且两个命题持有不同的观点。科学家则对命题的制定提出建议。在这个阶段,他们是研究型角色(第 11 章和第 12.4 节),命题制定通常在法庭诉讼之前进行。一旦案件进入庭审阶段,科学家随即转变为评估者:命题制定完成,并被授权当局确认并同意。科学家在双方之间充当中立的仲裁者。

2. 科学家对命题不进行评估,他们只是评估证据的价值,提供不同的命题。

3. 科学家不对命题进行评估,即不能告诉法庭某一个命题对还是错。他们只是在某一特定命题为真时对其证据价值进行评估(第 12.8 节将引出一个被称为检察官谬误的讨论)。

4. 在构建命题时,避免偏差很重要,尤其是可能会影响被测命题的确认偏差[193]。确认偏差是指“将新证据解释为对自己已有信念或理论的确认,而忽视其可能为指向相反方向证据的倾向”。为降低确认偏差产生的风险,设置命题独立于任何结果显得尤为重要。如果一个特定的命题是正确的,那么科学家必须在分析之前对预期结果形成一个观点。

12.4. 法医科学家作为一名研究者或者评估者的职责范围

科学家可扮演两种不同的角色:a)作为研究者,b)作为评估者。两种角色均可使用似然比,但对两者进行区分很重要。在调查阶段(见第 11 章),犯罪已经发生,但没有明确的犯罪嫌疑人。因此,通常会要求搜索国家 DNA 数据库,以便获得可追踪的调查线索。在一个含有 N 个个体的数据库中,每个个体 $X_i = 1...N$ 被依次与犯罪现场获得的 DNA 图谱进行比对。在比对之前,数据库中的所有个体均被视为犯罪嫌疑人,依次与罪犯现场获得的 DNA 图谱形成一个似然比。

通常情况下,若现场斑迹的 DNA 图谱完整,那么一个或多个高 *LR* 的犯罪嫌疑人将被发现;若分型不完整,则嫌疑最大的参与者也可能拥有低 *LR*,那么需要对多种可能情况进行进一步探究。不过,究竟要对多少犯罪嫌疑人进行调查则取决于调查局所拥有的资源情况。

ISFG DNA 委员会建议 1(框 12.3):

> **框 12.3**
> "若无嫌疑人,科学家将以调查模式展开工作;若嫌疑人已确定,那么科学家将转而对该嫌疑人进行评估,并在案件背景下得出证据的价值。若获取到新的信息(特别是来自 POI 的),则科学家需重新评估结果。因此,报告中包含与此相关的提醒至关重要。"

一旦 POI 被确定,科学家将以评估者身份开展工作。《ENFSI 评估报告指南》提供了一个框架[284]。

扮演评估者角色时,法医从业人员将被要求对与案件相关的两个命题产生的结果进行评估,这两个命题依据特定案情设定或由授权当局指定,授权当局通常是法官、起诉律师和辩护律师。

最后,在陈述命题主张时,理想情况下控方与辩方之间应进行意见交换,以便各自的命题获得同意和检验。

评估框架为控辩双方专家均提供了一个结构,以便两者正确评估决定证据价值的结果。这就为控辩双方的专家在框架内为某一案件工作提出了预设。不过,情况可能并非如此。如果一个专家只能接触到控方观点,而对辩方情况无足够的了解,那么就会产生问题。这种立场可能导致潜在的确认偏差。要避免这种情况发生,就要确保代表争论双方的科学家都能拥有"平等的武器(equality of arms)"并且在解释证据的首选方法方面接受了同等水平的教育。在没有辩护命题的情况下,应由专家在控方的要求下,在案件中提出可供选择的命题。在这些情况下,"ENFSI 指南"[284]作如下建议:

- 采纳最可能、最合理反映当事方立场的其他命题,并准备一份评估报告。只有这样做才能产生一份完整的评价报告。该报告应明确指出,对命题所做的任何改变(例如当事人或授权当局提出的任何新命题)均可能影响法医鉴定结果的评估,因此一旦发生改变,需进一步评估,并可能需要提供一份新的报告。
- 对调查结果进行一系列解释,若需要,准备一份调查报告。提供这一系列解释的并不是对调查结果证明力的评价。
- 如有必要,在技术报告中陈述调查结果。该报告应指出,在只有一个命题的情况下,不可能对调查结果进行评价。

12.5. 命题层次

命题层次的概念由 Cook 等提出[308],在《ENFSI 评估报告指南》[284]中有详细阐述,并被广泛运用于帮助法院理解案件背景下证据的意义和局限性。命题层次中的每一层都与用于评估证据的某个命题的一个特定结构相关联。每一层都是独立的,在进行 *LR* 计算时不能互相转换,以避免造成误解。因此,认识命题的层次性是防止冤假错案发生的重要基础。

命题有 4 个主要的层次:

- **亚来源水平命题**

  仅指 DNA 图谱提供的信息。亚来源级命题如下:

  H_p:DNA 来自 S 先生。

H_d:DNA 来自与 S 先生无关的一个未知个体。

若为混合样本:

H_p:DNA 来自 S 先生和一个未知个体。

H_d:DNA 来自彼此不相关,且与 S 先生无关的两个未知个体。

注意,对包含“不相关的”命题进行警告是标准操作,不过,通过指定特定的亲属关系也可进行似然比计算。请参阅文献[309]第 3.5.3 节和第 8.8 节使用 *EuroForMix* 计算的示例。

- **来源水平命题**

来源水平命题考虑的是获取 DNA 的体液或细胞类型信息。如果在犯罪现场发现了一大片血泊,那么在两个命题中使用“血液(blood)”这个词均没问题。例如:

H_p:血液来自 S 先生。

H_d:血液来自一个未知个体。

生物体液/细胞类型的来源可能存在争议。如果样本的 DNA 含量低或预实验结果为阴性或者图谱显示为混合 DNA 且 DNA 可能源于不同类型细胞,这时不可能确定哪种细胞来自哪个供者。如果存在不确定性,那么就不适合报告给定的来源级命题。

- **活动水平命题**

活动水平命题考虑与犯罪有关的“活动”。通常在法庭案件中,DNA 图谱的来源不是问题,它“如何”“为什么”“何时”成为证据才是问题。例如,受害人可能声称遭受了性侵犯,而犯罪嫌疑人否认性侵犯的发生,但解释说他只是有社交接触,比如握手。这时,命题可能是:

H_p:S 先生对 Y 女士进行了性侵犯。

H_d:S 先生和 Y 女士只有过社交接触。

DNA 图谱用于亚来源水平命题评估。若在活动水平评估证据,有必要在声明中附加说明,以明确只有当法院接受了亚来源 DNA 的供者来自犯罪嫌疑人时这一命题才是有效的(要么 *LR* 值较高,法院接受控方的亚来源水平命题;要么辩方和控方都同意 DNA 来源于犯罪嫌疑人)。亚来源水平命题的证据价值不影响活动水平命题的价值;后者需进行新的计算。因此,如果法院不接受 DNA 图谱来自犯罪嫌疑人的说法,那么在这种假设下就不能进行活动水平命题的评估。专家将在他/她的声明中说明这些选择。

- **犯罪水平命题**

犯罪层次命题解决的是根本问题:无罪或有罪。这完全是法庭的事,科学家不参与任何决定。该决定是在考虑所有证据(DNA 和非 DNA)后做出的。

- **亚-亚来源水平命题**

亚-亚来源水平命题指的是可提取的混合样本的一部分,由 Taylor 等[310]描述并扩展了 Evett[311]的想法。早在第 7.2.2 节已经显示,如果一个混合样本可以很容易地区分主要供者和次要供者,那么就有可能减去次要供者,将主要图谱视为由单个供者所提供。因此,2 人混合样本的命题可考虑如下:

H_p:DNA 主成分来源于 POI。

H_d:DNA 主成分来源于与 POI 无关的一个未知个体。

主/次供者分离先于任何比对过程。若随后 POI 的基因型(g_s)与现场斑迹证据的主要成分(g_{major})相匹配,那么将在亚-亚来源水平命题中报告 *LR* 值:

$$LR = \frac{1}{Pr(g_{major})} \tag{12.6}$$

不过，主要供者往往不能得到明确分离。ISFG DNA 委员会[275]，第 4.4 节做如下总结：“亚-亚来源水平命题不适于以下任何一种情况：

1. 次要和主要成分均与 POI 进行了比对。

2. 混合成分不能被明确地分为主要成分和次要成分。

3. 概率基因分型方法考虑了峰高，或者赋予不同供者不同的等位基因丢失概率。

这时，整个混合样本应考虑使用标准的亚来源水平命题进行分析。”

对于一个无法确定主要供者的 2 人混合样本，为将亚-亚来源 *LR* 转化为亚来源 *LR*，命题可设置为：

H_p：DNA 混合样本来源于 POI 和一个未知个体。

H_d：DNA 混合样本来源于两个未知个体。

在分母中引入一个因子 2：

$$LR' = \frac{1}{2Pr(g_{major})} \tag{12.7}$$

Taylor 等[310]给出了一种正式的计算方法来计算所需的精确调整，并描述了一种可用于多个供者分析的近似法。最简单的方式是通过将其除以供者因子数 $N!$ 来调整 *LR* 值。Taylor 等描述的另一种方法是：“如果 U1 是 H1 中未知个体的数量，U2 是 H2 中未知个体的数量，那么亚-亚来源水平命题的 *LR* 乘以 U1！ =U2！得到亚来源水平命题的 *LR′*。”这种方法比除以 $N!$ 更复杂，但它考虑了更多的信息，因此更受青睐（Duncan Taylor，pers. comm.）。*EuroForMix* 将在以后的版本中提供这种方法。不管怎样，其影响很小，例如，对于 H_p 命题有两个未知供者以及 H_d 命题有 3 个未知供者的情况，需做的调整是 2！/3！ =1/3，也就是说，*LR* 值越低，影响越显著。

请参阅文献[275,284]了解关于命题层次结构（hierarchy of propositions）的全部信息。

12.6. 避免偏见的命题提出

在理想情况下，应在结果未知的情况下提出命题。假如，被告 S 先生涉嫌犯罪，他用一根铁棒破门而入，并将其留在犯罪现场。

铁棒被送到实验室，警方要求对其进行检查，查看是否有可提取的 DNA。因此提出的亚来源水平命题为：

H_p：DNA 来自 S 先生。

H_d：DNA 来自一个未知个体。

假设现在对证据进行了分析，并且似然比支持第一个命题。那么这些命题将不允许被改为：

H_p：匹配的 DNA 来自 S 先生。

H_d：匹配的 DNA 来自一个未知个体。

这是因为结果或观察值（即“匹配”）不应该与命题交织在一起。这样的命题只有在对数据进行分析之后才能得出。

若犯罪现场提取到的 DNA 图谱的等位基因分型和与之比对的图谱的等位基因分型完全相同，那么这两份 DNA 图谱就被称为“匹配”。这不应与供者的“认定”相混淆。DNA 不会给出“是”或“不是”的答案。证据的价值往往用似然比框架内的概率来表示。关于“匹配”与“认定”的讨论，参见文献[285]。

文献[285]中描述的一个案例为这个问题提供了例证。一名来自英国 Swindon 的 49 岁男子，因分析发现犯罪现场的 DNA 样本与英国国家 DNA 数据库中 Raymond Easton（雷蒙德·伊斯顿）的 DNA 图谱相符后，以在英国 Bolton（博尔顿，约 175 英里外）犯入室盗窃罪被逮捕。Easton 先生处于帕金森病晚期，独立行走距离超不过 10 米，由于一场家庭纠纷，他的 DNA 数据于 4 年前被上传到国家数据库。犯罪现场的样本与 Easton 先生的 DNA 图谱有 6 个基因座“匹配”，当时认为这足以进行认定——尽管那时检测所需的 STR 总数已扩展到 16 个外加一个性别标记。据报道，该匹配概率是 3 700 万分之一。Easton 先生因此被拘留了几个月，直到他的律师说服警方进行进一步的 DNA 检测后，他才被排除（也就是说，“匹配”Easton 先生的 DNA 图谱来自其他人）。

在表述中应避免使用“匹配（match）”一词。ISFG DNA 委员会的建议文献[275]中 2 和 3 陈述如下（框 12.4）：

> **框 12.4**
>
> “结果应与命题进行明确区分[312]，因为 DNA 专家评估结果，决策者评估命题。避免使用这样的术语：‘匹配的 DNA 来自 X’。”
>
> “命题的形成应该是为了帮助回答手头的问题，并且是基于案件信息而不是基于比对结果。它们应该是在不了解现场痕迹和有争议个体（如嫌疑人）DNA 比对结果的情况下形成的。”

12.7. 活动层次命题

假设一个案例：一场谋杀案中，受害者被殴打致死。犯罪嫌疑人已确认。凶器未找到，但警方调查人员在犯罪嫌疑人住所地下室的地毯上发现了一个疑似血迹的小斑点，预实验结果为阴性。调查人员期望发现凶器转移到地下室的过程中遗留下能检测到死者的体液的可被转移、保存和恢复的 DNA 信息。辩方争辩称，由于先前有进入地下室的个人社交活动，受害者存在事先在地下室遗留下 DNA 的可能。这些命题可能是在不知道检测结果的情况下形成。

一旦检测结果显示此为两个或更多个体的复杂混合样本。那么，如第 2.3.2 和 6.2.3 节所述，这些信息可用于评估最少供者数量。换一个命题，也可根据已知个体计算证据价值。不过，这些信息不能用来直接陈述现场斑迹中可能存在的个体的身份，因为这会引起第 12.8 节所述的检察官谬误。

DNA 图谱的供者身份对法庭来说很可能具有次要意义，特别是受害者曾进入到犯罪嫌疑人的地下室，并且有机会通过“无辜（innocent）”的方式转移 DNA，如社交接触。这时的问题将涉及到 DNA 的转移、存留以及回收。为了评估证据产生的“活动”，需要一组不同的、与亚来源命题完全独立的命题，如：

H_p：X 先生将凶器转移到地下室。

H_d：X 先生未将凶器转移到地下室。

背景资料：受害者认识犯罪嫌疑人，在他被谋杀前一星期曾到过这所房子。

对活动层次命题感兴趣的读者可参考 ISFG DNA 委员会审议意见[304]和“ENFSI 评估报

告指南”[284]查阅更多资料。这里只需说明,DNA 水平(称为亚来源水平)的证据评估与活动层次的证据评估无关。亚来源水平的似然比无法转换到活动层次。如果有足够的信息和数据,就有可能根据辩方和控方提出的命题,在活动层次得出似然比意见。但这是一个完全不同的思路以及不同的似然比,这里不作进一步解释。

12.8. 检察官的谬误和先验概率

Thompson 描述了检察官的谬误[313]。这是一个经常遇到的错误。假设发生了一起犯罪事件;分析发现一份 DNA 图谱且其匹配概率为 1/100 000。检察官可以作如下陈述:“人群中的一个随机个体与证据匹配的概率为十万分之一”以及“此外,如果犯罪现场发现的 DNA 来自某个未知的人,这个数字表示现场 DNA 与 X 先生随机匹配的概率”,或者“只有十万分之一的人拥有与罪犯相同的 DNA 图谱,因此 X 先生无罪的概率只有 0.000 01%”。

这些陈述方式的问题是,它们评估 DNA 的概率(E)如果($|$)它来自一个随机的个体(H_d),即 $Pr(H_d|E)$ 是依据给定证据得出无罪的概率而不是相反的 $Pr(E|H_d)$,$Pr(E|H_d)$ 是证据被证明无罪的情况下获得该证据的概率。

这是一个错误,因为计算 $Pr(H_d|E)$ 需要用到贝叶斯法则,而 $Pr(E|H_d)$ 需要不同的计算:

$$Pr(H_d|E)=Pr(E|H_d)\times\frac{Pr(H_d)}{Pr(E)} \tag{12.8}$$

这里,$Pr(H_d)$ 为已知的先验概率,因为它是独立于 DNA 证据的信息。举个例子,假设罪犯来自拥有 300 万($3m$)离散人口的一个人群。在获得 DNA 证据之前(以及没有其他任何信息的情况下),每个人都有相同的犯罪可能。因此对于每一个个体来说,$Pr(H_p)=1/3\,000\,000(1/3m)$,$Pr(H_d)=1-(1/3\,000\,000)$。填充公式中的各个部分就相对简单了(12.8):

$$Pr(E|H_d)=1/100\,000$$
$$Pr(E|H_p)=1$$
$$Pr(H_p)=1/3m$$
$$Pr(H_d)=1-1/3m$$
$$Pr(E)=Pr(E|H_p)\times Pr(H_p)+Pr(E|H_d)\times Pr(H_d)$$
$$Pr(H_d|E)=\frac{(1/100\,000)\times(1-1/3m)}{(1\times1/3m)+(1/100\,000)\times(1-1/3m)}$$
$$Pr(H_d|E)=0.967$$
$$Pr(H_p|E)+Pr(H_d|E)=1$$
$$Pr(H_p|E)=0.033$$

这个案例中,依据给定证据得出无罪(innocence given the evidence)的概率($Pr(H_d|E)$)为 96.8%,而非检察官声称的 0.000 01%。这是一个巨大的差异,它说明了为什么检察官谬误是一个误导性的错误。

由于 $Pr(H_p|E)+Pr(H_d|E)=1$,且 $Pr(H_p)+Pr(H_d)=1$,另一种为贝叶斯定理推导的表示形式。我们可用公式 12.8 来表示后验概率的比值。通过$(H_p|E)/(H_d|E)$,取消 $Pr(E)$,

我们熟悉的似然比可通过前验概率和后验概率重新获得。

$$\underbrace{\frac{H_p|E}{H_d|E}}_{\text{后验概率}}=\underbrace{\frac{Pr(E|H_p)}{Pr(E|H_d)}}_{\text{似然比}}\times\underbrace{\frac{Pr(H_p)}{Pr(H_d)}}_{\text{先验概率}} \tag{12.9}$$

后验概率(posterior odds)= 似然比(likelihood ratio)×先验概率(prior odds)

上述例子中，H_p(有罪)的后验概率为：

$$\frac{Pr(H_p|E)}{Pr(H_d|E)}=\frac{1}{1/100\ 000}\times\frac{1/3m}{1-(1/3m)}=0.033:1$$

H_d(无罪)的后验概率为其倒数 30∶1。

只有当 $Pr(H_p)=Pr(H_d)=0.5$，即两者先验概率相等的情况下，$Pr(H_p|E)/Pr(H_d|E)=LR$，不过，这种初始的先验概率很少能被证明合理。因此，检察官谬误是一个真正值得关注的问题，因为如果倾向于有罪的先验概率很低，那么后验概率也低于 *LR* 提供的值。不过，法院对案件进行裁决时，有必要将有罪/无罪的先验概率与 *LR* 结合起来。科学家提供了一个基于“客观”推理的似然比。难点在于先验概率的决定是主观的，而且被认为是法院的职权范围，而不是科学家的。如下一节所述，原则上，科学家可以通过解释先验概率对后验概率的影响来协助法院。

12.8.1 先验概率可更新

确定先验概率 $Pr(H_p)/Pr(H_d)$ 并不简单。在上一节，根据行凶者为 300 万人口中的一员这唯一的证据进行了计算。但是案件中可能还有其他相关的信息，例如，是否有目击者的证据，或者诸如玻璃或纤维的一些非 DNA 证据，综合考虑这些信息先验概率将会发生改变。这个证据可能是证明性的，可以用来降低无罪的先验概率，有罪的后验概率则随之增加。在没有其他任何信息的情况下，根据人群中可能犯罪的人数来确定先验概率似乎是合理的。可根据特定的地理位置、性别、年龄等信息筛选目标人群。正如 Meester 和 Sjerps[314] 提出的，给法院提供一个图表来显示一系列的先验概率对后验概率的影响(表 12.1)是给他们提供指导的方式之一。在实践中它是有效的，尽管我们并没有意识到这种方法实际上已经在使用。

表 12.1 针对命题“斑迹由 X 先生遗留”和“斑迹由其他个体遗留”，先验概率与后验概率的关系。其中第一个命题的 *LR* 是 100 000

先验概率	后验概率	先验概率	后验概率
3.33E-07	0.03	0.01	1 010.1
0.000 01	1.0	0.1	11 111.1
0.000 1	10.0	0.5	100 000.0
0.001	100.1		

12.9. 避免检察官谬误

检察官谬误导致上诉成功的第一个例子是 Regina v. Andrew Deen(1993)案[2]。科学家同意这种说法：

“精液来源于除 Andrew Deen 之外的其他男性的可能性是 300 万分之一”

英国第二个成功上诉的案件由 Regina v. Doheny 和 Adams 提供[315]。

在这个案例中，律师和科学家之间的对话说明了前者如何设置陷阱，后者如何与之达成一致。

问：“是什么组合（即所开展试验的统计组合）考虑所有这些因素？

答：将所有这些因素均考虑在内，我计算出找到所有这些条带和常规血型的概率约为四千万分之一。

问：是 Alan Doheny 以外的其他任何个体的可能性有多大？

答：大约是四千万分之一。

问：对于这类的判断，你已经驾轻就熟了，陪审团则需要根据证据来判断，是否已经确定该斑痕是 Alan Doheny 遗留的。通过你已经做的分析，你确定是他吗？

答：是的。

检察官谬误的例子贯穿于整个对话中。第二个引导性问题是科学家附和律师的第一个例证。无论何时律师出现表述错误，科学家均应纠正。第二个和第三个问题使这一谬误更加严重。但科学家并未质疑这些说法。

在总结陈述中，法官进一步加强了这种谬误：“……最后，他认为检验结果是可靠的，它们确实表明，Doheny 先生不是犯罪嫌疑人的可能性微乎其微，甚至出于所有实际目的可完全忽略。”

参考文献[275]第 7.1 节：“有几种方法可避免检察官谬误[316]：例如，科学家陈述时应使用‘如果’或‘给定’，陈述内容应基于结果而非命题。下面是一个正确陈述 DNA 图谱价值的一个例子：

“(...)使用白种人群数据分析，该 DNA 结果来自被告的可能性比来自随机抽取个体的可能性高 10 亿倍。”

ISFG DNA 委员会的建议 9[275]做如下总结（框 12.5）：

框 12.5

“重点强调一下，科学家不会对 DNA 的来源发表意见。由检测结果得出 DNA 来自一个未知个体的概率和由 DNA 来自一个未知个体得出结果的概率之间是存在差异的。将二者等同被称为条件颠倒错误、检察官谬误或来源概率错误。因此，解释什么是似然比不是很重要，通过培训或提供一个包含不同概率（*LR* 以及由此产生的后验概率[314]）的表可实现这一目的。由于有误传的风险，有必要传达这样一个信息：这里需要强调一下，科学家不对命题的概率发表意见[285]。”

12.10. 数据库搜索

第 11.1 节的结果显示，当分型数据与大型国家 DNA 数据库进行比对时，可能出现偶然匹配（即假阳性匹配）。假阳性匹配发生的概率取决于被分析的基因型频率和国家 DNA 数据库的大小。数据库越大，假阳性匹配出现的机会就越大。第 12.6 节讨论的真实案例——“Easton 案”，很好地说明仅依据 DNA 报告证据来进行判断是有风险的。

在数据库搜索潜在的犯罪嫌疑人被视为第 12.4 节所述的侦查（*investigative*）。在前文描述的 Easton 案中，除了拥有 500 万（$n=5m$）男性信息的国家 DNA 数据库与之匹配之外，没有其他证据。此外，假设英国的每一个男性（总共有 $N=30m$ 候选犯罪嫌疑人）都有相同的犯罪概率。未搜索数据库时，每个候选人有罪的先验概率为 $1/N$（第 12.8 节）。然而，国家 DNA 数据库搜索剔除了英国数据库中除一人之外的所有人（$n=5m$），这样，有罪的先验概率可更新为 $1/(N-n-1)=1/25m$。

回想一下，后验概率＝先验概率×LR，因此

$$后验概率(\text{posterior odds})=\frac{1}{N-n-1}\times LR \tag{12.10}$$

$$后验概率=\frac{1}{25\times10^6}\times37\times10^6$$

$$后验概率=\frac{37}{25}=1.48:1支持有罪。$$

后验概率＝1.48∶1支持有罪。

虽然似然比证据为控方命题提供了强有力的支持，但这也表明数据在没有其他证据的情况下，（调查性的）后验概率的支持力度很弱。如果起诉继续进行，这应为潜在误判的一个危险信号。若事先采取这种方法，将突出强调进行进一步调查的必要性，从而整理新信息，更新先验概率。

ISFG DNA 委员会的建议 6[275]陈述如下（框 12.6）：

> **框 12.6**
>
> “如果 DNA 是案件的唯一证据，可通过数据库搜索确定嫌疑人。如果调查过程未获得任何其他证据，那么调查人员应该更加意识到条件颠倒导致的谬误。为了确定一个命题的概率，他们应该考虑先验概率和 DNA 结果，以确定是否有足够的证据来起诉一个案件。在法庭上，分配先验概率不是科学家的职责。然而，科学家应该向法院解释，他们不会对命题发表意见。”

请注意，关于与国家 DNA 数据库比中的证据评估问题存在很多争论。感兴趣的读者可参阅 ISFG DNA 委员会的第 7.2 节建议[275]第 7.2 节以及参考文献[53,314,317]了解更多细节。为评估目的而分配先验概率仍然是一个有争议的问题，不是从理论的角度，而是从与法院沟通的困难角度。此前在英国法院的一次尝试（R. v. Adams 案[318]），因证据相关的解释困难而失败[319]。不过，为调查目的使用先验概率没有同样的限制，只需调查人员经过适当的培训。在案件移送法院起诉前，调查先验可用来突出案件的不足；在法庭上，法医学家进入评估模式。

12.11. 陈述书写

下面是一个例子：

结果陈述：

从车库地板擦拭子获得了 STR 分型（项目Ⅰ）。分析显示这至少为 3 个个体的混合分型，因此在这个假设的基础上进行了评估。

可选命题陈述：

为评估上述研究结果的重要性，考虑了两种可选命题：

a）DNA 来自 X 先生和与他无关的两个未知个体。

b）DNA 来自与 X 先生无关的 3 个未知个体。

考虑其他方式：

如果第一个命题(a)是正确的，那么证据出现的概率比(b)命题高 10 亿倍以上。这一分析极有力地支持了 X 先生为项目 I 中 DNA 供者的命题。

以这种方式书写语句通透易懂；控辩双方均明确说明；它精确地陈述了基于什么样的条件，最重要的是，它通过使用条件陈述避免了检察官谬误（“如果”一词）：“如果 DNA 不是来自 X 先生时证据的概率，而不是转换的“DNA 证据不是来自 X 先生的概率。可选择使用语言修饰词(a verbal qualifier)；下一节将进一步讨论。

12.12. 语言量表的使用和“弱证据效应”

陈述中通常包含表达证据价值的等效表述语[284,320-323]。不过，需强调的是，科学家必须首先评估证据的数字强度；等效表述的使用是次要的。使用等效表述的目的是增进法院对证据的理解。表 12.2 展示了一个来自 ENFSI 评估报告指南的例子[284]。语言量表以似然比大于 100 万结束，这时的证据被评估为“极强的支持”。语言量表普遍适用于所有证据类型，其中报告的证据数值范围（例如玻璃或纤维）通常比 DNA 低得多。在讨论中，有人提议使用一种针对 DNA 分析的语言量表（以描述 *LR* 非常大如 10 亿的情况）。不过这个想法并未得到支持。为每种证据类型提供不同的语言量表的方法比较笨拙，也令人困惑。所有的语言量表都是任意的，我们只是尽力用语言来口头解释非常大的数字的意义。

使用语言量表的目的是改善科学家和决策者之间的沟通，以便关于证据价值意义的理解能按照科学家的意图传达。不过，有关似然比和等效表述语促进法庭理解的影响的研究相对较少。大多数语言量表及其使用建议均来自在解释领域工作的、影响着政策制定者的法医科学家[324,325]。人们越来越意识到，需要有认知心理学家的专业知识来评估法院是否理解这些信息。

Martire 等[322]设计了一项实验，404 名具有陪审员资格的参与者作为个人代表提供了一个模拟刑事案件的事实。然后向他们得到了一份专家证人的证词，其中证据的价值呈现方式为：a）似然比，不使用等效表述语；b）等效表述语，没有似然比；c）似然比与等效表述语同时出现，如表 12.2 所示。这些回答根据基于“从后验信念中减去所陈述的先验信念”的“信念转变”来判断。

实验强调了“弱证据效应”：当向参与者呈现弱支持（仅使用语言量表）控方的证据时，大多数参与者认为被告有罪的想法减弱，即证据的价值被低估到支持 H_p 命题的证据可能被错误地理解为支持 H_d 命题。当用数字表示证据时，没有观察到这种效应。令人惊讶的是，“纯数字”方法也比“语言/数字混合”的方法执行得更好。尽管仍需更多的研究，这些发现毫无疑问对任何形式的语言修饰词的使用均提出了疑问。

Martire 实验的结论为：

“我们的结果表明，与文字表达法、文字-数字双表达法（表格）以及视觉（范围）方法相比，数字表达法产生最符合专家意图的信念变化以及暗含的似然比。这种陈述方法也最能抵抗弱证据效应。”

ISFG DNA 委员会的建议 11[275]陈述如下（框 12.7）：

框 12.7

“言语量表是可选的，但不能单独使用。若使用它，则相应的数值也必须提供。在实践中，我们先给出似然比，再使用相应的等效表述语。举个例子：“我的 *LR* 大约为 60。这意味着——在我看来——命题‘X’为真的可能性要比另一命题‘Y’为真的可能性大得多(大约是 60 倍)。根据我们实验室使用的言语量表，这些结果为第一个而非另一个命题提供了中等支持。”这些‘等效表述语’在本质上具有主观性，已有若干语言等效表出版。因此，它首先是一种约定。”

“SWGDAM 特别工作组以似然比报告基因分型结果的建议”[326]中提议了与表 12.2 中的描述大致一致的语言量表，不过，它只分了 5 个类别，而且用于描述支持程度的语言存在差异：当 $LR=1$ 时，描述为“无效信息”，而当 $LR=2-99$ 时，描述为“有限支持”；$LR>1m$ 是“极强支持”。

表 12.2　ENFSI 指南中的言语量表[284]。“法医调查结果支持第一种命题，而非第二种”

LR 值	言语量表	*LR* 值	言语量表
1	无效支持	1 000~10 000	强支持
2~10	弱支持	10 000~1 000 000	非常强支持
10~100	中等支持	1 000 000 以上	极强支持
100~1 000	中等偏强支持		

12.13. 在陈述中使用诸如“不确定的”和“排除的”术语

当似然比低于任意水平(通常为几百左右)，许多实验室倾向于将证据价值报告为“不确定的”或 POI 是“排除的”，因此“包含的”是留给那些大于某个阈值(T)的 *LR*s 的。于是问题就出现了：“如何决定“不确定的”阈值(T)应该是多少呢”？

一些实验室将验证过程中观察到假阳性结果的 *LR* 范围的上限定义为“不确定的”类别。第 9.9 节讨论了这方面的验证：在 2 634 个非供者中，运用 ML 法得出共有 121 个个体 *EuroForMix* *LR*s 大于 1，且最大观察值为 $LR=200$。基于这些信息，“不确定”区域可以指定为 $LR=1\sim T(T=200)$。这个区域有时也被称为“无信息 *LR* 区”[257,75]；参见第 9.17 节的例子。虽然这种策略来源于真实的观察结果，但它不能获得所有可能的假阳性结果。图灵(Turing)期望(将在 12.17 节中讨论)表明，由于平均非供者 $LR_{avg}=1$，我们期望观察到一些非供者样本具有非常高的 *LR*s。不确定性定义的局限是它受到被测试样本数量的限制，也就是说，样本容量越大，越有可能检测到更高的假阳性 *LR*s。由于这些高 *LR*s 将是离群值，因此一种方法是报告第 99 百分位，这将更加稳定，且较少依赖于样本大小。当然，基于这样一个标准设定的阈值不能保证捕获到所有的假阳性。

SWGDAM 指南(建议 3.1)[326]指出：

“不应将根据似然比视为不确定的结果，以降低可能出现的偶然支持风险。”

假设单个供者的 *LR* 很低($LR=10, H_p=true$)。在随机抽样的 100 人中，预期约有 10 人出现假阳性匹配($T=10$)。这个信息存在于似然比本身的值中，结果应该是充分的，不需要将其定义为不确定。可运用词语描述(弱支持)进行陈述，不过鉴于第 12.12 节中所描述的“弱证据效应”，决策者可能会低估有利于 H_p 的证据的强度，因此是否应该使用语言修饰词值得怀疑。

继续 SWGDAM 文件[326]的建议 3.1：

“似然比恰当地表达了证据的权重，不应根据其大小报告为不确定的结果”，也就是说报告不鼓励使用“不确定的”这种分类。

关于“排除”的定义也有类似的争议。特别是当一个供者的成分很低，其少数等位基因能被检测到的情况时，会出现假阴性结果。这时，并不意味着该个体可以被排除。概率基因分型方法计算的 $LR<1$，因此需要将该值直接用于报告中，以提供支持 H_d 证据的意见。

提供诸如“X 被排除为供者”或“X 包括在供者内”这样的陈述会引发检察官谬误。相反，使用“证据支持辩方排除的命题”或“证据支持控方包含的命题”这样的短语更好，尽管使用诸如“不确定的”这样的分类是实验室的决定。陈述语句的使用需谨慎一些，以确保其不会导致信息接收者的误解。在报告中使用似然比是避免这种情况最好的方式。

12.14. 似然比的条件作用以及在 DNA 混合样本中的应用

所有的似然比都遵循上述的基本原则，但它们可能很复杂。

复制自第 4.1.2 节 ISFG DNA 委员会[275]的内容：对于混合样本，主要考虑因素是供者的数量，以及是否有条件确定一个已知的个体（如受害者或物品所有者）。在一组典型的命题中，控方认为 DNA 混合样本中有犯罪嫌疑人的成分，辩方认为 DNA 来自一个未知个体。

基于案件情况和所分析的对象，现场 DNA 来自一个已知个体的假设可能不存在争议。例如，两种命题/假设都将受害人作为供者也可能是合适的。分析含有精液的阴道拭子就是一个典型的例子。一般来说，该物品来自受害者是没有争议的，因此，对于这个人的 DNA 样本存在两种命题均有预期。让我们假设这里的问题是 DNA 来自 S 先生还是其他人，并且没有假定的已知供者（例如物品所属者）。从案件信息和对犯罪现场斑迹图谱的观察，我们可推断出 DNA 混合样本来自两个人。在这个案例中，关于 DNA 是否来自 S 先生的问题，对立的观点可能是：

H_p：DNA 混合样本来自 S 先生和一个与 S 先生无关的未知个体。

H_d：DNA 混合样本来自彼此无关或与 S 先生无关的两个未知个体。

命题的复杂性可能会增加。例如下面的例子：在犯罪现场提取获得一份 3 人混合的 DNA 图谱，两种观点均认为其中有某个个体的 DNA；对立命题可以是：

H_p：现场斑迹包含的 DNA 来自 S 先生、受害人以及一个与 S 先生和受害人均无关的未知个体。

H_d：现场斑迹包含的 DNA 有受害人以及与 S 先生和受害人均无关的两个未知个体。

在这里我们可以看到理解案件中的问题（例如，存在谁的 DNA 是有争议的）对形成有用命题的重要性。根据这些命题，似然比公式会有所不同。根据所做的假设，它们也会有所不同；因此，如上所述，这些都应经常提及。似然比方法非常灵活。它可以扩展，例如，容纳多个供者。供者的数量在两个命题中不需要相等。

在命题中强调“无关的”是标准的表述，但它不是强制性的。需要指出的是，如果从案件情况得知，一个亲属（如兄弟）有可能是证据的供者，那么命题应该反映这一点。可对潜在的亲属（如兄弟，堂兄弟）分组然后进行单独的计算（参见文献[309]第 3.5.3 节；ISFG DNA 委员会[275]第 6.1 节以及第 8.8 节关于 *EuroForMix* 实例的讨论）。

12.15. 亲缘关系对似然比的影响

证据的价值在很大程度上取决于辩方和控方提出的命题。若这些论点以任何方式被改变，则似然比也随之改变，需重新计算。

Ian Evett[54]首先讨论了亲缘关系的问题；第 1.16 节中有示例介绍。从以下相互对立的命题开始：

H_p：DNA 来自 S 先生。

H_d：DNA 来自一个与 S 先生无关的个体。

也许有人建议另一种命题，即兄弟姐妹（或其他近亲）可能留下了该斑迹物质。构成似然比的命题现在变为：

H_p：DNA 来自 S 先生。

H_d：DNA 来自 S 先生的一个兄弟姐妹。

第 1.16 节中的例子显示 *LR* 急剧下降。

Fung 和 Hu[55]对如上所述的有两两关系的情况推导出亲属关系系数。更多例子（如父母/子女/堂表亲关系）详见第 5 章第 5.5.4 节，亲属关系公式见附录 A.2。

当复杂混合样本分析考虑亲缘关系问题时，概率基因分型软件如 *EuroForMix*、*LRmix Studio* 和 *STRmix* 有能力评估证据；在第 8.8 节有详细的描述，书中提供的网站上还有一个可供下载的实例。不过，目前的分析只局限于相当简单的命题，例如

H_p：DNA 为 S 先生和两个未知个体构成的混合样本，这两个未知个体彼此不相关且与 S 先生无关。

H_d：DNA 为 S 先生的一个兄弟和两个未知个体构成的混合样本，这两个人与 S 先生没有血缘关系，彼此之间也无血缘关系。

对日益复杂的关系建模就更加困难了，例如

H_p：证据是一种类型的个体和两个未知不相关个体的混合样本。

H_d：证据是 3 个未分类（未知）兄弟姐妹的混合样本。

进行这些分析需使用 Egeland 等[56]所描述的方法。开放软件 *Familias* 可用于计算[298,299]；*relmix*[57]可用于混合样本分析。

12.16. 供者数量分配

来自 ISFG DNA 委员会第 4.3.2 节，供者的数量可能会显著影响结果的价值（即 *LR*）。常用最大等位基因数（maximum allele count，MAC）法分配供者的数量，该方法是将现场斑迹（包括命题中的已知供者）某一个基因座上所有独立等位基因相加得到最大等位基因数（L_{max}）再除以 2[224]。供者的数量表示为 $\geq L_{max}/2$（第 2.3.2 节）。也可使用等位基因总数（total allele count，TAC）来确认供者数量的评估结果[141,236]。不过，该方案没有考虑峰高，峰高是分析者确定 DNA 图谱中供者数量经常使用的一个重要因子。峰高的利用需要分析者对 DNA 图谱的特征（即影子峰、峰高变异性和隐藏峰叠加影子）有基本的了解，关于这些特征已有大量的文献报道（第 2 章）。

供者的数量越高，其数量就越有可能被低估，这是由于等位基因在不同个体之间共享导致的“等位基因遮蔽”[137]3。如果想要减小出现这一问题的可能性，，则可以为命题增加一个供者。定量模型通常对假设的过多供者数量不敏感（即 *LR* 变化很小），特别是当现场痕迹和 POI 之间共享的等位基因丢失很少时。这是因为定量模型给过量供者分配的混合比例非常低[234]，因此它们对 *LR* 的影响极小。第 8.7.3 节描述了一个实例。ISFG DNA 委员会的建议 4 如下（框 12.8）：

> 框 12.8
>
> “科学家应该给斑迹的供者数量分配一个值（或几个值）。该分配基于案件信息、对斑迹 DNA 图谱的观察以及对 DNA 贡献没有争议的人（例如发生过性关系的阴道擦拭子的受害者）。并应说明如此分配的理由。”

12.17. 非供者测试

第 6.1.6 节讨论过非供者测试并有示例提供。接下来将讨论非供者测试的背景，重点强调理论。

Gill 和 Haned[224]提出使用非供者测试来研究个案特异性 *LR* 的稳定性。这些检测基于 pp. 213-215 的“Tippett 测试”[226]，Gill 等后来将其引入到针对特定个案的 DNA 分析中[221]。该测试可用于表示“如果对一个无罪的个体进行分析，会出现多少次有利于起诉假设的误导性证据”[327]。

其思想是用一些随机图谱替换被质疑供者（POI），如犯罪嫌疑人的图谱，并且对每个随机图谱重新计算似然比。这些测试通常被称为“$H_d = true$”测试，因为这是一种条件模拟（即在 $H_d = true$ 假设下，使用群体频率数据库随机模拟个体的基因型）。假设一个有两个供者的简单 *LR* 计算，其中 *S* 为被质疑的供者（如犯罪嫌疑人），*V* 是受害者，在分子、分母上均有，*U* 为分母上的一个未知无关个体；*E* 是 DNA 证据：

$$LR = \frac{Pr(E|S+V)}{Pr(E|U+V)} \tag{12.11}$$

在非供者测试中，*S* 被 *N* 个随机文件 $R_{1..N}$ 取代，其中 *N* 通常是一个 ≥1 000 的较大的数，当辩方命题为真时，随机男子的 *LR*s 为：

$$LR_n = \frac{Pr(E|R_n+V)}{Pr(E|U+V)} \tag{12.12}$$

一旦分配了非供者 *LR*，就可提供一些有用的统计信息：

- 分位数测量，如中位数和 99 百分位数。
- *p* 值。

如果使用 *N* 个非供者替代（在 $H_d = true$ 条件下）来计算一个似然比，大部分 *LR* 值将小于 1。图灵（Turing）期望（泰勒等详细讨论过[262,328]）指出，如果在所有可能的非供者基因型分布上计算平均 *LR*，那么有一个期望 $LR_{avg} = 1$，这种度量被建议作为“验证”概率模型的一种方法[262]。

为了解释为什么图灵期望有效，Taylor 等[262]提供了一个简单又精练的演示，如下：

“假设一个单一来源的斑迹获得完整分型 G_s。G_s 的概率是十亿分之一。

与 G_s 含有相同等位基因的 POI 的 *LR* 为 10 亿。命题为

H_p:POI 是供者。

H_d:供者为一个未知个体。

因此,如果随机选择(或模拟)人群,我们可以预期每 10 亿人中就有 1 人具有与 POI 相同的分型,并且与证据比较时产生的 *LR* 为 10 亿。我们也可预测到,在随机抽取的 10 亿人中,有 999 999 999 人与 POI 的分型不同,与证据比对时,其 *LR* 为 0。那么这 10 亿次比对的平均 *LR* 是 1。”

假设某基因座在人群中只有两个等位基因 *a* 和 *b*。有一个现场斑迹,它来自单个个体且基因型为杂合子 *a*、*b*。因此,一个 $R_{1..N}$ 样本的非供者测试将选择 *aa*、*ab* 和 *bb* 等 3 种基因型;它们的比例将符合哈迪-温伯格的期望值,分别为 $p_a{}^2$、$2p_ap_b$、$p_b{}^2$。

为了说明这一点,我们使用了第 6 章中描述的定性模型,其中 *d* 是丢失概率参数,它是一个等位基因从一个杂合子基因型(对于一个特定的供者)中丢失的概率。如果基因型是纯合子,则概率为 d^2。我们也设定 p_C 为等位基因插入的概率。

对于每个选择的非供者基因型(R_n),其 *LR*s 如下:

$$LR_n=\frac{\Pr(E|R_n)}{\Pr(E|U)} \tag{12.13}$$

$$R_n=aa:\quad LR_{aa}=\frac{(1-d^2)p_Cp_b}{(1-d^2)p_Cp_bp_a^2+(1-d^2)(1-p_C)2p_ap_b+(1-d^2)p_Cp_ap_b^2}$$

$$R_n=ab:\quad LR_{ab}=\frac{(1-d^2)(1-p_C)}{(1-d^2)p_Cp_bp_a^2+(1-d^2)(1-p_C)2p_ap_b+(1-d^2)p_Cp_ap_b^2}$$

$$R_n=bb:\quad LR_{bb}=\frac{(1-d^2)p_Cp_a}{(1-d^2)p_Cp_bp_a^2+(1-d^2)(1-p_C)2p_ap_b+(1-d^2)p_Cp_ap_b^2}$$

在 $H_d=true$ 条件下,*LR* 的期望值为:

$$Exp[LR|H_d]=LR_{aa}\times p_a^2+LR_{ab}\times 2p_ap_b+LR_{bb}\times p_b^2$$

请注意,每种基因型的分母都是相同的,因此

$$Exp[LR|H_d]=\frac{(1-d^2)p_Cp_bp_a^2+(1-d^2)(1-p_C)2p_ap_b+(1-d^2)p_Cp_ap_b^2}{(1-d^2)p_Cp_bp_a^2+(1-d^2)(1-p_C)2p_ap_b+(1-d^2)p_Cp_ap_b^2}=1$$

因为分子分母相等,抵消之后期望值等于 1。

在实践中,我们使用有限数量的非供者的平均 *LR* 来估计期望值。假设一个随机选择的非供者样本基因型为 $R_{1..N}$(在 $H_d=true$ 条件下)。整个样本的(有限的)平均 *LR* 为 *LR*s 的和除以样本总数 *N*,即 $LR_{avg}=\frac{1}{N}\sum_{n=1\cdots N}LR_n$。

我们期望在所有的 R_nS 中观察到 Np_a^2 拥有 *aa* 基因型,$2Np_ap_b$ 拥有 *ab* 基因型,Np_b^2 拥有 *bb* 基因型,那么平均期望值(H_d 条件下)

$$Exp[LR_{avg}|H_d]=\frac{1}{N}(Np_a^2\times LR_{aa}+2Np_ap_b\times LR_{ab}+Np_b^2\times LR_{bb})$$

等于 1。重要的是,平均 LR 到期望 $LR_{avg}=1$ 的收敛性将取决于非供者样本的数量以及基因型的概率空间。

该原理可拓展到具有多个参数和供者的多基因座和复杂混合样本模型中。

根据图灵(Turing)期望,可以定义一个可用的准则[227,262]:

nc=非供者(non-contributor);

LR_x=案例中获得的 LR 值,例如,使用公式(12.11)。

如公式 12.12 所示,使用 H_d=true 测试观察到 $LR_{nc}>LR_x$ 的频率,与 $Pr(LR_{nc}>LR_x|H_d)\leqslant 1/LR_x$ 相适应,因此我们期望匹配数小于 N/LR_x,这里有 N 次比对。

下面是一个简单的案例,使用下一节描述的采用 SGM plus 试剂盒分型得到的数据。有两个命题:H_p:S_1+U;H_d:$U+U$。记录到 LR_x = 100 000。

如下开展非供者分析:

$R_{n=1..100\,000}$ 的一个非供者样本被模拟并取代 S_1(公式 12.13);图 12.1 记录并绘制了似然比。大多数 $LRs\ll 1$,因此分布的中值为 $LR_{median}\approx 10^{-15}$。相比之下,标准蒙特卡罗(Monte-Carlo)模拟的 $LR_{avg}\approx 10^{-2}$(图 12.2)。我们没有恢复到图灵的期望 $LR_{avg}=1$ 的原因是样本量太小。对于非常高的 LRs,会因样本量太大而无法模拟。为了解决这个问题,Taylor 等[328]引入了“重要性抽样”,这是我们想要估量一个罕见事件的概率时减少样本容量的一种数学方法。如图 12.2 所示,重要性抽样回归到图灵的期望 $LR_{avg}=1$。在 100 000 个非供者中,LR_{max} = 1 000,小于 LR_x(图 12.1),从而实现了对这个数量的非供者构建合理模型的期望。

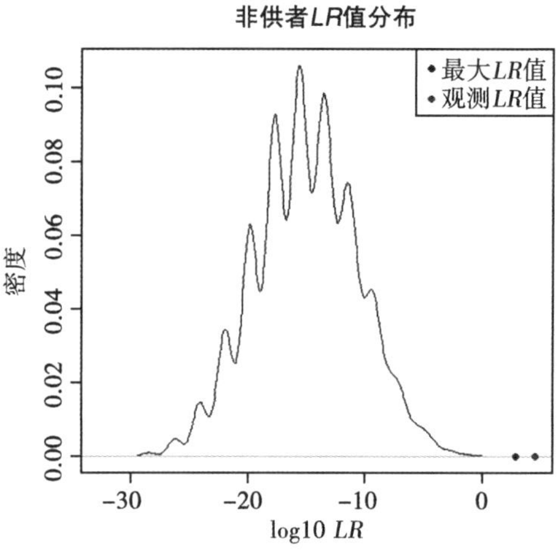

图 12.1 样本容量为 100 000 的非供者概率密度图,显示了结果广泛分布于 $\log_{10}LR$ = 0 到 −30 之间,$\log_{10}LR_{median}\approx -15$。$LR_{max}\approx$ 1 000,$LR_x\approx$ 100 000

$LR_{median}\approx 10^{-15}$ 远小于重要性抽样 $LR_{avg}=1$。此外,观察到的 LR_{avg} 取决于非供者的样本量(图 12.2)。为了证明图灵期望($LR_{avg}=1$),还需进行递增样本容量的顺序测验来证明收敛性(即,两项连续的测试显示变化很小)。正如预期所想,通过重要性抽样(测试示例的样本大小约为 100 000),可以更早地实现这种收敛。使用经典蒙特卡罗抽样实现收敛需要更大的样本量;在这个例子中,即使 10^8 个样本仍不够。

12.17.1 “两个犯罪嫌疑人”问题

在有多个 POIs 的情况下,警方调查可能会对混合样本是否可能来自多个已知个体感兴趣。

以第 6.2 节为例:两名不同的犯罪嫌疑人被警方指控为一起犯罪的同谋者。被告方声称两名犯罪嫌疑人均不在现场,因此命题最初呈现为:

H_p:DNA 混合样本来自 Smith 先生(S_1)、Doe 先生(S_2)和受害者(V)。

H_d:DNA 混合样本来自受害者(V)和两个未知个体(U,U)。

运用 *LRmix Studio* 计算了似然比。得到的结果为 LR=24 000。

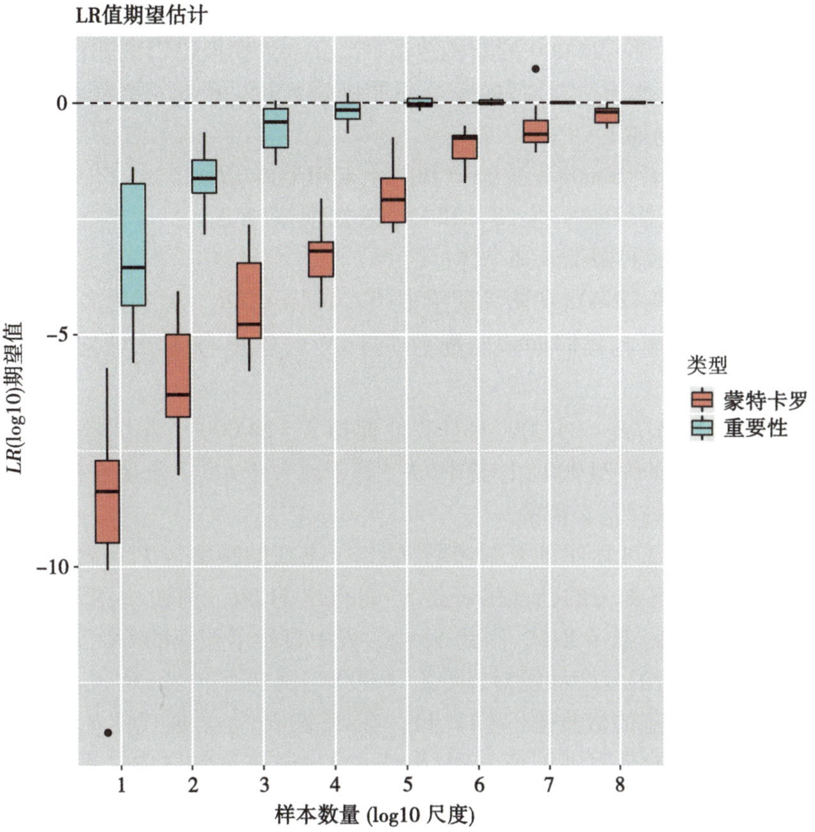

图 12.2　重要性抽样与经典蒙特卡罗测试的比较显示了带有图灵期望 $LR_{avg}=1$ 的收敛性。样本大小（x 轴）范围为 $N=10\rightarrow10^8$。盒须图由 10 个样本集创建，随机模拟的 N 个样本来自挪威 SGM plus 数据库

控方认为这是证据，可以推断支持这一命题，即两个个体均为犯罪现场的 DNA 证据的供者。

受害者出现在两种命题中，这没有问题。不过，命题的表述并未区分 S_1 和 S_2。一个单一的 LR 不能显示两个人对证据价值的相对贡献。

非供者分析可显示 H_p 条件下的每个供者是否可被证明。在第 6.2.4 节中描述过一个实例，表 12.3 中再次呈现。

表 12.3　探索性数据分析显示不同的命题集以及非供者分析结果。对于前两行的复杂命题，在非供者分析中分别测试了 S_1 和 S_2（用 R 代替），并注意到 S_2 表现不佳，其 $LR_{max}>LR_x$；d 为等位基因丢失的概率参数。有人尝试使模拟数（N）与 LR_x 保持相同，以测试期望值 $N/LR_x\leqslant1$，不过，这个愿望受到所需计算时间的限制——限制为约 10^6 次模拟

命题			非供者分析		(log10) LR 的百分位数			
H_p	H_d	(log10) LR_x	d	替换	50	99	最大	模拟的数量
S_1,S_2,V	U,U,V	4.394	0.15	S_1	−17	−9.5	−4.2	24 000
S_1,S_2,V	U,U,V	4.394	0.15	S_2	2.73	7.041	9.5	24 000
S_1,V	U,V	7.129	0.01	S_1	−31	−16	0.392	1 000 000
S_1,V	U,U,V	7.788	0.44	S_1	−16	−8.7	−0.884	500 000
S_2,V,U	U,U,V	−2.9	0.15	S_2	−5.5	−0.56	0.988	1 000

上述命题得到一个似然比(LR=24 000)。如 12.17 节所述,非供者测试被实施以确定模型是否合理。为此,一个 N=24 000 的随机图谱($R_{i=1..N}$)被模拟以形成非供者群体。非供者(nc)测试依次用随机图谱($R_{i=1..N}$)替换每个犯罪嫌疑人(S_1 和 S_2)并为每个随机图谱生成一个新的 LR_{nc},测试命题如下:

H_{p1}:DNA 来自受害者、Smith 先生(S_1)和一个未知个体(R_i)。

H_{p2}:DNA 来自受害者、Doe 先生(S_2)和一个未知个体(R_i)。

H_d:DNA 来自受害者和两个未知个体。

对于简单命题对(表 12.4),在图灵期望中(12.17 节),$LR_{nc}=x$ 或更多的概率与 $Pr(LR_{nc}>x|H_d)\leqslant 1/x$ 相适应,因此我们期望匹配数少于 N/x,这里有 N 次比对[227]且 LR_{avg} 预期为 1[262]。

换言之,若现场斑迹 LR_x=24 000,并且我们模拟 N=24 000 个非供者测试,那么就会有这样一个例子 N/x=24 000/24 000=1,其中 LR_{nc} 等于或大于 LR_x。重要性抽样不使用这种特殊的测试,因为无偏差选择是必需的。

对于表 12.3 和表 12.4 所示的复杂命题,$LR_{nc}>x$ 出现的频率与 $Pr(LR_{nc}>x|H_d)\leqslant LR_{Sa}/x$ 相适应,这里 LR_{Sa} 为分子部分的已知供者是 S_a 时得出的 LR。例如,表 12.3 最上面的一行中,由于非供者测试中,S_1 被 R 取代,因此 $S_a=S_2$,表中显示了相应的 LRs 分布以供比较。

对于表 12.3 前两行的复杂命题对,期望 24 000 名随机非供者($R_{1..24\,000}$)的分布小于或等于所观察到的现场斑迹的似然比(表 12.4)。在 S_1 被 $R_{1..24\,000}$ 取代,"$H_d=true$"条件下,非供者分析($S_a=S_2$)得出的最大观测值 $\log_{10}LR=-4.2$。这在意料之中。不过,图灵(Turing) $\log_{10}LR_{avg}=-2.5$,表明了这个模型的不足。此外,在 S_2 被 $R_{1..24\,000}$ 取代,"$H_d=true$"条件下($S_a=S_1$),$\log_{10}LR_{max}=9.5$;$\log_{10}LR_{50\ percentile}=2.73$,图灵 $\log_{10}LR_{avg}\approx 7$。这清楚地证明了非供者分析不支持混合样本中包含 S_2 的证据。由于一系列随机生成的图谱给出的 LRs 的数量级等于或大于案件得出的结果,因此我们可以得出该模型不能区分特定个体的结论,也就是说,这次测试的结果不能提供有用的信息。

继续评估证据的方法是重新制定命题,以分别考虑 S_1 和 S_2,见表 12.3 和表 12.4:

表 12.4 简单命题的非供者(nc)和图灵期望(例如,H_p:$S+U$;H_d:$U+U$),其中犯罪嫌疑人 S_a(S_1=Smith 先生;S_2=Doe 先生)被随机图谱($R_{1..N}$)取代并在 nc 测试中生成一系列 $LR_{nc}=x$ 图谱(V=受害者;U=未知个体)。对于复杂命题(例如,H_p:$V+S_1+S_2$;H_d:$V+U+U$),S_1 或 S_2 分别依次被 $R_{1..N}$ 图谱取代并执行非供者测试。经 Elsevier 许可,转载自文献[275]

命题类型	H_p	H_p(nc test)	H_d	期望(nc)	LR_{avg}(图灵期望)
简单	$S+U$	$R+U$	$U+U$	$Pr(LR_{nc}>x\|H_d)\leqslant 1/x$	$LR_{avg}=1$
命题对	$S+V$	$V+R$	$V+U$	$Pr(LR_{nc}>x\|H_d)\leqslant 1/x$	$LR_{avg}=1$
复杂	$V+S_1+S_2$	$V+S_1+R$	$V+U+U$	$Pr(LR_{nc}>x\|H_d\leqslant LR_{S_1}/x$	LR_{avg} scaled to LR_{S_1}
命题对	$V+S_1+S_2$	$V+R+S_2$	$V+U+U$	$Pr(LR_{nc}>x\|H_d\leqslant LR_{S_2}/x$	LR_{avg} scaled to LR_{S_2}

H_{p1}:DNA 来自受害者、Smith 先生(S_1)和一个未知个体。

H_{p2}:DNA 来自受害者、Doe 先生(S_2)和一个未知个体。

H_d:DNA 来自受害者和两个未知个体。

当 S_1 处于 H_p 条件下时,分析可证明供者为两个而不是 3 个(因为没有基因座的等位基因超过 4 个；见第 6.2.5 节）；其 $\log_{10}LR=7.1$，图灵 $LR_{avg}=1$。如果 H_d 坚持有 3 个供者，而 H_p 被锚定为两个（第 6.2.5 节），那么 LR 会增加，不利于辩护命题。另一方面，S_2 必须用一个三供者模型来评估，否则支持这个模型的等位基因就会太少，且 $\log_{10}LR=-2.9$，支持辩方排除的命题。图灵 $LR=1$ 表明了一个合理的模型，尽管观察到的 $LR_x<1$，即：该测试的应用不依赖于基本事实 $H_p=true$。

ISFG DNA 委员会[275]第 4.3.1.2 节声明可以在调查模式下报告（合理的）非供者测试。框 12.9 显示了一个示例陈述。

> **框 12.9**
>
> "这个数字可以通过被称为"非供者测试"的调查性测试来获得。为了做到这一点，我们将 Smith 先生替换成一个随机的不相关个体，然后重复测量似然比。我们一共做了 24 000 次测试，每次随机选择一个不同的个体。当对 Smith 先生进行这项工作时，观察到的最大似然比为 0.000 1。然而，当用 24 000 个随机样本代替 Doe 先生时，观察到的最大 LR 为 10 亿。这表明，虽然这个痕迹可以解释为 3 个人的混合样本，但对于 Doe 先生的贡献，要非常谨慎地考虑，并应分别评估（来自 Doe 先生和 Smith 先生的）图谱的价值。实际中，两个 POIs 都是供者的命题的似然比可能很大，但是次要供者（Doe 先生）提供的信息太少以至于不足以将其与一个随机个体进行区分。"

总而言之，我们的分析表明，在 H_p 而非 H_d 命题中考虑多个供者时，有必要考虑对每个 POI 进行单独计算。一个已知个体存在于 H_p 和 H_d 命题中，这是没有问题的。一个组合的 $H_p:V+S_1+S_2$ 计算不能区分每个 POI 对 LR 的相对贡献。因此，当分别评估 S_1 和 S_2 时，后者提供了一个小于 1 的排除性 LR，而 S_1 的贡献被一个高 LR 支持。因此，证据可以用来支持对 S_1 的起诉，而非 S_2。ISFG DNA 委员会建议 3[275]总结为（框 12.10）：

> **框 12.10**
>
> "当可能涉及到几个嫌疑人的 DNA 时，应努力分开评估每个图谱，而不是作为一个整体。如果图谱中的一部分（如主要部分）提供的信息与另一部分（次要部分）不同时，这一点尤为重要。在评估时，可通过比较已知人员和痕迹之间的结果并计算每个个体的 LRs 来实现。报告应充分说明考虑了哪些命题以及这些命题提出的基础。
>
> 为了调查目的，去探索某结果是否支持两个人同时是（或不是）DNA 来源的命题可能是有用的。在这种情况下，可以只分配一个 LR。非供者测试用于调查目的也可能很有帮助。"

更多细节见 ISFG DNA 委员会第 4.3 节[275]以及其中对"两名犯罪嫌疑人"问题的讨论。

12.18. 总结

1. 似然比是用来恰当地解释复杂 DNA 图谱的唯一框架。

2. 似然比由两个相互对立的命题表示，通常为一个控方命题和另一个辩护命题。模型假设和背景（案例）信息应公开。

3. 尽管用于计算似然比的模型可能很有效，但并不存在正确的似然比或正确的模型。似然比的大小是对证据价值或强度的一种衡量。

4. 似然比可能小于 1（支持辩护命题）或大于 1（支持控方命题），也可能等于 1，这种情况下两种命题都不成立。

5. 在一个案例中提出命题需要许多重要的标准：

a. 制定待测命题是授权当局的职责。为防止产生任何可能的偏差，科学家应保持中立。

科学家可就需要检验的命题向授权当局提出建议。不过,这是报告的“调查”阶段部分。当向法庭提交陈述书时,科学家处于报告的“评估”阶段。科学家的任务是为原、被告双方提供同等程度的建议。

b. 命题必须是合理的。需由案件的情况所决定。

c. 命题应突出控辩双方之间的意见分歧。

d. 有必要区分科学家的评估角色和调查角色。

e. 科学家不评估命题。一个科学家不能告诉法庭一个命题是真还是假。

f. 科学家只有在某一命题为真时才能评估证据的价值。

g. 为避免确认偏差,应在检验结果已知之前设置命题。

h. 对命题层次的理解是确保证据在案件背景下得到正确解释的先决条件。对DNA图谱的解释大多是在亚来源水平的。似然比不能被转移到层次更高的水平,尤其是活动水平。

6. 在陈述所考虑的命题之前,确保陈述以条件词“如果”为前缀,以避免检察官谬误。

7. 证据的价值由似然比本身体现。可提供语言等效词,但其不能脱离数值而单独使用。

8. 避免使用“不确定的”等术语,因为证据的价值是由*LR*本身提供的。

9. 模型需要供者数量信息。通常会使用警告来强调这样一个假设,即供者与POI无关,且彼此不相关。如果声称有血缘关系,则需要另一种考虑关系级别的计算方法。

10. 非供者测试对于显示模型正在以有效的方式执行非常有用。

注释

1. 主观性和客观性的意义存在争议。相关讨论见文献[307]。
2. 英国泰晤士报(The Times),1994年1月10日。
3. 当考虑近亲时,预计共享和掩蔽的DNA标记的数量将进一步增加。

(李泽琴 苏红亮 译)

第 13 章
大规模平行测序产生的复杂 DNA 图谱分析

13.1. 引言

大规模平行测序(massively parallel sequencing,MPS)也称为下一代测序(next-generation sequencing,NGS)在法医学领域的应用越来越广泛,详见 Bruijns 等发表的相关综述[329]。常规 DNA 图谱技术的结果展示的是序列长度,然而 MPS 技术可得到目标基因座完整的序列。由于基因座之间的序列差异并不体现在长度的变异上,所以对于 STR 来说,这极大的增加了每个基因座的变异量,也就是说增加了群体中可检测到的等位基因数量。与传统的分析方法相比,结合更多的基因座分析是更为准确的做法,这进一步将个人识别能力提升到无法想象的水平。理论上讲,与使用常规毛细管电泳(capillary electrophoresis,CE)分析所检测的 DNA 片段相比,较短的 DNA 扩增片段更适合去检测高度降解的 DNA。出于同样的原因,该方法灵敏度的提高也相应增加了检测到污染的能力,并将检测到更多的低含量供者的分型。迄今为止,只有极少数的著作将基因分型概率计算的方法应用于大规模平行测序,尤其是针对混合样本的分析[300,330,302]。幸运的是,前面各章中论述的混合样本分析的基本原理同样适用于 MPS 数据。SNP 是一种简单的二等位基因标记。由于不需要考虑影子峰,简化了等位基因分析计算,因此 SNP 的分析速度更快。MPS-STR 的分析要遵循前述常规 STR 分析的基本要求,还要考虑影子峰的识别和命名。

13.2. SNP 分析

为了进行 SNP 分型检测,制备一系列不同混合比例的 2 人和 3 人的模拟混合样本并通过使用美国 Thermo Fisher Scientific 公司的 HID-Ion AmpliSeq Identity Panel v2.2 试剂盒在 Ion PGM 大规模并行测序(MPS)系统上进行了检测分析。这个试剂盒可以从由 3 个已知个体(分别标记为 P1、P2、P3)制备的一系列混合样本中检测到 134 个常染色体 SNP。由 P1、P2 个体制备的混合样本比例标记为“P1:P2”,分别为 1:1、1:3、1:9、3:1和 9:1。对于 3 人构成的混合样本,其混合比例标记为“P1:P3:P2”,分别为 1:1:1、1:1:5、1:5:1、1:5:5、5:1:1、5:1:5与 5:5:1。所有混合样本重复验证两次,例如标记为 1:1a/1:1b。

每个混合样本的分析,都进行两种关系的假设:

H_p:利害关系人(POI)与 K-1 个未知无关个体共同构成了混合样本性生物证据。

H_d:K 个未知无关个体共同构成了混合样本性生物证据。

据此，似然比的计算公式为 $LR=Pr(E|H_p)/Pr(E|H_d)$，其中 K 代表混合样本中的供者数量，E 是指混合样本生物证据的遗传标记检测结果。目标检测个体分别为P1、P2、P3。对于2人构成混合样本，有10种可能的组合来计算 LR，对于3人构成的混合样本则有21种组合方式计算 LR 值。同时也要计算混合重复样本和单一重复样本的似然比。

在定性模型（*LRmix*）或定量模型（*EuroForMix*）中分别计算似然比。使用千人基因组计划[331]中的5个欧洲人群的频率数据对混合样本SNP分型频率进行计算，参见文献[332]中的图2（等位基因频率的计算是由5种组合人群的分型而来，并且所有的数据都列在该书网址中的人群频率文件“EUR/SNP_Freqs”），使用 θ 校正，$F_{ST}=0.01$。检测阈值设置为10个“序列数”，这意味着来自供者的等位基因少于10个序列数时，就可以看作是丢失或极低浓度的非特异性核苷酸。

该书在网站上提供了一个有效的示例。

Bleka等[300]应用了 *LRmix* 中描述的定性模型和 *EuroForMix* 的定量模型。对于定性模型，默认所有的供者、标记和重复样本中丢失的参数 d（参见第5章，附件B.3.2）均相等。纯合子的丢失计算为 d^2，插入模拟为 $p_C=0.05$。使用的定量模型为 *EuroForMix*，并且未应用降解模型（第8章）。插入参数设置为 $p_C=0.05$，$\lambda=0.01$。比较了保守方法和MLE方法。按第6.1.6节和第12.17节所述进行非供者测试，Bleka等描述了详细的信息[300]。

13.3. 供者数目

解释混合样本SNP分型的一个潜在缺点是必须明确构成混合样本的供者数量。在第2.3.2节中，一个名为“最大等位基因计数（MAC）”的简单规则，用以确定STR中的最小供者数目（nC_{min}），公式如下：

$$nC_{min}=ceiling\,\frac{L_{max}}{2} \tag{13.1}$$

其中，“*ceiling x*”是大于或等于 x 的最小整数，L_{max} 是指目标基因座中可观察到的最大的等位基因数目。但是，此方程的应用取决于某个基因座可能检测到的潜在等位基因数目，这也受限于 nC_{min} 的最大值。二等位基因SNPs分型的困难在于任一基因座上只能有两个等位基因；也就是说无论实际供者有多少，对于所有基因座来说 $nC_{min}=1$，因此这种分析策略并不能起作用。

对于两个或更多的供者，将增加表观杂合度水平，高水平的“遮蔽”将限制定性模型的实用性，尤其是3人或3人以上构成的混合样本。但是，测序数据的覆盖度（类似于峰高）与混合样本DNA中的等位基因数量成正比，因此测序覆盖范围适合用 *EuroForMix* 进行分析。

13.4. 供者数目分析错误的影响

由于不能使用常规的等位基因简单计数法确定最少贡者数，所以需要一种替代策略来解决这个问题。在第 8.5.6 节中,提出了一种利用探索性分析进行模型选择的方法,该方法可以通过改变供者的数量来确定其对似然比的影响。事实证明,一旦关键的供者数量确定后模型就会变得很稳定,此时即使再增加供者的数量都不会影响模型中似然比的值。这种现象是因为过量的供者数目其实在混合样本中所占比例极低,他们对最终 *LR* 值计算的影响微乎其微。因此,其实没有必要知道供者的具体个数,只要找到可以得到稳定 *LR* 值的最少供者数目即可。

13.5. 定性和定量方法的比较

表 13.1 显示混合样本中所有供者的 $LR>10^8$。然而,通过定量模型得到了更高的证明值(*LR* 值)。这表明,通过分析 MPS 测序生成的"序列 reads 数"形式的法医 SNP 分型数据,将会获得更多有用的信息。

对于 2 人构成的混合样本,定性和定量模型的效能均可:H_p 条件下,真正的供者产生较高的 *LR* 值,非供者产生较低的 *LR* 值。与 $\log_{10}LR\approx10$ 的定性结果相比,定量模型可以给出非常高的值 $\log_{10}LR>20$(见表 13.1),然而可以说这对供者数量的分析结果并没有影响,也就是说当 *LR* 值高于某个值时,其数据足以用来判定混合样本供者个数。

表 13.1 所有 2 人构成混合样本似然比的分析。构成比如 3∶1a/3∶1b 代表的是一个 *LR* 值(以 $\log_{10}$ 表示)的两个重复样本,按供者 P1∶P2的顺序排列。相邻的 3 个列包含分别以供者 P1,P2 和非供者 P3 为 POI 计算 *LR*。分别使用定性(Qual)模型和定量(Quan)模型进行计算。MLE 表示基于最大似然比的方法,而 CONS 表示基于模拟的保守算法。连同最大观察值,分别给出了 50%、90%、95%、99%的 100 个非供者的计算结果。经 Elsevier 许可,转载自文献[300]

样本	方法	P1	P2	P3	Max	99%	95%	90%	50%
1∶1a/1∶1b	Qual(MLE)	11.1	12.4	-28.6	-8.9	-17.7	-19.2	-21	-27.5
1∶1a/1∶1b	Qual(CONS)	8.4	9.6	-75.8	-25.6	-43.7	-49	-53.7	-71.4
1∶1a/1∶1b	Quan(MLE)	32	16.3	-33.8	-16.3	-20.4	-23	-24	-30.4
1∶1a/1∶1b	Quan(CONS)	30.8	15.2	-35	-17.4	-21.5	-24.2	-25.1	-31.6
1∶3a/1∶3b	Qual(MLE)	10.5	11.9	-23.7	-5.5	-13.5	-16.5	-17.6	-24.1
1∶3a/1∶3b	Qual(CONS)	7.6	8.9	-67.9	-19.6	-35.5	-44.7	-48.6	-67.5
1∶3a/1∶3b	Quan(MLE)	23.9	27.7	-42.3	-26	-27.9	-32.6	-34.4	-42.2
1∶3a/1∶3b	Quan(CONS)	22.7	26.7	-43.5	-27.1	-29	-33.8	-35.6	-43.5
1∶9a/1∶9b	Qual(MLE)	11.1	12.4	-28.6	-8.9	-17.7	-19.2	-21	-27.5
1∶9a/1∶9b	Qual(CONS)	8.4	9.6	-75.8	-25.6	-43.7	-49	-53.7	-71.4
1∶9a/1∶9b	Quan(MLE)	27.2	53.5	-33.5	-19	-20.3	-23.3	-25.7	-33.8
1∶9a/1∶9b	Quan(CONS)	26	52.3	-34.6	-20.1	-21.4	-24.4	-26.8	-34.9
3∶1a/3∶1b	Qual(MLE)	11.1	12.4	-28.6	-8.9	-17.7	-19.2	-21	-27.5
3∶1a/3∶1b	Qual(CONS)	8.4	9.6	-75.8	-25.6	-43.7	-49	-53.7	-71.4

续表

样本	方法	P1	P2	P3	Max	99%	95%	90%	50%
3:1a/3:1b	Quan(MLE)	56.3	22.6	−26.4	−9.6	−15.2	−16.4	−18.6	−24.6
3:1a/3:1b	Quan(CONS)	55.2	21.4	−27.6	−10.8	−16.4	−17.5	−19.7	−25.7
9:1a/9:1b	Qual(MLE)	11.1	12.1	−25.2	−5.1	−15	−16.3	−17.6	−23.7
9:1a/9:1b	Qual(CONS)	8.1	8.8	−70.2	−21.2	−42.1	−45.7	−49.4	−66.3
9:1a/9:1b	Quan(MLE)	58.2	19.4	−46.7	−23.3	−28.1	−33.2	−35.6	−47.3
9:1a/9:1b	Quan(CONS)	57.1	18.2	−47.9	−24.4	−29.3	−34.4	−36.8	−48.5

至于 3 人构成的混合样本,定量模型的使用就有明显的优势,尤其是当主要供者是 POI 时(见表 13.2),这可以通过混合样本的例子来说明,比如混合比例为 5:1:1时,其主要供者的证据强调明显地提升 $\log_{10}LR \gg 10$。定性模型不考虑“read”数,因此即使混合比例均匀(1:1:1),*LR* 值仍要低得多,即 $LR \approx 100$。但是,对于 POI 占比较低(如 1:5:5)的混合样本,定性和定量模型给出了相似的 *LR* 值,即序列 read 数的方式对这种类型的混合样本分析影响不大。3 人构成混合样本的 *LR* 值通常比 2 人构成的混合样本 *LR* 值低得多。值得注意的是,使用定性方法时,几种不同构成比的混合样本其 *LR* 值是相同的,比如构成比为 1:1,1:9 和 3:1的混合样本(见表 13.1);构成比为 1:1:1,5:1:5和 5:1:1的混合样本(见表 13.2),发生这种情况的原因是样本之间具有相同的基因型。但是由于这些样本之间的“序列 reads”差异很大,因此这种情况只能通过定量的方法进行分析。

表 13.2 构成比如 5:5:1a/5:5:1b 代表的是一个 *LR* 值(以 $\log_{10}$ 表示)的两个重复样本。按供者 P1:P3:P2的顺序排列。相邻的 3 个列包含分别以 P1,P3 和 P2 作为 POI 计算 *LR*。分别使用定性(Qual)模型和定量(Quan)模型进行计算。MLE 表示基于最大似然比的方法,而 CONS 表示基于模拟的保守算法。在 50%,90%,95%,99%百分位数下给出了总共 100 个非供者的计算以及最大观察值。标记为 5:1:1的星号样本的定量 MLE 方法的混合比为 4.6:2.9:20.8(约 1:1:5),而标记为 1:1:5的样本的混合比为 54:8.3:3.8(大约 5:1:1),表明这些样本存在标记错误。经 Elsevier 许可,转载自文献[300]

样本	方法	P1	P2	P3	Max	99%	95%	90%	50%
1:1:1a/1:1:1b	Qual(MLE)	5.1	5	5.6	1	0.9	−1.2	−2	−6.2
1:1:1a/1:1:1b	Qual(CONS)	1.8	1.6	2.1	−3.3	−3.5	−7.7	−8.6	−18.1
1:1:1a/1:1:1b	Quan(MLE)	15.6	12.1	2.1	−0.5	−1.5	−2.4	−2.8	−4.1
1:1:1a/1:1:1b	Quan(CONS)	14.1	10.6	0.5	−2	−3	−3.8	−4.3	−5.2
5:5:1a/5:5:1b	Qual(MLE)	6.1	6	0.7	0.3	−0.4	−3.7	−4.2	−8.1
5:5:1a/5:5:1b	Qual(CONS)	2.6	2.4	−7.5	−7.3	−8.5	−16.9	−17.5	−27.6
5:5:1a/5:5:1b	Quan(MLE)	20.8	16.2	3.8	0.6	0.1	−0.6	−0.9	−2.9
5:5:1a/5:5:1b	Quan(CONS)	19.5	14.8	2.4	−0.8	−1.2	−2	−2.2	−4.2
5:1:5a/5:1:5b	Qual(MLE)	5.1	5	5.6	1	0.9	−1.2	−2	−6.2
5:1:5a/5:1:5b	Qual(CONS)	1.8	1.6	2.1	−3.3	−3.5	−7.7	−8.6	−18.1
5:1:5a/5:1:5b	Quan(MLE)	34.7	1.7	5.3	−0.6	−0.9	−1.6	−2.5	−4
5:1:5a/5:1:5b	Quan(CONS)	33.1	0.3	3.5	−2	−2.4	−2.9	−3.8	−5.3
1:5:5a/1:5:5b	Qual(MLE)	5.1	5	5.6	1	0.9	−1.2	−2	−6.2
1:5:5a/1:5:5b	Qual(CONS)	1.8	1.6	2.1	−3.3	−3.5	−7.7	−8.6	−18.1

续表

样本	方法	P1	P2	P3	Max	99%	95%	90%	50%
1:5:5a/1:5:5b	Quan(MLE)	1.9	28.3	4.3	0.4	-1.5	-2.3	-2.8	-4.1
1:5:5a/1:5:5b	Quan(CONS)	0.3	26.9	2.8	-1.1	-3.1	-3.8	-4.2	-5.4
5:1:1a/5:1:1b*	Qual(MLE)	5.1	5	5.6	1	0.9	-1.2	-2	-6.2
5:1:1a/5:1:1b*	Qual(CONS)	1.8	1.6	2.1	-3.3	-3.5	-7.7	-8.6	-18.1
5:1:1a/5:1:1b*	Quan(MLE)	4.6	2.9	20.8	0.2	-1.6	-2.6	-3	-4.5
5:1:1a/5:1:1b*	Quan(CONS)	3.1	1.4	19.3	-1.2	-3.1	-4	-4.4	-5.7
1:1:5a/1:1:5b*	Qual(MLE)	5.1	5	2.1	1.2	-1.4	-2.6	-3.7	-8
1:1:5a/1:1:5b*	Qual(CONS)	1.8	1.6	-2.6	-3.4	-8.1	-9.2	-13.1	-23.4
1:1:5a/1:1:5b*	Quan(MLE)	54	8.3	3.8	0.4	0.1	-0.3	-0.7	-2.1
1:1:5a/1:1:5b*	Quan(CONS)	52.6	6.9	2.4	-1.1	-1.3	-1.8	-2.2	-3.6
1:5:1a/1:5:1b	Qual(MLE)	5.8	5.7	2.8	1.8	0	-2.1	-2.7	-6.6
1:5:1a/1:5:1b	Qual(CONS)	2.2	2.1	-3.3	-4	-7.6	-12.3	-13.1	-22.9
1:5:1a/1:5:1b	Quan(MLE)	8.6	49.8	3.9	0.3	0	-0.4	-0.8	-2.1
1:5:1a/1:5:1b	Quan(CONS)	7.1	48.3	2.5	-1.2	-1.4	-1.8	-2.3	-3.6

13.6. 缺陷

当 POI 的混合占比(M_x)较高时,*LR* 值也很高。根据对表 13.2 中 3 人构成混合样本进行数据分析,构成比分别为 5:1:1,1:5:1与 1:1:5的样本中主要供者与 POI 一致并且 $M_x>0.5$,证据强度通常为 $\log_{10}LR>20$,而低占比的供者是 POI 时,$M_x<0.25$,*LR* 值范围为 10~1 000。据此,我们认为对混合样本证据的解释在很大程度上取决于 M_x 值。因此,研究影响混合样本证据合理分析的因素是很有意义的。

为此,我们模拟了 2 人、3 人直至 6 人构成的混合样本共计 100 例,按第 13.2 节中的描述分别计算不同混合占比(M_x)POI 的 *LR* 值。

为了验证我们最初的发现,从模拟样本的检测结果中可以清楚地发现,与 3 人或多人构成的混合样本相比,2 人构成的混合样本在低 M_x 值的情况下可以得到更高的 *LR* 值。有趣的是,当混合样本由 2 人或 2 人以上构成时,其 M_x 值与其对应的 *LR* 值在很大程度上就不受供者数目的影响了。例如,所有 3 人构成混合样本的样本中 $M_x\approx0.4(0.35-0.45)$,$\log_{10}LR\approx9.6-15.2$。实际上,解释 3 人或 3 人以上构成的混合样本的最小值 $M_x\approx0.2$,$\log_{10}LR\approx1.6-11.4$,尽管很难一概而论,因为即使在这样的下限值时,也会得到一定证明性的分析结果。

13.7. 供者数量的不确定性对似然比的影响

由于 SNP 是二等位基因,所以利用 SNP 分析混合样本中含量最少供者的难度比利用多等位基因的 STR 更大,因此,利用 SNP 分析含有很多混合成分的案件样本时就存在很大的困难。

为了解决这个问题,我们进行了更进一步的模拟实验,来分析过多和过少地推断混合样本供者数量对其的影响。首先,我们模拟一个实际上有两个供者的混合样本,然后分别计算以 3 个、4 个和 5 个供者为前提条件的 LR 值(似然比)。所有的点都沿着 45°斜率分布(图 13.1),表明供者数量对 LR 的影响很小。

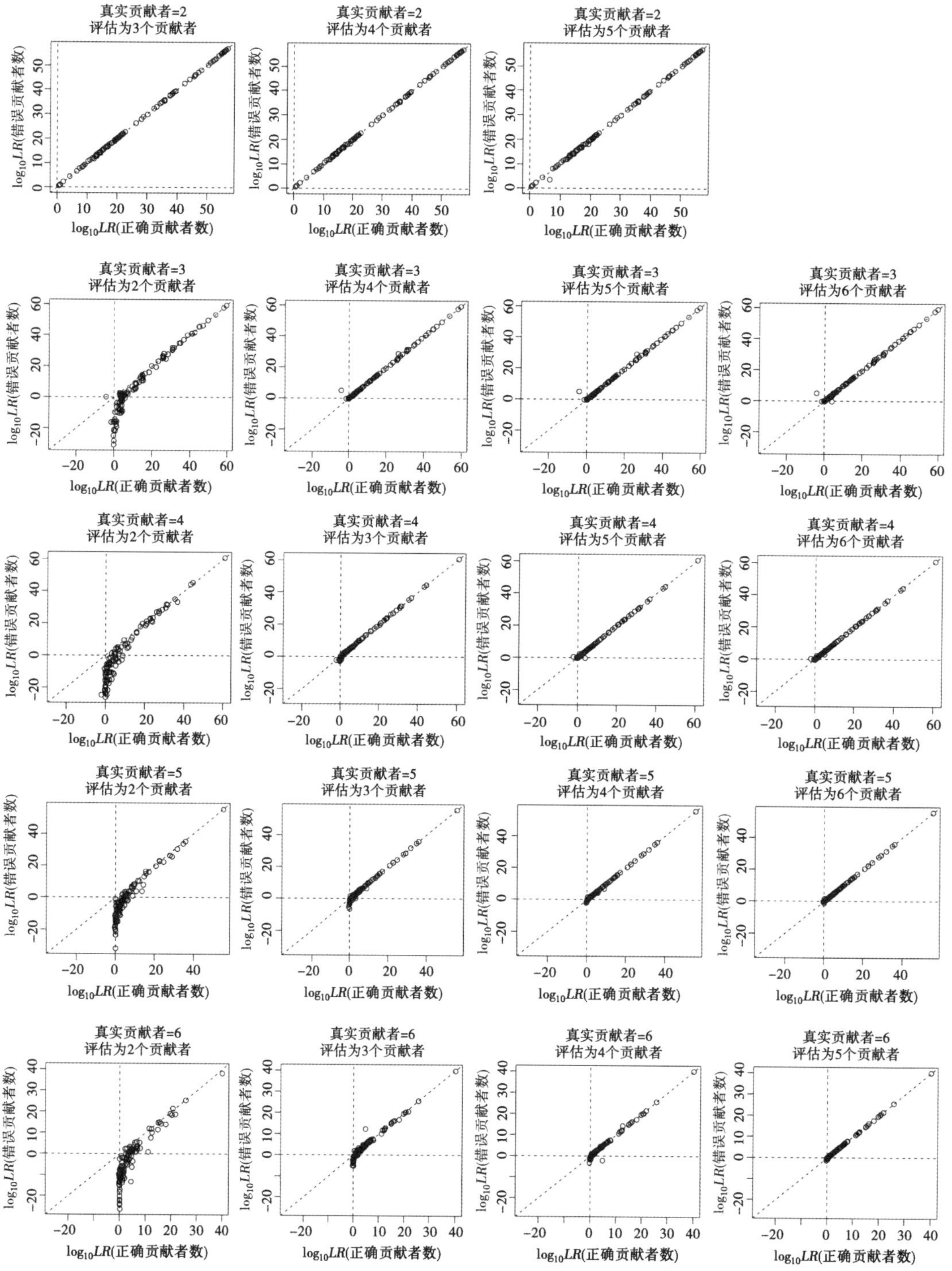

图 13.1 对于 100 个模拟混合样本,目标检测个体与 M_x 基于(*EuroForMix*)最大似然比($\log_{10}$scale)图。供者的真实数量(在 2~6 之间)是根据错误假设的供者数量(也在 2~6 之间)进行评估的。经 Elsevier 许可,转载自文献[300]

接下来，我们模拟了由 3 个供者构成的混合样本，并以 2 个、4 个、5 个和 6 个供者为前提分别计算 *LR* 值。当 3 人构成混合样本的 $\log_{10}LR>6$（近似）时，与 2 人构成混合样本计算的 *LR* 值是一致的。相反，实际模拟样本（3 人）以两个供者为前提计算时，其 *LR* 值就会低很多 $\log_{10}LR<6$（近似）。另一方面，当供者数目预测过多时（>3），*LR* 值完全一致。

如前所述，当混合样本实际构成人数被低估和高估的条件下，分别对 4 个、5 个和 6 个供者的情况进行了解释并重复了实验。其结果是相同的——如与上述描述相同的 3 人构成混合样本，还有低估 2 人构成混合样本的供者数量都会导致 *LR* 值的降低。

这些结果与常规 STR 分析中的结论是一致的，表明定量模型的 *LR* 值在假定存在过多供者的情况下变化不大（第 8.7.3 节）。因此，可以使用探索性分析（在其中添加其他供者）来确定何时可以获得稳定的 *LR* 值。尽管与标准 STR 检测相比有更多的基因座（134），但是由于每个基因座只有两个等位基因，因此计算速度很快，例如 3 个供者需要 6 秒，6 个供者需要 1 015 秒。

13.8. 总结

总的来说，最好使用定量模型对混合样本进行 SNP 分析，尤其是存在两个以上供者的情况下。由于每个基因座最多只能有两个等位基因，所以据此进行个体推断是很难的，因此需要一些探索性的分析来确定 *LR* 值何时变得稳定，即此时的结果不会对混合样本的证据效能进行夸大，因为估算非常多的供者数量时，*LR* 值基本稳定。对于当前检测的 SNP 高通量试剂盒，普遍存在一个限制，即 POI 的 M_x 值必须大于 0.2 才可以使 $LR>100$（这也取决于样本），但是含有更多 SNP 的高通量试剂盒就可以消除这个影响。

13.9. 短串联重复序列

短串联重复序列（STR）的大规模平行测序（STR-MPS）近年来引起了人们广泛的关注，因为这种方法可以最终替代传统的 CE，具有现实的应用前景。尤其是高通量测序平台可以分析更多的 STR 基因座。由于 MPS 是基于序列进行分析的，所以在其测序结果中发现每个基因座更多的变异等位基因。更多的基因座，基因座中更多的等位基因、更高的多态性，使得整个 MPS 系统的个体识别能力大大提高。因为 SNP 标记更短，可以潜在提高整个系统的分析灵敏度，因此更适合用于降解片段的分析。由于更多等位基因的存在也会减少分型中的掩盖现象，所以 MPS 也更适合分析混合样本检材。

还需要解决几个难题才能完全应用 MPS-STR 进行分析。幸运的是，整个行业都在持续的讨论来寻求解决方案。毫无疑问，MPS-STR 领域正在发生着急剧的变化并且将在未来几年甚至几个月中产生新的解决办法。这部分提供一个简单的介绍，突出说明对于 MPS-STR 证据结果的分析解释性问题。

MPS-STR 广泛应用的关键是需要一个公认的质控标准，以确保数据库中纳入频率的可靠性。第二个关键是有一个通用的命名标准，以便可以将数据整合到国家 DNA 数据库中实现共享。STRidER 平台是一个针对常染色体 STR 基因座的公开可用并集中管理的在线等位基因频率数据库和质控平台，现已可以接收 MPS-STR 的序列数据[32]。更多详细信息，请参见第 1.3.2 节。为了获得某些 STR（例如 D12S391）更多的序列差异信息，就需要相应地增加样本数,因此数据整合(通过 STRidER QC 质控和标准化促进)逐渐成为非常必要的措施和手段。

13.9.1 命名原则

常规简单 STR 是基于每个等位基因核心序列的重复次数(第 1.7 节)来命名的。不完全重复用小数点表示:TH01 9.3 表示有 9 个完整核心序列的重复和部分 3 个碱基的重复。早期 ISFG/ISFH DNA 委员会[4]制定了命名法和标准基因座的基本规则(第 1.2.1 节)。两者都已采纳成为普遍应用的标准。由于不同的实验室需要共享数据并将其上传到国家 DNA 数据库,所以需要对数据进行标准化。基于一组简单的数字命名原则更适于大范围的应用和推广。在 NIST 网站"STRBase"中列出了商品化试剂盒中的信息,每个 STR 基因座都有相应的链接并且提供其所有的等位基因序列信息列表。不同试剂盒中的引物序列、包含重复序列的产物长度其重复序列也是公开的。重复序列有两种基本类型:简单重复和复杂重复。

简单的 STR 序列以 TH01 基因座为例。该基因座有 15 个等位基因,范围介于 $n=3\sim14$ 个重复之间,其中核心重复序列为$[AATG]_n$。等位基因 9.3 包含不完全重复单位,测序结果为$[AATG]_6$ATG$[AATG]_3$,即 6 个完整的[AATG]重复,然后是一个[ATG]三碱基不完整重复,以另外 3 个完整的[AATG]重复结束。

与简单的重复序列相比,复杂的 STR 序列具有更多突变的等位基因,因此更具有区分性。比如基因座 D21S11,有两种核心重复单位[TCTA]和[TCTG],散布着许多完整的重复区重复和不完全[TCCA]重复。对于基因座 D21S11,有许多不同的等位基因。一些 STR 多态性具有相同的重复次数,但具有不同的重复区。例如,STRBase 网站上列出了等位基因 27 的 3 种不同等位基因变异体:

$[\textbf{TCTA}]_4[\textbf{TCTG}]_6[\textbf{TCTA}]_3\text{TA}[\textbf{TCTA}]_3\text{TCA}[\textbf{TCTA}]_2\text{TCCA TA}[\textbf{TCTA}]_9$

$[\textbf{TCTA}]_6[\textbf{TCTG}]_5[\textbf{TCTA}]_3\text{TA}[\textbf{TCTA}]_3\text{TCA}[\textbf{TCTA}]_2\text{TCCA TA}[\textbf{TCTA}]_8$

$[\textbf{TCTA}]_5[\textbf{TCTG}]_5[\textbf{TCTA}]_3\text{TA}[\textbf{TCTA}]_3\text{TCA}[\textbf{TCTA}]_2\text{TCCA TA}[\textbf{TCTA}]_9$

对于这 3 个变体中的每一个,片段的长度都完全相同。命名重复总数为 27(这些以粗体突出显示)。序列 TA,TCA,TCCA 不包括在重复计数中。每个基因座的命名系统可以追溯到早年发表的资料,例如,基因座 D21S11 参见 Möller 等在 1994 年发表的论文[333]。由于早期研究者并未观察到基因座中的所有等位基因,首次发现的新变异必须符合最初被广泛采用的命名方案。因此,等位基因的名称并没有考虑基因座内部序列变异,这在传统的基于 CE 的 STR 分析中当然总是未知的(除非已知测序)。使用 MPS 进行分析就能够揭示这种隐藏的变化,从而提高现有标记的个体识别能力。

因此,普遍应用于国家 DNA 数据库的现有命名系统是基于 20 世纪 90 年代初期至中期发现并表现为"标准"参考等位基因的重复序列。无论序列如何,所有新的等位基因命名都必须遵循这个规范,并且严格基于片段长度中所计数的碱基个数。与等位基因分型标准品进行比较。这意味着 STR 重复序列的长度及其与参考序列重复的长度不一定存在对应关系。假设在上面列出的等位基因 27 变体中,扩增子侧翼区域中的单个碱基缺失;尽管重复结构与所列结构相同,但等位基因名称必须更改为 26.3。因此,这种等位基因名称不再反映参考序列的重复结构。

上述讨论并不影响群体遗传学数据和常规 STR 的结果解释。这是因为统计分析时并没有考虑一个给定大小的等位基因片段中存在的许多变异体;该片段长度用于被设计并“匹配”于国家 DNA 数据库中相同大小的等位基因,以及具有相同长度但不同核心重复序列的多个等位基因。

然而,使用 MPS 方法并非没有挑战。ISFG DNA 委员会[1]成员针对最小命名法提出了一些重要建议:

- 数据应作为序列字符串导出和存储。
- 需要一个 MPS-STR 的统一命名系统,以确保实验室和数据库之间的兼容性。
- 将采用正向链(5′→3′)方向,因为这与 2001 年以来的所有人类基因组研究一致(一些序列基于反向链)。
- 必须与储存在国家数据库中的常规 STR 名称有反向兼容性。

由 STR 序列工作组(STRAND)[334]牵头的一项合作倡议已经召开,以协调各实验室之间的相关进程:STRidER(第 1.3.2 节);STReq 序列目录[335];STRait Razor 生物信息学免费软件[336]。对于正在进行的所有工作的最新回顾,读者可以参考 STRAND 小组的讨论[334]以获得更多信息。因此我们将严格地在基于概率的基因分型软件中考虑命名问题。

13.10. 历史的角度:曾经的经验

2006 年在采用了新基因座和/或新方法的推动下,发表了一份欧洲关于 DNA 数据库未来发展的立场性说明[26],反映了 ENFSI/EDNAP 小组的观点。随着国家 DNA 数据库开始变得非常大,人们认识到,当时使用的已有多样性系统需要升级来提高识别能力,避免大量偶然匹配的情况发生。与此同时,人们担心国家 DNA 数据库有可能被陈旧的技术束缚,这些技术最终会变得低效和过时。需要有一种机制来鼓励新技术的发展和采用。因此,这与 MPS 的出现和应用高度相关。

2006 年面临的挑战是,虽然可以加入了新的核心基因座来提高辨别能力,但是人们也认识到需要不同种类的基因座组合来提高检测成功率,特别是对于高度降解的样本。在此期间,大家便开始对“mini-STR”显出浓厚的兴趣[24,337],因为小片段的扩增产物在分析降解检材时效用增加[338]。专家推荐采用 3 个表现出这些特征的新基因座(D10S1248、D14S1434 和 D22S1045)。但是后来的研究指出,D14S1434 基因座被去除,取而代之的是 D2S441,因为 D2S441 具有更好的个人识别能力[289]。这将欧洲标准国际刑警组织核心基因座的数量从 7 个增加到 10 个。商讨之后[289],专家们鼓励制造商将他们的复合体系中的基因座数量增加到 15 个或更多,并且减少现有基因座扩增产物片段的大小,以提高对检测降解检材的分析能力。美国也采取了类似的措施[20],将最初的包含 13 个核心 STR 基因座的检测体系扩大到 20 个基因座。这 7 个新基因座整合了旧 CODIS 中所没有的 ESS 基因座,从而提供了一个适用于北美和欧洲的标准化系统。随后发布了 15 个欧洲核心 STR 基因座的多重复合体系,包括 Applied Biosystems 公司的 AmpFlSTR Identifiler 试剂盒和 Promega 公司的 PowerPlex 16 试剂盒。随着生物化学技术的新进展,如 6 色荧光染料系统的出现,为多重复合 STR 检测体系提供了大量的可测基因座。例如,PowerPlex Fusion 6C 试剂盒包含 23 个常染色体 STR 基因座、3 个 Y-STR 基因座和性别基因座;Applied Biosystems GlobalFiler 试剂盒包含 24 个常染色体 STR 基因座、Y-Indel 和性别基因座。这些最先进的试剂盒正被广泛采用。它们的优点是具有真正的普遍性,因为它们同时包含了 CODIS 和 ESS 的标准基因座。并且随机匹配的概率低于 10^{-25}[339,117]。

关于多重复合体系的发展和演变详见第 1.1.1、1.2 和 1.2.1 节。

采用包含 24 个常染色体 STR 基因座的新型多重扩增试剂盒并非没有缺陷。该领域正朝着基于 MPS 技术的研发新型多重试剂盒的方向快速发展。例如,Illumina ForenSeq Signature Prep 试剂盒,引物组合 A,包含 58 个 STR 基因座的引物对,其中包括 27 个常染色体 STR,7 个 X-STR 和 24 个 Y-STR 单倍型标记,以及 94 个身份信息 SNP。引物组合 B 有额外 56 个溯(族)源 SNP 和 22 个表型信息 SNP 的引物对。MPS 技术的主要潜力是它能够增加每个反应体系中可以分析的基因座数量,这远远超出了传统毛细管电泳仪的处理能力。此外,还有更多等位基因变异可以获得。Gettings 等[340]对 D1S1656、D2S1338、D8S1179、D12S391 和 D21S11 进行了详细的研究,结果显示利用 MPS 技术观察到的等位基因变异数量显著增加。该信息可以从 STReq 项目(https://www.ncbi.nlm.nih.gov/bioproject/380127)查看序列和 Genbank 登记号。

然而,新技术的主要难点是信息处理。MPS 产生的大量信息,使用人工处理、检查单个基因座的信息就无法实现了,而且还会引入人为的错误。例如,FDSTools[341]采用基于阈值的自动等位基因检出法,并进行降噪和影子峰的自动识别。*CaseSolver*(第 11 章)已将应用扩展到了 MPS 技术[330]。这些(和其他)软件是为了简化解释过程,并帮助消除信息处理的难点,并通过消除人为错误提高了质量。

13.11. STR-MPS 技术中的影子峰

在第 2.2 节和第 2.2.1 节中,对影子峰进行了定义和描述。在第 2.2.2 节中,影子峰的特征是其大小随着母峰的重复次数的增加而增大。许多 STR 基因座都具有微变异体,如 TH01 中的 9.3 和 10.3,以及序列变异体,如第 13.9.1 节中描述的 D21S11。当重复区中断时,此时影子峰的大小要低于预测的根据整个 STR 计算的预计值。相反,最长连续重复长度(longest uninterrupted repeat stretch,LUS)是比总的重复次数更好的预测因子。

影子峰的分析在 MPS 技术下呈现出一个新的维度。这是因为 $n-1$ 次重复都可以在 MPS 中被识别。就像新的等位基因微变异被识别一样,新出现的影子峰变异也同样可以被识别。Just 和 Irwin[302]显示了如何从给定的序列中分析辨别潜在的影子峰并结合 LUS 注释(如图 3)。这个概念如图 13.2 所示。首先提供重复单元(repeat unit,RU),这与毛细管电泳中使用的常规 STR 命名法相同,第二部分定义了在 LUS 区域中发现的重复次数。影子峰的预测遵循 LUS 命名法。例如,D12S391 具有两个核心重复单位$[AGAT]_{n1}[AGAC]_{n2}$($n1$ 和 $n2$ 作为区域/基序重复)的基本结构。对于分型为 23_14 等位基因,$n-1$ 的影子峰出现的位置可能是 22_13 或 22_14。影子峰的预测位置由 LUS 命名法定义。在本例中,22_13 指的是[AGAT]重复区中的影子峰,而默认情况下,22_14 指的是[AGAC]重复区中的影子峰。由于$[AGAC]_{n2}$ 重复区的长度通常小于$[AGAT]_{n1}$ 重复区的长度,因此影子峰出现的概率也较低。同样重要的是,两个重复区可能同时出现影子峰——这种情况经常出现在毛细管电泳检测的结果中,但常常会表现为一个单独的影子峰,但在 MPS 结果中两者都将明确表现出来。$n+1/n-2$ 影子峰的推断遵循相同的命名法,例如,对于 23_14 母峰,$n+1$ 的影子峰是 24_15 或 24_14,受影响的重复区域遵循 LUS 命名法。

样本	基因座	重复单元	LUS概念解释	等位基因覆盖度	序列
136	D12S391	19	19_12	57	(AGAT)12(AGAC)6AGAT
136	D12S391	20	20_13	395	(AGAT)13(AGAC)6AGAT
136	D12S391	22	22_14	25	(AGAT)14(AGAC)7AGAT
136	D12S391	22	22_13	74	(AGAT)13(AGAC)8AGAT
136	D12S391	23	23_14	330	(AGAT)14(AGAC)8AGAT

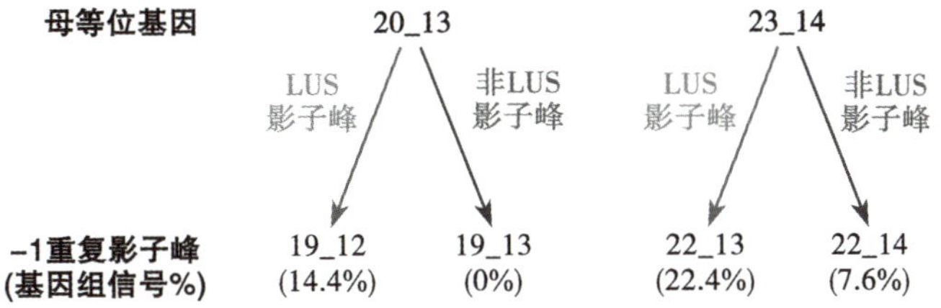

图 13.2 影子峰亚型指定的 LUS 概念解释说明。单一来源样本的 ForenSeq 分型结果中实际 D12S391 分型用于描述如何使用 LUS 概念指定多个 n-1 重复影子峰产物。与母本等位基因相比,从 LUS 参考区出现的影子峰将被表示为-1_-1,而从 STR 的任何其他区域出现的影子峰将被表示为-1_0。经 Elsevier 许可,转载自文献[302]

LUS 标记提供了一种识别潜在影子峰的方法,这是在 *EuroForMix* 中使用影子峰模型时的一个重要要求。

需要注意的是,LUS 标记是动态的。这是因为重复序列的 LUS 区的位置可能根据等位基因和基因座而不同(表 13.3)。例如,CSF1PO 等位基因最常见的是以单个 LUS 重复片段的形式存在,例如,[ATCT]$_{12}$。这被认定为 12_12。当一个 ATCT 重复序列发生序列变异时,ATCT 重复序列的 LUS 中断可能发生在序列变异之前或之后。例如,[ATCT]$_4$ TCT[ATCT]$_7$ 将被标记为 12_7,而[ATCT]$_8$ ACCT[ATCT]$_3$ 将被标记为 12_8。

表 13.3 显示 LUS+命名法原理的表格。参考等位基因使用 UAS 数据范围显示,但符合 ISFG 关于正负链的建议。用于确定重复单元等位基因的核心重复区域在大写文本中。LUS 长度参考区用下划线标出,与 Just 等[302]表 1 中描述的相同。其他等位基因参见 Just 等[342]的"查找"表 S5。对于上面指定的例子,LUS 命名法重复序列如下所示。次要参考区域由蓝色文本表示。三级参考区域由绿色文本表示。这是表 1 的一部分,经 Elsevier 许可,转载自 Just 等的文献[342]

		等位基因命名		
基因座	显示参考区域的等位基因实例	重复单元	LUS	LUS+
CSF1PO	(ATCT)$_7$ACCT(ATCT)$_3$	11	11_7	11_7_1
D10S1248	(GGAA)$_6$ GTAA(GGAA)$_7$	14	14_7	
D12S391	AGGT(AGAT)$_{11}$(AGAC)$_6$AGAT	19	19_11	19_11_6_1
D13S317	(TATC)$_9$(aatc)$_2$(atct)$_3$ttct gtct gtc	9	9_9	9_9_3_1
D16S539	(GATA)$_5$GACA(GATA)$_4$	10	10_5	10_5_1
D17S1301	(AGAT)$_{10}$AGGT AGAT	12	12_10	
D18S51	(AGAA)$_4$AGGA(AGAA)$_{10}$ aaag agag ag	15	15_10	15_10_1

续表

基因座	显示参考区域的等位基因实例	重复单元	LUS	LUS+
D19S433	ct ctct ttct tcct ctct(CCTT)$_{11}$ cctg CCTT cttt CCTT	13	13_11	13_11_1_1
D1S1656	ca(caca)$_2$CCTA(TCTA)$_{12}$ TCA TCTG(TCTA)$_3$	17.3	17.3_12	17.3_12_1_1
D20S428	(AGAT)$_{11}$	11	11_11	
D21S11	(TCTA)$_4$(TCTG)$_6$(TCTA)$_3$TA(TCTA)$_3$TCA (TCTA)$_2$TCCA TA(TCTA)$_{10}$	28	28_10	28_10_4_6

13.11.1 LUS+命名法的拓展

LUS 命名法有两个目的:(a)它可以用来识别用 RU 命名法无法区分的变异体;(b)LUS 序列定义的重复区域重复很容易预测最有可能由 $n-1$、$n+1$ 和 $n-2$ 影子峰产生的序列。

在对 27 个 aSTR 基因座的 1 059 个测序等位基因的数据集[342]的分析中发现,在这些等位基因序列中,以 LUS 命名的参考区是最长的不间断延伸区域占整个等位基因序列的 99%。在 777 个个体的 4 个群体数据集中 LUS 命名法可以观察到的 80% 以上的序列变异。尽管 LUS 命名法几乎能捕获简单重复序列的所有序列变异,如 TPOX、THO1 和 D20S482,但对于具有多个核心区域重复的更复杂的 STR,如 D21S11、D12S391 和 FGA,LUS 命名法是不够的(图 13.3)。

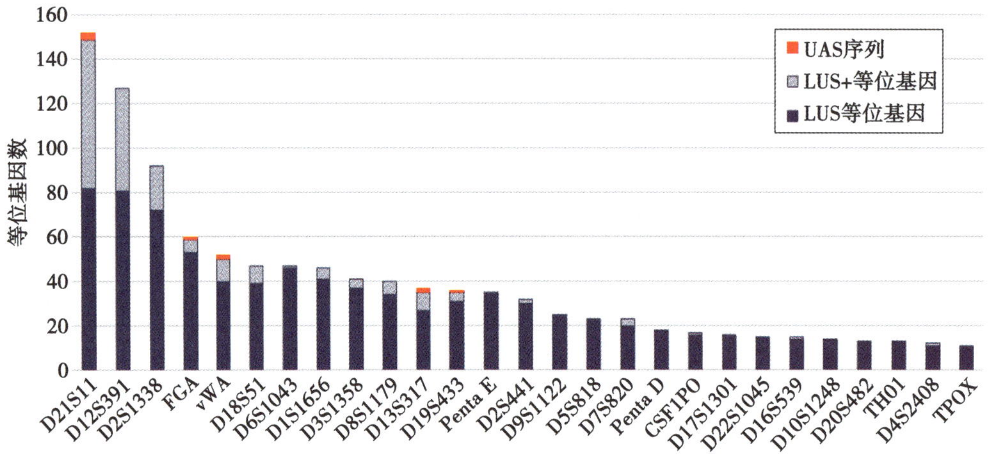

图 13.3 直方图显示了本研究中按基因座(总共 $n=1\ 059$)排列的独特序列等位基因的数量。实心蓝条表示每个基因座由 LUS 等位基因标记区分的序列等位基因数,而空心蓝条表示每个基因座由 LUS+标记区分的额外等位基因数。红色条(顶部)表示未使用 LUS+等位基因名称解析的序列等位基因的数量。该图是经 Elsevier 许可,转载自文献[342]

Just 等[342]将 LUS 命名法扩展到 LUS+,以便在符号环境下的概率基因分型程序中识别尽可能多的序列变异。大部分变异都是在 LUS 重复序列中发现的。对于简单的重复,例如在 D20S433 中发现的[AGAT],不需要超出最初的 LUS 命名法的任何东西,例如[AGAT]$_{12}$AGCT 的变体,基本上是不会观察到的。CSF1PO 也是一个简单的变异重复,有时间隔着几个或一个单一的 CTCT、GTCT 或 ACCT 序列重复。这些变体相当罕见。观察到两个 11_7 变体,但一个有 ATAT 重复,而另一个有 ACCT 重复。后一个序列用作 LUS+二级标识符,给出名称 11_7_1;11_7_0 为前者保留。每个等位基因的名称都与查找表中的特定序列相关联,因此这可以防止发生歧义。

在图 13.2 中引用的 D12S391 例子中,LUS 序列是 $[AGAT]_{n1}$;二级序列是 $[AGAC]_{n2}$,三级序列是 AGGT(有时在序列的 5′端观察到)。二级序列表示第二长的不间断序列,可用于表示其各自重复区段中的影子峰,因此使用 LUS+符号,23_14_8_0 等位基因的 $n-1$ 影子峰分别变为 22_13_8_0 和 22_14_7_0。由于三级序列指的是单个重复,这在影子峰预测中不起作用,相反,它被用来识别罕见的变异体。

LUS+的延伸性应用在 1 059 个等位基因序列中成功定义了 1 050 个等位基因,在整个数据集中的占比超过 99.15%。

LUS+标记可以从复杂基因座获得最多的信息,如 D21S11。该基因座是由多个核心重复序列构成(表 13.3)。LUS 重复区的是 3′末端的 $[TCTA]_{n1}$ 序列。第二个区域是 5′端第一个 $[TCTA]_{n2}$ 的序列。第三个(第三)重复区的加入即可获得该基因座的大多数多态性,即第二个 LUS 重复区 $[TCTG]_{n3}$。这就可能有 3 种不同的方式产生影子峰。理论上,一个等位基因可能导致 9 种不同的影子峰类型。此外,影子峰可能同时出现在两个或多个不同的区域,这增加了可能性的数量。Li 等[343]已经观察到这种现象,他们发现了另外的复杂影子峰[2]产物,如 $n-4$、$n-3$、$n-2$ 和 $n0$ 重复。然而,这些只占影子峰总数的 11%。$n0$ 变异体的分子大小与母本等位基因相同,但在不同的重复序列上同时具有后向 $n-1$ 和前向 $n+1$ 影子峰。这些"复合"影子峰往往在数据中处于低水平,3% 的影子峰过滤值足以从数据集中去除它们中的大多数(关于特定基因座的影子峰比率的列表,参见 Li 等的补充表 2、3)。

无论如何,LUS+格式确实提供了一个帮助预测影子峰的基础,很容易地被概率基因分析模型所利用(并且可以根据需要进行扩展)。随着更多信息的获得,可能有必要调整 LUS+命名法。是否值得扩展模型(如 *EuroForMix*)来专门为各种影子峰建模,这是一个有争议的问题。遵循 Occam's razor 原则[3],程序最好尽可能保持简单,更专注于重要信息的分析和获取,而不是那些几乎对整体没有影响的信息。因为无论模型和软件都永远不可能模拟出可能遇到的所有潜在影响因素和结果。然而,很少发生的事件(如复杂的影子峰)可以通过插入模型来适应,该模型通过似然比计算来考虑的。在第 13.16 节中,我们使用专业术语和影子峰作为例子,来衡量相对于模型特定属性的信息增益,以证明增加其复杂性是合理的。

13.12. 利用 MPS 描述影子峰

第 2.2 节详细回顾了影子峰的特征。基于 CE 和 MPS 产生的影子峰特征具有可比性[344]。到目前为止,影响最大的是 $n-1$ 影子峰,但也观察到 $n-2/n+1$"复杂"影子峰。

MPS 可以对影子峰的特征进行更详细的分析,因为影子峰出现的占比和序列都可以通过 MPS 得到。Vilsen 等[345]将 LUS 命名法和"缺失基序的区域长度"进行了比较。以 D12S391 为例(图 13.2),有两个重复区:[AGAT]和[AGAC]。当影子峰发生时,它源于一个或另一个重复区。最长的区域倾向于产生最大的影子峰,并且通过区域长度与影子峰比率的回归分析说明了明显的关系。较小的区域也会发生影子峰,但比例较小,使两种类型区域的回归并不重叠。在描述影子峰比率时,每个基因座/等位基因的重复区都需要单独评估。例如,在 D2S441 中,Vilsen 等[345]指出,聚合酶链反应过程似乎不能区分[TCTG]和[TCTA]

重复区(即,区域应结合起来,以定义 LUS)。Woerner 等[346]也对此进行了类似的观察,表明区域重复序列之外的侧翼区域通过引入影响影子峰特征的“准重复”而对区域结构产生影响。

然而,影子峰的特征是复杂的,取决于基因座和等位基因序列,使用 LUS+命名法[302,342]识别不同长度的等位基因重复区域,与 Vilsen 等[345]的方法相似。一旦一个等位基因被识别,预测影子峰的难点就在于需要插入“查找”表的序列。为了解决这一问题,例如 *FDSTools* 软件包和[341] *Stuttermark* 软件包[344],就可以根据顺序自动识别潜在的 $n-1$、$n-2$ 和 $n+1$ 影子峰(详见第 13.15 节)。影子峰可以被选择性地过滤,使用阈值与母本等位基因的覆盖范围进行比较。从同一个包中,Stuttermodel 将多项式函数拟合到重复长度和影子峰比率,以细化影子峰噪声和由重复长度产生的预计影子峰之间的差别。

FDSTools 工具可用于预测影子峰和 PCR 反应产生的其他非目的产物,该信息可用于根据所得到的非目的条带及其等位基因特异性设计特定分析阈值。

过滤影子峰和其他噪声的另一种方法是在概率基因分型系统中对变异进行建模。使用 *EuroForMix*,他可以针对每个样本的每个基因座进行分析。目前,只有 $n-1$ 影子峰的预测模型。过滤会产生阈值限制的效果,此时低水平量的分型也可以解释。因为 $n-1$ 影子峰可以达到母本等位基因覆盖率的 10% 以上,所以最好不要过滤这些等位基因,尤其是当混合比例 $M_x<10\%$ POI 时。复杂的影子峰($n-2$ 和 $n+1$ 重复),往往具有更低的覆盖率,因此大约过滤值为 3% 就足以消除它们[112]。或者,在不违反泊松模型预测的独立性假设的前提下将它们作为插入处理,如第 4.2.1 节所述。

根据第 7.9 节描述的方法,对影子峰理解的提高可以改进预测模型。然而,这是以增加计算时间为代价的。这种改进是否也转化为显著的信息增益取决于兴趣点的贡献水平[233],即非常低水平的兴趣点 $M_x<0.05$ 可能受益于对复杂影子峰的考虑,但是由于可能存在其他未建模的噪声,我们可能接近于执行可靠分析的技术的限制。第 13.16 节将进一步探讨过滤与不过滤的优势。

13.13. 用 *EuroForMix* 进行 MPS 程序设计

13.13.1 将序列自动转换为 RU/LUS/LUS+命名

为了使 *EuroForMix* 能使用测序数据,将序列转换为简单的命名是必要的,这些转换的命名可以基于传统的 RU(重复单位),也可以是 Just 等设计的 LUS/LUS+命名[302,342]。为了举例说明,文件“seq2lusData/evids2.txt”中包含了一个由 ForenSeq Verogen universal analysis software(UAS)得到的原始测序数据。用 R 语言中的 seq2lus 程序进行命名转换。网上教程在 http://euroformix.com/seq2lus 中。一旦加载完成,软件会出现一个图形界面,如图 13.4 所示。

为了执行转换,需要用的名为“LookupTable.xlsx”的查找表(Just 等[342]中的表 S5)。这一文件中包含 ForenSeq 试剂盒中所有基因座等位基因的 STReq 数据库中认定的序列。注意,随着新等位基因的发现,这一文件需要不断的被更新。在表 13.4 中展示了 D21S11 序列的例子。

表格显示了很多等位基因变体。例如 D21S11 等位基因 27 有 3 个变体:27_10;27_9;

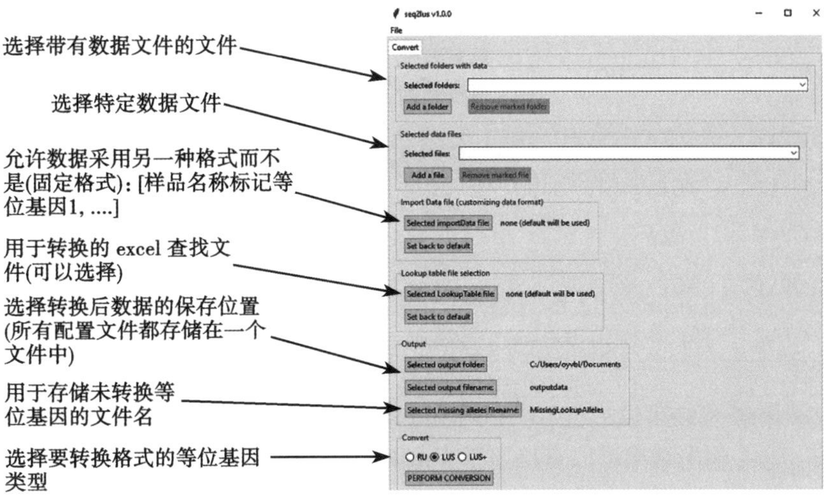

图 13.4　*seq2lus* gui 的显示文件设置和点击按钮选项

27_8。它们可以用 LUS+命名法进一步细分为 27_10_4_5；27_10_4_6 等，因此原始的等位基因 27 有被 LUS+命名法分离成 6 个变体，同样在 LUS+命名下等位基因 28 有 8 个变体。

表 13.4　D21S11 查找表的一部分。为了节省空间，第 1 列只显示了序列的第一部分。同样，第 2 列只有前两个重复单元序列。提供了常规重复单元(RU)名称。这些均可以与所有基于毛细管电泳命名法兼容。LUS 被定义为最后一个 TCTA 重复(未显示)的重复次数，这出现在 LUS 等位基因。对于 LUS+命名法，选择另外两个重复单元，即第一个 TCTA 区和相邻的 TCTG 区(显示在 STR 序列这一列中)。这些分别用作二级和三级 LUS+标识符。将这两个标识符与第 5 栏中的 LUS 名称相结合，在最后一栏中给出了给定等位基因的 LUS+标记

UAS 序列	STReq	重复单元等位基因	LUS	LUS	SEC	TER	LUS+
TCTATCTATCTAT	$[TCTA]_5[TCTG]_6$	24.2	9	24.2_9	5	6	24.2_9_5_6
TCTATCTATCTAT	$[TCTA]_6[TCTG]_6$	25.2	9	25.2_9	6	6	25.2_9_6_6
TCTATCTATCTAT	$[TCTA]_4[TCTG]_6$	26	8	26_8	4	6	26_8_4_6
TCTATCTATCTAT	$[TCTA]_6[TCTG]_6$	26.2	10	26.2_10	6	6	26.2_10_6_6
TCTATCTATCTAT	$[TCTA]_4[TCTG]_5$	27	10	27_10	4	5	27_10_4_5
TCTATCTATCTAT	$[TCTA]_4[TCTG]_6$	27	10	27_10	4	6	27_10_4_6
TCTATCTATCTAT	$[TCTA]_4[TCTG]_6$	27	9	27_9	4	6	27_9_4_6
TCTATCTATCTAT	$[TCTA]_4[TCTG]_7$	27	8	27_8	4	7	27_8_4_7
TCTATCTATCTAT	$[TCTA]_5[TCTG]_5$	27	9	27_9	5	5	27_9_5_5
TCTATCTATCTAT	$[TCTA]_6[TCTG]_5$	27	8	27_8	6	5	27_8_6_5
TCTATCTATCTAT	$[TCTA]_4[TCTG]_6$	28	10	28_10	4	6	28_10_4_6
TCTATCTATCTAT	$[TCTA]_4[TCTG]_7$	28	9	28_9	4	7	28_9_4_7
TCTATCTATCTAT	$[TCTA]_5[TCTG]_5$	28	10	28_10	5	5	28_10_5_5

续表

UAS 序列	STReq	重复单元等位基因	LUS	LUS	SEC	TER	LUS+
TCTATCTATCTAT	$[TCTA]_5[TCTG]_6$	28	10	28_10	5	6	28_10_5_6
TCTATCTATCTAT	$[TCTA]_5[TCTG]_6$	28	10	28_10	5	6	28_10_5_6
TCTATCTATCTAT	$[TCTA]_5[TCTG]_6$	28	9	28_9	5	6	28_9_5_6
TCTATCTATCTAT	$[TCTA]_6[TCTG]_5$	28	9	28_9	6	5	28_9_6_5
TCTATCTATCTAT	$[TCTA]_7[TCTG]_5$	28	8	28_8	7	5	28_8_7_5

用 *seq2lus* 和查找表可以进行 RU,LUS 和 LUS+等 3 种不同的转换。表 13.5 展示了它们之间的比较。这一输出结果可以直接用于 *EuroForMix* 的分析。

表 13.5 *seq2lus* 部分输出表,比较 RU、LUS 和 LUS+等位基因标记以及它们各自的峰值高度。这些表格可以直接输入到 *EuroForMix* 中

RU 标记

样本名称	基因座	等位基因 1	等位基因 2	等位基因 3	峰高 1	峰高 2	峰高 3
E2_01	CSF1PO	12	NA	NA	1 221	NA	NA
E2_01	D10S1248	12	13	14	61	1 346	731
E2_01	D12S391	21	22	NA	357	1 661	NA
E2_01	D13S317	10	11	8	1 072	866	33
E2_01	D16S539	10	13	9	524	1 259	383
E2_01	D17S1301	11. 3	14	7	76	1 527	820
E2_01	D18S51	10	23	NA	530	547	NA
E2_01	D19S433	10	17. 2	NA	1 041	686	NA
E2_01	D1S1656	15	15. 3	NA	688	1 259	NA

LUS 标记

样本名称	基因座	等位基因 1	等位基因 2	等位基因 3	峰高 1	峰高 2	峰高 3
E2_01	CSF1PO	12_8	NA	NA	1 221	NA	NA
E2_01	D10S1248	12_12	13_13	14_14	61	1 346	731
E2_01	D12S391	21_11	22_13	NA	357	1 661	NA
E2_01	D13S317	10_12	11_13	8_8	1 072	866	33
E2_01	D16S539	10_5	13_13	9_8	524	1 259	383
E2_01	D17S1301	11. 3_8	14_14	7_7	76	1 527	820
E2_01	D18S51	10_10	23_23	NA	530	547	NA
E2_01	D19S433	10_8	17. 2_15	NA	1 041	686	NA
E2_01	D1S1656	15. 3_13	15_14	NA	688	1 259	NA

LUS+标记

样本名称	基因座	等位基因 1	等位基因 2	等位基因 3	峰高 1	峰高 2	峰高 3
E2_01	CSF1PO	12_8_1	NA	NA	1 221	NA	NA
E2_01	D10S1248	12_12	13_13	14_14	61	1 346	731
E2_01	D12S391	21_11_9_0	22_13_7_1	NA	357	1 661	NA
E2_01	D13S317	10_12_3_0	11_13_3_0	8_8_3_1	1 072	866	33
E2_01	D16S539	10_5_0	13_13_0	9_8_0	524	1 259	383
E2_01	D17S1301	11. 3_8	14_14	7_7	76	1 527	820
E2_01	D18S51	10_10_1	23_23_1	NA	530	547	NA
E2_01	D19S433	10_8_1_0	17. 2_15_0_0	NA	1 041	686	NA
E2_01	D1S1656	15. 3_11_1_0	15_14_1_0	NA	688	1 259	NA

13. 14. 用 *EuroForMix* 展示似然比计算

为了说明这一点,下面举两个例子,参考样本数据可从本书的网站下载:

1. “2P_0. 75ng10-1”这是由两个供者组成的混合样本,分别表示为 JTO(主要)和 JUD(次要),混合比例约为 10∶1,DNA 总量为 0. 75ng。

2. “2P_0. 375ng 20-1”这一混合样本由 JTO(主要)和 JUD(次要)两个供者构成,混合比例约为 20∶1,DNA 总量为 0. 375ng。

用 ForenSeq 对样本进行分析:27 个常染色体 STR 基因座。

假设检验来计算似然比,POI 为次要供者 JUD。

条件的

H_p:JUD+JTO

H_d:JTO+未知个体

非条件的

H_p:JUD+未知个体

H_d:未知个体+未知个体

等位基因频率表来自以下文件(美国非洲裔)

RU:“NIST1036Freqs-AfAm-RU. csv”

LUS:“NIST1036Freqs-AfAm-LUS. csv”

LUS+:“NIST1036Freqs-AfAm-LUS+. csv”

因为在所有样本中 POI 为次要供者 JUD,可以预期等位基因会在影子峰的范围内;因此,比较 *EuroForMix* 模型中考虑和不考虑 $n-1$ 影子峰模型的影响很有意义。因为证据数据中表现出了典型的降解,因此在所有分析中都考虑到这一模型。

13. 14. 1　分析阈值(AT)

不管是否进行了影子峰过滤,所有样本的全部分析阈值 AT 设定为 30 reads 数。

13.14.2 影子峰过滤规则

影子峰过滤阈值(stutter filter threshold,Ts)根据 Moreno et al.[347]经验决定,并展示在表 13.6 中。影子峰对应于母本等位基因 n,被命名为 $n-1$、$n-2$ 或 $n+1$。但是,我们永远不能确定位于影子峰位置的等位基因是一个纯影子峰或者是影子峰和等位基因的混合。因此,影子峰过滤有时会去除一些等位基因,并且当 POI 为次要供者时发生这种情况的风险会增加。如果使用了影子峰过滤,如果 $n-1$ 的覆盖度小于 $T_{s=n-1}\times A_n$,那么在这一位置的等位基因就被当作影子峰移除,A_n 是母本等位基因的覆盖度。对于 $n-2$ 和 $n+1$ 影子峰,UAS 影子峰过滤程序的阈值均为 $T_{s=n-1}^2$。因此当 $n-2$ 影子峰小于 $T_{s=n-2}\times A_n$ 时被移除;当位于 $n+1$ 位置的等位基因小于 $T_{s=n+1}\times A_n$ 时也会被移除。

表 13.6 Moreno 等[347]报告的影子峰过滤阈值,实验中用于 ForenSeq UAS 数据分析

基因座	n−1 影子峰	n+1/−2 影子峰	基因座	n−1 影子峰	n+1/−2 影子峰
Amelogenin	0	0	D10S1248	20%	4%
D1S1656	30%	9%	TH01	15%	2.25%
TPOX	10%	1%	vWA	22%	4.84%
D2S441	17%	2.89%	D12S391	33%	10.89%
D2S1338	25%	6.25%	D13S317	25%	6.25%
D3S1358	20%	4%	PentaE	15%	2.25%
D4S2408	28%	7.84%	D16S539	20%	4%
FGA	30%	9%	D17S1301	25%	6.25%
D5S818	20%	4%	D18S51	30%	9%
CSF1PO	30%	9%	D19S433	15%	2.25%
D6S1043	20%	4%	D20S482	20%	4%
D7S820	15%	2.25%	D21S11	30%	9%
D8S1179	25%	6.25%	PentaD	7.5%	0.5625%
D9S1122	20%	4%	D22S1045	40%	16%

13.14.3 噪声

Moreno 等[347]还描述了根据与等位基因或已知个体产生的影子峰不匹配的序列识别和去除背景噪声的方法。这些产物表现为水平很低(少于 50 个 reads),并且很难发现其超过为 30reads 的分析阈值(事实上,对于上述两个混合样本例子,未观察到背景噪声)。在概率基因型的环境下,我们将噪声视为“等位基因插入”(第 7.10 节)。因此,在我们的框架内没有必要删除这些等位基因。

13.14.4 实验总结

小结:我们进行了两组不同的实验。数据来自 1∶10 和 1∶20 的混合样本。这些混合样

本由两个供者组成,次要供者(JUD)被认为是 POI,以提供具有挑战性的数据。使用 *EuroForMix*,对每个样本进行以下分析:

1. 在所有样本中分析阈值设定为 30reads。
2. 在所有样本中考虑降解模型。
3. 测试了条件和非条件模型。
4. 对于每种模型都分析了滤过和不滤过影子峰。
5. 所有分析均使用 RU、LUS 和 LUS+命名法重复 3 次,其中 *LR* 是使用相应的频率数据计算的。
6. 在所有分析中保留了可能的背景噪声等位基因,并认为是等位基因插入。
7. 实验概要如图 13.5 所示,即每个样本共有 4 种不同的分析方法×3 种命名法比较,总共 12 种。

13.15. 自动化解释策略

图 13.5 中简单地描述了大部分已经可以自动化的程序。感谢 Jerry Hoogenboom(NFI)的以下解释:

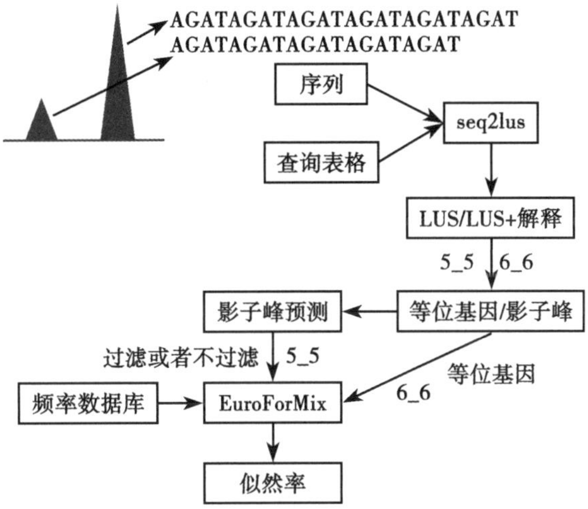

图 13.5　显示从测序到似然比的工作流程的示意图。由它们的序列确定等位基因和影子峰。*seq2lus* 程序将数据分别转换为 LUS 命名法 6_6 和 5_5。*EuroForMix* 中的影子峰模型确定潜在的影子峰序列;频率数据库用来计算产生似然比

FDSTools[341] 整合了初始数据处理工具"TSSV"[348],用于从原始序列数据中识别重复序列块。每个测序数据的序列都会与用户输入的侧翼序列进行查找匹配。STRnaming 识别重复序列块,通过计算评分确定最佳重复结构。最高的分数最大化了重复的次数,最小化了序列中的中断次数。这对于存在影子峰的结果解释很重要,因为如果基于以这种方式优化的序列,它们的预测将得到改进。STRnaming 提供了一个简单的观点,(重复次数)可以转换回序列(包括侧翼序列突变)。此外,在 FDSTools 的配置文件中定义了特定于标记的规则,与基于 CE 的命名法完全兼容。

FDSTools 有两个专门用来识别影子峰的工具:Stuttermark 和 Stuttermodel。Stuttermark 是这两者中比较原始的,因为它完全依赖于用户的输入以识别影子峰,并需要告诉程序到底有多少预期的影子峰。Stuttermodel 则更精巧,因为它能够自己检测序列中的重复,它将预期的影子峰数量建模为重复长度的函数。对于 Stuttermark 来说,并不是所有的影子峰都是平等的。

Stuttermark 首先将原始序列转换为较为简洁的"tssv 格式"注释。即[AGATAGTA]1[AGAT]14[CAGA]8[TAGATG]1,其中红色字体表示侧翼序列。用户需要描述每个基因座的 STR 结构,以便 Stuttermark 能够识别重复的部分。在 FDSTools 的下一个版本中使用了 STRnaming 算法[349],这将提升它的实用性。

当所有的序列都转换成 tssv 格式的注释时,还需要用户输入另一个值:最多可能出现多少影子峰序列。重复次数为 $n-1$ 的影子峰默认值为 15%,重复次数为 $n+1$ 的影子峰默认值为 4%,用户也可以自定义数值;任何增加/丢失的整数重复次数都可以被定义。通常没有这个必要,因为 Stuttermark 将会把 $n-1$ 和 $n+1$ 影子峰的值应用到全部序列,不论它们是等位基因或者是影子峰。因此,使用默认设置,程序已经能够识别 $n-2$ 影子峰序列是 $n-1$ 影子峰序列的影子峰产物($n-2$ 影子峰小于 $n-1$ 影子峰序列读数的 4%)。

软件在非 LUS 位置识别影子峰,即在 LUS+命名法中这些重复被认为是第二位或者是第三位的。对测序结果序列中的所有重复次数使用用户提供的影子峰阈值。在上面的例子中,假设[AGAT]13[CAGA]7 的量与[AGAT]14[CAGA]8 相等。Stuttermark 还尝试了不同的影子峰组合,因此[AGAT]13[CAGA]7 被认为是"两次的 $n-1$ 影子峰",它低于 15%×15%=2.25% 的最大值。[AGAT]15[CAGA]7 的检测方式相同。在默认设置下,任何核心序列重复 3 次以上都被认为能产生影子峰序列。

总的来说,FDSTools 可以自动完成将数据输入到 *EuroForMix* 之前的分析过程,如图 13.5 所示。它将序列转换为可识别的重复块;应用命名法;预测所有可能的影子峰;建立数据库。该软件有一套针对影子峰、背景噪声和其他非目的产物的过滤程序。

使用过滤程序的另一种选择是在 *EuroForMix* 的概率基因型环境中处理影子峰和背景噪声。

13.15.1 *EuroForMix* 分析

所有模型都使用图 13.6 中的设置。

数据输入如图 13.7 所示

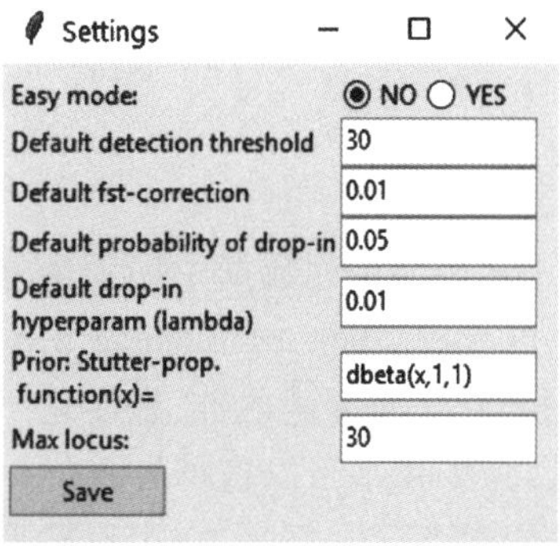

图 13.6 分析时使用的 *EuroForMix* 设置

10:1混合样本(0.75ng)

观察到许多 RU 命名法无法区分样本中等位基因的两个或多个序列的基因座。但得益于 LUS/LUS+命名法,因为该方法能够分离和识别序列变异,将序列差异分离从而降低的匹配概率,提高了似然比(表 13.7)。更多细节在下面给出(使用连续模型)。

1. 有 4 个等位基因变体未被 RU 命名法解析的基因座:D3S1358(等位基因 17);D8S1179(等位基因 14 和 15);D13S317(等位基因 11);D21S11(等位基因 29,3 个变体)。

对于所有的 RU 命名注释,相应等位基因序列变体

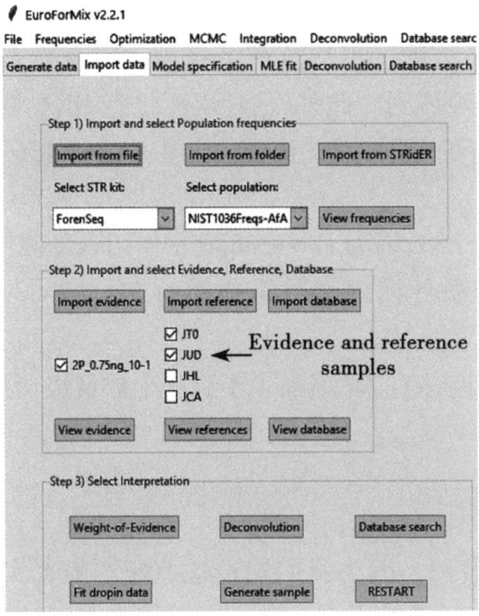

图 13.7　分析时使用的 *EuroForMix* 输出文件设置

的 reads 数被加在一起。

2. RU 命名法无法分辨 D21S11 基因座（等位基因 29_10）的 3 个变体；LUS 命名法识别出 2 个变体（29_10 和 29_11）。29_10 等位基因进一步分离为 29_10_4_7 和 29_10_6_5。就所观察到的不同命名法对 *LR* 影响而言，最大的是 D21S11 基因座。在这一基因座用 RU 命名法 *LR*=1.29；LUS 命名法 *LR*=2.71；LUS+命名法 *LR*=26.99。对于后者，29_10_6_5 等位基因变体罕见，频率为 0.008 8，而 LUS 29_10 的频率为 0.094。

3. 当使用 LUS/LUS+命名，D8S1179 基因座的所有等位基因都被分离为两个变体。然而，这一标记基因座 *LR* 增长很小（*LR*=1.84→1.9），因为与使用 RU 命名法相比，使用 LUS 命名法对于 POI=JUD 来说等位基因频率下降较小。

4. 使用 LUS 命名法在 D13S317 和 D3S1358 基因座得到了更高的 *LR*。

5. 除了表 13.7 中列出的基因座外，很多基因座也从 LUS 命名法中受益，在 LUS 命名法中发现了人群罕见的变体。*LRs* 的增加通常很小，但所有基因座 *LR* 都会有累积。

表 13.7　能够显示 10∶1混合样本相对于命名符号的 *LR* 变化（0.75ng）；对条件模型分别使用 RU、LUS、LUS+标记。例如，对于 D21S11，有 3 种不同的序列被识别。RU 命名法默认为等位基因所有 3 个序列都是 11。然而，LUS 命名法将两个序列识别为 29_10，并且一个序列是 29_11。后者通过 LUS+命名法解决，该法将其分为 29_10_4_7 和 29_10_6_5。由此提高的分辨率反映在增加的 *LR* 中，以蓝色显示字体。条件模型：H_p：JTO+JUD；H_u：JTO+U，并未使用影子峰过滤器。根据 LUS+命名法预测的 *n*−1 影子峰如右列所示

基因座		RU	LUS	LUS+	预测影子峰
D13S317	*LR*	12.4	21.17	20.37	
	等位基因	11	11_11	11_11_3_1	10_10_3_1
			11_12	11_12_3_1	10_11_3_1
D21S11	*LR*	1.29	2.71	26.99	
	等位基因	29	29_10	29_10_4_7	28_9_4_7
				29_10_6_5	28_9_6_5
			29_11	29_11_4_6	28_10_4_6
D3S1358	*LR*	1.87	2.71	2.83	
	等位基因	17	17_13	17_13_3	16_12_3
			17_14	17_14_2	16_13_2
D8S1179	*LR*	1.84	1.9	1.94	
	等位基因	14	14_11	14_11_1_0	13_10_1_0
			14_12	14_12_1_0	13_11_1_0
		15	15_12	15_12_1_0	14_11_1_0
			15_13	15_13_1_0	14_12_1_0

20∶1混合样本(0.375ng)

这种混合样本被纳入了比较中,因为这时已经接近了可以分析的极限。混合样本为 20∶1,因此次要供者可能被认为是 $n-1$ 和复杂影子峰序列。此外,估计次要供者 DNA 量为 18 pg;相当于 3 个二倍体细胞,这接近于分析和解释的局限,因此探究命名法和 $n-1$ 影子峰过滤程序对这些结果的影响是很有意思的。

1) 如果用 Promega Fusion 6C 基因座(不包括 SE33,因为 ForenSeq 没有使用该基因座)考虑影子峰和降解模型进行分析,条件模型和非条件模型的结果分别为 $\log_{10}LR=3.89$ 和 3.79。

2) 在 ForenSeq 试剂盒中加入额外的 7 个基因座,$\log_{10}LR$ 增加了不到一个数量级,分别达到 4.31 和 4.39。

13.15.2 影子峰过滤影响

影子峰过滤程序去除了与供者不匹配的等位基因。因为我们知道这些样本的真实情况,我们可以对影子峰序列进行计数,并确定哪些与供者基因型一致。匹配等位基因计数,即用 LUS+命名法,在使用和不使用影子峰过滤程序时计算 10∶1和 20∶1样本中与真实基因型相匹配的等位基因数(表 13.8)。对于 10∶1的混合样本,影子峰过滤器通过去除与 JUD 相匹配的等位基因,等位基因丢失从 0.2 增加到 0.35。这种情况在 20∶1的混合样本中更为明显,影子峰过滤器导致等位基因丢失从 0.39 增长到 0.54。

表 13.8 两种混合样本的匹配等位基因计数(MAC)JTO∶JUD,比较 LUS+标记和影子峰过滤器的效果。JUD 的丢失水平计算为 1-(MAC/54)

混合样本	影子峰	JTO	JUD	丢失
10∶1	包括影子峰	54	43	0.20
	过滤影子峰	54	35	0.35
20∶1	包括影子峰	54	33	0.39
	过滤影子峰	54	25	0.54

这些只有在我们知道真实的分型情况下才能作出推断。对于案件样本,我们永远不可能了解真实分型,因此我们不能假设移除的恰好与 POI 匹配的“影子峰”是真正的影子峰(它们可能是等位基因或等位基因和影子峰的组合)。

13.16. 获得信息:测定影子峰过滤器和不同命名法的影响

LR 的增加反映在总体值中,与使用的各种命名法(表 13.9)有关,还与影子峰有关。

为了将命名法和影子峰的影响量化,我们使用信息获得值(information gain value,IG)这一想法来自对[84,233]4 的修改获得。

$$IG_{RU\to LUS}=\log_{10}LR_{LUS}-\log_{10}LR_{RU} \tag{13.2}$$

$$IG_{RU\to LUS+}=\log_{10}LR_{LUS+}-\log_{10}LR_{RU} \tag{13.3}$$

当使用 LUS 命名法而不是 RU 命名法时，IG 测定了 $\log_{10}LR$ 的相对增长或下降（公式 13.2）。当比较 RU 和 LUS+时使用了相似的测定方法（公式 13.3）。最后重复这一测定来评估在模型中使用影子峰过滤器的影响。与分析数据相比，在 $AT=30$ reads 时，没有遗漏等位基因。表 13.9 展示了 IG 检测的结果。高于两个量级的影响最大的信息获得值用高亮显示（表 13.9）。10∶1混合样本的 $\log_{10}LR$ 也得到相似结果，不论分析的是条件或非条件模型。在所有案例中，当使用更高级的命名法时 RU→LUS+相比信息获得值至少相差两个量级。使用影子峰过滤器总是使 LR 值下降。但是，在本样本中 $\log_{10}LR>9$，因此，从报道的方面来说，证据的影响力不会受到损害。

表 13.9　不同命名法的 $\log_{10}LR$ 与有或无影子峰过滤器的比较。两种不同混合比例的混合样本和 DNA 浓度进行比较：JTO∶JUD，1∶10（0.75ng）与 1∶20（0.375ng）。进行 JTO 测试的条件是 H_p：JUD+U；H_d：U+U. 在所有样本中模拟降解。信息获得值（IG）是指 $IG=\log_{10}LR_a-\log_{10}LR_b$，其中对 RU→LUS 列中，$a=LR_{RU}$，$b=LR_{LUS}$；对 RU→LUS+列，$a=LR_{RU}$，$b=LR_{LUS+}$，可能性比的最大增加由灰色单元格表示

		命名法			信息增益	
1∶10（0.75ng）混合样本	条件	RU	LUS	LUS+	RU→LUS	RU→LUS+
包括影子峰	JTO 条件	11.69	12.52	13.61	0.83	1.92
	无条件	11.47	12.36	13.47	0.89	2
过滤影子峰	JTO 条件	9.92	12.02	12.3	2.14	2.38
	无条件	9.5	11.51	11.75	2.01	2.25
1∶20（0.375ng）混合样本						
包括影子峰	JTO 条件	4.39	6.62	6.64	2.23	2.25
	无条件	4.31	6.45	6.47	2.14	2.16
过滤影子峰	JTO 条件	4.48	5.19	5.2	0.71	0.72
	无条件	4.08	4.28	4.29	0.20	0.21

对于 1∶20 的样本来说，情况并非如此，因为等位基因缺失的影响明显更大，导致过低的 $\log_{10}LR\approx4$ 这是可以进行证据解释的边界限。但是用 LUS/LUS+命名法对未经过滤的数据进行分析，$\log_{10}LR$ 得到提升（大于 9）。影子峰过滤对数据的影响不大（因为许多等位基因已经被移除）；高级命名法对非条件数据的影响很大。

13.16.1　信息获得：有无影子峰过滤的对比

表 13.10 中的数据被用来比对影子峰过滤和未过滤数据的 IG。除了 1∶20 JTO 条件组，其余全部样本在不使用影子峰过滤的情况下结果更好，但是差异非常小。为了总结影子峰过滤器和命名法的效果，比较 RU（过滤）→LUS+（未过滤），结果为 1∶10 混合样本的 IG>3.6，1∶20 混合样本的 IG>2.1。这种影响对于低模版量样本更为显著，因为 LR 得到显著的增加；在 ENFSI 解释中，这一例子中的证据样本被表述为非常支持例子（RU，过滤）上升到极度支持（LUS+，未过滤）。

表 13.10 使用 3 种不同的命名方法获得与影子峰过滤器应用相关的信息。说明见表 13.9 图例。在最后一列中，相对于采用影子峰过滤器的 RU 命名法，使用不采用影子峰过滤器的 LUS+命名法获得的 IG

		信息增益（影子峰过滤→无影子峰过滤）			
1:10(0.75ng)混合样本		RU	LUS	LUS+	RU→LUS+
	JTO 条件	1.77	0.46	1.31	3.69
	无条件	1.97	0.85	1.72	3.97
1:20(0.375ng)混合样本					
	JTO 条件	-0.09	1.43	1.44	2.16
	无条件	0.23	2.17	2.18	2.39

可以对整个数据集的 IG 进行平均，比较不同的分析方法，并应用线性回归。例子展示在图 13.8 中，数据分别来自不同的 DNA 含量构成包含 2~4 个体的混合样本，仅选择 $LR>1$ 的 RU 数据。数据来自一个正在进行的初步研究。目的是说明 IG 是如何反映不同数据分析方法（即过滤与不过滤；RU 与 LUS+命名法）对模型的改进。

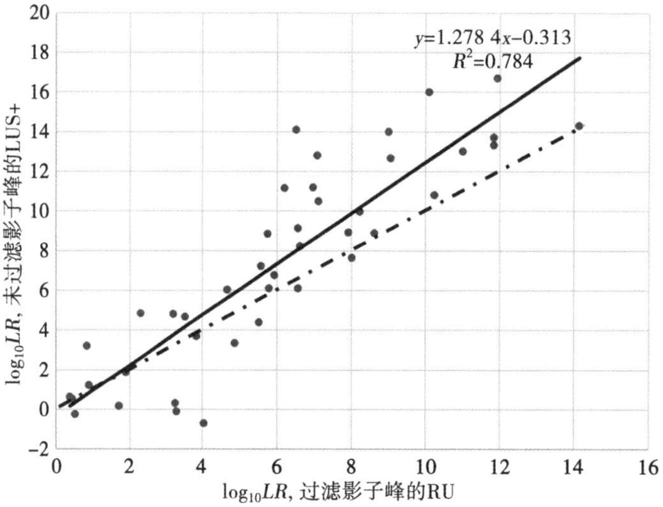

图 13.8 一组数据的回归分析，其中使用基本 RU 方法分析 *LRs*，而不过滤影子峰、噪声和非特异性扩增产物，而 LUS+方法没有过滤影子峰、噪声或非特异性扩增产物。实线是回归线。虚线为 45 度线，表示 $x=y$ 时的期望值

回归分析确定了 LUS+可以提供更大 *LR* 的趋势。为了总结数据趋势，IG（$IG_{(x\to y)}=\gamma-x$）由两个线性回归常数 b 和 C（$\gamma=c+bx$）确定：

$$IG_{x\to y}+x=c+bx$$

$$IG_{x\to y}=bx+c-x$$

$$IG_{x\to y}=x(b-1)+c$$

在本例子中我们预测趋势为：

$$IG_{x\to\gamma}=x(1.28-1)-0.313$$

其中 x 为 RU(影子峰过滤)的 $\log_{10}LR$,y 为 LUS+(未过滤)的 $\log_{10}LR$。数据显示未过滤的 LUS+数据相比过滤的 RU 数据提供更高的 LR 值是普遍趋势,并且这一影响与 LR 的大小成比例。比如,如果 RU $\log_{10}LR=4$,那么 LUS+$\log_{10}LR$ 期望值为 4.8。但当 RU $\log_{10}LR=10$ 时,LUS+ $\log_{10}LR$ 期望值为 12.5。这与表 13.10 中的观察结果基本一致,但在此我们不进行更细节的分析。从图 13.8 可以看出,数据很明显比较分散,因此一些点似乎不能获益于 LUS+(未过滤)命名法。这一研究还处于早期阶段。因此,有关于数据准备,背景噪声过滤,影子峰和其他因素的问题,以及结合基因型概率来自动分析以上现象,将是未来研究的焦点。

13.17. 总结

1. 概率基因型软件的使用简化了对复杂 DNA 的分析。除了应用分析阈值,程序还可以完成对 $n-1$ 影子峰的处理。它还可以用算法处理罕见的 $n-2/n+1$ 影子峰,但这会增加分析时间。

2. 由于第 7.9 节中描述的原因,*EuroForMix* 软件目前仅包含对 $n-1$ 影子峰的分析。然而,LUS+命名法确实为预测复杂的影子峰提供了可能。大多数复杂的影子峰都是基于 LUS 重复,并且很容易预测。FDSTools 还包含了影子峰预测模型。

3. 对低比例 POI($M_x<0.1$)的 $n-1$ 影子峰构建模型很重要,$n+1/n-2$ 影子峰序列的 reads 数与前者相比要低得多,并且出现的频率也很低。影子峰要么被过滤,要么与"噪声"等位基因一起,被视为等位基因插入。

4. 以序列为基础的命名法提高了个体识别能力,并且对低模版量 DNA 组分提供足够的 LR 值很重要。人们对构建数据处理工具(例如 FDSTools)以及整合概率基因型软件有着极大的兴趣。这项研究得到极大的促进,因为我们提到的程序是开放的,并可以免费使用。

5. 为了衡量不同方法的优势,能够客观地评估各种影响是很重要的。信息增加值(IG)是一种简单的方法用来完成这一工作。这一方法被用于回归分析,将成为建立数据集的大体趋势。

注释

1. STRBase(https://strbase.nist.gov/STReq.htm)数据库报道过这样一个例子,TPOX 侧翼区的缺失将等位基因 11 转化为等位基因 10.3,这种变化的检测与可视化取决于使用的 STR 多重扩增试剂盒。由于引物结合位点与重复结构区的距离远近,造成试剂盒 PowerPlex 1.1 和 Identifiler 不受这影响,PowerPlex 2.1 和 PowerPlex 16 产品受影响。

2. 在第 7.9.6 节中的影子峰定义为非 $n+1$ 或非 $n-1$ 的影子峰。

3. 原则指出"没有必要,参与者不应成倍增加。"这句话出自英国方济各会修士 William of Ockham(约 1287—1347 年),他是一位经院哲学家和神学家。这句话有时被解释为"最简单的解决方案很可能是正确的。"Occam 定律表示,当面对提出相同预测的不同假设时,人们应该选择假设性最少的解决方案。

4. 这些作者使用了信息增益比率 $IG=\log_{10}LR/\log_{10}IMP$,其中 IMP 是 POI 的反向匹配概率。

(苏红亮 任贺 译)

附录 A
基因型概率的形式化描述

A.1. 将 F_{ST} 公式推广到混合样本中

对于集合 u 中的多个未知供者和一个具体的假设 H，且当 $\theta>0$ 时考虑其亚群体结构，这里扩展了第 1.12.6 节中的公式来计算基因型概率 $Pr(u|H)$。为了在计算 $Pr(u|H)$ 时考虑多个供者的亚群体结构，需重复在公式 5.15 中已经提出的公式。至于"新观察到的"等位基因 a，"校正"的条件等位基因概率变为

$$Pr(a|m_a,m_+)=\frac{m_a\theta+(1-\theta)P_a}{1+(m_+-1)\theta} \tag{A.1}$$

其中 m_a 是先前观察到的等位基因 a 的次数(在具体的假设 H 下，这些等位基因是来自于已知供者和已知非供者基因型的)，且总数为 $m_+=\sum_a m_a$。

计算 $Pr(u|H)$，对于某些假设 H，u 是未知供者的基因型集合，是完整基因型集合 g 的一部分(即 u⊆g)，公式 A.1 适用于集合 u 中的每个等位基因，考虑依赖性(dependency)，与没有校正的估计值相比，观察到的等位基因的概率将修改为：

$$Pr(u|H)=2^h\prod_{a\in u}Pr(a|m_a,m_+) \tag{A.2}$$

式中，每次相乘后将 m_a，m_+加 1，h 是集合 u 中杂合子基因型的数量。

用一些例子来演示最为通俗易懂。在假设 H_d 中，没有已知的供者；根据 H_p 定义的犯罪嫌疑人是已知的非供者，这意味着犯罪嫌疑人的等位基因根据 H_d 已有具体分型。

例 1(一个未知供者)。$g=(a,b)$，其中 a，b 已检测，最初给定 $m_a=1$ 和 $m_b=1$。这是 H_d 下的一个典型案例，带有 a，b 基因型的犯罪嫌疑人被认为是已知的非供者。按照以下顺序进行计算：

1. $Pr(a|m_a=1,m_+=2)=\dfrac{1\times\theta+(1-\theta)p_a}{1+(2-1)\theta}=\dfrac{\theta+(1-\theta)p_a}{1+\theta}$
2. $Pr(b|m_b=1,m_+=3)=\dfrac{1\times\theta+(1-\theta)p_b}{1+(3-1)\theta}=\dfrac{\theta+(1-\theta)p_b}{1+2\theta}$

最后一步：概率相乘得到 $Pr(g)=2Pr(a|m_a=1,m_+=2)Pr(b|m_b)=1,m_+=3)$，这与(1.30)中的表达式相同。正如(A.2)中所要求的，因为供者是杂合子，需要再乘以 2。

例 2(两个未知供者)。$g=(a,b;a,a)$，一旦给定 $m_a=1$ 和 $m_b=1$，则 a，b 已获得分型。前两个步骤与示例 1 相同，但是我们将有两个额外步骤(每个等位基因有一个步骤)：

1. $Pr(a|m_a=1,m_+=2)=\dfrac{1\times\theta+(1-\theta)p_a}{1+(2-1)\theta}=\dfrac{\theta+(1-\theta)p_a}{1+\theta}$
2. $Pr(b|m_b=1,m_+=3)=\dfrac{1\times\theta+(1-\theta)p_b}{1+(3-1)\theta}=\dfrac{\theta+(1-\theta)p_b}{1+2\theta}$

3. $Pr(a|m_a=2,m_+=4)=\frac{2\times\theta+(1-\theta)p_a}{1+(4-1)\theta}=\frac{2\theta+(1-\theta)p_a}{1+3\theta}$

4. $Pr(a|m_a=3,m_+=5)=\frac{3\times\theta+(1-\theta)p_b}{1+(5-1)\theta}=\frac{3\theta+(1-\theta)p_a}{1+4\theta}$

最后一步是将步骤 1~4 中计算的概率相乘,然后再乘以 2,因为供者 1 是杂合子。

例 3(3 个未知供者)。$g=(a,a;b,c;a,c)$,其中 a,b 已获得分型,初始值为 $m_a=1$ 和 $m_b=1$,如示例 1 所示。此外,$m_c=0$。

1. $Pr(a|m_a=1,m_+=2)=\frac{1\times\theta+(1-\theta)p_a}{1+(2-1)\theta}=\frac{\theta+(1-\theta)p_a}{1+\theta}$

2. $Pr(a|m_a=2,m_+=3)=\frac{2\times\theta+(1-\theta)p_a}{1+(3-1)\theta}=\frac{2\theta+(1-\theta)p_a}{1+2\theta}$

3. $Pr(b|m_b=1,m_+=4)=\frac{1\times\theta+(1-\theta)p_b}{1+(4-1)\theta}=\frac{\theta+(1-\theta)p_b}{1+3\theta}$

4. $Pr(c|m_c=0,m_+=5)=\frac{0\times\theta+(1-\theta)p_c}{1+(5-1)\theta}=\frac{(1-\theta)p_c}{1+4\theta}$

5. $Pr(a|m_a=3,m_+=6)=\frac{3\times\theta+(1-\theta)p_a}{1+(6-1)\theta}=\frac{3\theta+(1-\theta)p_a}{1+5\theta}$

6. $Pr(c|m_c=1,m_+=7)=\frac{1\times\theta+(1-\theta)p_c}{1+(7-1)\theta}=\frac{\theta+(1-\theta)p_c}{1+6\theta}$

最后一步是将步骤 1-6 中计算的概率相乘,然后再乘以 4,因为供者 2 和 3 的两个杂合子有变异。

A. 2. 亲缘性

A. 2. 1 亲缘性公式

两个个体之间的关系可以用“亲缘性”参数 $\kappa_k=Pr$(两个个体通过血缘共享 k 个等位基因)来确定。结果是集合 $\kappa=(\kappa_0,\kappa_1,\kappa_2)$,其中 $\sum_k\kappa_k=1$。表 A. 1 给出了不同 κ 值所对应的关系。

表 A. 1 不同 κ 值的对应关系

κ_0	κ_1	κ_2	
1	0	0	无亲属关系
0	1	0	父母/子女
1/4	1/2	1/4	全同胞
1/2	1/2	0	叔叔/侄子(外甥)/(外)祖父母/(外)孙子(女)/半同胞
3/4	1/4	0	堂兄弟姐妹
0	0	1	双胞胎(同卵)

在应用中,如果给定相关个体 t_{rel} 和两个个体之间的具体亲缘性(κ),则感兴趣的是观察到的未知个体 z 的基因型概率 $Pr(z|t_{rel},\kappa)$。表 A.2 中的概率显示了条件概率 $Pr(z|t_{rel},\kappa)=\frac{Pr(z,t_{rel}|\kappa)}{Pr(t_{rel})}$,其中 $Pr(z|t_{rel},\kappa)$ 的公式可在文献[55]中找到。当 $\theta=0$ 时,z 和 t_{rel} 的不同基因型结果的精确公式见第 5.5 节的表 5.7。

表 A.2 假设$\theta=0$,给定 t_{rel} 的分型及两个个体之间的具体亲缘性参数κ,观察到的个体 z 的分型概率

等位基因共享	分型 z	分型 t_{rel}	概率 $Pr(z\|t_{rel},\kappa)$
2	a,b	a,b	$2p_ap_bk_0+\frac{p_a+p_b}{2}k_1+k_2$
2	a,a	a,a	$p_a^2k_0+p_Ak_1+k_2$
1	a,b	a,c	$2p_ap_bk_0+\frac{p_b}{2}k_1$
1	a,a	a,b	$p_a^2k_0+\frac{p_a}{2}k_1$
1	a,b	a,a	$2p_ap_bk_0+p_bk_1$
0	a,b	c,d	$2p_ap_bk_0$
0	a,a	c,d	$p_a^2k_0$

A.2.2 使用 F_{ST} 公式进行扩展

包含 θ 的校正使第 A.2.1 节中的公式更加复杂。然而原理和以前一样。公式 A.1 所示的等位基因概率的校正是通过考虑先前检测到的等位基因的数量来计算的。

假设在计算基因型的概率之前,在一个有条件参照或已知非供者的假设下(在 *LRmix* 和 *EuroForMix* 应用中为 H_d),已检测过的等位基因 a,b,c,d 的数量有 m_a,m_b,m_c,m_d 个。我们还定义了总和 $m_+=\sum_a m_a$。这里使用公式 A.1 所定义的概率 $Pr(a|m_a,m_+)$,其中 m_+和 $\theta>0$ 都是隐式的。表 A.3 显示了当 $\theta>0$ 时,z 和 t_{rel} 为不同基因型结果的概率 $Pr(z|t_{rel},\kappa)$。当 $\theta=0$ 时,概率缩减为第 5.5 节中表 5.7 所定义的公式。当假设中没有已知供者时,详细的公式在第 A.2.3 节的表格中另有表述。

表 A.3 当考虑θ /Fst 校正时,对于两个个体之间一个具体的亲缘性参数κ,给定相关个体 t_{rel} 的基因型,则观察未知个体 z 基因型的概率(即,在$\theta>0$ 的情况下)。此处定义假如 $z=a,a$,则 $p_0=Pr(a|m_a,m_+)Pr(a|m_a+1,m_++1)\kappa_0$;假如 $z=a,b$,则 $p_0=2\times Pr(a|m_a,m_+)Pr(b|m_b,m_++1)\kappa_0$

等位基因共享	未知 z	相关 t_{rel}	概率 $Pr(z\|t_{rel},\kappa)$
2	a,b	a,b	$p_0+\frac{Pr(a\|m_a,m_+)+Pr(b\|m_b,m_+)}{2}k_1+k_2$
2	a,a	a,a	$p_0+Pr(a\|m_a,m_+)k_1+k_2$
1	a,b	a,c	$p_0+\frac{Pr(b\|m_b,m_+)}{2}k_1$

续表

等位基因共享	未知 z	相关 t_{rel}	概率 $Pr(z\|t_{rel},\kappa)$
1	a,a	a,b	$p_0+\frac{Pr(a\|m_a,m_+)}{2}k_1$
1	a,b	a,a	$p_0+Pr(b\|m_b,m_+)k_1$
0	a,b	c,d	p_0
0	a,a	c,d	p_0

在这里可以将公式扩展到多个供者，其中还涉及其他不相关的未知数。这是按照前面所述的通过应用公式 A.2 类似的方式来进行的。第 5.5.5 节提供了一个简单的示例。

A.2.3 具体的亲缘性公式 F_{ST}-校正

现在从第 A.2.2 节中的公式中导出一些具体的示例，这些示例也在 *LRmix Studio* 中使用。这里假设在 H_d 假设下没有条件性参照，第一个未知个体被认为与 H_p 假设下考虑的 POI 相关。因此，使用术语 t_{POI} 作为 POI 的分型。下表显示了观察相关个体未知基因型的概率，假设它与检测过的个体 t_{POI} 相关(对于给定的关系)。

表 A.4 给出了父母/子女和兄弟姐妹之间的亲缘性公式及表亲关系的公式；表 A.5 提供了表亲的概率，表 A.6 为叔叔/侄子、同父异母(同母异父)兄弟姐妹和(外)祖父母/孙辈关系。

表 A.4 当 $\theta\neq0$ 时，假定已有 t_{POI} 与未知个体 z 的基因型，两者为兄弟姐妹或父母/子女的概率

t_{POI}	z	父母/子女	兄弟姐妹
12,12	12,12	$\frac{2\theta+(1-\theta)p_{12}}{1+\theta}$	$\frac{1}{4}\left(1+\frac{2(2\theta+(1-\theta)p_{12})}{1+\theta}+\frac{(2\theta+(1-\theta)p_{12})(3\theta+(1-\theta)p_{12})}{(1+\theta)(1+2\theta)}\right)$
	13,13	0	$\frac{(1-\theta)p_{13}(\theta+(1-\theta)p_{13})}{4(1+\theta)(1+2\theta)}$
	12,13	$\frac{(1-\theta)p_{13}}{1+\theta}$	$\frac{(1-\theta)p_{13}}{2(1+\theta)}\left(1+\frac{2\theta+(1-\theta)p_{12}}{1+2\theta}\right)$
	13,14	0	$\frac{(1-\theta)^2p_{13}p_{14}}{2(1+\theta)(1+2\theta)}$
12,13	12,12	$\frac{\theta+(1-\theta)p_{12}}{2(1+\theta)}$	$\frac{\theta+(1-\theta)p_{12}}{4(1+\theta)}\left(1+\frac{2\theta+(1-\theta)p_{12}}{1+2\theta}\right)$
	12,13	$\frac{2\theta+(1-\theta)(p_{12}+p_{13})}{2(1+\theta)}$	$\frac{1}{4}\left(1+\frac{2\theta+(1-\theta)(p_{12}+p_{13})}{1+\theta}+\frac{2(\theta+(1-\theta)p_{12})(\theta+(1-\theta)p_{13})}{(1+\theta)(1+2\theta)}\right)$
	12,14	$\frac{(1-\theta)p_{14}}{2(1+\theta)}$	$\frac{(1-\theta)p_{14}}{4(1+\theta)}\left(1+\frac{2(\theta+(1-\theta)p_{12})}{1+2\theta}\right)$
	14,14	0	$\frac{(\theta+(1-\theta)p_{14})(1-\theta)p_{14}}{(1+\theta)(1+2\theta)}$
	14,15	0	$\frac{(1-\theta)^2p_{14}p_{15}}{2(1+\theta)(1+2\theta)}$

表 A.5 当 $\theta \neq 0$ 时,假定已有 t_{POI} 与未知个体 z 的基因型,两者为同父异母(同母异父)兄弟姐妹的概率

t_{POI}	z	表兄弟姊妹
12,12	12,12	$\frac{2\theta+(1-\theta)p_{12}}{4(1+\theta)}\left(1+\frac{3(3\theta+(1-\theta)p_{12})}{1+2\theta}\right)$
	13,13	$\frac{3}{4}\left(\frac{(1-\theta)p_{13}(\theta+(1-\theta)p_{13})}{(1+\theta)(1+2\theta)}\right)$
	12,13	$\frac{(1-\theta)p_{13}}{4(1+\theta)}\left(1+\frac{6(2\theta+(1-\theta)p_{12})}{1+2\theta}\right)$
	13,14	$\frac{3(1-\theta)^2 p_{13}p_{14}}{2(1+\theta)(1+2\theta)}$
12,13	12,12	$\frac{\theta+(1-\theta)p_{12}}{8(1+\theta)}\left(1+\frac{6(2\theta+(1-\theta)p_{12})}{1+2\theta}\right)$
	12,13	$\frac{1}{8(1+\theta)}\left(2\theta+(1-\theta)(p_{12}+p_{13})+\frac{12(\theta+(1-\theta)p_{12})(\theta+(1-\theta)p_{13})}{1+2\theta}\right.$
	12,14	$\frac{(1-\theta)p_{14}}{8(1+\theta)}\left(1+\frac{12(\theta+(1-\theta)p_{12})}{1+2\theta}\right)$
	14,14	$\frac{3}{4}\left(\frac{(\theta+(1-\theta)p_{14})(1-\theta)p_{14}}{(1+\theta)(1+2\theta)}\right)$
	14,15	$\frac{3(1-\theta)^2 p_{14}p_{15}}{2(1+\theta)(1+2\theta)}$

表 A.6 当 $\theta \neq 0$ 时,假定已有 t_{POI} 与未知个体 z 的基因型,两者为同父异母(同母异父)兄弟姐妹或叔叔/侄子或(外)祖父母/孙子女的概率

t_{POI}	z	同父异母(同母异父)兄弟姐妹,叔叔/侄子,(外)祖父母/孙子女
12,12	12,12	$\frac{2\theta+(1-\theta)p_{12}}{2(1+\theta)}\left(1+\frac{3\theta+(1-\theta)p_{12}}{1+2\theta}\right)$
	13,13	$\frac{(1-\theta)p_{13}(\theta+(1-\theta)p_{13})}{2(1+\theta)(1+2\theta)}$
	12,13	$\frac{(1-\theta)p_{13}}{2(1+\theta)}\left(1+\frac{2(2\theta+(1-\theta)p_{12})}{1+2\theta}\right)$
	13,14	$\frac{(1-\theta)^2 p_{13}p_{14}}{(1+\theta)(1+2\theta)}$
12,13	12,12	$\frac{\theta+(1-\theta)p_{12}}{4(1+\theta)}\left(1+\frac{4\theta+2(1-\theta)p_{12}}{1+2\theta}\right)$
	12,13	$\frac{1}{4(1+\theta)}\left(2\theta+(1-\theta)(p_{12}+p_{13})+\frac{4(\theta+(1-\theta)p_{12})(\theta+(1-\theta)p_{13})}{1+2\theta}\right)$
	12,14	$\frac{(1-\theta)p_{14}}{4(1+\theta)}\left(1+\frac{4(\theta+(1-\theta)p_{12})}{1+2\theta}\right)$

续表

t_{POI}	z	同父异母(同母异父)兄弟姐妹,叔叔/侄子,(外)祖父母/孙子女
	14,14	$\frac{(\theta+(1-\theta)p_{14})(1-\theta)p_{14}}{2(1+\theta)(1+2\theta)}$
	14,15	$\frac{(1-\theta)^2 p_{14}p_{15}}{(1+\theta)(1+2\theta)}$

（哈力木热提·司马义江　范庆炜 译）

附录 B

概率模型的形式化描述

B.1. 定义

第 1.7 节中提供的计算 LR 的步骤可通过指定以下假设进行概括：

H:“K 个个体是证据 E 的供者，其中 $x \geqslant 0$ 是未知供者，其余的 $J(J=K-x)$ 个供者是已知基因型个体$(g_1,...,g_J)$，而 V 是已知非供者集合”，在这里通常假设未知个体是无关的，但是在应用中，可能将辩方假设 H_d 下的第一个未知供者视为与已知分型个体相关。将 K 个供者的组合基因型向量定义为 $g=(g_1,...,g_K)$。这里让最后的 x 基因型元素属于未知供者，因此 $u=(u_1,...,u_x)=(g_{J+1},...,g_K)$是未知的基因型向量。

证据 E 中等位基因 a 峰高的 RFU 值为 y_a。分析阈值(AT)通常用于滤除背景噪声和其他人为因素，使证据图谱中出现的等位基因具有高于此值的相应峰高阈值，即 $E=\{a:y_a \geqslant AT\}$。此外，将给定的观察证据 E 的等位基因群体定义为：

$$\mathbb{A}=\{E,Q\} \tag{B.1}$$

$\mathbb{A}$是证据中的等位基因集合；Q 是第 7.6.1 节中提出的“等位基因 Q”，代表除 E 中的其他所有可能的等位基因。如第 1.3.2 节所述的结果$\mathbb{G}$，也就是未知供者可能基因型的集合，通过集合$\mathbb{A}$来定义。注意，将等位基因 Q 的等位基因频率指定为

$$p_Q=\sum\nolimits_{a \in E} p_a$$

给定假设的证据概率使用总概率定律计算，其中考虑未知基因型 u 的所有可能结果：

$$Pr(E|H)=\sum_{u_1 \in \mathbb{G}} \cdots \sum_{u_x \in \mathbb{G}} Pr(u|H)Pr(E|g) \tag{B.2}$$

假设已知供者$(g_1,...,g_J)$和非供者(V)的基因型信息是 H 的一部分。

在第 1.3.1 和 1.12.6 节中，讨论了 $Pr(u|H)$的群体统计是如何根据等位基因频率使用 Hardy-Weinberg 公式或亚群体公式来定义的。

另一个组成部分 $Pr(E|g)$给出了在给定基因型的情况下，DNA 图谱证据 E 的概率。在本节后面，当证据结果是连续的(对于峰高)，使用“权重”而不是“概率”来表示 $Pr(E|g)$。

B.2. 参数化统计模型的扩展

软件 *LRmix Studio* 和 *EuroForMix* 为 $Pr(E|g)$组件定义了一个“参数化”概率模型，将其扩展为 $Pr(E|\beta,g)$，其中 β 是未知参数的集合。为了计算 $Pr(E|H)$，我们需要考虑 β。

一个 DNA 图谱由 M 个(多个)标记组成，因此证据为 $E=(E_1,...,E_M)$。当以模型参数 β 为条件时，可以使用如下乘积规则：

$$Pr(E|\beta,H)=\prod_{m=1}^{M}Pr(E_m|H,\beta) \tag{B.3}$$

其中,对于给定的标记 $m=1,...,M$,有

$$Pr(E_m|\beta,H)=\sum_{u_1\in\mathbb{G}}\cdots\sum_{u_x\in\mathbb{G}}Pr(u|H)Pr(E_m|\beta,g) \tag{B.4}$$

如果获得的 DNA 图谱有 I 个独立重复,则公式 B.4 扩展为

$$Pr(E_m|\beta,H)=\sum_{u_1\in\mathbb{G}}\cdots\sum_{u_x\in\mathbb{G}}Pr(u|H)\prod_{i=1}^{I}Pr(E_{m,i}|\beta,g) \tag{B.5}$$

其中 $E_{m,i}$ 为重复 i 在标记 m 的数据观察值。一般而言,当考虑 $Pr(E|\beta,H)$ 时,证据 E 由证据的所有标记和所有重复的 DNA 分型组成。

B.2.1 参数化统计模型的似然性

当观察到证据数据 $E=(E_1,...,E_M)$ 时,可以定义所定义的参数化模型的似然函数。具体的假设 H 的似然函数如下所示(此处不考虑重复项):

$$\mathcal{L}(\beta|H)=Pr(E|\beta,H)=\prod_{m=1}^{M}\left(\sum_{u_1\in\mathbb{G}}\cdots\sum_{u_x\in\mathbb{G}}Pr(u|H)Pr(E_m|\beta,g)\right) \tag{B.6}$$

其中,似然函数仅随模型参数 β 发生变化,此处将注意力集中在观察到的证据 E 上。似然函数的定义不仅对于 β 的进一步推论非常重要,而且用于计算 LR。

B.2.2 参数化统计模型的 *LR* 计算

通常,为每个假设考虑一个单独的模型参数集 β:H_p 的 β_p 和 H_d 的 β_d。通过利用公式 B.5 中定义的似然函数,将 LR 构建为模型参数集的函数:

$$LR(\beta_p,\beta_d)=\frac{L(\beta_p|H_p)}{L(\beta_d|H_d)}=\frac{Pr(E|\beta_p,H_p)}{Pr(E|\beta_d,H_d)} \tag{B.7}$$

在一个统计模型中,使用频率论和贝叶斯框架对未知参数进行推理。频率论框架将参数视为未知值,其目的是进行点估计。在贝叶斯方法中,参数被视为未知变量,这需要参数的先验分布。

B.2.2.1 最大似然法

对于频率论框架,最大似然估计是一种非常流行的估计方法,因为它具有简洁的数学和统计特性(即:它不仅定义良好,而且具有有用的大样本特性),通常需要对似然函数进行数值优化。在一个考虑的假设 H 下,未知参数 β 的最大似然估计变为

$$\hat{\beta}=\text{arg}maxL(\beta|H) \tag{B.8}$$

相应的最大似然值为 $L(\hat{\beta}|H)=max_{\beta}L(\beta|H)$,因此证据概率的估计值为 $Pr(E|\hat{\beta},H)$。

Balding(2013)[70] 和 Cowell 等(2015)[231] 分别考虑了每个假设下的最大化,以构建最终的 LR:

$$LR_{ML}=\frac{Pr(E|\hat{\beta}_p,H_p)}{Pr(E|\hat{\beta}_d,H_d)} \tag{B.9}$$

其中,下标 ML 表示 LR 是通过求解公式 B. 8 中每个假设 $H=H_p$ 和 $H=H_d$,使每个假设下统计模型的可能性最大化而得到的。

针对第 5 章所定义的定性模型和第 8 章所定义的定量模型,*EuroForMix* 软件基于 LR(即 LR_{ML})通过求解公式 B. 9 来计算最大似然比。

B. 2. 2. 2 贝叶斯(Bayesian)方法

贝叶斯方法将参数视为未知变量,因此讨论参数的分布是有意义的。该方法需要预先定义参数的先验,即联合概率密度函数 $p(\beta)$。先验的定义使执行下述边际化成为可能(连续情况的总概率定律),从而为假设 H 下给定参数化模型的观测 E 提供了"模型证据":

$$Pr(E|H)\int_{\beta} Pr(E|\beta,H)p(\beta|H)\,d\beta \tag{B. 10}$$

它是参数集域上的积分。

H_p 和 H_d 下的积分为

$$LR_B=\frac{\int_{\beta_p} Pr(E|\beta_p,H_p)p(\beta_p)}{\int_{\beta_d} Pr(E|\beta_d,H_d)p(\beta_d)} \tag{B. 11}$$

也被称为 Bayes 因子。

Bayes 因子给出了 LR 的精确评估,尽管它是基于参数先验的选择(除了假设的参数化统计模型之外)。当参数数目增加时,积分通常变得需要借助计算机来计算。

此外,Bayes 定理提供了一个公式,通过计算后验分布来更新给定假设 H 下未知 β 参数的理论:

$$Pr(\beta|E,H)=\frac{Pr(E|\beta,H)p(\beta|H)}{Pr(E|H)} \tag{B. 12}$$

因此,我们看到公式 B. 10 中的边缘化表达式 $Pr(E|H)$ 是后验分布的归一化因子。代替在频繁框架中使用最大似然估计,人们还可以使用从后验分布中选择的统计量(例如:均值、中位数、较低或较高的分位数)作为贝叶斯框架中提供的点估计。然而,由于公式 B. 12 分母中的模型证据因子,有时难以通过分析获得后验分布。为了避免计算该因子,通常使用随机模拟,例如 Markov Chain Monte Carlo 方法。

B. 3. 概率模型的数学细节

B. 3. 1 假设基因型的贡献

假设 K 个供者的组合基因型向量定义为 $g=(g_1,...,g_K)$。假设每个供者都有两个等位基因,这样 $g_k=(g_k^1,g_k^2)$。将 $n_{a,k}$ 定义为分型 a 的等位基因数量,其中基因型 g_k 的供者 k 有:

$$n_{a,k}=\mathrm{I\!I}(a=g_k^1)+\mathrm{I\!I}(a=g_k^2)\in\{0,1,2\} \tag{B. 13}$$

其中,如果 x 为真,$\mathrm{I\!I}(x)$ 为 1;如果 x 为假,$\mathrm{I}(x)$ 为零。例如,如果 $g_k=(a,a)$,那么 $n_{a,k}=2$,而 $n_{b,k}=0$;对于 $g_k=(a,b)$;$n_{a,k}=1$,而 $n_{b,k}=1$。此外,将等位基因 a 的总贡献定义为

$$n_a = \sum_{k=1}^{K} n_{a,k} \tag{B.14}$$

物证分型在分析阈值($y_a \geqslant AT$)以上有相应的峰高值。在代入公式之前,首先为等位基因 a 定义 3 种可能的相互排斥的不同事件:

1. $A = \{a : y_a \geqslant AT \cap n_a > 0\}$ 是贡献集。这些等位基因任何供者都可能有,并且峰高值高于分析阈值。

2. $B = \{a : y_a < AT \cap n_a > 0\}$ 是缺失集。这些等位基因任何供者都可能拥有,但峰高值低于分析阈值。

3. $C = \{a : y_a \geqslant AT \cap n_a = 0\}$ 是插入集。这些等位基因没有一个供者拥有,但峰高值高于分析阈值。

B. 3. 2　定性模型的数学细节

LRmix Studio 软件背后的统计模型是基于 Curran 等[220]的定义。在这里,该模型扩展了 Gill 等[142]中的缺失/插入模型的使用,还包括混合的可能性和对亚群的校正(F_{ST}-校正)等运算。下面对模型进行了数学描述,并进一步讨论了考虑模型中未知参数的不同框架,如附录 B. 2. 2 所述。

定性模型只使用等位基因 a 是否存在的信息,即相应的峰高值 y_a 是否高于分析阈值。这意味着一个观察到的等位基因要么没有缺失,要么是一个插入事件。*LRmix Studio* 中定义的定性模型的组成如下:

供者 k 在杂合子基因型中缺失等位基因的概率由参数 d_k 定义(每个供者 $k=1,\cdots,K$)。在纯合子基因型缺失的情况下,概率定义为 d_k^2。

先考虑不包含任何等位基因缺失模型的假设。假设基因型集 $g=(g_1,\cdots,g_K)$ 以及参数集 $\beta=(d_1,\cdots,d_K)$ 的证据分型 E 的概率为

$$Pr(E|\beta,g) = \underbrace{\left[\prod_{a\in A}\left(1-\prod_{k=1}^{K} d_k^{n_{a,k}}\right)\right]}_{\text{供者部分}} \underbrace{\left[\prod_{a\in B}\prod_{k=1}^{K} d_k^{n_{a,k}}\right]}_{\text{丢失部分}} \tag{B.15}$$

在 *LRmix Studio* 中,有一种概率是将任何条件下的丢失概率参数固定为某个值,并让其余未知供者的丢失概率相等(一个公共参数)。这样将未知参数的个数减少为仅有一个。当所有供者共享相同的丢失概率参数 d 时,公式 B. 15 简化为

$$Pr(E|\beta,g) = \left[\prod_{a\in A}(1-d^{n_a})\right]\left[\prod_{a\in B} d^{n_a}\right] \tag{B.16}$$

上面的公式未考虑等位基因插入。本节引入了插入参数 p_C,该参数提示等位基因峰高值虽然超过阈值但无供者的概率。如果等位基因 a 发生此类事件(即 a 在插入集 $C=\{a : y_a \geqslant AT \cap n_a = 0\}$),则上述 $Pr(E|\beta,g)$ 表达式将包括附加乘积 $p_C \times p_a$,其中 p_a 代表等位基因 a 的等位基因频率。如果没有等位基因被解释为插入,那么包括$(1-p_C)$的 $Pr(E|\beta,g)$ 表达式被替代为一个乘积。在附录[68]中给出了定性模型中等位基因插入的另一种建模方法。对于 *LRmix Studio* 和其他概率模型,基于验证数据估算(预校准)插入参数,其设置与用于提供证据分型的设置相同(更多详情见第 7. 10 节)。

B. 3. 3 丢失参数的推断

在本节中,将 LR 视为 B. 2. 2 节 $LR(\beta_p,\beta_d)$ 中定义的丢失概率参数的函数,其中 β_p 和 β_d 分别是假设 H_p 和 H_d 下的未知丢失参数。

B. 3. 3. 1 最大似然法

对于这种方法,假设每个备选假设下都有一组不同的参数。如果考虑 *LRmix* 实施中使用的丢失参数 $\beta=d$,那么使用公式 B. 9 估算 LR 如下:

$$LR_{ML}=\frac{Pr(E|\hat{d}_p,H_p)}{Pr(E|\hat{d}_d,H_d)} \tag{B.17}$$

式中,$\hat{d}_p$ 和 $\hat{d}_d$ 是分别在 H_p 和 H_d 下进行,使用公式 B. 8 对 d 的最大似然估计。

这种基于定性模型的 LR 最大似然法已被证明具有良好的性能[236],并作为 *CaseSolver*[274] 和 *dnamatch2*[294] 软件的一部分用于调查研究算法。

B. 3. 3. 2 保守方法

在 *LRmix Studio* 软件中,假定两个假设的模型参数是共享的:$\beta_p=\beta_d=d$,因此 LR 是丢失参数 d 的函数:

$$LR(d)=LR(\beta_p=d,\beta_d=d) \tag{B.18}$$

使用蒙特卡罗(Monte Carlo)方法估计丢失参数 d 的后验分布,使用图谱中如第 6. 1. 5 节所述的等位基因总数作为证据数据。而且考虑丢失参数为均匀分布时,分别估计了每个假设下丢失参数 d 的后验分布的 5% 和 95% 分位数:

$$H_p:\hat{d}_p^{.05},\hat{d}_p^{.95},$$
$$H_d:\hat{d}_d^{.05},\hat{d}_d^{.95},$$

d 的 4 个丢失估计值进一步插入公式 B. 18 中的 LR 公式中,最终(保守的)LR 计算如下:

$$LR=min\{LR(\hat{d}_p^{.05}),LR(\hat{d}_p^{.95}),LR(\hat{d}_d^{.05}),LR(\hat{d}_d^{.95})\} \tag{B.19}$$

B. 3. 4 定量模型的数学细节

EuroForMix 使用的 gamma 模型的说明已在第 7. 5 节中进行了描述,该模型使用一系列 excel 电子表格,允许用户直接与模型的细节进行交互。下面是对该模型更加正式的描述。

在本节中,因为证据将被视为连续变量(峰高),因此将公式 B. 6 中作为似然函数一部分的"概率"$Pr(E|\beta,g)$ 替换为"权重表达式"$w(E|\beta,g)$。

首先考虑不包含任何等位基因丢失模型的假设。假设基因型集 $g=(g_1,\cdots,g_K)$ 和参数集 β,证据分型 E 的概率为

$$\omega(E|\beta,g)=\underbrace{\left[\prod_{a\in A}(f(y_a|\beta,g)\right]}_{\text{供者部分}}\underbrace{\left[\prod_{a\in B}F(T|\beta,g)\right]}_{\text{丢失部分}} \tag{B.20}$$

式中,f 和 F 分别是峰高的概率和累积密度函数,A 和 B 分别是第 B. 3. 1 节所定义的贡献集和丢失集。

B. 3. 5　伽马分布

EuroForMix 中，假设峰高值 Y 遵循由形状和尺度参数设置的伽马（gamma）分布：

$$Y \sim gamma(y \mid shape, scale) = \frac{scale^{-shape}}{\Gamma(\text{shape})} y^{shape-1} exp^{-\frac{y}{scale}} \tag{B.21}$$

式中 $\Gamma(z) = \int_0^\infty x^{Z-1} e^{-x} dx$ 是伽马函数。根据定义，Y 的期望值和方差表示为 $E[Y] = shape * scale$ 和 $Var[Y] = shape * scale^2$。此外，Y 的变异系数定义为 $CV[Y] = \frac{\sqrt{Var[Y]}}{E[Y]} = shape^{-\frac{1}{2}}$。Cowell 等[234]最初在他们的论文中遵循了形状-尺度参数化，而且考虑了更易解释的基于期望值和变异系数的参数化，使 $\mu = shape * scale$ 和 $\omega = shape^{-\frac{1}{2}}$，因此 $\mu = E[Y]$，$\omega = CV[Y]$。由此可知，形状（$shape$）$= \frac{1}{\omega^2}$，尺度（$scale$）$= \mu\omega^2$，峰高值 Y 的密度函数为

$$f_Y(y \mid \beta) = \frac{y^{\left(\frac{1}{\omega^2}-1\right)}}{\Gamma\left(\frac{1}{\omega^2}\right)(\mu\omega^2)^{\frac{1}{\omega^2}}} exp^{-\frac{y}{\mu\omega^2}} \tag{B.22}$$

图 B. 1 显示了伽马密度函数的一个示例，该分布与电泳（CE）观测到的单个峰的峰高有关。该分布描述了如果实验重复无数次时，峰高值的变异性

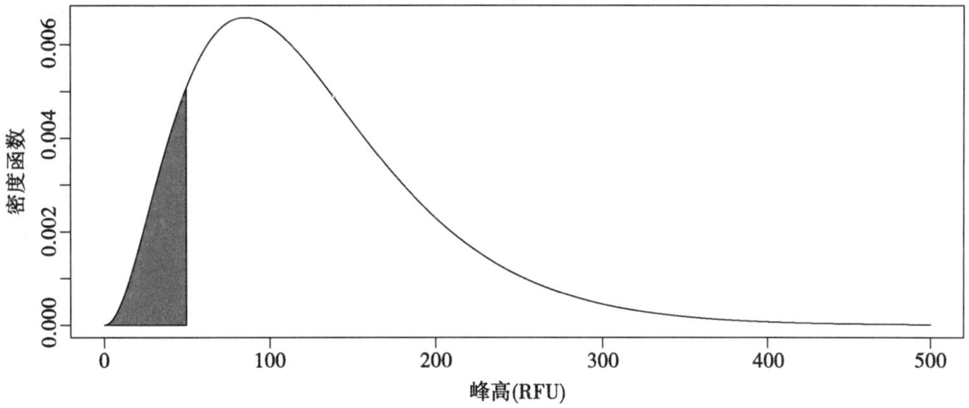

图 B. 1　伽马分布等位基因峰高的概率密度函数。从 0 到 50 RFU 的灰色阴影区域定义为等位基因的丢失概率

B. 3. 6　单个供者的模型

本节中，假设有一个供者（$K=1$），这样 $g = g_1 = (g_1^1, g_1^2)$ 就是该供者的假定基因型，它包含等位基因 g_1^1 和 g_1^2。因此，对于一个供者来说，一个标记中的每个可能的等位基因都可能由零个、一个或两个等位基因来表达。如公式 B. 13 所定义的那样，因为只有一个供者，所以没有 k 指数，n_a 为等位基因 a 的供者数量。

EuroForMix 假设供者 n_a 用公式 B.22 中的形状参数进行衡量，因此，在所选的基因型 g 中，等位基因 a 的峰高值的分布变为

$$f(\gamma_a|\beta,g)=\frac{\gamma_a^{(\alpha_a-1)}}{\Gamma(\alpha_a)(\mu\omega^2)^{\alpha_a}}exp^{-\frac{\gamma_a}{\mu\omega^2}} \tag{B.23}$$

其中 $\alpha_a=\frac{n_a}{\omega^2}$是基于使用公式 B.13 假定的基因型 g 更新的形状参数，相对应的期望值和方差分别为 $E[Y_a|\beta,g]=\mu n_a$ 和 $Var[Y_a|\beta,g]=(\mu\omega^2)n_a$。

如果 $n_a=1$，杂合子中一个等位基因的贡献，则返回到公式 B.22 中的密度函数。请注意，峰高 Y_a 的变异系数(CV)为$\frac{\sqrt{Var[Y_a|\beta,g]}}{E[Y_a|\beta,g]}=\omega n_a^{-\frac{1}{2}}$。参数 μ 和 ω 分别对应的是期望值和杂合子峰高($n_a=1$)的变异系数(CV)。

B.3.6.1 **示例 1**

观察到的证据样本是等位基因(5,7)，其相应的峰高为 y_5 和 y_7。*LR* 是根据假设 H_p:“基因型(5,7)的 POI 是供者”与假设 H_d:“未知的无关个体是供者”来进行计算的。

在 H_p 下，$g=(5,7)$是已知供者的基因型，由于 $G_p=(5,7)$是在 H_p 下唯一的基因型结果，因此 $Pr(5,7|H_p)=1$。

$$Pr(E|\beta_p,H_p)=\sum_{g\in G_p}w(E|\beta_p,g)Pr(g|H_p)=f(y_5|n_5=1,\beta_p)f(y_7|n_7=1,\beta_p) \tag{B.24}$$

在此示例中，等位基因的插入和丢失均不考虑，因此在 H_d 下，未知的无关个体唯一可能的基因型是 $g=(5,7)$。在等位基因频率为 p_5,p_7 的情况下，该基因型的概率估算为 $Pr(5,7|H_d)=2p_5p_7$。

$$Pr(E|\beta_d,H_d)=\sum_{g\in G_d}w(E,g|\beta_d)Pr(g|H_d)=f(y_5|n_5=1,\beta_d)f(y_7|n_7=1,\beta_d)2p_5p_7 \tag{B.25}$$

由于在 H_d 下 $G_d=(5,7)$是唯一的基因型结果，因此，*LR* 变为

$$LR(\beta_p,\beta_d)=\frac{f(y_5|n_5=1,\beta_p)f(y_7|n_7=1,\beta_p)}{f(y_5|n_5=1,\beta_d)f(y_7|n_7=1,\beta_d)2p_5p_7} \tag{B.26}$$

当 $\beta_p=\beta_d$ 时，减为常规的$\frac{1}{2p_5p_7}$。

B.3.7 多个供者的模型

现在将模型从一个供者扩展到 K 个供者，其中 K 个组合基因型的向量定义为 $g=(g_1,\cdots,g_K)$。基因型为 g_k 的个体 k 在等位基因 a 的贡献为公式 B.13 所定义的 $n_{a,k}$。

在 *EuroForMix* 中，k 在等位基因 a 的相对贡献为 $\pi_k n_{a,k}$，其中参数 π_k 称为混合比例，它是介于 0 和 1 之间的值，所有混合比例参数之和等于 1，即 $\sum_{k=1}^{K}\pi_k=1$。例如，有两个供者($K=2$)，则 $\pi_2=1-\pi_1$，因此只需要一个参数来解释供者的混合比例。

同时扩展了公式 B. 14,该公式定义了等位基因 a 的总基因型贡献,包括混合比例参数:

$$n_a = n_a(\pi) = \sum_{k=1}^{K} \pi_k n_{a,k} \tag{B.27}$$

加法假设:*EuroForMix* 假设给定基因型 g 中等位基因 a 的峰高基于 K 贡献的峰高贡献之和:

$$Y_a \mid g = \sum_{k=1}^{K} Y_{a,k} \mid g \tag{B.28}$$

其中 $Y_{a,k} \mid g \sim gamma(shape = \frac{\pi n_{a,k}}{\omega^2}, scale = \mu\omega^2)$,如 B. 3. 5 节所定义。

请注意,在对具有相同比例参数的伽马分布变量求和时,仅添加了形状参数,因此

$$Y_a \mid g \sim gamma(shape = \alpha_a, scale = \mu\omega^2) \tag{B.29}$$

其中

$$\alpha_\alpha = \frac{\sum_{k=1}^{K} \pi_k n_{a,k}}{\omega^2} = \frac{n_a}{\omega^2} \tag{B.30}$$

是比公式 7. 12 所定义的贡献公式更一般的表达式。在此,它取决于每个供者 $k=1,\cdots,K$ 的混合比例 π_k。因此给定基因型 g 在等位基因 a 的预期贡献为

$$E[Y_a \mid g] = \mu \sum_{k=1}^{K} \pi_k n_{a,k} = \mu n_a \tag{B.31}$$

B. 3. 7. 1 示例 2

犯罪斑迹中观察到的等位基因(5,7),其峰高值为 y_5 和 y_7。在本例中,假设有 $K=2$ 的证据供者,且不考虑有插入/丢失。则似然比的两个假设为 H_p:“基因型(5,5)的利害关系人(POI)和未知的无关个体为供者”与 H_d:“两个未知的无关个体为供者”。

在 H_p 条件下,供者的基因型 g=(5,5)是已知的,因此供者 1 的 $Pr(5,5|H_p)=1$。这样 $G_p=\{(5,5;5,7),(5,5;7,7)\}$ 成为 H_p 下可能的基因型结果集:

$$\begin{aligned} Pr(E \mid \beta_p, H_p) &= \sum_{g \in G_p} w(E \mid \beta_p, g) Pr(g \mid H_p) \\ &= f(y_5 | n_5 = 2\pi_1 + \pi_2, \beta_p) f(y_7 | n_7 = \pi_2, \beta_p) 2p_5 p_7 \\ &+ f(y_5 | n_5 = 2\pi_1, \beta_p) f(y_7 | n_7 = 2\pi_2, \beta_p) p_7^2 \end{aligned} \tag{B.32}$$

在 H_d 下,假设两个未知供者可能以 7 种可能的方式对证据作出贡献:$G_d=\{(5,5;5,7),(5,5;7,7),(5,7;7,7),\cdots\}$,其中其余的供者与列表中的前 3 个供者对称。由此可知:

$$\begin{aligned} Pr(E \mid \beta_d, H_d) &= \sum_{g \in G_d} w(E \mid \beta_d, g) Pr(g \mid H_d) \\ &= f(y_5 | n_5 = 2\pi_1 + \pi_2, \beta_d) f(y_7 | n_7 = \pi_2, \beta_d)(p_5^2) 2p_5 p_7 \\ &+ f(y_5 | n_5 = 2\pi_1, \beta_d) f(y_7 | n_7 = 2\pi_2, \beta_d)(p_5^2)(p_7^2) \\ &+ f(y_5 | n_5 = \pi_1, \beta_d) f(y_7 | n_7 = \pi_1 + 2\pi_2, \beta_d)(2p_5 p_7)(p_5^2) \\ &+ f(y_5 | n_5 = \pi_1 + \pi_2, \beta_d) f(y_7 | n_7 = \pi_1 + \pi_2, \beta_d)(2p_5 p_7)(2p_5 p_7) \\ &+ f(y_5 | n_5 = \pi_2, \beta_d) f(y_7 | n_7 = 2\pi_1 + \pi_2, \beta_d)(p_7^2)(2p_5 p_7) \\ &+ f(y_5 | n_5 = 2\pi_2, \beta_d) f(y_7 | n_7 = 2\pi_1, \beta_d)(p_7^2)(p_5^2) \end{aligned} \tag{B.33}$$

$$+f(y_5|n_5=\pi_2,\beta_d)f(y_7|n_7=2\pi_1+\pi_2,\beta_d)(p_7^2)(2p_5p_7)$$

注意:混合比例参数 π 在每个假设下属于不同的参数集(即 H_p 下的 β_p,H_d 下的 β_d)。根据每个假设下的参数,LR 为 $LR(\beta_p,\beta_d)=\dfrac{Pr(E|\beta_p,H_p)}{Pr(E|\beta_d,H_d)}$。

B. 3. 8 等位基因丢失模型

EuroForMix 将等位基因丢失定义为峰高低于检测阈值(AT>0)的来自任何供者的等位基因。这个阈值被称为“分析阈值”(AT),用来去除背景噪声、极低等位基因贡献和低水平影子峰以及帮助分型解释。

丢失假设:*EuroForMix* 假设一个看不见的等位基因 a 的丢失概率等于从 0 到 AT 的峰高分布曲线(伽马分布的密度函数)下的面积:

$$Pr(\text{丢失等位基因 } a\mid g,\beta)=\int_0^{AT}f(x\mid\beta,g)\,dx=F(AT\mid\beta,g) \tag{B.34}$$

式中 F 是累积伽马分布函数(概率密度函数 f 的积分,如图 B. 1 所示)。

注意,这个模型考虑了等位基因 Q,这是一个丢失事件(当 $n_Q>0$ 和不考虑影子峰时,这将是集合 B 中唯一的等位基因)。

B. 3. 8. 1 示例 3

在这个例子中,证据只有等位基因 7 和对应的峰高 y_7,其中 POI 有基因型(5,7),假设有一个供者。因为未观察到等位基因 5,所以把它当作等位基因 Q。H_d 下可能的基因型有(7,7);(Q,7)。在这个例子中,假设丢失是有可能发生的,则两个假设为 H_p:“基因型(Q,7)的 POI 是供者”与 H_d:“无关个体是供者”。

在 H_p 条件下,已知基因型 $g=(Q,7)$。由于只有一个供者,因此这是唯一可能的结果。等位基因 5 的缺失需要当作等位基因丢失来解释,例如 y_5 可能低于定义的分析阈值(AT=50 RFU)。回顾第 3. 6 节中的讨论可了解更多细节。H_p 下观察到的证据的概率如下所示

$$Pr(E\mid\beta_p,H_p)=\sum_{g\in G_p}w(E\mid\beta_p,g)Pr(g|H_p) \tag{B.35}$$

$$=F(AT|n_Q=1,\beta_p)f(y_7|n_7=1,\beta_p) \tag{B.36}$$

在 H_d 下,因为假设等位基因丢失是有可能的,因此对于未知供者而言,现在有比示例 1 更多可能的基因型,由于没有考虑等位基因丢失的可能性,因此唯一可能的基因型集是:$G_d=\{(7,7);(7,Q)\}$。H_d 下观察到的证据的概率为

$$Pr(E\mid\beta_d,H_d)=\sum_{g\in G_d}w(E\mid\beta_d,g)Pr(g\mid H_d) \tag{B.37}$$

$$=F(AT|n_Q=1,\beta_d)f(y_7\,|n_7=1,\beta_d)2p_Qp_7+f(y_7\,|n_7=2,\beta_d)p_7^2$$

因此 LR 也相应变成

$$LR(\beta_p,\beta_d)=\frac{F(AT|n_Q=1,\beta_p)f(y_7\,|n_7=1,\beta_p)}{F(AT|n_Q=1,\beta_d)f(y_7\,|n_7=1,\beta_d)2p_Qp_7+f(y_7\,|n_7=2,\beta_d)p_7^2} \tag{B.38}$$

B. 3. 9 等位基因插入模型

任何供者都无法解释的证据中的其他峰值可能是插入事件(在第 7. 10 节中讨论)。下

面的演示不包括影子峰。插入假设:*EuroForMix* 的插入模型是一个关于参数 λ 的指数分布,该参数决定了密度函数的斜率。如果等位基因 a 是具有相应峰高 y_a 的插入事件,则插入的概率为

$$Pr(\text{等位基因 a 为插入}|\lambda)=p_C*p_a*\lambda*exp^{-\lambda(y_a-AT)} \tag{B.39}$$

式中 p_C 是插入的概率,p_a 是 a 的等位基因频率,函数 $h(y_a)=\lambda*exp^{-\lambda(y_a-AT)}$ 是转换指数密度函数(shifted exponential density function)。

因此,公式 B. 20 中的权重表达式按公式 B. 39 中定义的所有插入等位基因(即集合 $C=\{a:y_a\geqslant AT\cap n_a=0\}$)中的插入概率进行衡量,如果没有等位基因插入(即如果集合 C 为空),则用($1-p_C$)进行衡量。

B. 3. 9. 1　**示例 4**

在一个证据的 DNA 图谱中观察到了等位基因(6,7),其峰高值为 y_6 和 y_7(两者均高于 AT)。如在本例中只考虑插入而不考虑丢失,则 LR 的两个假设为 H_p:"基因型(6,7)的 POI 是供者"与 H_d:"无关个体是供者"。

在 H_p 条件下,基因型 g=(6,7)是唯一的基因型结果,因此

$$Pr(E|\beta_p,H_p)=f(y_6|n_6=1,\beta_p)f(y_7|n_7=1,\beta_p)(1-p_C) \tag{B.40}$$

由于没有插入,所以该项乘以($1-p_C$)。

在 H_d 条件下,如果包括插入的可能性,那么未知供者可能是集合中的任何一个基因型:G_d=(6,7);(6,6);(7,7),因此

$$\begin{aligned}Pr(E|\beta_d,H_d)=&f(y_6|n_6=1,\beta_d)f(y_7|n_7=1,\beta_d)(1-p_C)(2p_6p_7)\\&+f(y_6|n_6=2,\beta_d)(p_Cp_7h(y_7))(p_6^2)\\&+f(y_7|n_7=2,\beta_d)(p_Cp_6h(y_6))(p_7^2)\end{aligned} \tag{B.41}$$

B. 3. 10　多个重复模型

在 *EuroForMix* 的当前版本中,每个重复都被限制为遵循相同的统计模型(公共参数集 β)。这意味着每个复制的 DNA 分型必须具有相同的特征,即相同的峰高水平和变化。而且当前模型假定供者的数量相同,并且每个分型的混合比例相同。使用公式 B. 5 来考虑多个重复,这与第 5. 3 节中公式 5. 5 中给出的定性模型相同。

B. 3. 11　后向影子峰

有关在 *EuroForMix* 中如何实施影子峰模型的说明,请参见第 7. 9 节。此处仅描述使用精确的数学定义来计算似然函数,该函数有望在 *EuroForMix* 版本 2 或更新版本中实现。

到目前为止,本节中,唯一可能丢失的等位基因是等位基因 Q。然而,当我们纳入影子峰模型时,需加以考虑纯影子峰等位基因可能会出现丢失。

影子峰模型引入了预期影子峰比例 ∊ 作为模型参数 β 之一,这修订了公式 B. 30 所定义的形状参数 α_a:

$$\alpha_a'=(1-\epsilon)\alpha_a+\epsilon\alpha_{a+1}\mathbb{I}(a+1\in E\cap g) \tag{B.42}$$

这用来计算所有假定的贡献等位基因 $a \in E \cap g$（假设的联合基因型 g）。如果 $a \in E \cap g$，而 $a-1 \notin E$，则 $\alpha'_{a-1} = \epsilon\alpha_a$ 是一个未观察到的纯影子峰，必须视为一个丢失的等位基因。最后，注意因为假设它不受影子峰的影响（也就是说不是影子峰），并没有修改 $a=Q$ 等位基因的 α_a。

使用公式 B.20 中的权重公式计算似然函数，其中第 B.3.1 节中的 3 个事件修改为

1. $A' = \{a : y_a \geq AT \cap \alpha'_a > 0\}$ 是贡献集。
2. $B' = \{a : y_a < AT \cap \alpha'_a > 0\}$ 是丢失集。
3. $C' = \{a : y_a \geq AT \cap \alpha'_a > 0\}$ 是插入集。

B.3.11.1 示例 5

继续上一个例子，证据 DNA 图谱中有等位基因（6,7），其峰高为 y_6 和 y_7（两者均高于 AT）。LR 的两个假设为 H_p："基因型（6,7）的 POI 是供者"与 H_d："无关个体是供者"。在这个例子中，假设后向影子峰和丢失是可能发生的，但无插入。因此，必须使用如公式 B.42 中所定义的修改后的形状参数计算。

在 H_p 条件下，基因型 $g=(6,7)$ 是唯一的基因型结果，因此

$$Pr(E|\beta_p, H_p) = F(AT|\alpha'_5, \beta_p) f(y_6|\alpha'_6, \beta_p) f(y_7|\alpha'_7, \beta_p) \tag{B.43}$$

其中修改后的形状参数变为

- $\alpha'_5 = \epsilon\alpha_6$
- $\alpha'_6 = (1-\epsilon)\alpha_6 + \epsilon\alpha_7$
- $\alpha'_7 = (1-\epsilon)\alpha_7$

根据公式 B.30 的定义，式中 $\alpha_6 = \alpha_7 = \frac{1}{\omega^2}$。

由于考虑后向影子峰是有可能的，但无插入，因此在 H_d 下未知供者可以有集合中的任何基因型：$G_d = \{(6,7);(7,7);(7,Q)\}$。每个基因型计算时采用修订过的形状参数：

- 对于 $g=(6,7)$，我们回到 H_p 下修订的形状参数。
- 对于 $g=(7,7)$，$\alpha'_6 = \epsilon\alpha_7 7$ 和 $\alpha'_7 = (1-\epsilon)\alpha_7$，其中 $\alpha_7 = \frac{2}{\omega^2}$。
- 对于 $g=(7,Q)$，$\alpha'_6 = \epsilon\alpha_7$ 和 $\alpha'_7 = (1-\epsilon)\alpha_7$，其中 $\alpha_7 = \frac{1}{\omega^2}$；$\alpha_Q = \frac{1}{\omega^2}$ 没有修订（因此 $\alpha'_Q = \alpha_Q$）。

因此在 H_d 下，有

$$\begin{aligned} Pr(E|\beta_d, H_d) = & F(AT|\alpha'_5, \beta_d) f(y_6|\alpha'_6, \beta_d) f(y_7|\alpha'_7, \beta_d)(2p_6p_7) \\ & + f(y_6|\alpha'_6, \beta_d) f(y_7|\alpha'_7, \beta_d)(p_7^2) \\ & + f(y_6|\alpha'_6, \beta_d) f(y_7|\alpha'_7, \beta_d) F(AT|\alpha_Q, \beta_d)(2p_7p_Q) \end{aligned} \tag{B.44}$$

其中 $p_Q = 1-(p_6+p_7)$。

B.3.12 用 *EuroForMix* 估算 *LR*

在 *EuroForMix* 中，有 3 种不同的估算 LR 的方法，每种方法都有不同的优缺点。应遵循第 B.2.2 节中提供的概述理论。在模型中，LR 定义为公式 B.7 所述的未知参数的函数 $LR(\beta_p, \beta_d)$，其中 β_p 是假设 H_p 的参数集，β_d 是假设 H_d 的参数集。以下章节将讨论 *Euro-*

ForMix 软件提供的不同框架。

B. 3. 12. 1　最大似然法

LR 表达式取决于参数的选择，这些参数通常是未知的（有些参数可能根据先前的实验数据变为已知）。

第 7. 5 节中描述的方法是在每个假设下使证据的概率最大化。因此，使用公式 B. 8 中的优化来计算 $LR=LR(\hat{\beta}_p,\hat{\beta}_d)$，如公式 B. 9 所示。在这里，参数的选择使得概率模型以“最佳方式”描述等位基因峰高的观测。这被称为最大似然估计（MLE）。从技术上讲，这需要在参数范畴上最大化似然函数。因此需要解决一个“最大化问题”，在这个问题中，算法需要搜索最大可能似然值的值集。在第 7. 5 节中，这是在 Excel 演示中使用“Solver”实现的。在 *EuroForMix* 中，称为“nlm”的算法用于参数优化的快速收敛[350,351]。只要对初始参数有合理的规定，这种方法的收敛速度很快。*EuroForMix* 从正态分布中提取新的初始参数，平均值等于每个标记从总峰高回归模型中估计的参数，然后使用 nlm 算法获得最大值（可能是局部最大值）。通过多次计算来确保找到总体最大值（即最大似然），从而确保模型已正确“收敛”到一个答案。

在 *EuroForMix* 中，每个假设中参数均使用第 7. 5. 4 节所述的最大似然估计（MLE）来确定。这些数据来自案例证据本身，因此不需要用额外的“对照”实验（或重复实验）获得的单独数据来矫正模型。

B. 3. 12. 2　基于集成的方法（“全贝叶斯”）

在贝叶斯框架中，参数被视为未知变量，而不仅仅是频率论框架中的未知值。重要的是，需要为模型参数指定先验分布，并对参数进行如公式 B. 10 所示的积分（边缘化）。H_p 和 H_d 下的积分为

$$LR_B=\frac{\int_{\beta_p}Pr(E\mid\beta_p,H_p)p(\beta_p)}{\int_{\beta_d}Pr(E\mid\beta_d,H_d)p(\beta_d)}\tag{B.45}$$

这也被称为贝叶斯因子。在 *EuroForMix* 软件中，公式 B. 45 中的两个积分都是基于“cubature”R-package 中的“adaptIntegrate”函数进行数值积分计算的。函数中可以包含相对误差参数 δ，以提供基于贝叶斯的 *LR*，$\left[LR_B\frac{(1-\delta)}{(1+\delta)},LR_B\frac{(1+\delta)}{(1-\delta)}\right]$ 的相对误差不确定区间[236]。

EuroForMix 的先验值规定如下：

1. 混合比：Unif(0,1)
2. P. H. 期望值：Unif(0,上限 P. H. exp.)
3. P. H. 变化：Unif(0,上限 P. H. var.)
4. 降解斜率：Unif(0,1)
5. 影子峰比例：默认情况下为 Unif(0,上限 Stutt. prop)，但可以更改

其中 Unif 是均匀分布，“上限 P. H. exp. ”“上限 P. H. var. ”和“上限 Stutt. prop. ”的值可由用户指定。

EuroForMix 软件还提供了估计积分的一种基于马尔科夫链蒙特卡洛（MCMC）方法的替代方法（见下一节）。该方法基于使用多变量正态分布的“GD 方法”[352]。这些计算在按下“LR 灵敏度”按钮时执行。在 R-控制台中，每个假设下的估计积分被表示为“边缘似然估

计”。每个假设下形成的比率用于构建贝叶斯因子的估计值；在 R-控制台中，这被称为“贝叶斯(无限制)LR 的估计值”。与上文基于数值的积分相比，“无限制”这一名称意味着没有定义参数的上限。积分方法的缺点是收敛速度很慢。

B.3.12.3 **保守方法**

我们的目的不是计算公式 B.45 中的积分，而是将 $LR(\beta_p, \beta_d)$ 的后验分布量化为独立考虑的 β_p 和 β_d 的后验分布的函数。这就为观测证据 E 可能获得的参数值范围内的 LR 提供了“敏感性分析”。因此将 LR 后验分布的 5% 分位数定义为“保守 LR”。

H_p 和 H_d 下的后验分布 $p(\beta|E)$ 的样本是基于 Metropolis-Hastings 马尔科夫链蒙特卡洛方法获取的[71,72]。建议函数被选为一个均值为零的正态分布，协方差与逆 Hessian 矩阵(从最大似然优化下的“nlm”函数中获得)成正比。选取初始参数起始值作为最大似然估计。值得一提的是，采样器在“MCMC 工具栏”列表下取一个名为“随机化变异(Variation of randomizer)”的调谐参数。此参数影响 MCMC 采样行为，可通过 R-控制台中提供的“采样接受率”进行识别。良好的抽样行为应该在 0.23 左右[354]。

文献[355-362]也讨论了 LR 后验分布的推断。在一项实证比较研究[236]中发现保守的 LR 方法并没有比最大似然法提供任何额外的好处，只是将 *LRs* 缩小到零。如果考虑贝叶斯方法，则建议使用 *EuroForMix* 中的“综合方法”，而不是基于蒙特卡洛的方法。

B.4. 拆分

除了 *EuroForMix*，*CaseSolver*(CS)实现了 Bleka 等提出的拆分公式[76,236]。为了简单起见，将关注点放在任何标记 m 上，因此 $E=E_m$。在这里，拆分是基于估计组合基因型 $g=(g_1,...,g_K)$ 的后验概率：

$$Pr(g|E,\hat{\beta},H) \propto Pr(E|g,\hat{\beta},H)Pr(g|H) \tag{B.46}$$

式中，$\hat{\beta}$ 是假设 H 下参数估计的最大似然估计，并通过对所有可能的基因型组合求和得到归一化常数。

具有特定基因型 g_0 的供者 k，其边际概率的计算为

$$Pr(g_0|E,\hat{\beta},H) = \sum_{g,g_k=g_0} Pr(g_1,...,g_k,...,g_K|E,\hat{\beta},H) \tag{B.47}$$

计算后，根据概率对每个供者 k 的后验基因型概率进行排序：$g_k^{(1)}, g_k^{(2)}...$ 等，其中 $Pr(g_k^{(1)}|E,\hat{\beta},H) \geqslant Pr(g_k^{(2)}|E,\hat{\beta},H) \geqslant ...$ 等。

对于拆分，CS 的用户设置“概率比到下一个(Prob-ratio to next)”阈值 α_G，以指示是否应将最可能的基因型视为“确定的”：如果 $Pr(g_k^{(1)}|E,\hat{\beta},H)/Pr(g_k^{(2)}|E,\hat{\beta},H) \geqslant \alpha_G$，则供者 k 估计具有基因型 $g_k^{(1)}$。CS 默认使用 $\alpha_G=10$。

如果这个测试失败，可能需检查单个等位基因是否确定。具有特定等位基因 a_0 的供者 k 的边际概率，由下式给出

$$Pr(a_0|E,\hat{\beta},H) = \sum_{g_{k:a_0 \in g_k}} Pr(g_k|E,\hat{\beta},H) \tag{B.48}$$

计算后，根据概率对供者 k 的每个可能等位基因的后验等位基因概率进行排序：$a_k^{(1)}$,

$a_k^{(2)}$,...,其中 $Pr(a_k^{(1)}|E,\hat{\beta},H) \geqslant Pr(a_k^{(2)}|E,\hat{\beta},H) \geqslant ...$。

CS 的用户使用“概率．单等位基因(Prob. Single allele)”阈值 α_A 表明最有可能的等位基因是否应该被认为是“确定的”:如果 $Pr(a_k^{(1)}|E,\hat{\beta},H) \geqslant \alpha_A$,则供者 k 有等位基因 $a_k^{(1)}$。CS 默认使用 $\alpha_A = 0.99$。

（哈力木热提·司马义江　刘志勇 译）

参考文献

[1] W. Parson, D. Ballard, B. Budowle, J.M. Butler, K.B. Gettings, P. Gill, et al., Massively parallel sequencing of forensic STRs: considerations of the DNA commission of the International Society for Forensic Genetics (ISFG) on minimal nomenclature requirements, Forensic Science International: Genetics 22 (2016) 54–63.

[2] J.M. Butler, C.R. Hill, Biology and genetics of new autosomal STR loci useful for forensic DNA analysis, Forensic Science Review 24 (1) (2012) 15.

[3] A. Urquhart, C. Kimpton, T. Downes, P. Gill, Variation in short tandem repeat sequences—a survey of twelve microsatellite loci for use as forensic identification markers, International Journal of Legal Medicine 107 (1) (1994) 13–20.

[4] W. Bar, B. Brinkmann, B. Budowle, A. Carracedo, P. Gill, P. Lincoln, et al., DNA recommendations. Further report of the DNA Commission of the ISFH regarding the use of short tandem repeat systems. International Society for Forensic Haemogenetics, International Journal of Legal Medicine 110 (4) (1997) 175–176.

[5] C.P. Kimpton, P. Gill, A. Walton, A. Urquhart, E.S. Millican, M. Adams, Automated DNA profiling employing multiplex amplification of short tandem repeat loci, Genome Research 3 (1) (1993) 13–22.

[6] K.M. Sullivan, A. Mannucci, C.P. Kimpton, P. Gill, A rapid and quantitative DNA sex test: fluorescence-based PCR analysis of X-Y homologous gene amelogenin, Biotechniques 15 (4) (1993) 636.

[7] K.A. Mills, D. Even, J.C. Murray, Tetranucleotide repeat polymorphism at the human alpha fibrinogen locus (FGA), Human Molecular Genetics 1 (9) (1992) 779.

[8] D. Werrett, The national DNA database, Forensic Science International 88 (1997) 33–42.

[9] E. Cotton, R. Allsop, J. Guest, R. Frazier, P. Koumi, I. Callow, et al., Validation of the AMPFlSTR®SGM Plus^{tm} system for use in forensic casework, Forensic Science International 112 (2) (2000) 151–161.

[10] C. Kimpton, P. Gill, E. D'Aloja, J.F. Andersen, W. Bar, S. Holgersson, et al., Report on the second EDNAP collaborative STR exercise. European DNA Profiling Group, Forensic Science International 71 (2) (1995) 137–152.

[11] P. Gill, E. d'Aloja, J. Andersen, B. Dupuy, M. Jangblad, V. Johnsson, et al., Report of the European DNA profiling group (EDNAP): an investigation of the complex STR loci D21S11 and HUMFIBRA (FGA), Forensic Science International 86 (1-2) (1997) 25–33.

[12] P.M. Schneider, P.D. Martin, Criminal DNA databases: the European situation, Forensic Science International 119 (2) (2001) 232–238.

[13] L. Welch, P. Gill, C. Phillips, R. Ansell, N. Morling, W. Parson, et al., European Network of Forensic Science Institutes (ENFSI): evaluation of new commercial STR multiplexes that include the European Standard Set (ESS) of markers, Forensic Science International: Genetics 6 (6) (2012) 819–826.

[14] P.D. Martin, National DNA databases - practice and practicability. A forum for discussion, Progress in Forensic Genetics 10 (2004) 1–8.

[15] C.J. Fregeau, National casework and the national DNA database: the Royal Canadian Mounted Police perspective, Progress in Forensic Genetics 7 (1998) 541–543.

[16] J. Walsh, Canada's proposed forensic DNA evidence bank, Canadian Society of Forensic Science Journal 31 (1998) 113–125.

[17] R. Hoyle, Forensics. The FBI's national DNA database, Nature Biotechnology 16 (11) (1998) 987.

[18] D.R. Hares, Expanding the CODIS core loci in the United States, Forensic Science International: Genetics 6 (1) (2012) e52–e54.

[19] D.R. Hares, Addendum to expanding the CODIS core loci in the United States, Forensic Science International: Genetics 6 (5) (2012) e135.

[20] D.R. Hares, Selection and implementation of expanded CODIS core loci in the United States, Forensic Science International: Genetics 17 (2015) 33–34.

[21] J.M. Butler, US initiatives to strengthen forensic science & international standards in forensic DNA, Forensic Science International: Genetics 18 (2015) 4–20.

[22] A. Leriche, Final report of the Interpol Working Party on DNA profiling, in: Proceedings from the 2nd European Symposium on Human Identification, Promega Corporation, 1998, pp. 48–54.
[23] Council of the European Union, Council decision 2008/615/JHA of 23 June 2008 on the stepping up of cross-border cooperation, particularly in combating terrorism and cross-border crime, https://eur-lex.europa.eu/LexUriServ/LexUriServ.do?uri=OJ%3AL%3A2008%3A210%3A0001%3A0011%3AEN%3APDF. (Accessed January 2020).
[24] M.D. Coble, J.M. Butler, Characterization of new miniSTR loci to aid analysis of degraded DNA, Journal of Forensic Sciences 50 (1) (2005) 43–53.
[25] L.A. Dixon, A.E. Dobbins, H.K. Pulker, J.M. Butler, P.M. Vallone, M.D. Coble, et al., Analysis of artificially degraded DNA using STRs and SNPs–results of a collaborative European (EDNAP) exercise, Forensic Science International 164 (1) (2006) 33–44.
[26] P. Gill, L. Fereday, N. Morling, P.M. Schneider, The evolution of DNA databases—recommendations for new European STR loci, Forensic Science International 156 (2–3) (2006) 242–244.
[27] P. Gill, L. Fereday, N. Morling, P.M. Schneider, New multiplexes for Europe-amendments and clarification of strategic development, Forensic Science International 163 (1–2) (2006) 155–157.
[28] Council of the European Union, Council resolution of 30 November 2009 on the exchange of DNA analysis results, http://eur-lex.europa.eu/LexUriServ/LexUriServ.do?uri=OJ:C:2009:296:0001:0003:EN:PDF, 2009.
[29] A. Edwards, GH Hardy (1908) and Hardy–Weinberg equilibrium, Genetics 179 (3) (2008) 1143–1150.
[30] L. Gusmão, J.M. Butler, A. Linacre, W. Parson, L. Roewer, P.M. Schneider, et al., Revised guidelines for the publication of genetic population data, Forensic Science International: Genetics 30 (2017) 160–163.
[31] S. Wahlund, Composition of populations from the perspective of the theory of heredity, Hereditas 11 (1) (1928) 65–105.
[32] M. Bodner, I. Bastisch, J.M. Butler, R. Fimmers, P. Gill, L. Gusmão, et al., Recommendations of the DNA Commission of the International Society for Forensic Genetics (ISFG) on quality control of autosomal Short Tandem Repeat allele frequency databasing (STRidER), Forensic Science International: Genetics 24 (2016) 97–102.
[33] B.S. Weir, Methods for discrete population genetic data, Genetic Data Analysis II (1996).
[34] P. Gill, C. Brenner, J. Buckleton, A. Carracedo, M. Krawczak, W. Mayr, et al., DNA commission of the International Society of Forensic Genetics: recommendations on the interpretation of mixtures, Forensic Science International: Genetics 160 (2006) 90–101.
[35] I.W. Evett, C. Buffery, G. Willott, D. Stoney, A guide to interpreting single locus profiles of dna mixtures in forensic cases, Journal of the Forensic Science Society 31 (1) (1991) 41–47.
[36] B.S. Weir, C. Triggs, L. Starling, L. Stowell, K. Walsh, J. Buckleton, Interpreting DNA mixtures, Journal of Forensic Sciences 42 (2) (1997) 213–222.
[37] X. Zhang, L. Liu, R. Xie, G. Wang, Y. Shi, T. Gu, et al., Population data and mutation rates of 20 autosomal STR loci in a Chinese Han population from Yunnan Province, Southwest China, International Journal of Legal Medicine 132 (4) (2018) 1083–1085.
[38] M.W. Nachman, S.L. Crowell, Estimate of the mutation rate per nucleotide in humans, Genetics 156 (1) (2000) 297–304.
[39] D.L. Hartl, A.G. Clark, A.G. Clark, Principles of Population Genetics, vol. 116, Sinauer associates Sunderland, 1997.
[40] S. Wright, The genetical structure of species, Annual of Eugenics 15 (1951) 323–354.
[41] M. Slatkin, Inbreeding coefficients and coalescence times, Genetics Research 58 (2) (1991) 167–175.
[42] D. Balding, R. Nichols, DNA profile match probability calculation: how to allow for population stratification, relatedness, database selection and single bands, Forensic Science International 64 (1994) 125–140.
[43] T.R. Mertens, Teaching the concept of genetic drift using a simulation, The American Biology Teacher 52 (8) (1990) 497–499.
[44] M. Nei, Analysis of gene diversity in subdivided populations, Proceedings of the National Academy of Sciences 70 (12) (1973) 3321–3323.
[45] M. Jakobsson, M.D. Edge, N.A. Rosenberg, The relationship between FST and the frequency of the most frequent allele, Genetics 193 (2) (2013) 515–528.
[46] J. Buckleton, J. Curran, J. Goudet, D. Taylor, A. Thiery, B. Weir, Population-specific FST values for forensic STR markers: a worldwide survey, Forensic Science International: Genetics 23 (2016) 91–100.

[47] National Research Council, et al., The Evaluation of Forensic DNA Evidence, National Academies Press, 1996.
[48] J.S. Buckleton, J.A. Bright, D. Taylor, Forensic DNA Evidence Interpretation, CRC Press, 2016.
[49] L Excoffier, H.E. Lischer, Arlequin suite ver 3.5: a new series of programs to perform population genetics analyses under Linux and Windows, Molecular Ecology Resources 10 (3) (2010) 564–567.
[50] S.W. Guo, E.A. Thompson, Performing the exact test of Hardy-Weinberg proportion for multiple alleles, Biometrics (1992) 361–372.
[51] B.S. Weir, C. Cockerham, Genetic Data Analysis II: Methods for Discrete Population Genetic Data, Sinauer Assoc. Inc., Sunderland, MA, USA, 1996.
[52] D.J. Balding, Weight-of-Evidence for Forensic DNA Profiles, John Wiley & Sons, 2005.
[53] N.R. Council, et al., The Evaluation of Forensic DNA Evidence, National Academies Press, 1996.
[54] I. Evett, Evaluating DNA profiles in a case where the defence is "it was my brother", Journal of the Forensic Science Society 32 (1) (1992) 5–14.
[55] W.K. Fung, Y.Q. Hu, Statistical DNA Forensics: Theory, Methods and Computation, Wiley, England, 2008.
[56] T. Egeland, G. Dorum, M.D. Vigeland, N.A. Sheehan, Mixtures with relatives: a pedigree perspective, Forensic Science International: Genetics 10 (2014) 49–54.
[57] E. Hernandis, G. Dørum, T. Egeland, relMix: an open source software for DNA mixtures with related contributors, Forensic Science International: Genetics Supplement Series (2019).
[58] D. Balding, M. Krawczak, J. Buckleton, J. Curran, Decision-making in familial database searching: KI alone or not alone? Forensic Science International: Genetics 7 (2013) 52–54.
[59] M. Perlin, M. Legler, C. Spencer, J. Smith, W. Allan, J. Belrose, et al., Validating Trueallele® DNA mixture interpretation, Journal of Forensic Sciences 56 (6) (2011) 1430–1447.
[60] D. Taylor, J.A. Bright, J. Buckleton, The interpretation of single source and mixed DNA profiles, Forensic Science International: Genetics 7 (2013) 516–528.
[61] C.D. Steele, D.J. Balding, Statistical evaluation of forensic DNA profile evidence, Annual Review of Statistics and Its Application 1 (2014) 361–384.
[62] M.D. Coble, J.A. Bright, Probabilistic genotyping software: an overview, Forensic Science International: Genetics (2018).
[63] P. Gill, L. Gusmão, H. Haned, W. Mayr, N. Morling, W. Parson, et al., DNA commission of the International Society of Forensic Genetics: recommendations on the evaluation of STR typing results that may include drop-out and/or drop-in using probabilistic methods, Forensic Science International: Genetics 6 (6) (2012) 679–688.
[64] M. Bill, P. Gill, J. Curran, T. Clayton, R. Pinchin, M. Healy, et al., PENDULUM–a guideline-based approach to the interpretation of STR mixtures, Forensic Science International 148 (2–3) (2005) 181–189.
[65] P. Gill, A. Kirkham, J. Curran, LoComatioN: a software tool for the analysis of low copy number DNA profiles, Forensic Science International: Genetics 166 (2007) 128–138.
[66] M.W. Perlin, B. Szabady, Linear mixture analysis: a mathematical approach to resolving mixed DNA samples, Journal of Forensic Sciences 46 (6) (2001) 1372–1378.
[67] A.A. Mitchell, J. Tamariz, K. O'Connell, N. Ducasse, Z. Budimlija, M. Prinz, et al., Validation of a DNA mixture statistics tool incorporating allelic drop-out and drop-in, Forensic Science International: Genetics 6 (6) (2012) 749–761.
[68] H. Haned, K. Slooten, P. Gill, Exploratory data analysis for the interpretation of low template DNA mixtures, Forensic Science International: Genetics 6 (6) (2012) 762–774.
[69] R. Puch-Solis, T. Clayton, Evidential evaluation of DNA profiles using a discrete statistical model implemented in the DNA LiRa software, Forensic Science International: Genetics 11 (2014) 220–228.
[70] D.J. Balding, Evaluation of mixed-source, low-template DNA profiles in forensic science, Proceedings of the National Academy of Sciences USA 110 (30) (2013) 12241–12246.
[71] W.K. Hastings, Monte Carlo sampling methods using Markov chains and their applications, Biometrika 57 (1) (1970) 97–109.
[72] N. Metropolis, A.W. Rosenbluth, M.N. Rosenbluth, A.H. Teller, E. Teller, Equation of state calculations by fast computing machines, Journal of Chemical Physics 21 (6) (1953) 1087–1092.
[73] H. Swaminathan, A. Garg, C.M. Grgicak, M. Medard, D.S. Lun, CEESIt: a computational tool for the interpretation of STR mixtures, Forensic Science International: Genetics 22 (2016) 149–160.
[74] T. Graversen, S. Lauritzen, Computational aspects of DNA mixture analysis, Statistics and Computing (2014) 1–15.

[75] C.C. Benschop, J. Hoogenboom, P. Hovers, M. Slagter, D. Kruise, R. Parag, et al., DNAxs/DNAStatistX: development and validation of a software suite for the data management and probabilistic interpretation of DNA profiles, Forensic Science International: Genetics 42 (2019) 81–89.

[76] O. Bleka, G. Storvik, P. Gill, EuroForMix: an open source software based on a continuous model to evaluate STR DNA profiles from a mixture of contributors with artefacts, Forensic Science International: Genetics 21 (2016) 35–44.

[77] F.M. Götz, H. Schönborn, V. Borsdorf, A.M. Pflugbeil, D. Labudde, GenoProof Mixture 3—new software and process to resolve complex DNA mixtures, Forensic Science International: Genetics Supplement Series 6 (2017) e549–e551.

[78] S. Manabe, C. Morimoto, Y. Hamano, S. Fujimoto, K. Tamaki, Development and validation of open-source software for DNA mixture interpretation based on a quantitative continuous model, PLoS ONE 12 (11) (2017) e0188183.

[79] K. Inman, N. Rudin, K. Cheng, C. Robinson, A. Kirschner, L. Inman-Semerau, et al., Lab Retriever: a software tool for calculating likelihood ratios incorporating a probability of drop-out for forensic DNA profiles, BMC Bioinformatics 16 (1) (2015) 298.

[80] C.D. Steele, M. Greenhalgh, D.J. Balding, Verifying likelihoods for low template DNA profiles using multiple replicates, Forensic Science International: Genetics 13 (2014) 82–89.

[81] C.C. Benschop, T. Sijen, LoCIM-tool: an expert's assistant for inferring the major contributor's alleles in mixed consensus DNA profiles, Forensic Science International: Genetics 11 (2014) 154–165.

[82] M. Adamowicz, J. Clarke, T. Rambo, H. Makam, S. Copeland, D. Erb, et al., Validation of MaSTR^{TM} software: extensive study of fully-continuous probabilistic mixture analysis using PowerPlex® Fusion 2–5 contributor mixtures, Forensic Science International: Genetics Supplement Series 7 (2019) 641–643.

[83] M.W. Perlin, A. Sinelnikov, An information gap in DNA evidence interpretation, PLoS ONE 4 (12) (2009) e8327.

[84] C.D. Steele, M. Greenhalgh, D.J. Balding, Evaluation of low-template DNA profiles using peak heights, Statistical Applications in Genetics and Molecular Biology 15 (5) (2016) 431–445.

[85] P. Gill, H. Haned, Ø. Bleka, O. Hansson, G. Dørum, T. Egeland, Genotyping and interpretation of STR-DNA: low-template, mixtures and database matches - twenty years of research and development, Forensic Science International: Genetics 18 (2015) 100–117.

[86] SWGDAM, Validation guidelines for forensic DNA analysis methods, https://1ecb9588-ea6f-4fcb-971a-73265dbf079c.filesusr.com/ugd/4344b0_813b241e8944497e99b9c45b163b76bd.pdf. (Accessed January 2020).

[87] ENFSI recommended minimum criteria for the validation of various aspects of the DNA profiling process, http://enfsi.eu/wp-content/uploads/2016/09/minimum_validation_guidelines_in_dna_profiling_-_v2010_0.pdf. (Accessed January 2020).

[88] H. Kelly, J.A. Bright, J.M. Curran, J. Buckleton, Modelling heterozygote balance in forensic DNA profiles, Forensic Science International: Genetics 6 (6) (2012) 729–734.

[89] T. Tvedebrink, H.S. Mogensen, M.C. Stene, N. Morling, Performance of two 17 locus forensic identification STR kits—applied biosystems's AmpF-STR® NGMSElect^{TM} and Promega's PowerPlex®ESI17 kits, Forensic Science International: Genetics 6 (5) (2012) 523–531.

[90] J.A. Bright, E. Huizing, L. Melia, J. Buckleton, Determination of the variables affecting mixed MiniFiler^{TM} DNA profiles, Forensic Science International: Genetics 5 (5) (2011) 381–385.

[91] J. Whitaker, E. Cotton, P. Gill, A comparison of the characteristics of profiles produced with the AMPFlSTR®SGM Plus^{TM} multiplex system for both standard and low copy number (LCN) STR DNA analysis, Forensic Science International 123 (2) (2001) 215–223.

[92] P. Gill, R. Sparkes, L. Fereday, D.J. Werrett, Report of the European Network of Forensic Science Institutes (ENSFI): formulation and testing of principles to evaluate STR multiplexes, Forensic Science International 108 (1) (2000) 1–29.

[93] M.D. Timken, S.B. Klein, M.R. Buoncristiani, Stochastic sampling effects in STR typing: implications for analysis and interpretation, Forensic Science International: Genetics 11 (2014) 195–204.

[94] T.M. Clayton, J.P. Whitaker, R. Sparkes, P. Gill, Analysis and interpretation of mixed forensic stains using DNA STR profiling, Forensic Science International 91 (1) (1998) 55–70.

[95] A. Kirkham, J. Haley, Y. Haile, A. Grout, C. Kimpton, A. Al-Marzouqi, et al., High-throughput analysis using AmpFlSTR® Identifiler® with the Applied Biosystems 3500xl Genetic Analyser, Forensic Science International: Genetics 7 (1) (2013) 92–97.

[96] S. Petricevic, J. Whitaker, J. Buckleton, S. Vintiner, J. Patel, P. Simon, et al., Validation and development of interpretation guidelines for low copy number (LCN) DNA profiling in New Zealand using the AmpF, in: lSTR®SGM Plus^{TM} multiplex, Forensic Science International: Genetics 4 (5) (2010) 305–310.
[97] C.R. Hill, D.L. Duewer, M.C. Kline, C.J. Sprecher, R.S. McLaren, D.R. Rabbach, et al., Concordance and population studies along with stutter and peak height ratio analysis for the PowerPlex® ESX 17 and ESI 17 systems, Forensic Science International: Genetics 5 (4) (2011) 269–275.
[98] J.A. Bright, J. Turkington, J. Buckleton, Examination of the variability in mixed DNA profile parameters for the Identifiler^{TM} multiplex, Forensic Science International: Genetics 4 (2) (2010) 111–114.
[99] J.R. Gilder, K. Inman, W. Shields, D.E. Krane, Magnitude-dependent variation in peak height balance at heterozygous STR loci, International Journal of Legal Medicine 125 (1) (2011) 87–94.
[100] V.C. Tucker, A.J. Kirkham, A.J. Hopwood, Forensic validation of the PowerPlex® ESI 16 STR multiplex and comparison of performance with AmpFlSTR® SGM plus^{tm}, International Journal of Legal Medicine 126 (3) (2012) 345–356.
[101] A. Debernardi, E. Suzanne, A. Formant, L. Pene, A.B. Dufour, J.R. Lobry, One year variability of peak heights, heterozygous balance and inter-locus balance for the DNA positive control of AmpF-STR® Identifiler^{tm}STR kit, Forensic Science International: Genetics 5 (1) (2011) 43–49.
[102] B. Leclair, C.J. Frégeau, K.L. Bowen, R.M. Fourney, Systematic analysis of stutter percentages and allele peak height and peak area ratios at heterozygous STR loci for forensic casework and database samples, Journal of Forensic Sciences 49 (5) (2004) 968–980.
[103] J.A. Bright, S. Neville, J.M. Curran, J.S. Buckleton, Variability of mixed DNA profiles separated on a 3130 and 3500 capillary electrophoresis instrument, Australian Journal of Forensic Sciences 46 (3) (2014) 304–312.
[104] J.A. Bright, K. McManus, S. Harbison, P. Gill, J. Buckleton, A comparison of stochastic variation in mixed and unmixed casework and synthetic samples, Forensic Science International: Genetics 6 (2) (2012) 180–184.
[105] P. Gill, B. Sparkes, J. Buckleton, Interpretation of simple mixtures of when artefacts such as stutters are present - with special reference to multiplex STRs used by the Forensic Science Service, Forensic Science International 95 (3) (1998) 213–224.
[106] P.S. Walsh, N.J. Fildes, R. Reynolds, Sequence analysis and characterization of stutter products at the tetranucleotide repeat locus vWA, Nucleic Acids Research 24 (14) (1996) 2807–2812.
[107] G. Levinson, G.A. Gutman, Slipped-strand mispairing: a major mechanism for DNA sequence evolution, Molecular Biology and Evolution 4 (3) (1987) 203–221.
[108] P. Gill, R. Sparkes, C. Kimpton, Development of guidelines to designate alleles using an STR multiplex system, Forensic Science International 89 (3) (1997) 185–197.
[109] J.A. Bright, J.M. Curran, J.S. Buckleton, Investigation into the performance of different models for predicting stutter, Forensic Science International: Genetics 7 (4) (2013) 422–427.
[110] A.J. Gibb, A.L. Huell, M.C. Simmons, R.M. Brown, Characterisation of forward stutter in the AmpF/STR® SGM Plus® PCR, Science & Justice 49 (1) (2009) 24–31.
[111] A.A. Westen, L.J. Grol, J. Harteveld, A.S. Matai, P. de Knijff, T. Sijen, Assessment of the stochastic threshold, back- and forward stutter filters and low template techniques for NGM, Forensic Science International: Genetics 6 (6) (2012) 708–715.
[112] J.A. Bright, J.S. Buckleton, D. Taylor, M. Fernando, J.M. Curran, Modeling forward stutter: toward increased objectivity in forensic DNA interpretation, Electrophoresis 35 (21–22) (2014) 3152–3157.
[113] D. Shinde, Y. Lai, F. Sun, N. Arnheim, Taq DNA polymerase slippage mutation rates measured by PCR and quasi-likelihood analysis: (CA/GT)n and (A/T)n microsatellites, Nucleic Acids Research 31 (3) (2003) 974–980.
[114] O. Hansson, Development of computer software to characterise and simulate molecular biology processes used in forensic profiling assays, Ph.D. thesis, University of Oslo, 2018.
[115] J.M. Butler, C.R. Hill, Biology and genetics of new autosoma STR loci useful for forensic DNA analysis, Forensic Science Review 24 (1) (2012) 15–26.
[116] O. Hansson, P. Gill, T. Egeland, STR-validator: an open source platform for validation and process control, Forensic Science International: Genetics 13 (2014) 154–166.
[117] K. Oostdik, K. Lenz, J. Nye, K. Schelling, D. Yet, S. Bruski, et al., Developmental validation of the PowerPlex® fusion system for analysis of casework and reference samples: a 24-locus multiplex for new database standards, Forensic Science International: Genetics 12 (2014) 69–76.
[118] J.A. Bright, D. Taylor, J.M. Curran, J.S. Buckleton, Developing allelic and stutter peak height models

for a continuous method of DNA interpretation, Forensic Science International: Genetics 7 (2) (2013) 296–304.

[119] M. Klintschar, P. Wiegand, Polymerase slippage in relation to the uniformity of tetrameric repeat stretches, Forensic Science International 135 (2) (2003) 163–166.

[120] C. Brookes, J.A. Bright, S. Harbison, J. Buckleton, Characterising stutter in forensic STR multiplexes, Forensic Science International: Genetics 6 (1) (2012) 58–63.

[121] D. Taylor, J.A. Bright, C. McGoven, C. Hefford, T. Kalafut, J. Buckleton, Validating multiplexes for use in conjunction with modern interpretation strategies, Forensic Science International: Genetics 20 (2016) 6–19.

[122] S.B. Seo, J. Ge, J.L. King, B. Budowle, Reduction of stutter ratios in short tandem repeat loci typing of low copy number DNA samples, Forensic Science International: Genetics 8 (1) (2014) 213–218.

[123] K.B. Gettings, R.A. Aponte, P.M. Vallone, J.M. Butler, STR allele sequence variation: current knowledge and future issues, Forensic Science International: Genetics 18 (2015) 118–130.

[124] P. Gill, J. Curran, K. Elliot, A graphical simulation model of the entire DNA process associated with the analysis of short tandem repeat loci, Nucleic Acids Research 33 (2) (2005).

[125] J. Weusten, J. Herbergs, A stochastic model of the processes in PCR based amplification of STR DNA in forensic applications, Forensic Science International: Genetics 6 (1) (2012) 17–25.

[126] T.M. Clayton, J.L. Guest, A.J. Urquhart, P.D. Gill, A genetic basis for anomalous band patterns encountered during DNA STR profiling, Journal of Forensic Sciences 49 (6) (2004) 1207–1214.

[127] G. Shutler, T. Roy, Genetic anomalies consistent with gonadal mosaicism encountered in a sexual assault-homicide, Forensic Science International: Genetics 6 (6) (2012) e159–e160.

[128] A.J. Gibb, A.L. Huell, M.C. Simmons, R.M. Brown, Characterisation of forward stutter in the AmpFlSTR®SGM Plus® PCR, Science & Justice 49 (1) (2009) 24–31.

[129] R.L. Green, R.E. Lagacé, N.J. Oldroyd, L.K. Hennessy, J.J. Mulero, Developmental validation of the AmpF-STR®NGM SElect^{TM} PCR amplification kit: a next-generation STR multiplex with the SE33 locus, Forensic Science International: Genetics 7 (1) (2013) 41–51.

[130] T.M. Clayton, J.L. Guest, A.J. Urquhart, P.D. Gill, A basis for anomalous band patterns encountered during DNA STR profiling, Journal of Forensic Sciences 49 (6) (2004), JFS2003145–8.

[131] C.A. Crouse, S. Rogers, E. Amiott, S. Gibson, A. Masibay, Analysis and interpretation of short tandem repeat microvariants and three-banded allele patterns using multiple allele detection systems, Journal of Forensic Sciences 44 (1) (1999) 87–94.

[132] J.M. Butler, Genetics and genomics of core short tandem repeat loci used in human identity testing, Journal of Forensic Sciences 51 (2) (2006) 253–265.

[133] T. Clayton, S. Hill, L. Denton, S. Watson, A. Urquhart, Primer binding site mutations affecting the typing of STR loci contained within the AMPFlSTR®SGM Plus kit, Forensic Science International 139 (2) (2004) 255–259.

[134] C. Leibelt, B. Budowle, P. Collins, Y. Daoudi, T. Moretti, G. Nunn, et al., Identification of a D8S1179 primer binding site mutation and the validation of a primer designed to recover null alleles, Forensic Science International 133 (3) (2003) 220–227.

[135] E. Cotton, R. Allsop, J. Guest, R. Frazier, P. Koumi, I. Callow, et al., Validation of the AMPFlSTR® SGM Plus^{TM} system for use in forensic casework, Forensic Science International 112 (2–3) (2000) 151–161.

[136] D. Loakes, Survey and summary: the applications of universal DNA base analogues, Nucleic Acids Research 29 (12) (2001) 2437–2447.

[137] J.S. Buckleton, J.M. Curran, P. Gill, Towards understanding the effect of uncertainty in the number of contributors to DNA stains, Forensic Science International: Genetics 1 (1) (2007) 20–28.

[138] A. Biedermann, S. Bozza, K. Konis, F. Taroni, Inference about the number of contributors to a DNA mixture: comparative analyses of a Bayesian network approach and the maximum allele count method, Forensic Science International: Genetics 6 (6) (2012) 689–696.

[139] H. Haned, T. Egeland, D. Pontier, L. Pene, P. Gill, Estimating drop-out probabilities in forensic DNA samples: a simulation approach to evaluate different models, Forensic Science International: Genetics 5 (5) (2011) 525–531.

[140] H. Swaminathan, C.M. Grgicak, M. Medard, D.S. Lun, NOCIt: a computational method to infer the number of contributors to DNA samples analyzed by STR genotyping, Forensic Science International: Genetics 16 (2015) 172–180.

[141] C.C. Benschop, J. van der Linden, J. Hoogenboom, R. Ypma, H. Haned, Automated estimation

of the number of contributors in autosomal short tandem repeat profiles using a machine learning approach, Forensic Science International: Genetics 43 (2019) 102150.

[142] P. Gill, J. Whitaker, C. Flaxman, N. Brown, J. Buckleton, An investigation of the rigor of interpretation rules for STRs derived from less than 100 pg of DNA, Forensic Science International 112 (1) (2000) 17–40.

[143] P. Gill, R. Puch-Solis, J. Curran, The low-template-DNA (stochastic) threshold - its determination relative to risk analysis for national DNA databases, Forensic Science International: Genetics 3 (2) (2009) 104–111.

[144] P. Gill, L. Gusmao, H. Haned, W.R. Mayr, N. Morling, W. Parson, et al., DNA commission of the International Society of Forensic Genetics: recommendations on the evaluation of STR typing results that may include drop-out and/or drop-in using probabilistic methods, Forensic Science International: Genetics 6 (6) (2012) 679–688.

[145] J. Bregu, D. Conklin, E. Coronado, M. Terrill, R.W. Cotton, C.M. Grgicak, Analytical thresholds and sensitivity: establishing RFU thresholds for forensic DNA analysis, Journal of Forensic Sciences 58 (1) (2013) 120–129.

[146] U.J. Mönich, K. Duffy, M. Medard, V. Cadambe, L.E. Alfonse, C. Grgicak, Probabilistic characterisation of baseline noise in STR profiles, Forensic Science International: Genetics 19 (2015) 107–122.

[147] R. Alaeddini, Forensic implications of PCR inhibition—a review, Forensic Science International: Genetics 6 (3) (2012) 297–305.

[148] O. Hansson, T. Egeland, P. Gill, Characterization of degradation and heterozygote balance by simulation of the forensic DNA analysis process, International Journal of Legal Medicine 131 (2) (2017) 303–317.

[149] J. Buckleton, C. Triggs, Is the 2p rule always conservative? Forensic Science International 159 (2–3) (2006) 206–209.

[150] P. Gill, J. Buckleton, A universal strategy to interpret DNA profiles that does not require a definition of low-copy-number, Forensic Science International: Genetics 4 (4) (2010) 221–227.

[151] B. Budowle, A.J. Eisenberg, Daal Av, Validity of low copy number typing and applications to forensic science, Croatian Medical Journal 50 (3) (2009) 207–217.

[152] J. Buckleton, H. Kelly, J.A. Bright, D. Taylor, T. Tvedebrink, J.M. Curran, Utilising allelic dropout probabilities estimated by logistic regression in casework, Forensic Science International: Genetics 9 (2014) 9–11.

[153] T. Tvedebrink, P.S. Eriksen, M. Asplund, H.S. Mogensen, N. Morling, Allelic drop-out probabilities estimated by logistic regression—further considerations and practical implementation, Forensic Science International: Genetics 6 (2) (2012) 263–267.

[154] T. Tvedebrink, P.S. Eriksen, H.S. Mogensen, N. Morling, Estimating the probability of allelic drop-out of STR alleles in forensic genetics, Forensic Science International: Genetics 3 (4) (2009) 222–226.

[155] S. Inokuchi, T. Kitayama, K. Fujii, H. Nakahara, H. Nakanishi, K. Saito, et al., Estimating allele dropout probabilities by logistic regression: assessments using Applied Biosystems 3500xL and 3130xl Genetic Analyzers with various commercially available human identification kits, Legal Medicine 19 (2016) 77–82.

[156] D.W. Hosmer Jr., S. Lemeshow, R.X. Sturdivant, Applied Logistic Regression, vol. 398, John Wiley & Sons, 2013.

[157] R. Puch-Solis, A. Kirkham, P. Gill, J. Read, S. Watson, D. Drew, Practical determination of the low template DNA threshold, Forensic Science International: Genetics 5 (5) (2011) 422–427.

[158] C. Luce, S. Montpetit, D. Gangitano, P. O'Donnell, Validation of the AMPF-STR® MiniFiler™ PCR Amplification Kit for use in forensic casework, Journal of Forensic Sciences 54 (5) (2009) 1046–1054.

[159] L. Albinsson, J. Hedman, R. Ansell, Verification of alleles by using peak height thresholds and quality control of STR profiling kits, Forensic Science International: Genetics Supplement Series 3 (1) (2011) e251–e252.

[160] J.M. Butler, Advanced Topics in Forensic DNA Typing: Interpretation, Academic Press, 2014.

[161] C.A. Rakay, J. Bregu, C.M. Grgicak, Maximizing allele detection: effects of analytical threshold and DNA levels on rates of allele and locus drop-out, Forensic Science International: Genetics 6 (6) (2012) 723–728.

[162] K.E. Lohmueller, N. Rudin, K. Inman, Analysis of allelic drop-out using the Identifiler ® and PowerPlex® 16 forensic STR typing systems, Forensic Science International: Genetics 12 (2014) 1–11.

[163] T. Tvedebrink, P.S. Eriksen, H.S. Mogensen, N. Morling, Evaluating the weight of evidence by using quantitative short tandem repeat data in DNA mixtures, Journal of the Royal Statistical Society: Series C (Applied Statistics) 59 (5) (2010) 855–874.
[164] I. Findlay, A. Taylor, P. Quirke, R. Frazier, A. Urquhart, DNA fingerprinting from single cells, Nature 389 (6651) (1997) 555–556.
[165] P. Wiegand, M. Kleiber, DNA typing of epithelial cells after strangulation, International Journal of Legal Medicine 110 (4) (1997) 181–183.
[166] D. Van Hoofstat, D. Deforce, V. Brochez, I. De Pauw, K. Janssens, M. Mestdagh, et al., DNA typing of fingerprints and skin debris: sensitivity of capillary electrophoresis in forensic applications using multiplex PCR, in: Proceedings of the 2nd European Symposium of Human Identification, 1998, pp. 131–137.
[167] A. Barbaro, G. Falcone, A. Barbaro, DNA typing from hair shaft, Progress in Forensic Genetics 8 (2000) 523–525.
[168] A. Hellmann, U. Rohleder, H. Schmitter, M. Wittig, STR typing of human telogen hairs–a new approach, International Journal of Legal Medicine 114 (4–5) (2001) 269–273.
[169] R. Szibor, I. Plate, H. Schmitter, H. Wittig, D. Krause, Forensic mass screening using mtDNA, International Journal of Legal Medicine 120 (6) (2006) 372–376.
[170] E. Hagelberg, I.C. Gray, A.J. Jeffreys, Identification of the skeletal remains of a murder victim by DNA analysis, Nature 352 (6334) (1991) 427.
[171] E. Hagelberg, B. Sykes, R. Hedges, Ancient bone DNA amplified, Nature 342 (6249) (1989) 485.
[172] A.J. Jeffreys, M.J. Allen, E. Hagelberg, A. Sonnberg, Identification of the skeletal remains of Josef Mengele by DNA analysis, Forensic Science International 56 (1) (1992) 65–76.
[173] P. Gill, P.L. Ivanov, C. Kimpton, R. Piercy, N. Benson, G. Tully, et al., Identification of the remains of the Romanov family by DNA analysis, Nature Genetics 6 (2) (1994) 130–135.
[174] W.M. Schmerer, S. Hummel, B. Herrmann, Optimized DNA extraction to improve reproducibility of short tandem repeat genotyping with highly degraded DNA as target, Electrophoresis 20 (8) (1999) 1712–1716.
[175] W.M. Schmerer, S. Hummel, B. Herrmann, STR-genotyping of archaeological human bone: experimental design to improve reproducibility by optimisation of DNA extraction, Anthropologischer Anzeiger 58 (1) (2000) 29–35.
[176] J. Burger, S. Hummel, B. Hermann, W. Henke, DNA preservation: a microsatellite-DNA study on ancient skeletal remains, Electrophoresis 20 (8) (1999) 1722–1728.
[177] C.M. Strom, S. Rechitsky, Use of nested PCR to identify charred human remains and minute amounts of blood, Journal of Forensic Sciences 43 (3) (1998) 696–700.
[178] R. Van Oorschot, K.N. Ballantyne, R.J. Mitchell, Forensic trace DNA: a review, Investigative Genetics 1 (1) (2010) 14.
[179] P. Taberlet, S. Griffin, B. Goossens, S. Questiau, V. Manceau, N. Escaravage, et al., Reliable genotyping of samples with very low DNA quantities using PCR, Nucleic Acids Research 24 (16) (1996) 3189–3194.
[180] C.C. Benschop, C.P. van der Beek, H.C. Meiland, A.G. van Gorp, A.A. Westen, T. Sijen, Low template STR typing: effect of replicate number and consensus method on genotyping reliability and DNA database search results, Forensic Science International: Genetics 5 (4) (2011) 316–328.
[181] C. Benschop, H. Haned, T. Sijen, Consensus and pool profiles to assist in the analysis and interpretation of complex low template DNA mixtures, International Journal of Legal Medicine 127 (1) (2013) 11–23.
[182] J.A. Bright, P. Gill, J. Buckleton, Composite profiles in DNA analysis, Forensic Science International: Genetics 6 (3) (2012) 317–321.
[183] A.E. Fonneløp, H. Johannessen, T. Egeland, P. Gill, Contamination during criminal investigation: detecting police contamination and secondary DNA transfer from evidence bags, Forensic Science International: Genetics 23 (2016) 121–129.
[184] ENFSI DNA working group, DNA contamination prevention guidelines, European Network of Forensic Science Institutes. Available at: http://enfsi.eu/documents/forensic-guidelines/, 2017. (Accessed 19 November 2019).
[185] Forensic Science Regulator, The control and avoidance of contamination in crime scene examination involving DNA evidence recovery. Available at: https://assets.publishing.service.gov.uk/government/uploads/system/uploads/attachment_data/file/536827/FSR-anti-contamination.pdf, 2016. (Accessed January 2020).
[186] K. Shaw, I. Sesardić, N. Bristol, C. Ames, K. Dagnall, C. Ellis, et al., Comparison of the effects

of sterilisation techniques on subsequent DNA profiling, International Journal of Legal Medicine 122 (1) (2008) 29–33.
[187] E. Archer, H. Allen, A. Hopwood, D. Rowlands, Validation of a dual cycle ethylene oxide treatment technique to remove DNA from consumables used in forensic laboratories, Forensic Science International: Genetics 4 (4) (2010) 239–243.
[188] K. Neureuther, E. Rohmann, M. Hilken, M.L. Sonntag, S. Herdt, T. Koennecke, et al., Reduction of PCR-amplifiable DNA by ethylene oxide treatment of forensic consumables, Forensic Science International: Genetics 12 (2014) 185–191.
[189] P. Gill, D. Rowlands, G. Tully, I. Bastisch, T. Staples, P. Scott, Manufacturer contamination of disposable plastic-ware and other reagents—an agreed position statement by ENFSI, SWGDAM and BSAG, Forensic Science International: Genetics 4 (4) (2010) 269–270.
[190] ENFSI DNA working group, DNA database management review and recommendations, European Network of Forensic Science Institutes. Available at: http://enfsi.eu/wp-content/uploads/2017/09/DNA-databasemanagement-review-and-recommendatations-april-2017.pdf, 2017. (Accessed 19 November 2019).
[191] ISO (the International Organization for Standardization), ISO 18385:2016(en) minimizing the risk of human DNA contamination in products used to collect, store and analyze biological material for forensic purposes — requirements. Available at: https://www.iso.org/standard/62341.html, 2016. (Accessed 19 November 2019).
[192] D. Vanek, L. Saskova, J. Votrubova, Does the new ISO 18385: 2016 standard for forensic DNA-grade products need a revision? Forensic Science International: Genetics Supplement Series 6 (2017) e148–e149.
[193] P. Gill, Misleading DNA Evidence: Reasons for Miscarriages of Justice, Elsevier, 2014.
[194] Forensic Science Regulator, DNA Anti-Contamination – Forensic Medical Examination in Sexual Assault Referral Centres and Custodial Facilities. Available at: https://assets.publishing.service.gov.uk/government/uploads/system/uploads/attachment_data/file/540116/207_FSR_anti-_contam_SARC__Custody_Issue1.pdf, 2016. (Accessed January 2020).
[195] O. Hansson, P. Gill, Characterisation of artefacts and drop-in events using STR-validator and single-cell analysis, Forensic Science International: Genetics 30 (2017) 57–65.
[196] M.H. Toothman, K.M. Kester, J. Champagne, T.D. Cruz, W.S. Street IV, B.L. Brown, Characterization of human DNA in environmental samples, Forensic Science International 178 (1) (2008) 7–15.
[197] P. Gill, A. Kirkham, Development of a simulation model to assess the impact of contamination in casework using STRs, Journal of Forensic Sciences 49 (3) (2004) 485–491.
[198] D.J. Balding, J. Buckleton, Interpreting low template DNA profiles, Forensic Science International: Genetics 4 (1) (2009) 1–10.
[199] R. Alaeddini, S.J. Walsh, A. Abbas, Forensic implications of genetic analyses from degraded DNA - a review, Forensic Science International: Genetics 4 (3) (2010) 148–157.
[200] R. Alaeddini, S.J. Walsh, A. Abbas, Forensic implications of genetic analyses from degraded dna—a review, Forensic Science International: Genetics 4 (3) (2010) 148–157.
[201] E.N. Hanssen, R. Lyle, T. Egeland, P. Gill, Degradation in forensic trace DNA samples explored by massively parallel sequencing, Forensic Science International: Genetics 27 (2017) 160–166.
[202] D.T. Chung, J. Drábek, K.L. Opel, J.M. Butler, B.R. McCord, A study on the effects of degradation and template concentration on the amplification efficiency of the STR Miniplex primer sets, Journal of Forensic Sciences 49 (4) (2004) 1–8.
[203] J.A. Bright, D. Taylor, J.M. Curran, J.S. Buckleton, Degradation of forensic DNA profiles, Australian Journal of Forensic Sciences 45 (4) (2013) 445–449.
[204] M.M. Ewing, J.M. Thompson, R.S. McLaren, V.M. Purpero, K.J. Thomas, P.A. Dobrowski, et al., Human dna quantification and sample quality assessment: developmental validation of the powerquant|r system, Forensic Science International: Genetics 23 (2016) 166–177.
[205] A. Holt, S.C. Wootton, J.J. Mulero, P.M. Brzoska, E. Langit, R.L. Green, Developmental validation of the Quantifiler® HP and Trio Kits for human DNA quantification in forensic samples, Forensic Science International: Genetics 21 (2016) 145–157.
[206] M. Vraneš, M. Scherer, K. Elliott, Development and validation of the Investigator® Quantiplex Pro Kit for qPCR-based examination of the quantity and quality of human DNA in forensic samples, Forensic Science International: Genetics Supplement Series 6 (2017) e518–e519.
[207] A. Loftus, G. Murphy, H. Brown, A. Montgomery, J. Tabak, J. Baus, et al., Development and vali-

dation of InnoQuant® HY, a system for quantitation and quality assessment of total human and male DNA using high copy targets, Forensic Science International: Genetics 29 (2017) 205–217.

[208] T. Tvedebrink, P.S. Eriksen, H.S. Mogensen, N. Morling, Statistical model for degradated DNA samples and adjusted probabilities for allelic drop-out, Forensic Science International: Genetics Supplement Series 3 (2011) 489–491.

[209] H. Haned, Forensim: an open-source initiative for the evaluation of statistical methods in forensic genetics, Forensic Science International: Genetics 5 (4) (2011) 265–268.

[210] G. Stolovitzky, G. Cecchi, Efficiency of DNA replication in the polymerase chain reaction, Proceedings of the National Academy of Sciences 93 (23) (1996) 12947–12952.

[211] J.Y. Lee, H.W. Lim, S.I. Yoo, B.T. Zhang, T.H. Park, Simulation and real-time monitoring of polymerase chain reaction for its higher efficiency, Biochemical Engineering Journal 29 (1–2) (2006) 109–118.

[212] P. Kainz, The PCR plateau phase–towards an understanding of its limitations, Biochimica et Biophysica Acta (BBA)-Gene Structure and Expression 1494 (1–2) (2000) 23–27.

[213] R. Hedell, C. Dufva, R. Ansell, P. Mostad, J. Hedman, Enhanced low-template DNA analysis conditions and investigation of allele dropout patterns, Forensic Science International: Genetics 14 (2015) 61–75.

[214] D. Shinde, Y. Lai, F. Sun, N. Arnheim, Taq DNA polymerase slippage mutation rates measured by PCR and quasi-likelihood analysis:(CA/GT) n and (A/T) n microsatellites, Nucleic Acids Research 31 (3) (2003) 974–980.

[215] W.R. Hudlow, M.D. Chong, K.L. Swango, M.D. Timken, M.R. Buoncristiani, A quadruplex real-time qPCR assay for the simultaneous assessment of total human DNA, human male DNA, DNA degradation and the presence of PCR inhibitors in forensic samples: a diagnostic tool for STR typing, Forensic Science International: Genetics 2 (2) (2008) 108–125.

[216] M. Meredith, J.A. Bright, S. Cockerton, S. Vintiner, Development of a one-tube extraction and amplification method for DNA analysis of sperm and epithelial cells recovered from forensic samples by laser microdissection, Forensic Science International: Genetics 6 (1) (2012) 91–96.

[217] A. Kloosterman, P. Kersbergen, Efficacy and limits of genotyping low copy number DNA samples by multiplex PCR of STR loci, in: International Congress Series, vol. 1239, Elsevier, 2003, pp. 795–798.

[218] R Core Team, R: A Language and Environment for Statistical Computing, R Foundation for Statistical Computing, Vienna, Austria, 2013, http://www.R-project.org/.

[219] H. Haned, P. Gill, Analysis of complex DNA mixtures using the Forensim package, Forensic Science International: Genetics Supplement Series 3 (1) (2011) e79–e80.

[220] J. Curran, P. Gill, M. Bill, Interpretation of repeat measurement DNA evidence allowing for multiple contributors and population substructure, Forensic Science International 148 (2005) 47–53.

[221] P. Gill, J. Curran, C. Neumann, A. Kirkham, T. Clayton, J. Whitaker, et al., Interpretation of complex DNA profiles using empirical models and a method to measure their robustness, Forensic Science International: Genetics 2 (2008) 91–103.

[222] D.J. Balding, R.A. Nichols, DNA profile match probability calculation: how to allow for population stratification, relatedness, database selection and single bands, Forensic Science International 64 (2–3) (1994) 125–140.

[223] N. Fukshansky, W. Bar, Biostatistical evaluation of mixed stains with contributors of different ethnic origin, International Journal of Legal Medicine 112 (6) (1999) 383–387.

[224] P. Gill, H. Haned, A new methodological framework to interpret complex DNA profiles using likelihood ratios, Forensic Science International: Genetics 7 (2) (2013) 251–263.

[225] C. Tippett, V. Emerson, M. Fereday, F. Lawton, A. Richardson, L. Jones, et al., The evidential value of the comparison of paint flakes from sources other than vehicles, Journal of the Forensic Science Society 8 (2–3) (1968) 61–65.

[226] E.I. Weir, Interpreting DNA Evidence: Statistical Genetics for Forensic Scientists, Sinauer Associates, Sunderland MA, 1998.

[227] P. Gill, Ø. Bleka, T. Egeland, Does an English appeal court ruling increase the risks of miscarriages of justice when complex DNA profiles are searched against the national DNA database? Forensic Science International: Genetics 13 (2014) 167–175.

[228] C.C. Benschop, H. Haned, L. Jeurissen, P.D. Gill, T. Sijen, The effect of varying the number of contributors on likelihood ratios for complex DNA mixtures, Forensic Science International: Genetics 19 (2015) 92–99.

[229] P. Gill, R. Sparkes, R. Pinchin, T. Clayton, J. Whitaker, J. Buckleton, Interpreting simple STR mixtures using allele peak areas, Forensic Science International 91 (1) (1998) 41–53.
[230] I.W. Evett, P.D. Gill, J.A. Lambert, Taking account of peak areas when interpreting mixed DNA profiles, Journal of Forensic Sciences 43 (1) (1998) 62–69.
[231] R.G. Cowell, T. Graversen, S.L. Lauritzen, J. Mortera, Analysis of forensic DNA mixtures with artefacts, Applied Statistics 64 (1) (2015) 1–32.
[232] L.E. Alfonse, A.D. Garrett, D.S. Lun, K.R. Duffy, C.M. Grgicak, A large-scale dataset of single and mixed-source short tandem repeat profiles to inform human identification strategies: Provedit, Forensic Science International: Genetics 32 (2018) 62–70.
[233] Y. You, D. Balding, A comparison of software for the evaluation of complex DNA profiles, Forensic Science International: Genetics 40 (2019) 114–119.
[234] R. Cowell, T. Graversen, S. Lauritzen, J. Mortera, Analysis of forensic DNA mixtures with artefacts, Journal of the Royal Statistical Society: Series C (Applied Statistics) 64 (1) (2015) 1–48.
[235] R.G. Cowell, S.L. Lauritzen, J. Mortera, A gamma model for DNA mixture analysis, Bayesian Analysis 2 (2) (2007) 333–348.
[236] Ø. Bleka, C.C. Benschop, G. Storvik, P. Gill, A comparative study of qualitative and quantitative models used to interpret complex STR DNA profiles, Forensic Science International: Genetics 25 (2016) 85–96.
[237] H. Akaike, A new look at the statistical model identification, in: Selected Papers of Hirotugu Akaike, Springer, 1974, pp. 215–222.
[238] C.C.G. Benschop, A. Nijveld, F.E. Duijs, T. Sijen, An assessment of the performance of the probabilistic genotyping software EuroForMix: trends in likelihood ratios and analysis of type I & II errors, Forensic Science International: Genetics 42 (2019) 31–38.
[239] SWGDAM, Scientific Working Group on DNA Analysis Methods (2015): Guidelines for the Validation of Probabilistic Genotyping Systems, https://1ecb9588-ea6f-4feb-971a-73265dbf079c.filesusr.com/ugd/4344b0_22776006b67c4a32a5ffc04fe3b56515.pdf, 2015. (Accessed January 2020).
[240] M.D. Coble, J. Buckleton, J.M. Butler, T. Egeland, R. Fimmers, P. Gill, et al., DNA Commission of the International Society for Forensic Genetics: recommendations on the validation of software programs performing biostatistical calculations for forensic genetics applications, Forensic Science International: Genetics 25 (2016) 191–197.
[241] Forensic Science Regulator, Software Validation for DNA Mixture Interpretation, FSR-G-223 Issue 1, 2018. Available at: https://assets.publishing.service.gov.uk/government/uploads/system/uploads/attachment_data/file/740877/G223_Mixtures_software_validation_Issue1.pdf, 2016. (Accessed 19 November 2019).
[242] M.W. Perlin, M.M. Legler, C.E. Spencer, J.L. Smith, W.P. Allan, J.L. Belrose, et al., Validating TrueAllele DNA mixture interpretation, Journal of Forensic Sciences 56 (2011) 1430–1447.
[243] J.A. Bright, D. Taylor, C. McGovern, S. Cooper, L. Russell, D. Abarno, et al., Developmental validation of STRmix^{TM}, expert software for the interpretation of forensic DNA profiles, Forensic Science International: Genetics 23 (2016) 226–239.
[244] Forensic Science in Criminal Courts: Ensuring Scientific Validity of Feature-Comparison Methods, President's Council on Advisors on Science and Technology, 2016, https://obamawhitehouse.archives.gov/sites/default/files/microsites/ostp/PCAST/pcast_forensic_science_report_final.pdf.
[245] Forensic Science in Criminal Courts: an addendum to the PCAST report on forensic science in criminal courts, President's Council on Advisors on Science and Technology, 2016, https://obamawhitehouse.archives.gov/sites/default/files/microsites/ostp/PCAST/pcast_forensics_addendum_finalv2.pdf.
[246] G.E. Box, Science and statistics, Journal of the American Statistical Association 71 (356) (1976) 791–799.
[247] P.V. Spade, C. Panaccio, William of Ockham. Available at: https://www.goodreads.com/author/quotes/85818.William_of_Ockham, 2002.
[248] F. Taroni, S. Bozza, A. Biedermann, C. Aitken, Dismissal of the illusion of uncertainty in the assessment of a likelihood ratio, Law, Probability and Risk 15 (1) (2016) 1–16.
[249] H. Haned, P. Gill, K. Lohmueller, K. Inman, N. Rudin, Validation of probabilistic genotyping software for use in forensic DNA casework: definitions and illustrations, Science & Justice 56 (2) (2016) 104–108.
[250] E. Rykiel, Testing ecological models: the meaning of validation, Ecological Modelling 90 (3) (1996) 229–244.
[251] D.C. Ince, L. Hatton, J. Graham-Cumming, The case for open computer programs, Nature 482

(2012) 485–488.
[252] H. Haned, C.C. Benschop, P.D. Gill, T. Sijen, Complex DNA mixture analysis in a forensic context: evaluating the probative value using a likelihood ratio model, Forensic Science International: Genetics 16 (2015) 17–25.
[253] D.K. Nordstrom, Models, validation, and applied geochemistry: issues in science, communication, and philosophy, Applied Geochemistry 27 (10) (2012) 1899–1919.
[254] R.G. Sargent, Verification and validation of simulation models, Journal of Simulation 7 (2013) 12–24.
[255] R.G. Cowell, T. Graversen, S.L. Lauritzen, J. Mortera, Analysis of forensic DNA mixtures with artefacts, Applied Statistics 64 (1) (2015) 1–32.
[256] A.A. Westen, T. Kraaijenbrink, E.A.R. de Medina, J. Harteveld, P. Willemse, S.B. Zuniga, et al., Comparing six commercial autosomal STR kits in a large Dutch population sample, Forensic Science International: Genetics 10 (2014) 55–63.
[257] S. Noël, J. Noël, D. Granger, J.F. Lefebvre, D. Séguin, STRmix^{TM} put to the test: 300 000 non-contributor profiles compared to four-contributor DNA mixtures and the impact of replicates, Forensic Science International: Genetics 41 (2019) 24–31.
[258] M.H. Zweig, G. Campbell, Receiver-operating characteristic (ROC) plots: a fundamental evaluation tool in clinical medicine, Clinical Chemistry 39 (4) (1993) 561–577.
[259] P.S. Walsh, N.J. Fildes, R. Reynolds, Sequence analysis and characterization of stutter products at the tetranucleotide repeat locus vWA, Nucleic Acids Research 24 (14) (1996) 2807–2812.
[260] D. Ramos, J. Gonzalez-Rodriguez, Reliable support: measuring calibration of likelihood ratios, Forensic Science International 230 (1–3) (2013) 156–169.
[261] J.S. Buckleton, J.A. Bright, A. Ciecko, M. Kruijver, B. Mallinder, A. Magee, et al., Response to: Commentary on: Bright et al. (2018) Internal validation of STRmix™–a multi laboratory response to PCAST, Forensic Science International: Genetics, 34: 11–24, Forensic Science International: Genetics 44 (2020).
[262] D. Taylor, J. Buckleton, I. Evett, Testing likelihood ratios produced from complex DNA profiles, Forensic Science International: Genetics 16 (2015) 165–171.
[263] J.A. Bright, R. Richards, M. Kruijver, H. Kelly, C. McGovern, A. Magee, et al., Internal validation of STRmix^{TM}–a multi laboratory response to PCAST, Forensic Science International: Genetics 34 (2018) 11–24.
[264] E. Alladio, M. Omedei, S. Cisana, G. D'Amico, D. Caneparo, M. Vincenti, et al., DNA mixtures interpretation–a proof-of-concept multi-software comparison highlighting different probabilistic methods' performances on challenging samples, Forensic Science International: Genetics 37 (2018) 143–150.
[265] P. Garofano, D. Caneparo, G. D'Amico, M. Vincenti, E. Alladio, An alternative application of the consensus method to DNA typing interpretation for Low Template-DNA mixtures, Forensic Science International: Genetics Supplement Series 5 (2015) e422–e424.
[266] D.A. Taylor, J.S. Buckleton, J.A. Bright, Comment on "DNA mixtures interpretation–a proof-of-concept multi-software comparison highlighting different probabilistic methods' performances on challenging samples" by Alladio et al., Forensic Science International: Genetics 40 (2019) e248–e251.
[267] J.M. Butler, M.C. Kline, M.D. Coble, NIST interlaboratory studies involving DNA mixtures (MIX05 and MIX13): variation observed and lessons learned, Forensic Science International: Genetics 37 (2018) 81–94.
[268] L. Prieto, H. Haned, A. Mosquera, M. Crespillo, M. Alemañ, M. Aler, et al., Euroforgen-NoE collaborative exercise on LRmix to demonstrate standardization of the interpretation of complex DNA profiles, Forensic Science International: Genetics 9 (2014) 47–54.
[269] J.A. Bright, K. Cheng, Z. Kerr, C. McGovern, H. Kelly, T.R. Moretti, et al., STRmix^{TM} collaborative exercise on DNA mixture interpretation, Forensic Science International: Genetics 40 (2019) 1–8.
[270] M. Crespillo, P. Barrio, J. Luque, C. Alves, M. Aler, F. Alessandrini, et al., GHEP-ISFG collaborative exercise on mixture profiles of autosomal STRs (GHEP-MIX01, GHEP-MIX02 and GHEP-MIX03): results and evaluation, Forensic Science International: Genetics 10 (2014) 64–72.
[271] C.C. Benschop, E. Connolly, R. Ansell, B. Kokshoorn, Results of an inter and intra laboratory exercise on the assessment of complex autosomal DNA profiles, Science & Justice 57 (1) (2017) 21–27.
[272] T. Graversen, S. Lauritzen, Estimation of parameters in DNA mixture analysis, Journal of Applied Statistics 40 (11) (2013) 2423–2436.
[273] B. Haldemann, S. Dornseifer, T. Heylen, C. Aelbrecht, O. Bleka, H. Larsen, et al., eDNA - an expert software system for comparison and evaluation of DNA profiles in forensic casework, Forensic

Science International: Genetics Supplement Series 5 (2015) e400–e402.
[274] Ø. Bleka, L. Prieto, P. Gill, CaseSolver: an investigative open source expert system based on EuroForMix, Forensic Science International: Genetics 41 (2019) 83–92.
[275] P. Gill, T. Hicks, J.M. Butler, E. Connolly, L. Gusmão, B. Kokshoorn, et al., DNA commission of the international society for forensic genetics: assessing the value of forensic biological evidence-guidelines highlighting the importance of propositions: part I: evaluation of DNA profiling comparisons given (sub-) source propositions, Forensic Science International: Genetics 36 (2018) 189–202.
[276] B.S. Weir, Matching and partially-matching DNA profiles, Journal of Forensic Sciences 49 (5) (2004), JFS2003039–6.
[277] D.R. Paoletti, T.E. Doom, M.L. Raymer, D.E. Krane, Assessing the implications for close relatives in the event of similar but nonmatching DNA profiles, Jurimetrics (2006) 161–175.
[278] T. Tvedebrink, P.S. Eriksen, J.M. Curran, H.S. Mogensen, N. Morling, Analysis of matches and partial-matches in a Danish STR data set, Forensic Science International: Genetics 6 (3) (2012) 387–392.
[279] C.N. Maguire, L.A. McCallum, C. Storey, J.P. Whitaker, Familial searching: a specialist forensic DNA profiling service utilising the National DNA Database® to identify unknown offenders via their relatives—the UK experience, Forensic Science International: Genetics 8 (1) (2014) 1–9.
[280] F.R. Bieber, C.H. Brenner, D. Lazer, Finding Criminals Through DNA of Their Relatives, 2006.
[281] C. Phillips, The Golden State Killer investigation and the nascent field of forensic genealogy, Forensic Science International: Genetics 36 (2018) 186–188.
[282] B.M. Henn, L. Hon, J.M. Macpherson, N. Eriksson, S. Saxonov, I. Pe'er, et al., Cryptic distant relatives are common in both isolated and cosmopolitan genetic samples, PLoS ONE 7 (4) (2012) e34267.
[283] I. Evett, G. Jackson, J. Lambert, S. McCrossan, The impact of the principles of evidence interpretation on the structure and content of statements, Science & Justice 40 (4) (2000) 233–239.
[284] ENFSI Guideline for evaluative reporting in forensic science: Strengthening the evaluation of forensic results across Europe (STEOFRAE), http://enfsi.eu/wp-content/uploads/2016/09/m1_guideline.pdf, [Online; posted 8-March 2015].
[285] Making Sense of Forensic Genetics, https://senseaboutscience.org/wp-content/uploads/2017/01/making-sense-of-forensic-genetics.pdf, [Online; published in 2017].
[286] Cross-border Exchange and Comparison of Forensic DNA data in the Context of the Prüm Decision, http://www.europarl.europa.eu/RegData/etudes/STUD/2018/604971/IPOL_STU(2018)604971_EN.pdf, [Online; posted June 2108].
[287] K. Van der Beek, Forensic DNA profiles crossing borders in Europe (implementation of the Treaty of Prüm), Profiles in DNA (2011), https://www.promega.co.uk/resources/profiles-in-dna/2011/forensic-dna-profiles-crossing-borders-in-europe/.
[288] B. Prainsack, V. Toom, Performing the union: the Prüm Decision and the European dream, Studies in History and Philosophy of Science Part C: Studies in History and Philosophy of Biological and Biomedical Sciences 44 (1) (2013) 71–79.
[289] P. Gill, L. Fereday, N. Morling, P.M. Schneider, New multiplexes for Europe - amendments and clarification of strategic development, Forensic Science International 163 (1–2) (2006) 155–157.
[290] C.C. Benschop, L. van de Merwe, J. de Jong, V. Vanvooren, M. Kempenaers, C.K. van der Beek, et al., Validation of SmartRank: a likelihood ratio software for searching national DNA databases with complex DNA profiles, Forensic Science International: Genetics 29 (2017) 145–153.
[291] O. Bleka, G. Dorum, P. Gill, H. Haned, Database extraction strategies for low-template evidence, Forensic Science International: Genetics 9 (2014) 134–141.
[292] C. Benschop, H. Haned, et al., Adapting a likelihood ratio model to enable searching DNA databases with complex STR DNA profiles, in: 27th International Symposium on Human Identification, 2016, https://promega.media/-/media/files/products-and-services/genetic-identity/ishi-27-oral-abstracts/4-benschop.pdf.
[293] A.A. Westen, H. Haned, L.J. Grol, J. Harteveld, K.J. van der Gaag, P. de Knijff, et al., Combining results of forensic STR kits: HDplex validation including allelic association and linkage testing with NGM and Identifiler loci, International Journal of Legal Medicine 126 (5) (2012) 781–789.
[294] Ø. Bleka, M. Bouzga, A. Fonneløp, P. Gill, dnamatch2: an open source software to carry out large scale database searches of mixtures using qualitative and quantitative models, Forensic Science International: Genetics Supplement Series 6 (2017) e404–e406.

[295] T. Egeland, I. Dalen, P. Mostad, Estimating the number of contributors to a DNA profile, International Journal of Legal Medicine 117 (2003) 271–275.

[296] H. Haned, L. Péne, J. Lobry, A. Dufour, D. Pontier, Estimating the number of contributors to forensic DNA mixtures: does maximum likelihood perform better than maximum allele count? Journal of Forensic Sciences 56 (1) (2011) 3–8.

[297] O. García, J. Alonso, J. Cano, R. García, G. Luque, P. Martín, et al., Population genetic data and concordance study for the kits Identifiler, NGM, PowerPlex ESX 17 System and Investigator ESSplex in Spain, Forensic Science International: Genetics 6 (2) (2012) e78–e79.

[298] T. Egeland, P.F. Mostad, B. Mevåg, M. Stenersen, Beyond traditional paternity and identification cases: selecting the most probable pedigree, Forensic Science International 110 (1) (2000) 47–59.

[299] D. Kling, A.O. Tillmar, T. Egeland, Familias 3–extensions and new functionality, Forensic Science International: Genetics 13 (2014) 121–127.

[300] Ø. Bleka, M. Eduardoff, C. Santos, C. Phillips, W. Parson, P. Gill, Open source software EuroForMix can be used to analyse complex SNP mixtures, Forensic Science International: Genetics 31 (2017) 105–110.

[301] D. Taylor, J. Buckleton, Do low template DNA profiles have useful quantitative data? Forensic Science International: Genetics 16 (2015) 13–16.

[302] R.S. Just, J.A. Irwin, Use of the LUS in sequence allele designations to facilitate probabilistic genotyping of NGS-based STR typing results, Forensic Science International: Genetics 34 (2018) 197–205.

[303] K. Slooten, Identifying common donors in DNA mixtures, with applications to database searches, Forensic Science International: Genetics 26 (2017) 40–47.

[304] P. Gill, T. Hicks, J.M. Butler, E. Connolly, L. Gusmão, B. Kokshoorn, et al., DNA commission of the international society for forensic genetics: assessing the value of forensic biological evidence-guidelines highlighting the importance of propositions. Part II: evaluation of biological traces considering activity level propositions, Forensic Science International: Genetics 44 (2020) 102186.

[305] G. Jackson, S. Jones, G. Booth, C. Champod, I.W. Evett, The nature of forensic science opinion–a possible framework to guide thinking and practice in investigations and in court proceedings, Science & Justice: Journal of the Forensic Science Society 46 (1) (2006) 33–44.

[306] I.W. Evett, C. Berger, J. Buckleton, C. Champod, G. Jackson, Finding the way forward for forensic science in the US—a commentary on the PCAST report, Forensic Science International 278 (2017) 16–23.

[307] P. Gill, Interpretation continues to be the main weakness in criminal justice systems: developing roles of the expert witness and court, Wiley Interdisciplinary Reviews: Forensic Science 1 (2) (2019) e1321.

[308] R. Cook, I.W. Evett, G. Jackson, P. Jones, J. Lambert, A hierarchy of propositions: deciding which level to address in casework, Science & Justice 38 (4) (1998) 231–239.

[309] D.J. Balding, C.D. Steele, Weight-of-Evidence for Forensic DNA Profiles, John Wiley & Sons, 2015.

[310] D. Taylor, J.A. Bright, J. Buckleton, The 'factor of two' issue in mixed DNA profiles, Journal of Theoretical Biology 363 (2014) 300–306.

[311] I. Evett, On meaningful questions: a two-trace transfer problem, Journal of the Forensic Science Society 27 (6) (1987) 375–381.

[312] S. Gittelson, T. Kalafut, S. Myers, D. Taylor, T. Hicks, F. Taroni, et al., A practical guide for the formulation of propositions in the Bayesian approach to DNA evidence interpretation in an adversarial environment, Journal of Forensic Sciences 61 (1) (2016) 186–195.

[313] W.C. Thompson, E.L. Schumann, Interpretation of statistical evidence in criminal trials, Law and Human Behavior 11 (3) (1987) 167–187.

[314] R. Meester, M. Sjerps, The evidential value in the DNA database search controversy and the two-stain problem, Biometrics 59 (3) (2003) 727–732.

[315] R. v Alan James Doheny and Gary Adams [1996] EWCA Crim 728, http://www.bailii.org/ew/cases/EWCA/Crim/1996/728.html, 1996. (Accessed 30 January 2020).

[316] C. Aitken, P. Roberts, G. Jackson, Fundamentals of probability and statistical evidence in criminal proceedings: guidance for judges, lawyers, forensic scientists and expert witnesses, http://www.rss.org.uk/Images/PDF/influencing-change/rss-fundamentals-probability-statistical-evidence.pdf, 2010.

[317] D.J. Balding, P. Donnelly, Evaluating DNA profile evidence when the suspect is identified through a database search, Journal of Forensic Sciences 41 (4) (1996) 603–607.

[318] R v Adams [1996] 2 Cr. App. R. 467, Crim. LR. 898. Retrieved from: http://www.bailii.org/ew/cases/EWCA/Crim/2006/222.html, 1996.

[319] P. Donnelly, Appealing statistics, Significance 2 (1) (2005) 46–48.
[320] SWGDAM, Recommendations of the SWGDAM Ad Hoc Working Group on Genotyping Results Reported as Likelihood Ratios, www.swgdam.org/publications. (Accessed September 2019).
[321] Department of Justice, Department of Justice uniform language for testimony and reports for forensic autosomal DNA examinations using probabilistic genotyping systems, https://www.justice.gov/olp/page/file/1095961/download. (Accessed September 2019).
[322] K.A. Martire, R. Kemp, M. Sayle, B. Newell, On the interpretation of likelihood ratios in forensic science evidence: presentation formats and the weak evidence effect, Forensic Science International 240 (2014) 61–68.
[323] K.A. Martire, I. Watkins, Perception problems of the verbal scale: a reanalysis and application of a membership function approach, Science & Justice 55 (4) (2015) 264–273.
[324] C. Aitken, C.E. Berger, J.S. Buckleton, C. Champod, J. Curran, A. Dawid, et al., Expressing evaluative opinions: a position statement, Science & Justice 51 (1) (2011) 1–2.
[325] A. Providers, Standards for the formulation of evaluative forensic science expert opinion, Science & Justice 49 (2009) 161–164.
[326] SWGDAM ad hoc working group, Recommendations of the SWGDAM ad hoc working group on genotyping results reported as likelihood ratios, https://1ecb9588-ea6f-4feb-971a-73265dbf079c.filesusr.com/ugd/4344b0_dd5221694d1448588dcd0937738c9e46.pdf, 2017.
[327] P. Gill, J. Curran, C. Neumann, Interpretation of complex DNA profiles using Tippett plots, Forensic Science International: Genetics Supplement Series 1 (1) (2008) 646–648.
[328] D. Taylor, J.M. Curran, J. Buckleton, Importance sampling allows Hd true tests of highly discriminating DNA profiles, Forensic Science International: Genetics 27 (2017) 74–81.
[329] B. Bruijns, R. Tiggelaar, H. Gardeniers, Massively parallel sequencing techniques for forensics: a review, Electrophoresis 39 (21) (2018) 2642–2654.
[330] Ø. Bleka, R. Just, J. Le, P. Gill, Automation of High Volume MPS mixture interpretation using CaseSolver, Forensic Science International: Genetics Supplement Series (2019).
[331] G.P. Consortium, et al., A global reference for human genetic variation, Nature 526 (7571) (2015) 68.
[332] C. Phillips, Forensic genetic analysis of bio-geographical ancestry, Forensic Science International: Genetics 18 (2015) 49–65.
[333] A. Möller, E. Meyer, B. Brinkmann, Different types of structural variation in STRs: HumFES/FPS, HumVWA and HumD21S11, International Journal of Legal Medicine 106 (6) (1994) 319–323.
[334] K.B. Gettings, D. Ballard, M. Bodner, L.A. Borsuk, J.L. King, W. Parson, et al., Report from the STRAND Working Group on the 2019 STR sequence nomenclature meeting, Forensic Science International: Genetics 43 (2019) 102165.
[335] K.B. Gettings, L.A. Borsuk, D. Ballard, M. Bodner, B. Budowle, L. Devesse, et al., STRSeq: a catalog of sequence diversity at human identification Short Tandem Repeat loci, Forensic Science International: Genetics 31 (2017) 111–117.
[336] J.L. King, F.R. Wendt, J. Sun, B. Budowle, STRait Razor v2s: advancing sequence-based STR allele reporting and beyond to other marker systems, Forensic Science International: Genetics 29 (2017) 21–28.
[337] J.M. Butler, Y. Shen, B.R. McCord, et al., The development of reduced size STR amplicons as tools for analysis of degraded DNA, Journal of Forensic Sciences 48 (5) (2003) 1054–1064.
[338] P.M. Schneider, K. Bender, W.R. Mayr, W. Parson, B. Hoste, R. Decorte, et al., STR analysis of artificially degraded DNA - results of a collaborative European exercise, Forensic Science International 139 (2–3) (2004) 123–134.
[339] M.J. Ludeman, C. Zhong, J.J. Mulero, R.E. Lagacé, L.K. Hennessy, M.L. Short, et al., Developmental validation of GlobalFiler^{TM} PCR amplification kit: a 6-dye multiplex assay designed for amplification of casework samples, International Journal of Legal Medicine 132 (6) (2018) 1555–1573.
[340] K.B. Gettings, L.A. Borsuk, C.R. Steffen, K.M. Kiesler, P.M. Vallone, Sequence-based US population data for 27 autosomal STR loci, Forensic Science International: Genetics 37 (2018) 106–115.
[341] J. Hoogenboom, K.J. van der Gaag, R.H. de Leeuw, T. Sijen, P. de Knijff, J.F. Laros, FDSTools: a software package for analysis of massively parallel sequencing data with the ability to recognise and correct STR stutter and other PCR or sequencing noise, Forensic Science International: Genetics 27 (2017) 27–40.
[342] R. Just, J. Le, J. Irwin, LUS+: extension of the LUS designator concept to differentiate most sequence alleles for 27 STR loci, Forensic Science International: Reports (2020) 100059.

[343] R. Li, R. Wu, H. Li, Y. Zhang, D. Peng, N. Wang, et al., Characterizing stutter variants in forensic STRs with massively parallel sequencing, Forensic Science International: Genetics 45 (2020) 102225.
[344] K.J. van der Gaag, R.H. de Leeuw, J. Hoogenboom, J. Patel, D.R. Storts, J.F. Laros, et al., Massively parallel sequencing of short tandem repeats—population data and mixture analysis results for the PowerSeq^{TM} system, Forensic Science International: Genetics 24 (2016) 86–96.
[345] S.B. Vilsen, T. Tvedebrink, P.S. Eriksen, C. Bøsting, C. Hussing, H.S. Mogensen, et al., Stutter analysis of complex STR MPS data, Forensic Science International: Genetics 35 (2018) 107–112.
[346] A. Woerner, J. King, B. Budowle, Flanking variation influences rates of stutter in simple repeats, Genes 8 (11) (2017) 329.
[347] L.I. Moreno, M.B. Galusha, R. Just, A closer look at Verogen's Forenseq^{TM} DNA Signature Prep kit autosomal and Y-STR data for streamlined analysis of routine reference samples, Electrophoresis 39 (21) (2018) 2685–2693.
[348] S.Y. Anvar, K.J. van der Gaag, J.W. van der Heijden, M.H. Veltrop, R.H. Vossen, R.H. de Leeuw, et al., TSSV: a tool for characterization of complex allelic variants in pure and mixed genomes, Bioinformatics 30 (12) (2014) 1651–1659.
[349] J. Hoogenboom, K.J. van der Gaag, T. Sijen, STRNaming: standardised STR sequence allele naming to simplify MPS data analysis and interpretation, Forensic Science International: Genetics Supplement Series 7 (1) (2019) 346–437.
[350] J.E. Dennis, R.B. Schnabel, Numerical methods for nonlinear equations and unconstrained optimization, Classics in Applied Mathematics 16 (1983).
[351] R.B. Schnabel, J.E. Koonatz, B.E. Weiss, A modular system of algorithms for unconstrained minimization, ACM Transactions on Mathematical Software (TOMS) 11 (4) (1985) 419–440.
[352] C. Liu, Q. Liu, Marginal likelihood calculation for the Gelfand–Dey and Chib methods, Economics Letters 115 (2) (2012) 200–203.
[353] D.M. Ommen, C.P. Saunders, C. Neumann, The characterization of Monte Carlo errors for the quantification of the value of forensic evidence, Journal of Statistical Computation and Simulation 87 (8) (2017) 1608–1643.
[354] A. Gelman, W.R. Gilks, G.O. Roberts, Weak convergence and optimal scaling of random walk Metropolis algorithms, Annals of Applied Probability 7 (1) (1997) 110–120.
[355] A. van den Hout, I. Alberink, Posterior distributions for likelihood ratios in forensic science, Science & Justice 56 (5) (2016) 397–401.
[356] C.E.H. Berger, K. Slooten, The LR does not exist, Science & Justice 56 (5) (2016) 388–391.
[357] A. Biedermann, S. Bozza, F. Taroni, C. Aitken, Reframing the debate: a question of probability, not of likelihood ratio, Science & Justice 56 (5) (2016) 392–396.
[358] K.A. Martire, G. Edmond, D.N. Navarro, B.R. Newell, On the likelihood of 'encapsulating all uncertainty', Science & Justice 57 (1) (2016) 76–79.
[359] G.S. Morrison, Special issue on measuring and reporing the precision of forensic likelihood ratios: introduction to the debate, Science & Justice 56 (5) (2016) 371–373.
[360] M.J. Sjerps, I. Alberink, A. Bolck, R.D. Stoel, P. Vergeer, J.H. van Zanten, Uncertainty and LR: to integrate or not to integrate, that's the question, Law, Probability and Risk 15 (1) (2015) 23–29.
[361] K. Slooten, C.E.H. Berger, Response paper to 'the likelihood of encapsulating all uncertainty': the relevance of additional information for the LR, Science & Justice 57 (6) (2017) 468–471.
[362] D. Taylor, T. Hicks, C. Champod, Using sensitivity analysis in Bayesian networks to highlight the impact of data paucity and direct future analysis: a contribution to the debate on measuring and reporting the precision of likelihood ratios, Science & Justice 56 (5) (2016) 402–410.